Hanskarl Ganß/Sabine Assmann

Arbeitsrecht der Bühne

Hanskarl Ganß/Sabine Assmann

Arbeitsrecht der Bühne

DE GRUYTER

Zitiervorschlag: *Ganß/Assmann* Arbeitsrecht der Bühne, Teil I Kap 1 Rn 4

ISBN 978-3-11-025113-5
e-ISBN (PDF) 978-3-11-025114-2
e-ISBN (EPUB) 978-3-11-039180-0

Bibliografische Information der Deutschen Nationalbibliothek
Die Deutsche Nationalbibliothek verzeichnet diese Publikation in der Deutschen Nationalbibliografie; detaillierte bibliografische Daten sind im Internet über http://dnb.d-nb.de abrufbar.

Einbandabbildung: photochecker/iStock/Thinkstock
Datenkonvertierung/Satz: fidus Publikations-Service GmbH, Nördlingen
Druck: CPI books GmbH, Leck
Gedruckt auf säurefreiem Papier
Printed in Germany

www.degruyter.com

Vorwort

Das Arbeitsrecht der Bühne ist angesichts der großen Anzahl von bühnenkünstlerisch Beschäftigten sowie der Tatsache, dass die meisten arbeitsvertraglichen Regelungen auf tariflicher Grundlage (z. B. Normalvertrag Bühne) beruhen, kein „geheimwissenschaftlicher Spezialfall" wie Genenger in NJW 2009, 714 ff. meint. Die für die künstlerisch Beschäftigten geltenden arbeitsvertraglichen Regelungen sollen in diesem Handbuch verständlich auch für den Nichtjuristen aktuell dargestellt werden. Das auch heute noch viel zitierte Buch „Das Arbeitsrecht der Bühne" von Rechtsanwalt und Notar Dr. Bernhard Riepenhausen, 2. Auflage, erschien 1956, der Ergänzungsband 1965.

Seither sind viele Jahre mit zum Teil zahlreichen neuen Gesetzen und tarifvertraglichen Neuregelungen und Entscheidungen der Bühnenschiedsgerichtsbarkeit und der staatlichen Gerichte ergangen. Diese Entwicklung und den aktuellen Stand kompakt und übersichtlich darzustellen, ist die Aufgabe, der sich die Verfasser gestellt haben mit der Maßgabe, möglichst umfassend die bühnenschiedsgerichtliche Rechtsprechung nebst der Rechtsprechung der Arbeitsgerichte, vor allem des Landesarbeitsgerichts Köln und des Bundesarbeitsgerichts, vorzustellen. Dabei sollen vor allem die aktuell zutage getretenen Probleme des Bühnenarbeitsrechts für die Praxis nachvollziehbar erörtert werden unter jeweils eingehender Schilderung der Problemlage in tatsächlicher, wie rechtlicher Hinsicht. Es versteht sich von selbst, dass bei den vorgenommenen Gewichtungen nicht umfassend alle noch so interessanten Meinungen der Fachöffentlichkeit und der Beteiligten dargestellt werden können.

Geschildert wird die heutige Rechtsprechung der Bühnenschiedsgerichtsbarkeit und die der Arbeitsgerichtsbarkeit im Aufhebungsverfahren, wobei vor allem Wert auf die Rechtsprechung der Bühnenoberschiedsgerichte in Frankfurt und Köln gelegt worden ist.

Es existiert über die Website der GDBA eine Leitsatzsammlung, vor allem der Bühnenoberschiedsgerichte, die jederzeit im Internet einsehbar ist. Schließlich sollen auch die sozialrechtlichen Auswirkungen und Probleme auf Grund bühnenarbeitsrechtlicher Entscheidungen erwähnt werden.

Rechtsanwalt Hanskarl Ganß
Rechtsanwältin Sabine Assmann

Berlin, August 2015

Inhaltsübersicht

Inhaltsverzeichnis

Abkürzungsverzeichnis

€	Euro
§§	mehrere Paragraphen
a. A.	anderer Ansicht
a. a. O.	am angegebenen Ort
a. E.	am Ende
a. F.	alte Fassung
Abs.	Absatz
AdöR, AöR	Anstalt des öffentlichen Rechts
AGBG	Gesetz über die allgemeinen Geschäftsbedingungen (AGB-Gesetz)
AGG	Allgemeines Gleichbehandlungsgesetz
Altern.	Alternative
Anm.	Anmerkung
AOG	Gesetz zur Ordnung der nationalen Arbeit
AP	Arbeitsrechtliche Praxis, Nachschlagewerk des Bundesarbeitsgerichts
ArbG	Arbeitsgericht
ArbGG	Arbeitsgerichtsgesetz
ArbnErfG	Arbeitnehmererfindergesetz
ArbSchG	Arbeitsschutzgesetz
ArbZG	Arbeitszeitgesetz
arg.ex	Argument aus
Arge	Arbeitsgemeinschaft
ARS	Arbeitsrechtssammlung mit Entscheidung des Reichsarbeitsgerichts, der Landesarbeitsgerichte und Arbeitsgerichte
Art.	Artikel
ATuV	Ausstattung, Technik und Verwaltung
Aufl.	Auflage
AuR	Arbeit und Recht, Zeitschrift
Az.	Aktenzeichen
BAG	Bundesarbeitsgericht
BAGE	Amtliche Sammlung der Entscheidungen des Bundesarbeitsgerichts
BAT	Bundes-Angestelltentarifvertrag
BEEG	Bundeselterngeld- und Elternzeitgesetz
BaWü	Baden-Württemberg
BB	Betriebs-Berater (Zeitschrift)
BBiG	Berufsbildungsgesetz
Bd.	Band
BDSG	Bundesdatenschutzgesetz
BEM	betriebliches Eingliederungsmanagement
betr.	betreffend
BetrVG	Betriebsverfassungsgesetz
BFH	Bundesfinanzhof
BGB	Bürgerliches Gesetzbuch

BGH	Bundesgerichtshof
BGHZ	Entscheidungen des Bundesgerichtshofs in Zivilsachen
BGV	Berufsgenossenschaftliche Vorschriften
BOSchG	Bühnenoberschiedsgericht
BPersVG	Bundespersonalvertretungsgesetzes
BSchG	Bühnenschiedsgericht
BSchGO	Bühnenschiedsgerichtsordnung
BSG	Bundessozialgericht
BSGE	Entscheidungen des Bundessozialgerichts
bspw.	beispielsweise
BT-Drs.	Bundestagsdrucksache
BTT	Bühnentechnikertarifvertrag
Buchst.	Buchstabe
BUrlG	Bundesurlaubsgesetz
BVerfG	Bundesverfassungsgericht
BVerfGK	Kammerentscheidungen des Bundesverfassungsgerichts
BVerwG	Bundesverwaltungsgericht
BVerwGE	Entscheidungen des Bundesverwaltungsgerichts
bzw.	beziehungsweise
c. i. c.	culpa in contrahendo
d. h.	das heißt
DAG	Deutschen Angestellten Gewerkschaft
DB	Der Betrieb (Zeitschrift)
DBV	Deutscher Bühnenverein
DDR	Deutsche Demokratische Republik
DGUV	Deutsche Gesetzliche Unfallversicherung
e. V.	eingetragener Verein
EFZG/EntgFG	Entgeltfortzahlungsgesetz
EGRL	Richtlinien der Europäischen Union
Erf. Kom.	Erfurter Kommentar
Ergb.	Ergänzungsband
EuGH	Europäischer Gerichtshof
EzA	Entscheidungssammlung zum Arbeitsrecht
EzB	Entscheidungssammlung zum Berufsbildungsrecht
EzTöD	Entscheidungssammlung zum Tarifrecht im öffentlichen Dienst
f.	Folgende
FDGB	Freie Deutsche Gewerkschaftsbund
ff.	Fortfolgende
FS	Festschrift
GDBA	Genossenschaft Deutscher Bühnenangehöriger
gem.	gemäß
GewO	Gewerbeordnung

GG	Grundgesetz für die Bundesrepublik Deutschland
ggf.	gegebenenfalls
GK	Gerichtskosten
grds.	grundsätzlich
GS	Großer Senat
GUV	gesetzliche Unfallversicherung
GVG	Gerichtsverfassungsgesetz
GKG	Gerichtskostengesetz
h. M.	herrschende Meinung
Halbs.	Halbsatz
HGB	Handelsgesetzbuch
Hk	Handkommentar
i. d. R.	in der Regel
i. E.	im Einzelnen
i. S.	im Sinne
i. S.d	im Sinne des
i. S. v.	im Sinne von
i. V. m.	in Verbindung mit
InsO	Insolvenzordnung
JArbSchG	Jugendarbeitsschutzgesetz
jew.	jeweilige
JW	Juristische Woche (Zeitschrift)
Kap.	Kapitel
KG	Kommanditgesellschaft oder Kammergericht
KSchG	Kündigungsschutzgesetz
KSVG	Künstlersozialversicherungsgesetz
LAG	Landesarbeitsgericht
LM	Nachschlagewerk des Bundesgerichtshofes
LohnFG	Lohnfortzahlungsgesetz
LPartG	Lebenspartnerschaftsgesetz
LPK	Lehr- und Praxiskommentar
LPVG/LPersVG	Landespersonalvertretungsgesetz
LS	Leitsatz
LSG	Landessozialgericht
m. w. N	mit weiteren Nachweisen
MiLoG	Mindestlohngesetz
MuSchG	Mutterschutzgesetz
n. F.	neue Fassung
NachwG	Nachweisgesetz
NJW	Neue Juristische Wochenschrift

Nr.	Nummer
NS-Zeit	Zeit des Nationalsozialismus
NV Chor	Normalvertrag Chor
NV Solo	Normalvertrag Solisten
NV Tanz	Normalvertrag Tanz
NV Bühne	Normalvertrag Bühne
NWPersVG	Personalvertretungsgesetz Nordrhein-Westfalen
NZA	Neue Zeitschrift für Arbeitsrecht
NZA-RR	NZA-Rechtsprechungs-Report
o. ä.	oder ähnliches
PersVG	Personalvertretungsgesetz
PflegeZG	Pflegezeitgesetz
RAG	Erstes Gesetz über die Anpassung der Renten aus den gesetzlichen Rentenversicherungen aus Anlass der Veränderung der allgemeinen Bemessungsgrundlage für das Jahr 1958
RdA	Recht der Arbeit, Zeitschrift für die Wissenschaft und Praxis des gesamten Arbeitsrechts
Rdnr.	Randnummer
RG	Reichsgericht
RGZ	Reichsgericht in Zivilsachen (Entscheidungssammlung)
RVO	Rechtsverordnung oder Reichsversicherungsordnung
Rz.	Randziffer
S.	Seite
SAE	Sammlung Arbeitsrechtlicher Entscheidungen
SGB	Sozialgesetzbuch
sog.	sogenannte
SozR	Sozialrecht
SR	Sonderregelungen
st. Rspr.	ständige Rechtsprechung
StGB	Strafgesetzbuch
SWK	Stichwortkommentar
TV	Tarifvertrag
TVG	Tarifvertragsgesetz
TVK	Tarifvertrag für Musiker in Kulturorchestern
TV-L	Tarifvertrag für den öffentlichen Dienst der Länder
TVM	Tarifvertrag über die Mitteilungspflicht
TVöD	Tarifvertrag für den öffentlichen Dienst
Tz	Teilzeit
TzBfG	Teilzeitbefristungsgesetz
u. a.	unter anderem
u. U.	unter Umständen

Unterabs.	Unterabsatz
UrhG	Urheberrechtsgesetz
Urt.	Urteil
USK	Urteilssammlung für die gesetzliche Krankenversicherung
UWG	Gesetz gegen den unlauteren Wettbewerb
v.	vom
VddB	Versorgungsanstalt der deutschen Bühnen
VddKO	Versorgungsanstalt der deutschen Kulturorchester
VdO	Vereinigung deutscher Opernchöre und Bühnentänzer
Ver.di	Vereinten Dienstleistungsgesellschaft
VergGr.	Vergütungsgruppe
VG	Verwaltungsgericht
vgl.	vergleiche
VKA	Vereinigung kommunaler Arbeitgeberverbände
z. B.	zum Beispiel
z. T.	zum Teil
z.Zt.	zurzeit
ZfA	Zeitschrift für Arbeitsrecht
Ziff.	Ziffer
ZPO	Zivilprozessordnung
ZTR	Zeitschrift Tarifrecht, Zeitschrift für Tarif-, Arbeits-, und Sozialrecht des öffentlichen Dienst
ZUM	Zeitschrift für Urheber- und Medienrecht

Literaturverzeichnis

Münchener Kommentar zum Bürgerlichen Gesetzbuch: BGB ,C. H. Beck-Verlag, 6. Auflage (zit.: MünchKomBGB-Bearbeiter § ... Rdnr.)

Altvater, Lothar/Peiseler Manfred, Bundespersonalvertretungsgesetz, Bund-Verlag, Frankfurt a. M., 5. Auflage 2009 (zit.: Altvater/Peiseler, § ..., Rdnr.)

Annuß, Professor Dr. Georg/Thüsing, Prof. Dr. Gregor, Kommentar zum Teilzeit- und Befristungsgesetz, Deutscher Fachverlag GmbH, Frankfurt a. M., 3. Auflage 2012 (zit.: Annuß/Thüsing/Bearbeiter, TzBfG, § ..., Rdnr.Karl)

Bieszk, Dorothea/Sadtler, Susanne, Mobbing und Stalking: Phänomene der modernen (Arbeits-) Welt und ihre Gegenüberstellung, Aufsatz: NJW 2007, 3382–3387

Bolwin. Rolf/Sponer , Dr. Wolf-Dieter, Bühnen- und Orchesterrecht, Kommentar, Ordner 1-4 (zit.: Bolwin/Sponer, Bühnentarifrecht, § ... Rdnr.)

Däubler, Wolfgang/Hjort, Jens Peter/Schubert, Martin (Hrsg.), Arbeitsrecht, Individualarbeitsrecht mit kollektivrechtlichen Bezügen, Nomos-Verlagsgesellschaft, Baden-Baden, 3. Auflage 2013 (zit.: HK-ArbR/*Bearbeiter*)

Düwel, Prof. Dr. Franz Josef /Lipke, Prof. Dr. Gert-Albert (Hrsg.), ArbGG, Arbeitsgerichtsgesetz, Kommentar zum gesamten Arbeitsverfahrensrecht, Luchterhand, 3. Auflage 2012 (zit.: Düwell/Lipke/*Bearbeiter*, §.., Rdnr. ...)

Etzel/Bader/Fischmeier/Friedrich/Gallner/Griebeling/Kreft/Link/Lipke/Rost/Spilger/Treber/ Vogt/Weigand, KR Gemeinschaftskommentar zum Kündigungsschutzgesetz und zu sonstigen kündigungsschutzrechtlichen Vorschriften, Luchterhand Verlag, Köln, 10. Auflage 2013 (zit.: KR-Bearbeiter, Gesetz § ... Rdnr.)

Fitting, Prof. Karl, Betriebsverfassungsgesetz, Handkommentar, Verlag Franz Vahlen München, 27. Auflage 2014 (zit.: Fitting, BetrVG § ..., Rdnr.)

Fritz Fabricius, Kollision von Beschäftigungspflichten aus Doppelarbeitsverhältnissen, ZfA 1972, 35–72

GDBA, Deutsches Bühnenjahrbuch 2015

Genenger, Angie, Das Bühnenarbeitsrecht oder Hai già vinta la causa?!, Aufsatz, NJW 2009, 714 ff

Germelmann, Prof. Claas-Hinrich, Die Befristung im Bühnenarbeitsrecht, einige Probleme, Festschrift ARGE Arbeitsrecht im Deutschen Anwaltsverein

Germelmann, Prof. Claas-Hinrich, Bühnenschiedsgerichtsbarkeit und Arbeitsrecht, NZA 1994, 14

Germelmann-Matthes-Prütting, Arbeitsgerichtsgesetz, Verlag C. H. Beck, München, 8. Auflage, 2013 (zit.: GMP)

Grobys, Dr. Marcel/Panzer, Dr. Andrea, Arbeitsrecht, Alphabetische Gesamtdarstellung, Nomos-Verlagsgesellschaft, Baden-Baden, 2. Auflage 2014 (zit.: Grobys/Panzer/ *Bearbeiter*, SWK-ArbR 2014, Nr. Stichwort, Rdnr. ...)

Hagemeier, Christian/Zilius, Jan/Kempen, Otto E/Zachert, Ulrich, Tarifvertragsgesetz: Kommentar für die Praxis, Bund-Verlag, 3 Auflage Köln, 1997 (zit.: Hagemeyer/Kempen/ Zachert/Zilius, TVG, § ... Rdnr. ...)

Hensler, Prof. Dr. Martin, Willemsen, Prof. Dr. Heinz Josef, Kalb, Dr. Heinz-Jürgen, Arbeitsrecht Kommentar, Verlag Dr. Otto Schmdit KG, Köln, 5. Auflage, 2012 (zit.: HKW/*Bearbeiter*, § ... Gesetz, Rdnr. ...)

Kittner, Michael/Zwanziger, Bertram/Deinert, Olaf, Arbeitsrecht, Handbuch für die Praxis, Bund-Verlag GmbH, Frankfurt a. M., 7. Auflag 2013 (zit.: Kittner/Zwanziger/Deinert-Bearbeiter, § ... Rdnr.)

Kurz, Hanns, Praxishandbuch Theaterrecht, C. H. Becksche Verlagsbuchhandlung, 1999 (zit.: Kurz, Theaterrecht, Kap. ..., S.)

Meinel, Dr. Gernod/Heyn, Judith/Herms, Dr. Sascha, Allgemeines Gleichbehandlungsgesetz: AGG, C. H. Beck Verlag, 2. Auflage 2010 (zit.: Meinel/Heyn/Herms, AGG § ... Rdnr. ...)

Müller-Glöge, Dr. Rudi/Preis, Dr. Dr. h.c. Ulrich/Schmidt, Ingrid, Erfurter Kommentar zum Arbeitsrecht, Verlag C. H. Beck, München, 15. Auflage, 2015 (zit.: Erf. Kom./*Bearbeiter*)

Natter, Eberhard, Kettenbefristungen beim Abendpersonal der Bühnen, Arbeit und Recht (AuR) 2013, 156–159

Nix, Prof. Dr. Christpoh/Hegemann, Prof. Dr. Jan/Hemke, Rolf C. , Normalvertrag Bühne, Nomos Verlagsgesellschaft, Baden-Baden, 2. Auflage, 2012 (zit.: Nix/Hegemann/Hemke-*Bearbeiter*, § ... Rdnr. ...)

Rieble, Volker/Klumpp, Steffen, Mobbing und die Folgen, Aufsatz: ZIP 2002, 369–381

Riepenhausen, Dr. Bernhard, Das Arbeitsrecht der Bühne, Walter de Gruyter & Co., Berlin, 2. Auflage, 1956 (zit. Riepenhausen, S.)

Riepenhausen, Dr. Bernhard, Das Arbeitsrecht der Bühne, Walter de Gruyter & Co., Berlin, Ergänzungsband 1965 (zit. Riepenhausen, Erg.bd., S.)

Schaub, Dr. h.c. Günther, Arbeitsrechtshandbuch, Systematisches Darstellung und Nachschlagewerk für die Praxis, C. H. Beck-Verlag, München, 16. Auflage 2015 (zit.: Schaub/*Bearbeiter*, Arb-HdB, § ...Rdnr.)

Schleusener, Aino/Suckow, Jens/Voigt, Burkhard, AGG Kommentar zum Allgemeinen Gleichbehandlungsgesetz, Luchterhand Taschenkommentar, 4. Auflage 2013 (zit.: Schleusener/Suckow/Voigt, AGG § ... Rdnr. ...)

Schulz, Tanja, Bühnenschiedsgerichtsbarkeit und befristeter Bühnenanstellungsvertrag, UFITA-Schriftenreihe 1988,

Sievers, Dr. Jochen, TzBfG, Kommentar zum Teilzeit- und Befristungsgesetz, Luchterhand, Köln, 4. Auflage 2012 (zit. Sievers, § ... Rdnr.)

Söllner, Alfred, Das Zurückbehaltungsrecht des Arbeitnehmers, Aufsatz: ZfA 1973, 1–28

Stahlhacke, Prof. Dr. Dr. h.c. Eugen, EzA, Entscheidungssammlung zum Arbeitsrecht, Herrmann Luchterhand Verlag, 6. Auflage (zit.: EzA § ...Gesetz, Nr.)

Tschöpe, Dr. Ulrich, Arbeitsrechthandbuch, Verlag Dr. Otto Schmdit KG, Köln, 9. Auflage 2015 (zit.: Tschöpe/Bearbeiter, Arbeitsrecht, Teil ... Rdnr. ...)

Wagner, Anke, Sonderarbeitsrecht für das Bühnenengagement, S. Roederer Verlag, Regensburg 2002

Wandtke, Artur-Axel/Fischer, Hermann J./Reich, Steven A., Theater und Recht, Verlag Kammerer & Unverzagt, Hamburg, 1994 (zit.: Wandtke/Fischer/Reich, Theater und Recht, Seite ..., Rdnr. ...)

Wiedemann, Herbert, Tarifvertragsgesetz, C. H. Beck Verlag, 7. Auflage, 2007 (zit.: Wiedemann/Bearbeiter, TVG, § ... Rdnr. ...)

I. Teil

1 Rechtliche Grundlagen der Verträge mit Bühnenkünstlern

Verträge zwischen Bühnen und Bühnenkünstlern werden im Wesentlichen als Arbeits-/Dienst-(Honorar-) oder Werkverträge abgeschlossen. Von der Vertragsart abhängig sind die daraus resultierenden Rechtsfolgen. Am Anfang steht daher stets die Prüfung, welche Vertragsart gegeben ist. 1

Welche Art von Rechtsverhältnis vorliegt, ist anhand einer Gesamtwürdigung aller maßgebenden Umstände des Einzelfalls zu ermitteln, der objektive Geschäftsinhalt ist den ausdrücklich getroffenen Vereinbarungen und der praktischen Durchführung des Vertrags zu entnehmen. Widersprechen sich Vereinbarung und tatsächliche Durchführung, ist grundsätzlich Letztere maßgebend.[1] 2

Ob ein Werkvertrag, ein Dienst- oder ein Arbeitsverhältnis besteht, hängt demnach nicht von der Bezeichnung ab, den die Vertragsparteien ihrem Vertrag geben. Insbesondere können zwingende gesetzliche Regelungen für Arbeitsverhältnisse nicht dadurch abbedungen werden, dass die Parteien ihrem Arbeitsverhältnis eine andere Bezeichnung geben.[2] 3

1.1 Die hauptsächlichen Vertragsformen

1.1.1 Werkvertrag

Durch einen Werkvertrag wird der Unternehmer zur Herstellung des versprochenen Werks und der Besteller zur Entrichtung der vereinbarten Vergütung verpflichtet (§ 631 Abs. 1 BGB). Gegenstand eines Werkvertrags kann sowohl die Herstellung oder Veränderung einer Sache als auch ein anderer durch Arbeit oder Dienstleistung herbeizuführender Erfolg sein (§ 631 Abs. 2 BGB). 4

Für die Abgrenzung des Arbeitsvertrags zum Dienst- und Werkvertrag ist maßgebend, ob ein bestimmtes Arbeitsergebnis bzw. ein bestimmter Arbeitserfolg oder nur eine bestimmte Dienstleistung als solche geschuldet wird.[3] 5

1 BAG, Urteil v. 29.08.2012, Az.: 10 AZR 499/11, juris – Rdnr. 15; BAG, Urteil v. 15.02.2012, Az.: 10 AZR 301/10, juris – Rdnr. 13; BAG, Urteil v. 20.05.2009, Az.: 5 AZR 31/08, juris – Rdnr. 19 m. w. N.

2 BAG, Urteil v. 25.09.2013, Az.: 10 AZR 282/12, juris – Rdnr. 16.

3 BGH, 16.07.2002 – X ZR 27/01, juris – Rdnr. 14 = BGHZ 151, 330–337.

6 Wird nicht ein bestimmtes Ergebnis bzw. ein bestimmter Erfolg geschuldet, sondern nur eine bestimmte Dienstleistung als solche, kommt regelmäßig kein Werkvertrag sondern ein (freier) Dienstvertrag in Betracht.[4]

7 Legen die Parteien die zu erledigende Aufgabe und den Umfang der Arbeiten im Vertrag konkret fest, kann das für das Vorliegen eines Werkvertrages sprechen.[5] Fehlt es an einem abgrenzbaren, dem Auftragnehmer als eigene Leistung zurechenbaren und abnahmefähigen Werk, kommt ein Werkvertrag kaum in Betracht, weil der „Auftraggeber" durch weitere Weisungen den Gegenstand der vom „Auftragnehmer" zu erbringenden Leistung erst bestimmen und damit Arbeit und Einsatz erst bindend organisieren muss.[6]

8 Richten sich die vom Auftragnehmer zu erbringenden Leistungen nach dem jeweiligen Bedarf des Auftraggebers, so kann auch darin ein Indiz gegen einen werk- und für eine arbeitsvertragliche Beziehung liegen, etwa wenn mit der Bestimmung von Leistungen auch über Inhalt, Durchführung, Zeit, Dauer und Ort der Tätigkeit entschieden wird.

9 Wesentlich ist, inwiefern Weisungsrechte ausgeübt werden, und in welchem Maß der Auftragnehmer in einen bestellerseitig organisierten Produktionsprozess eingegliedert ist. Zwar steht auch einem Werkbesteller gegenüber dem Werkunternehmer das Recht zu, Anweisungen für die Ausführung des Werks zu erteilen (vgl. § 645 Abs. 1 Satz 1 BGB), davon abzugrenzen ist aber die Ausübung von Weisungsrechten bezüglich des Arbeitsvorgangs und der Zeiteinteilung.[7] Weisungen, die sich ausschließlich auf das vereinbarte Werk beziehen, können im Rahmen eines Werkvertrages erteilt werden.[8] Wird die Tätigkeit aber durch den „Besteller" geplant und organisiert und wird der „Werkunternehmer" in einen arbeitsteiligen Prozess in einer Weise eingegliedert, die eine eigenverantwortliche Organisation der Erstellung des vereinbarten „Werks" faktisch ausschließt, liegt ein Arbeitsverhältnis nahe. Der Arbeitsvertrag unterscheidet sich damit vom Werk- oder freien Dienstvertrag entscheidend im Grad der Selbständigkeit bzw. der persönlichen Abhängigkeit.[9] Der Werkunternehmer ist selbständig. Er organisiert die für

---

4 BAG, Urteil v. 21.11.2013, Az.: 6 AZR 23/12, juris – Rdnr. 21; BAG, Urteil v. 25.09.2013, Az.: 10 AZR 282/12, juris – Rdnr. 15, BGH, Urteil v. 16.07.2002, Az.: X ZR 27/01, juris – Rdnr. 14, BGHZ 151, 330–337.

5 BGH, Urteil v. 16.07.2002 – X ZR 27/01, juris – Rdnr. 14 = BGHZ 151, 330–337.

6 BAG, Urteil v. 9.11.1994, Az.: 7 AZR 217/94, juris – Rdnr. 27 = BAGE 78, 252.

7 Kittner/Zwanziger/*Deinert-Deinert* § 3 Rdnr. 137.

8 vgl. Erf. Kom./*Preis* § 611 BGB Rdnr. 14.

9 vgl. für die Abgrenzung zum Werkvertrag BAG, Urteil v. 25.09.2013, Az.: 10 AZR 282/12 juris – Rdnr. 16; BGH, Urteil v. 25.06.2002, Az.: X ZR 83/00, juris – Rdnr. 12; BAG, Urteil v. 21.11.2013, Az.: 6 AZR 23/12, juris – Rdnr. 22.

die Erreichung eines (wirtschaftlichen) Erfolgs notwendigen Handlungen nach eigenen betrieblichen Voraussetzungen und ist für die Herstellung des geschuldeten Werks gegenüber dem Besteller verantwortlich.[10]

Zur Selbständigkeit eines Werkunternehmers wie auch eines freien Dienstnehmers gehört, dass sie über die eigene Arbeitskraft grundsätzlich selbst verfügen können, d. h. Tätigkeit und Arbeitszeit im Wesentlichen frei von ihnen bestimmt werden. 10

Ist der Vertragspartner jedoch hinsichtlich Zeit, Ort und Inhalt der Arbeitsleistung weisungsgebunden (§ 106 GewO), liegt kein Werkvertrag vor. In diesen Fällen dürfte ein Arbeitsverhältnis vorliegen, welches sich von dem Rechtsverhältnis eines Werkunternehmers maßgeblich durch den Grad der persönlichen Abhängigkeit unterscheidet.[11] 11

Allein die Verpflichtung zur Einhaltung eines bereits vertraglich festgesetzten Probenplans schließt die Annahme eines Werkvertrages nicht aus. Etwas anderes gilt hingegen dann, wenn seitens der Bühne mit Einzelweisungen in den Probenplan eingegriffen werden kann.[12] 12

Auch die Eingliederung in einen Betrieb widerspricht dem Wesen des Werkvertrages.[13] Dies schließt jedoch nicht aus, dass z. B. ein „Gastregisseur", der die Inszenierung eines Bühnenwerkes als „ausübender Künstler" eigenschöpferisch zu erbringen hat, mit anderen Theaterpersonen zusammenwirken muss, allein dies bewirkt nicht ohne Weiteres eine Eingliederung in den Theaterbetrieb im vorbezeichneten Sinn.[14] 13

Meist schuldet der Bühnenkünstler jedoch keinen Erfolg im Sinne des § 631 Abs. 2 BGB, weshalb entsprechende Verträge regelmäßig nicht als Werkvertrag, sondern als Dienstvertrag, § 611 BGB zu qualifizieren sein werden. Ausnahmen können z. B. die Tätigkeit eines Regisseurs[15] oder eines Bühnenbildners bilden. 14

Der Bühnenkünstler hat sowohl bei den Proben als auch bei den Aufführungen Dienste zu leisten. Er schuldete daher keinen Erfolg i. S. v. § 631 Abs. 2 BGB, sondern eine künstlerische Tätigkeit, und zwar unabhängig davon, ob der Vertragsgegenstand eine Spielzeit oder auf eine Partie beschränkt ist. Nach Auffassung des Bundesarbeitsgerichts schuldet der Bühnenkünstler entsprechend seinem Fachkönnen tätig zu werden, nicht mehr und nicht weniger, insbeson- 15

10 BAG, Urteil v. 25.09.2013, Az.: 10 AZR 282/12, juris – Rdnr. 16; BAG, Urteil v. 18.01.2012, Az.: 7 AZR 723/10, juris – Rdnr. 27; Urteil v. 13.08.2008, Az.: 7 AZR 269/07, juris – Rdnr. 14.

11 BGH, Urteil v. 25.06.2002, Az.: X ZR 83/00, juris – Rdnr. 12 = NZA 2002, 1086–1090.

12 BSG, Urteil v. 24.06.1981, Az.: 12 RK 35/80, juris.

13 *Kurz* Theaterrecht 5. Kap. Rdnr. 2.

14 BSG, Urteil v. 24.06.1981, Az.: 12 RK 35/80, juris.

15 BSG, Urteil v. 24.06.1981, Az.: 12 RK 35/80, juris.

dere kein bestimmtes Arbeitsergebnis oder einen bestimmten Arbeitserfolg frei von Sach- und Rechtsmängeln (§§ 633 ff. BGB).[16]

16 Dienst- und Werkvertrag lassen sich im Allgemeinen hinreichend sicher danach unterscheiden, wer nach dem erkennbaren Willen der Vertragspartner für den Fall einer zufälligen, d. h. von keinem der Vertragspartner zu vertretenden Unausführbarkeit des Werkes die Gefahr der Vergütung tragen soll. Beim Werkvertrag ist dies der Hersteller des Werkes (Unternehmer), der, da er einen Erfolg i. S. eines Arbeitsergebnisses schuldet, bei Unausführbarkeit des Werkes grundsätzlich keine Vergütung beanspruchen kann, während beim Dienstvertrag der Dienstpflichtige auch bei Nichterreichung des vom Dienstberechtigten mit der Dienstleistung wirtschaftlich bezweckten Erfolges den Vergütungsanspruch für die geleisteten, unter Umständen (vgl. §§ 615 f BGB) sogar für nicht geleistete Dienste behält.[17]

17 Nach alledem sind bei der Abwägung alle nach Lage des Einzelfalles relevanten Indizien zu berücksichtigen und innerhalb einer Gesamtschau gewichtet und gegeneinander abzuwiegen. Kann die Tätigkeit grundsätzlich sowohl in der Form einer abhängigen Beschäftigung als auch einer selbständigen Tätigkeit erbracht werden, ist entscheidend, wie die Tätigkeit organisiert und ausgestaltet ist.[18]

1.1.2 Freier Dienstvertrag

18 Durch einen Dienstvertrag wird derjenige, welcher Dienste zusagt, zur Leistung der versprochenen Dienste, der andere Teil zur Gewährung der vereinbarten Vergütung verpflichtet (§ 611 Abs. 1 BGB). Gegenstand des Dienstvertrags können Dienste jeder Art sein (§ 611 Abs. 2 BGB), somit auch künstlerische Leistungen.

19 Wie auch der Werkunternehmer ist der Dienstnehmer im Wesentlichen frei von Weisungen des Auftraggebers. Im Unterschied zum Werkvertrag schuldet der Dienstnehmer nicht den Erfolg, sondern eine Leistung, das heißt lediglich „das Bemühen um den Erfolg".

20 Der Vertrag eines Bühnenkünstlers ist regelmäßig nicht als Werkvertrag, sondern als Dienstvertrag im Sinne des § 611 BGB zu qualifizieren. Der Bühnenkünstler hat sowohl bei den Proben als auch bei den Aufführungen Dienste zu

16 BAG, Urteil v. 07.02.2007, Az.: 5 AZR 270/06, juris – Rdnr. 11.

17 BSG, Urteil v. 24.06.1981, Az.: 12 RK 35/80, juris.

18 vgl. BSG, Urteil v. 25.04.2012, Az.: B 12 KR 24/10 R, juris, Rdnr. 22; BSG, Urteil v. 28.09. 2011, Az.: B 12 R 17/09 R, juris, Rdnr. 17; für Requisiteur: LSG Berlin-Brandenburg, Urteil v. 09.05.2014, Az.: L 1 KR 465/12, juris, Rdnr. 32 ff.

leisten. Er schuldet keinen Erfolg i. S. v. § 631 Abs. 2 BGB, sondern eine künstlerische Tätigkeit und zwar unabhängig davon, ob der Vertragsgegenstand auf eine Spielzeit oder auf eine Partie beschränkt ist. Nach Auffassung des Bundesarbeitsgerichts schuldet der Bühnenkünstler entsprechend seinem Fachkönnen tätig zu werden, nicht mehr und nicht weniger, insbesondere kein bestimmtes Arbeitsergebnis oder einen bestimmten Arbeitserfolg frei von Sach- und Rechtsmängeln (§§ 633 ff. BGB).[19]

1.1.3 Arbeitsvertrag

Der Arbeitsvertrag ist ein Unterfall des Dienstvertrages. Es unterscheidet sich von dem Rechtsverhältnis eines freien Dienstverhältnisses durch den Grad der persönlichen Abhängigkeit, in der sich der zur Dienstleistung verpflichtete befindet. Das Bundesarbeitsgericht definiert den Arbeitnehmer, als denjenigen, der auf Grund eines privatrechtlichen Vertrags im Dienste eines anderen zur Leistung weisungsgebundener, fremdbestimmter Arbeit in persönlicher Abhängigkeit gegen Entgelt verpflichtet ist.[20] 21

Zur Konkretisierung dieser allgemeinen Merkmale hat die Rechtsprechung verschiedene Abgrenzungsmerkmale entwickelt, die gegeneinander abzuwägen sind, ohne dass ein Merkmal in der Regel allein für sich den Ausschlag geben kann. 22

So ist in einem Arbeitsverhältnis die vertraglich geschuldete Leistung im Rahmen einer von Dritten bestimmten Arbeitsorganisation zu erbringen. Die Eingliederung in die fremde Arbeitsorganisation zeigt sich insbesondere daran, dass der Beschäftigte einem Weisungsrecht seines Vertragspartners (Arbeitgebers) unterliegt. Das Weisungsrecht kann Inhalt, Durchführung, Zeit, Dauer und Ort der Tätigkeit betreffen,[21] vgl. insoweit auch § 106 GewO. Zudem wird die Arbeit typischerweise auch in eigener Person erbracht (§ 613 Satz 1 BGB) und kann rechtlich nicht zulässig durch eine andere Person ausgeübt werden. Der Grad der persönlichen Abhängigkeit hängt dabei auch von der Eigenart der jeweiligen Tätigkeit ab.[22] Diese Grundsätze gelten auch für Bühnenmitglieder.[23] 23

---

19 BAG, Urteil v. 07.02.2007, Az.: 5 AZR 270/06, juris – Rdnr. 11.

20 zuletzt BAG, Urteil v. 11.08.2015, Az.: 9 AZR 98/14, juris; BAG, Urteil v. 15.02.2012, Az.: 10 AZR 301/10, Rdnr. 13, juris; BAG, Urteil v. 14.03.2007, Az.: 5 AZR 499/06 , juris – Rdnr. 13 m. w. N.

21 BAG, Urteil v. 09.10.2002, Az.: 5 AZR 405/01, juris – Rdnr. 19.

22 BAG, Urteil v. 15.02.2012, Az.: 10 AZR 301/10, juris – Rdnr. 13.

23 BAG, Urteil v. 07.02.2007, Az.: 5 AZR 270/06, juris – Rdnr. 13, (für Opernsänger/Musiker); BAG, Urteil v. 09.10.2002, Az.: 5 AZR 405/01, juris – Rdnr. 19 (für Orchestermitglieder).

24 Die Weisungsabhängigkeit in örtlicher Hinsicht wird sich im Bereich Bühne zwangslos aus der Vorgabe der Bühne hinsichtlich des Proben- und Aufführungsortes ergeben.

25 Die Beurteilung der Weisungsabhängigkeit in inhaltlicher, d. h. fachlicher Hinsicht kann an Bühnen problematisch sein, insbesondere wenn es sich um Künstler mit herausragender fachlicher Qualifikation handelt.

26 Diese persönliche Abhängigkeit wird jedoch nicht allein dadurch in Frage gestellt, dass der (Bühnen-)Künstler eine tragende Rolle innehat und zu den fachlich herausragenden Personen gehört, so dass Weisungen im künstlerischen Bereich weitgehend entfallen. Die fachliche Weisungsgebundenheit gibt nur bedingt Auskunft über den rechtlichen Status des Mitarbeiters. Ist der Mitarbeiter fachlichen Weisungen unterworfen, spricht dies zwar für ein Arbeitsverhältnis. Der umgekehrte Schluss ist aber nicht ohne Weiteres berechtigt; fehlende fachliche Weisungsgebundenheit spricht nicht gegen die Arbeitnehmereigenschaft. Bei einzelnen Arbeitnehmergruppen kann sie ganz fehlen oder erheblich eingeschränkt sein.[24]

27 Weisungsabhängigkeit in zeitlicher Hinsicht ist grundsätzlich gegeben, wenn ständige Dienstbereitschaft erwartet wird oder wenn der Mitarbeiter in nicht unerheblichem Umfang auch ohne entsprechende Vereinbarung herangezogen wird, ihm also die Arbeitszeiten letztlich „zugewiesen“ werden.[25] Die ständige Dienstbereitschaft kann sich sowohl aus den ausdrücklich getroffenen Vereinbarungen der Parteien als auch aus der praktischen Durchführung der Vertragsbeziehungen ergeben.[26]

28 Bei einem festangestellten Bühnenmitglied ist dies meist zwanglos gegeben, anders sieht es bei sog. „Gastverträgen“ aus.

29 Letztlich sind die das Rechtsverhältnis prägenden charakteristischen Merkmale so zu beurteilen, wie sie sich aus dem Inhalt des Vertrages bzw. der praktischen Durchführung und Gestaltung der Vertragsbeziehungen ergeben. Maßgebend ist mithin eine Gesamtwürdigung aller im Einzelfall gegebenen Anhaltspunkte unter Berücksichtigung der Verkehrsanschauung.[27]

---

24 BAG, Urteil v. 20.01.1982, Az.: 5 AZR 709/79, juris – Rdnr. 22.

25 BAG, Urteil v. 09.06.2010, Az.: 5 AZR 332/09, juris – Rdnr. 21 ff. = AP BGB § 611 Abhängigkeit Nr. 121 = EzA BGB 2002 § 611 Arbeitnehmerbegriff Nr. 18; BAG, Urteil v. 20.05.2009, Az.: 5 AZR 31/08, juris – Rdnr. 22 = AP BGB § 611 Arbeitnehmerähnlichkeit Nr. 16 = EzA BGB 2002 § 611 Arbeitnehmerbegriff Nr. 15.

26 BAG, Urteil v. 15.02.2012, Az.: 10 AZR 301/10, juris – Rdnr. 17.

27 BAG, Urteil v. 05.07.1984, Az.: 2 AZR 84/83, juris – Rdnr. 16 = BAG 37, 58; BAG, Urteil v. 8.10.1975, Az.: 5 AZR 430/74, juris = AP Nr. 18 zu § 611 BGB Abhängigkeit; BAG, Urteil v. 26.01.1977, Az.: 5 AZR

Die Rechtsprechung des Bundessozialgericht zur Abgrenzung des freien zum sozialversicherungspflichtigen Beschäftigungsverhältnis weicht von der Rechtsprechung des Bundesarbeitsgerichts zur Abgrenzung des (sozialversicherungspflichten) Arbeitsverhältnis vom freien Dienst- oder Werkvertrag ab. 30

Gemäß § 5 Abs. 1 Nr. 1 SGB V besteht Versicherungspflicht im Bereich der gesetzlichen Krankenversicherung für Arbeiter, Angestellte und zu ihrer Berufsausbildung Beschäftigte, die gegen Arbeitsentgelt beschäftigt sind. Gesetzlich rentenversichert sind Personen, die gegen Arbeitsentgelt oder zu ihrer Berufsausbildung beschäftigt sind (§ 1 Abs. 1 Satz 1 Nr. 1 SGB VI). 31

Eine gesetzgeberische Definition des Begriffes der „Beschäftigung" fehlt im Recht der Renten- sowie auch der Krankenversicherung, so dass auf § 7 SGB IV sowie zur Klärung der beitragspflichtigen Beschäftigung im Rahmen der Arbeitslosenversicherung auf §§ 24 f. SGB III zurückzugreifen ist. 32

Nach § 7 Abs. 1 SGB IV ist Beschäftigung die nichtselbständige Arbeit, insbesondere in einem Arbeitsverhältnis. Anhaltspunkte für eine Beschäftigung sind eine Tätigkeit nach Weisungen und eine Eingliederung in die Arbeitsorganisation des Weisungsgebers (§ 7 Abs. 1 Satz 1 und 2 SGB IV). 33

Nach der ständigen Rechtsprechung des BSG ist wesentliches Merkmal für das Vorliegen eines abhängigen Beschäftigungsverhältnisses die persönliche Abhängigkeit. Persönliche Abhängigkeit erfordert die Eingliederung in den Betrieb und die Unterordnung unter das Weisungsrecht des Arbeitgebers in Bezug auf Zeit, Dauer, Ort und Art der Arbeitsausführung (§ 106 GewO). Das Weisungsrecht des Arbeitgebers kann vornehmlich bei Diensten höherer Art eingeschränkt und „zur dienenden Teilnahme am Arbeitsprozess" verfeinert sein.[28] 34

Dagegen ist eine selbständige Tätigkeit durch ein eigenes Unternehmerrisiko[29], das Vorhandensein einer eigenen Betriebsstätte, die Verfügungsmöglichkeit über die eigene Arbeitskraft und die im Wesentlichen freie Gestaltung von Tätigkeit und Arbeitszeit gekennzeichnet. Ob eine abhängige Beschäftigung oder Selbständigkeit vorliegt, richtet sich danach, welche der genannten Merkmale bei Betrachtung des Gesamtbilds der Verhältnisse überwiegen.[30] 35

Diese Grundsätze gelten auch für Künstler und Künstlerinnen. Diese können sowohl abhängig beschäftigt als auch selbständig tätig sein. 36

796/75, juris = AP Nr. 13 zu § 611 BGB Lehrer, Dozenten; BAG 39, 329 = AP Nr. 32 zu § 611 BGB Lehrer, Dozenten.

28 vgl. BSG, Urteil v. 18.12.2001, Az.: B 12 KR 8/01 R, juris – Rdnr. 20; BSG, Urteil v. 09.12.1981, Az.: 12 RK 4/81, juris – Rdnr. 73.

29 vgl. BSG, Urteil v. 31.07.1974, Az.: 12 RK 26/72, juris – Rdnr. 18 = BSGE 38, 53–59.

30 vgl. zum Ganzen BSG, Urt. v. 25.04.2012, Az.: B 12 KR 24/10 R, juris – Rdnr. 16.

37 Die Spitzenverbände der Sozialversicherungsträger haben nach Beratung in verschiedenen Arbeitskreisen – auch unter Beteiligung der Interessenverbände aus dem künstlerischen und publizistischen Bereich – einen sog. „Abgrenzungskatalog“ für die im Bereich Theater, Orchester, Rundfunk- und Fernsehanbieter, Film- und Fernsehproduktionen künstlerisch und publizistisch tätigen Personen mit Datum 13.05.1992 erstellt (sog. Abgrenzungskatalog, veröffentlicht in: Die Beiträge, 1992, S. 94 ff.). Nach diesem Abgrenzungskatalog ist ein wichtiges Kriterium für die Beurteilung der Selbständigkeit bzw. abhängigen Beschäftigung von Künstlern, ob sie vertraglich verpflichtet sind, an festgelegten Proben teilzunehmen, ob sie eine im Voraus festgesetzte Gage bekommen, ob sie auf die Vertragsverhandlungen mit dem Veranstalter bzw. die Programmgestaltung und die Programmdurchführung einen Einfluss haben und inwieweit sie an der musikalisch-künstlerischen Gestaltung mit beteiligt werden. Dieser Abgrenzungskatalog ist für die Gerichte nicht bindend. Maßgebend sind vielmehr die von der Rechtsprechung entwickelten und oben dargestellten Kriterien der Unterscheidung zwischen abhängiger und selbständiger Tätigkeit.

38 Die Versicherungspflicht ergibt sich aus dem Gesetz und ist daher nicht Gegenstand einzelvertraglicher Vereinbarungen. Entscheidend für das Vorliegen einer abhängigen Beschäftigung ist deswegen (auch) die tatsächliche Ausgestaltung der Verhältnisse, welchen gegebenenfalls sogar stärkeres Gewicht als abweichenden vertraglichen Regelungen zukommen kann.[31]

1.1.4 Gastspiel- und Stückdauervertrag

39 Eine gesetzliche Definition des Gastspielvertrages besteht nicht. Gastspielverträge sind nach § 1 Abs. 5 NV Bühne (vormals § 20 NV Solo) Verträge, die der Arbeitgeber zur Ergänzung seines ständigen Personals und zur Ausgestaltung seines Spielplans mit Solomitgliedern in der Weise abschließt, dass sie nicht als ständige Solomitglieder angestellt, sondern nur zur Mitwirkung für eine bestimmte Anzahl von Aufführungen, aber nicht für mehr als 72 während der Spielzeit, verpflichtet werden.

31 BSG, Urteil v. 28.05.2008, Az.: B 12 KR 13/07 R, juris – Rdnr. 17; BSG, Urteil v. 24.01.2007, Az.: B 12 KR 31/06 R, juris – Rdnr. 17.

Nach der in der Rechtsprechung des Bundesarbeitsgericht[32] und der in der Literatur[33] überwiegend vertretenen Auffassung, gehört zum Wesen des Gastspielvertrages eines darstellenden Künstlers, dass im Arbeitsvertrag selbst festgelegt ist oder jedenfalls auf Grund des Vertrages einvernehmlich festgelegt werden soll, welche Rolle der Künstler in welchem Bühnenstück spielen soll. Dagegen ist es mit dem Wesen des Gastspielvertrages unvereinbar, wenn es der Theaterleitung überlassen bleiben soll, dem Bühnenkünstler im Rahmen seines Kunstfaches die von ihm zu übernehmenden Aufgaben jeweils zuzuweisen.[34] 40

Bei Serientheatern liegt ein Gastspielvertrag nur vor, wenn das dem Gast bewilligte Entgelt die festen Bezüge der meisten von dem Arbeitgeber festangestellten Mitglieder weit übersteigt; in diesem Fall fällt die in Satz 3 festgesetzte ziffernmäßige Beschränkung der Aufführungen fort. 41

Der Gastspielvertrag kann jedoch nicht nur als Arbeitsvertrag, sondern auch als Dienstvertrag abgeschlossen werden. Die Abgrenzung ist nicht immer einfach. 42

Die Abgrenzung des Arbeitsvertrages vom freien Dienstvertrag erfolgt beim Gastvertrag grundsätzlich nach den gleichen Maßstäben, wie im allgemeinen Arbeitsrecht. Arbeitnehmer ist danach, wer auf Grund eines privatrechtlichen Vertrags im Dienste eines anderen zur Leistung weisungsgebundener, fremdbestimmter Arbeit in persönlicher Abhängigkeit verpflichtet ist. In einem Arbeitsverhältnis ist die vertraglich geschuldete Leistung im Rahmen einer von Dritten bestimmten Arbeitsorganisation zu erbringen. Die Eingliederung in die fremde Arbeitsorganisation zeigt sich insbesondere daran, dass der Beschäftigte einem Weisungsrecht seines Vertragspartners (Arbeitgebers) unterliegt. Das Weisungsrecht kann Inhalt, Durchführung, Zeit, Dauer und Ort der Tätigkeit betreffen (§106 GewO). Arbeitnehmer ist derjenige, der nicht im Wesentlichen frei seine Tätigkeit gestalten und seine Arbeitszeit bestimmen kann.[35] 43

Nach Auffassung des Bundesarbeitsgerichtes ist jedoch beim Gastvertrag zu berücksichtigen, dass dieser sein Gepräge durch die Mitwirkung an den Vorstellungen erhält. Auch wenn die Proben zeitlich überwiegen, dienen sie nur dem Zweck, die Oper/das Stück aufzuführen. Dies kommt regelmäßig auch in den unterschiedlichen Vergütungsregelungen zum Ausdruck. Die Prüfung der 44

---

32 BAG, Urteil, v. 27.09.2001, Az.: 6 AZR 140/00, juris – Rdnr. 36; BAG, Urteil v. 24.09.1986, Az.: 7 AZR 663/84, juris.

33 Bolwin/*Sponer* Bühnentarifrecht §20 Rdnr. 27; *Kurz* Theaterrecht 8. Kapitel, Rdnr. 10.

34 BAG, Urteil v. 27.09.2001, Az.: 6 AZR 140/00, Rdnr. 36, juris; BAG, Urteil v. 24.09.1986, Az.: 7 AZR 663/84, juris; Bolwin/*Sponer* Bühnentarifrecht §20 NV-Solo Rdnr. 27; *Kurz* Theaterrecht 8. Kapitel Rdnr. 10.

35 BAG, Urteil v. 07.02.2007, Az.: 5 AZR 270/06, juris – Rdnr. 19,; BAG, Urteil v. 09.10.2002, Az.: 5 AZR 405/01, zu II 1, 2 der Gründe m. w. N.

Weisungsgebundenheit muss diese dienende Funktion der Proben angemessen berücksichtigen. Die Bewertung der persönlichen Abhängigkeit darf daher nicht allein nach dem zeitlichen Umfang der Tätigkeiten erfolgen. Stehen die Aufführungen als Vertragsgegenstand ganz im Vordergrund, sind sie neben den in zeitlicher Hinsicht überwiegenden Proben zumindest gleichgewichtig.[36]

45 Meist sind bereits der Inhalt (die Rolle), die Vertragsdauer und der Ort der Leistung vertraglich fixiert, so dass insoweit kein Weisungsrecht des Vertragspartners besteht. Sind auch die Aufführungstage bereits vertraglich festgelegt, sodass kein wesentliches zeitliches Weisungsrecht seitens des Vertragspartners (mehr) besteht, ist der Gast zwar hinsichtlich der Zeit der Arbeitsleistung nicht frei, aber doch frei von Weisungen[37].

46 Zwar besteht zumeist bei den Proben eine weitergehende Weisungsgebundenheit des Gastes, allerdings wird auch hier meist ein Zeitraum für die Proben vereinbart, der durch bestimmt bezeichnete Zeiträume und Tage weiter eingeschränkt werden kann.[38]

47 Selbst wenn – isoliert für den Probenzeitraum – die Gesamtwürdigung der Umstände für einen Arbeitsvertrag sprechen könnte, kann sie gegenüber der freien Stellung des Gastes nach dem Gesamtgepräge des Vertragsverhältnisses zurücktreten, mit der Folge, dass von einem freien Dienstverhältnis auszugehen ist.[39]

48 Sind andererseits die Lage der Vorstellungstermine nicht bereits zeitlich im Arbeitsvertrag fixiert oder können diese einseitig durch die Bühne, d. h. ohne Zustimmung des Bühnenmitglieds verändert insbesondere um weitere Vorstellungstermine erweitert werden, spricht vieles für ein Arbeitsverhältnis des Gastes.

49 Letztlich sind die das Rechtsverhältnis prägenden charakteristischen Merkmale so zu beurteilen, wie sie sich aus dem Inhalt des Vertrages bzw. der praktischen Durchführung und Gestaltung der Vertragsbeziehungen ergeben. Maßgebend ist mithin eine Gesamtwürdigung aller im Einzelfall gegebenen Anhaltspunkte unter Berücksichtigung der Verkehrsanschauung.[40]

---

36 BAG, Urteil v. 07.02.2007, Az.: 5 AZR 270/06, Rdnr. 14, juris.

37 BAG, Urteil v. 07.02.2007, Az.: 5 AZR 270/06, Rdnr. 19, juris.

38 BAG, Urteil v. 07.02.2007, Az.: 5 AZR 270/06, Rdnr. 21, juris.

39 BAG, Urteil v. 07.02.2007, Az.: 5 AZR 270/06, Rdnr. 23, juris.

40 BAG, Urteil v. 05.07.1984, Az.: 2 AZR 84/83, juris – Rdnr. 16 = BAG 37; BAG, Urteil v. 8.10.1975, Az.: 5 AZR 430/74, juris = AP Nr. 18 zu § 611 BGB Abhängigkeit; BAG, Urteil v. 26.01.1977, Az.: 5 AZR 796/75, juris = AP Nr. 13 zu § 611 BGB Lehrer, Dozenten = BAG 39, 329 = AP Nr. 32 zu § 611 BGB Lehrer, Dozenten.

Im Rahmen der Berücksichtigung der Verkehrsanschauung kann dem Abgrenzungskatalog der Spitzenorganisation der Sozialversicherung maßgebliche Bedeutung zukommen. Nach dem Abgrenzungskatalog der Spitzenorganisation der Sozialversicherung, der zwar keine Bindungswirkung für die Entscheidung der Gerichte entfaltet, wird eine selbständige Tätigkeit bei einem Schauspieler, Sänger, Tänzer und Instrumentalsolisten dann angenommen, wenn dieser nach seiner hervorragenden künstlerischen Stellung maßgeblich zum künstlerischen Erfolg einer Aufführung beizutragen verspricht. Für den Abgrenzungskatalog spricht, dass er nach Anhörung der maßgebenden Interessenverbände aus dem künstlerischen Bereich entwickelt worden ist und der Tatsache Rechnung trägt, dass innerhalb der Kategorie „Gastspiel" eine Vielzahl von Fallgestaltungen denkbar ist, die nur zu einem geringen Teil eine selbständige Tätigkeit erfassen. Diese Abgrenzung ist vor dem Hintergrund, dass ein derartiger Schauspieler sich gerade nicht, auch nicht zeitweise, in einen Theaterbetrieb eingliedert, nachvollziehbar.[41] 50

1.1.5 Statisterie, Komparserie

Statisten oder Komparsen sind Darsteller in wesentlich stummer Nebenrolle, 51
die nach von der Regie vorgegebenen Anweisungen aufzutreten bzw. sich zu bewegen haben. Häufig haben sie auch bei Massenszenen mitzuwirken. In der Regel ist es eine Nebentätigkeit, die vor allem von Studenten, Hausfrauen oder Rentnern ausgeübt wird.[42]

Unter Komparsen werden die Teilnehmer an Massenszenen verstanden.[43] 52
Während sich Statisten überwiegend bewegungslos auf der Bühne verhalten, bewegen sich die Komparsen (untereinander) und treten gelegentlich durch besondere Bewegungen oder Gesten aus der Menge hervor.[44]

Ob der Statist/Komparse Arbeitnehmer ist hängt von der vertraglichen 53
Gestaltung und deren Umsetzung ab. Vielfach stehen sie in einem freien Arbeitsverhältnis (zur Abgrenzung, vgl. § 5 NV Bühne). Fehlt eine Weisungsgebundenheit ist regelmäßig nicht von einer Arbeitnehmereigenschaft auszugehen mit der Folge, dass auch das Mindestlohngesetz nicht gilt. Wird hingegen ein Arbeitsver-

41 LSG Berlin-Brandenburg, Urteil v. 22.07.2008, Az.: L 2 U 211/07, juris – Rdnr. 24.

42 http://www.buehnenverein.de/de/jobs-und-ausbildung/berufe-am-theater-einzelne.html?view=59.

43 *Kurz* Theaterrecht S. 387.

44 Bolwin/*Sponer* Bühnentarifrecht § 71 Rdnr. 61.

trag geschlossen, unterfällt er nicht dem NV Bühne, außer es gelten die SR Chor oder Tanz, nach denen eine solche Tätigkeit aus künstlerischen Gründen verlangt werden kann, wenn das Mitglied ohnehin zur Mitwirkung an der Veranstaltung verpflichtet ist (§§ 71 Abs. 2 g); 84 Abs. 2 d) NV Bühne). Von Solomitgliedern kann eine Tätigkeit als Statist oder Komparse nicht verlangt werden, er ist ggf. lediglich zur Übernahme „kleiner Rollen" verpflichtet (§§ 54 Abs. 5 und 71 Abs. 3 a) NV Bühne).

1.2 Sozialversicherungsrechtliche Folgen der Vertragsgestaltung

1.2.1 Sozialversicherungspflichtiges Beschäftigungsverhältnis

54 Nur der Arbeitnehmer steht in einem sozialversicherungspflichtigen Beschäftigungsverhältnis nach § 7 Abs. 1 SGB IV.

55 Nach der ständigen Rechtsprechung des BSG erfordert eine Beschäftigung, dass der Arbeitnehmer vom Arbeitgeber persönlich abhängig ist. Bei einer Beschäftigung in einem fremden Betrieb ist dies der Fall, wenn der Beschäftigte in den Betrieb eingegliedert ist und dabei einem nach Zeit, Dauer, Ort und Art der Ausführung umfassenden Weisungsrecht des Arbeitgebers unterliegt. Diese Weisungsgebundenheit kann eingeschränkt und zur „funktionsgerecht dienenden Teilhabe am Arbeitsprozess" verfeinert sein. Demgegenüber ist eine selbstständige Tätigkeit vornehmlich durch das eigene Unternehmerrisiko, das Vorhandensein einer eigenen Betriebsstätte, die Verfügungsmöglichkeit über die eigene Arbeitskraft und die im Wesentlichen frei gestaltete Tätigkeit und Arbeitszeit gekennzeichnet. Ob jemand abhängig beschäftigt oder selbstständig tätig ist, richtet sich ausgehend von den genannten Umständen nach dem Gesamtbild der Arbeitsleistung und hängt davon ab, welche Merkmale überwiegen.[45] Diese Beurteilungsgrundsätze sind auch auf Bühnenkünstler anzuwenden.[46]

56 Sozialversicherungsrechtlich problematisch ist meist die Beschäftigung von Bühnenkünstlern als „Gäste".

45 st. Rspr.: vgl. zuletzt BSG, Urteil v. 29.08.2012, Az.: B 12 KR 25/10 R, juris = Rdnr. 16; BSG, Urteil v. 27.07.2011, Az.: B 12 KR 10/09 juris = Rdnr. 17; BSG, Urteil v. 25.01.2006, Az.: B 12 KR 12/05 R, juris – Rdnr. 14 m. w. N.; BSG, Urteil v. 18.12.2001, Az.: B 12 KR 08/01 R, m. w. N. juris, zur Verfassungsmäßigkeit der Abgrenzung zwischen abhängiger Beschäftigung und selbstständiger Tätigkeit vgl. BVerfG, Beschluss v. 20.05.1996, Az.: 1 BvR 21/96, juris.

46 BSG, Urteil v. 20.03.2013, Az.: B 12 R 13/10 R, juris = SozR 4-2400 § 7 Nr 19.

Diese können sowohl in einem freien Dienstverhältnis stehen, als arbeitnehmerähnliche Personen gelten, in einem befristeten dauernden (durchgehenden) Beschäftigungsverhältnis stehen oder als unständig Beschäftigte gelten. 57

Mit Beschäftigung in einem freien Dienstverhältnisses entsteht grundsätzlich keine Versicherungspflicht im Rahmen des Sozialversicherungsrechts. Der (selbständige) Bühnenkünstler ist jedoch ggf. pflichtversichert in der Künstlersozialversicherung. Eine Versicherung gegen Arbeitslosigkeit wird jedoch nicht begründet. 58

Arbeitnehmerähnliche Personen sind von ihrem Auftraggeber nicht persönlich abhängig und somit keine Arbeitnehmer im Sinne des Arbeitsrechts. Ihre Tätigkeit erfolgt nicht auf Grund eines Arbeitsvertrages, sondern im Rahmen eines freien, Dienst- oder Werkvertrages oder vergleichbarer Vertragstypen. Arbeitsrechtlich sind arbeitnehmerähnliche Personen der Gruppe der Selbständigen zuzurechnen. Von diesen unterscheiden sie sich jedoch insofern, als das sie von ihrem Auftraggeber wirtschaftlich abhängig und daher dem Arbeitnehmer vergleichbar sozial schutzbedürftig sind.[47] Diese (wirtschaftliche) Abhängigkeit liegt vor, wenn der Auftragnehmer auf die Einkünfte der dienst- oder werkvertraglichen Tätigkeit als wesentliche Existenzgrundlage angewiesen ist und zwischen den Parteien eine Dauerrechtsbeziehung besteht.[48] Nicht maßgeblich ist, ob der Auftragnehmer auch für weitere Auftraggeber hätte tätig werden können[49] oder tätig geworden ist[50]. 59

Um diesem den Selbständigen gegenüber erhöhten Maß an Schutzwürdigkeit Rechnung zu tragen, finden bestimmte arbeitsrechtliche Regelungen auf die arbeitnehmerähnliche Person Anwendung.[51] Sozialversicherungsrechtlich besteht Rentenversicherungspflicht in der Künstlersozialversicherung nach dem KSVG. Darüber hinaus sind sie nach § 2 Abs. 2 S. 1 SGB VII unfallversichert. 60

Als Gäste beschäftigte Bühnenmitglieder stehen in einer dauernden (durchgehenden) Beschäftigung, wenn in den Zeiten zwischen den Vorstellungen eine Verpflichtung zur Dienstbereitschaft besteht. Vorstellungshonorare sind dann beitragsrechtlich nicht den einzelnen Auftrittstagen zuzuordnen, sondern auf den gesamten Zeitraum vom ersten Probentag bis zum letzten Vorstellungstag zu verteilen.[52] 61

---

47 Grobys/Panzer/*Schwab* SWK-ArbR 2014 Stichwort 16 Rdnr. 1.

48 BGH, Urteil v. 04.11.1998, Az.: VIII ZB 12/98, juris; BGH, Urteil v. 21.10.1998, Az.: VIII ZB 54/97, juris.

49 BAG, Urteil v. 17.01.2006, Az.: 9 AZR 61/05, juris.

50 BAG, Urteil v. 28.06.1973, Az.: 5 AZR 568/72, juris.

51 Grobys/Panzer/*Schwab* SWK-ArbR 2014 Stichwort 16, Rdnr. 1.

52 BSG, Urteil v. 20.03.2013, Az.: B 12 R 13/10 R, juris = SozR 4-2400 § 7 Nr. 19.

62 Privatrechtlichen/arbeitsrechtlichen Vereinbarungen kommt sozialversicherungsrechtlich lediglich die Bedeutung zu, dass sie den Ausgangspunkt einer Beurteilung nach § 7 Abs. 1 SGB 4 darstellen.[53] Dementsprechend können auch tarifvertragliche Vereinbarungen nicht von vornherein (zwingend) darüber bestimmen, ob eine Tätigkeit sozialversicherungsrechtlich dem Typus der Beschäftigung oder dem Typus der selbstständigen Tätigkeit zuzuordnen ist.[54]

63 § 1 Abs. 5 NV Bühne nimmt beispielsweise Solomitglieder, mit denen Gastspielverträge abgeschlossen werden, vom persönlichen Geltungsbereich des Tarifvertrags aus.

64 Nicht durchgesetzt hat sich jedoch die Auffassung, wonach die Vertragsverhältnisse im Hinblick auf § 1 Abs. 5 des für Bühnenkünstler zwischen dem Deutschen Bühnenverein und der Genossenschaft Deutscher Bühnen-Angehöriger abgeschlossenen Tarifvertrags „Normalvertrag (NV) Bühne" (im Folgenden: NV Bühne) als „Dienstverhältnisse besonderer Art entsprechend den einschlägigen künstlerischen Erfordernissen" zu betrachten und ein „Zurückgreifen auf die übliche Unterscheidung zwischen Beschäftigung und selbstständiger Tätigkeit" deshalb „unrichtig" ist.

65 Ergibt die Gesamtwürdigung nach § 7 Abs. 1 SGB IV also, dass eine sozialversicherungspflichtige Beschäftigung vorliegt, können hiervon auch Bühnenkünstler erfasst sein, die die Tarifvertragsparteien als gastspielverpflichtete Künstler von der Anwendung eines Tarifvertrags ausgenommen haben.[55]

66 Die im Rahmen der Besprechungen der Spitzenverbände der Sozialversicherungsträger über Fragen des gemeinsamen Beitragseinzugs vom 16./17.11.1999 und 26./27.06.2002 zur Versicherungspflicht von Schauspielern mit Drehtagsverpflichtung und gastspielverpflichteten Künstlern vorgenommenen Einschätzungen sind im Einzelfall für die staatlichen Gerichte ebenfalls nicht bindend.[56]

67 Es kommt allerdings auch eine Beschäftigung als „unständig Beschäftigte" in Betracht.

68 Beschäftigungen sind § 27 Abs. 3 Nr. 1 SGB III nach unständig, wenn sie nach der Natur der Sache auf weniger als eine Woche beschränkt/befristet zu sein pflegen bzw. im Voraus durch Arbeitsvertrag beschränkt/befristet sind und derartige Beschäftigungen berufsmäßig ausgeübt werden.

---

53 vgl. BSG, Urteil v. 29.08.2012, Az.: B 12 KR 25/10 R = BSGE 111, 257 = SozR 4-2400 § 7 Nr 17 und vom 11.03.2009 – B 12 KR 20/07 R.

54 vgl. BSG, Urteil v. 20.03.2013, Az.: B 12 R 13/10 R, juris =SozR 4-2400 § 7 Nr. 19.

55 vgl. BSG, Urteil v. 20.03.2013, Az.: B 12 R 13/10 R, juris =SozR 4-2400 § 7 Nr. 19.

56 vgl. BSG, Urteil v. 20.03.2013, Az.: B 12 R 13/10 R, juris = SozR 4-2400 § 7 Nr 19.

Berufsmäßigkeit in diesem Sinne liegt vor, wenn die Beschäftigungen zeitlich oder wirtschaftlich den Schwerpunkt der Erwerbstätigkeit bilden.[57] 69

Zwar werden unständige Beschäftigungen typischerweise bei ständig wechselnden Arbeitgebern ausgeübt.[58] Aber auch wiederholte kurzfristige Beschäftigungen bei demselben Arbeitgeber können unständig sein, wenn sie von vornherein auf weniger als eine Woche begrenzt sind.[59] 70

Maßgeblich hierbei ist der Zeitraum der Beschäftigung. Dabei werden die Beschäftigungen berufsmäßig in einem Zeitraum von weniger als einer Woche befristet ausgeübt. Es ist unerheblich, ob sie von vornherein durch den Arbeitsvertrag auf diesen Zeitraum befristet sind oder durch ihre Eigenart. Als Woche ist dabei ein Zeitraum anzusehen, der sieben aufeinander folgende Kalendertage umfasst. Er beginnt mit dem ersten Tag der Beschäftigung. Arbeitsfreie Samstage, Sonn- und Feiertage werden mitgezählt. 71

Unständige Beschäftigte sind – wie alle anderen Arbeitnehmer auch – grundsätzlich sozialversicherungspflichtig. Ausgenommen hiervon ist lediglich nach § 27 Abs. 3 Nr. 1 SGB III die Arbeitslosenversicherung, hier besteht für unständig Beschäftigte Versicherungsfreiheit. 72

Die Mitgliedschaft in der Krankenversicherung bleibt für unständig Beschäftigte auch für Zeiträume, in denen keine Beschäftigung ausgeübt wird, nach § 186 Abs. 2 SGB V für maximal 3 Wochen bestehen. Sie endet nach § 190 Abs. 4 SGB V bei nicht nur vorübergehender Aufgabe der berufsmäßig ausgeübten unständigen Beschäftigung. 73

Ein sozialversicherungspflichtiges Beschäftigungsverhältnis liegt regelmäßig nur vor, wenn der Beschäftigte auch tatsächlich Arbeitsleistung verrichtet. Von diesem Grundsatz gelten zahlreiche Ausnahmen. So besteht auch ohne Arbeitsleistung ein sozialversicherungspflichtiges Beschäftigungsverhältnis bei Inanspruchnahme von Urlaub und bei der Teilnahme an Fort- und Weiterbildungsmaßnahmen.[60] 74

Unabhängig von den genannten Ausnahmen führen kurzfristige, d. h. nicht länger als einen Monat andauernde Unterbrechungen der Tätigkeit unabhängig von der Entgeltfortzahlung nicht zu einer Beendigung oder Unterbrechung 75

57 Sächsisches LSG, Urteil v. 31.07.2015, Az.: L 1 KR 37/10, juris – Rdnr. 38; BSG, Urteil v. 28.05.2008, Az.: B 12 KR 13/07 R, juris – Rdnr. 25.

58 BSG, Urteil v. 28.5.2008, Az.: B 12 KR 13/07 R, USK 2008-45; LSG Niedersachsen-Bremen, Urteil v. 22.10.2014, Az.: L 2 R 5/14, juris.

59 BSG, Urteil v. 22.11.1973, Az.: 12/3 RK 84/71, juris, SozR Nr. 7 zu § 441 RVO; BSG, Urteil v. 16.02.1983, Az.: 12 RK 23/81, juris; BSG, Urteil v. 20.3.2013, Az.: B 12 R 13/10 R, juris = SozR 4-2400 § 7 Nr. 19.

60 BSG, Urteil v. 18.04.1991, Az.: 7 RAr 106/90, juris.

des sozialversicherungspflichtige Beschäftigungsverhältnisses. Zum Schutz der Beschäftigten nimmt das Gesetz bis zu einer Dauer eines Monats den Fortbestand der Sozialversicherung an. Dies gilt auch für den Fall, dass tatsächlich kein Arbeitsentgelt gezahlt wird, unabhängig, ob das der Beschäftigung zu Grunde liegende Arbeitsverhältnis in Wegfall geraten ist, oder fortbesteht, aber z. B. wegen unbezahlten Urlaubs kein Entgelt gezahlt wird. Hierzu zählt auch der Zeitraum zwischen zwei Vorstellungen im Rahmen eines Gast(arbeits-)vertrages.

76 Bezieht der Beschäftigte Entgeltersatzleistungen, wie Krankengeld, Krankentagegeld, Verletztengeld, Mutterschaftsgeld, Elterngeld etc. wird das sozialversicherungspflichtige Beschäftigungsverhältnis unterbrochen.

77 Freistellungen, die länger als einen Monat andauern führen zur Beendigung des sozialversicherungspflichtigen Beschäftigungsverhältnis, es sei denn, während der Freistellung wird Arbeitsentgelt aus einem Wertguthaben bezogen und das monatlich fällige Entgelt weicht nicht unangemessen von dem für die vorausgegangenen 12 Kalendermonate geleistete Arbeitsentgelt ab (§ 7 Abs. 1 a SGB IV).

78 Allerdings kann eine die Versicherungspflicht in der gesetzlichen Rentenversicherung und in der Arbeitslosenversicherung begründende Beschäftigung kann auch dann vorliegen, wenn bei fortlaufender Zahlung des Arbeitsentgelts der Arbeitnehmer einvernehmlich und unwiderruflich bis zum Ende des Arbeitsverhältnisses von der Arbeitsleistung freigestellt ist.[61]

1.2.2 Bühnenversorgung[62]

79 Für Mitarbeiter der deutschen Theater, die in einem abhängigen Beschäftigungsverhältnis bei einer Mitgliedbühne stehen und gegen Entgelt eine künstlerische oder überwiegend künstlerische Tätigkeit ausüben besteht eine Zusatzversorgung, die im Alter, bei Berufsunfähigkeit und bei Tod einen zusätzlichen Versicherungsschutz neben der gesetzlichen Rentenversicherung garantiert. Sie ist als berufsständische Pflichtversorgung organisiert, d. h. die Versicherungsverhältnisse entstehen von Gesetzes wegen bei Aufnahme der Tätigkeit.

61 BSG, Urteil v. 24.09.2008, Az.: B 12 KR 22/07 R, juris = SozR 4-2400 § 4 Nr. 9 und BSG, Urteil v. 24.09.2008, Az.: B 12 KR 27/07, juris = SozR 4-2400 § 4 Nr. 10.

62 Hierzu ausführlich: http://www.buehnenversorgung.de, sowie die Broschüre: Die VddB stellt sich vor.

Zu den genannten Zwecken ist einerseits die Versorgungsanstalt der deutschen Bühnen (VddB) und andererseits die Versorgungsanstalt der deutschen Kulturorchester (VddKO) gegründet worden. 80

Die Leistung der Versorgungsanstalt der deutschen Bühnen erstrecken sich einerseits auf Dauerleistungen in Form von 81

- Altersruhegeld (Altersruhegeld wegen Erreichens der Regelaltersgrenze und flexibles Altersruhegeld),
- Ruhegeld bei Erwerbsunfähigkeit,
- Ruhegeld bei Berufsunfähigkeit,
- Witwen- oder Witwergeld,
- Hinterbliebenenrente für eingetragene Lebenspartner,
- Waisengeld,

Daneben erbringen sie auch einmalige Leistungen in Form von: 82

- Heilkostenzuschüssen,
- Sterbegeld sowie
- Abfindung und Beitragserstattung

Organe der Bühnenversorgung sind der Verwaltungsrat als satzungsgebendes Organ und Vertretung der Versicherten und Mitglieder sowie die Bayerische Versorgungskammer als Geschäftsführung. 83

Die Mitgliedschaft in der Versorgungsanstalt der deutschen Bühnen besteht für jeden Rechtsträger (Unternehmer) eines Theaters kraft Gesetzes (Pflichtmitgliedschaft), d. h. sie muss nicht beantragt oder vertraglich vereinbart werden (§ 12 der Satzung). Umfasst von der Satzungsvorschrift werden Theater im gesamten Bundesgebiet. 84

Durch Abschluss einer Vereinbarung mit der Versorgungsanstalt der deutschen Bühnen können Rechtsträger von Kabaretts und Puppentheatern zur freiwilligen Mitgliedschaft zugelassen werden, infolge derer sie die gleichen Rechte und Pflichten erhalten wie ein Pflichtmitglied. Diese Vereinbarung bedarf der Zustimmung des Arbeitsausschusses. 85

Pflichtversichert bei der Versorgungsanstalt der deutschen Bühnen ist unabhängig von seiner Staatsangehörigkeit jeder, der in einem abhängigen Beschäftigungsverhältnis bei einer Mitgliedsbühne steht und gegen Entgelt eine künstlerische oder überwiegend künstlerische Tätigkeit ausübt. Die Pflichtversicherung tritt frühestens ab Vollendung des 17. Lebensjahres ein und ist nur solange möglich, wie unter Berücksichtigung bereits zurückgelegter Beitragsmonate bis zur Vollendung des 65. Lebensjahres 60 Beitragsmonate erreicht werden können (§ 17 der Satzung). 86

87 Die Pflichtversicherung beginnt gleichzeitig mit dem Beschäftigungsverhältnis und umfasst auch die Zeit der Proben und Vorproben. Sie endet, wenn der Bühnenangehörige aus dem Beschäftigungsverhältnis ausscheidet oder wenn er trotz Fortdauer desselben keine Dienst- oder Krankenbezüge mehr erhält.

88 Bühnenangehörige, denen eine Versorgung nach beamtenrechtlichen Grundsätzen zusteht, können sich auf Antrag von der Versicherung befreien lassen.

89 Ist ein Bühnenangehöriger nicht ununterbrochen bei einem Mitglied der Versorgungsanstalt beschäftigt und damit auch nicht kontinuierlich durch ein Mitglied versichert, besteht für ihn die Möglichkeit der Weiterversicherung zu einem Mindestbetrag von monatlich derzeit 12,50 Euro.

90 Die Versicherung wird beitragsfrei weitergeführt, wenn das Beschäftigungsverhältnis des Versicherten bei einem Mitglied endet und er nicht von der Möglichkeit der Weiterversicherung Gebrauch macht. Der beitragsfrei Versicherte hat dann lediglich Anspruch auf das Altersruhegeld sowie die Hinterbliebenenversorgung.

91 In dem Gebiet nach Art. 3 des Einigungsvertrages können auf Grund Anl. I Kap. VIII Sachgebiet H Abschnitt III Nr. 2 und 3 des Einigungsvertrages erst ab dem 01.01.1991 Anwartschaften erworben werden. Tarifvertraglich ist diese Versorgung in §§ 41 und 41a NV Bühne in Bezug genommen. Unter bestimmten Umständen besteht ein Anspruch auf Zuschuss zur Prämienzahlung zu einer befreienden Lebensversicherung.

92 Mit der Bühnenversorgung nicht zu verwechseln ist die Künstlersozialkasse die eine Sozialversicherung für selbständige Künstler vorsieht (siehe Teil I, Abschnitt 1.2.3.).

1.2.3 Versicherungspflicht in der Künstlersozialkasse

93 Mit der Künstlersozialversicherung sind seit 1983 auch die selbständigen Künstler und Publizisten in den Schutz der gesetzlichen Sozialversicherung (Renten-, Kranken- und Pflegeversicherung) einbezogen worden.

94 Die Unfallkasse des Bundes führt die Künstlersozialversicherung auf Grundlage des Künstlersozialversicherungsgesetzes (KSVG) im Auftrag des Bundes als Künstlersozialkasse durch (vgl. § 37 KSVG). Die Künstlersozialkasse ist ein Geschäftsbereich der Unfallversicherung Bund und Bahn. Sie ist Teil der Bundesverwaltung, hat ihren Sitz in Wilhelmshaven und ist bundesweit zuständig. Die Aufsicht über die Künstlersozialkasse führt das Bundesversicherungsamt (§ 46 KSVG).

95 Nach §§ 1, 2 KSVG werden selbständige Künstler und Publizisten mit einem regelmäßigen Einkommen von mehr als 3.000,00 € in der allgemeinen Rentenver-

sicherung, in der gesetzlichen Krankenversicherung und in der sozialen Pflegeversicherung versichert, wenn sie die künstlerische oder publizistische Tätigkeit erwerbsmäßig und nicht nur vorübergehend ausüben und im Zusammenhang mit der künstlerischen oder publizistischen Tätigkeit nicht mehr als einen Arbeitnehmer beschäftigen. Dies gilt nicht, wenn, die Beschäftigung zur Berufsausbildung erfolgt oder geringfügig im Sinne des § 8 des Vierten Buches Sozialgesetzbuch ist. Unter bestimmten näher in den §§ 4 ff. KSVG geregelten Voraussetzungen kann die Renten- und/oder Krankenversicherungspflicht entfallen.

Es gilt hier allerdings die Besonderheit, dass nach § 15 KSVG Künstler und 96
Publizisten nur etwa die Hälfte ihrer Beiträge selbst tragen müssen und damit ähnlich günstig gestellt sind wie Arbeitnehmer. Die andere Beitragshälfte wird durch die Künstlersozialkasse, d. h. einen Bundeszuschuss und eine Abgabe der Unternehmen finanziert, die künstlerische und publizistische Leistungen verwerten (Künstlersozialabgabe).

1.2.4 Insolvenzgeld

Auf Grund der schwierigen wirtschaftlichen Situation der Kulturbetriebe bleiben 97
freie Theater nicht vor dem Risiko der Insolvenz verschont, wie der eine oder andere Bühnenkünstler schon schmerzhaft erfahren musste.

Nach § 165 Abs. 1 SGB III (§ 183 Abs. 1 Satz 1 Nr. 2 SGB III a. F.) haben Arbeit- 98
nehmerinnen und Arbeitnehmer Anspruch auf Insolvenzgeld, wenn sie im Inland beschäftigt waren und bei einem Insolvenzereignis für die vorausgegangenen drei Monate des Arbeitsverhältnisses noch Ansprüche auf Arbeitsentgelt haben. Als Insolvenzereignis gilt neben der Eröffnung des Insolvenzverfahrens über das Vermögen des Arbeitgebers, auch die Abweisung des Antrags auf Eröffnung des Insolvenzverfahrens mangels Masse oder die vollständige Beendigung der Betriebstätigkeit im Inland, wenn ein Antrag auf Eröffnung des Insolvenzverfahrens nicht gestellt worden ist und ein Insolvenzverfahren offensichtlich mangels Masse nicht in Betracht kommt.

Zu den Ansprüchen auf Arbeitsentgelt gehören nach § 165 Abs. 2 SGB III (§ 183 99
Abs. 1 Satz 3 SGB III a. F.) alle Ansprüche auf Bezüge aus dem Arbeitsverhältnis, wenn sie noch offen sind und in den Insolvenzgeldzeitraum fallen. Als Arbeitsentgelt für Zeiten, in denen auch während der Freistellung eine Beschäftigung gegen Arbeitsentgelt besteht (§ 7 Absatz 1a des SGB IV), gilt der Betrag, der auf Grund der schriftlichen Vereinbarung zur Bestreitung des Lebensunterhalts im jeweiligen Zeitraum bestimmt war. Sachlich umfasst der Anspruch auf Arbeitsentgelt nach der Rechtsprechung des Bundessozialgerichts (BSG) alle Arten von

Bezügen aus dem Arbeitsverhältnis, die als Gegenwert für geleistete Arbeit oder als zur Verfügung gestellte Arbeitskraft angesehen werden können.[63]

100 Bei einem sozialversicherungspflichtig beschäftigten Schauspieler ist bei der Berechnung von Insolvenzgeldansprüchen auch dann von der vertraglich vereinbarten ungekürzten Vergütung pro geplanter Vorstellung auszugehen, wenn für den Fall der Absage einer Vorstellung eine Reduzierung des Vergütungsanspruchs vereinbart war, da insoweit die Regelungen über den Annahmeverzug anzuwenden sind.[64]

101 Soweit Künstler jedoch unter das Künstlersozialversicherungsgesetz (vgl. 1.2.2) fallen sind sie keine Arbeitnehmer im Sinne des § 165 Abs. 1 SGB III. Ihnen bleibt lediglich ihre Gagenforderungen nach § 174 Abs. 1 InsO „zur Tabelle" anzumelden. Ob und ggf. wann sie aus dem Vermögen der Bühne eine Zahlung erwarten können ist dann völlig offen.

63 BSG, Urteil v. 30.11.1977, Az.: 12 RAr 99/76 = SozR 4100 § 141b Nr. 5; BSG, Urteil v. 17.07.1979, Az.: 12 RAr 4/79 = SozR 4100 § 141b Nr. 12.

64 LSG Berlin-Brandenburg, Urteil v. 23.05.2012, Az.: L 18 AL 385/10, juris – Rdnr. 23.

2 Abschluss des Arbeitsvertrages

Arbeitgeber und Arbeitnehmer können nach § 105 GewO Abschluss, Inhalt und Form des Arbeitsvertrages frei vereinbaren, soweit nicht zwingende gesetzliche Vorschriften, Bestimmungen eines anwendbaren Tarifvertrages oder einer Betriebsvereinbarung entgegenstehen. 1

Für den Abschluss eines Arbeitsvertrages sind daher grundsätzlich – wie für jeden Vertrag – nur zwei übereinstimmende Willenserklärungen erforderlich, d. h. Angebot (Antrag) und Annahme. Diese können grundsätzlich auch formfrei, d. h. mündlich oder durch schlüssiges Handeln („konkludentes Handeln") abgegeben werden. 2

Die Annahme einer Willenserklärung setzt voraus, dass der Wille zur rechtlichen Bindung zum Ausdruck kommt.[65] Gegenstand und Inhalt des Vertrages müssen im Antrag so bestimmt oder so bestimmbar sein, dass die Annahme durch ein einfaches „Ja" erfolgen kann.[66] 3

Wer ein Vertragsangebot abgibt, ist hieran gebunden, wenn er seine Bindung nicht ausdrücklich ausschließt (§ 145 BGB). Einem Anwesenden gegenüber kann, wenn keine Frist bestimmt ist, ein Antrag nur sofort angenommen werden (§ 147 Abs. 1 BGB). Der einem Abwesenden gemachte Antrag wird mit dessen Zugang wirksam, d. h. sobald er so in den Machtbereich des Empfängers gelangt ist, dass dieser nach den normalen Verhältnissen die Möglichkeit hat vom Inhalt des Angebotes Kenntnis zu nehmen. Es kann nur angenommen werden in einer den regelmäßigen Umständen entsprechenden Frist (§ 147 Abs. 2 BGB). Die verspätete oder mit Erweiterungen, Einschränkungen oder sonstigen Änderungen versehene Annahme eines Angebots gilt als neuer Antrag (§ 150 BGB). 4

Notwendiger Inhalt ist einerseits das Versprechen einer (Dienst-)Leistung konkretisiert nach Inhalt und Umfang des Arbeitnehmers und anderseits das Versprechen einer entsprechenden Entgeltleistung durch den Arbeitgeber. 5

Allerdings ist der Arbeitgeber verpflichtet nach § 2 Abs. 1 NachwG spätestens einen Monat nach dem vereinbarten Beginn des Arbeitsverhältnisses die wesentlichen Vertragsbedingungen schriftlich nieder zu legen. Hierzu gehören 6

- der Name und die Anschrift der Vertragsparteien,
- der Zeitpunkt des Beginns des Arbeitsverhältnisses,
- bei befristeten Arbeitsverhältnissen: die vorhersehbare Dauer des Arbeitsverhältnisses,

65 Palandt/Heinrichs, § 145, Rdnr. 1.

66 BAG, Urteil v. 19.04.2005, Az.: 9 AZR 233/04, juris – Rdnr. 17 = BAGE 114, 206–218, Palandt/*Heinrichs* § 145 Rdnr. 1.

- der Arbeitsort oder, falls der Arbeitnehmer nicht nur an einem bestimmten Arbeitsort tätig sein soll, ein Hinweis darauf, dass der Arbeitnehmer an verschiedenen Orten beschäftigt werden kann,
- eine kurze Charakterisierung oder Beschreibung der vom Arbeitnehmer zu leistenden Tätigkeit,
- die Zusammensetzung und die Höhe des Arbeitsentgelts einschließlich der Zuschläge, der Zulagen, Prämien und Sonderzahlungen sowie anderer Bestandteile des Arbeitsentgelts und deren Fälligkeit,
- die vereinbarte Arbeitszeit,
- die Dauer des jährlichen Erholungsurlaubs,
- die Fristen für die Kündigung des Arbeitsverhältnisses,
- ein in allgemeiner Form gehaltener Hinweis auf Tarifverträge, Betriebs- oder Dienstvereinbarungen, die auf das Arbeitsverhältnis anzuwenden sind.

2.1 Verträge mit freien Theatern

7 Der Arbeitsvertrag mit freien Theatern unterliegt grundsätzlich keiner gesetzlich oder tarifvertraglich vorgeschriebenen Form, er kann daher grundsätzlich formlos abgeschlossen werden.

8 Es reichen ein Angebot, in dem die wesentlichen Vertragsbestandteile über den Inhalt, Ort und Zeitraum der Arbeitsleistung sowie der vereinbarten Gegenleistung enthalten sind, und dessen rechtzeitige Annahme aus. Das Angebot muss entweder von demjenigen erfolgen, der auch zum Abschluss des Arbeitsvertrages berechtigt wäre, oder dessen (ausdrücklich) Bevollmächtigtem. Die Annahme des Vertragsangebotes erfolgt grundsätzlich vom Arbeitnehmer oder dessen (ausdrücklich) Bevollmächtigten, z. B. dessen Künstleragentur.

9 Das bedeutet, auch mündlich geschlossene Arbeitsverträge sind grundsätzlich wirksam. Vor Arbeitsaufnahme wird sich im Streitfall der mündliche Vertragsabschluss jedoch meist nur schwer beweisen lassen, sei es, weil nicht zum Vertragsschluss vertretungsberechtigte Personen an den Verhandlungen teilgenommen haben, sei es, das ein Rechtsbindungswillen der vertragsschließenden Parteien nicht dargestellt und ggf. bewiesen werden kann.

10 Allerdings gilt auch bei freien Theatern über § 105 GewO das Nachweisgesetz, sofern das Arbeitsverhältnis länger als einen Monat dauert (vgl. § 1 NachwG).

11 Danach hat der Arbeitgeber spätestens einen Monat nach dem vereinbarten Beginn des Arbeitsverhältnisses die wesentlichen Vertragsbedingungen schriftlich niederzulegen, die Niederschrift zu unterzeichnen und dem Arbeitnehmer auszuhändigen, wobei die elektronische Form ausdrücklich gesetzlich ausgeschlossen ist.

In die Niederschrift sind nach § 2 Abs. 1 NachwG „mindestens" aufzunehmen, der Name und die Anschrift der Vertragsparteien, der Zeitpunkt des Beginns des Arbeitsverhältnisses, bei befristeten Arbeitsverhältnissen: die vorhersehbare Dauer des Arbeitsverhältnisses, der Arbeitsort oder, falls der Arbeitnehmer nicht nur an einem bestimmten Arbeitsort tätig sein soll, ein Hinweis darauf, dass der Arbeitnehmer an verschiedenen Orten beschäftigt werden kann, eine kurze Charakterisierung oder Beschreibung der vom Arbeitnehmer zu leistenden Tätigkeit, die Zusammensetzung und die Höhe des Arbeitsentgelts einschließlich der Zuschläge, der Zulagen, Prämien und Sonderzahlungen sowie anderer Bestandteile des Arbeitsentgelts und deren Fälligkeit, die vereinbarte Arbeitszeit, die Dauer des jährlichen Erholungsurlaubs, die Fristen für die Kündigung des Arbeitsverhältnisses, ein in allgemeiner Form gehaltener Hinweis auf die Tarifverträge, Betriebs- oder Dienstvereinbarungen, die auf das Arbeitsverhältnis anzuwenden sind. 12

2.2 Verträge mit tarifgebundenen Bühnen

Zwar gilt auch hier, dass Arbeitgeber und Arbeitnehmer nach § 105 GewO Abschluss, Inhalt und Form des Arbeitsvertrages frei vereinbaren können, soweit nicht zwingende gesetzliche Vorschriften, Bestimmungen eines anwendbaren Tarifvertrages oder einer Betriebsvereinbarung entgegenstehen. 13

An den Theatern in öffentlicher Trägerschaft gelten jedoch verschiedene Tarifverträge. Für das (künstlerische) Bühnenpersonal existieren zwei unterschiedliche Tarifverträge, zum einen der Normalvertrag (NV) Bühne und zum anderen der Tarifvertrag für Musiker in Kulturorchestern (TVK) für das nichtkünstlerische Personal finden der TVöD oder der TV-L in seiner jeweils geltenden Fassung Anwendung. 14

Auf die Tarifverträge für das nichtkünstlerische Bühnenpersonal wie auch den Tarifvertrag für Musiker in Kulturorchestern soll hier nicht näher eingegangen werden. 15

2.2.1 Geschichte des NV Bühne

Die heutigen Tarifverträge bauen noch weitgehend auf den erstmals zwischen dem Deutschen Bühnenverein und der Genossenschaft Deutscher Bühnen-Angehöriger in den zwanziger Jahren abgeschlossenen speziellen Berufsgruppenverträgen, den sog. Normalverträgen auf (Tarifvertrag vom 14.03.1919, Normalvertrag 16

Solo vom 01.05.1924, der Bühnentechniker-Tarifvertrag (BTT) vom 25.05.1961, der Normalvertrag Chor vom 11.05.1979 und der Normalvertrag Tanz vom 09.06.1980).

17 Die Rechtsbeziehungen zwischen Theaterveranstalter und Mitgliedern des künstlerischen Bühnenpersonals waren geregelt durch die seinerzeit für allgemeinverbindlich erklärten Tarifverträge der Berufsverbände, des „Deutschen Bühnenvereins“ mit der „Genossenschaft der deutschen Bühnenangehörigen“, in der an 01.09.1933 geltenden Fassung vom 20.01.1933 (für das Solopersonal) und mit dem „Deutschen Chorsängerverband und Tänzerbund“ in der ab 01.06.1924 geltenden Fassung vom 19.06.1924 (für Chor- und Tanzpersonal) einschließlich der dazugehörenden Normalverträge, Sonderabkommen für technische Vorstände u. a., Hausordnungen und Abkommen über die Wanderbühnen.[67]

18 Ihre normativen Teile galten dann auf Grund der Anordnung des Reichsarbeitsministers vom 28.03.1934 als Tarifordnungen im Sinne der §§ 33, 32 AOG und § 18 AOG weiter.

19 Auf der 3. Tagung des Arbeitsausschusses des Deutschen Bühnenvereins und der Genossenschaft deutscher Bühnenangehöriger am 22. und 23.08.1947 wurde der Beschluss gefasst (Auszug aus dem Protokoll des Tarifausschusses der Berufsverbände):

> *„Tagesordnung: gegenseitige Anerkennung als alleinige und ausschließliche Vertretung von Bühnenleistern und Bühnenangehörigen, Unveränderte Geltung des Normalvertrages gemäß Kontrollratsverordnung Nr. 56 vom 30.06.1947 und Direktive Nr. 74. Verpflichtung zur Mitgliedschaft bei der Münchener Versorgungsanstalt“*[68]

20 Diese (deklaratorische) Anerkennung der seit dem Dritten Reich als Tarifordnung fortgeltenden Tarif- und Normalverträge von 1924 in der Fassung vom 20.01.1933 (Solo) und 19.06.1924 (Chor und Tanz) wurde später vom Oberschiedsgericht bestätigt.[69]

21 Zu einer Allgemeinverbindlichkeitserklärung kam es in der Folgezeit nicht mehr.[70]

22 Diese fortgeltenden Tarif- und Normalverträge von 1924 wurden zum 01.01.2003 abgelöst durch den „Normalvertrag Bühne“ vom 15.10.2002. Mit diesem Vertragswerk wurden die bis dahin selbständigen Berufsgruppenverträge abgelöst und in ein Vertragswerk zusammengeführt.

---

67 *Riepenhausen* S. 1.
68 *Riepenhausen* S. 2.
69 *Riepenhausen* Erg.Bd. S. 2.
70 *Riepenhausen* Erg.Bd. S. 4.

Tarifpartner des NV Bühne sind einerseits der Deutsche Bühnenverein und andererseits die Genossenschaft Deutscher Bühnenangehöriger (GDBA) und die Vereinigung deutscher Opernchöre und Bühnentänzer e. V. (VdO). 23

2.2.1.1 Der Deutsche Bühnenverein

Ausweislich der Selbstdarstellung des Deutschen Bühnenvereins wurde dieser 24
1846 in Oldenburg gegründet. Der Intendant des Großherzoglich-Oldenburgischen Hoftheaters, Ferdinand von Gall, mit seiner Schrift „Der Bühnenvorstand" gab in der ersten Hälfte des 19. Jahrhunderts die Anregung zum Zusammenschluss von Theaterintendanten und -direktoren. Anlass war ein Ärgernis, vor das sich die Theaterleiter täglich gestellt sahen: Erfolgreiche Schauspieler kümmerten sich kaum um ihren Vertrag, wenn sich anderswo bessere Chancen boten, und auf der Suche nach dem neuen Star waren auch die Intendanten jederzeit zur Abwerbung bereit. Bis zum Ende der Monarchie im Jahre 1918 blieb der Bühnenverein ein von den Hoftheatern dominierter Verband. In der Zeit der Weimarer Republik gewannen im Verband zunehmend die Kräfte an Einfluss, die für den Erhalt und Unterhalt der verstärkt auf Zuwendungen angewiesenen Stadt- und Staatstheater zuständig waren. 1935 wurde der Bühnenverein, auf Anordnung des damaligen Reichspropagandaministeriums aufgelöst und 1947 in Köln wiedergegründet. Der Neubeginn vollzog sich im Rahmen der jeweiligen Besatzungszonen, mit Ausnahme der sowjetischen. Dort förderte man zwar die Einheitsgewerkschaft, aber Arbeitgeberverbände hatten keinen Platz in der Vorstellungswelt einer sozialistischen Gesellschaft. Erst Anfang 1990 – also nach der Wende – kam es mit der Gründung des Deutschen Bühnenbundes zu einem Zusammenschluss der Intendanten in der früheren DDR. Dieser schloss sich kurz nach seiner Entstehung dem Deutschen Bühnenverein an.[71]

2.2.1.2 Die Genossenschaft Deutscher Bühnen-Angehöriger

Die Genossenschaft Deutscher Bühnen-Angehöriger (GDBA) ist die gewerkschaftliche Organisation der Bühnenangehörigen. 25

Sie wurde anlässlich des „Ersten allgemeinen deutschen Bühnenkongreß" 26
am 17./18. und 19.07.1871 auf Initiative des Schauspielers von Ludwig Barnay in Weimar gegründet. Sie ist die gewerkschaftliche Organisation aller beim Theater Tätigen. In der GDBA sind Mitglieder des künstlerischen und künstlerisch-technischen Bereiches der Theater der Bundesrepublik Deutschland organisiert, d. h.

71 http://www.buehnenverein.de/de/deutscher-buehnenverein/geschichte.html.

Sänger (Solo, Opernchor), Schauspieler, Souffleure, Tänzer, künstlerische Bühnenvorstände (wie z. B. Ballettmeister, Bühnen- und Kostümbildner, Chordirektoren, Spielleiter, Dramaturgen, Kapellmeister, Korrepetitoren, Inspizienten) und deren Assistenten sowie Technische Bühnenvorstände des Maschinen-, Beleuchtungs-, Ton-, Dekorations- und Kostümwesens und deren Assistenten sowie Bühnenhandwerker, Maskenbildner, Theatermaler und -plastiker, Bühnenmaler und -plastiker, Verwaltungsangestellte, wenn mit ihnen im Arbeitsvertrag vereinbart wird, dass sie überwiegend künstlerisch tätig sind.[72]

27 Der GDBA wurden am 27.11.1882 die Rechte einer juristischen Person verliehen. Am 14.03.1919 wurde schließlich ein Tarifvertrag unterzeichnet. Nach der „Machtergreifung" der Nationalsozialisten 1933 wurden mit Theatergesetz vom 15.05.1934 der Bühnenverein und die verschiedenen Bühnengewerkschaften in die Reichstheaterkammer zwangsintegriert. Im September 1935 folgte die Auflösung der GDBA.[73] Nach Kriegsschluss 1945 lebten die Berufsverbände mit den früheren Bezeichnungen wieder auf, wobei der Deutsche Chorsängerverband und Tänzerbund in die Genossenschaft Deutscher Bühnenangehöriger mitgliedsmäßig aufging und rechtspersönlich nicht wieder selbständig erstand.[74] Nach dem Zweiten Weltkrieg kam es zur Neugründung und 1946 fand in Weimar die erste Begegnung der Landesverbände statt. Nachdem 1952 die Gewerkschaft Kunst innerhalb des FDGB gegründet worden war, hörte die GDBA als eigenständige Organisation in der DDR zu bestehen auf. Erst nach der Wende 1989 wurde ein neuer Landesverband gegründet und man traf sich wieder zu einer gesamtdeutschen Tagung.[75]

28 Der Sitz der GDBA ist Hamburg. Der Geltungsbereich ist das Gebiet der Bundesrepublik Deutschland.[76] Sie ist regional in sieben Landesverbänden gegliedert und erfasst die spezielle Berufsproblematik in den vier Berufsgruppen: Solo, Tanz, Opernchor und ATuV (Ausstattung, Technik und Verwaltung).[77]

---

72 § 3 der Satzung der GDBA; http://www.buehnengenossenschaft.de/wp-content/uploads/2012/06/Satzung_2014.pdf.

73 https://de.wikipedia.org/wiki/Genossenschaft_Deutscher_Bühnen-Angehöriger.

74 *Riepenhausen* S. 1.

75 https://de.wikipedia.org/wiki/Genossenschaft_Deutscher_Bühnen-Angehöriger.

76 Deutsches Bühnenjahrbuch 2015 S. 650.

77 § 31 der Satzung der GDBA; http://www.buehnengenossenschaft.de/wp-content/uploads/2012/06/Satzung_2014.pdf.

2.2.1.3 Vereinigung deutscher Opernchöre und Bühnentänzer e. V. (VdO)

Im Jahre 1884 wurde mit Blick auf die zunehmende soziale und künstlerische Emanzipation der sog. Künstler-Kollektive der „Deutsche Chorsängerverband" gegründet. Diesem Verband trat 1917 die Ballett-Union bei und wurde somit zum „Deutschen Chorsänger und Ballettverband". Ab 1928 nannte er sich „Deutscher Chorsänger- und Tänzerbund", welcher sich jedoch ebenso wenig wie alle anderen Gewerkschaften und Berufsverbände unter dem nationalsozialistischen Regime halten konnte. Im Jahre 1935 wurde der Verband daher aufgelöst. Nach dem Krieg verzichteten die vormals gut organisierten Opernchorsänger und Bühnentänzer zunächst auf eine eigene Berufsvertretung. Erst 1959 wurde in Düsseldorf dann auf Initiative des dann auch als Geschäftsführer tätigen Opernsängers Walter Kane die "Vereinigung deutscher Opernchöre und Bühnentänzer e. V." (VdO/DAG) gegründet, die sich als Nachfolgeorganisation des im Dritten Reich zwangsaufgelösten Chorsängerverbandes und Tänzerbundes verstand. Die VdO schloss sich bereits im Jahr ihrer Gründung der „Deutschen Angestellten Gewerkschaft" (DAG) an. In den darauffolgenden Jahren gelang es ihr ein eigenständiges Tarifrecht für die beruflichen, künstlerischen und sozialen Belange der Opernchöre und Tanzgruppen zu schaffen. Dabei wurden die bis dahin geltenden Tarifforderungen, welche noch aus der NS-Zeit fortbestanden, abgelöst. Nach zähem Kampf um die Anerkennung ihrer Tariffähigkeit gelangen ihr 1960 unter Verhandlungsführung der DAG erste Tarifabschlüsse mit dem Deutschen Bühnenverein, deren wichtigste Aufgabe die schrittweisen Angleichungen an das Tarifrecht des öffentlichen Dienstes waren. Mit der Gründung der Vereinten Dienstleistungsgewerkschaft „ver.di" im Jahre 2001 verließ die VdO das schützende Dach der DAG, um fortan auf eigenen Beinen zu stehen und die spezifischen Interessen ihrer Mitglieder auch weiterhin fachbezogen und -kundig vertreten zu können. [78] 29

2.2.2 Einbeziehung des NV Bühne

Der NV Bühne ist nicht für allgemeinverbindlich erklärt worden. Er gilt mithin nach § 4 Abs. 1 TVG unmittelbar und zwingend nur zwischen beiderseits Tarifgebundenen, die unter den Geltungsbereich des Tarifvertrags fallen. 30

Tarifgebunden sind nach § 3 Abs. 1 TVG die Mitglieder der Tarifvertragsparteien und der Arbeitgeber, der selbst Partei des Tarifvertrages ist. 31

Auf Arbeitgeberseite gilt er danach unmittelbar für alle Bühnen innerhalb der Bundesrepublik Deutschland, soweit sie ganz oder überwiegend rechtlich 32

78 http://www.vdoper.de/profil/geschichte/index.html.

oder wirtschaftlich von öffentlichen Körperschaften der Länder, Gemeinden oder Gemeindeverbänden getragen werden und Mitglied im Deutschen Bühnenverein sind.

33 Damit gilt der NV Bühne unmittelbar, wenn die Kommune oder das Bundesland, als Träger oder Teilträger eines Theaters fungiert und dem Bühnenverein angehört. In Betracht kommen hier Regie- und Eigenbetriebe, nicht rechtsfähige oder auch rechtsfähige Anstalten des öffentlichen Rechts oder der öffentlich rechtliche Zweckverband. Deutlich zunehmend ist auch die Trägerschaft in Form einer öffentlich-rechtlichen Stiftung. Allerdings gilt der NV Bühne bei rechtlich selbständigen Einrichtungen öffentlicher Träger nur, wenn auch diese Mitglied im Bühnenverein sind.

34 **Regiebetriebe** sind rechtlich unselbständige Einheiten der Trägerkörperschaft, die finanzwirtschaftlich kein Sondervermögen der Gemeinde darstellen, sondern in die Haushaltswirtschaft des Gemeindehaushalts der Trägerkörperschaft integriert sind. Sie sind vollständig in die Gemeindeverwaltung integriert und rechtlich, organisatorisch sowie auch haushalts- und finanzwirtschaftlich in die kommunale Gebietskörperschaft eingegliedert. Die Organisation wird durch Beschluss der betreffenden öffentlichen Körperschaft geregelt. Sie besitzen – anders als die Eigenbetriebe – keine eigenen Organe und führen keinen eigenen Stellenplan. Mangels Rechtspersönlichkeit ist der gesetzliche Vertreter von Regiebetrieben der (Ober-)Bürgermeister der Trägerkörperschaft. Sie besitzen kein abgegrenztes Betriebsvermögen, sondern sind in den gemeindlichen Haushalt eingeordnet. Wie die ihn führende Kommune ist der Regiebetrieb insolvenzunfähig. Die Einflussnahme der Gebietskörperschaft ist bei dieser Organisationsform jederzeit umfassend gewährleistet. Der laufende Betrieb wird „regelmäßig von einem Amtsleiter unter Aufsicht des zuständigen Dezernenten geführt“.[79]

35 Der **Eigenbetrieb** unterscheidet sich vom Regiebetrieb im Wesentlichen nur dadurch, dass grundsätzlich vom Gesetzgeber durch Gemeindeordnung oder Eigenbetriebsordnung eine eigne Organisationsstruktur verbindlich (durch Satzung) vorgeben wird. Anders als im Regiebetrieb ist das Vermögen des Eigenbetriebes getrennt vom Vermögen der Gebietskörperschaft als Sondervermögen zu verwalten.[80] Dies soll kurze Entscheidungswege und mehr Flexibilität in wirtschaftlichen Angelegenheiten ermöglichen.

36 Eine **Anstalt des öffentlichen Rechts** (**AdöR, AöR**) ist eine mit einer öffentlichen Aufgabe betraute Institution, deren Aufgabe ihr gesetzlich oder satzungs-

---

79 Friedrich-Ebert-Stiftung (Hrsg.): Die wirtschaftlichen Unternehmen der Gemeinde. In: Friedrich-Ebert-Stiftung (Hrsg.): Wegbeschreibung für die Kommunale Praxis. Bonn 2004.
80 *Kurz* Theaterrecht S. 46.

mäßig zugewiesen worden ist. Ihre meist staatlichen oder kommunalen Aufgaben werden in ihrer Satzung festgelegt. Sie bündelt sachliche Mittel (Gebäude, Einrichtung, Fahrzeuge usw.) und Personal (Planstellen für Beamte und Arbeitnehmer) in einer Organisationseinheit. Überwiegend ist die Anstalt öffentlichen Rechts rechtlich selbständig, mithin eine juristische Person des öffentlichen Rechts. Sie sind rechtlich aus der allgemeinen Staatsverwaltung ausgegliedert und daher selbst rechtsfähig; sie haben oft Dienstherrnfähigkeit, können also eigene Beamte haben; sie werden durch oder auf Grund eines Gesetzes errichtet, verändert und aufgelöst.

Daneben bestehen **teilrechtsfähige Anstalten des öffentlichen Rechts**; 37
diese sind in die allgemeine Staatsverwaltung eingeordnet und nur Dritten gegenüber vermögensrechtlich selbständig; sie können insoweit im Rechtsverkehr selbst klagen und auch selbst verklagt werden.

Ein öffentlich-rechtlicher **Zweckverband** ist ein Zusammenschluss mehre- 38
rer kommunaler Gebietskörperschaften nach deutschem Recht. Grundlage ist ein Gesetz und/oder ein öffentlich-rechtlicher Vertrag zur gemeinsamen Erledigung einer bestimmten öffentlichen Aufgabe. Zweckverbände sind die bekannteste und häufigste Form Kooperation.

Mit der **Stiftung als juristische Person des öffentlichen Rechts** hat sich 39
in den letzten Jahren eine neue Form der öffentlich-rechtlichen Trägerschaft von Bühnen etabliert. Stiftungen des öffentlichen Rechts werden von staatlicher Seite durch einen Stiftungsakt, insbesondere per Gesetz errichtet und verfolgen Zwecke, die von einem besonderen öffentlichen Interesse sind.[81] Als Beispiel ist hier die Stiftung Oper in Berlin zu nennen, die 2003 gegründet, zwar Mitglied im Bühnenverein ist, jedoch für ihre fünf Betriebe (die drei Opernhäuser, das Staatsballett Berlin und der Bühnenservice) einen Haustarifvertrag abgeschlossen hat. Daneben ist das Brandenburgisches Staatstheater Cottbus zu nennen, welches mit den Kunstsammlungen 2004 in einer Stiftung zusammengefasst wurden, sowie die Stiftung Staatstheater Nürnberg[82] unter gemeinsamer Trägerschaft des Freistaats Bayern und der Stadt Nürnberg.

In der Literatur wird vertreten, dass der NV Bühne auch dann analog anzu- 40
wenden ist, wenn der rechtlich selbständige Träger des Theaters nicht unmittelbar selbst dem Bühnenverein angehört, aber die überwiegend finanzierende Kommune.[83] Dem kann zumindest, was die normative Geltung des NV Bühne anbetrifft, nicht gefolgt werden, denn die finanzierende Kommune ist im tarif-

81 www.stiftungen.org/Bundesverband Deutscher Stiftungen.
82 https://www.staatstheater-nuernberg.de/index.php?page=staatstheater,impressum.
83 *Kurz* Theaterrecht S. 264, wohl auch: Nix/Hegemann/*Hemke* § 1 Rdnr. 2.

rechtlichen Sinne nicht Arbeitgeber der ihr gehörenden oder der durch sie finanzierten Kapitalgesellschaften. Ebenso wenig kann sie als Arbeitgeberverband angesehen werden.

41 Darüber hinaus haben Zuwendungsempfänger bzw. dessen hauptamtliche Mitarbeiterinnen und Mitarbeiter keinen Rechtsanspruch auf die Vergütung vergleichbarer Landesbedienstete, dass ggf. landesrechtlich geltende Besserstellungsverbot stellt kein Gleichbehandlungsgebot dar.[84]

42 Die Rechtsnormen des NV Bühne gelten unmittelbar und zwingend für Arbeitnehmer, welche der GDBA oder dem VdO angehören und die nach § 1 NV Bühne als Solomitglieder, Bühnentechniker oder Opernchor- und Tanzgruppenmitglieder an Bühnen innerhalb der Bundesrepublik Deutschland, die von einem Lande oder von einer Gemeinde oder von mehreren Gemeinden oder von einem Gemeindeverband oder mehreren Gemeindeverbänden ganz oder überwiegend rechtlich oder wirtschaftlich getragen werden, beschäftigt werden.

43 Für die Zuordnung eines Bühnenmitarbeiters zu den in § 1 Abs. 2 und Abs. 3 NV Bühne genannten Berufsgruppen (bzw. Funktionsgruppen) oder „als Person in ähnlicher Stellung" kommt es entscheidend auf die vom Bühnenmitarbeiter auszuübenden Tätigkeit an, die durch die individualvertragliche Vereinbarung definiert wird. Die Erfassung durch den Tarifvertrag, den NV Bühne, richtet sich nach dem vereinbarten Inhalt des Arbeitsverhältnisses, der vertraglich erfolgten Bestimmung, was die vom Bühnenmitarbeiter zu leistende Arbeitstätigkeit betrifft. Wird der Bühnenmitarbeiter tatsächlich nicht dementsprechend beschäftigt, so ist das eine Frage der vertragsgemäßen Beschäftigung; für die Frage, ob er dem personellen Anwendungsbereich des NV Bühne unterliegt, ist dies ohne Bedeutung.[85]

44 **Solomitglieder** im Sinne des Tarifvertrages sind nach § 1 Abs. 2 NV Bühne Einzeldarsteller einschließlich Kabarettisten und Puppentheaterspielern, Dirigenten, Kapellmeister, Studienleiter, Repetitoren, Orchestergeschäftsführer, Direktoren des künstlerischen Betriebs (insbesondere Operndirektor, Schauspieldirektor, Ballettdirektor, Leiter des Kinder- und Jugendtheaters), Spielleiter (Regisseure), Chordirektoren, Choreografen, Tanz-/Ballettmeister sowie Trainingsleiter, Dramaturgen, Leiter des künstlerischen Betriebsbüros, Disponenten, Ausstattungsleiter, Bühnenbildner, Kostümbildner und Lightdesigner, Inspizienten, Theaterpädagogen, Schauspielmusiker, Referenten und Assistenten von

---

84 VG Bremen, Urteil v. 18.12.1997, Az.: 2 A 32/96, juris.

85 BOSchG, Schiedsspruch v. 12.10.2011, BOSchG 5/11, S. 10 unter Verweis auf BAG, Urteil v. 28.01.2009, Az.: 4 AZR 987/07; BAG, Urteil v. 25.02.2009, Az.: 7 AZR 942/07 und LAG Berlin, Urteil v. 27.09.2007, Az.: 14 Sa 943/07.

Intendanten sowie des künstlerischen Betriebs, Souffleure, Theaterfotografen und Grafiker, Pressereferenten und Referenten der Öffentlichkeitsarbeit.

Für Solomitglieder, mit denen Gastspielverträge abgeschlossen werden, sowie für Mitglieder, die von Fall zu Fall (Aushilfen) oder auf Stückdauer für einzelne Inszenierungen beschäftigt werden, gilt dieser Tarifvertrag grundsätzlich nicht. Jedoch finden auf diese Verträge die Regelungen zum Bühnenschiedsvertrag (§ 53 NV Bühne); zur Vermittlungsgebühr (§ 60 NV Bühne) und zu den Ausschlussfristen (§ 98 NV Bühne) Anwendung.[86] 45

Gastspielverträge sind Verträge, die der Arbeitgeber zur Ergänzung seines ständigen Personals und zur Ausgestaltung seines Spielplans mit Solomitgliedern in der Weise abschließt, dass sie nicht als ständige Solomitglieder angestellt, sondern nur zur Mitwirkung für eine bestimmte Anzahl von Aufführungen, aber nicht für mehr als 72 während der Spielzeit, verpflichtet werden. Bei Serientheatern liegt ein Gastspielvertrag nur vor, wenn das dem Gast bewilligte Entgelt die festen Bezüge der meisten von dem Arbeitgeber fest angestellten Mitglieder weit übersteigt; in diesem Fall fällt die in Satz 3 festgesetzte ziffernmäßige Beschränkung der Aufführungen fort. 46

Gastverträge können als nicht unter den Tarifvertrag fallende Arbeitsverträge, freie Dienstverträge und auch als Werkverträge abgeschlossen werden. Vgl. insoweit die Ausführungen unter 1.1.4. 47

Der NV Bühne gilt auch für **Personen in ähnlicher Stellung.** Für die Frage, was unter „Personen in ähnlicher Stellung" im Sinne des § 1 Abs. 1 a. E. NV Bühne zu verstehen ist, ist auf die beispielhafte Aufzählung der Bühnenmitglieder nach § 1 Abs. 1 zurückzugreifen. Nach der nach wie vor geltenden Rechtsprechung des Bundesarbeitsgerichts sind Bühnenmitglieder solche tarifvertraglich nicht benannten Personen, die durch künstlerische Tätigkeit entweder direkt an der Aufführung eines Stückes mitwirken, wie Einzeldarsteller, Kapellmeister oder Souffleure oder sie gestalten das aufzuführende Stück bereits im Vorfeld der Vorstellung und der konzeptionellen Umsetzung des Werkes mit.[87] 48

Bei **Bühnentechnikern** im Sinne des § 1 Abs. 3 NV Bühne ist zu unterscheiden zwischen geborenen und gekorenen künstlerischen Bühnentechnikern. Geborene künstlerische Bühnentechniker sind, z. B. die in Abs. 3 Unterabsatz 1 genannten Technische Direktoren und technische Leiter, Vorstände der Malsäle, Leiter des Beleuchtungswesens, Leiter der Bühnenplastiken/-werkstätten, Leiter 49

86 vgl. § 1 Abs. 5 NV Bühne.

87 BOSchG Frankfurt a. M., Schiedsspruch v. 26.04.2005, Az.: BOSchG 27/04, S. 11; BAG, Urteil v. 16.11.1995, Az.: 6 AZR 229/95, AP Nr. 49 zu § 611 BGB Bühnenengagementsvertrag; BAG, Urteil v. 16.11.1995, Az.: 6 AZR 229/95, Rdnr. 16, juris, NZA 1996, 721.

des Kostümwesens, Leiter der Ausstattungswerkstätten, Chefmaskenbildner, Referenten und Assistenten der Technischen Direktoren und technischen Leiter, Tonmeister.

50 Die in Unterabsatz 2 genannten Oberinspektoren und Inspektoren, Theater- und Kostümmaler, Beleuchtungsmeister und Beleuchter, Bühnenplastiker (Kascheure), Maskenbildner, Requisitenmeister und Requisiteure, Gewandmeister, Bühnenmeister, Veranstaltungstechniker, Tontechniker und Personen in ähnlicher Stellung sind (nur dann) Bühnentechniker im Sinne des NV Bühne, wenn mit ihnen im Arbeitsvertrag vereinbart wird, dass sie überwiegend künstlerisch tätig sind.

51 Für die Frage der Geltung des NV Bühne kommt es in diesem Zusammenhang nicht darauf an, ob der Bühnentechniker während der Dauer seines Arbeitsverhältnisses tatsächlich überwiegend mit künstlerischen Tätigkeiten beschäftigt wurde. Entscheidend ist (allein) die Vereinbarung einer überwiegend künstlerischen Tätigkeit im Arbeitsvertrag und der daraus resultierende Anspruch des Bühnentechnikers auf entsprechende Beschäftigung.[88]

52 Fehlt diese ausdrückliche Vereinbarung, finden auf diese Arbeitsverhältnisse ggf. der TVöD bzw. der TV-L Anwendung.

53 Unter einem **Chor** wird eine Gemeinschaft von Singenden verstanden, in der jede Stimme mehrfach besetzt ist. **Opernchormitglieder** gehören dem Wortlaut nach demgemäß einer Gemeinschaft von Singenden an, die im Rahmen einer Oper tätig werden. Nach § 1 Abs. 4 NV Bühne zählen auch Chormitglieder, die Operetten und Musicals singen, dazu.

54 Mit Musikalischen Oberleitern, Direktoren des künstlerischen Betriebs, Oberspielleitern, Ausstattungsleitern, Technischen Direktoren und technischen Leitern einschließlich den Leitern des Beleuchtungswesens können von diesem Tarifvertrag abweichende Regelungen vereinbart werden.

55 Der NV Bühne gilt – bei beiderseitiger Tarifbindung –, ansonsten nur kraft Bezugnahmeklausel im Arbeitsvertrag – eingeschränkt nach Maßgabe der Anlage 1 daneben auch für Solomitglieder an **Privattheatern.** Ein Privattheater liegt vor, wenn es von einer natürlichen Person oder von einem Zusammenschluss natürlicher Personen oder von einer juristischen Person privaten Rechts, an der keine juristische Person öffentlichen Rechts beteiligt ist, getragen wird. Unschädlich ist die Beteiligung einer juristischen Person öffentlichen Rechts an der Trägerschaft, wenn diese nicht überwiegt und wenn die Finanzierung nicht überwiegend aus öffentlichen Mitteln bestritten wird (vgl. § 1 Abs. 7 Unterabs. 2 NV Bühne).

---

88 BAG, Urteil v. 25.02.2009, Az.: 7 AZR 942/07, Rdnr. 35, juris.

2.2.3 Formvorschriften bei Vertragsschluss nach NV Bühne

Es ist zu unterscheiden, ob der NV Bühne in dessen Geltungsbereich kraft Bezugnahmeklausel im Arbeitsvertrag (z. B. bei Freien Theatern) auf das Arbeitsverhältnis Anwendung findet, oder kraft beiderseitiger Tarifbindung über § 4 TVG. 56

Bei beiderseitiger Tarifbindung unterliegt der Bühnendienstvertrag im Geltungsbereich des NV Bühne nach § 2 Abs. 1 Satz 2 NV Bühne seit dem 01.02.2006 der Schriftform, hierzu können die Vertragsmuster der Anlagen 2 bis 6 verwendet werden. 57

Das heißt, eine Niederschrift der wesentlichen Vertragsbestandteile (Beschreibung der Tätigkeit, das dafür zu leistende Entgelt und Beginn der Tätigkeit) muss grundsätzlich auf derselben Urkunde von den Parteien eigenhändig durch Namensunterschrift (oder notariell beglaubigten Handzeichens) unterzeichnet werden (vgl. § 126 Abs. 2 BGB). Werden über den Vertrag mehrere gleichlautende Urkunden aufgenommen, so genügt es, wenn jede Partei die für die andere Partei bestimmte Urkunde unterzeichnet (vgl. § 126 Abs. 2 Satz 2 BGB). 58

Die Einhaltung der Schriftform hat bei einem Arbeitsvertrag nach NV Bühne konstitutive Wirkung.[89] Allerdings sind hiervon die am 01.02.2006 bestehende Regelungen und ihre Änderung, soweit sie gesetzlich, tarifvertraglich oder arbeitsvertraglich möglich sind ausgenommen.[90] 59

Hinsichtlich der Begründung des Arbeitsverhältnisses hat die Bestimmung nur bindende Wirkung, wenn beide Parteien tarifgebunden sind (§§ 3 Abs. 1 und 4 Abs. 1 TVG). Bei (alleiniger) Tarifbindung des Arbeitgebers kommt ihr, soweit die Tarifbindung für den Bewerber erkennbar war, allenfalls indirekte Wirkung im Sinne einer Auslegungsregel zu, da nicht ohne Weiteres davon ausgegangen werden kann, der Arbeitgeber wolle ohne Einhaltung der für ihn tarifvertraglich vorgesehenen Form Arbeitsverhältnisse begründen.[91] 60

2.2.4 Formvorschriften bei Vertragsänderung nach NV Bühne

Wie der Arbeitsvertrag als solcher unterliegen nach § 2 NV Bühne auch dessen Änderungen oder Ergänzungen zu deren Wirksamkeit der Schriftform. 61

Dies gilt jedoch nicht, wenn die Änderung des Arbeitsvertrages die Folge eines gesetzlichen Anspruches auf Änderung des Arbeitsvertrages folgt. Dies gilt 62

89 Bolwin/*Sponer* Bühnen- und Orchesterrecht § 2 Rdnr. 189.
90 Kittner/Zwanziger/*Deinert-Zwanziger* § 126 Rdnr. 11a.
91 Kittner/Zwanziger/*Deinert-Zwanziger* § 126 Rdnr. 11a.

beispielsweise für den gesetzlichen Anspruch auf Reduzierung der Arbeitszeit nach § 15 BEEG.[92]

63 Das Bühnenoberschiedsgericht führt hierzu aus:

> *Das Schriftformerfordernis ist auf die nach dem Gesetz vorgesehene Einigung zur Teilzeitarbeit während der Elternzeit nicht anwendbar. Der Anspruch auf Teilzeitbeschäftigung während der Elternzeit ist ein gesetzlicher Anspruch nach § 15 Abs. 5 BEEG. Die gesetzlichen Regeln über das Recht auf Elternzeit sind einseitig zwingendes Recht BAG, Urteil v. 05.06.2007, AP Nr. 49 zu § 15 BEEG), welche nicht zu Ungunsten der Arbeitnehmer beschränkt oder ausgeschlossen werden können. § 15 BEEG regelt das Verfahren zur Inanspruchnahme der Elternzeit einschließlich der Beschäftigung während der Elternzeit in Teilzeit im Sinne einer Vereinbarungslösung zwischen Arbeitgeber und Arbeitnehmer. Nach § 15 Abs. 5 Satz 2 BEEG sollen sich Arbeitgeber und Arbeitnehmer innerhalb von vier Wochen einigen. Im Weiteren sieht das Gesetz einen schriftlichen Antrag des Arbeitnehmers vor, den der Arbeitgeber innerhalb von vier Wochen mit schriftlicher Begründung ablehnen muss, wenn er ihm nicht entsprechen will (§ 15 Abs. 7 Satz 2 BEEG). Anders als in § 8 TzBfG führt die Fristversäumung nicht zur gesetzlichen Fiktion der Vereinbarung, sondern zu einem Klagerecht des Arbeitnehmers, soweit der Arbeitgeber der Verringerung der Arbeitszeit nicht oder nicht rechtzeitig zustimmt. Diese eigenständige Regelung in § 15 BEEG ist zwingendes Recht und würde damit entgegenstehende anderweitige Regelungen verdrängen.*

64 Ist die Geltung des NV Bühne lediglich kraft Bezugnahmeklausel im Arbeitsvertrag vereinbart, kommt der Formvorschrift des § 2 Abs. 1 NV Bühne bei Änderung des Arbeitsvertrages oder im Hinblick auf noch nicht im Arbeitsvertrag enthaltene Nebenabreden lediglich die Funktion einer durch Verweisung vereinbarten vertraglichen Schriftform zu.

65 Der in § 305 b BGB kodifizierte Vorrang der Individualabrede führt dazu, dass es den Vertragspartnern frei steht, jederzeit abweichend zur Schriftformklausel des § 2 Abs. 1 NV Bühne auch mündlich Vertragsänderungen zu vereinbaren. Eine Individualabrede im Sinne des § 305 b BGB liegt unabhängig davon vor, ob es sich um eine ausdrückliche Vereinbarung oder um eine konkludente Vereinbarung durch schlüssiges Verhalten handelt.[93] Eine einfache Schriftformklausel kann jederzeit abbedungen werden und verhindert damit nicht eine betriebliche Übung.[94] Aufgrund der geltenden allgemeine Regelungen zur Darlegungs- und Beweislast wird es allerdings dem Vertragspartner, der sich auf die Abrede beruft im Einzelfall schwer fallen, den Inhalt der mündlichen Vereinbarung sowie den Rechtsbindungswillen dazulegen und ggf. zu beweisen.

92 BOSchG, Schiedsspruch v. 06.02.2012, Az.: BOSchG 20/11.

93 BAG, Urteil v. 19.03.2009, Az.: 6 AZR 557/97, juris = NZA 2009, 896.

94 BAG, Urteil v. 24.06.2003, Az.: 9 AZR 302/02, juris = NZA 2003, 1145.

2.2.5 Haustarifvertrag

Nach § 99 NV Bühne kann durch einen Tarifvertrag zwischen dem Deutschen Bühnenverein und den vertragschließenden Gewerkschaften von den Regelungen des NV Bühne für einzelne Bühnen abgewichen werden. Diese im Hinblick auf den Spezialitätsgrundsatz nur deklaratorische Öffnungsklausel eröffnet den tarifvertragsschließenden Parteien, die Möglichkeit von den Regelungen, und damit den als Mindeststandards geltenden Regelungen des NV Bühne im Rahmen der geltenden Arbeitsschutzgesetze für einzelne Bühnen in Haustarifverträgen abzuweichen. § 2 Abs. 1 TVG verleiht dem Arbeitgeber die Tariffähigkeit unabhängig von der Zugehörigkeit zu einer Arbeitgebervereinigung, vorliegend dem Bühnenverein. Ein Arbeitgeber kann daher trotz Verbandszugehörigkeit und trotz eines für ihn gültigen Verbandstarifvertrages einen konkurrierenden oder ergänzenden Firmentarifvertrag abschließen.[95] 66

Hiervon Gebrauch gemacht hat beispielsweise die Stiftung Oper in Berlin für ihre Häuser Deutsche Oper, Komische Oper, Staatsoper Unter den Linden und Staatsballett Berlin. 67

Nach § 28 Abs. 1 c der Satzung des Deutschen Bühnenvereins bedarf der Abschluss eines Haustarifvertrages jedoch der Zustimmung des Tarifausschusses des Deutschen Bühnenvereins.[96] 68

2.2.6 Abweichende individualrechtliche Regelungen vom NV Bühne

Nach § 4 Abs. 3 TVG sind – bei beiderseitiger Tarifgebundenheit – abweichende individualrechtliche Regelungen nur zulässig, soweit sie durch den Tarifvertrag gestattet sind (Öffnungsklauseln) oder eine Änderung der Regelungen zugunsten des Arbeitnehmers enthalten. 69

Der NV Bühne enthält eine Reihe von Öffnungsklauseln, hier ist z. B. zu nennen § 58 Abs. 5 NV Bühne (Ausschluss der Gagenerhöhung), aber auch § 40 Abs. 1 Satz 3 NV Bühne (Ausschluss der Zuwendung). 70

Nach § 40 Abs. 1 Satz 3 NV Bühne kann der Anspruch auf Zuwendung für den Fall eines Gastierurlaubs von mehr als 40 Tagen für die jeweilige Spielzeit ganz oder teilweise durch eine Vereinbarung mit dem Mitglied abbedungen werden. 71

95 BAG, Urteil v. 16.11.2011, Az.: 4 AZR 857/09, juris – Rdnr. 21.

96 http://www.buehnenverein.de/de/deutscher-buehnenverein/ziele-und-aufgaben.html.

72 Nach § 58 Abs. 5 NV Bühne kann im Arbeitsvertrag von Solomitglieder vereinbart werden, dass abweichend von § 12a NV Bühne

a) das neu engagierte Solomitglied nicht an einer Gagenanpassung teilnimmt, die für die ersten zwölf Monate seiner Tätigkeit tarifvertraglich wirksam wird,
b) das Solomitglied nicht an einer Gagenanpassung teilnimmt, die für die ersten zwölf Monate nach einer arbeitsvertraglichen Gagenanpassung tarifvertraglich wirksam wird,
c) das Solomitglied nicht an einer Gagenanpassung teilnimmt, die für die Spielzeit tarifvertraglich wirksam wird, in der ihm bezahlter Gastierurlaub von insgesamt mindestens 40 Tagen gewährt wird,
d) das Solomitglied an keiner Gagenanpassung teilnimmt, wenn seine Gage höher ist als der dreifache Betrag der Mindestgage.

73 Eine entsprechende Öffnungsklausel besteht auch für Bühnentechniker (vgl. § 67 Abs. 4 NV Bühne).

74 Außerhalb von Öffnungsklauseln können individualrechtliche Absprachen nur vereinbart werden, wenn diese günstiger sind als die normativ kraft beiderseitiger Tarifbindung geltenden tarifvertraglichen Regeln. Ob eine individualvertragliche Regelung günstiger ist, lässt sich nicht immer ohne Weiteres feststellen. Die Kollision zwischen den kraft beiderseitiger Tarifgebundenheit für das Arbeitsverhältnis der Parteien normativ geltenden und den auf Grund arbeitsvertraglicher Vereinbarung geltenden Regelungen ist nach dem Günstigkeitsprinzip (§ 4 Abs. 3 TVG) zu lösen.[97] Hiernach treten unmittelbar und zwingend geltende Tarifbestimmungen hinter einzelvertragliche Vereinbarungen mit für den Arbeitnehmer günstigeren Bedingungen zurück. Ob ein Arbeitsvertrag abweichende günstigere Regelungen gegenüber dem Tarifvertrag enthält, ergibt ein Vergleich zwischen der tarifvertraglichen und der arbeitsvertraglichen Regelung (sog. Günstigkeitsvergleich). Unerheblich ist, ob die Parteien des Arbeitsvertrages die vertraglichen Regelungen vor oder nach Inkrafttreten des Tarifvertrags vereinbart haben.[98]

75 Zu vergleichen sind die in einem inneren sachlichen Zusammenhang stehenden Teilkomplexe der unterschiedlichen Regelungen (sog. Sachgruppenvergleich).[99] Dabei sind die abstrakten Regelungen maßgebend, nicht das

97 vgl. BAG, Urteil v. 24.02.2010, Az.: 4 AZR 691/08, juris – Rdnr. 43.

98 BAG, Urteil v. 17.04.2013, Az.: 4 AZR 592/11, juris – Rdnr. 14, juris = BAGE 145, 37; BAG, Urteil v. 25.07.2001, Az.: 10 AZR 391/00 – zu II 2 a bb (2) der Gründe.

99 BAG, Urteil v. 21.04.2010, Az.: 4 AZR 768/08, juris – Rdnr. 39 = BAGE 134, 130; BAG, Urteil v. 30.03.2004, Az.: 1 AZR 85/03 – zu II 4 b bb der Gründe m. w. N.

Ergebnis ihrer Anwendung im Einzelfall. Die Günstigkeit der einzelvertraglichen Regelung gegenüber der normativ geltenden Tarifnorm muss bereits im Voraus feststehen.[100] Hängt es von den Umständen des Einzelfalls ab, ob die betreffende Regelung günstiger ist oder nicht (sog. ambivalente Regelung), ist diese Voraussetzung nicht gegeben.[101]

Bei der Prüfung ist ein objektiver Beurteilungsmaßstab zugrunde zu legen. 76
Maßgebend ist die Einschätzung eines verständigen Arbeitnehmers unter Berücksichtigung der Verkehrsanschauung.[102] Ist die einzelvertragliche Regelung danach gleich oder gleichwertig (sog. neutrale Regelung), ist sie nicht günstiger i. S. v. § 4 Abs. 3 TVG.

Ist nach diesen Maßstäben nicht zweifelsfrei feststellbar, dass die einzelver- 77
tragliche Regelung für den Arbeitnehmer günstiger ist – sei es, weil es sich um eine „neutrale“, sei es, weil es sich um eine „ambivalente“ Regelung handelt –, bleibt es bei der zwingenden Geltung des Tarifvertrags.[103] Nach Auffassung des Bundesarbeitsgerichts ergibt sich dies sowohl aus dem Wortlaut, als auch aus der systematischen Stellung von § 4 Abs. 3 Alt. 2 TVG. Der Gesetzgeber hat eine Abweichung vom Grundsatz der zwingenden Wirkung geltender Tarifnormen (Regel) nur für den Fall vorgesehen, dass die betreffende Regelung „günstiger“ ist als die tarifliche Norm (Ausnahme). Ist die Günstigkeit der abweichenden Regelung nicht feststellbar, greift § 4 Abs. 3 Alt. 2 TVG nicht ein.[104]

2.3 Folgen eines (form-)unwirksamen Arbeitsvertrages

Ein nichtiger, z. B. nach Anfechtung oder eines auf Grund einer mündlichen 78
Abrede basierendes Arbeitsverhältnis auf Grundlage des normativ, d. h. kraft beiderseitiger Tarifbindung geltenden, NV Bühne ist allenfalls ein sog. faktisches Arbeitsverhältnis.

---

100 vgl. BAG, Urteil v. 12.04.1972, Az.: 4 AZR 211/71, juris = BAGE 24, 228; zur Kollision von Betriebsvereinbarung und einzelvertraglicher Abrede: BAG, Urteil v. 27.01.2004, Az.: 1 AZR 148/03 – zu II 2 b aa der Gründe, BAGE 109, 244.

101 BAG, Urteil v. 17.04.2002, Az.: 5 AZR 644/00 – zu II 4 b der Gründe.

102 *Schubert/Zachert* in Kempen/Zachert TVG 5. Aufl. § 4 Rn. 307; Löwisch/*Rieble* TVG 3. Aufl. § 4 Rn. 310; Däubler/*Deinert* TVG 3. Aufl. § 4 Rn. 689; JKOS/*Jacobs*; BAG, Urteil v. 27.01.2004, Az.: 1 AZR 148/03 – zu II 2 b aa der Gründe, juris = BAGE 109, 244.

103 BAG, Urteil v. 12.04.1972, Az.: 4 AZR 211/71, juris = BAGE 24, 228.

104 vgl. *Schubert/Zachert* in Kempen/Zachert TVG 5. Aufl. § 4 Rn. 420 mwN; Däubler/*Deinert* TVG 3. Aufl. § 4 Rn. 690; Löwisch/*Rieble* TVG 3. Aufl. § 4 Rn. 562; BAG, Urteil v. 10.12.2014, Az.: 4 AZR 503/12 –, juris – Rdnr. 44.

79 Sind die Voraussetzungen für das Zustandekommen eines Arbeitsvertrages nicht eingehalten oder liegen sonstige Rechtsmängel vor, die zur Nichtigkeit oder Anfechtung des Arbeitsvertrages führen und wurde das Arbeitsverhältnis durch Arbeitsaufnahme gleichwohl in Verzug gesetzt, liegt grundsätzlich ein faktisches Arbeitsverhältnis vor, von welchem sich jede Partei durch einseitige empfangsbedürftige Willenserklärung ohne Einhaltung einer Frist lösen kann.

80 Aus dem faktischen Arbeitsvertrag folgen jedoch „quasivertragliche" Ansprüche für die Vergangenheit, die denen des ordnungsgemäß zustande gekommenen Arbeitsvertrages entsprechen (Lohnzahlung, Urlaubsansprüche usw.). Daneben kann die schuldhaft verursachende Partei eines unwirksamen Arbeitsvertrages nach den Grundsätzen von c.i.c., oder nach den §§ 311 Abs. 2 und 3 i. V. m. § 280 BGB zu Schadensersatz verpflichtet sein.[105]

2.4 Vertragsabschluss durch Vertreter

81 Neben den gesetzlichen Vertretern für geschäftsunfähige Personen (z. B. minderjährige Kinder) oder juristische Personen, die als solche nicht handlungsfähig sind, können auch gewillkürte Vertreter, d. h. Stellvertreter, auf beiden Seiten des Arbeitsvertrages tätig werden. Stellvertreter im Sinne von § 164 BGB handeln in fremden Namen und für fremde Rechnung grundsätzlich auf Grundlage einer Vollmacht (§ 167 BGB).

82 Liegt keine Vollmacht vor, ist der Vertrag nach § 177 Abs. 1 BGB schwebend unwirksam, bis der Vertretene den Vertrag entweder nach § 184 BGB (rückwirkend) genehmigt oder ihn ablehnt mit der Folge, dass der Vertrag als von Anfang an unwirksam gilt.

83 Ausnahmsweise kann auch ohne Vollmacht und nachträgliche Genehmigung ein Vertrag geschlossen werden, wenn die Voraussetzungen einer Duldungs- oder Anscheinsvollmacht vorliegen. Die Rechtsgrundsätze über die Anscheins- und Duldungsvollmacht finden als allgemeine Rechtsgrundsätze auch beim Abschluss und der Veränderung von Bühnenarbeitsverträgen Anwendung.[106]

84 Träger von Freien Theatern sind meist juristische Personen, welche von ihrem gesetzlichen vertretungsberechtigten Organ, meist dem Geschäftsführer, vertreten werden. Aber auch einzelne Personen oder Personengesellschaften

---

105 Nix/*Herdlein* § 2 Rdnr. 4.

106 BOSchG Schiedsspruch v. 18.05.1983, Az.: 23/82; BOSchG, Schiedsspruch v. 15.10.1986, Az.: 15/86.

kommen als Träger Freier Theater in Betracht, hier ist die Vertretung stets gesondert zu prüfen.

Für die Stadt- und Staatstheater als Regiebetriebe (rechtlich und haushalts- 85
rechtlich unselbständige Teile der öffentlichen Verwaltung) oder als Eigenbetriebe (rechtlich unselbständige, aber haushaltsrechtlich verselbständigte Teile der öffentlichen Verwaltung) handeln zunächst die gesetzlichen Vertreter der Gemeinden bzw. des Landes. Allerdings kann in den Gemeindesatzungen bzw. den Landes(verwaltungs)-gesetzen besondere Zuständigkeiten begründet werden. Darüber hinaus wird regelmäßig keine weitere gesetzliche Delegation zur Vertretung normiert. Die Vertretung des Stadt- bzw. Staatstheaters wird daher regelmäßig auf einer gewillkürten und auf Vollmacht beruhenden Vertretung beruhen.

In der Regel wird der Theaterleiter (mit der Bezeichnung Intendant, Direktor 86
o. ä.) vom Rechtsträger zur Vertretung der Bühne ausdrücklich bevollmächtigt sein,[107] ob Einschränkungen der Vertretungsmacht gegeben sind, wird jedoch regelmäßig – auch unter Berücksichtigung der Grundsätze zur Anscheins- und Duldungsvollmacht – zu prüfen sein.

Eine Anscheinsvollmacht erfordert, dass der Vertretene das Handeln des 87
Vertreters bei pflichtgemäßer Sorgfalt hätte erkennen und verhindern können und der Geschäftsgegner nach Treu und Glauben annehmen durfte, der Vertretene kenne und dulde das Handeln des Vertreters. Damit dem Vertretenen eine schuldhafte Veranlassung des Rechtsscheins einer Vollmacht angelastet werden kann, muss es sich um ein Verhalten von einer gewissen Dauer und Häufigkeit handeln.[108]

Bei der Anscheinsvollmacht kann sich der Vertretene auf den Mangel der Ver- 88
tretungsmacht seines Vertreters nicht berufen, wenn er schuldhaft den Rechtsschein einer Vollmacht veranlasst hat, so dass der Geschäftsgegner nach Treu und Glauben mit Rücksicht auf die Verkehrssitte von einer Bevollmächtigung ausgehen darf und auch von ihr ausgegangen ist.[109]

Eine Duldungsvollmacht ist gegeben, wenn der Vertretene es wissentlich 89
geschehen lässt, dass ein anderer für ihn als Vertreter auftritt, und der Geschäftsgegner dieses Dulden dahin versteht und nach Treu und Glauben auch verste-

107 Bolwin/*Sponer* § 2 Rdnr. 69 m. w. N.

108 BAG, v. 05.03.1998, Az.: III ZR 183/96, juris = NJW 1998, 1854, 1855; BGH, Urteil v. 10.01.2007, Az.: VIII ZR 380/04; BGH, Urteil v. 05.07.2012, Az.: III ZR 116/11, juris – Rdnr. 14; Palandt/Ellenberger BGB, § 172, Rdnr. 11 ff.

109 BGH, Urteil v. 05.03.1998, Az.: III ZR 183/96, juris = NJW 1998, 1854, 1855; BGH, Urteil v. 09.05.2014, Az.: V ZR 305/12, juris – Rdnr. 12.

hen darf, dass der als Vertreter Handelnde bevollmächtigt ist.[110] Besteht für den Vertretenen Gesamtvertretung müssen alle Gesamtvertreter das Auftreten des Handelnden wissentlich geduldet haben.[111] Von der stillschweigenden Vollmacht unterscheidet sich die Duldungsvollmacht dadurch, dass der Vertretene bei Duldungsvollmacht keinen Willen zur Bevollmächtigung hat.[112]

90 Wenn Arbeitgeber bestimmte leitende Mitarbeiter aus der objektivierbaren und berechtigten Sicht der Arbeitnehmer mit Vertretungsmacht ausstatten, müssen sie sich das demnach vertragsrechtlich zurechnen lassen. Eine solche Zurechnung setzt aber voraus, dass der Arbeitnehmer auf das Vorliegen einer Bevollmächtigung bzw. die Billigung des Handelns des Vertreters vertrauen darf.[113]

2.5 Sonstige Abreden

2.5.1 Vorbehaltene Vertragsgültigkeit

91 In den ursprünglichen Tarifverträgen, hier insbesondere im NV Solo vor 1945 war in § 10 Abs. 3 geregelt, dass „*der Unternehmer (...) sich auf eine Vereinbarung, nach der für ihn allein der Dienstvertrag nur unter einer Bedingung oder überhaupt nicht verbindlich sein soll, unbeschadet der Bestimmungen in den §§ 12 und 13 nicht berufen*“ kann.[114]

92 Der NV Bühne enthält keine vergleichbare Regelung, gleichwohl sind derartige Klauseln nicht uneingeschränkt wirksam.

93 Die Wirksamkeit eines Lösungsrechts vom (Vor-)Vertrag richtet sich nach § 308 Nr. 3 BGB als der gegenüber § 307 BGB spezielleren Norm, wobei jedoch dessen Wertungen heranzuziehen sind. Nach § 308 Nr. 3 BGB muss in dem Vorbehalt der Grund für die Lösung vom Vertrag mit hinreichender Deutlichkeit angegeben sein und ein sachlich gerechtfertigter Grund für seine Aufnahme in die Ver-

110 BGH, Urteil v. 05.07.2012, Az.: III ZR 116/11, juris – Rdnr. 14; BGH, Urteil v. 14.05.2002, Az.: XI ZR 155/01; juris = NJW 2002, 2325, 2327; BGH, Urteil v. 10.03.2004, Az.: IV ZR 143/03, juris = NJW-RR 2004, 1275, 1277 und BGH, Urteil v. 10.01.2007, Az.: VIII ZR 380/04, juris – Rdnr. 19 = NJW 2007, 987, 988; Palandt/*Ellenberger* BGB § 172 Rdnr. 8.

111 BGH, Urteil v. 16.11.1987, Az.: II ZR 92/87, juris = NJW 88, 1200.

112 BGH, Urteil v. 08.03.1961, Az.: VIII ZR 49/60, juris = LM § 167 Nr. 10, BGH, Urteil v. 08.06.1964, Az.: VIII ZR 206/62, juris = LM § 164 Nr. 24.

113 vgl. Palandt/*Ellenberger* § 172 Rdnr. 9, 11; BAG, Urteil v. 16.04.2015, Az.: 6 AZR 242/14, juris – Rdnr. 30.

114 *Riepenhausen* S. 73.

einbarung bestehen. Außerdem sind nach § 310 Abs. 4 Satz 2 BGB gegebenenfalls die im Arbeitsrecht geltenden Besonderheiten angemessen zu berücksichtigen.

Die Befreiungs- bzw. Rücktrittsgründe müssen in Allgemeinen Geschäfts- 94
bedingungen so angegeben sein, dass der Durchschnittsarbeitnehmer ohne Schwierigkeiten feststellen kann, wann sich die andere Seite vom Vertrag lösen darf.[115] § 308 Nr. 3 BGB ist damit letztlich ein besonders geregelter Unterfall des Bestimmtheitsgrundsatzes, der im Transparenzgebot (§ 307 Abs. 1 Satz 2 BGB) seinen Ausdruck gefunden hat. Wird der Grund für die Lösungsmöglichkeit im Vertrag nicht oder nicht hinreichend konkret angegeben, ist die Klausel unwirksam und dem Verwender die Berufung auf die angegebene Lösungsmöglichkeit versagt. Einer wertenden Betrachtung bedarf es in diesem Fall nicht mehr. Unklarheiten und Zweifel bei der Auslegung von Allgemeinen Geschäftsbedingungen gehen zu Lasten des Verwenders, bei dem es liegt, für eine eindeutige Fassung der von ihm verwendeten Bestimmungen zu sorgen.[116]

2.5.2 Verlängerungs- und Kündigungsklauseln

Die Verlängerung des regelmäßig befristetet abgeschlossen Bühnenarbeitsvertra- 95
ges bedarf nach § 14 Abs. 4 TzBfG der Schriftform.

Nach den Regelungen des NV Bühne verlängert sich 96

„Ein mindestens für ein Jahr (Spielzeit) abgeschlossener Arbeitsvertrag (...) zu den gleichen Bedingungen um ein Jahr (Spielzeit), es sei denn, eine Vertragspartei teilt der anderen bis zum 31. Oktober der Spielzeit, mit deren Ablauf der Arbeitsvertrag endet, schriftlich mit, dass sie nicht beabsichtigt, den Arbeitsvertrag zu verlängern (Nichtverlängerungsmitteilung). Besteht das Arbeitsverhältnis am Ende einer Spielzeit ununterbrochen mehr als acht Jahre (Spielzeiten), muss die Nichtverlängerungsmitteilung der anderen Vertragspartei bis zum 31. Juli der jeweils vorangegangenen Spielzeit schriftlich zugegangen sein“

(vgl. § 42 NV Bühne i. V. m. § 61 NV Solo, § 69 NV Bühnentechniker, § 83 NV Chor 97
und § 96 NV Tanz).

Nach der h. M. reicht dies – ist der erstmalige Arbeitsvertrag wirksam 98
zustande gekommen – dem Schriftformerfordernis des § 14 Abs. 4 TzBfG gerecht zu werden. Mit der Willenserklärung zum Abschluss des Arbeitsvertrages durch

---

115 BGH, Urteil v. 26.01.1983, Az.: VIII ZR 342/81, juris = NJW 1983, 1320, zu II 3 b der Gründe; Palandt/*Heinrichs* BGB, § 308 Rdnr. 15; Löwe/Graf von Westphalen/*Trinkner* AGBG § 10 Nr. 3 Rdnr. 60; Wolf/Horn/*Lindacher* AGBG § 10 Nr. 3 Rdnr. 42.

116 BAG, Urteil v. 27.07.2005, Az.: 7 AZR 488/04, Rdnr. 30, juris.

Inbezugnahme des Tarifvertrages haben die Vertragsparteien unmittelbar eine Abfolge von weiteren befristeten Arbeitsverhältnissen vereinbart, die daher nicht erneut die Abgabe von Willenserklärungen erforderlich machen. Danach verlängert sich das jeweils für ein Jahr (eine Spielzeit) abgeschlossene Arbeitsverhältnis zu den gleichen Bedingungen, wenn nicht zuvor eine sogenannte Nichtverlängerungsmitteilung ausgesprochen wird. Die Willenserklärung, die (schriftlich) im Vertrag niedergelegt ist, umfasst deshalb alle zukünftigen fortgesetzten Befristungen des Arbeitsverhältnisses bis zum Eingang der Nichtverlängerungsmitteilung. Eine erneute Abgabe von Willenserklärungen ist nicht erforderlich.[117]

99 In befristeten Arbeitsverträgen mit (freien) Theatern, die nicht unter den Geltungsbereich des NV Bühne fallen und hier insbesondere bei Stück- oder Gastverträgen wird häufig die Option der Bühne vereinbart, den Vertrag zu verlängern, um so sicher zu stellen, dass bei einem Erfolg des Stückes eine Fortsetzung mit der gleichen Besetzung möglich ist. Was unter dieser Option zu verstehen ist, hängt regelmäßig von der Auslegung der konkreten Formulierung ab. So kann es sich beispielsweise bereits um einen Vorvertrag bzw. eine Wiedereinstellungszusage handeln, auf Grund derer der Arbeitnehmer/Arbeitgeber den Abschluss eines Arbeitsvertrags verlangen kann, oder auch ein Optionsrecht in Form eines den Arbeitnehmer oder Arbeitgeber langfristig bindenden Vertragsangebots aber auch das „Angebot" zur Aufnahme von Vertragsverhandlungen.

100 Da befristete Arbeitsverträge nach § 15 Abs. 3 TzBfG nur ordentlich gekündigt werden können, wenn dies ausdrücklich im Arbeitsvertrag vorgesehen ist, sind Kündigungsklauseln in befristeten Arbeitsverträgen nicht unüblich. Die Möglichkeit der Vereinbarung von Kündigungsklauseln wird – jedenfalls bei beiderseitiger Tarifbindung – nach § 43 NV Bühne jedoch eingeschränkt. Danach kann im Arbeitsvertrag das Recht zur ordentlichen Kündigung nur so vereinbart werden, dass zum Schluss eines Vertragsjahrs oder einer Spielzeit mit einer Frist von sechs Wochen gekündigt werden darf.

2.5.3 Leistungsschutzrechte der ausübenden Künstler

101 Für die Leistungsschutzrechte (§§ 74–78 UrhG) ausübender Künstler (§ 73 UrhG) in Arbeitsverhältnissen gilt nach §§ 79 Abs. 2, 43, 31 Abs. 5 UrhG die Zweckübertragungstheorie.[118] Die materiellen Nutzungsrechte entstehen zunächst für die

117 LAG Köln, Urteil v. 21.01.2008, Az.: 2 Sa 1046/07, juris – Rdnr. 20; Schneider in Nix//Hegemann/*Hemke* § 61 Rdnr.: 8.
118 Tschöpe/*von Steinau-Steinrück* Arbeitsrecht, Teil 2 H, Rdnr. 72.

als Schauspieler, Opernsänger, Chormitglied etc. beschäftigten Arbeitnehmer. Der Arbeitgeber hat jedoch einen Anspruch auf Übertragung soweit dies sich ausdrücklich aus dem geltenden Arbeits- oder Tarifvertrag oder aus dem Wesen des Arbeitsverhältnisses ergibt. Hinsichtlich der Aufführung als solcher wird die Übertragung meist stillschweigend durch die künstlerische Darbietung der arbeitsvertraglich geschuldeten Leistung erfolgen. Die Verwertung der Aufführung über Bild- und Tonträger, Funk- und Fernsehen/Internet bedarf jedoch – so sie nicht ausdrücklich im Arbeits-/Tarifvertrag vereinbart ist – der ausdrücklichen vorherigen Zustimmung (§§ 77, 78 UrhG).[119]

2.5.4 Schiedsklauseln

Im Geltungsbereich des NV Bühne gilt bei beiderseitiger Tarifbindung nach § 53 NV Bühne in Verbindung mit der Bühnenschiedsgerichtsordnung eine Schiedsvereinbarung im Sinne des § 101 Abs. 2 Satz 2 ArbGG. Liegt keine beiderseitige Tarifbindung vor, und ist die Anwendung des NV Bühne im Geltungsbereich des NV Bühne vereinbart, wird regelmäßig ausdrücklich schriftlich eine sog. Schiedsklausel im Sinne des § 101 Abs. 2 S. 3 ArbGG vereinbart. § 101 Abs. 2 ArbGG sieht vor, dass für „Bühnenkünstler" tarifvertraglich vereinbart werden kann, dass statt der Arbeitsgerichte, Bühnenschiedsgerichte zuständig sind. 102

Die gebräuchlichste Formulierung ist entsprechend Anlage 2 zum NV Bühne, welche gleichlautend auch in den Anlagen 3–4 enthalten sind: 103

> *„Für alle Rechtsstreitigkeiten im Sinne des § 2 Arbeitsgerichtsgesetz zwischen den Arbeitsvertragsparteien sind unter Ausschluss der Arbeitsgerichtsbarkeit ausschließlich die zwischen den Tarifvertragsparteien des NV Bühne vereinbarten Schiedsgerichte zuständig. Gehört das Solomitglied bei Vertragsabschluss und bei Klageerhebung keiner auf Arbeitnehmerseite beteiligten Tarifvertragspartei an, bestimmt der Kläger, welches Schiedsgericht zuständig sein soll."*

Der Begriff „Bühnenkünstler" wird im Gesetz nicht legal definiert. Unter Bühnenkünstler sind Personen zu verstehen, die auf der Bühne mindestens auch künstlerisch tätig sind. „Bühne" bezeichnet ein (Musik-, Sprech- oder Tanz-)Theater, das musikalische, dramatische, pantomimische oder tänzerische Darstellungen vor Publikum zur Aufführung bringt.[120] Das Bundesarbeitsgericht definiert den Bühnenkünstler dahingehend, dass diese durch künstlerische Tätigkeit unmit- 104

119 Tschöpe/*von Steinau-Steinrück* Arbeitsrecht, Teil 2 H, Rdnr. 72.
120 Düwell/Lipke/*Voßkühler* ArbGG § 101 Rdnr. 34.

telbar an der Erarbeitung und konzeptionellen Umsetzung des (Bühnen-)Werkes mitwirken.[121]

105 Sowohl der NV Bühne als auch die Bühnenschiedsordnung in § 1 Nr. 2 verwenden statt des Begriffs "Bühnenkünstler" den Begriff „Bühnenmitglied". Allerdings werden nach § 1 NV-Bühne vom Geltungsbereich des NV Bühne nur Bühnenmitglieder erfasst, die künstlerisch tätig sind, vgl. insoweit die Ausführungen zum Geltungsbereich unter 2.2.2.

106 Allerdings kann mit dem Bühnenkünstler, der nicht Arbeitnehmer ist, die arbeitsrechtliche Schiedsgerichtsbarkeit nicht wirksam vereinbart werden. Es besteht insoweit keine Parteidisposition.[122] Möglich ist lediglich ein Schiedsvertrag nach §§ 1025 ff ZPO.

107 Da mit freien Dienstnehmern, die nicht nach § 5 Abs. 1 S. 2 ArbGG arbeitnehmerähnlich sind, keine Schiedsabrede getroffen werden kann, kann das angerufene Schiedsgericht mitunter, insbesondere bei Gast- und Stückverträgen, zu einer Statusprüfung berufen sein.[123]

2.5.5 Vermittlungsgebühr

108 Nach § 60 NV Bühne tragen die wegen des Vertragsabschlusses gegebenenfalls anfallende Vermittlungsgebühr das Solomitglied und der Arbeitgeber je zur Hälfte. Die anteilige Kostentragung durch den Arbeitgeber erfolgt nicht, wenn der Name des Künstlers dem Arbeitgeber für den jeweiligen Beschäftigungsvertrag nicht durch den Vermittler mitgeteilt wurde oder der Vermittler auch nicht in anderer Weise an der Aushandlung dieses Vertrages beteiligt war. In § 5 des Musterarbeitsvertrages nach Anlage 2 NV Bühne hat die mit 5. Änderungstarifvertrag des NV Bühne vom 14. Februar 2011, welche zum 01.01.2011 in Kraft trat, keinen Niederschlag gefunden. Nach der Formulierung des § 5 wird lediglich vereinbart,

> *„dass der Arbeitgeber berechtigt ist, die auf das Solomitglied entfallende Hälfte der Vermittlungsgebühr von insgesamt ________ vom Hundert des gebührenpflichtigen Arbeitsentgelts einzubehalten und an die Bühnenvermittlung ____________ abzuführen."*

121 BAG, Urteil v. 16.11.1995, Az.: 6 AZR 229/95, juris.

122 Düwell/Lipke/*Voßkühler* ArbGG § 101 Rdnr. 42.

123 Düwell/Lipke/*Voßkühler* ArbGG § 101 Rdnr. 40; BAG, Urteil v. 07.02.2007, Az.: 5 AZR 270/06.

Sie entspricht damit der Formulierungen in den Musterarbeitsverträgen der Anlage 4 des NV Bühne (Bühnentechniker), Anlage 5 des NV Bühne (Chor) und Anlage 6 des NV Bühne (Tanz). 109

2.6 Vorvertrag

Auch im Arbeitsrecht gibt es die Möglichkeit, im Laufe der Vertragsverhandlungen zunächst einen Vorvertrag abzuschließen.[124] Die Zulässigkeit eines Vorvertrages, der im BGB nicht geregelt ist, ergibt sich aus der auch im Arbeitsrecht geltenden Vertragsfreiheit. Ein auf Abschluss eines Arbeitsvertrages gerichteter Vorvertrag kann dann angenommen werden, wenn die Parteien wegen einer noch nicht vorhandenen Einigung über alle zu regelnden Arbeitsbedingungen zunächst eine vertragliche Bindung begründen wollen, auf Grund derer jede Partei verpflichtet ist, den Arbeitsvertrag abzuschließen. Dabei ist erforderlich, dass die wesentlichen Elemente des Arbeitsvertrages (essentialia negotii) im Vorvertrag bestimmbar geregelt sind. Dem für alle Vorverträge geltenden Bestimmbarkeitserfordernis[125] ist regelmäßig Rechnung getragen, wenn die Bestimmungen des Vorvertrages den notwendigen Anhalt für eine inhaltliche Festlegung der wesentlichen Vertragsbestimmungen bieten.[126] 110

Allerdings ist zu berücksichtigen, dass die Annahme eines Vorvertrages nur dann gerechtfertigt ist, wenn besondere Umstände darauf schließen lassen, dass die Parteien sich – ausnahmsweise – schon binden wollten, bevor sie alle Vertragspunkte abschließend geregelt hatten.[127] 111

124 vgl. Schaub/*Lipke* ArbR-HdB § 32 Rdnr. 17, 18 m. w. N.; Staudinger/Nipperdey/*Neumann* BGB § 611 Rz 60.
125 vgl. BGH, Urteil v. 03.06.1958, Az.: ZR 83/57, juris, LM Nr. 4 zu § 154 BGB; MünchKomm/*Kramer* BGB, Vor § 145 Rz 36 m. w. N.
126 BAG, Urteil v. 16.02.1983, Az.: 7 AZR 495/79, Rdnr. 28, juris.
127 BGH, Urteil v. 26.03.1980, Az.: VIII ZR 150/79, juris = NJW 1980, 1577 1 c cc m. w. N.; siehe auch MünchKommBGB/*Kramer* Vor § 145 Rdnr. 43; BGH, Urteil v. 15.10.2003, Az.: VIII ZR 329/02, juris – Rdnr. 11.

3 Verschulden bei Vertragsverhandlungen

3.1 Abbruch von Vertragsverhandlungen

1 Im Rahmen der Vertragsfreiheit hat jeder Vertragspartner grundsätzlich bis zum Vertragsabschluss das Recht, von dem in Aussicht genommenen Vertragsabschluss Abstand zu nehmen. Ein Schadensersatzanspruch wegen Abbruchs von Vertragsverhandlungen kommt jedoch dann in Betracht, wenn ein Vertragspartner bei der Gegenseite zurechenbar das aus dessen Sicht berechtigte Vertrauen erweckt hat, der Vertrag werde mit Sicherheit zustandekommen, sodann aber die Vertragsverhandlungen ohne triftigen Grund abbricht.[128] Wenn auch das Vertragsangebot beim Angebotsempfänger gewisse Sorgfaltspflichten, insbesondere die Pflicht zu einer sorgfältigen Behandlung des Angebots auslösen kann,[129] ist dieser doch in seiner Entscheidung frei, ob er den angetragenen Vertrag schließen will.[130]

3.2 Aufklärungspflichten

2 Bestehende Umstände, gleich welcher Art, die die vollständige Durchführung des Rechtsverhältnisses in Frage stellen könnten, dürfen nicht verschwiegen werden, soweit sie dem potentiellen Vertragspartner nicht bekannt sind oder bekannt sein müssen. Eine schuldhafte Verletzung dieser Aufklärungspflicht begründet einen Schadensersatzanspruch aus „culpa in contrahendo“, wenn sich die verschwiegene Gefahr später realisiert und zur Beendigung des Rechtsverhältnisses führt.

3 Zu ersetzen ist dann der Vertrauensschaden. Der Geschädigte ist so zu stellen, wie er stünde, wenn er auf die ordnungsgemäße Durchführung des Vertrages nicht vertraut und sich auf einen Vertragsabschluss gar nicht eingelassen hätte. Der Vertrauensschaden ist nicht auf das Erfüllungsinteresse, d. h. die Vergütung begrenzt.[131]

---

128 vgl. BGH, Urteil v. 10.01.1996, Az.: VIII ZR 327/94, juris = WM 1996, 738 unter II 3 b bb; BGH, Urteil v. 7.12.2000, Az.: VII ZR 360/98, juris = WM 2001, 684 = NJW-RR 2001, 381 unter II 2 a, jew. m. w. N.

129 vgl. RGZ 107, 240, 242; Staudinger/*Bork* BGB 2003 § 145 Rdnr. 37.

130 BGH, Urteil v. 15.10.2003 Az.: VIII ZR 329/02, juris – Rdnr. 13.

131 BAG, Urteil, v. 17.07.1997, Az.: 8 AZR 257/96, juris = AP BBiG § 16 Nr. 2 = EzA BBiG § 16 Nr. 2; BAG, Urteil v. 08.03.1977, Az.: 4 AZR 700/75, juris = EzB [alte Fassung] BBiG § 15 Abs. 1 Nr. 5; BAG,

So muss der Arbeitgeber gegenüber einem Arbeitnehmer schon bei den Einstellungsverhandlungen auf dessen besondere Interessen Rücksicht nehmen und ihn insbesondere über künftige Verhältnisse aufklären, wenn er erkennt, dass der Arbeitnehmer besondere Wünsche oder Erwartungen hat. Er darf dann nicht den Eindruck erwecken, der Arbeitnehmer könne ohne größeres Risiko sein bisheriges Arbeitsverhältnis kündigen, um sich für die Aufnahme der Tätigkeit bei dem verhandelnden Arbeitgeber freizumachen.[132] 4

Andererseits muss der Arbeitnehmer den Arbeitgeber bereits im Einstellungsgespräch, d. h. bei Vertragsschluss aufklären, wenn er erkennt, dass er die im Rahmen des Arbeitsverhältnisses zu erbringenden Tätigkeiten auf Grund von gesundheitlichen Einschränkungen nicht wird erbringen können.[133] 5

Urteil v. 02.12.1976, Az.: 3 AZR 401/75, juris = AP BGB § 276 Verschulden bei Vertragsabschluss Nr. 10 = EzA BGB § 276 Nr. 35.

132 BAG, Urteil v. 14.07.2005, Az.: 8 AZR 300/04, juris – Rdnr. 32; BAG, Urteil v. 07.09.1995, Az.: 8 AZR 695/94, juris.

133 BAG, Urteil v. 07.02.1964, Az.: 1 AZR 251/63 , juris = BAGE 15, 261.

4 Inhalt des Arbeitsvertrages

4.1 Befristung

1 Nach ständiger Rechtsprechung des Bundesarbeitsgerichts war bereits vor Einführung des Teilzeit- und Befristungsgesetzes die Vereinbarung befristeter Arbeitsverträge grundsätzlich zulässig. Ein schützenswertes Interesse für eine solche Vertragsgestaltung entfiel nur dann, wenn die Befristung nicht durch sachliche Gründe gerechtfertigt war. Die Befristung war unzulässig, wenn sie als rechtliche Gestaltungsmöglichkeit objektiv funktionswidrig verwendet wurde.[134]

2 Im Bereich der Bühnen entspricht es jahrzehntelanger Bühnenpraxis, mit sog. künstlerischen Bühnenmitgliedern (Solo/Tanz/Chor) befristete Arbeitsverträge für einen Teil einer Spielzeit bzw. für eine oder mehrere Spielzeiten abzuschließen.[135] Dies trägt zunächst dem Bestreben der Bühne Rechnung, künstlerische Vorstellungen des Intendanten mit dem von ihm dafür geeignet gehaltenen künstlerischen Bühnenpersonal zu verwirklichen und damit zugleich auch dem Abwechslungsbedürfnis des Publikums entgegenzukommen.[136]

3 Die Befristung von Arbeitsverträgen mit künstlerisch tätigen Arbeitnehmern wie Theaterschauspielern, Kapellmeistern, Choreographen oder Dramaturgen, die sich regelmäßig auf die Spielzeit von einem Jahr erstreckt, ist nach dieser Rechtsprechung des Bundesarbeitsgerichts daher sachlich gerechtfertigt.[137]

4 Im Unterschied zur Rechtsprechung des Großen Senats hat das Bundesarbeitsgerichts in seiner neueren Rechtsprechung nicht mehr maßgeblich auf die Üblichkeit und den jahrzehntelangen Bühnenbrauch abgestellt sondern darauf, dass in der Theaterbranche erfolgte Befristung von Arbeitsverträgen für ein Spieljahr mit künstlerischen Bühnenmitgliedern, die als Solisten individuelle Leistungen erbringen, der Auffassung verständiger und verantwortungsbewusster Vertragspartner entspricht.[138]

5 Liegen die Voraussetzungen für eine sachgrundlose Befristung nicht vor, hängt seit Einführung des Teilzeit- und Befristungsgesetzes die Wirksamkeit

---

134 BAG, Urteil v. 21.05.1981, Az.: 2 AZR 1117/78, juris – Rdnr. 42.

135 Großer Senat, Entscheidung v. 12.10.1960, Az.: 1/59, juris = EzA § 620 BGB Nr. 2; Tschöpe/Schmalenberg, Arbeitsrecht, Teil E 1 Rdnr. 56.

136 Großer Senat, Entscheidung v. 12.10.1960, Az.: 1/59, juris = EzA § 620 BGB Nr. 2.

137 so ausdrücklich für Dramaturgen BAG, Urteil v. 02.07.2003, Az.: 7 AZR 612/02, juris = EzA § 620 BGB Bedingung Nr. 2; BAG, Urteil v. 21.05.1981, Az.: 2 AZR 1117/78, juris = BAGE 35, 309.

138 ausführlich BAG, Urteil v. 21.05.1981, Az.: 2 AZR 1117/78, juris – Rdnr. 48 m. w. N.= BAGE 35, 309–324.

einer einzelvertraglich vereinbarten Befristung eines Arbeitsverhältnisses davon ab, ob für die Befristung ein sachlicher Grund im Sinne des § 14 Abs. 1 Satz 2 TzBfG gegeben ist.

Dieser sachliche Grund ist nicht allein in dem Umstand zu sehen, dass der Arbeitnehmer Bühnenmitglied im Sinne des § 1 NV Bühne ist, denn dieser kann durch Tarifvertrag im Hinblick auf § 22 TzBfG letztlich nicht verbindlich festgelegt werden. 6

Allerdings kommt ein Sachgrund im Sinne des § 14 Abs. 1 Satz 2 Nr. 4 TzBfG in Betracht. Nach § 14 Abs. 1 Nr. 4 TzBfG kann ein zur Befristung eines Arbeitsverhältnisses rechtfertigender Sachgrund in der Eigenart der Arbeitsleistung begründet sein. 7

Der Sachgrund der Eigenart der Arbeitsleistung erfasst vor allem solche Arbeitsverhältnisse, bei denen verfassungsrechtliche Besonderheiten aus Art. 5 Abs. 1 und 3 GG zu beachten sind. Dazu gehören die programgestaltenden Mitarbeiter von Rundfunkanstalten, Tendenzträger im Bereich Presse, Kunst, Wissenschaft und Politik und vor allem auch Bühnenkünstler.[139] 8

Die anerkannte Zulässigkeit der befristeten Beschäftigung von künstlerisch tätigen Bühnenmitgliedern beruht ausschließlich auf den verfassungsrechtlichen Vorgaben des Art. 5 Abs. 3 GG. Hieraus wird das Recht hergeleitet, zur Wahrung der Kunstfreiheit entsprechend dem vom Intendanten verfolgten künstlerischen Konzept frei über Auswahl, Einstellung und Beschäftigung künstlerisch Beschäftigter zu entscheiden[140] und Arbeitsverträge mit künstlerischen Bühnenangehörigen wie Theaterschauspielern, Solosängern, Tänzern, Kapellmeister, Choreographen oder Dramaturgen befristet abzuschließen.[141] 9

Die Berufung auf die Kunstfreiheit ist jedoch kein Freibrief für die Rechtfertigung von Befristungen im Bühnenbereich. Befristete Arbeitsverträge von Bühnenmitgliedern, die keinen oder nur einen geringen Einfluss auf die Umsetzung des künstlerischen Konzeptes des Intendanten haben, können nicht auf diesen Sachgrund gestützt werden. 10

Nach der weiterhin geltenden ständigen Rechtsprechung des Bundesarbeitsgerichts[142] ist dies – wie dargestellt – bei künstlerisch tätigem Bühnenpersonal 11

139 HK-ArbR/*Tillmanns* TzBfG Rdnr. 43.

140 BAG, Urteil v. 26.08.1988, Az.: 7 AZR 263/97, juris.

141 BAG, Urteil v. 26.08.1998, EzA § 4 TVG Bühnen Nr. 6; KR-Lipke TzBfG § 14 Rdnr. 176 m. w. N. Tschöpe/*Schmalenberg* Arbeitsrecht Teil 1 E Rdnr. 56.

142 BAG, Urteil v. 26.08.1998, Az.: 7 AZR 263/97, juris – Rdnr. 13= BAGE 89, 339–344, unter Hinweis auf. insbesondere BAG, Urteil v. 21.05.1981, Az.: 2 AZR 1117/78, juris = BAGE 35, 309 = AP Nr. 15 zu § 611 BGB Bühnenengagementsvertrag; BAG, Urteil v. 18.04.1986, Az.: 7 AZR 114/85, juris

zu bejahen, die als Solisten individuelle Leistungen erbringen.[143] Damit wird dem im Hinblick auf die in Art. 5 Abs. 3 GG gewährleistete Kunstfreiheit berechtigten Bestreben der Bühne Rechnung getragen, künstlerische Vorstellungen des Intendanten mit dem von ihm dafür als geeignet angesehenen künstlerischen Bühnenpersonal zu verwirklichen und damit zugleich auch dem Abwechslungsbedürfnis des Publikums entgegenzukommen. Außerdem liegt es im eigenen Interesse der Künstler am Erhalt der Freizügigkeit ihres Engagementwechsels, dass an anderen Bühnen durch Beendigung befristeter Engagements Arbeitsplätze frei werden.[144] Befristete Arbeitsverträge von Mitarbeitern, die keinen oder nur einen geringen Einfluss auf die Umsetzung des künstlerischen Konzepts des Intendanten haben, können hingegen nicht auf diesen Sachgrund gestützt werden.[145]

12 Die Abgrenzung, wer zum künstlerischen Bühnenpersonal gehört und wer nicht, ist nicht immer einfach. Soweit es um die Befristung von Abendpersonal (Garderobieren) geht, ist die Rechtslage eindeutig. Sie kann nicht mit dem Sachgrund des § 14 Abs. 1 Satz 2 Nr. 4 TzBfG begründet werden, weil ein Bezug zur Kunstfreiheit nicht gegeben ist.[146] Die Befristung von Arbeitsverhältnissen hat das Bundesarbeitsgericht unter Hinweis auf das persönliche Erscheinungsbild und die tänzerische Ausdruckskraft jedes einzelnen Mitglieds für den Gesamteindruck für zulässig erachtet.[147]

13 Nach einer in der Literatur[148] vertretenen Auffassung ist diese Rechtsprechung nicht auf Chor- oder Orchestermitglieder übertragbar weil der individuelle Beitrag des Sängers/Orchestermitglied vom Publikum kaum wahrnehmbar ist, diese Auffassung wird z. T. auch auf Bühnentechniker[149] übertragen, diese könnten nicht dem künstlerisch tätigen Bühnenpersonal zugerechnet werden.[150]

14 Der NV Bühne und im folgend die bühnenschiedsgerichtliche Rechtsprechung sieht in den § 82 Abs. 2, § 69 Abs. 2 gleichwohl eine Befristung der Arbeits-

= BAGE 51, 374 = AP Nr. 27 zu § 611 BGB Bühnenengagementsvertrag und Urteil v. 23.10.1991, Az.: 7 AZR 56/91, juris = BAGE 69, 1 = AP Nr. 45 zu § 611 BGB Bühnenengagementsvertrag.

143 BAG, Urteil v. 26.08.1998, Az.: 7 AZR 263/97, Rdnr. 13 – juris = BAGE 89, 339–344.

144 BAG, Urteil v. 26.08.1998, Az.: 7 AZR 263/97, Rdnr. 13 – juris = BAGE 89, 339–344.

145 LAG Düsseldorf, Urteil v. 04.05.2011, Az.: 7 Sa 70/11, juris; Sievers § 14 TzBfG Rdnr. 255; *Natter* AuR 2013, 156 ff.

146 *Sievers* TzBfG, Rdnr. 256.

147 BAG, Urteil v. 23.10.1991, Az.: 7 AZR 56/91, EzA § 9 MuSchG n. F. Nr. 29, BAG, Urteil v. 18.04.1986, Az.: 7 AZR 114/85.

148 *Sievers* TzBfG, § 14 Rdnr. 257, Thüsing/*Maschmann* § 14 Rdnr. 43.

149 *Sievers* TzBfG, § 14 Rdnr. 257, KR/Lipke, TzBfG, § 14 Rdnr. 178, Thüsing/*Maschmann* § 14 Rdnr. 43.

150 Ausführlich KR-*Lipke* TzBfG § 14 179 ff m. w. N.

verhältnisses von Chormitgliedern und künstlerisch beschäftigten Bühnentechnikern vor, mit der Möglichkeit der Nichtverlängerung. Das Bundesarbeitsgericht akzeptiert grundsätzlich die tarifvertraglichen Befristungsregeln als von einem sachlichen Grund getragen.[151] Allerdings ist die Frage nach Inkrafttreten des Teilzeit- und Befristungsgesetzes noch nicht abschließend geklärt.[152]

Die Tarifvertragsparteien, Bühnenverein auf der einen Seite, die GDBA und 15
VDO auf der anderen Seite haben in § 1 Abs. 2 NV Bühne geregelt, wer aus ihrer Sicht zum künstlerischen Bühnenpersonal gehört. Zwar kann nach § 22 TzBfG von den Vorschriften des TzBfG nicht zu Ungunsten der Arbeitnehmer abgewichen werden, der Rückgriff auf die durch § 1 Abs. 2 NV Bühne erfassten Bühnenmitglieder zur Klärung der Frage, wer zum künstlerischen Bühnenpersonal gehört, liegt vor dem Hintergrund der tariflichen Regelungen innwohnenden Richtigkeitsgewähr nahe. Die Kunstfreiheit gemäß Art. 5 Abs. 3 Satz 1 GG schließt einen eigengesetzlichen Freiraum ein und wirkt dahingehend, dass die Ordnung der Rechtsbeziehungen am Kunstprozess Beteiligten zu förderst unter Beteiligung der Kunstschaffenden erfolgt. Diese Ordnung ist durch den NV Bühne erfolgt, denn die tarifschließenden Parteien sind Zusammenschlüsse von am Kunstprozess Beteiligten, die mit den Verhältnissen an den Bühnen und den Gegebenheiten des Kunstprozesses, wie er an Bühnen stattfindet, bestens vertraut sind.[153] Zumindest kommt der tariflichen Entscheidung gemäß § 1 Abs. 2 NV Bühne, was den persönlichen Geltungsbereich des NV Bühne und die Befristung der vom persönlichen Geltungsbereich erfassten Bühnenmitglieder angeht, zumindest eine Indizwirkung zu.

Trotz der generellen Befristung der Arbeitsverträge kommt es im Regelfall 16
zu einer längerfristigen Zusammenarbeit zwischen Theaterbetreiber und Arbeitnehmer, denn ein nach NV Bühne auf eine Spielzeit befristet abgeschlossener Arbeitsvertrag verlängert sich automatisch um eine weitere Spielzeit, wenn nicht zuvor eine sogenannte Nichtverlängerungsmitteilung ausgesprochen wurde.

Auch für die Befristungsabrede nach § 14 Abs. 1 Nr. 4 TzBfG gilt das Schrift- 17
formerfordernis des § 14 Abs. 4 TzBfG.[154] Sie gilt auch für die Verlängerung von befristeten Arbeitsverhältnissen. Zur Problematik der in Arbeitsverträgen nach NV Bühne enthaltenen Verlängerungsklauseln vergleiche die Ausführungen zu 2.5.3.

---

151 BAG, Urteil v. 26.08.1998, 7 AZR 263/97, juris = AP BGB § 611 Nr. 15 Bühnenengagementvertrag.

152 HK-ArbR/*Tillmanns* TzBfG § 14 Rdnr. 45.

153 BOSchG, Schiedsspruch v. 20.06.2012, Az.: 15/11.

154 HK-ArbR/*Tillmanns* TzBfG Rdnr. 105.

18 Dies bedeutet jedoch nicht, dass der Arbeitsvertrag als solcher bzw. die Befristung einzelner Arbeitsbedingungen auf Grund der beabsichtigten Befristung des Vertragsverhältnisses – außerhalb des Anwendungsbereiches des NV Bühne – der Schriftform bedarf. Zum Schriftformerfordernis nach NV Bühne, vergleiche die Ausführungen unter 2.2.3.

19 Die Anforderungen an die gesetzliche Schriftform regelt auch hier § 126 BGB, nach dem der Vertrag, vorliegend die Befristungsabrede, von den Vertragsparteien auf derselben Urkunde unterzeichnet werden muss. Werden über den Vertrag mehrere gleichlautende Urkunden erstellt, reicht es, wenn jede Partei die für die andere Partei bestimmte Urkunde unterzeichnet. Die Unterschrift muss eigenhändig erfolgen. Der Austausch von Fax, Briefen o. ä. genügt nicht.

20 Eine Unterzeichnung i. S. der gesetzlichen Regelung verlangt einen Schriftzug, der sich als Wiedergabe eines Namens darstellt und die Absicht einer vollen Unterschriftsleistung erkennen lässt. Ein bloßes Handzeichen (Paraphe) wahrt nach der gesetzlichen Regelung die Schriftform nur im Falle notarieller Beglaubigungen.[155]

21 Die Erstbefristung ist sowohl nach § 14 Abs. 4 TzBfG als auch nach § 2 Abs. 2 b) NV Bühne datumsmäßig im schriftlich nach Maßgabe des § 2 Abs. 1 NV Bühne abzuschließenden Vertrag festzuhalten und von beiden Parteien zu unterzeichnen.

22 Bei Verträgen im Geltungsbereich bzw. bei Bezugnahme auf den NV Bühne haben die Parteien mit ihrer Willenserklärung zum Abschluss des Arbeitsvertrages durch die Inbezugnahme des Tarifvertrages unmittelbar eine Abfolge von weiteren befristeten Arbeitsverhältnissen vereinbart, die nicht erneut die Abgabe von Willenserklärungen erforderlich macht. Vielmehr ergibt sich, dass jeweils für ein Jahr (eine Spielzeit) der Arbeitsvertrag zu den gleichen Bedingungen verlängert wird, wenn nicht eine sogenannte Nichtverlängerungsmitteilung ausgesprochen wird. Die Willenserklärung, die im Vertrag niedergelegt ist, umfasst deshalb alle zukünftigen fortgesetzten Befristungen des Arbeitsverhältnisses bis zum Eingang der Nichtverlängerungsmitteilung. Eine erneute Abgabe von (schriftlichen) Willenserklärungen ist daher nicht erforderlich.[156]

---

155 BAG, Urteil v. 24.01. 2008, Az.: 6 AZR 519/07, juris – Rdnr. 11, = BAGE 125, 325; BAG, Urteil v. 20.08.2014, Az.: 7 AZR 924/12, juris – Rdnr. 24.

156 LAG Köln, Urteil v. 31.07.2013, Az.: 8 Sa 1143/12, juris – Rdnr. 50,; LArbG Köln, Urteil v. 29.04.2010, Az.: 13 Sa 8/2010, juris; LAG Köln, Urteil v. 29.05.2008, Az.: 10 Sa 563/06, juris; LAG Köln, Urteil v. 21.01.2008, Az.: 2 Sa 1046/07, juris – Rdnr. 20,; BOSchG, Schiedsspruch v. 06.02.2009, Az.: BOSchG 7/08; BOSchG, Schiedsspruch v. 28.11.2008, Az.: BOSchG 3/08; BOSchG, Schiedsspruch v. 07.06.2005, Az.: BOSchG 21/04.

Diese automatische Verlängerung verstößt bei tarifgemäßer Vertragsbegründung damit nicht gegen das Schriftformerfordernis des § 14 Abs. 4 TzBfG, nach dem die Abrede der Befristung des Arbeitsvertrages der Schriftform bedarf. 23

4.2 Zeitlicher Umfang der Arbeitsverpflichtung

In Arbeitsverträgen mit freien Theatern wird der Arbeitszeitumfang, d. h. die wöchentlich zu erbringende Arbeitsleistung, im Rahmen der geltenden Gesetze im Arbeitsvertrag frei vereinbart. Ist nichts ausdrücklich vereinbart, wird in der Regel von der Vereinbarung eines Vollzeitarbeitsverhältnisses ausgegangen. Die durchschnittliche regelmäßige Arbeitszeit entspricht dann der betriebsüblichen Arbeitszeit. Auch die Vereinbarung eines Teilzeitarbeitsverhältnisse ist grundsätzlich zulässig. 24

Im Gegensatz hierzu geht der NV Bühne vom Grundsatz des Vollzeitarbeitsverhältnisses aus, die Vereinbarung eines Teilzeitarbeitsverhältnisse ist nur in den in § 5 Absatz 3, Satz 1 und 2 geregelten Ausnahmefällen möglich. 25

Für die Bühnentechniker ist danach die Vereinbarung von Teilzeitarbeit zulässig. Mit einem Mitglied des Opernchors kann Teilzeitarbeit nur innerhalb eines mindestens für eine Spielzeit abgeschlossenen Arbeitsvertrags vereinbart werden. Im Arbeitsvertrag ist der Umfang der Beschäftigung festzulegen. 26

Im Umkehrschluss ist Arbeit in Teilzeit für Solo- und Chormitglieder nach den Regelungen des Tarifvertrages nicht möglich. Allerdings dürfte dies gegen die zwingenden Vorschriften des Teilzeit- und Befristungsgesetzes verstoßen, eine Bühnenoberschiedsgerichtliche Entscheidung liegt insoweit jedoch genauso wenig vor, wie eine Entscheidung des Bundesarbeitsgerichts. 27

Nur für die Bühnentechniker ist der Umfang der Arbeitsleistung tarifvertraglich in den Sonderregelungen für Bühnentechniker festgelegt. Für alle übrigen nach NV Bühne beschäftigten Bühnenmitglieder bestimmt sich die Dauer der Arbeitszeit nach § 5 Abs. 1 NV Bühne, der keine tarifvertraglich festgelegte Obergrenze bestimmt, weder hinsichtlich der täglichen, noch der wöchentlichen oder der Jahresarbeitszeit. Hier gelten demgemäß die Grenzen des Arbeitszeitgesetzes. 28

4.3 Weisungsrecht-/Direktionsrecht

Das Weisungs-/Direktionsrecht ist Wesensmerkmal des Arbeitsverhältnisses und damit untrennbar mit vielen Einzelfragen des Arbeitsvertragsrechts verbunden. Durch den Abschluss des Arbeitsvertrages verpflichtet sich der Arbeitnehmer zur Arbeitsleitung nach näherer Bestimmung durch den Arbeitgeber (→ einseitiges 29

Leistungsbestimmungsrecht im Sinne des § 315 BGB). Die Weisungsgebundenheit ist daher wesentliches Abgrenzungsmerkmal für die Frage, ob ein Arbeitsverhältnis oder ein (freies) Dienstverhältnis, z. B. als freier Mitarbeiter, vorliegt.

30 Das Weisungsrecht des Arbeitgebers – auch Direktionsrecht genannt – war bis 2002 gesetzlich nicht eindeutig geregelt. Es wurde aus § 315 BGB abgeleitet. Nach der Rechtsprechung des Bundesarbeitsgerichts umfasst das Direktionsrecht das Recht des Arbeitgebers, die Arbeitspflicht durch einseitige Weisungen betreffend Zeit, Ort, Inhalt und Art und Weise der zu leistenden Arbeit näher auszugestalten.[157] Mit diesem Weisungsrecht konkretisiert der Arbeitgeber die Pflicht zur Arbeitsleistung hinsichtlich Art, Ort, Inhalt und Zeit der Tätigkeit.

31 Mit Gesetz vom 24.08.2002 hat der Gesetzgeber mit Wirkung zum 01.01.2003 die arbeitsrechtlichen Vorschriften in der Gewerbeordnung normiert. § 106 GewO i. V. m. § 6 Abs. 2 GewO regelt nunmehr für alle Arbeitsverhältnisse einheitlich die schon bis dahin geltenden Grundsätze des Weisungsrechts des Arbeitgebers.

32 Soweit der Arbeitgeber die Grenzen des Weisungsrechts beachtet, hat der Arbeitnehmer den Weisungen Folge zu leisten. Im Fall der Weigerung kann der Arbeitnehmer ggf. nach einschlägiger Abmahnung wegen Arbeitsverweigerung ordentlich oder sogar außerordentlich fristlos gekündigt werden.

33 Aufgrund des Weisungsrechts kann der Arbeitgeber die im Arbeitsvertrag regelmäßig nur rahmenmäßig umschriebene Leistungspflicht nach **Zeit**, **Ort** und **Art/Inhalt** näher bestimmen (§ 106 Satz 1 GewO). Das Weisungsrecht erstreckt sich daneben auch auf die **Ordnung** und das **Verhalten** des Arbeitnehmers **im Betrieb** (§ 106 Satz 2 GewO). Das Direktionsrecht erstreckt sich grundsätzlich jedoch **nicht** auf die **Bestandteile** des **Austauschverhältnisses**, also die **Höhe des Entgelts** oder den **Umfang der geschuldeten Arbeitszeit**.

34 Weisungen unterliegen in der Regel keinem Formzwang, weshalb dem Arbeitgeber auch die Möglichkeit gegeben ist, sie **mündlich** zu erteilen. Das beinhaltet auch die Berechtigung, den Arbeitnehmer zur Teilnahme an Gesprächen zu verpflichten, in denen der Arbeitgeber Weisungen in einem der zuvor genannten Bereiche vorbereiten, erteilen oder ihre Nichterfüllung beanstanden will.

4.3.1 Inhalt der Arbeitsleistung

35 Der konkrete Inhalt der Verpflichtung zur Arbeitsleistung ergibt sich aus den Einzelheiten des Arbeitsvertrages. Die im Arbeitsvertrag enthaltene Tätigkeitsbeschreibung kann sehr konkret, aber auch sehr allgemein gehalten sein. Die

157 BAG, Urteil v. 07.12.2000, Az.: 6 AZR 444/99, juris.

entsprechende arbeitsvertragliche Formulierung ist von erheblicher Relevanz, da von ihr der Umfang des Direktionsrechts abhängt.

Wird die Tätigkeit bei der Einstellung im Arbeitsvertrag lediglich fach- 36
lich umschrieben (z. B. Kunstfach/Kunstgattung) können dem Arbeitnehmer grundsätzlich sämtliche Arbeiten zugewiesen werden, die diesem Berufsbild entsprechen. Eine Konkretisierung auf eine bestimmte Tätigkeit tritt auch nach langjähriger Beschäftigung auf demselben Arbeitsplatz nicht ein.[158] Eine Konkretisierung auf eine bestimmte vertragliche Tätigkeit tritt regelmäßig auch nicht ein, wenn der Arbeitsvertrag ein Vorbehalt zur Zuweisung einer anderen Aufgabe enthält, allerdings sind solche arbeitsvertraglichen Verweisungsklauseln an den §§ 305–310 BGB zu messen.

Gegenstand der Arbeitspflicht ist auch die Verrichtung sogenannter Neben- 37
arbeiten. Diese hat der Arbeitnehmer aber nur dann zu verrichten, wenn deren Übernahme dem Arbeitsvertrag entspricht, d. h. diese typischerweise in dem vereinbarten Tätigkeitsbereich anfallen bzw. nur eine untergeordnete Bedeutung haben. Geschuldet sind in jeden Fall sogenannte Zusammenhangstätigkeiten. Maßgebend sind hier die Umstände des Einzelfalls. Im Hinblick auf das Berufsausbildungsverhältnis enthält § 14 Abs. 2 BBiG eine Sonderregelung.

Das Direktionsrecht umfasst **nicht** die Befugnis zur Versetzung des Arbeit- 38
nehmers auf einen Arbeitsplatz mit einer **geringer wertigen Tätigkeit,** und zwar auch dann nicht, wenn die bisher gezahlte Vergütung fortgezahlt wird.[159]

Allgemein kann festgehalten werden, dass auch bei nur allgemein beschrie- 39
benen Tätigkeiten die einseitige Umgestaltung der arbeitsvertraglichen Leistungspflichten ihre Grenze hat in der dauerhaften Absenkung des qualitativen Niveaus der Arbeitsleistung (sog. Sozialbild), selbst wenn sich die bisherige Vergütung nicht reduziert. Die Gleichwertigkeit bestimmt sich mangels anderer Anhaltspunkte grundsätzlich an der auf den Betrieb abgestellten Verkehrsauffassung und dem sich daraus ergebenden Sozialbild. Kriterien für die Gleichwertigkeit nach der Sozial- und Verkehrsanschauung sind z. B. Vergütungsgruppen im Tarifvertrag, die Anzahl der unterstellten Mitarbeiter, der Umfang der Entscheidungsbefugnisse über den Einsatz von Sachmitteln und Personalkapazität sowie Hierarchieebenen nach dem Organigramm des Betriebs.

Ob die **Zuweisung höherwertiger Tätigkeiten** vom Direktionsrecht gedeckt 40
ist, bedarf der Einzelfallprüfung. Die Zuweisung führt aber in der Regel weder zu einer stillschweigenden Vertragsänderung noch zu einer Konkretisierung des

---

158 BAG, Beschluss v. 21.01.2004, Az.: 6 AZR 583/02, juris.

159 BAG, Urteil v. 29.10.1997, Az.: 5 AZR 455/96, juris; BAG, Urteil v. 14.07.1965, Az.: 4 AZR 347/63, juris.

Direktionsrechts. Die vorübergehende Übertragung einer höherwertigen Tätigkeit hat auch in entsprechender Anwendung des § 106 GewO § 315 BGB nach billigem Ermessen zu erfolgen. Die Ausübung des Direktionsrechts im Rahmen des billigen Ermessens muss sich sowohl auf die Tätigkeitsübertragung „an sich" als auch auf die Nicht-Dauerhaftigkeit der Übertragung beziehen, sog. „doppelte Billigkeit".[160]

41 Das Weisungsrecht umfasst nicht nur die Frage, welche einzelnen Tätigkeiten (im Rahmen des arbeitsvertraglich Zulässigen) zu verrichten sind, sondern auch wie diese Arbeiten zu verrichten sind, d. h. z. B. Reihenfolge der zu leistenden Arbeiten und mit welchen Mitteln die Arbeitsergebnisse erzielt werden sollen. Nach einer Entscheidung des Bundesarbeitsgerichts soll z. B. vom Direktionsrecht auch erfasst sein, einen Arbeitnehmer anzuweisen, eine Dienstfahrt mit einem hierfür zur Verfügung gestellten Dienstwagen auszuführen und hierbei Arbeitskollegen mitzunehmen.[161]

4.3.2 Arbeitsort der Arbeitsleistung

42 Der Arbeitgeber kann den Ort der Leistungserbringung gemäß § 106 Satz 1 GewO nach billigem Ermessen näher bestimmen, soweit hierüber keine vertraglichen oder kollektivrechtlichen Vereinbarungen getroffen sind.

43 Der Ort der Arbeitsleistung kann sich demnach aus dem Arbeitsvertrag ergeben, ist dieser dort nicht näher konkretisiert, kann sich aus dem Direktionsrecht des Arbeitgebers die Befugnis ergeben, den Arbeitnehmer an unterschiedlichen Orten einzusetzen. So kann beispielsweise ein Schauspieler verpflichtet sein, an benachbarten Spielorten aufzutreten.

44 Im Geltungsbereich des NV Bühne wird das Weisungsrecht den Arbeitsort betreffend dahingehend ausgeweitet, dass das Bühnenmitglied nach § 7 Abs. 1 NV Bühne nicht nur bei auswärtigen Gastspielen sondern bei allen Veranstaltungen die vom Arbeitgeber oder einem seiner rechtlichen oder wirtschaftlichen Träger unter der Verantwortung des Arbeitgebers durchgeführt werden eine Mitwirkungspflicht hat, dies schließt die Mitwirkungspflicht für Veranstaltungen an Bühnen, die der Arbeitgeber erst nach Abschluss des Arbeitsvertrags in Betrieb nimmt, sowie an Bühnen, mit denen der Arbeitgeber eine Vereinbarung über eine Zusammenarbeit getroffen hat oder nach Abschluss des Arbeitsvertrags trifft,

---

160 BAG, Urteil v. 17.04.2002, Az.: 4 AZR 174/01, juris.
161 BAG, Urteil v. 29.08.1991, Az.: 6 AZR 593/88, juris.

sofern die Veranstaltungen unter seiner künstlerischen und wirtschaftlichen Mitverantwortung stattfinden, ein (§ 7 Abs. 2 NV Bühne).

4.3.3 Zeit der Arbeitsleistung

Der Arbeitgeber kann die **Lage der Arbeitszeit** gemäß § 106 Satz 1 GewO nach billigem Ermessen näher bestimmen, soweit hierüber keine vertraglichen oder kollektivrechtlichen Vereinbarungen getroffen sind. 45

Grundsätzlich nicht dem Weisungsrecht unterworfen ist der **Umfang** der zu leistenden **Arbeitszeit**, diese ist als Kernbestand des Austauschverhältnisses[162] regelmäßig individual-/oder kollektivrechtlich zu vereinbaren. 46

Der Umfang der zu leistenden Arbeitszeit ist im NV Bühne nicht abschließend geregelt. Arbeitsvertraglich wird bei Verwendung des Musterarbeitsvertrags nach Anlage 2, 3, 5, 6 NV Bühne auch keine regelmäßige Arbeitszeit vereinbart. Anderes kann beispielsweise für Arbeitsverträge freier Theater oder Gastverträgen gelten. In letzteren wird zum Beispiel nicht selten eine bestimmte (Mindest-) Anzahl von Diensten/Vorstellungen vereinbart. 47

Bei festangestellten künstlerisch Beschäftigten wird regelmäßig im Voraus keine feste Arbeitszeit(-gestaltung) vereinbart. Ihr Einsatz erfolgt spielplanbezogen und kann im Laufe einer Spielzeit von den ursprünglichen Planungen abweichen.[163] 48

Das Weisungsrecht des Arbeitgebers hinsichtlich der Lage der Arbeitszeit betrifft die Verteilung der Arbeitszeit auf die einzelnen Wochentage, sowie die Festlegung des Zeitpunkts von Beginn und Ende der täglichen Arbeitszeit und der Unterbrechung durch Pausen. Ist keine abschließende arbeitsvertragliche oder tarifvertragliche Regelung getroffen worden, ist der Arbeitgeber im Rahmen seines Weisungsrechtes befugt, die Lage der Arbeitszeit einseitig festzulegen. 49

Die Bestimmung muss allerdings billigem Ermessen entsprechen. So muss er z. B. bei der Bestimmung der Lage der Arbeitszeit nach Möglichkeit auch auf die Personensorgepflichten (§§ 1626, 1627 BGB) des Arbeitnehmers Rücksicht nehmen, muss aber keine soziale Auswahl vornehmen. 50

Die Grenzen billigen Ermessens sind gewahrt, wenn der Arbeitgeber bei der Bestimmung der Zeit der Arbeitsleistung nicht nur eigene, sondern auch berechtigte Interessen des Arbeitnehmers angemessen berücksichtigt hat. Auf schutz- 51

162 LAG Düsseldorf, Urteil v. 30.08.2002, Az.: 9 Sa 709/02, juris = NZA-RR 2003, 407, 408; Erf. Kom/*Preis* § 106 GewO Rdnr. 20.

163 BOSchG Frankfurt/a. M., Schiedsspruch v. 08.03.2005, Az.: BOSchG 19/04.

würdige familiäre Belange des Arbeitnehmers hat er Rücksicht zu nehmen, soweit einer vom Arbeitnehmer gewünschten Verteilung der Arbeitszeit nicht betriebliche Gründe oder berechtigte Belange anderer Arbeitnehmer entgegenstehen.[164]

52 Außerordentlich umstritten und problematisch ist, ob und inwieweit das weisungsrechtlich auch auf den Umfang der Arbeitszeit bezieht. Dies ist grundsätzlich zu verneinen, weil der Umfang der Arbeitszeit zum Kernbestand des Austauschverhältnisses gehört. Einseitige vertraglich nicht geregelte Veränderungen der Arbeitszeit von der die Höhe der Vergütung abhängt, können daher prinzipiell nur durch Änderungskündigung erfolgen.

53 Das Bundesarbeitsgericht hat unter Bezugnahme auf § 12 Abs. 1 Satz 2 TzBfG die Möglichkeit zur Abrufarbeit und Bandbreitenregelungen auch im Arbeitsvertrag geöffnet.[165] Grenzen errichten insoweit § 12 TzBfG und die Grundsätze zur Inhaltskontrolle (§§ 305 bis 310 BGB). Auch Kurzarbeit kann der Arbeitgeber grundsätzlich nicht einseitig anordnen, Überstunden nur im Fall einer ausdrücklichen vertraglichen Regelung. Weitergehende Möglichkeiten hat der Arbeitgeber, wenn tarifvertragliche Regelungen dem Arbeitgeber die Befugnisse einräumen, einseitig die Arbeitsdauer in einem gewissen Rahmen festzulegen.[166] Bei nachteiligen Regelungen in Tarifverträgen geht die Rechtsprechung davon aus, dass eine angemessene Regelung der gleich stark anzusehenden Tarifparteien getroffen worden ist. Eine solche Parität ist bei Begründung eines Arbeitsvertrages in aller Regel nicht anzunehmen. Die notwendige Differenzierung findet im Rahmen der Inhaltskontrolle statt. Der Tarifvertrag unterliegt nur einer Rechtskontrolle, keiner Angemessenheitskontrolle.

54 Zum Schutz des Arbeitnehmers vor gesundheitlicher Überforderung, hat der Gesetzgeber mit dem sog. Arbeitszeitgesetz (ArbZG) Höchstgrenzen für die tägliche und wöchentliche Arbeitszeit festgelegt.

55 So darf nach **§ 3 ArbZG** die werktägliche Arbeitszeit der Arbeitnehmer acht Stunden nicht überschreiten. Sie kann auf bis zu zehn Stunden nur verlängert werden, wenn innerhalb von sechs Kalendermonaten oder innerhalb von 24 Wochen im Durchschnitt acht Stunden werktäglich nicht überschritten werden.

56 Nach **§ 4 ArbZG** ist die Arbeit durch im Voraus feststehende Ruhepausen von mindestens 30 Minuten bei einer Arbeitszeit von mehr als sechs bis zu neun Stunden und 45 Minuten bei einer Arbeitszeit von mehr als neun Stunden insgesamt zu unterbrechen. Die Ruhepausen nach Satz 1 können in Zeitabschnitte

164 BAG, Urteil v. 23.09.2004 , Az.: 6 AZR 567/03, juris.
165 BAG, Urteil v. 07.12.2005, Az.: 5 AZR 535/04, juris.
166 BAG, Urteil v. 12.03.1992, Az.: 6 AZR 303/90, juris.

von jeweils mindestens 15 Minuten aufgeteilt werden. Länger als sechs Stunden hintereinander dürfen Arbeitnehmer nicht ohne Ruhepause beschäftigt werden.

Nach **§5 Abs. 1 ArbZG** müssen die Arbeitnehmer nach Beendigung der täglichen Arbeitszeit eine ununterbrochene Ruhezeit von mindestens elf Stunden haben. 57

Nach **§9 Abs. 1 ArbZG** dürfen Arbeitnehmer grundsätzlich an Sonn- und gesetzlichen Feiertagen von 0 bis 24 Uhr nicht beschäftigt werden. 58

Der Theaterbetrieb mit seinen vornehmlich abends und am Wochenende stattfindenden Vorstellungen erfordert jedoch eine flexible Gestaltung der Arbeitszeit. 59

So können nach **§10 Abs. 1 Nr. 5 ArbZG** abweichend von §9 ArbZG Arbeitnehmer bei Musikaufführungen, Theatervorstellungen, Filmvorführungen, Schaustellungen, Darbietungen und anderen ähnlichen Veranstaltungen an Sonn- und Feiertagen beschäftigt werden. 60

Nach **§11 Abs. 1 ArbZG** müssen jedoch mindestens 15 Sonntage im Jahr beschäftigungsfrei bleiben. Werden Arbeitnehmer an einem Sonntag beschäftigt, müssen sie einen Ersatzruhetag haben, der innerhalb eines den Beschäftigungstag einschließenden Zeitraums von zwei Wochen zu gewähren ist. Werden Arbeitnehmer an einem auf einen Werktag fallenden Feiertag beschäftigt, müssen sie einen Ersatzruhetag haben, der innerhalb eines den Beschäftigungstag einschließenden Zeitraums von acht Wochen zu gewähren ist (vgl. §11 Abs. 3 ArbZG). 61

Die Sonn- oder Feiertagsruhe des §9 oder der Ersatzruhetag des Absatzes 3 ist den Arbeitnehmern im Übrigen unmittelbar in Verbindung mit einer Ruhezeit nach §5 zu gewähren, soweit dem technische oder arbeitsorganisatorische Gründe nicht entgegenstehen (vgl. §11 Abs. 4 ArbZG). 62

4.3.4 Sonderregelungen im Geltungsbereich des NV Bühne

Nach §7 ArbZG können in einem Tarifvertrag oder auf Grund eines Tarifvertrags in einer Betriebs- oder Dienstvereinbarung Abweichungen von den Vorschriften des Arbeitszeitgesetzes zugelassen werden. 63

Für den Bereich der öffentlichen Bühnen ist die Arbeitszeit und deren Lage nur zum Teil im NV Bühne tarifvertraglich festgelegt. Für **Bühnentechniker** gilt nach den §§64–66 NV Bühne eine regelmäßige Arbeitszeit von 40 Stunden/wöchentlich, welche auf bis zu 46 Stunden verlängert werden kann. Für andere an der Bühne beschäftigten künstlerischen Beschäftigte sieht der NV Bühne, anders als andere Tarifwerke, grundsätzlich keine regelmäßige Arbeitszeit vor, 64 es gilt mithin auch unter Geltung des NV Bühne die durchschnittliche Höchstarbeitszeit von durchschnittlich 48 Stunden/Woche des § 3 ArbZG.[167]

65 Nach § 5 Abs. 1 NV Bühne umfasst die Arbeitszeit (nur) die Dauer der Proben und der Aufführungen oder der Ausübung der arbeitsvertraglich vereinbarten Tätigkeit.

66 Aus § 5 Abs. 2 Satz 2 und 3 NV Bühne, welcher festlegt, dass für Bühnentechniker die Vereinbarung von Teilzeitarbeit zulässig ist und bei Opernchormitgliedern nur unter bestimmten Bedingungen ergibt sich, dass tarifvertraglich eine Teilzeitbeschäftigung von Solomitgliedern nicht wirksam vereinbart werden kann.

67 Die Tarifvertragsparteien haben gemäß dem Tarifvorbehalt in § 12 Satz 1 Nr. 2 ArbZG im Rahmen von Sonderregelungen die Dauer der Proben (vgl. § 9 NV Bühne i. V. m. § 72 NV Bühne), die Ruhezeiten (vgl. § 10 Ruhezeiten) und die Anzahl freier Tage (vgl. § 11 Freie Tage) für die einzelnen Beschäftigtengruppen festgelegt.

68 Nach § 12 ArbZG kann in einem Tarifvertrag oder auf Grund eines Tarifvertrags in einer Betriebs- oder Dienstvereinbarung zugelassen werden, dass abweichend von § 11 Abs. 1 die Anzahl der beschäftigungsfreien Sonntage in Theaterbetrieben, Orchestern sowie bei Schaustellungen auf mindestens acht Sonntage, in Filmtheatern auf mindestens sechs Sonntage im Jahr verringert werden. Hiervon hat der NV Bühne im Rahmen seiner Sonderregelungen Gebrauch gemacht. Nach § 57 Abs. 3 NV Bühne wurde so z. B. festgelegt, dass Solomitglieder in jeder Spielzeit acht Sonntage außerhalb der Theaterferien beschäftigungsfrei zu lassen sind. Dabei sind künstlerische und betriebliche Gründe zu berücksichtigen.

69 Der noch verbleibende Spielraum, hat der Arbeitgeber nach billigem Ermessen (§ 106 GewO, § 315 Abs. 3 Satz 2 BGB) auszuüben. Billiges Ermessen heißt, dass die wesentlichen Umstände des Falles abgewogen und die Interessen des Arbeitnehmers einerseits und der betrieblichen Interessen andererseits abgewogen werden. Ob die beiderseitigen Interessen angemessen berücksichtigt worden sind, unterliegt der vollen gerichtlichen Kontrolle.[168]

70 Im Bereich der Kulturorchester haben die Tarifvertragsparteien gem. dem Tarifvorbehalt in § 12 Satz 1 Nr. 2 ArbZG in § 16 Abs. 1 TVK eine abschließende Regelung dahingehend getroffen, dass ein Tag je Kalenderwoche dienstfrei ist. Hiermit haben die Tarifvertragsparteien ausgeschlossen, dass für Kalenderwochen, in die ein Wochenfeiertag fällt, zwei dienstfreie Tage zu gewähren sind.[169]

---

167 z. B. für den TVK: BAG, Urteil v. 19.12.1991, Az.: 6 AZR 72/90, juris.

168 BAG, Urteil v. 25.02.2015, Az.: 5 AZR 886/12, juris – Rdnr. 36; BAG, Urteil v. 09.04.2014, Az.: 10 AZR 637/13, juris Rdnr. 13 m. w. N.

169 BAG, Urteil v. 22.09.2005, Az.: 6 AZR 579/04; juris = BAGE 116, 28–35.

Nach § 16 Abs. 5 TVK sind in der jeweiligen laufenden Spielzeit – außerhalb der Theater- und Konzertferien – acht Sonntage beschäftigungsfrei zu lassen. Während dieser Zeit hat der Musiker auch nicht erreichbar i. S. v. § 14 TVK zu sein.[170] 71

4.3.5 Ordnung und Verhalten des Arbeitnehmers im Betrieb

Das Weisungsrecht erstreckt sich daneben auch auf die Ordnung und das Verhalten des Arbeitnehmers im Betrieb (§ 106 Satz 2 GewO). Was unter „Ordnung und das Verhalten des Arbeitnehmers im Betrieb" zu verstehen ist, hat das Bundesarbeitsgericht näher ausgeführt.[171] Danach kann der Arbeitgeber nicht nur Art, Ort und Zeit der Leistung nach billigem Ermessen näher bestimmen. Hinzu tritt vielmehr eine nicht abschließend aufzählbare, je nach den Umständen näher zu bestimmende Vielzahl von Pflichten, deren Erfüllung unumgänglich ist, um den Austausch der Hauptleistungen sinnvoll zu ermöglichen (sog. leistungssichernde Verhaltenspflichten). Schließlich kann das Weisungsrecht auch den in fast allen Arbeitsverhältnissen bestehenden kollektiven Bereich betreffen, in dem es um diejenigen Regelungsbedürfnisse geht, die durch das Zusammenwirken mehrerer Arbeitnehmer im Betrieb entstehen. 72

Hierzu zählt auch das Weisungsrecht hinsichtlich der Begleitumstände der Arbeitsleistung. 73

Im Geltungsbereich des NV Bühne hervorzuheben ist die sog. Erreichbarkeitspflicht, (vielfach auch als „Residenzpflicht" bezeichnet) des Bühnenmitglieds nach § 6 Abs. 4 und 7 Satz 1 NV Bühne. Nach § 6 Abs. 4 NV Bühne haben alle Mitglieder dafür Sorge zu tragen, dass sie, soweit im NV Bühne keine abweichende Regelung getroffen ist, möglichst jederzeit zu erreichen sind. Auswärtige Aufenthaltsorte sind rechtzeitig dem Arbeitgeber bekanntzugeben. Die Mitglieder, die nicht dienstfrei haben, sind verpflichtet, bis drei Stunden vor Beginn der Aufführung erreichbar zu sein. Solomitglieder mit auf Vorstellungen bezogener Tätigkeit, insbesondere darstellende Solomitglieder sind nach § 6 Abs. 7 auch dann verpflichtet bis drei Stunden vor Beginn der Aufführung erreichbar zu sein, wenn das Mitglied proben- und aufführungsfrei hat. 74

Das heißt, im Interesse der Bühnenordnung muss das Bühnenmitglied für die Theaterleitung nicht nur erreichbar sein, sondern ggf. auch dienstbereit. Dies ergibt sich aus § 6 Abs. 2 S. 2 NV Bühne. Zwar ist der tägliche Proben- und Auf- 75

170 BAG, Urteil v. 22.09.2005, Az.: 6 AZR 579/04; juris = BAGE 116, 28–35.
171 BAG, Urteil v. 23.06.2009, Az.: 2 AZR 606/08, juris.

führungsplan nach § 6 Abs. 1 NV Bühne durch Anschlag im Theater bekannt zu geben und verbindlich. Änderungen des Proben- und Aufführungsplans, die sich nach 14:00 Uhr für denselben Abend oder den nächsten Tag ergeben, sind den Mitgliedern jedoch nur besonders bekannt zu geben.

76 Allerdings kann das Mitglied nicht gezwungen werden in der gleichen Gemeinde, oder dem gleichen Ort wie der Betrieb zu wohnen. Will das Bühnenmitglied außerhalb der Theaterferien von der Erreichbarkeitspflicht befreit werden, muss es grundsätzlich um Urlaub nachsuchen.

77 Weitere Beispiele sind Alkoholverbot, Rauchverbot (soweit es über die gesetzlichen Regelungen hinaus geht), Benutzung des Telefons, Computers mit Internetzugang für private Zwecke, Radiohören im Betrieb, Parkplatzordnung etc.

4.3.6 Grenzen des Weisungsrechts

78 Seine Grenzen findet das Weisungsrecht in den Vorschriften der Gesetze sowie in den Regelungen von Tarifverträgen, Arbeitsvertragsrichtlinien, Dienst-/Betriebsvereinbarungen und des Arbeitsvertrages.

79 Das Weisungsrecht kann durch einzelvertragliche oder kollektivrechtliche Vereinbarungen jedoch auch erweitert werden.[172]

80 Je enger die Tätigkeit des Arbeitnehmers sowie die Einzelheiten seiner Beschäftigung hinsichtlich Einsatzort, -umfang, und –lage der Arbeitszeit im **Arbeitsvertrag** festgeschrieben sind, umso geringer ist der Spielraum des Arbeitgebers zur Ausübung des Weisungsrechts.

81 Im Weiteren ist dann zu prüfen, inwieweit das Direktionsrecht durch **Regelungen eines Tarifvertrages** eingeschränkt ist.

82 Auch Dienst- oder Betriebsvereinbarungen können das Weisungsrecht einschränken.

83 Daneben dürfen die Weisungen im Einzelnen selbstverständlich auch **straf- und öffentlich-rechtlichen Stimmungen** nicht zuwiderlaufen.

84 Hier sind beispielsweise an

- die Regelungen des **Arbeitszeitgesetz,**
- Diskriminierungsverbote, z. B. § 7 Abs. 1 AGG; § 4 TzBfG,
- Maßregelungsverbot (§ 612a BGB),
- Unfallverhütungsvorschriften (§ 15 SGB VII)
- Beschäftigungsverbote, z. B. nach §§ 3, 4, 6, 8 MuSchG

172 BAG, Urteil v. 14.01.2009, Az.: 5 AZR 75/08, juris.

– aber auch an die Regelungen der für alle geltenden Gesetze, wie das **StGB**, die **Straßenverkehrsordnung** etc. zu denken.

Für (Bühnen-)Künstler beginnt allerdings die Zeit der verbotenen Nachtarbeit nach § 8 MuSchG bei „Musikaufführungen, Theaterveranstaltungen und ähnlichen Aufführungen" nach § 8 Abs. 3 Nr. 3 MuSchG erst um 23:00 Uhr. Dabei wird in der Literatur vertreten, dass anders als nach der Ausnahmeregelung des Abs. 4 der Ausnahmesachverhalt der Künstlerinnen sich nur auf die Musikerin, Schauspielerin, Sängerin, die Statisterie beschränkt. Nicht erfasst werden hingegen Maske, Abendregie, Beleuchtung, Garderobe etc. hier soll es beim Arbeitsschluss nach § 8 Abs. 1 MuSchG um 20:00 Uhr bleiben.[173] 85

Im Rahmen des dann noch bestehenden Weisungsrechts muss die Ausübung nach **billigem Ermessen** erfolgen (§§ 106 GewO, 315 BGB). Die Wahrung billigen Ermessens setzt voraus, dass die wesentlichen Umstände des Falles abgewogen und die beiderseitigen Interessen angemessen berücksichtigt werden. Ob dies geschehen ist, unterliegt der gerichtlichen Kontrolle. Unbillig ist, wenn der Arbeitgeber allein seine Interessen durchzusetzen versucht. Widersprüchliches Verhalten des Arbeitgebers kann Unbilligkeit begründen. 86

Im Rahmen des Weisungsrechts sind die Grundrechte des Arbeitnehmers zu beachten. Der Arbeitgeber muss auch insbesondere auf familiäre Belange Rücksicht nehmen.[174] Gleichfalls hat der Arbeitgeber bei der Ermessensausübung auf Behinderungen des Arbeitnehmers Rücksicht zu nehmen. 87

4.3.7 Erweiterung des Weisungsrechts

Das Weisungsrecht kann durch einzelvertragliche oder kollektivrechtliche Vereinbarungen auch erweitert werden.[175] Die (arbeits-)vertragliche Erweiterung des Rechts zur einseitigen Leistungsstimmung unterliegt jedoch der Inhaltskontrolle (§§ 305 bis 310 BGB). 88

Üblich und möglich ist es, in den Arbeitsvertrag oder in Tarifverträgen/Arbeitsvertragsrichtlinien ausdrücklich einen Versetzungsvorbehalt aufzunehmen, wonach der Arbeitnehmer bei Bedarf auch in anderen Betrieben des Unternehmens ggf. auch innerhalb der Bundesrepublik oder in das Ausland versetzt werden kann. 89

---

173 KK-ArbR/Reinecke/*Velikova* § 8 MuSchG Rdnr. 6; HWK/*Hergenröder* § 8 MuSchG, Rdnr. 4.
174 BAG, Urteil v. 23.09.2004, Az.: 6 AZR 567/03, juris.
175 BAG, Urteil v. 14.01.2009, Az.: 5 AZR 75/08, juris.

90 Danach kann der Arbeitnehmer bzw. die Arbeitnehmerin aus dienstlichen oder betrieblichen Gründen nicht nur in derselben Einrichtung auf einen anderen Arbeitsplatz umgesetzt, sondern auch in eine andere Einrichtung desselben Arbeitgebers.

91 Die Befugnis hierzu erfolgt schon aus § 106 GewO. Zu beachten ist aber, dass – auch wenn der Arbeitgeber kraft Arbeits- oder Tarifvertrag zur Versetzung an einen anderen Arbeitsort berechtigt ist, die konkrete Leistungsbestimmung stets billigem Ermessen entsprechen muss. Es bedarf also einer Abwägung der Interessen beider Vertragsparteien im Einzelfall. Dabei sind auch die unter Umständen bedeuteten Auswirkungen auf die private Lebensführung zu berücksichtigen, insbesondere bei Versetzung ins Ausland.

4.3.8 Überschreitung der Grenzen des Weisungsrechts

92 Ist eine Weisung rechtswidrig, darf der Arbeitnehmer deren Befolgung verweigern. Die darauf beruhende Arbeitsverweigerung ist nicht rechtswidrig und berechtigt den Arbeitgeber nicht zum Ausspruch einer Abmahnung oder gar verhaltensbedingten Kündigung. Auch behält der Arbeitnehmer seit der Nichtbeschäftigung seinen Anspruch auf Vergütung in Form eines Annahmeverzugslohns.

93 **Aber:** Auf den Anspruch auf Annahmeverzugslohn wird angerechnet, was der Arbeitnehmer durch anderweitige Verwendung seiner Arbeitskraft erhalten hätte, die er jedoch böswillig unterlassen hat. Der Arbeitnehmer handelt nach Auffassung des Arbeitgebers böswillig, wenn er in Kenntnis der objektiven Umstände, d. h. Arbeitsmöglichkeit, Zumutbarkeit der Arbeit und Nachteilsfolge für den Arbeitgeber vorsätzlich untätig bleibt oder die Arbeitsaufnahme verhindert.[176] Von großer Bedeutung ist insoweit die Zumutbarkeit, diese ist nach den Umständen des Einzelfalls nach Treu und Glauben zu beurteilen, dabei kommt es entscheidend auf die Perspektive des Arbeitnehmers an.

94 Wie gezeigt, sind die Grenzen des Weisungsrechts vielfach fließend. Insbesondere wenn zu klären ist, ob der Arbeitgeber hinreichend billiges Ermessen ausgeübt hat, wird sich vor Anrufung des Arbeitsgerichts nur selten eindeutig feststellen lassen, dass die Grenzen des Weisungsrechts nicht eingehalten wurden.

95 Da bei Weigerung der Durchführung von (rechtmäßigen) Weisungen der Arbeitnehmer ggf. nach einschlägiger Abmahnung wegen Arbeitsverweigerung ordentlich oder sogar außerordentlich fristlos gekündigt werden kann, besteht

176 BAG, Urteil v. 18.06.1965, Az.: 5 AZR 351/64, juris.

daher für den Arbeitnehmer ein Risiko den Arbeitsplatz zu verlieren, weshalb in der Regel der Weisung Folge geleistet werden sollte unter dem Vorbehalt der arbeitsgerichtlichen Überprüfung. Streitigkeiten über den Umfang und die Rechtmäßigkeit des Weisungsrechts sind in vollem Umfang durch die Arbeitsgerichte überprüfbar.

Möchte der Arbeitgeber den Inhalt des Arbeitsverhältnisses unter Über- 96
schreitung des Weisungsrechts verändern, so bleibt ihm grundsätzlich lediglich die Möglichkeit der einvernehmlichen Arbeitsvertragsänderung oder der Änderungskündigung.

4.4 Vergütung

4.4.1 Freie Theater

Die Vergütung des Bühnenmitglieds ist grundsätzlich frei verhandelbar. Üblich 97
sind neben der Vereinbarung einer Monatsgage insbesondere für Gast(arbeits-)verträge alternativ auch die Vereinbarung einer meist geringen Probenpauschale sowie die Vergütung der einzelnen (gespielten) Vorstellungen. Ob letztere Alternative auch unter Geltung des seit dem 01.01.2015 geltenden Mindestlohngesetzes noch wirksam vereinbart werden kann, ist fraglich.

Nach § 1 Mindestlohngesetz hat jede Arbeitnehmerin und jeder Arbeitneh- 98
mer also auch das Bühnenmitglied Anspruch auf Zahlung eines Arbeitsentgelts mindestens in Höhe des Mindestlohns durch den Arbeitgeber. Die Höhe ist nach Absatz 2 ab dem 01.01.2015 festgelegt auf brutto 8,50 € je Zeitstunde.

Problematisch ist insbesondere die Vergütung von Probentagen. Hier hat sich 99
das Bühnenmitglied in der Regel an einem vom Arbeitgeber vorgegebenen Ort aufzuhalten, um bei Bedarf die Proben aufzunehmen. Arbeitszeitrechtlich wird es sich hier meist um sog. Bereitschaftsdienst oder Arbeitsbereitschaft handeln.

Seit der Reform des Arbeitszeitgesetzes im Jahr 2006 zählt Bereitschafts- 100
dienst oder Arbeitsbereitschaft zur Arbeitszeit. Das Mindestlohngesetz enthält keine Einschränkungen in Bezug auf „Bereitschaftsdienst“, so dass der gesamte Probentag, in dem sich das Bühnenmitglied für seinen Einsatz an einem vom Arbeitgeber bestimmten Ort aufzuhalten hat um bei Bedarf seine Arbeit aufzunehmen, als Arbeitszeit zu werten und nach dem Mindestlohn von derzeit 8,50 € brutto zu entlohnen ist.

Da der Arbeitgeber nach § 2 Mindestlohngesetz verpflichtet ist, der Arbeit- 101
nehmerin oder dem Arbeitnehmer den Mindestlohn zum Zeitpunkt der vereinbarten Fälligkeit, spätestens am letzten Bankarbeitstag (Frankfurt am Main) des Monats, der auf den Monat folgt, in dem die Arbeitsleistung erbracht wurde, zu

zahlen, besteht nicht (mehr) die Möglichkeit die geringere Bezahlung des Probenzeitraums durch höhere Vorstellungsgagen auszugleichen.

102 Die Leistungsschutzrechte des ausübenden Künstlers sind im Arbeitsvertrag grundsätzlich durch den Arbeitslohn abgegolten. Soweit der Arbeitslohn jedoch nicht angemessen ist, hat der Arbeitnehmer nach § 32 Abs. 1 Satz 3 UrhG einen Anspruch auf Anpassung des Vertrages, damit die Angemessenheit wieder hergestellt wird.[177] Nach § 32 Abs. 2 Satz 2 UrhG die zum Zeitpunkt des Vertragsschlusses übliche und redliche Vergütung ist angemessen. Der Vergütungsanspruch nach § 32 UrhG ist zwingend und mit Ausnahme der Rechtsfolgen den §§ 9, 23 Abs. 1 ArbnErfG vergleichbar.

103 Bei gegenseitiger Tarifgebundenheit im Sinne des § 3 Abs. 1 TVG findet nach § 32 Abs. 4 UrhG eine Prüfung auf Angemessenheit der tariflichen Vergütung nicht statt, soweit der Tarifvertrag eine Vergütung für die Nutzung der Werke bestimmt.

104 Ein Anspruch auf höhere Vergütung kann sich außerdem aus § 32a UrhG ergeben, wenn nachträglich unter Berücksichtigung aller Umstände ein auffälliges Missverhältnis zwischen dem Arbeitslohn und den Erträgen aus der Nutzung des Werkes entsteht. Der Arbeitnehmer kann dann eine Vertragsanpassung und mit ihr eine weitere angemessene Vergütung verlangen (§ 32a Abs. 1 Satz 1 UrhG).[178]

4.4.2 Im Geltungsbereich des NV Bühne

105 Im Geltungsbereich des NV Bühne regelt § 12 NV Bühne in Verbindung mit den jeweiligen Sonderregelungen die Vergütung.

4.4.2.1 Gagen

106 Zum Teil handelt es sich lediglich um die Festlegung einer Mindestvergütung, wie in § 58 Abs. 1 NV Bühne für den Bereich „Solo“ und in § 67 Abs. 1 NV Bühne für den Bereich der Bühnentechniker. Für den Bereich „Chor“ und „Tanz“ wurde keine Mindestvergütung tarifvertraglich festgelegt, hier wurden Gagenklassen tarifvertraglich vereinbart (vgl. § 76 NV Bühne bzw. § 89 NV Bühne). Da auch hier im Anfängerjahr die Vergütung auf 75 % abgesenkt werden kann, ist hier stets auch die Einhaltung des Mindestlohns zu prüfen.

177 ausführlich Tschöpe/*von Steinau-Steinrück* Arbeitsrecht Teil 2 H Rdnr. 73 m. w. N.
178 ausführlich Tschöpe/*von Steinau-Steinrück* Arbeitsrecht Teil 2 H Rdnr. 73a m. w. N.

Da die Mindestvergütung tarifvertraglich nicht in Abhängigkeit von der regelmäßigen Arbeitszeit festgelegt wurde, ist regelmäßig zu prüfen, ob der Mindestlohn nach § 1 Mindestlohngesetz jeweils eingehalten wurde. Ausgehend von der arbeitszeitrechtlich möglichen wöchentlichen Arbeitszeit von 48 Stunden, läge die Mindestvergütung von 1.650,00 € (Mindestgage ab Spielzeit 2015/2016 1.765,00 €) unter dem derzeit geltende Mindestlohn von 1.768,00 € (48 Stunden/ Woche x 13 / 3 = 202 Stunden durchschnittliche monatliche Arbeitszeit á 8,50 €). 107

Der Betriebsrat nach § 99 Abs. 1 S. 1 BetrVG bzw. § 75 Abs. 1 Nr. 2 BPersVG im Rahmen des Mitbeurteilungsrechts der Eingruppierung zu beteiligen bei der Zuordnung des einzelnen Arbeitnehmers zum NV Bühne. Der Arbeitgeber muss beurteilen, ob der betroffene Arbeitnehmer dem Anwendungsbereich des NV Bühne oder demjenigen einer anderen Vergütungsordnung unterfällt.[179] 108

Die arbeitsvertragliche Vereinbarung einer überwiegend künstlerischen Tätigkeit ist hingegen nach der Rechtsprechung des Bundesarbeitsgerichts[180] keine Eingruppierung. 109

Der Geltungsbereich des NV Bühne wird im Hinblick auf das Tatbestandsmerkmal nach § 1 Abs. 1, Abs. 3 Unterabs. 2 NV Bühne konstitutiv durch die vertragliche Übereinkunft eröffnet. Das Kriterium für den maßgebenden Vertragsinhalt ist die vom Arbeitnehmer auszuübende Tätigkeit, die durch die individualvertragliche Vereinbarung definiert wird. Die Vereinbarung bestimmt den Inhalt der arbeitsvertraglich geschuldeten Tätigkeit. Machen die Arbeitsvertragsparteien von dieser Möglichkeit einer vertraglichen Eingrenzung Gebrauch, ist der Tätigkeitsbereich schon auf Grund der Willensübereinkunft als überwiegend künstlerisch anzusehen. Die vereinbarte Tätigkeit ist sachlich geeignet, den besonderen Regelungen des speziell für den künstlerischen Bereich geschaffenen Tarifvertrags NV Bühne zu unterfallen. Der Inhalt eines solchen Arbeitsverhältnisses ist durch die Vereinbarung festgelegt, ohne dass dem Betriebsrat dabei ein Mitbeurteilungsrecht zukommt. § 1 Abs. 3 Unterabs. 2 NV Bühne will damit auch auf die Kunstfreiheit des Art. 5 Abs. 3 Satz 1 GG Rücksicht nehmen.[181] Ein möglicher Widerspruch zwischen dem, was ein Angehöriger der in § 1 Abs. 3 Unterabs. 2 NV Bühne genannten Berufsgruppen tatsächlich an Arbeitsleistung erbringt, und der Charakterisierung dieser Tätigkeit als überwiegend künstlerisch ist keine 110

179 BAG, Beschluss v. 15.12.2011, Az.: 7 ABR 36/10, juris – Rdnr. 23.

180 BAG, Beschluss v. 15.12.2011, Az.: 7 ABR 36/10, juris – Rdnr. 22.

181 vgl. BAG, Beschluss v. 09.03.2011, Az.: 7 ABR 118/09, juris – Rdnr. 19 = ZTR 2011, 513; BAG, Beschluss v. 27.10.2010, Az.:7 ABR 96/09 juris – Rdnr. 21 = EzA BetrVG 2001 § 99 Eingruppierung Nr. 6, jeweils unter Hinweis auf BVerwG, Beschluss v. 22.04.1998, Az.: 6 P 4.97 – zu II 3 b der Gründe, juris = NZA-RR 1999, 274 noch zu § 3 NV Solo.

Frage des personellen Anwendungsbereichs des NV Bühne, sondern ein Problem der vertragsgemäßen Beschäftigung.[182]

111 Auch die Anpassung der Vergütung (Gagen) ist tarifvertraglich geregelt. § 12a NV Bühne enthält eine (eingeschränkte) Tarifautomatik, nach der sich die Gagen entsprechend den Erhöhungen der jeweiligen Tarifverträgen des öffentlichen Dienstes erhöhen.

112 Werden die Arbeitsentgelte der unter den TVöD/VKA fallenden Beschäftigten rechtsverbindlich allgemein geändert, sind die Gagen der Mitglieder, deren Arbeitgeber den TVöD/VKA anwendet oder anzuwenden hat, diesen Veränderungen durch Tarifvertrag sinngemäß anzupassen (vgl. § 12a Abs. 1 NV Bühne).

113 Werden die Arbeitsentgelte der unter den TV-L fallenden Beschäftigten rechtsverbindlich allgemein geändert, sind die Gagen der Mitglieder, deren Arbeitgeber den TV-L anwendet oder anzuwenden hat, diesen Veränderungen durch Tarifvertrag sinngemäß anzupassen (vgl. § 12a Abs. 2 NV Bühne).

114 Wendet ein Arbeitgeber weder den TVöD noch den TV-L an und werden die Arbeitsentgelte der Beschäftigten der öffentlichen Verwaltung seines überwiegenden unmittelbaren oder mittelbaren wirtschaftlichen Trägers rechtsverbindlich allgemein geändert, sind die Gagen der Mitglieder diesen Veränderungen durch Tarifvertrag sinngemäß anzupassen (vgl. § 12a Abs. 3 NV Bühne).

115 Findet in den Fällen des § 12a Absätze 1 bis 3 NV Bühne bei einem Arbeitgeber eine allgemeine Änderung der Arbeitsentgelte keine oder nicht in voller Höhe Anwendung, wird für die Mitglieder dieses Arbeitgebers zwischen den Tarifvertragsparteien eine gesonderte tarifliche Vereinbarung abgeschlossen.

4.4.2.2 Zuwendung

116 Daneben erhält das Bühnenmitglied für jede Spielzeit, in der es bei derselben Bühne in einem Arbeitsverhältnis von mindestens neun Monaten gestanden hat, eine Zuwendung nach Maßgabe des § 13 NV Bühne.

117 Die Zuwendung beträgt nach § 14 NV Bühne 72 vom Hundert der Urlaubsvergütung (§ 37), die dem Mitglied zugestanden hätte, wenn es während des letzten vollen Vertragsmonats der Spielzeit Erholungsurlaub gehabt hätte.

118 In den Fällen, in denen im Beschäftigungsmonat für die Zuwendung eine erziehungsgeldunschädliche Teilzeitbeschäftigung ausgeübt wird und das Kind am ersten Tag des Bemessungsmonats den zwölften Lebensmonat noch nicht vollendet hat, bemisst sich die Zuwendung abweichend von dem Beschäftigungs-

182 BAG, Beschluss v. 09.03.2011, Az.: 7 ABR 118/09 – juris; BAG, Beschluss v. 27.10.2010, Az.: 7 ABR 96/09 – juris – Rdnr. 22 m. w. N.

umfang im Bemessungsmonat nach dem Beschäftigungsumfang am Tage vor dem Beginn der Elternzeit.

Hat das Mitglied nicht während der gesamten in die Spielzeit fallenden Ver- 119
tragsdauer Bezüge erhalten, vermindert sich die Zuwendung um ein Zwölftel für jeden Kalendermonat, für den es keine Bezüge erhalten hat. Die Verminderung unterbleibt für die Kalendermonate, für die das Mitglied keine Bezüge erhalten hat wegen

a) der Beschäftigungsverbote nach §3 Abs. 2 und §6 Abs. 1 des Mutterschutzgesetzes,
b) der Inanspruchnahme der Elternzeit nach dem Bundeserziehungsgeldgesetz bis zur Vollendung des zwölften Lebensmonats des Kindes, wenn am Tage vor Antritt der Elternzeit Anspruch auf Bezüge oder auf Zuschuss zum Mutterschaftsgeld bestanden hat.

Die Verminderung unterbleibt ferner für die Kalendermonate, in denen dem 120
Mitglied nur wegen der Höhe der Barleistungen des Sozialversicherungsträgers Krankengeldzuschuss nicht gezahlt worden ist.

Die Zuwendung ist nach §15 NV Bühne am letzten Gehaltszahlungstermin 121
der Bühne vor dem Beginn der Theaterferien zu zahlen. Hierauf erhält er einen Vorschuss in Höhe von einem Drittel der Vergütung spätestens am 01.12. eines Jahres. Können die nach §37 Abs. 1 Buchst. c und d zustehenden Anteile der Urlaubsvergütung bis zum Gehaltszahlungstermin nach Satz 1 nicht abschließend berechnet werden, sind sie am letzten Gehaltszahlungstermin der Bühne vor der Beendigung der Spielzeit zu zahlen.

4.4.2.3 Aufwendungsersatz

Neben der Vergütung und der Zuwendung hat das Bühnenmitglied Anspruch auf 122
Aufwendungsersatz. So hat der Arbeitgeber nach §25 NV Bühne dem Mitglied die zur Aufführung eines Bühnenwerks erforderlichen Kleidungs-, Ausrüstungs- und Schmuckstücke sowie Perücken und Ballettschuhe zur Verfügung zu stellen. Ausgenommen und für den dienstlichen Gebrauch vorzuhalten sind Proben- und Trainingskleidung, ferner

- bei Männern: ein Straßenanzug
- bei Frauen: ein Straßenkleid
- für beide Geschlechter: das zu Anzug und Kleid jeweils gehörende Schuhwerk sowie die dazugehörende Kopf- und Handbekleidung.

123 Die Instandsetzung (kleine Ausbesserungen, Reinigen und Aufbügeln) der für Zwecke des Bühnengebrauchs getragenen Kleidungsstücke des Mitglieds hat der Arbeitgeber auf seine Kosten zu besorgen.

124 Bei auswärtigen Arbeitsleistungen hat das Mitglied nach §26 NV Bühne Anspruch auf einen angemessenen Ersatz seiner Aufwendungen durch die Erstattung der Fahrkosten und die Zahlung von Tage- und Übernachtungsgeldern nach den Reisekostenbestimmungen des Arbeitgebers.

4.4.2.4 Forderungsübergang bei Dritthaftung, § 29 NV Bühne

125 Kann das Mitglied auf Grund gesetzlicher Vorschriften von einem Dritten Schadensersatz wegen des Verdienstausfalls beanspruchen, der ihm durch die Arbeitsunfähigkeit entstanden ist, geht dieser Anspruch insoweit auf den Arbeitgeber über, als dieser dem Mitglied Krankenbezüge und sonstige Bezüge gezahlt und darauf entfallende, vom Arbeitgeber zu tragende Beiträge zur Bundesagentur für Arbeit, Arbeitgeberanteile an Beiträgen zur Sozialversicherung und zur Pflegeversicherung sowie Umlagen (einschließlich der Pauschalsteuer) zu Einrichtungen der zusätzlichen Alters- und Hinterbliebenenversorgung abgeführt hat (§ 29 Abs. 1 NV Bühne). Dieser Forderungsübergang kann nicht zum Nachteil des Mitglieds geltend gemacht werden (§ 29 Abs. 2 NV Bühne).

126 Das Mitglied hat dem Arbeitgeber unverzüglich die zur Geltendmachung des Schadensersatzanspruchs erforderlichen Angaben zu machen.

127 Der Arbeitgeber ist berechtigt, die Zahlung der Krankenbezüge und sonstiger Bezüge zu verweigern, wenn das Mitglied den Übergang eines Schadensersatzanspruchs gegen einen Dritten auf den Arbeitgeber verhindert, es sei denn, dass das Mitglied die Verletzung dieser ihm obliegenden Verpflichtungen nicht zu vertreten hat.

4.4.2.5 Sozialleistungen

Krankengeldzuschuss, § 27 NV Bühne

128 Entsprechend den Regelungen der Tarifverträge für den öffentlichen Dienst, sieht auch der NV Bühne nach Ablauf des Entgeltfortzahlungszeitraums einen Krankengeldzuschuss vor. Nach § 27 Abs. 3 NV Bühne erhält das Bühnenmitglied nach Ablauf des Entgeltfortzahlungszeitraums für den Zeitraum, für den ihm Krankengeld oder die entsprechenden Leistungen aus der gesetzlichen Renten- oder Unfallversicherung oder nach dem Bundesversorgungsgesetz gezahlt werden, als Krankenbezüge einen Krankengeldzuschuss bis zum Ende der 20. Woche der Arbeitsunfähigkeit. Dies gilt nicht,

a) wenn das Mitglied Rente wegen Erwerbsminderung (§ 43 SGB VI) oder wegen Alters aus der gesetzlichen Rentenversicherung erhält,
b) in den Fällen des Absatzes 1 Unterabs. 3,
c) für den Zeitraum, für den das Mitglied Anspruch auf Mutterschaftsgeld nach § 200 RVO oder nach § 13 Abs. 2 MuSchG hat.

Nach § 27 Abs. 4 NV Bühne wird Krankengeldzuschuss nicht über den Zeitpunkt hinaus gezahlt, von dem an das Mitglied Bezüge auf Grund eigener Versicherung aus der gesetzlichen Rentenversicherung (einschließlich eines rentenersetzenden Übergangsgelds im Sinne des § 20 SGB VI i. V. m. § 8 SGB IX), aus einer zusätzlichen Alters- und Hinterbliebenenversorgung oder aus einer sonstigen Versorgungseinrichtung erhält, zu der der Arbeitgeber oder ein anderer Arbeitgeber, der diesen Tarifvertrag oder einen Tarifvertrag wesentlich gleichen Inhalts angewendet hat, die Mittel ganz oder teilweise beigesteuert hat. 129

Der Krankengeldzuschuss wird in der Höhe des Unterschiedsbetrags zwischen den tatsächlichen Barleistungen des Sozialversicherungsträgers und der Nettovergütung gezahlt. Nettovergütung ist die Vergütung nach § 12, vermindert um die gesetzlichen Abzüge. 130

Unter Krankengeld ist dabei das volle, nicht um die seit dem 01.01.1984 abzuführenden Arbeitnehmeranteile zur Renten- und Arbeitslosenversicherung geminderte Krankengeld (Bruttokrankengeld) zu verstehen.[183] 131

Entsprechendes gilt für den Anspruch auf den Krankengeldzuschuss des Bühnenmitglieds, das in der gesetzlichen Krankenversicherung versicherungsfrei oder von der Versicherungspflicht in der gesetzlichen Krankenversicherung befreit ist. Dabei sind für die Berechnung des Krankengeldzuschusses die Leistungen zugrunde zu legen, die dem Mitglied als Pflichtversicherten in der gesetzlichen Krankenversicherung zustünden (vgl. § 27 Abs. 6 NV Bühne). 132

Zu beachten ist bei der Ermittlung der Höhe des Krankengeldzuschusses, dass die Berechnung grundsätzlich auf kalendertäglicher Basis erfolgt, während das gesetzliche Krankengeld stets pauschaliert auf Basis von 30 Kalendertagen ermittelt wird. Wird das um die gesetzlichen Abzüge verminderte Entgelt im Sinne von § 27 NV Bühne (Nettoentgelt) kalendertäglich spitz nach Anzahl der Kalendertage ermittelt, kann die Berechnung des Krankengeldzuschusses von Monat zu Monat variieren. Krankengeldzuschuss wird tagesscharf bezahlt bis zum Ende der Arbeitsunfähigkeit, längstens bis zu den tariflichen Regelungen. Dem Arbeitnehmer steht der Krankengeldzuschuss bei einer Wiederholungserkrankung nur 133

183 BAG, Urteil v. 24.04.1996, Az.: 5 AZR 798/94, juris; BAG, Urteil v. 22.04.1998, Az.: 5 AZR 121/97, juris – Rdnr. 24.

einmal für bis zu 20 Wochen zu. Er ist steuerpflichtiger Arbeitslohn, nicht jedoch sozialversicherungspflichtig.

134 Für Bühnenmitglieder die am 30.06.1994 in einem Arbeitsverhältnis gestanden haben, das am 01.07.1994 fortbestand gelten spezielle Übergangsregelungen nach § 27a NV Bühne.

Beihilfen, Unterstützungen, § 30 NV Bühne

135 Die Gewährung von Beihilfen in Krankheits-, Geburts-, Pflege- und Todesfällen sowie von Unterstützungen richtet sich nach den für die einzelnen Beschäftigtengruppen geltenden Sonderregelungen.

Jubiläumszuwendung, § 31 NV Bühne

136 Die Jubiläumszuwendung richtet sich nach den für die einzelnen Beschäftigtengruppen geltenden Sonderregelungen.

Sterbegeld, § 32 NV Bühne

137 Beim Tode des Mitglieds, dessen Arbeitsverhältnis zur Zeit seines Todes nicht auf Grund gesetzlicher Vorschriften oder vertraglicher Vereinbarung geruht hat, erhalten der überlebende Ehegatte oder der überlebende eingetragene Lebenspartner, sowie die Abkömmlinge des Mitglieds ein in einer Summe gezahltes Sterbegeld (vgl. § 32 Abs. 1 NV Bühne) nach Maßgabe der Regelungen des § 32 Abs. 3–8 NV Bühne.

138 Sind Anspruchsberechtigte im Sinne des Absatzes 1 nicht vorhanden, ist Sterbegeld auf Antrag zu gewähren an Verwandten der aufsteigenden Linie, Geschwistern, Geschwisterkindern sowie Stiefkindern, wenn sie zur Zeit des Todes des Mitglieds mit diesem in häuslicher Gemeinschaft gelebt haben oder wenn das verstorbene Mitglied ganz oder überwiegend der Ernährer gewesen ist, sowie sonstige Personen, die die Kosten der letzten Krankheit oder der Bestattung getragen haben, bis zur Höhe ihrer Aufwendungen.

139 Als Sterbegeld werden gezahlt die Vergütung, die dem verstorbenen Mitglied für die restlichen Tage des Sterbemonats zugestanden hätte, und das Zweifache der Vergütung, die dem verstorbenen Mitglied im Sterbemonat zugestanden hätte, höchstens jedoch das Zweifache des Betrags, der der jeweiligen Beitragsbemessungsgrenze des § 23 Abs. 2 der Satzung der Versorgungsanstalt der deutschen Bühnen entspricht.

140 Ist dem Mitglied zur Zeit seines Todes die Vergütung nicht oder nicht mehr in voller Höhe weitergezahlt worden oder hat das Mitglied zurzeit seines Todes Mutterschaftsgeld nach § 13 MuSchG bezogen, erhalten die Hinterbliebenen als Sterbegeld die Vergütung, die dem verstorbenen Mitglied im Sterbemonat für den Sterbetag und die restlichen Tage des Sterbemonats zugestanden hätte, das

Zweifache der Vergütung, die dem verstorbenen Mitglied im Sterbemonat zugestanden hätte, höchstens jedoch das Zweifache des Betrags, der der jeweiligen Beitragsbemessungsgrenze des § 23 der Satzung der Versorgungsanstalt der deutschen Bühnen entspricht.

Sind an das verstorbene Mitglied Bezüge oder Vorschüsse über den Sterbetag hinaus gezahlt worden, werden sie auf das Sterbegeld angerechnet. Die Zahlung an einen der Hinterbliebenen bringt den Anspruch der übrigen gegenüber dem Arbeitgeber zum Erlöschen. Sind Hinterbliebene nicht vorhanden, werden für den Sterbemonat über den Sterbetag hinaus gezahlte Bezüge nicht zurückgefordert. 141

Das Sterbegeld verringert sich um den Betrag, den die Hinterbliebenen als Sterbegeld aus einer zusätzlichen Alters- und Hinterbliebenenversorgung oder aus einer Ruhegeldeinrichtung erhalten. Dies gilt nicht, wenn die zusätzliche Alters- und Hinterbliebenenversorgung oder die Ruhegeldeinrichtung einen Arbeitnehmerbeitrag vorsieht. 142

4.5 Mitwirkungspflicht nach NV Bühne

Das dem Arbeitsrecht immanente Direktionsrecht des Arbeitgebers nach § 106 GewO wird durch die tarifvertraglich festgelegte Mitwirkungspflicht des Bühnenmitglieds einerseits und die Beschäftigungspflicht des Arbeitgebers andererseits konkretisiert. 143

Die Mitwirkungspflicht des nach NV Bühne beschäftigten Bühnenkünstlers ist in § 7 NV Bühne in Verbindung mit § 54 NV Bühne für Solomitglieder, § 63 für Bühnentechniker, sowie § 71 NV Bühne (Chor) und § 84 NV Bühne (Tanz) geregelt. 144

Sie untergliedert sich in eine kunstfachbezogene Mitwirkungspflicht, eine veranstaltungsbezogene Mitwirkungspflicht sowie eine trägerbezogene Mitwirkungspflicht. 145

4.5.1 kunstfachbezogene Mitwirkungspflicht

Die Mitwirkungspflicht des Bühnenmitglieds nach § 7 Abs. 1 Unterabs. 1 Satz 1 NV Bühne erstreckt sich (nur) auf die vertraglich übernommenen Tätigkeit, also für das Kunstfach oder die Kunstgattung, wie sie im Musiktheater zumindest für das Stimmfach festgeschrieben wird.[184] Je enger die Tätigkeit im Arbeitsvertrag 146

184 Nix/Hegemann/*Hemke* § 7 Rdnr. 2.

umschrieben ist, z. B. durch Bezeichnung der zu übernehmenden Rolle bei Gastverträgen, umso begrenzter ist die (kunstfachbezogene) Mitwirkungspflicht.

4.5.2 veranstaltungsbezogene Mitwirkungspflicht

147 Die veranstaltungsbezogene Mitwirkungspflicht des Bühnenmitglieds erstreckt sich grundsätzlich auf alle Veranstaltungsformen des Trägers soweit eine vertragsbezogene Arbeitsleistung verlangt wird. Bei nichtdarstellenden Solisten erfolgt die Abgrenzung berufs- und funktionsbezogen. In §7 Abs. 1 NV Bühne ausdrücklich genannt sind

- auswärtige Gastspiele:
  eine Theater- oder Musikveranstaltung auf einer fremden Bühne in der Verantwortung der eigenen Bühne; unter auswärtig ist jede Veranstaltung außerhalb der im Arbeitsvertrag bezeichneten Bühne zu verstehen;[185]
- Festspiele:
  finden zeitbegrenzt einmalig oder wiederkehrend auf Grund eines besonderen Anlass statt;[186]
- Konzerte:
  musikalische Darbietungen ohne szenischen Kontext;
- Werbeveranstaltungen:
  umfassen alle Aufführungen sowie Ausschnitte davon, die ausschließlich oder zumindest überwiegend zu dem Zweck unternommen werden, auf das Theater oder seinen Träger aufmerksam zu machen und insbesondere der Steigerung oder Stabilisierung der Zuschauerzahlen dienen;[187]
- bunte Programme,
  umfassen Programme, die eine vielgestaltige Folge von Darbietungen enthalten,[188] d. h. außer musikalischen Werken werden auch Darbietungen anderer Art, wie z. B. Tanz, Schauspiel, Akrobatik etc. zur Aufführung gebracht
- Matineen.
  morgendliche/vormittägliche Aufführungen

---

185 Bolwin/*Sponer* Bühnentarifrecht § 2 Rdnr. 14.
186 Bolwin/*Sponer* Bühnentarifrecht § 2 Rdnr. 17.
187 Bolwin/*Sponer* Bühnentarifrecht § 2 Rdnr. 26.
188 Bolwin/*Sponer* Bühnentarifrecht § 2 Rdnr. 28.

Diese Aufzählung ist jedoch nicht abschließend. Daneben besteht nach § 7 Abs. 1 NV Bühne eine Mitwirkungspflicht auch bei „sonstigen" Veranstaltungen, die vom Arbeitgeber oder einem seiner rechtlichen oder wirtschaftlichen Träger unter der Verantwortung des Arbeitsgebers durchgeführt werden. Hierzu zählen konzertante Aufführungen eines Bühnenwerks. 148

Als Veranstaltungen im Sinne des § 7 Abs. 1 S. 2 NV Bühne gelten darüber hinaus auch Aufzeichnungen auf Ton- und/oder Bildträger sowie Bildtonträger und Übertragungen der Darbietungen durch Funk (Hörfunk und Fernsehen). Für Online-Dienste fehlt es an einer ausdrücklich normierten Mitwirkungspflicht im Rahmen des § 7 NV Bühne.[189] 149

Veranstaltungen im Sinne des § 7 Abs. 1 und 2 NV Bühne sind alle Aufführungen und Proben. Diese sind weder zahlenmäßig noch was die Länge der Veranstaltung anbetrifft begrenzt, so dass das Mitglied einerseits zu mehreren Aufführungen/Proben an einem Tag verpflichtet sein kann, andererseits sind aber nicht nur die Vorschriften des Arbeitszeitgesetzes hinsichtlich tägliche Arbeitszeit und Pausen zu beachten. Insbesondere hat der Bühnenarbeitgeber dafür Sorge zu tragen, dass keine übermäßige Belastung des Bühnenmitglieds eintritt (§ 7 Abs. 4 NV Bühne). Die Ansetzung von Proben/Aufführungen hat darüber hinaus nach § 106 GewO billigen Ermessens zu entsprechen, das heißt, die Interessen des Mitglieds müssen angemessen berücksichtigt und gegen die Interessen des Arbeitgebers abgewogen werden. 150

4.5.3 trägerbezogene Mitwirkungspflicht

Die trägerbezogene Mitwirkungspflicht bezieht sich nach § 7 Abs. 1 Satz 1 NV Bühne zunächst auf alle Veranstaltungen der Bühne aber auch Veranstaltungen die vom Arbeitgeber oder einem seiner rechtlichen oder wirtschaftlichen Träger unter der Verantwortung des Arbeitgebers durchgeführt werden. Erweitert wird die trägerbezogene Mitwirkungspflicht darüber hinaus auf alle Bühnen, die der Arbeitgeber erst nach Abschluss des Arbeitsvertrags in Betrieb nimmt, sowie Bühnen, mit denen der Arbeitgeber eine Vereinbarung über eine Zusammenarbeit getroffen hat oder nach Abschluss des Arbeitsvertrags trifft, sofern die Veranstaltungen unter seiner künstlerischen und wirtschaftlichen Mitverantwortung stattfinden. 151

---

189 Nix/Hegemann/*Hemke* § 7 Rdnr. 3; Bolwin/*Sponer* Bühnentarifrecht § 70 Rdnr. 40.

4.5.4 Überprüfungsmöglichkeit

152 Ist ein Mitglied der Auffassung, dass seine Mitwirkung vertragswidrig verlangt wird, so kann es, wie alle anderen Arbeitnehmer auch, darauf hinweisen und um eine Entscheidung bitten. Im Zweifel besteht darüber hinaus unter Beachtung der Ausschlussfristen die Möglichkeit Feststellungsklage nach den §§ 15 ff. BSchGO zu erheben. Stellt sich nachträglich heraus, dass ein Verlangen rechtswidrig war, so ist Schadensersatz oder eine Sondervergütung zu leisten.

4.6 Beschäftigungsanspruch

153 Ein Kernstück des Bühnenarbeitsrechts ist die angemessene Beschäftigung des anzusehenden Bühnenkünstlers, unabhängig von dem jetzt anerkannten allgemeinen Beschäftigungsanspruch jeglichen Arbeitnehmers.

4.6.1 Allgemeiner Beschäftigungsanspruch

154 Der Beschäftigungsanspruch ist ein aus dem Arbeitsvertrag resultierender Anspruch gegen den Arbeitgeber, den Arbeitnehmer entsprechend der vereinbarten Tätigkeit zu beschäftigen.[190] Allerdings zählt die Beschäftigungspflicht nicht zu den im Gegenseitigkeitsverhältnis stehenden Hauptpflichten, sondern stellt lediglich eine Nebenpflicht des Arbeitgebers dar.[191]

155 Das noch im 19. Jahrhundert konzipierte Dienstvertragsrecht des Bürgerlichen Gesetzbuches (§§ 611 ff. BGB) kannte keinen allgemeinen Beschäftigungsanspruch des zur Dienstleistung Verpflichteten. Es begriff den Dienstvertrag lediglich als schuldrechtlichen Austauschvertrag, wobei der Arbeitgeber nur als Gläubiger der vertraglichen Arbeitsleistung erschien, der sie fordern konnte, der aber zu ihrer Annahme nicht verpflichtet war und nur die vertragliche Vergütung schuldete. Es war daher zunächst allgemein anerkannt, dass der Arbeitgeber über die Arbeitskraft des Arbeitnehmers nach Belieben verfügen durfte und sie nicht anzunehmen brauchte.[192]

---

190 BAG, Urteil v. 27.02.2002, Az.: 9 AZR 562/00 –, BAGE 100, 339–354, Rdnr. 37; BAG, Beschluss GS v. 27.02.1985, Az.: GS 1/84; BAGE 48, 122, juris.

191 Schaub/*Koch* § 109 Rdnr. 5.

192 BAG, Beschluss v. 27.02.1985, Az.: GS 1/84, juris – Rdnr. 29 = BAGE 48, 122; vgl. zur historischen Entwicklung: Fabricius, ZfA 1972, 35, 36 ff.

Eine Ausnahme wurde wegen ihres besonderen Beschäftigungsinteresses zunächst nur bei Bühnenkünstlern gemacht, wenn eine Beschäftigungspflicht auf Grund einer stillschweigenden Vereinbarung unter Berücksichtigung der Umstände des Einzelfalles anzunehmen war. Später wurde im Wege der Vertragsauslegung die Beschäftigungspflicht auf andere Arbeitnehmer, die ein besonderes Interesse an der Ausübung ihrer Tätigkeiten hatten, ausgedehnt, wenn dieses Interesse dem Arbeitgeber bei Vertragsabschluss bekannt war oder bekannt gewesen sein musste.[193] 156

Erst nach dem Inkrafttreten des Grundgesetzes hat die Rechtsprechung einen Beschäftigungsanspruch des Arbeitnehmers aus dem Arbeitsverhältnis allgemein anerkannt. Grundlegend hierfür war das Urteil des Zweiten Senats des Bundesarbeitsgerichts aus dem Jahr 1955.[194] 157

Diese tragend auf den Persönlichkeitsschutz des Arbeitnehmers abstellende Rechtsprechung hat das Bundesarbeitsgericht seither fortgesetzt.[195] 158

Der Große Senat trat 1985 der 30 Jahren bestehenden seither von allen mit dieser Frage befassten Senaten fortgesetzten Rechtsprechung des Bundesarbeitsgerichts bei, dass der Arbeitgeber grundsätzlich auch verpflichtet ist, seinen Arbeitnehmer vertragsgemäß zu beschäftigen, wenn dieser es verlangt.[196] Der Große Senat hat in seiner lesenswerten Entscheidung sich mit der damals noch in Literatur und Rechtsprechung vertretenen Rechtsauffassung zur Frage des allgemeinen Beschäftigungsanspruches und der Frage der Zulässigkeit der richterlichen Rechtsfortbildung auseinandergesetzt. Im Ergebnis sieht er die Rechtsgrundlage eines Beschäftigungsanspruchs des Arbeitnehmers im Arbeitsvertragsrecht. Der Anspruch ist danach abzuleiten aus den §§ 611, 613 BGB in Verbindung mit § 242 BGB. Die Generalklausel des § 242 BGB wird dabei ausgefüllt durch die Wertentscheidung der Art. 1 und 2 GG.[197] 159

4.6.2 Beschäftigungsanspruch von Bühnenmitgliedern

Der Beschäftigungsanspruch hat gerade im Theaterbereich eine lange Tradition. 160
Er ist historisch gesehen die Wurzel des allgemeinen arbeitsrechtlichen Beschäf-

193 BAG, Beschluss v. 27.02.1985, Az.: GS 1/84, juris – Rdnr. 29 = BAGE 48, 122.
194 BAG, Beschluss v. 27.02.1985, Az.: GS 1/84, juris = BAGE 48, 122 RN 30 m. w. N.; BAG, Urteil v. 10.11.1955, Az.: 2 AZR 591/54, juris.
195 BAG, Beschluss v. 27.02.1985, Az.: GS 1/84, juris – Rdnr. 31 = BAGE 48, 122.
196 BAG, Beschluss v. 27.02.1985, Az.: GS 1/84; juris – Rdnr. 38 ff = BAGE 48, 122.
197 BAG, Beschluss v. 27.02.1985, Az.: GS 1/84, juris – Rdnr. 38 ff. = BAGE 48, 122.

tigungsanspruches.[198] Tarifrechtlich findet der Beschäftigungsanspruch seinen Niederschlag historisch in § 6 NV Solo, nunmehr § 52 Abs. 2 NV Bühne.

161 Diese Bestimmung ist nach § 1 Abs. 1 NV Bühne auch auf die dort im Einzelnen aufgezählten Künstler (Solomitglieder) sowie „Personen in ähnlicher Stellung" anzuwenden.

162 Der Beschäftigungsanspruch richtet sich nach der arbeitsvertraglich vereinbarten Tätigkeit. Je konkreter die Tätigkeit vereinbart wurde, umso konkreter ist der Beschäftigungsanspruch. Werden einem Solomitglied arbeitsvertraglich mehrere Hauptrollen zugesichert, so liegt darin ein Garantievertrag, für dessen Nichteinhaltung der Arbeitgeber ohne Verschulden auf Schadensersatz haftet. Der Vermögensschaden der Künstler/in besteht darin, dass er/sie sich nicht weiterbilden und ihr Rollenrepertoire nicht erweitern kann, was sich früher oder später schädigend auswirkt und einen Vermögensschaden des Künstlers darstellt.[199]

163 Aber auch wenn nach § 2 Abs. 4 NV Bühne nur Kunstfach und Kunstgattung vereinbart wurde, besteht ein Beschäftigungsanspruch. Aus der Rechtsnatur des allgemeinen Beschäftigungsanspruches, der sich aus dem Arbeitsvertrag in Verbindung mit § 242 BGB in Verbindung mit dem Persönlichkeitsrecht und der sich daraus ergebenden vertraglichen Förderungspflicht des Arbeitgebers ergibt, folgt die Beschäftigungspflicht des Arbeitgebers als Kehrseite des Beschäftigungsanspruchs als Nebenpflicht zum Arbeitsvertrag.[200]

164 Das Bundesarbeitsgericht[201] hat die Rechtsprechung der Bühnenschiedsgerichte bestätigt, dass zur Erfüllung des Beschäftigungsanspruchs die Gewährung von 2 Premieren oder eine Wiederaufnahme und 1 Premiere, letztere mit entsprechender Herausstellung in der Presse pro Spielzeit, erforderlich ist.

165 Bühnenmitglieder, welche eine sogenannte Nichtverlängerungsmitteilung erhalten haben, haben einen Anspruch auf Gewährung einer sog. „Ansehrolle" in der „Ansehzeit" bis Ende der Spielzeit.

166 Wird ein Bühnenkünstler nicht beschäftigt, so kann ihm dadurch in seinem beruflichen Fortkommen ein Schaden erwachsen (§§ 249, 251, 252 Satz 1 BGB). Dem Künstler wird die Möglichkeit genommen, seine Kunst öffentlich zu zeigen und sein Können zu beweisen. Er kann seine künstlerischen Fähigkeiten nicht weiter-

---

198 vgl. dazu Großer Senat des BAG, Beschluss v. 27.02.1985, Az.: GS 1/84, juris = BAGE 48, 122, 130 = AP Nr. 14 zu § 611 BGB Beschäftigungspflicht, zu C I 1 a der Gründe.

199 BOSchG, Schiedsspruch v. 09.12.1965, BOschG 1/64, Leitsatz 2, juris.

200 vgl. dazu Großer Senat des BAG, Beschluss v. 27.02.1985, Az.: GS 1/84, juris, zu C I 2 b der Gründe; BAG, Urteil v. 18.03.1999, Az.: 8 AZR 344/98, juris – Rdnr. 44.

201 BAG, Urteil v. 12.11.1985, Az. 3 AZR 576/83, juris.

bilden und erweitern. Dadurch können ungünstige Urteile in der Fachöffentlichkeit entstehen.[202] Dieser Anspruch besteht selbst dann, wenn vorübergehend auch ein höher dotiertes befristetes Engagement abgeschlossen wird, da die Entstehung eines langfristigen Erwerbsschadens dadurch nicht ausgeschlossen wird.[203]

Typischerweise lässt sich der Schaden im Einzelfall nicht näher belegen. Der 167
so entstandene Schaden ist nach § 287 ZPO zu schätzen. Dafür bedarf es keiner weiteren Anhaltspunkte. Das ergibt sich aus der besonderen Situation der Bühnenkünstler. Anders als in anderen Berufen bedürfen sie nicht nur der ständigen Berufspraxis. Sie sind darüber hinaus in sonst unvergleichlicher Weise auf Kontakte und Bekanntheit in der Fachöffentlichkeit und Popularität beim Publikum angewiesen. Diese besonderen Umstände weisen deutlich auf einen Schaden bei mangelndem Einsatz hin. Zugleich steht diese besondere Situation einer genauen Bezifferung des Schadens entgegen.[204]

Die Maßstäbe müssen deshalb aus der Erfahrungswelt der Bühnenkünst- 168
ler gewonnen werden. Hierfür zuständig ist das Bühnenschiedsgericht, dem neben dem Obmann vier Beisitzer vom Fach angehören (§ 7 Ziff. 1 Bühnenschiedsgerichtsordnung).[205] In nunmehr jahrzehntelanger Praxis sind Maßstäbe für eine angemessene Schätzung im Rahmen eines sog. „Bühnenbrauches" entwickelt worden, bestätigt durch die Bühnenschiedsgerichte, dass bei Verletzung des Beschäftigungsanspruchs darstellende Bühnenmitglieder einen Schadensersatzanspruch von bis zu 6 Monatsgagen wegen künstlerischer Nichtbeschäftigung, der von keinen weiteren Voraussetzungen abhängt, haben. Allerdings, gibt es bei der Bemessung keine starre Formel, vielmehr sind die jeweiligen Umstände des Einzelfalles zu berücksichtigen.[206]

Der pauschalierte Schadensersatz wird von der Rechtsprechung i. d. R. nur 169
darstellenden Bühnenkünstlern zuerkannt, weil sich nur diese Bühnenmitglieder persönlich oder durch ihre Produktion sinnlich wahrnehmbar in der Öffentlichkeit präsentieren.[207] Allein entscheidend dürfte jedoch sein, dass die Arbei-

202 BAG, Urteil v. 18.03.1999, Az.: 8 AZR 344/98, juris – Rdnr. 52.
203 BAG, Urteil v. 12.11.1985, Az. 3 AZR 576/83, juris.
204 BAG, Urteil v. 18.03.1999, Az.: 8 AZR 344/98, juris – Rdnr. 52.
205 BAG, Urteil v. 18.03.1999, Az.: 8 AZR 344/98, juris – Rdnr. 52.
206 BAG, Urteil v. 12.11.1985, Az.: 3 AZR 567/83 AP Nr. 23 zu § 611 BGB Bühnenengagementsvertrag, zu II 2 a der Gründe; BAG, Urteil v. 18.03.1999, Az.: 8 AZR 344/98 Rdnr. 48, juris; Wandtke/Fischer/Reich, Theater und Recht, S. 31 Rz 37 und S. 75 Rz 152; Riepenhausen, S. 106 mit Hinweis auf die hergebrachte Argumentation des Bühnenoberschiedsgerichtes.
207 LAG Köln, Urteil v. 17.10.1997, Az.: 11 Sa 222/97, juris.

ten einen künstlerischen Gehalt haben und auch von dem Publikum bei jeder Aufgabe wahrgenommen werden.[208]

170 Anders bei dem nichtdarstellenden Künstler (z. B. Dramaturgie, Regieassistent). Dieser wird – was nur schwer möglich ist – den einzuklagenden Schaden konkret darlegen müssen.[209]

4.7 Urlaub

4.7.1 Freie Theater

171 Auch auf die Arbeitsverhältnisse von Bühnenmitgliedern findet das Bundesurlaubsgesetz Anwendung, mit der Folge, dass jedem Bühnenmitglied nach einer Mindestbeschäftigungsdauer von sechs Monaten ein Jahresurlaub unter Fortzahlung der Bezüge in Höhe von 24 Werktagen (mindestens) zusteht (vgl. §§ 1, 3 BUrlG).

172 Der Urlaub wird auf Antrag gewährt.

4.7.2 Im Geltungsbereich des NV Bühne

173 Für Bühnenmitglieder an öffentlichen Bühnen übernimmt und konkretisiert der NV Bühne die Regelungen des BUrlG, so hat beispielsweise jedes Mitglied Anspruch auf Erholungsurlaub (§ 33 NV Bühne) in Höhe von 45 Kalendertagen (§ 34 Abs. 1 NV Bühne).

174 Beginnt oder endet das Arbeitsverhältnis im Laufe des Urlaubsjahrs, beträgt der Urlaubsanspruch ein Zwölftel für jeden vollen Monat des Bestehens des Arbeitsverhältnisses. Bruchteile von Urlaubstagen werden auf volle Tage, jedoch nur einmal im Urlaubsjahr, aufgerundet. Da von den Vorschriften des Bundesurlaubsgesetzes auch tarifvertraglich nicht zu Ungunsten des Arbeitnehmers abgewichen werden darf, verbleibt den Arbeitnehmern trotz der Kürzung jedoch immer als Mindestanspruch der gesetzliche Urlaubsanspruch, was sich im Hinblick auf § 1, 3, 5 Abs. 1 d), 7 BUrlG bei Ausscheiden nach dem 30.06. eines jeden Jahres bemerkbar machen kann.

208 z. B. BOSchG, Schiedsspruch v. 09.10.1999, Az.: BOSchG 2/09 f. Lichtdesigner; BAG, Urteil v. 18.03.1999, Az.: 8 AZR 344/98 f. Bühnenbildner.

209 z. B. BOSchG, Schiedsspruch v. 18.01.1996, Az. 21/95 f. Regieassistent; BOSchG, Schiedsspruch v. 06.03.1995, Az. 25/93 f. Dramaturgie.

Nach § 35 NV Bühne soll der Urlaub zusammenhängend in den Theaterferien gegeben und genommen werden. Er kann aus betrieblichen Gründen in zwei Teilen gegeben werden; in diesem Falle soll ein Urlaubsteil mindestens zwei Drittel des dem Mitglied zustehenden Urlaubs betragen und in den Theaterferien gegeben und genommen werden. 175

Der kleinere Urlaubsteil kann auch zu einer anderen Zeit gegeben und genommen werden. Der Zeitpunkt des Antritts dieses Urlaubsteils ist vom Arbeitgeber spätestens sechs Wochen vorher unter Berücksichtigung der Erfordernisse des Spielplans und möglichst unter Berücksichtigung der Wünsche des Mitglieds festzulegen. 176

14 Kalendertage des Urlaubs sollen zusammenhängend während der Schulferien des jeweiligen Bundeslandes gewährt werden. 177

Der Teil des Urlaubs, der auf die Zeit vom Beginn der Spielzeit bis zum Ende des Kalenderjahrs entfällt, ist zusammen mit dem Teil des Urlaubs, der im folgenden Kalenderjahr auf die Zeit bis zum Ende der Spielzeit entfällt, in den Theaterferien des folgenden Kalenderjahrs zu geben und zu nehmen. Dies gilt nicht für den Teil des Urlaubs, der bereits zu Beginn der Vertragszeit gegeben und genommen worden ist. 178

Eine besondere Form der Bewilligung des Urlaubs haben die Tarifvertragsparteien nicht vorgeschrieben. Lediglich Anträge auf Urlaub außerhalb der Theaterferien sind auf einem vorgeschriebenen Vordruck einzureichen. Daraus folgt, dass für die Festlegung des Urlaubs in den Theaterferien auch andere Formen für die Erklärung in Betracht kommen. Die Urlaubsgewährung erfolgt durch eine (Willens-)Erklärung des Arbeitgebers, angesichts der besonderen und erheblichen Bedeutung des bereits tarifvertraglich vorgesehenen Aushangs, kann eine gruppenbezogene Festlegung des Urlaubs in den Theaterferien auch durch Aushang erfolgen.[210] 179

Nach § 40 a NV Bühne soll es möglich sein, beantragten und gewährten Urlaub zu widerrufen, sofern dies (ausdrücklich) schriftlich vorbehalten war und ein „besonderer Grund" vorliegt. Diese Regelung dürfte zumindest im Hinblick auf § 13 BUrlG bezogen auf den Anspruch auf den gesetzlichen Mindesturlaubes unwirksam sein.[211] 180

Nach § 1 BUrlG schuldet der Arbeitgeber dem Arbeitnehmer Erholungsurlaub. Zur Erfüllung dieses gesetzlichen Anspruchs hat er den Arbeitnehmer von der Arbeit unter Berücksichtigung von dessen Urlaubswünschen freizustellen (§ 7 Abs. 1 BUrlG). Dem Arbeitnehmer ist uneingeschränkt zu ermöglichen, anstelle 181

210 BOSchG Frankfurt a. M., Schiedsspruch v. 23.08.2005, Az.: BOSchG 2/05.
211 Vgl. Kittner/Zwanziger/*Deinert-Zwanziger* § 126 Rdnr. 6c.

der geschuldeten Arbeitsleistung die ihm auf Grund des Urlaubsanspruchs zustehende Freizeit selbstbestimmt zu nutzen. Das ist dann nicht gewährleistet, wenn der Arbeitnehmer trotz der Freistellung ständig damit rechnen muss, zur Arbeit abgerufen zu werden. Eine derartige Arbeitsbereitschaft lässt sich mit der Gewährung des gesetzlichen Erholungsurlaubs nicht vereinbaren. Der Anspruch des Arbeitnehmers wird in diesem Fall nicht erfüllt.[212]

182 Ein Arbeitgeber muss sich daher vor der Urlaubserteilung entscheiden, ob er dem Arbeitnehmer den beantragten Urlaub gewährt oder den Urlaubswunsch des Arbeitnehmers etwa wegen dringender betrieblicher Belange i. S. v. § 7 Abs. 1 BUrlG ablehnt. Hat der Arbeitgeber den Arbeitnehmer freigestellt, also die Leistungszeit bestimmt, in der der Urlaubsanspruch des Arbeitnehmers i. S. v. § 362 Abs. 1 BGB erfüllt werden soll, und das dem Arbeitnehmer mitgeteilt, hat der Arbeitgeber als Schuldner des Urlaubs die für die Erfüllung dieses Anspruchs erforderliche Leistungs-/Erfüllungshandlung i. S. v. § 7 Abs. 1 BUrlG vorgenommen.[213] An diese Erklärung ist der Arbeitgeber gebunden und kann den Arbeitnehmer nicht aus dem Urlaub zurückrufen.[214]

183 Eine (tarifvertragliche) Vereinbarung, in der sich der Arbeitnehmer gleichwohl verpflichtet, den Urlaub abzubrechen und die Arbeit wieder aufzunehmen, verstößt gegen § 13 Abs. 1 BurlG und ist damit rechtsunwirksam. Danach kann von § 1 BUrlG weder durch die Tarifvertragsparteien noch durch eine einzelvertragliche Abrede zu Ungunsten des Arbeitnehmers abgewichen werden. Das vorgesehene Recht zum Widerruf des Urlaubs bewirkt, dass der Arbeitnehmer für die Dauer der Freistellung entgegen § 1 BUrlG nicht uneingeschränkt von seiner Arbeitspflicht befreit wird. Das kann rechtswirksam nicht vereinbart werden.[215]

184 Allenfalls bei unvorhersehbaren und „zwingenden Notwendigkeiten, welche einen anderen Ausweg nicht zulassen“ kann ein Recht zum Widerruf/Rückruf aus dem Urlaub begründet sein.

185 Ob Vorstehendes auch für den tariflichen (Mehr-)Urlaub gilt, ist höchstrichterlich nicht entschieden. Zumindest unter dem Gesichtspunkt des Rechtsinstitutes „Wegfall der Geschäftsgrundlage“ oder aber auch § 243 BGB sind Fälle denkbar, in denen der Widerruf des einmal erteilten tariflichen Mehrurlaubs zulässig sein kann, da dem Arbeitgeber ein Festhalten an dem festgelegten Urlaubszeitraum nicht zugemutet werden kann, der Arbeitnehmer hingegen durch eine Verlegung des Urlaubs nicht allzu sehr beeinträchtigt werden würde. Nachdem der Tarif-

212 BAG, Urteil v. 20.06.2000, Az.: 9 AZR 405/99, juris = BAGE 95, 104–111, Rdnr. 26.
213 BAG, Urteil v. 09.08.1994, Az.: 9 AZR 384/92, juris = AP BUrlG § 7 Nr. 19 = EzA BUrlG § 7 Nr. 97.
214 BAG, Urteil v. 20.06.2000, Az.: 9 AZR 405/99, juris = BAGE 95, 104–111, Rdnr. 26.
215 BAG, Urteil v. 20.06.2000, Az. 9 AZR 405/99, juris – Rdnr. 28= BAGE 95, 104–111.

vertrag in der Gewährung von gesetzlichen Urlaub und tariflichen Mehrurlaub nicht unterscheidet, ist davon auszugehen, dass mit der Freistellung des Bühnenmitglieds von der Verpflichtung zur Arbeitsleistung der Arbeitgeber sowohl den gesetzlichen als auch den tariflichen Urlaubsanspruch gemäß § 362 Abs. 1 BGB ratierlich zum Erlöschen bringt.[216] Ein Widerruf kommt daher allenfalls für Zeiträume nach Gewährung des gesetzlichen Mindesturlaubs in Betracht.

Auch für die Übertragung von Urlaubsansprüchen sieht der NV Bühne eine **186**
Sonderregelung vor, so ist ein Urlaub, der bis zum Ende der Theaterferien des folgenden Kalenderjahrs nicht genommen werden kann, bis zum Ende dieses Kalenderjahrs anzutreten.

Läuft die Wartezeit (§ 33 Abs. 2 NV Bühne) erst im Laufe des folgenden Kalen- **187**
derjahrs ab, ist der Urlaub spätestens zu Beginn der Theaterferien anzutreten.

Zwar regelt auch § 35 Abs. 2 Unterabs. 4 NV Bühne nach wie vor, dass Urlaub, **188**
der nicht innerhalb der genannten Fristen angetreten ist, verfällt. Soweit es sich hierbei um Urlaub handelt, der wegen Arbeitsunfähigkeit nicht genommen werden konnte, stehen dieser Tarifvertragsnorm im Hinblick auf die Vorgaben des Art. 7 EGRL 88/2003 erhebliche rechtliche Bedenken entgegen, Diesen Bedenken hat sich das Bundesarbeitsgericht in verschiedenen Urteilen angeschlossen und entschieden, dass auf Grund der Vorgaben des Art. 7 EGRL 88/2003 § 7 Abs. 3 BUrlG unionsrechtskonform dahin gehend auszulegen ist, dass der gesetzliche Urlaub nicht erlischt, wenn der Arbeitnehmer bis zum Ende des Urlaubsjahres und/oder des Übertragungszeitraum erkrankt und deshalb arbeitsunfähig ist. Die unionsrechtskonforme Auslegung hat zur Folge, dass der aufrechterhaltene Urlaubsanspruch zu dem im Folgejahr entstandenen Urlaubsanspruch hinzutritt und damit erneut dem Fristenregime des § 7 Abs. 3 BUrlG bzw. der tariflichen Verfallfristen unterfällt.[217]

Ob Vorstehendes nur für den gesetzlichen Urlaubsanspruch oder auch den **189**
tariflichen Mehrurlaub nach dem NV Bühne gilt, ist höchstrichterlich noch nicht entschieden.

Nach den vom Bundearbeitsgericht hierzu aufgestellten Grundsätzen dürfte **190**
der tarifliche Mehrurlaub nach den Regelungen des Tarifvertrages mithin spätestens zum Jahresende verfallen.

Denn von einem „Gleichlauf" des gesetzlichen Urlaubsanspruchs und **191**
des Anspruchs auf tariflichen Mehrurlaub ist nur auszugehen, wenn deutliche Anhaltspunkte für einen Regelungswillen der Tarifvertragsparteien, den Mehr-

---

216 BAG, Urteil v. 07.08.2012, Az.: 9 AZR 760/10, juris – Rdnr. 10 ff.= BAGE 143, 1–9.

217 BAG, Urteil v. 16.12.2012, Az.: 9 AZR 63/11, juris; BAG, Urteil v. 24.03.2009, Az.: 9 AZR 983/07, juris.

urlaub nicht einem eigenen, von dem des Mindesturlaubs abweichenden Fristenregime zu unterstellen, vorliegen.[218] Fehlen solche, ist ein „Gleichlauf" nicht gewollt. Hiervon ist insbesondere dann auszugehen, wenn die Tarifvertragsparteien entweder bei der Befristung und Übertragung bzw. beim Verfall des Urlaubs zwischen gesetzlichem Mindesturlaub und tarifvertraglichem Mehrurlaub unterscheiden oder sich – wie vorliegend – vom gesetzlichen Fristenregime gelöst und eigenständige, vom Bundesurlaubsgesetz abweichende Regelungen zur Befristung und Übertragung bzw. zum Verfall des Urlaubsanspruchs getroffen haben.[219]

192 § 35 NV Bühne differenziert hinsichtlich der Befristung und der Übertragung des Urlaubs zwar nicht ausdrücklich zwischen gesetzlichem Mindest- und tariflichem Mehrurlaub. Die Tarifvertragsparteien des NV Bühne haben sich jedoch vom gesetzlichen Fristenregime gelöst, indem sie die Befristung und Übertragung und damit auch den Verfall des Urlaubsanspruchs abweichend vom Bundesurlaubsgesetz eigenständig geregelt haben.

193 Besonderheiten bestehen auch bei einer Arbeitsunfähigkeit im Urlaub. So hat das Bühnenmitglied, welches während des Urlaubs erkrankt und dies unverzüglich durch ärztliches Attest angezeigt und nachgewiesen hat, nach § 36 NV Bühne einen in § 36 näher konkretisierten Anspruch auf Nachgewährung des Urlaubs.

194 Endet das Arbeitsverhältnis nicht mit dem Ende der Theaterferien oder schließt sich an ein beendetes Arbeitsverhältnis ein neues Arbeitsverhältnis bei demselben Arbeitgeber an, hat sich das Mitglied nach § 36 NV Bühne nach dem Ende der Theaterferien oder nach dem planmäßigem Ablauf seines Urlaubs oder, wenn die Arbeitsunfähigkeit länger dauert, nach der Wiederherstellung der Arbeitsfähigkeit zur Arbeitsleistung zur Verfügung zu stellen.

195 Der vom Arbeitgeber unter Berücksichtigung der Erfordernisse des Spielplans und möglichst unter Berücksichtigung der Wünsche des Mitglieds nach zu gewährende Urlaub kann nach § 36 Abs. 2 NV Bühne, wenn er nicht mehr als 35 Tage beträgt, nur einmal, wenn er mehr als 35 Tage beträgt, nur zweimal geteilt werden. Dabei beträgt der eine Teil mindestens 21 Kalendertage, im Falle des Buchstaben a) jedoch nur, wenn der nachzugewährende Urlaub mindestens diesen Zeitraum umfasst.

196 Das Bühnenmitglied erhält in Übereinstimmung mit § 11 BUrlG nach § 37 Abs. 1 NV Bühne als Urlaubsvergütung die Vergütung und die Sondervergütung, die in Monatsbeträgen festgelegt ist. Abweichend von der Berechnungsformel

---

218 vgl. BAG, Urteil v. 23.03.2010, Az.: 9 AZR 128/09, juris – Rdnr. 37 ff.; BAG, Urteil v. 24.03. 2009, Az.: 9 AZR 983/07, juris – Rdnr. 84.

219 vgl. BAG, Urteil v. 22.05.2012, Az.: 9 AZR 575/10, juris; BAG, Urteil v. 12.04.2011, Az.: 9 AZR80/10, juris – Rdnr. 22.

des §11 BUrlG erhält das Mitglied daneben einen Anteil der sonstigen regelmäßig angefallenen Sondervergütungen (u. a. Übernahmehonorare, wenn sie nicht in Monatsbeträgen festgelegt sind; Vergütungen für Doppelvorstellungen; Überstundenvergütungen nach §67 Abs. 1 Unterabs. 4) sowie einen Anteil der Spielgelder bzw. Übersinghonorare in Höhe von je zehn vom Hundert der Vergütungen, die in der in die Spielzeit fallenden Vertragsdauer angefallen sind. Als regelmäßig angefallen gilt eine Sondervergütung dabei nur dann, wenn sie für sich in der in die Spielzeit fallenden Vertragsdauer mindestens sechsmal angefallen ist.

Zu den Sondervergütungen gehören allerdings nicht die Aufwandsent- 197
schädigungen (z. B. Schminkgelder, Frackgelder, Ballkleidgelder, Reisekosten und Diäten) ohne Rücksicht darauf, ob sie einzeln abgerechnet werden oder in Monatsbeträgen festgelegt sind.

Der Urlaubsabgeltungsanspruch beschränkt sich nach §38 Abs. 1 NV Bühne 198
im Falle einer fristlosen Entlassung, die durch vorsätzlich schuldhaftes Verhalten des Mitglieds veranlasst worden ist, und im Falle des fristlosen Ausscheidens des Mitglieds, sofern das Arbeitsverhältnis vom Mitglied unberechtigterweise aufgelöst worden ist, nur auf den Urlaubsanspruch, der dem Mitglied nach gesetzlichen Vorschriften bei Anwendung des §34 Abs. 2 noch zustehen würde. Die Geldabfindung beträgt für jeden Urlaubstag ein Dreißigstel der Urlaubsvergütung (vgl. §38 Abs. 2 NV Bühne).

4.8 Entgeltfortzahlung bei Freistellung/Arbeitsverhinderung

4.8.1 Freistellung

Bei der Freistellung des Arbeitnehmers von der Arbeit werden diesem vom Arbeit- 199
geber keine Arbeitsaufgaben (mehr) zugewiesen. Eine einseitige Freistellung von der Arbeit ohne entsprechende Rechtsgrundlage (z. B. zur Gewährung von Urlaub) ist nur unter Beachtung des Beschäftigungsanspruchs des Arbeitnehmers möglich.

4.8.2 Arbeitsverhinderung des Arbeitnehmers aus persönlichen Gründen

4.8.2.1 Freie Theater

Nach §616 BGB behält der Arbeitnehmer den Anspruch auf Fortzahlung der 200
Vergütung, wenn er für eine verhältnismäßig nicht erhebliche Zeit durch einen in seiner Person liegenden Grund ohne sein Verschulden an der Dienstleistung verhindert wird. Er muss sich lediglich den Betrag anrechnen lassen, welcher

ihm für die Zeit der Verhinderung aus einer auf Grund gesetzlicher Verpflichtung bestehenden Kranken- oder Unfallversicherung zukommt.

201 § 616 BGB ist eine Rückausnahme von § 326 Abs. 1 BGB und damit eine rechtserhaltende Einwendung zu dieser Norm. Die §§ 326 Abs. 2, 283, 326 Abs. 5 BGB bleiben daneben anwendbar.[220]

202 Die Rechtsprechung hat zwischenzeitlich für eine Vielzahl von Tatbeständen einen entsprechenden Freistellunganspruch festgestellt, sofern der Anspruch aus § 616 BGB nicht nach § 619 BGB arbeitsvertraglich ausgeschlossen wurde.

203 Hierzu zählen[221]

- die eigene Hochzeit[222], Eintragung einer Lebenspartnerschaft[223] nach dem LPartG, die Hochzeit der Kinder[224],
- Niederkunft der Ehefrau oder in häuslicher Gemeinschaft lebenden Partnerin
- das Begräbnis/Tod des Ehegatten, des eingetragenen Lebenspartners, eines Kindes oder Elternteils,
- die medizinisch notwendige ärztliche Behandlung, wenn diese während der Arbeitszeit erfolgen muss, für die erforderliche nachgewiesene Abwesenheit einschließlich erforderlicher Wegezeiten,
- religiöse Feste wie Erstkommunion, Konfirmation,
- schwere Erkrankung naher Angehöriger[225],
- persönliche Unglücksfälle, wie Einbruch, Brand, unverschuldete Verkehrsunfälle

4.8.2.2 Im Geltungsbereich des NV Bühne

204 Ähnlich wie in den Tarifverträgen des öffentlichen Dienstes regelt der NV Bühne in § 39 die Fälle des § 616 BGB, in denen und nur denen, das Mitglied unter Fortzahlung der Vergütung unter Berücksichtigung der dienstlichen Belange der Bühne von der Arbeit freigestellt wird.

205 Durch die abschließende Aufzählung der Anlässe für eine Freistellung von der Arbeit wird klargestellt, dass über diese tariflich vorgesehenen Freistellungen hinaus keine weiteren Ansprüche nach § 616 BGB bestehen.

---

220 Schaub/*Linck* § 97 Rdnr. 2.
221 vgl. Erf. Kom./*Preis* § 616 BGB Rdnr. 4 ff.
222 BAG, Urteil v. 27.04.1983, Az.: 4 AZR 456/81.
223 Erf. Kom./*Preis* § 616 BGB Rdnr. 4.
224 Erf. Kom./*Preis* § 616 BGB Rdnr. 4; Staudinger/*Oetker* § 616 BGB Rdnr. 62.
225 BAG, Urteil v. 20.07.1977, Az.: 5 AZR 325/76, juris = AP Nr. 47 zu § 616 BGB.

Anderweitige tarifliche oder gesetzliche Freistellungsansprüche, wie z.B. Ansprüche auf Freistellung aus §§ 2, 3 Pflegezeitgesetz werden von § 39 NV Bühne jedoch nicht berührt. 206

Die in § 39 Abs. 1 bis 3 NV Bühne geregelten Freistellungstatbestände sind zwingend. Das Bühnenmitglied hat bei Vorliegen der Tatbestände auf Antrag einen unverzichtbaren Anspruch auf Freistellung gegenüber dem Arbeitgeber. 207

Hierzu zählen 208

- die Niederkunft der Ehefrau (1 Arbeitstag),
- der Tod des Ehegatten, des eingetragenen Lebenspartners, eines Kindes oder Elternteils (2 Arbeitstage),
- Umzug aus dienstlichem oder betriebsbedingtem Grund an einen anderen Ort (1 Arbeitstag),
- das 25-, 40- und 50-jähriges Arbeitsjubiläum (1 Arbeitstag),
- die ärztliche Behandlung des Mitglieds, wenn diese während der Arbeitszeit erfolgen muss, für die erforderliche nachgewiesene Abwesenheit einschließlich erforderlicher Wegezeiten,
- schwere Erkrankung
  - aa) eines Angehörigen, soweit er in demselben Haushalt lebt, (1 Arbeitstag im Kalenderjahr),
  - bb) eines Kindes, das das 12. Lebensjahr noch nicht vollendet hat, wenn im laufenden Kalenderjahr kein Anspruch nach § 45 SGB V besteht oder bestanden hat, (bis zu 4 Arbeitstage im Kalenderjahr),
  - cc) einer Betreuungsperson, wenn das Mitglied deshalb die Betreuung seines Kindes, das das 8. Lebensjahr noch nicht vollendet hat oder wegen körperlicher, geistiger oder seelischer Behinderung dauernd pflegebedürftig ist, übernehmen muss (bis zu 4 Arbeitstage im Kalenderjahr).

Eine Freistellung erfolgt insoweit jedoch nur, soweit eine andere Person zur Pflege oder Betreuung nicht sofort zur Verfügung steht und der Arzt in den Fällen der Doppelbuchstaben aa) und bb) die Notwendigkeit der Anwesenheit des Mitglieds zur vorläufigen Pflege bescheinigt. Die Freistellung darf insgesamt fünf Arbeitstage im Kalenderjahr nicht überschreiten.

Bei Erfüllung allgemeiner staatsbürgerlicher Pflichten nach deutschem Recht, soweit die Arbeitsbefreiung gesetzlich vorgeschrieben ist und soweit die Pflichten nicht außerhalb der Arbeitszeit, gegebenenfalls nach ihrer Verlegung, wahrgenommen werden können, besteht der Anspruch auf Fortzahlung der Vergütung nur insoweit, als das Mitglied nicht Ansprüche auf Ersatz dieser Bezüge geltend machen kann. Die fortgezahlten Bezüge gelten in Höhe des Ersatzanspruchs als Vorschuss auf die Leistungen der Kostenträger. Das Mitglied hat den Ersatzan- 209 spruch geltend zu machen und die erhaltenen Beträge an den Arbeitgeber abzuführen.

210 Da die Vergütung bei Freistellung zur Suche eines neuen Arbeitsplatzes nach § 629 BGB nicht geregelt ist, wird hier diesbezüglich auf § 616 BGB zurückgegriffen. Folgerichtig wurde in § 39 Abs. 3 NV Bühne die Freistellung zur Suche eines neuen Arbeitsplatzes geregelt. Danach ist dem Mitglied auf Verlangen Arbeitsbefreiung zur Erlangung einer neuen Anstellung unter Fortzahlung der Vergütung zu gewähren. Der Zeitpunkt und die Dauer der Arbeitsbefreiung sind so zu bestimmen, dass dem Arbeitgeber kein unverhältnismäßiger Nachteil entsteht.

211 Daneben hat das Mitglied in jeder Spielzeit einen Anspruch auf Arbeitsbefreiung unter Fortzahlung der Vergütung von einem Tag oder zwei halben freien Tagen aus dringenden persönlichen Gründen (z. B. Eheschließung und Umzug aus persönlichen Gründen, Kommunion oder Konfirmation des eigenen Kindes, Todesfall eines engen Angehörigen und ähnliche persönliche Anlässe). Der Anspruch auf die konkret beantragten Tage, nicht der Anspruch als solches, entfällt jedoch, wenn dringende dienstliche oder betriebliche Gründe entgegenstehen.

212 Bei Vorliegen der § 39 Abs. 4 Satz 3 bis 6 NV Bühne geregelten Freistellungstatbestände ist die Freistellung in das Ermessen des Arbeitgebers gestellt. Das Bühnenmitglied hat keinen durchsetzbaren Anspruch auf Freistellung, nur einen Anspruch auf sachgerechte Ermessensausübung durch den Arbeitgeber.

213 So kann nach § 39 Abs. 4 Satz 3 f. NV Bühne der Arbeitgeber in sonstigen dringenden Fällen Arbeitsbefreiung unter Fortzahlung der Vergütung bis zu drei Tagen gewähren. In begründeten Fällen kann bei Verzicht auf die Vergütung kurzfristige Arbeitsbefreiung gewährt werden, wenn die dienstlichen oder betrieblichen Verhältnisse es gestatten.

214 Auch zur Teilnahme an Tagungen (§ 39 Abs. 5 NV Bühne) kann den gewählten Vertretern der Delegiertentagungen, der Orts- und Lokalverbände, der Landesverbände und des Hauptvorstands bzw. der Bundesdelegiertenversammlung auf Anfordern der vertragschließenden Gewerkschaft Arbeitsbefreiung bis zu sechs Tagen im Jahr unter Fortzahlung der Vergütung erteilt werden, sofern nicht dringende dienstliche oder betriebliche Interessen entgegenstehen.

215 Zur Teilnahme an Tarifverhandlungen mit dem Deutschen Bühnenverein und zur Teilnahme an den Sitzungen der Organe der Versorgungsanstalt der deutschen Bühnen kann auf Anfordern der vertragschließenden Gewerkschaft Arbeitsbefreiung unter Fortzahlung der Vergütung ohne zeitliche Begrenzung erteilt werden (vgl. § 39 Abs. 6 NV Bühne).

216 Eine vergütete Freistellung nach § 39 NV Bühne setzt jedoch voraus, dass die Arbeitspflicht des Bühnenmitgliedes nicht bereits aus anderen Gründen ent-

fallen ist, beispielsweise auf Grund eines im Dienstplan geplanten arbeitsfrei[226] sowie bei Urlaub oder Arbeitsunfähigkeit[227].

4.9 Gastierurlaub

Ist ein Bühnenmitglied arbeitsvertraglich an eine Bühne gebunden und beabsichtigt es während der Zeit, in der es seine arbeitsvertraglichen Verpflichtungen zu erfüllen hat, außerhalb der Bühne, für die es angestellt ist, seine künstlerische Tätigkeit auszuüben, bedarf es eines sog. „Gastierurlaubs". 217

4.9.1 Freie Theater

Ein gesetzlicher oder tarifvertraglicher Anspruch auf bezahlten oder unbezahlten Gastierurlaub besteht bei freien Theatern nicht. Gleichwohl kann dies arbeitsvertraglich vereinbart werden. 218

4.9.2 Im Geltungsbereich des NV Bühne

Nach § 40 NV Bühne kann dem Mitglied Gastierurlaub gewährt werden, wenn die dienstlichen oder betrieblichen Verhältnisse es zulassen. Die Freistellung für den Gastierurlaub ist demnach in das (freie billige) Ermessen (§ 315 BGB) des Arbeitgebers gestellt, und zwar selbst dann, wenn der Arbeitgeber die Ausübung einer Nebenbeschäftigung nach § 4 NV Bühne nicht untersagt hat. 219

Es ist dabei nicht zu beanstanden, wenn der Arbeitgeber das Interesse der Bühne an der vorgesehenen oder voraussehbaren Mitwirkung des Mitglieds im eigenen Haus grundsätzlichen Vorrang vor den Interessen des Mitglieds, in dieser Zeit Gastierurlaub zu erhalten, einräumt.[228] 220

Der außerhalb der Theaterferien liegende Urlaub gilt (erst) dann als bewilligt, wenn der Antrag auf dem vorgeschriebenen Vordruck eingereicht und von der Bühnenleitung auf dem vorgeschriebenen Urlaubsschein schriftlich bestätigt worden ist (vgl. § 40a NV Bühne). Allerdings kann der bereits bewilligte (Gastier-) Urlaub bei Vorliegen besonderer Gründe widerrufen werden, wenn dies aus- 221

226 Nix/Hegemann/Hemke § 39 Rdnr. 2; Bolwin/*Sponer* Bühnentarifrecht § 39 Rdnr. 61 ff.
227 zur vergleichbaren Regelung des § 52 BAT: BAG, Urteil v. 07.03.1990, Az.: 5 AZR 189/89, juris.
228 Bolwin/*Sponer* Bühnentarifrecht § 40 Rdnr. 7.

drücklich schriftlich (im Urlaubsschein) vorbehalten wurde. Was unter einem „besonderen Grund" im Sinne des § 40a NV Bühne zu verstehen ist, ist tarifvertraglich nicht geregelt. Im Hinblick auf § 242 BGB müssen sie jedoch dergestalt sein, dass die Interessen des Arbeitgebers an der Wiederaufnahme der Arbeit des Mitglieds dessen Interesse an der Aufrechterhaltung des bewilligten Gastierurlaubs erkennbar und nachvollziehbar überwiegt.[229]

222 Ist nichts Abweichendes vereinbart, hat das Mitglied keinen Anspruch auf die Fortzahlung der Vergütung. Der Anspruch auf Zuwendung kann für den Fall eines Gastierurlaubs von mehr als 40 Tagen für die jeweilige Spielzeit ganz oder teilweise durch eine Vereinbarung mit dem Mitglied abbedungen werden; § 14 Abs. 2 NV Bühne bleibt unberührt.

223 Für eine Aushilfstätigkeitan einer anderen Bühne, die dem Deutschen Bühnenverein angehört, kann unter Fortzahlung der Vergütung eine Freistellung gewährt werden, wenn die dienstlichen oder betrieblichen Verhältnisse es zulassen.

4.10 Nebenpflichten aus dem Arbeitsverhältnis

224 Die Arbeitspflicht als Hauptpflicht des Arbeitnehmers wird von einer Vielzahl von Nebenpflichten, die nicht im Gegenseitigkeitsverhältnis der §§ 320 ff. BGB („Synallagma") stehen, begleitet. Jedem Vertragsverhältnis – und somit auch dem Arbeitsverhältnis – sind Nebenpflichten immanent, die ihre allgemeine Rechtsgrundlage in § 242 BGB finden. Darüber hinaus sind die Vertragsparteien des Arbeitsverhältnisses gegenseitig zur Rücksichtnahme auf die Rechte, Rechtsgüter und Interessen des anderen Teils verpflichtet. Diese nunmehr in § 241 Abs. 2 BGB ausdrücklich normierten Pflichten waren bereits vor Inkrafttreten dieser Norm aus § 242 BGB abgeleitet worden. Nebenpflichten können sich aus dem Gesetz ableiten. Sie können sich unter anderem auch aus dem Arbeitsvertrag, aus Betriebsvereinbarungen (z. B. Alkoholverbote, Verbot der Internetnutzung zu privaten Zwecken, Kleiderordnung) oder Arbeitsanweisungen des Arbeitgebers ergeben. Darüber hinaus existiert eine Vielzahl von ungeschriebenen Nebenpflichten, die der Arbeitnehmer zu beachten hat und die in der Arbeitsrechtspraxis auch gerne unter dem Oberbegriff der „Treuepflichten" des Arbeitnehmers zusammengefasst werden.

225 Die Nebenpflichten im Arbeitsverhältnis haben zahlreiche spezialgesetzliche Konkretisierungen erhalten, wie z. B. die in § 5 EFZG normierten Informations-

229 Bolwin/*Sponer* Bühnentarifrecht § 40a Rdnr. 24; Nix/Hegemann/*Hemke* § 40a Rdnr. 16.

und Nachweispflichten, aber auch durch arbeitsvertragliche Vereinbarung oder durch Tarifvertrag können sich Nebenpflichten ergeben.

In zeitlicher Hinsicht beschränken sich bestimmte Nebenpflichten nicht auf die Dauer der Existenz des Arbeitsverhältnisses. 226

Grob unterteilen lassen sich Nebenpflichten in 227
- Interessenwahrungs-/Unterlassungspflichten
- Schutzpflichten
- Herausgabepflichten
- Verhaltenspflichten
- Außerdienstliche Verhaltenspflichten

4.10.1 Interessenwahrungs-/Unterlassungspflichten

Mit der Pflicht zur gegenseitigen Rücksichtnahme ist aufseiten des Arbeitnehmers der Gedanke verknüpft, dass dieser während des Arbeitsverhältnisses die Interessen zu wahren und zu fördern hat, d. h. ggf. auch ein Verhalten zu unterlassen, welches den Interessen des Arbeitgebers zuwider läuft. 228

Hierzu zählen unter anderem 229
- die Verschwiegenheitspflichten,
- das Wettbewerbsverbot in entsprechender Anwendung des § 60 HGB[230] § 241 Abs. 2 BGB. Ein nachvertragliches Wettbewerbsverbot besteht nur bei gesonderter vertraglicher Vereinbarung, welche jedoch im Bereich des Bühnenarbeitsrechts unüblich ist,
- das Verbot bestimmter Nebentätigkeiten,
- Unterlassung unternehmensschädlicher Äußerungen/Rufschädigung,
- Abwerbungsverbot,

Verschwiegenheitspflichten können sich zum einen aus § 242 BGB ergeben (keine Offenbarung von Betriebs- oder Geschäftsgeheimnissen) aber auch z. B. aus § 17 Abs. 1 und 18 UWG; § 13 Nr. 6 BBiG; § 5 S. 2 BDSG, § 79 Abs. 1 BetrVG.

Unter **Nebentätigkeit/Nebenbeschäftigung** wird eine Tätigkeit verstanden, die in ihrem Umfang nach eindeutig weniger Zeit und Arbeitskraft in Anspruch nimmt als eine Haupttätigkeit. Dabei ist es unerheblich, ob diese Nebentätigkeit im Rahmen eines Werk-, Dienst- oder weiteren Arbeitsverhältnisses ausgeübt wird. 230

---

230 BAG, Urteil v. 24.03.2000, = NZA 2010, 693; BAG, Urteil v. 20.09.2006, = NZA 2007, 977, 978.

231 Auch ohne vertragliche Vereinbarung kann der Arbeitnehmer gehalten sein, bestimmte Nebentätigkeiten auf Grund seiner Interessenwahrungspflicht zu unterlassen. Das ist stets der Fall, wenn die Nebentätigkeit mit der Arbeitspflicht aus einem anderen Arbeitsverhältnis kollidiert, etwa weil die höchstzulässige Arbeitszeit (§ 3 ArbZG) überschritten wird, es sich um eine Konkurrenztätigkeit ohne Einwilligung des Arbeitgebers handelt oder eine dem Urlaubszweck widersprechende Erwerbstätigkeit ausgeübt wird.

232 Der NV Bühne normiert diese Nebenpflicht in § 4 NV Bühne, dort heißt es ...

233 „Jede entgeltliche Nebenbeschäftigung – auch während des Urlaubs – muss dem Arbeitgeber, möglichst rechtzeitig vor Ausübung, schriftlich angezeigt werden. Der Arbeitgeber kann die Ausübung der Nebenbeschäftigung untersagen, wenn sie die Erfüllung der arbeitsvertraglichen Pflichten des Mitglieds oder sonstige berechtigte Interessen des Arbeitgebers beeinträchtigt."

Abwerbungsverbot

234 Während des laufenden Arbeitsverhältnisses ist der Arbeitnehmer nicht berechtigt, auf Kollegen einzuwirken, damit diese unter Beendigung des Arbeitsverhältnisses bei einem anderen Arbeitgeber eine Beschäftigung aufnehmen.

4.10.2 Schutzpflichten

235 Als besondere Nebenpflicht obliegen dem Arbeitnehmer wie dem Arbeitgeber u. U. besondere Handlungs- und Schutzpflichten, insbesondere wenn es darum geht eingetretene oder drohende Schäden abzuwenden. Aber auch für den Arbeitnehmer bestehen Schutzpflichten, so hat er z. B.

- Hinweis-, Aufklärungs- und Auskunftspflichten, die sich z. B. aus Spezialgesetzen (z. B. § 5 EFZG) aber auch aus § 242 BGB ergeben können;
- Pflicht zur Einhaltung zwingender Arbeitsschutznormen;
- Anzeige und – soweit möglich und zumutbar – Abwendung von Schäden und Störungen;
- Sorgfalts- und Obhutspflichten.

Hinweis- und Aufklärungspflichten

236 Die Nebenpflichten können sich u. a. auch auf Aufklärung richten. Die vertragliche Rücksichtnahmepflicht beinhaltet dabei eine Pflicht zur Aufklärung dahingehend, dass die eine Vertragspartei die andere unaufgefordert über die Umstände informieren muss, die dieser unbekannt, aber für ihre Entscheidungen im Zusammenhang mit dem Zustandekommen oder der Durchführung des Arbeitsverhält-

nisses erheblich sind.[231] Der Schuldner ist dann zur Aufklärung verpflichtet, wenn Gefahren für das Leistungs- oder Integritätsinteresse des Gläubigers bestehen, von denen dieser keine Kenntnis hat. Das Verschweigen von Tatsachen begründet eine Haftung, wenn der andere Teil nach Treu und Glauben unter Berücksichtigung der Verkehrsanschauung redlicher Weise Aufklärung erwarten durfte.[232]

Einhaltung zwingender Arbeitsschutznormen

Auch der Arbeitnehmer ist – nicht nur zum Zwecke des Selbstschutzes – ver- 237
pflichtet, zwingende Arbeitsschutznormen, wie sie z. B. § 15 ArbSchG näher konkretisiert sind, einzuhalten. Entsprechendes gilt auch für die DGUV-Vorschriften. Diese sind 2014 aus den Unfallverhütungsvorschriften der deutschen Berufsgenossenschaften, den Berufsgenossenschaftlichen Vorschriften (BGV), hervorgegangen. Diese Vorschriften betreffen alle Arbeitnehmer in der Bundesrepublik Deutschland und befassen sich mit vielen Aspekten des Gesundheitsschutzes wie z. B. auch der Ersten Hilfe bei Arbeitsunfällen, der Gestaltung von Arbeitsplätzen und der Tätigkeit von Sicherheitsbeauftragten und Betriebsärzten.

Die BGV wurden als DGUV (Deutsche Gesetzliche Unfallversicherung) Vor- 238
schriften 1–84 zusammengefasst. Mit den DGUV-Vorschriften wurden die nahezu identischen Vorschriften des BGV A1 und des GUV-V A1 außer Kraft gesetzt und in eine Vorschrift überführt.

Die DGUV-Vorschriften stellen sogenanntes autonomes Recht der Berufsge- 239
nossenschaften dar und sind für die Mitglieder der Berufsgenossenschaften verbindlich. Sie sind grundsätzlich auch für den Arbeitnehmer verbindlich. Allerdings dürfte den Arbeitgeber insoweit eine Aufklärungspflicht treffen.

Sorgfalts- und Obhutspflichten

Im Rahmen bestehender Sorgfalts- und Obhutspflichten hat der Arbeitnehmer 240
die ihm vom Arbeitgeber zur Verfügung gestellten Einrichtungen, Geräte, Materialen sorgsam zu behandeln und den Arbeitgeber so vor Schaden zu bewahren.

231 BAG, Urteil v. 6.03.2003, Az.: 2 AZR 50/02, juris = ZTR 2004, 107; LAG Hamm, Urteil v. 14.01.2005, Az.: 10 Sa 1278/04, juris = AuA 2005, 305; Palandt/*Heinrichs* BGB § 242 Rdnr. 37.

232 BAG, Urteil v. 14.07.2005, Az.: 8 AZR 300/04, juris – Rdnr. 32; Palandt/*Heinrichs* BGB § 242 Rdnr. 37, § 311 Rdnr. 42.

4.10.3 Herausgabeanspruch

241 Nicht nur bei Beendigung des Arbeitsverhältnisses, sondern auch im laufenden Arbeitsverhältnis können Herausgabepflichten als Nebenpflicht bestehen. Anspruchsgrundlage ist insoweit § 667 Alt. 2 BGB analog.

4.10.4 Verhaltenspflichten

242 Als allgemeine Nebenpflicht obliegt es dem Arbeitnehmer, die betriebliche Ordnung zu wahren, und zwar sowohl soweit sie im Hinblick auf die Wahrung der betrieblichen Ordnung zur Erbringung der geschuldeten Arbeitsleistung notwendig ist (Arbeitsverhalten), als auch im Hinblick auf die Wahrung der betrieblichen Ordnung, die die allgemeine äußere Ordnung im Betrieb und damit das formale Verhalten des Arbeitnehmers betrifft (Ordnungsverhalten).

243 Diese können sich z. B. aus dem Gesetz ergeben (z. B. Rauchverbot in öffentlichen Gebäuden) aber auch aus Tarifvertrag. So normiert der NV Bühne z. B. als Nebenpflichten für das Bühnenmitglied die Pflicht des Bühnenmitglieds zur Einrichtung und Unterhaltung eines Kontos nach § 12 Abs. 2 NV Bühne.

244 Diese können sich jedoch auch aus Betriebs- und Dienstvereinbarungen oder Einzelanweisungen des Arbeitgebers im Rahmen seines Weisungsrechts ergeben.

245 Außerdienstliches Verhalten des Arbeitnehmers kann nur dann vertrags- oder kündigungsrechtliche Konsequenzen nach sich ziehen, wenn – ausnahmsweise – vertragliche Nebenpflichten auch im außerdienstlichen Bereich bestehen und wirksam begründet werden können.

4.10.5 Fürsorgepflicht des Arbeitgebers

246 Als Ausfluss des in § 242 BGB niedergelegten Gedankens von Treu und Glauben, welcher den Inhalt des Schuldverhältnisses bestimmt, ergibt sich die allgemeine Fürsorgepflicht des Arbeitgebers. Danach darf der Arbeitgeber dem Arbeitnehmer nicht grundlos Nachteile zufügen oder ihn der Gefahr eines Schadens aussetzen.[233]

247 Mit dem Begriff „Fürsorgepflicht“ werden die sich aus dem Arbeitsverhältnis ergebenden z. T. nicht näher normierten Pflichten des Arbeitgebers beschrieben. Er bringt zum Ausdruck, dass der Arbeitgeber bei der Wahrnehmung der

---

233 vgl. BAG, Urteil v. 14.09.1994, Az.: 5 AZR 632/93, juris = AiB 1995, 138.

ihm zustehenden Rechte und bei der Erfüllung der ihm obliegenden Pflichten nicht nur seine eigenen Interessen verfolgen darf, sondern auch die Interessen des Arbeitnehmers zu berücksichtigen hat.[234]

Gesetzlich normiert ist die Fürsorgepflicht des Arbeitgebers neben § 241 248
Abs. 2 BGB auch in den §§ 617–619 BGB sowie in zahlreichen öffentlich-rechtlichen Schutzvorschriften.

Nach § 241 Abs. 2 BGB haben die Vertragsparteien wechselseitig Rücksicht auf 249
die Rechte, Rechtsgüter und Interessen des anderen Teils zu nehmen.

Der Umfang der Fürsorgepflicht ist im Einzelfall auf Grund einer eingehenden 250
Abwägung der beiderseitigen Interessen zu bestimmen. Bei der Beantwortung der Frage, was Treu und Glauben und die Fürsorgepflicht im Einzelfall gebieten, ist auch auf die in den Grundrechten zum Ausdruck gekommenen Wertentscheidungen der Verfassung Rücksicht zu nehmen. Allerdings ist zu berücksichtigen, dass im Privatrecht beide Parteien Grundrechtsträger sind. Die Gerichte haben den konkurrierenden Rechtspositionen ausgewogen Rechnung zu tragen.[235]

Die auf Gesundheit, Körper, Vermögen und Persönlichkeit des Arbeitneh- 251
mers gerichteten Rücksichtnahmepflichten sind nicht abdingbar.[236]

4.10.5.1 Schutz von Gesundheit und Körper/Leben

Eine spezialgesetzliche Regelung findet die Verpflichtung zum Schutz von 252
Gesundheit und Leben in den §§ 3 ff ArbSchG, §§ 617 ff. BGB und § 62 HGB. So ergibt sich aus § 618 BGB beispielsweise unmittelbar eine Pflicht zu Schutzmaßnahmen. Danach hat der Arbeitgeber Räume, Vorrichtungen oder Gerätschaften, die er zur Verrichtung der Dienste zu beschaffen hat, so einzurichten und zu unterhalten und Dienstleistungen, die unter seiner Anordnung oder seiner Leitung vorzunehmen sind, so zu regeln, dass der Arbeitnehmer gegen Gefahr für Leben und Gesundheit soweit geschützt ist, als die Natur der Dienstleistung es gestattet. Hält der Arbeitgeber diese Verpflichtung nicht ein, ist er ggf. zum Schadensersatz entsprechend den Regelungen zu unerlaubten Handlungen (§§ 842–846 BGB) verpflichtet (siehe § 618 Abs. 3 BGB). Diese Verpflichtung ist z. B. in § 15 ArbSchG näher konkretisiert.

---

234 BAG, Urteil v. 13.11.2001, Az.: 9 AZR 590/99, Rdnr. 18, juris; BAG, Urteil v. 09.03.1995, Az.: 2 AZR 497/94, Rdnr. 17, juris.

235 BVerfG Beschluss v. 07.02.1990, Az.: 1 BvR 26/84, juris = BVerfGE 81, 242, 255; BVerfG, Beschluss v. 19.10.1993, Az.: 1 BvR 567/89, 1 BvR 1044/89, juris = ZIP 1993, 1775, 1780; BAG, Urteil v. 27.11.1985, Az.: 5 AZR 101/84, juris; BAG, Urteil v. 14.09.1994, Az.: 5 AZR 632/93, juris – Rdnr. 18BAGE 77, 378–385.

236 Grobys/Panzer/*Altenburg* Nebenpflichten Rdnr. 2.

253 Zu den Schutzpflichten des Arbeitgebers gehört auch die Pflicht, seine Arbeitnehmer vor Belästigungen durch Vorgesetzte, Mitarbeiter oder Dritte, auf die er Einfluss hat, zu schützen und ihnen einen menschengerechten Arbeitsplatz zur Verfügung zu stellen.[237]

4.10.5.2 Schutz des Vermögens

254 Auch die Verkehrssicherungspflicht des Arbeitgebers für betriebsüblich eingebrachte Vermögensgegenstände des Arbeitsnehmers hat ihre Rechtsgrundlage in § 241 Abs. 2 BGB. Für Vermögensgegenstände des Arbeitnehmers, die dieser in Zusammenhang mit seinem Arbeitsverhältnis in die „Betriebssphäre" eingebracht hat, trifft den Arbeitgeber eine Obhuts- und Verwahrungspflicht. Allerdings kann der Arbeitnehmer vom Arbeitgeber nur die Sicherungsmaßnahmen verlangen, die diesem nach den beruflichen und betrieblichen Verhältnissen zumutbar sind und ihn bei eigenem Zutun in die Lage versetzen, sein eingebrachtes Eigentum entsprechend der betrieblichen Situation zu schützen.[238]

255 Die Fürsorgepflicht des Arbeitgebers gilt u. U. auch für die Vermögensinteressen des Arbeitnehmers. Daraus können sich Hinweis- und Informationspflichten des Arbeitgebers ergeben,[239] deren Verletzung einen Schadensersatzanspruch des Arbeitnehmers nach § 280 Abs. 1 Satz 1 BGB auslösen kann.[240] Dem Arbeitgeber obliegt zwar keine allgemeine Pflicht, die Vermögensinteressen des Arbeitnehmers wahrzunehmen. Erteilt er aber Auskünfte, müssen diese richtig, eindeutig und vollständig sein.[241] Im Einzelfall beschränken sich die arbeitsrechtlichen Nebenpflichten des Arbeitgebers nicht darauf, den Arbeitnehmern keine falschen und unvollständigen Auskünfte zu erteilen.[242] Zur Vermeidung von Rechtsnachteilen kann der Arbeitgeber auch verpflichtet sein, von sich aus geeignete Hinweise zu geben. [243] Grundsätzlich hat allerdings innerhalb vertraglicher Bezie-

---

237 BAG, Urteil v. 25.10.2007, Az.: 8 AZR 593/06, juris; HWK/Thüsing § 611 BGB Rdnr. 256; Bieszk/Sadtler NJW 2007, 3382, 3383; Rieble/Klumpp ZIP 2002, 369, 371 m. w. N.: BAG, Urteil v. 13.03.2008, Az.: 2 AZR 88/07, juris – Rdnr. 44.

238 BAG, Urteil v. 01.07.1965, Az.: 5 AZR 264/64, juris = BB 1965, 1147.

239 vgl. ua. BAG, Urteil v. 15.04.2014, Az.: 3 AZR 288/12, juris – Rdnr. 43 m. w. N.; BAG, Urteil v. 16.02.2012, Az.: 8 AZR 242/11, juris – Rdnr. 58,; BAG, Urteil v. 27.01.2011, Az.: 8 AZR 280/09, juris – Rdnr. 37 m. w. N.; BAG, Urteil v. 16.05.2007, Az.: 8 AZR 709/06, juris = NZA 2007, 1154.

240 vgl. BAG, Urteil v. 24.09.2009, Az.: 8 AZR 444/08, juris – Rdnr. 14.

241 BAG, Urteil v. 31.07.2014, Az.: 6 AZR 993/12, juris – Rdnr. 27; BAG, Urteil v. 21.05.2015, Az.: 6 AZR 349/14, juris – Rdnr. 26.

242 vgl. etwa BAG, Urteil v. 23.05.1989, Az.: 3 AZR 257/88, zu 2 b der Gründe m. w. N., juris.

243 BAG, Urteil v. 15.04.2014, Az.:3 AZR 288/12, juris – Rdnr. 44.

hungen jede Partei für die Wahrnehmung ihrer Interessen selbst zu sorgen.[244] Hinweis- und Aufklärungspflichten beruhen auf den besonderen Umständen des Einzelfalls und sind das Ergebnis einer umfassenden Interessenabwägung.[245]

4.10.5.3 Persönlichkeitsschutz

Auch die Verpflichtung des Arbeitgebers, das Persönlichkeitsrecht des Arbeitnehmers zu schützen ist Ausfluss des in § 242 BGB niedergelegten Gedankens von Treu und Glauben. 256

Das durch Art. 1 und Art. 2 GG gewährleistete allgemeine Persönlichkeitsrecht ist auch im Privatrechtsverkehr und damit im Arbeitsverhältnis zu beachten.[246] Hierbei handelt es sich um das Recht des Einzelnen auf Achtung und Entfaltung seiner Persönlichkeit. Der Schutz der Arbeitnehmerpersönlichkeit ist spezialgesetzlich verschiedentlich geregelt, so z. B. in §§ 1 AGG (Diskriminierungsschutz), § 75 Abs. 2 BetrVG, § 81 Abs. 4 SGB IX und in § 823 Abs. 1 BGB als sonstiges Recht. 257

Zum Schutzbereich des allgemeinen Persönlichkeitsrechts gehört auch der sog. Ehrenschutz, der auf den Schutz gegen unwahre Behauptungen und gegen herabsetzende, entwürdigende Äußerungen und Verhaltensweisen („Mobbing") und die Wahrung des sozialen Geltungsanspruchs gerichtet ist.[247] Es umfasst damit auch den Anspruch auf Unterlassung der Herabwürdigung und Missachtung durch andere.[248] 258

Es schützt den Arbeitnehmer vor der Offenlegung personenbezogener Daten, und zwar auch solcher, von denen der Arbeitgeber in zulässiger Weise Kenntnis erlangt hat.[249] Dem Schutz des Arbeitnehmers können allerdings Grundrechte des Arbeitgebers gegenüberstehen. In diesem Fall ist eine Abwägung der unterschiedlichen Grundrechte vorzunehmen. Abzuwägen sind hierbei das allgemeine Persönlichkeitsrecht des Arbeitnehmers in Bezug auf Ansehen, soziale Geltung und berufliches Fortkommen sowie die sich für Arbeitnehmer und Arbeitgeber aus dem 259

---

244 ua. BAG, Urteil v. 22.01.2009, Az.: 8 AZR 161/08, juris – Rdnr. 28; BGH, Urteil v. 19.07.2012, Az.: III ZR 71/12, juris – Rdnr. 21 m. w. N.

245 BAG, Urteil v. 15.04.2014, Az.: 3 AZR 288/12, Rdnr. 44 m. w. N.; BAG, Urteil v. 13.11.2014, Az.: 8 AZR 817/13, juris – Rdnr. 22.

246 BAG, Urteil v. 27.03.2003, Az.: 2 AZR 51/02, juris = BAGE 105, 356.

247 Erf. Kom./*Dieterich* Art. 2 GG Rdnr. 48, 85.

248 BAG, Urteil v. 16.05.2007, Az.: 8 AZR 709/06, juris – Rdnr. 61 = BAGE 122, 304–336, Rdnr. 70 ff; BGH, Urteil v. 25.05.1954, Az.: I ZR 211/53, juris = BGHZ 13, 334; BGH, Urteil v. 02.04.1957, Az.: VI ZR 9/56, juris = BGHZ 24, 72; BGH, Urteil v. 20.05.1958, Az.: VI ZR 104/57, juris = BGHZ 27, 284.

249 vgl. BAG, Urteil v. 21.02.1979, Az.: 5 AZR 568/77, juris = AP BGB § 847 Nr. 13 = EzA BGB § 847 Nr. 3.

Grundrecht der Berufsfreiheit (Art. 12 Abs. 1 GG) ergebenden Rechte und das Recht des Arbeitgebers u. a. auf freie Meinungsäußerung (Art. 5 Abs. 1 Satz 1 GG) oder dem eingerichteten und ausgeübten Gewerbebetrieb (Art. 12 GG).[250] Eingriffe in das Persönlichkeitsrecht des Arbeitnehmers können deshalb durch die Wahrnehmung überwiegender grundrechtlich geschützter Interessen des Arbeitgebers gerechtfertigt sein. Daher bedarf es zur Konkretisierung der Rechte und Pflichten stets einer Güter- und Interessenabwägung um zu klären, ob dem Persönlichkeitsrecht des einen gleichwertige und schutzwürdige Interessen anderer gegenüberstehen.[251]

260 Schriftliche Rügen, Verwarnungen und Abmahnungen, die zu den Personalakten genommen werden, können die weitere berufliche Entwicklung des Arbeitnehmers nachhaltig beeinflussen. Unberechtigte formelle Rügen können Grundlage für eine falsche Beurteilung sein und dadurch das berufliche Fortkommen behindern. Sie können den Arbeitnehmer darüber hinaus auch in seiner Ehre berühren und damit sein Persönlichkeitsrecht verletzen. Die zu den Personalakten genommene Abmahnung kann zu einer dauerhaften und nachhaltigen Gefährdung der Rechtsstellung des Arbeitnehmers beitragen.[252]

261 Daraus ergibt sich, dass der Arbeitgeber dafür Sorge tragen muss, dass die Personalakte ein zutreffendes Bild des Arbeitnehmers in dienstlicher und persönlicher Hinsicht vermittelt. Deshalb hat der Arbeitnehmer einen Anspruch auf Entfernung unrichtiger Abmahnungen aus der Personalakte.[253]

4.11 Leistungsstörungen während eines bestehenden Arbeitsverhältnisses

262 Der Arbeitsvertrag ist auf den ständigen Austausch von Leistung und Gegenleistung gerichtet. Die Verpflichtung des Arbeitnehmers geht dahin, dem Arbeitgeber seine Arbeitskraft zur Verfügung zu stellen, damit dieser sie im Rahmen seiner arbeitsteiligen Betriebsorganisation sinnvoll einsetzen kann.

263 Zur Hauptpflicht des Arbeitnehmers gehört mithin, während der Arbeitszeit unter Aufwendung aller ihm gegeben geistigen und körperlichen Fähigkeiten zu arbeiten, auch wenn seine Leistung über der – objektiven – Normleistung liegt. Er braucht mit seinen Kräften jedoch keinen Raubbau zu betreiben und hat die

250 vgl. BAG, Urteil v. 14.09.1994, Az.: 5 AZR 632/93, juris = BAGE 77, 378.

251 BAG, Urteil v. 27.03.2003, Az.: 2 AZR 51/02, juris = BAGE 105, 356; BAG, Urteil v. 15.07.1987, Az.: 5 AZR 215/86, juris = BAGE 54, 365 m. w. N.

252 BAG, Urteil v. 14.09.1994, Az.: 5 AZR 632/93, juris = BAGE 77, 378–385, Rdnr. 21.

253 BAG, Urteil v. 14.09.1994, Az.: 5 AZR 632/93, juris = BAGE 77, 378–385, Rdnr. 21.

Arbeit (nur) so zu leisten, wie dies nach „Treu und Glauben“ (§ 242 BGB) billigerweise von ihm erwartet werden kann.

Wird die Leistung gar nicht oder schlecht erfüllt, gelten die allgemeinen Regelungen der §§ 275 ff BGB. Das Recht der Leistungsstörung findet grundsätzlich auch im Bühnenarbeitsverhältnis Anwendung. 264

Die h. M. weist der Arbeitsleistung einen absoluten Fixschuldcharakter zu, Konsequenz dieser Auffassung ist, dass bei Nichtleistung sofort Unmöglichkeit gegeben ist. Ist der Arbeitnehmer daher zur Leistung nicht in der Lage, tritt hinsichtlich seiner Arbeitsleistung in der Regel Unmöglichkeit ein.[254] 265

Nach § 275 Abs. 1 BGB wird der Arbeitnehmer bei Unmöglichkeit von seiner Leistungspflicht frei, unabhängig von der Frage des Vertretenmüssen. Rechtsfolge ist nach § 326 Abs. 1 BGB grundsätzlich der ganz oder teilweise Wegfall des Vergütungsanspruches kraft Gesetz. Etwas anderes gilt nur, wenn anderweitige Regelungen zur Fortzahlung des Entgeltes eingreifen. 266

Dagegen behält der Arbeitnehmer bei Schlechtleistung und Verletzung von Nebenpflichten seinen Vergütungsanspruch. Er haftet jedoch verschuldensabhängig auf Schadensersatz gemäß § 280 Abs. 1 BGB, mit welchem der Arbeitgeber gegen den Anspruch auf Vergütung unter Beachtung der Pfändungsfreigrenzen aufrechnen kann. 267

Eine Nichtleistung und nicht eine Schlechtleistung liegt beispielsweise vor, wenn der Arbeitnehmer überhaupt nicht tätig wird, sich verspätet oder den Arbeitsplatz vorzeitig verlässt. 268

Rechtsfolgen der Pflichtverletzung können sein, Schadensersatz aus § 280 Abs. 1 BGB, Vertragsstrafe (wenn vereinbart) oder Betriebsbuße (vgl. § 47 NV Bühne), Abmahnung und Kündigung. 269

4.11.1 Objektive Unmöglichkeit der Arbeitsleistung

In den Fällen der objektiven Unmöglichkeit behält der Arbeitnehmer jedoch seinen Anspruch auf Arbeitsentgelt, wenn dies auf Grund gesetzlicher Sonderregelungen, die das konditionelle Synallagma zu Gunsten des Arbeitnehmers durchbrechen oder lockern, ausdrücklich geregelt ist, wie z. B. im Falle von Arbeitsunfähigkeit nach Maßgabe des § 3 Entgeltfortzahlungsgesetz, des §§ 3, 4, 6 Mutterschutzgesetz oder der §§ 15 BEEG. 270

Wird die Leistung aus Gründen, die der Arbeitnehmer in den Fällen des § 275 Abs. 1 bis 3 BGB zu vertreten hat, unmöglich, weil er z. B. vertragswidrig und ohne 271

254 Erf. Kom./*Preis* § 611 BGB Rdnr. 675 ff.

gesetzlichen Befreiungsgrund z. B. durch Nichtaufnahme oder Fernbleiben von der Arbeit seine Arbeitspflicht verletzt, kommen Schadensersatzansprüche nach §§ 280 Abs. 1, 283, 311 a Abs. 2 BGB in Betracht.

4.11.2 Arbeitsunfähigkeit als Fall der objektiven Unmöglichkeit

272 Der Arbeitgeber kann von dem zur Arbeitsleistung verpflichteten Arbeitnehmer keine Leistung beanspruchen, wenn der Arbeitnehmer zur Arbeitsleistung wegen krankheitsbedingter Arbeitsunfähigkeit nicht in der Lage ist.[255]

273 Rechtsfolge wäre nach § 326 Abs. 1 BGB grundsätzlich der ganze oder teilweise Wegfall des Vergütungsanspruches kraft Gesetz. Etwas anderes gilt nur, wenn anderweitige Regelungen zur Fortzahlung des Entgeltes eingreifen. Hier greift die spezialgesetzliche Regelung des Entgeltfortzahlungsgesetzes.

274 Nach § 3 Entgeltfortzahlungsgesetz (EntgFG) hat der Arbeitnehmer bei Arbeitsunfähigkeit in Folge von Krankheit ggf. Anspruch auf Entgeltfortzahlung. Wird ein Arbeitnehmer durch Arbeitsunfähigkeit infolge Krankheit an seiner Arbeitsleistung verhindert, ohne dass ihn ein Verschulden trifft, so hat er nach vierwöchiger ununterbrochener Dauer des Arbeitsverhältnisses Anspruch auf Entgeltfortzahlung im Krankheitsfall durch den Arbeitgeber für die Zeit der Arbeitsunfähigkeit bis zur Dauer von sechs Wochen.

275 Der Begriff der Krankheit ist im Gesetz ebenso wenig definiert, wie im Arbeitsrecht und im Sozialversicherungsrecht. Krankheit im medizinischen Sinne und damit auch im Sinne des Entgeltfortzahlungsgesetzes setzt einen regelwidrigen körperlichen oder geistigen Zustand voraus.[256] Regelwidrig ist ein körperlicher oder geistiger Zustand dann, wenn er nach allgemeiner Erfahrung unter Berücksichtigung eines natürlichen Verlaufs des Lebensgangs nicht bei jedem anderen Menschen gleichen Alters und Geschlechts zu erwarten ist. Nicht als Krankheit im medizinischen Sinne anzusehen ist das gewöhnliche altersbedingte Nachlassen der Leistungs- oder Konzentrationsfähigkeit.[257]

276 Eine regulär verlaufende Schwangerschaft ist keine Krankheit, weil sie nicht als regelwidrig im Sinne der Begriffsbestimmung angesehen werden kann, aller-

255 Erf. Kom./*Reinhard* EFZG § 3 Rdnr. 3.

256 BAG, Urteil v. 07.12.2005, Az.: 5 AZR 228/05, juris – Rdnr. 35; BAG, Urteil v. 19.11.2003, Az.: 10 AZR 127/03, juris = AP TVG § 1 Tarifverträge: Arbeiterwohlfahrt Nr. 8, zu II 4 der Gründe; BAG, Urteil v. 27.05.1992, Az.: 5 AZR 297/91, juris = EEK I/1084, zu II 1 der Gründe; BAG, Urteil v. 07.08.1991, Az.: 5 AZR 410/90, juris = BAGE 68, 196, 198; BAG, Urteil v. 09.01.1985, Az.: 5 AZR 415/82, juris = BAGE 48, 1, 3.

257 BAG, Urteil v. 07.12.2005, Az.: 5 AZR 228/05, juris – Rdnr. 35.

dings können schwangerschaftsbedingte Leiden zu einer Krankheit im Sinne des Gesetzes führen.[258]

Entgegen einer weit verbreiteten Auffassung sind Krankheit und Arbeitsunfähigkeit im Sinne des Gesetzes nicht deckungsgleich, sondern voneinander zu unterscheiden. Eine Krankheit führt nicht automatisch zur Arbeitsverhinderung, die letztlich den Entgeltfortzahlungsanspruch auslöst. Vielmehr muss die Krankheit zur Arbeitsunfähigkeit führen, die wiederum alleinige Ursache für die Arbeitsverhinderung sein muss.[259] 277

Die **Arbeitsfähigkeit** beurteilt sich nach der vom Arbeitnehmer arbeitsvertraglich geschuldeten Leistung, wie sie der Arbeitgeber ohne die Arbeitsunfähigkeit als vertragsgemäß annehmen muss. Arbeitsunfähigkeit liegt vor, wenn der Arbeitnehmer seine vertraglich geschuldete Tätigkeit nicht mehr ausüben kann oder nicht mehr ausüben sollte, weil die Heilung der Krankheit nach ärztlicher Prognose verhindert oder verzögert würde.[260] 278

Ist die Krankheit des Arbeitnehmers ansteckend, so besteht auch dann Arbeitsunfähigkeit, wenn der Betroffene seine vertraglich geschuldete Arbeitsleistung erfüllen könnte. Dies gilt nicht nur bei einer ansteckenden Krankheit, die zu einem Beschäftigungsverbot führt, sondern auch in anderen Ansteckungsfällen. Dem Arbeitnehmer ist es objektiv nicht zuzumuten, seinen Arbeitsplatz aufzusuchen, wenn er andere in die Gefahr bringt ebenfalls zu erkranken.[261] 279

Arztbesuche und ambulante Behandlungen sind nur dann nach § 3 EntgFG entgeltfortzahlungspflichtig, wenn der Arbeitnehmer während der Zeit bereits arbeitsunfähig erkrankt war,[262] oder aber sein Besuch zu einer ärztlichen Maßnahme führt, die Arbeitsunfähigkeit unmittelbar zur Folge hat. Von diesen Fallgestaltungen zu unterscheiden sind die Arztbesuche, die nach der Terminplanung des Arztes oder wegen der ungünstigen Lage von Krankenhaus oder Praxis nur in der Arbeitszeit stattfinden können.[263] Hier kommt ggf. eine Freistellung unter Fortzahlung der Bezüge nach § 616 BGB in Betracht, im Geltungsbereich des NV Bühne ist in diesem Zusammenhang auf § 39 Abs. 1 f) NV Bühne zu verweisen. 280

Die Arbeitsunfähigkeit muss ohne Verschulden des Arbeitnehmers eingetreten sein. Verschulden ist gegeben wenn es sich um einen „groben Verstoß" gegen 281

258 BAG, Urteil v. 14.11.1984, Az.: 5 AZR 394/82 = AP LohnFG § 1 Nr. 61.

259 Erf. Kom./*Reinhard* EFZG § 3 Rdnr. 9.

260 BAG, Urteil v. 09.04.2014, Az. 10 AZR 637/13, juris.

261 Erf. Kom./*Reinhard* EFZG § 3 Rdnr. 10.

262 BAG, Urteil v. 09.01.1985, Az.: 5 AZR 415/82, juris = AP LohnFG § 1 Nr. 62; BAG, Urteil v. 07.03.1990, Az.: 5 AZR 189/89, juris = AP BGB § 616 Nr. 83.

263 Erf. Kom./Reinhard, EFZG § 3 Rdnr. 10.

das eigene Interesse eines verständigen Menschen handelt.[264] Bei **Arbeitsunfällen** ist von einem Eigenverschulden des Arbeitnehmers auszugehen, wenn er die Vorgaben der Unfallverhütungsvorschriften und/oder die seiner Sicherheit dienenden Anordnungen des Arbeitgebers in grober Weise nicht beachtet hat und es deshalb zum Arbeitsunfall mit anschließender Arbeitsunfähigkeit gekommen ist.

282 Nach der Rechtsprechung ist bei **Sportunfällen** zu unterscheiden zwischen gefährlichen und nicht gefährlichen Sportarten. Eine gefährliche Sportart soll dann vorliegen, wenn das Verletzungsrisiko so groß ist, dass auch ein gut ausgebildeter Sportler bei sorgfältiger Beachtung aller Regeln dieses Risiko nicht vermeiden kann.[265]

283 Ein die Entgeltfortzahlungsanspruch ausschließendes Verschulden liegt bei Verkehrsunfällen vor, wenn der Arbeitnehmer seine Pflichten als **Verkehrsteilnehmer** vorsätzlich oder in besonders grober Weise fahrlässig missachtet hat.[266]

284 Die Abhängigkeit von **Alkohol, Nikotin, Drogen** oder von **Tabletten** ist eine Krankheit im Sinne des Gesetzes. Einen Erfahrungssatz, dass die darauf beruhende Arbeitsunfähigkeit selbstverschuldet ist, wird von der Rechtsprechung nicht angenommen.[267] Es bedarf jeweils einer Einzelfallbetrachtung.

285 Nach § 5 Abs. 1 EntgFG ist der Arbeitnehmer verpflichtet, dem Arbeitgeber die Arbeitsunfähigkeit und deren voraussichtliche Dauer unverzüglich mitzuteilen. Unverzüglich heißt „ohne schuldhaftes Zögern". Dieser gesetzlichen Verpflichtung kommt der Arbeitnehmer ordnungsgemäß nach, wenn er dem Arbeitgeber so schnell wie nach den Umständen möglich unterrichtet. Besteht beispielsweise die Arbeitsunfähigkeit bereits an arbeitsfreien Tagen zuvor und ist absehbar, dass er seine Arbeit nicht wird aufnehmen können, kann der Arbeitnehmer mit seiner Anzeige nicht warten bis zu seinem ersten individuellen Arbeitstag, er muss bereits bei Kenntnis krankheitsbedingten Arbeitsunfähigkeit seinen Arbeitgeber unterrichten. Dabei kommt es nicht auf die Absendung der Mitteilung an, sondern auf deren Zugang beim Arbeitgeber bzw. bei dem von diesen beauftragten.

286 Dauert die Arbeitsunfähigkeit länger als drei Kalendertage, hat der Arbeitnehmer eine ärztliche Bescheinigung über das Bestehen der Arbeitsunfähigkeit sowie deren voraussichtliche Dauer spätestens an dem darauffolgenden Arbeitstag vorzulegen.

287 Der Arbeitgeber ist im Rahmen des nicht gebundenen Ermessens berechtigt, die Vorlage der ärztlichen Bescheinigung früher zu verlangen. Dauert die Arbeits-

264 BAG, Urteil v. 11.03.1987, Az.: 5 AZR 739/85, juris = AP LohnFG § 1 Nr. 71 m. w. N.
265 BAG, Urteil v. 07.10.1981, Az.: 5 AZR 338/79, juris = AP LohnFG § 1 Nr. 45 (Drachenfliegen).
266 BAG, Urteil v. 23.11.1971, Az.: 1 AZR 388/70, juris = AP LohnFG § 1 Nr. 8.
267 BAG, Urteil v. 01.06.1983, Az.: 5 AZR 536/80, juris = AP LohnFG § 1 Nr. 52.

unfähigkeit länger als in der Bescheinigung angegeben, ist der Arbeitnehmer verpflichtet, eine neue ärztliche Bescheinigung vorzulegen, und zwar unabhängig davon, ob ein Anspruch auf Entgeltfortzahlung (noch) besteht oder dieser nach Ablauf von 6 Wochen wegfällt.[268]

Ist der Arbeitnehmer Mitglied einer gesetzlichen Krankenkasse, muss die ärztliche Bescheinigung einen Vermerk des behandelnden Arztes darüber enthalten, dass der Krankenkasse unverzüglich eine Bescheinigung über die Arbeitsunfähigkeit mit Angaben über den Befund und die voraussichtliche Dauer der Arbeitsunfähigkeit übersandt wird. 288

Hält sich der Arbeitnehmer bei Beginn der Arbeitsunfähigkeit im Ausland auf, so ist er verpflichtet, dem Arbeitgeber die Arbeitsunfähigkeit, deren voraussichtliche Dauer und die Adresse am Aufenthaltsort in der schnellstmöglichen Art der Übermittlung mitzuteilen. Die durch die Mitteilung entstehenden Kosten hat der Arbeitgeber zu tragen. Darüber hinaus ist der Arbeitnehmer, wenn er Mitglied einer gesetzlichen Krankenkasse ist, verpflichtet, auch dieser die Arbeitsunfähigkeit und deren voraussichtliche Dauer unverzüglich anzuzeigen. Dauert die Arbeitsunfähigkeit länger als angezeigt, so ist der Arbeitnehmer verpflichtet, der gesetzlichen Krankenkasse die voraussichtliche weitere Fortdauer der Arbeitsunfähigkeit mitzuteilen. Die gesetzlichen Krankenkassen können festlegen, dass der Arbeitnehmer Anzeige- und Mitteilungspflichten nach den Sätzen 3 und 4 auch gegenüber einem ausländischen Sozialversicherungsträger erfüllen kann. Kehrt ein arbeitsunfähig erkrankter Arbeitnehmer in das Inland zurück, so ist er verpflichtet, dem Arbeitgeber und der Krankenkasse seine Rückkehr unverzüglich anzuzeigen. 289

Nach § 7 EntgFG ist der Arbeitgeber berechtigt, die Fortzahlung des Arbeitsentgelts zu verweigern, solange der Arbeitnehmer die von ihm nach § 5 Abs. 1 vorzulegende ärztliche Bescheinigung nicht vorlegt oder den ihm nach § 5 Abs. 2 obliegenden Verpflichtungen nicht nachkommt; bzw. wenn der Arbeitnehmer den Übergang eines Schadensersatzanspruchs gegen einen Dritten auf den Arbeitgeber (§ 6) verhindert. 290

Nach § 4 EntgFG ist für den Zeitraum der Entgeltfortzahlung (§ 3 Abs. 1; § 3a Abs. 1 EntgFG) dem Arbeitnehmer das ihm bei der für ihn maßgebenden regelmäßigen Arbeitszeit zustehende Arbeitsentgelt fortzuzahlen. 291

Zum Arbeitsentgelt in diesem Sinn gehören nicht das zusätzlich für Überstunden gezahlte Arbeitsentgelt und Leistungen für Aufwendungen des Arbeitnehmers, soweit der Anspruch auf sie im Falle der Arbeitsfähigkeit davon abhängig ist, dass dem Arbeitnehmer entsprechende Aufwendungen tatsächlich entstan- 292

268 BAG, Urteil v. 14.11.2012, Az.: 5 AZR 886/11, juris – Rdnr. 14 = AP § 5 EntgFG Nr. 10.

den sind, und dem Arbeitnehmer solche Aufwendungen während der Arbeitsunfähigkeit nicht entstehen. Erhält der Arbeitnehmer eine auf das Ergebnis der Arbeit abgestellte Vergütung, so ist der von dem Arbeitnehmer in der für ihn maßgebenden regelmäßigen Arbeitszeit erzielbaren Durchschnittsverdienst der Berechnung zugrunde zu legen.

293 Im NV Bühne sind die Anzeige- und Nachweispflichten (§ 28 NV Bühne) entsprechend den Regelungen des Entgeltfortzahlungsgesetzes sowie die Zahlung der Krankenbezüge (§ 27 NV Bühne) entsprechend geregelt.

4.11.3 Unmöglichkeit der Arbeitsleistung bei Vertretenmüssen des Arbeitgebers

294 Wird die Leistung aus Gründen, die der Arbeitgeber zu vertreten hat unmöglich, so ist er nach § 326 Abs. 2 BGB gleichwohl zur Gegenleistung verpflichtet.

295 Das heißt, kommt der Dienstberechtigte (Arbeitgeber) mit der Annahme der Dienste in Verzug, so kann der Verpflichtete (Arbeitnehmer) für die infolge des Verzugs nicht geleisteten Dienste die vereinbarte Vergütung verlangen, ohne zur Nachleistung verpflichtet zu sein. Er muss sich jedoch den Wert desjenigen anrechnen lassen, was er infolge des Unterbleibens der Dienstleistung erspart oder durch anderweitige Verwendung seiner Dienste erwirbt oder zu erwerben böswillig unterlässt (§ 615 BGB).

296 Das heißt, können Proben oder Aufführungen nicht stattfinden aus Gründen, die die Bühne zu vertreten hat, behält das Bühnenmitglied oder das Gastmitglied seinen Vergütungsanspruch. Hierzu zählt beispielsweise auch der Umstand, dass die Bühne einen Schauspieler, Sänger u. ä. umbesetzt, da der Bühne ein anderes Bühnenmitglied in der Rolle besser gefällt. [269]

297 Allerdings kann § 615 Satz 3 BGB ebenso wie § 616 BGB (Annahmeverzugslohn) wirksam durch Arbeitsvertrag oder tarifrechtlichen Regelungen abbedungen werden.

4.11.4 Unmöglichkeit der Arbeitsleistung ohne Vertretenmüssen

298 Ist die Unmöglichkeit weder vom Arbeitgeber noch vom Arbeitnehmer zu vertreten, verbleibt es nach den allgemeinen Grundsätzen bei der Rechtsfolge des § 326 Abs. 1 BGB.

---

269 BSchG München 2/95.

Im Arbeitsrecht gilt allerdings die sog. Betriebsrisikolehre[270]. Durch die Zuweisung des Betriebsrisikos (§ 615 Satz 3 BGB) an den Arbeitgeber verbleibt es bei der Gegenleistungspflicht des Arbeitgebers, wenn die Leistung aus Gründen unmöglich ist, die in der Risikosphäre des Arbeitgebers liegen.[271] Erfasst sind betriebsinterne Störungen, die auf ein Versagen der sachlichen oder persönlichen Mittel des Betriebes zurückzuführen sind, aber auch von außen auf die Betriebsmittel einwirkende Umstände, die sich für den Arbeitgeber als Fälle höherer Gewalt darstellen (z. B. bei Sturmschaden, Brand), fehlende Zuschauer etc., sowie die Einstellung des Betriebes im Anschluss an eine behördliche Anordnung.[272] Er wird daher nach dieser Rechtsprechung von der Entgeltzahlungspflicht nicht frei, auch wenn er ohne eigenes Verschulden wegen zu niedriger Temperaturen den Betrieb unterbrechen muss.[273] 299

Annahmeverzug

Nach § 297 BGB kommt der Arbeitgeber trotz Vorliegens der sonstigen Voraussetzungen nicht in Annahmeverzug, wenn der Arbeitnehmer außerstande ist, die vertraglich geschuldete Leistung zu bewirken. Neben der – tatsächlichen oder rechtlichen – Leistungsunfähigkeit erfasst § 297 BGB auch das Fehlen von Leistungswilligkeit. Ein leistungsunwilliger Arbeitnehmer setzt sich selbst außerstande, die Arbeitsleistung zu bewirken. Die objektive Leistungsfähigkeit und der subjektive Leistungswille sind Voraussetzungen, die während der gesamten Dauer des Annahmeverzugs vorliegen müssen.[274] 300

Allerdings kann § 616 BGB ebenso wie § 615 Satz 3 BGB (Vergütung bei Betriebsrisiko) wirksam durch Arbeitsvertrag oder tarifrechtlichen Regelungen abbedungen werden (Umkehrschuss aus § 619 BGB). 301

270 BAG, Urteil v. 08.02.1957, Az.:1 AZR 338/55, juris = BAGE 3, 346, 348 = AP Nr. 2 zu § 615 BGB Betriebsrisiko und BAG, Urteil v. 28.09.1972, Az.: 2 AZR 506/71, juris = BAGE 24, 446, 448 = AP Nr. 28 zu § 615 BGB Betriebsrisiko sowie BAG, Beschluss v. 22.12.1980, Az.: 1 ABR 2/79, juris = BAGE 34, 331 = AP Nr. 70 zu Art. 9 GG Arbeitskampf.

271 BAG, Urteil v. 28.09.1972, Az.: 2 AZR 506/71, juris = BAGE 24, 446 = AP Nr. 28 zu § 615 BGB Betriebsrisiko.

272 LAG Düsseldorf, Urteil v. 05.06.2003, Az.:11 Sa 1464/02, juris – Rdnr. 8.

273 BAG, Urteil v. 09.03.1983, Az.: 4 AZR 301/80, juris = BAGE 42, 94 = AP Nr. 31 zu § 615 BGB Betriebsrisiko; BAG, Urteil v. 18.05.1999, Az.: 9 AZR 13/98, juris – Rdnr. 27.

274 BAG, Urteil v. 10.04.2014, Az.: 2 AZR 812/12, juris – Rdnr. 66; BAG, Urteil v. 12.12.2012, Az.: 5 AZR 93/12, juris – Rdnr. 25; BAG, Urteil v. 22.02.2012, Az.: 5 AZR 249/11, juris – Rdnr. 16 = BAGE 141, 34.

4.11.5 Verzug mit der Gegenleistung des Arbeitgebers

302 Nicht nur auf Seiten der Bühnenmitglieder kommt es zu Leistungsstörungen. In wirtschaftlich schwierigen Zeiten kommt es vor, dass private Bühnen an die zuständige Mitarbeitervertretung oder unmittelbar an die Bühnenmitglieder herantreten um eine Stundung der Entgelte oder sogar einen teilweise Lohnverzicht zu vereinbaren.

303 Soweit eine derartige Vereinbarung zu einer Unterschreitung des Mindestlohns, derzeit 8,50 €/pro Arbeitsstunde (einschließlich Bereitschaftsdienste), nach dem Mindestlohngesetz führen würde, ist diese Vereinbarung wegen Verstoßes gegen § 138 BGB unwirksam.

304 Soweit eine derartige Vereinbarung zu einer Unterschreitung der Mindestgage nach §§ 58 Abs. 1, 67 Abs. 1 NV Bühne führen würde, ist bei beiderseitiger Tarifbindung auch diese Vereinbarung wegen Verstoßes gegen § 138 BGB unwirksam.

305 Ist im Einzelfall eine Stundung/der Verzicht wirksam zwischen Bühne und Bühnenmitglied vereinbart worden oder bestehen rückständige Gagendifferenzen kann dies in oder nach der Insolvenz erhebliche Nachteile für das Bühnenmitglied mit sich bringen.

306 Bei rückständiger Gage, die außerhalb des Insolvenzgeldzeitraums erarbeitet wurde, handelt es sich lediglich um Insolvenzforderungen, sie führen – unabhängig von der vereinbarten Fälligkeit – nicht zu einem Insolvenzgeldanspruch. Wurde sogar auf Gage verzichtet, wird lediglich die reduzierte Gage bei der Berechnung des Arbeitslosengeldes berücksichtigt.

307 Vor allem bei privaten Bühnen kann es auf Grund finanzieller Schwierigkeiten dazu kommen, dass die Bühne auch ohne ausdrücklicher Stundung oder Verzicht mit der Gegenleistung in Verzug gerät, d. h. es erfolgt keine Abrechnung und/oder Zahlung bei Fälligkeit der Gage.

308 Dem Bühnenmitglied steht dann u. U. das Recht zu, die Arbeitsleistung zu verweigern. d. h. von seinem **Zurückbehaltungsrecht** gemäß § 273 Abs. 1 BGB Gebrauch zu machen.

309 Dem Arbeitnehmer steht nach § 273 BGB ein Zurückbehaltungsrecht an seiner Arbeitsleistung zu, wenn der Arbeitgeber seine Lohnzahlungspflicht in erheblicher Weise nicht erfüllt.[275]

310 Er ist dann nicht mehr nach § 614 BGB zur Vorleistung verpflichtet. Er muss vielmehr erst dann (wieder) seine Arbeit leisten, wenn der Arbeitgeber die

---

275 BAG, Urteil v. 25. Oktober 2007, Az.: 8 AZR 917/06, juris – Rdnr. 52; BAG, BAG, Urteil v. 25.10.1984, Az.: 2 AZR 417/83, juris; Urteil v. 20.12.1963, Az.: 1 AZR 428/62, juris = BAGE 15, 174.

rückständige Gegenleistung erbringt, indem er das rückständige Entgelt zahlt. Solange der Arbeitnehmer sein Zurückbehaltungsrecht wirksam ausübt, endet der Annahmeverzug des Arbeitgebers nicht. Das ergibt sich aus § 298 BGB, der für alle Fälle des Zurückbehaltungsrechts und damit auch für § 273 BGB gilt.[276]

§ 273 BGB beruht auf dem Grundgedanken des § 242 BGB. Der Schuldner soll davor geschützt werden, gegenüber einem Gläubiger, der einen Anspruch ohne Rücksicht auf einen dem Schuldner zustehenden Gegenanspruch verfolgt und dadurch Treu und Glauben verletzt, seine Leistungspflicht einseitig erfüllen und dabei das Risiko eingehen zu müssen, die ihm zustehende Leistung nicht zu erhalten.[277] Das Zurückbehaltungsrecht bezweckt damit letztlich die Sicherung des Anspruchs des Schuldners und bewirkt dies durch Ausüben mittelbaren Zwangs auf den Gläubiger.[278] 311

Allerdings muss der Arbeitnehmer dieses Zurückbehaltungsrecht gemäß § 242 BGB unter Beachtung des Grundsatzes von Treu und Glauben ausüben. Danach darf er u. a. die Arbeit nicht verweigern, wenn der Lohnrückstand verhältnismäßig geringfügig ist und/oder, nur eine kurzfristige Verzögerung der Lohnzahlung zu erwarten ist. Was unter verhältnismäßig geringfügig anzusehen ist, ist eine Frage der Umstände des Einzelfalls. 312

Ein Zurückbehaltungsrecht kann auch entfallen, wenn dem Arbeitgeber ein unverhältnismäßig hoher Schaden entstehen kann oder wenn der Lohnanspruch auf andere Weise gesichert ist. Grundsätzlich ist nur eine schon bestehende anderweitige Sicherung des Arbeitnehmers geeignet, die Verweigerung der Arbeitsleistung treuwidrig erscheinen zu lassen; es genügt nicht, dass die Entstehung dieses Rechts noch von dem Eintritt weiterer Umstände abhängt. Bereits deshalb kann der Arbeitgeber den Arbeitnehmer grundsätzlich vor Insolvenzeröffnung nicht auf zu erwartende Ansprüche auf Insolvenzgeld verweisen.[279] 313

Allerdings ist von diesem Zurückbehaltungsrecht sehr vorsichtig Gebrauch zu machen. Die berechtigte Ausübung des Zurückbehaltungsrechts hat keinen Einfluss auf die Zahlung von Insolvenzgelt und berechtigt weder den Arbeitgeber noch den Insolvenzverwalter zur ordentliche oder außerordentlichen Kündigung.[280] Wird durch das ggf. von den Bühnenmitgliedern gemeinschaftlich ausge- 314

---

276 BAG, Urteil v. 26.09. 2007, Az.: 5 AZR 870/06, juris – Rdnr. 32 f. = BAGE 124, 141; BAG, Urteil v. 08.05. 2014, Az.: 6 AZR 246/12, juris – Rdnr. 17; Schaub/Linck ArbR-HdB, § 95 Rn. 57.

277 vgl. BGH, Urteil v. 26.09. 2013, Az.: VII ZR 2/13, juris – Rdnr. 33.

278 BAG, Urteil v. 08.05.2014, Az.: 6 AZR 246/12, juris – Rdnr. 21.

279 BAG, Urteil v. 25. Oktober 1984 – 2 AZR 417/83, juris.

280 BAG, Urteil v. 15.02.1978, Az.: 1 AZR 76/76, juris = BAGE 30, 50 = AP Nr. 58 zu Art. 9 GG Arbeitskampf; BAG, Urteil v. 25.10.1984, Az.: 2 AZR 417/83, juris = – AP Nr. 3 zu § 273 BGB und BAG, Urteil v. 20.12.1963, Az.: 1 AZR 428/62, juris = BAGE 15, 174, 186 = AP Nr. 32 zu Art. 9 GG Arbeits-

übte Zurückbehaltungsrecht der Betriebs (vorübergehend) still gelegt, kann dies die weitere Fortführung und damit die Einnahme von Tagesgeldern (Eintrittskarten etc.) verhindern und die Zahlung der Gage auf Dauer unmöglich machen.

315 Darüber hinaus kann der Zahlungsverzug für das Bühnenmitglied einen wichtigen Grund zur **außerordentlichen Kündigung** seines Arbeitsverhältnisses an sich darstellen.[281] Das gilt jedenfalls dann, wenn die Lohnzahlung in nicht unerheblicher Höhe unterblieben ist oder sich der Verzug des Arbeitgebers mit der Vergütungszahlung über einen erheblichen Zeitraum erstreckt und der Arbeitnehmer diesen Fehler abgemahnt hat.[282] Daraus folgt, dass nicht schon jeder kurzfristige oder geringfügige Zahlungsverzug ausreichen kann, um eine fristlose Kündigung zu rechtfertigen. Neben dem Umfang des Lohn- oder Gehaltsrückstandes kann von Bedeutung sein, ob es sich um eine einmalige oder dauernde Unpünktlichkeit bei der Vergütungszahlung handelt. Auch bei geringeren Beträgen kann es dem Arbeitnehmer nicht mehr zumutbar sein, sein Arbeitsverhältnis bis zum Ablauf der ordentlichen Kündigungsfrist oder der Befristung fortzuführen, wenn der Arbeitgeber zum wiederholten Male mit den Vergütungsleistungen in Verzug kommt. Dabei spielt es keine Rolle, ob der Arbeitgeber leistungsunwillig oder nur leistungsunfähig ist.[283]

316 Der Grundsatz der Verhältnismäßigkeit verlangt in der Regel jedoch auch von einem Arbeitnehmer, vor dem Ausspruch einer außerordentlichen Kündigung den pflichtwidrig handelnden Arbeitgeber abzumahnen.[284] Der Arbeitnehmer muss die vom Arbeitgeber begangene Pflichtverletzung konkret beanstanden und deutlich machen, dass der Bestand des Arbeitsverhältnisses sei gefährdet, wenn der Arbeitgeber nicht zu einem vertragskonformen Verhalten zurückkehre. Solange erwartet werden kann, dass der Vertragspartner in Zukunft sein Verhalten abstellt, ist eine Kündigung regelmäßig nicht erforderlich.[285] Eine

kampf, zu B I 1 der Gründe; BAG, Urteil v. 09.05.1996, Az.: 2 AZR 387/95, juris – Rdnr. 19 = AP Nr. 5 zu § 273 BGB.

281 BAG, Urteil v. 25. Juli 1963, Az.: 2 AZR 510/62, juris = BAGE 14, 266 270; BAG, Urteil v. 25.10.1984, Az.: 2 AZR 417/83, juris = AP BGB § 273 Nr. 3 = EzA BGB § 273 Nr. 3; BAG, Urteil v. 09.05.1996, Az.: 2 AZR 387/95, juris = AP BGB § 273 Nr. 5 = EzA BGB § 626 nF Nr. 161.

282 BAG, Urteil v. 25.09. 1980, Az.: 3 AZR 119/78, juris; BAG, Urteil v. 26.07. 2001, Az.: 8 AZR 739/00, juris; KR-Fischermeier, § 626 BGB Rn. 467.

283 BAG, Urteil v. 25.07.1963, Az.: 2 AZR 510/62, juris; BAG, Urteil v. 25.10.1984, Az.: 2 AZR 417/83, juris; BAG, Urteil v. 17.01. 2002, Az.: 2 AZR 494/00, juris-Rdnr. 37.

284 BAG, Urteil v. 22.08.1963, Az.: 2 AZR 114/63, juris = AP BGB § 626 Nr. 51; BAG, Urteil v. 19.06.1967, Az.: 2 AZR 287/66, juris = BAGE 19, 351; BAG, Urteil v. 28.10.1971, Az.: 2 AZR 15/71, juris = AP BGB § 626 Nr. 62; KR-Fischermeier, § 626 BGB Rn. 463.

285 BAG, Urteil v. 17.01.1991, Az.: 2 AZR 375/90, juris = BAGE 67, 75, 81.

Abmahnung ist ausnahmsweise entbehrlich, wenn es sich um besonders schwerwiegende Pflichtverletzungen handelt, deren Rechtswidrigkeit dem pflichtwidrig Handelnden ohne Weiteres erkennbar und bei denen es ausgeschlossen ist, dass der Vertragspartner ein solches Verhalten hinnimmt.[286] Dies gilt auch, wenn sie zu einer irreparablen Störung der Vertragsbeziehungen führen, so dass aus objektiver Sicht das Interesse an einer weiteren Vertragsdurchführung entfällt oder wenn – auch im Falle einer Abmahnung – keine Aussicht auf eine Rückkehr des Vertragspartners zum vertragskonformen Verhalten mehr besteht.[287]

Wie auch die arbeitgeberseitige Kündigung bedarf die arbeitnehmerseitige **317** Kündigung der Schriftform nach § 126 BGB und muss dem Arbeitgeber zugehen, was bei Arbeitgebern z. B. in der Insolvenz sich schwierig gestalten kann.

4.11.6 Verletzung von Nebenpflichten durch den Arbeitnehmer

Bei Schlechtleistung und Verletzung von Nebenpflichten behält der Arbeitneh- **318** mer seinen Vergütungsanspruch. Ein Recht des Arbeitgebers in diesen Fällen den Lohn zu mindern, ist nur in seltenen Fällen denkbar. Allenfalls in besonders krass liegenden Fällen, in denen sich der Arbeitnehmer gegenüber dem anderen Teil grob verwerflich verhalten hat, kann dem Vergütungsanspruch der Arglisteinwand entgegengehalten werden.[288]

Rechtsfolgen der Pflichtverletzung können sein, **319**
- Schadensersatz aus § 280 Abs. 1 BGB,
- Vertragsstrafe (wenn vereinbart) oder
- Betriebsbuße/„Bußgeld“ (vgl. § 47 NV Bühne),
- Abmahnung und Kündigung.

Der Arbeitnehmer haftet u. U. verschuldensabhängig auf Schadensersatz gemäß **320** § 280 Abs. 1 BGB. Mit diesem Anspruch kann der Arbeitgeber gegen den Anspruch auf Gage ggf. unter Beachtung der Pfändungsfreigrenzen nach § 850c ZPO aufrechnen.

Voraussetzung ist, dass dem Arbeitgeber durch das vertragswidrige Verhalten **321** des Arbeitnehmers ein Schaden entstanden ist. Denkbar sind z. B. Gewinnaus-

286 BAG, Urteil v. 12.08.1999, Az.: 2 AZR 923/98, juris.
287 BAG, Urteil v.17.01.2002, Az.: 2 AZR 494/00, juris – Rdnr. 40.
288 BGH, Urteil v. 19.10.1987, Az.: II ZR 97/87 – zu 1 der Gründe, juris = AP BGB § 611 Konkurrenzklausel Nr. 33.

fälle des Arbeitgebers, weil durch das vertragswidrige Fehlverhalten des Arbeitnehmers eine lukrative Vorstellung nicht oder nicht pünktlich erfolgen konnte. In Betracht kann weiterhin auch der Ersatz von Überstundenvergütungen kommen, die der Arbeitgeber an andere Arbeitnehmer zahlen musste, die die Arbeit des z. B. grundlos ferngebliebenen Arbeitnehmers mit übernehmen mussten.

322 Nach den vom Großen Senat des Bundesarbeitsgerichts[289] entwickelten Grundsätzen zur Arbeitnehmerhaftung hat ein Arbeitnehmer vorsätzlich verursachte Schäden in vollem Umfang zu tragen, bei leichtester Fahrlässigkeit haftet er dagegen nicht. Bei normaler Fahrlässigkeit ist der Schaden in aller Regel zwischen Arbeitnehmer und Arbeitgeber zu verteilen, bei grober Fahrlässigkeit hat der Arbeitnehmer in aller Regel den gesamten Schaden zu tragen, jedoch können Haftungserleichterungen, die von einer Abwägung im Einzelfall abhängig sind, in Betracht kommen.

323 Die Beteiligung des Arbeitnehmers an den Schadensfolgen ist durch eine Abwägung der Gesamtumstände zu bestimmen, wobei insbesondere Schadensanlass, Schadensfolgen, Billigkeits- und Zumutbarkeitsgesichtspunkte eine Rolle spielen. Eine möglicherweise vorliegende Gefahrgeneigtheit der Arbeit ist ebenso zu berücksichtigen wie die Schadenshöhe, ein vom Arbeitgeber einkalkuliertes Risiko, eine Risikodeckung durch eine Versicherung, die Stellung des Arbeitnehmers im Betrieb und die Höhe der Vergütung, die möglicherweise eine Risikoprämie enthalten kann. Auch die persönlichen Verhältnisse des Arbeitnehmers und die Umstände des Arbeitsverhältnisses, wie die Dauer der Betriebszugehörigkeit, das Lebensalter, die Familienverhältnisse und sein bisheriges Verhalten können zu berücksichtigen sein.[290]

324 Schadensersatzansprüche können nur durchgesetzt werden, wenn das Verhalten des Arbeitnehmers schuldhaft (vorsätzlich oder grob fahrlässig) war und der eingetretene Schaden auf die Pflichtverletzung des Arbeitnehmers zurückgeführt werden kann.

325 So können beispielsweise unerlaubte Wettbewerbshandlungen des Arbeitnehmers Schadensersatzansprüche auslösen, mit denen gegen Gehaltsansprüche aufgerechnet werden kann. Die Leistungsverweigerung muss in einem angemessenen Verhältnis zum beanstandeten Verhalten stehen, übertriebene, den objektiven Gegebenheiten unangepasste Reaktionen sind nicht erlaubt; auch das Maß der Enttäuschung oder der Verärgerung über einen Mitarbeiter ist nicht

289 BAG, Großer Senat, Urteil v. 27.09.1994, Az.: GS 1/89 (A), juris = BAGE 78, 56 = AP BGB § 611 Haftung des Arbeitnehmers Nr. 103 = EzA BGB § 611 Arbeitnehmerhaftung Nr. 59.
290 BAG, Urteil v. 28.10.2010, Az.: 8 AZR 418/09, juris – Rdnr. 18.

maßgebend.[291] Entsprechendes gilt für die teilweise Verweigerung der Vergütungsleistung in Höhe des anderweitigen Verdienstes des Arbeitnehmers. Durch die Anwendung des § 242 BGB dürfen die gesetzlichen Voraussetzungen eines Schadenersatzanspruchs, insbesondere Schaden und haftungsausfüllende Kausalität, nicht umgangen werden.[292]

Die Darlegungs- und Beweislast obliegt im Allgemeinen dem Arbeitgeber. 326
Allerdings können zu seinen Gunsten Beweiserleichterungen greifen.

Darüber hinaus können schuldhafte Pflichtverletzungen den Arbeitgeber 327
zur Abmahnung bis hin zur ordentlichen, ggf. sogar außerordentlichen fristlosen Kündigung des Arbeitnehmers berechtigen. Für die Beurteilung kommt es jeweils auf den Einzelfall an. Entscheidend wird unter anderem die Art und Schwere der Pflichtverletzung sein.

Denkbar ist auch die Fälligkeit einer Vertragsstrafe, sofern die Vertragsstrafe 328
wirksam im Arbeitsvertrag vereinbart wurde.

Unter dem Geltungsbereich des NV Bühne kommt auch die Verhängung einer 329
sog. „Betriebsbuße" in Betracht. Nach § 47 NV Bühne kann ein im Betrieb gebildeter Ordnungsausschuss eine Betriebsbuße verhängen. Zu den Einzelheiten vgl. Teil I, Abschnitt 6.

4.11.7 Verletzung von Nebenpflichten durch den Arbeitgeber

Verletzt der Arbeitgeber seine sich aus dem Arbeitsverhältnis ergebenden Neben- 330
pflichten (vgl. Teil 1, Abschnitt 5.10.5) kann auch er zum Schadensersatz nach § 280 BGB oder verpflichtet sein.

Darüber hinaus kann der Arbeitnehmer ggf. ein Zurückbehaltungsrecht an 331
seiner Arbeitsleistung geltend machen. Das Zurückbehaltungsrecht setzt einen Anspruch des Schuldners gegen den Gläubiger voraus. Gegenstand eines solchen Zurückbehaltungsrechts kann grundsätzlich jede Leistung sein.[293] Die gegenseitigen Forderungen aus demselben rechtlichen Verhältnis müssen jedoch nicht gleichartig sein.[294] Deshalb kann ein Arbeitnehmer berechtigt sein, seine Arbeitsleistung zu verweigern, wenn der Arbeitgeber oder einer seiner Repräsentanten (§ 278 BGB) die Gesundheit des Arbeitnehmers oder dessen Persönlichkeitsrecht

---

291 zur Entziehung eines Ruhegeldanspruchs bei Konkurrenztätigkeit: BAG, Urteil v. 03.04.1990, Az.: 3 AZR 211/89, juris – zu II 2 c der Gründe = BAGE 64, 298).

292 BAG, Urteil v. 17.10.2012, Az.: 10 AZR 809/11, juris – Rdnr. 40 = BAGE 143, 203–211.

293 Palandt-Grüneberg, § 273 Rdnr. 4 m. w. N.

294 vgl. MünchKommBGB/*Krüger* § 273 Rn. 8.

in erheblicher Weise verletzt und mit weiteren Verletzungen zu rechnen ist. Verletzt der Arbeitgeber seine vertraglich geschuldete Rücksichtnahmepflicht nach § 241 Abs. 2 BGB, kann der Arbeitnehmer berechtigt sein, ein Zurückbehaltungsrecht auszuüben.[295]

332 Nach § 273 Abs. 1 BGB muss der Gegenanspruch des Schuldners, zu dessen Sicherung das Zurückbehaltungsrecht ausgeübt wird, fällig sein.[296] Bedingte oder künftige Ansprüche können grundsätzlich kein Zurückbehaltungsrecht begründen. Ausreichend ist aber, dass der Gegenanspruch des Schuldners gleichzeitig mit der Erfüllung der von ihm geschuldeten Leistung entsteht bzw. fällig wird.[297]

333 Letztlich kann dem Arbeitnehmer auch ein Anspruch auf Beseitigung fortwährenden Beeinträchtigungen und auf Unterlassen weiterer Verletzungshandlungen zustehen.[298]

4.12 Bühnenbrauch

334 Der Begriff „Bühnenbrauch" ist kein einheitlicher Rechtsbegriff. Früher wurde er unterschiedlich im Sinne von „Verkehrssitte" oder Gewohnheitsrecht interpretiert. Am ehestens wird von einer Form der „betrieblichen Übung" auszugehen sein.[299]

335 Vorausgesetzt wird eine ständige Übung die nach Maßgabe der Vertrauenshaftungstheorie auf einen entsprechenden Bindungswillen schließen lassen. Er wird auch als Verkehrssitte des Bühnenbetriebs bezeichnet, die sich örtlich oder überörtlich gebildet und zu Gewohnheitsrecht verfestigt hat.[300] Nach der ständigen Rechtsprechung der Bühnenoberschiedsgerichte liegt ein Bühnenbrauch dann vor, wenn sich in bestimmten Fragen eine einheitliche Behandlung durchgesetzt und als ständige, für beide Vertragspartner geltende Übung, entwickelt hat.

---

295 so schon BAG 20.12.1963, Az.: 1 AZR 428/62, juris = BAGE 15, 174, 186; Söllner ZfA 1973, 1, 15, 18; zusammenfassend: MünchKommBGB/*Müller-Glöge* § 611 Rn. 10; BAG, Urteil v. 13.03.2008, Az.: 2 AZR 88/07, juris – Rdnr. 44.

296 BAG, Urteil v. 25.10.1984, Az.: 2 AZR 417/83, juris = AP BGB § 273 Nr. 3 = EzA BGB § 273 Nr. 3; MünchKommBGB/*Krüger* § 273 Rn. 30; § 273 Rdnr. 22.

297 vgl. BGH, Urteil v. 14.02.1979, Az.: VII ZR 284/78, juris = BGHZ 73, 317, 319.

298 BAG, Urteil v. 12.09.2006, Az.: 9 AZR 271/06, juris = AP BGB § 611 Personalakte Nr. 1 = EzA BGB 2002 § 611 Persönlichkeitsrecht Nr. 4; BAG, Urteil v. 25.10.2007, Az.: 8 AZR 593/06, juris = NZA 2008, 223.

299 *Wagner* Sonderarbeitsrecht für das Bühnenengagement S. 45.

300 *Riepenhausen* Ergb. S. 5.

Ein Beispiel für Bühnenbrauch ist die Verpflichtung des Theaterunternehmers, den Namen von darstellenden Künstlern in öffentlichen Ankündigungen zu nennen. Viele weitere vormals im Rahmen von Bühnenbrauch entwickelte Grundsätze haben zwischenzeitlich Eingang in den Tarifvertrag gefunden, wie z. B. der meist befristete Arbeitsvertrag, die Mitteilungspflicht etc. 336

5 Ordnungsausschuss

1 Auf Verstöße des Arbeitnehmers gegen seine arbeitsvertraglichen Pflichten kann der Arbeitgeber mit individualrechtlichen Mitteln, einer Abmahnung, einer Versetzung, einer Kündigung oder einer vereinbarten Vertragsstrafe reagieren. Hinsichtlich solcher Maßnahmen ist der Betriebsrat nur nach § 99 bzw. § 102 BetrVG zu beteiligen. Dabei ist es unerheblich, ob die gerügten Verstöße solche gegen die kollektive betriebliche Ordnung oder solche gegen Anordnungen hinsichtlich des Arbeitsverhaltens sind.

2 Sanktionen für Verstöße des Arbeitnehmers gegen seine vertraglichen Verpflichtungen, die über die individualrechtlichen Möglichkeiten des Arbeitgebers hinausgehen, sind nur als Betriebsbußen möglich.

3 Nach § 47 NV Bühne ist für die einzelnen Beschäftigtengruppen ein aus drei Mitgliedern und einer entsprechenden Anzahl Ersatzmitgliedern bestehender sog. Ordnungsausschuss zu bilden. Ein gemeinsamer Ausschuss kann gebildet werden, wenn keine Beschäftigtengruppe widerspricht. Dieser nimmt nach Absatz 3 die Aufgabe eines Schlichtungsausschusses für alle den Betrieb berührenden Streitigkeiten, die unter den Mitgliedern entstehen, war und kann bei der Ahndung von arbeitsvertraglichen Verpflichtungen durch den Arbeitgeber beteiligt werden (§ 47 Abs. 2 NV Bühne).

4 Solche Ordnungsstrafen sind Maßnahmen der betrieblichen Selbstverwaltung im Rahmen einer durch Tarifvertrag begründeten Bußordnung.

5 Eine derartige auf kollektivrechtlicher Grundlage verfasste Bußordnung ist grundsätzlich zulässig.[301]

6 Bußgelder dürfen im einzelnen Fall den Betrag von vier Tagesgagen nicht übersteigen. Das Mitglied ist vorher zu hören.

7 Die Beteiligung des Betriebsrates richtet sich nach § 87 Abs. 1 BetrVG, danach hat der Betriebsrat, soweit eine gesetzliche oder tarifliche Regelung nicht bestehen mitzubestimmen in Fragen der Ordnung des Betriebs und des Verhaltens der Arbeitnehmer im Betrieb.

8 Nach der Rechtsprechung des BAG ist zu differenzieren zwischen Betriebsbußen wegen Verstoßens gegen die betriebliche Ordnung, die der Mitbestimmung unterliegen sollen und mitbestimmungsfreie Abmahnungen wegen Verletzung arbeitsvertraglicher Pflichten. Das Bundesarbeitsgericht hat wiederholt ausgesprochen, dass das Mitbestimmungsrecht des Betriebsrats nach § 87 Abs. 1 Nr. 1 BetrVG auch das Recht beinhaltet (soweit keine tariflichen oder gesetzlichen

---

301 BAG, Urteil v. 12.09.1967, Az.: 1 AZR 34/66, juris.

Regelungen bestehen), sowohl bei der Aufstellung einer Bußordnung als auch bei der Verhängung einer Betriebsbuße im Einzelfall mitzubestimmen.[302]

Damit besteht kein Mitbestimmungsrecht bei der Einrichtung des tariflich geregelten Ordungsausschusses. Anders sieht es jedoch für den „Bußgeldkatalog" als auch die konkrete Einzelmaßnahme aus. 9

Wenn Betriebsbußen als Sanktionen für Verstöße gegen die kollektive betriebliche Ordnung zulässig sind, dann stellen sie „Strafen" für ein von dieser Ordnung verbotenes Verhalten dar. Wie für Kriminalstrafen muss dann aber auch für Betriebsstrafen/Betriebsbußen, der Grundsatz gelten, dass solche Strafen nur zulässig sind, wenn zuvor der Straftatbestand einschließlich seiner Straffolge normiert worden ist. Der Grundsatz „nulla poena sine lege" muss auch hinsichtlich einer betrieblichen Strafgewalt und damit einer Betriebsbuße gelten. Damit setzt jede Betriebsbuße das Vorhandensein einer mitbestimmten Betriebsbußenordnung voraus, die den Anforderungen hinsichtlich der ausreichenden Bestimmtheit bußbewehrter Tatbestände und der verwirkten Buße genügt. Ohne eine solche Bußordnung kann eine Betriebsbuße auch nicht unter Beteiligung und Zustimmung des Betriebsrats verhängt werden. Ebenso wenig wie ein Gericht ohne ein entsprechendes Strafgesetz eine Strafe aussprechen kann, können die Betriebspartner – auch nicht gemeinsam – ohne eine Bußordnung eine Betriebsbuße aussprechen.[303] 10

Die Beteiligung des Personalrates richtet sich nach den Landespersonalvertretungsgesetzes, die weitgehend dem § 75 Abs. 3 Nr. 15 BPersVG nachgebildet sind, danach hat der Personalrat, soweit eine gesetzliche oder tarifliche Regelung nicht besteht, mitzubestimmen über die Regelung der Ordnung in der Dienststelle und des Verhaltens der Beschäftigten im Betrieb. 11

Das Bundesverwaltungsgericht verneint eine Mitbestimmung von Einzelmaßnahmen im Rahmen des zuvor bezeichneten Mitbestimmungstatbestandes, insbesondere an der Missbilligung (Abmahnung) eines vertragswidrigen Verhaltens. 12

Damit besteht auch hier, anders als bei der Aufstellung des Bußgeldkatalogs, kein Mitbestimmungsrecht bei der Einrichtung des tariflich geregelten Ordungsausschusses. 13

---

302 BAG, Urteil v. 5.12.1975, Az.: 1 AZR 94/74, juris = BAGE 27, 366 = AP Nr. 1 zu § 87 BetrVG 1972 Betriebsbuße; BAG, Urteil v. 30.01.1979, Az.: 1 AZR 342/76, juris = AP Nr. 2 zu § 87 BetrVG 1972 Betriebsbuße; vgl. auch BAG, Urteil v. 28.04.1982, Az.: 7 AZR 962/79, juris = BAGE 39, 32 = AP Nr. 4 zu § 87 BetrVG 1972 Betriebsbuße; BAG, Beschluss vom 17.10.1989, Az.: 1 ABR 100/88, juris – Rdnr. 29 = BAGE 63, 169–181.

303 BAG, Beschluss v. 17.10.1989, Az.: 1 ABR 100/88, juris – Rdnr. 34 = BAGE 63, 169–181.

14 Der tarifvertraglich vorgesehene Ordnungsausschuss ersetzt nicht den ggf. gesetzlich vorgeschriebenen Betriebs- oder Personalrat. Die Aufgaben greifen zwar ineinander, jedoch kann die Entscheidung des Ordnungsausschusses die Entscheidung des Betriebsrates nicht ersetzen.[304]

304 BAG, Urteil v. 12.09.1967, Az.: 1 AZR 34/66, juris = BAGE 20, 79–90.

6 Aufhebung des Arbeitsvertrages

6.1 Aufhebungsvertrag, Verzicht

Anders als die arbeitgeber- oder arbeitnehmerseitige Nichtverlängerungsmitteilung und die arbeitgeber- oder arbeitnehmerseitige Kündigung bedarf der Aufhebungsvertrag – wie der Arbeitsvertragsschluss selbst – zwei übereinstimmende Willenserklärungen, und zwar einerseits die des Bühnenmitglieds und andererseits die der Bühne. Das hat zur Folge, dass ein Aufhebungsvertrag weder vom Bühnenmitglied noch von der Bühne erzwingbar ist. 1

Die Vereinbarung der Aufhebung des Arbeitsvertrages ist fristlos, wie auch unter Einhaltung einer wie auch immer gearteten Frist möglich. 2

Anders als die Nichtverlängerungsmitteilung kann der Aufhebungsvertrag zur Verhängung einer Sperrzeit beim Bezug von Arbeitslosengeld nach § 159 Abs. 1 Satz 2 Nr. 1 SGB III und zu einer Minderung der Dauer des Arbeitslosengeldanspruchs um die Anzahl der Tage der Sperrzeit, mindestens jedoch 25 % nach § 148 Abs. 1 Nr. 4 SGB III führen. Ein Sperrzeittatbestand liegt immer dann vor, wenn der Arbeitnehmer zur Beendigung des sozialversicherungsrechtlichen Beschäftigungsverhältnisses beigetragen hat und dafür keinen wichtigen Grund zur Seite hatte. Bei Beantragung von Arbeitslosengeld wird dies rückwirkend für ein Jahr geprüft, so dass auch der Abschluss eines neuen Arbeitsvertrages in unmittelbarem Anschluss an das beendete Arbeitsverhältnis nicht ohne Weiteres vor der Verhängung einer Sperrzeit schützt, wenn das neue Arbeitsverhältnis vor Ablauf eines Jahres endet. 3

Gilt der NV Bühne kraft beiderseitiger Tarifbindung nach § 3 Abs. 1, § 4 Abs. 1 Satz 1 TVG unmittelbar und zwingend, ist ein Verzicht auf die Nichtverlängerungsmitteilung gemäß § 4 Abs. 4 TVG unzulässig. Das Verzichtsverbot erfasst neben dem einseitig vom Arbeitnehmer erklärten Verzicht auf tarifliche Rechte auch vertraglich mit dem Arbeitgeber vereinbarte Erlassverträge.[305] Damit ist ein gleichzeitig mit Vertragsunterzeichnung geschlossener Aufhebungsvertrag unwirksam, die Beendigung des Arbeitsverhältnisses bedarf einer Nichtverlängerungsmitteilung oder der außerordentlichen Kündigung.[306] 4

---

305 BAG, Urteil v. 29.05.1991, Az.: 7 AZR 79/90, juris; Hagemeyer/Kempen/Zachert/*Zilius* TVG Rdnr. 199; Wiedemann/*Stumpf* TVG § 4 Rdnr. 325.

306 BAG, Urteil v. 29.05.1991, Az.: 7 AZR 79/90, juris.

6.2 Anfechtung

5 Die allgemeinen Regelungen des Vertragsrechts sind grundsätzlich ebenfalls auf den Bühnenarbeitsvertrag anwendbar. Treten bei Abgabe einer Willenserklärung Mängel auf, kann die Erklärung mitunter angefochten und dadurch ein fehlerhaft zustande gekommener Vertrag wieder aufgehoben werden. Erliegt der Arbeitgeber oder der Arbeitnehmer bereits im Zeitpunkt der Vertragsbegründung einem rechtlich anerkannten Irrtum oder einer Täuschung, kann er den Arbeitsvertrag anfechten.

6 Da das Arbeitsverhältnis im Zeitpunkt der Vertragsunterzeichnung im Regelfall noch nicht in Kraft gesetzt ist, sind auf die Anfechtung nicht die Regelungen des Kündigungsschutzes anwendbar. Wenn sich demnach der Arbeitgeber bei Vertragsunterzeichnung irrt und dieser Irrtum zur Anfechtung des Arbeitsvertrages berechtigt, entfaltet der allgemeine Kündigungsschutz des Arbeitnehmers nach § 1 KSchG aber auch der besondere Kündigungsschutz z. B. nach § 9 MuSchG keine Wirkung. Gleichfalls unterliegt die Anfechtungserklärung – anders als die Kündigung – nicht dem Schriftformerfordernis des § 126 BGB.

7 Angefochten werden können Willenserklärungen, die auf Grund eines Irrtums erklärt wurden. Darunter fällt, wenn der Vertrag durch eine arglistige Täuschung oder widerrechtliche Drohung zustande gekommen ist. Weiterhin ist die Anfechtung dann möglich, wenn ein falscher Inhalt der Erklärung zugrunde liegt, die Erklärung falsch ist oder ein Irrtum über eine verkehrswesentliche Eigenschaft gegeben ist.

6.2.1 Arglistige Täuschung, § 123 BGB

8 Ein Arbeitsvertrag kann angefochten werden, wenn eine Vertragspartei durch eine arglistige Täuschung des anderen Vertragspartners zustande gekommen ist (vgl. § 123, 1. Altern. BGB). Arglistig täuscht derjenige, der in einem anderen einen Irrtum erregt, indem er ihm falsche Tatsachen vorspiegelt, entstellt oder wahre Tatsachen verschweigt. Das Verschweigen von Tatsachen, nach denen nicht gefragt wurde, stellt nur dann eine Täuschung dar, wenn hinsichtlich dieser Tatsachen eine Offenbarungspflicht besteht. Eine solche Pflicht ist an die Voraussetzung gebunden, dass die betreffenden Umstände entweder dem Bewerber die Erfüllung seiner vorgesehenen arbeitsvertraglichen Leistungspflicht von vornhe-

rein unmöglich machen oder doch seine Eignung für den in Aussicht genommenen Arbeitsplatz entscheidend berühren.[307]

So kann die falsche Beantwortung einer dem Arbeitnehmer bei der Einstellung zulässigerweise gestellten Frage den Arbeitgeber nach § 123 Abs. 1 BGB dazu berechtigen, den Arbeitsvertrag wegen arglistiger Täuschung anzufechten, wenn die Täuschung für dessen Abschluss ursächlich war.[308] 9

Falsche Tatsachen können z. B. durch unrichtige Angaben zu einer vorausgegangenen Tätigkeit durch den Arbeitnehmer sein. Ebenfalls ist dies möglich, wenn einem zukünftigen Arbeitgeber wahrheitswidrig erzählt wird, es bestünde ein Doktortitel. Der Arbeitnehmer wirkt in diesen Fällen bewusst auf die Willensfreiheit des Arbeitgebers ein und ist verantwortlich für den dadurch erregten Irrtum. 10

Allerdings besteht ein Recht zur Lüge für den Arbeitnehmer dann, wenn eine Frage gestellt wird, die in die Privatsphäre eindringt und der Arbeitgeber diese Auskunft nicht rechtmäßig verlangen durfte. 11

Die beispielsweise vor der Einstellung an das Bühnenmitglied gerichtete Frage nach der Schwangerschaft verstößt gegen § 611 a Abs. 1 Satz 1 BGB. Diese Vorschrift ist nach den Urteilen des EuGH[309] europarechtskonform dahingehend auszulegen, dass die Frage nach der Schwangerschaft regelmäßig auch dann unzulässig ist, wenn die Bewerberin wegen des Eingreifens gesetzlicher Beschäftigungsverbote (zunächst) nicht antreten kann. Zuletzt hatte der EuGH es als unerheblich bezeichnet, wenn eine Frau bei Abschluss ihres Arbeitsvertrages ihre Schwangerschaft verschwiegen hat, obgleich feststand, dass sie auf Grund der Schwangerschaft während eines wesentlichen Teil der Vertragszeit nicht würde arbeiten können. Nach Auffassung des BAG[310] darf eine vorstellige Arbeitnehmerin die Frage nach einer Schwangerschaft daher bewusst falsch beantworten, wenn durch die Schwangerschaft ihre Arbeitsleistung nicht schlechthin unverwertbar wird. Kann sie ihrer Arbeit trotz Schwangerschaft uneingeschränkt nachgehen, so ist eine Frage hierzu unzulässig. 12

---

307 Palandt/*Ellenberger* § 123 BGB Rdnr. 5; BAG, Urteil v. 06.09.2012, Az.: 2 AZR 270/11, juris – Rdnr. 25; BAG, Urteil v. 12.05.2011, Az.: 2 AZR 479/09, juris – Rdnr. 41; jeweils m.w.N; BAG, Urteil v. 20.03.2014, Az.: 2 AZR 1071/12, juris – Rdnr. 30 = BAGE 147, 358–372.

308 BAG, Urteil v. 6.09.2012, Az.: 2 AZR 270/11, juris – Rdnr. 24; BAG, Urteil v. 7.07.2011, Az.: 2 AZR 396/10, juris – Rdnr. 16; BAG, Urteil v. 20.03.2014, Az.: 2 AZR 1071/12, juris = BAGE 147, 358–372, Rdnr. 28.

309 EuGH, Urteil v. 05.05.1994, Az.: C-421/92 *(Habermann-Beltermann-Entscheidung)*, juris = NZA 1994, 609; EuGH, Urteil v. 14.07.1994, Az.: C-32/93; juris = BB 1994, 1998 und EuGH, Urteil v. 04.10.2001, Az.: C-438/99, juris = EzA § 611a BGB Nr. 17.

310 BAG, Urteil v. 06.02.2003, Az.: 2 AZR 621/01, juris – Rdnr. 16= BAGE 104, 304–308.

13 Eine Pflicht zur Offenbarung einer Schwerbehinderung schon bei einer Bewerbung besteht grundsätzlich nicht, ebenso wenig wie ein grundsätzliches Fragerecht des Arbeitgebers.[311] Allerdings ist die Frage des Arbeitgebers nach der Schwerbehinderung bzw. einem diesbezüglich gestellten Antrag im bestehenden Arbeitsverhältnis jedenfalls nach sechs Monaten, d. h. ggf. nach Erwerb des Behindertenschutzes gemäß §§ 85 ff. SGB IX, zulässig[312] und muss wahrheitsgemäß beantwortet werden. Ebenfalls können Fragen nach Vorstrafen und Aidserkrankungen zulässig sein. Die Frage nach einer HIV-Infektion wird dagegen erst als zulässig angesehen, wenn dadurch die Arbeit nicht beeinträchtigt wird.

14 Letztlich gibt es kein eindeutiges Maß für eine zulässige Frage. Inhalt und Reichweite des dem Arbeitgeber zustehenden Fragerechts bestimmen sich außerhalb spezialgesetzlicher Regelungen nach dem Ergebnis der durchzuführenden Interessenabwägung. In die Abwägung einzubeziehen sind auf Seiten des Arbeitnehmers insbesondere sein allgemeines Persönlichkeitsrecht, welches aus Art. 2 i Abs. 1 i. V. m. Art. 1 GG resultiert. Dieses umfasst als Rahmenrecht u. a. den Schutz der informationellen Selbstbestimmung sowie der Intimsphäre. Ein Fragerecht des Arbeitgebers besteht daher nur, wenn die Beantwortung der Frage für das Arbeitsverhältnis bzw. seine Eingehung von wesentlicher Bedeutung ist, also einen unmittelbaren Sachzusammenhang zur ausgeübten Tätigkeit aufweist[313] und hinter dem Informationsbedürfnis des Arbeitgebers das Interesse des Arbeitnehmers am Schutz seines Persönlichkeitsrechts und an der Unverletzbarkeit seiner Individualsphäre zurücktritt.[314]

15 Das Verschweigen von Tatsachen führt nur dann zu einer Anfechtungsmöglichkeit für den Arbeitgeber, wenn eine Pflicht für den sich bewerbenden Arbeitnehmer besteht, seinen zukünftigen Arbeitgeber über spezielle Umstände seiner Person aufzuklären.

16 Dies wird seitens der Rechtsprechung beispielsweise dann angenommen, wenn der Arbeitnehmer auf Grund seiner verschwiegenen Eigenschaften gar nicht seiner arbeitsvertraglich vereinbarten Leistungspflicht nachkommen könnte.

---

311 vgl. BAG, Urteil v. 26.06.2014, Az.: 8 AZR 547/13, juris – Rdnr. 53; BAG, Urteil v. 16.02.2012, Az.: 6 AZR 553/10, juris = BAGE 141, 1; BAG, Urteil v. 18.09.2014, Az.: 8 AZR 759/13, juris – Rdnr. 40.

312 BAG, Urteil v. 16.02.2012, Az.: 6 AZR 553/10, juris – Rdnr. 11 = BAGE 141, 1–15.

313 BAG, Urteil v. 05.12.1957, Az.: 1 AZR 594/56, juris; BAG, Urteil v. 06.09.2012, Az.: 2 AZR 270/11, juris.

314 BAG, Urteil v. 07.06.1984, Az.: 2 AZR 270/83, juris.

6.2.2 Widerrechtliche Drohung, § 123 2. Altern. BGB

Eine Anfechtungsmöglichkeit besteht auch bei einer widerrechtlichen Drohung. 17
Eine widerrechtliche Drohung wird dann angenommen, wenn dem Vertragspartner für den Fall des Nichteingehens des Vertrages ein Nachteil angekündigt wird.

6.2.3 Erklärungs- und Inhaltsirrtum, § 119 Abs. 1 BGB

Weiterhin besteht eine Anfechtungsmöglichkeit, wenn sich einer der Vertrags- 18
parteien in einem Erklärungs- oder Inhaltsirrtum nach § 119 BGB befindet.

Von einem Erklärungsirrtum ist auszugehen, wenn die Erklärung anders 19
lautete, als der Erklärende sie beabsichtigt hatte, der Erklärende sich z. B. verspricht oder verschreibt.

Von einem Inhaltsirrtum ist auszugehen, wenn die abgegebene Erklärung 20
dem entspricht, was der Erklärende wollte, die Erklärung jedoch objektiv, d. h. aus Sicht eines objektiven Dritten in Person des Erklärungsempfängers, nicht dem zum Zeitpunkt der Erklärung subjektiv gewolltem des Erklärenden entspricht.

6.2.4 Eigenschaftsirrtum (119 Abs. 2 BGB)

Ebenfalls sind die Fälle denkbar, in denen ein Arbeitgeber einem Eigenschafts- 21
irrtum unterliegt. Der Arbeitnehmer wirkt zwar hierbei nicht auf den Arbeitgeber ein und ist auch nicht für dessen Fehlvorstellung verantwortlich, jedoch stellt sich der zukünftige Arbeitgeber eine nicht vorliegende Eigenschaft von dem Bewerber vor. Eigenschaftsirrtümer sind nur über verkehrswesentliche Eigenschaften einer Person möglich, die eine gewisse Dauer haben.

Die Schwangerschaft als nur vorübergehender Zustand gehört grundsätzlich 22
nicht hierzu.[315] Es wurde in Literatur und Rechtsprechung jedoch vertreten, dass Schwangerschaften hierunter fallen, wenn die Arbeitsleistung unverwertbar wird. Wurde z. B. eine Schwangere nicht nach einer bestehenden Schwangerschaft gefragt oder war die Frau zum Zeitpunkt der Einstellungsverhandlungen, insbesondere bei Vertragsabschluss ihre (bereits bestehende) Schwangerschaft noch nicht bekannt, so dass sie entsprechende Fragen des Arbeitgebers, so sie denn überhaupt gestellt werden durften, guten Gewissens mit „ja" beantworten konnte und soll diese auf Grundlage des NV Bühne in einem befristeten Arbeitsverhält-

315 Ausführlich Roos/Bieresborn/*Evers-Vosgerau* MuSchG/BEEG § 9 Rdnr. 52 m. w. N.

nis als Tänzerin arbeiten, dann ist die Schwangerschaft eine verkehrswesentliche Eigenschaft. Der Arbeitgeber denkt auf Grund der zu besetzenden Tätigkeit, die sich bewerbende Frau sei nicht schwanger. Da Frauen während einer Schwangerschaft nachts nicht arbeiten dürfen, ist ihre Arbeitsleistung unverwertbar und ihr Arbeitgeber befindet sich in einem Irrtum über die bestehende Schwangerschaft. Eine Anfechtung wäre somit möglich.

23 Nach der neuen Literatur und scheidet die Irrtumsanfechtung nach § 119 Abs. 2 BGB in der Regel aus, selbst wenn nach Zweck, Art und Dauer des Arbeitsverhältnisses die Beschäftigung sinnentleert wäre, z. B. als Aushilfskraft oder für die Dauer der Saison, selbst wenn die auf der Schwangerschaft beruhenden Freistellungen von der Arbeit (Beschäftigungsverbote) dazu führen, dass die Arbeitnehmerin während erheblicher Zeit nicht zur Verfügung steht und dadurch der mit der Einstellung verfolgte Zweck wesentlich beeinträchtigt wird.[316]

24 Ebenfalls kann hierunter eine Schwerbehinderung fallen, wenn diese Ihre Arbeitstätigkeit wesentlich einschränkt.

25 Das Anfechtungsrecht kann jedoch entfallen, wenn der Anfechtungsgrund im Zeitpunkt der Geltendmachung nicht mehr besteht, in einem solchen Fall kann die Berufung wegen Rechtsmissbrauchs unzulässig sein.[317]

6.2.5 Erklärungsfrist

26 Wie im allgemeinen Vertragsrecht auch, ist das Anfechtungsrecht des Arbeitgebers/des Arbeitnehmers zeitlich begrenzt.

27 In den Fällen der arglistigen Täuschung oder der widerrechtlichen Drohung beträgt die Anfechtungsfrist ein Jahr und beginnt ab dem Zeitpunkt der Drohung oder Täuschung.

28 Liegt hingegen ein Erklärungs-, Inhalts- oder Eigenschaftsirrtum vor, so hat die Anfechtung „ohne schuldhaftes Zögern“ (unverzüglich) ab dem Zeitpunkt der Kenntnis des Anfechtungsgrundes zu erfolgen (§ 121 Abs. 1 BGB). Unverzüglich heißt in diesem Sinn innerhalb einer nach den Umständen des Einzelfalls zu bemessenden Prüfungs- und Überlegungsfrist, deren Obergrenze im Regelfall

---

316 BAG, Urteil v. 06.02.2003, EzA § 123 2002 Nr. 2; Roos/Bieresborn/*Evers-Vosgerau* MuSchG/BEEG § 9 Rdnr. 54 m. w. N.

317 BAG, Urteil v. 12.02.1970, Az.: 2 AZR 184/69; juris = BAGE 22, 278 = AP Nr. 17 zu § 123 BGB; BAG, Urteil v. 18.09.1987, Az.: 7 AZR 507,86, juris = AP Nr. 32 zu § 123 BGB, Roos/Bieresborn/*Evers-Vosgerau* MuSchG/BEEG § 9 Rdnr. 55.

zwei Wochen beträgt.[318] Das wäre z. B. der Tag, an dem der Arbeitgeber von der Schwangerschaft der eingestellten Tänzerin erfahren hat.

6.2.6 Rechtsfolgen einer Anfechtung

Grundsätzlich lässt die zivilrechtliche Anfechtung einen Vertrag von Beginn an entfallen, da der zur Anfechtung berechtigende Fehler bereits bei der Vertragsbegründung entstanden ist. Der Vertrag wird dann so behandelt, als hätte er nie wirksam zwischen den Parteien bestanden. Die Anfechtung wirkt demgemäß rückwirkend „ex tunc". 29

Sofern der Arbeitsvertrag noch nicht in Vollzug gesetzt wurde, gilt diese Regelung des allgemeinen Vertragsrechts ebenfalls bei einer Anfechtung eines Arbeitsvertrages. 30

Erfolgt die Anfechtung des Arbeitgebers erst nach Aufnahme der Tätigkeit durch den Arbeitnehmer, hat die Anfechtung die gleiche Wirkung wie eine Kündigung, d. h. sie löst den Arbeitsvertrag nur für die Zukunft auf. 31

Die Rechtsprechung nimmt eine beschränkte Rückwirkung der Anfechtung an, wenn der Arbeitnehmer zwar mit der Tätigkeit begonnen, diese dann aber z. B. krankheitsbedingt wieder eingestellt hat. In einem solchen Fall soll die Anfechtung zwar nicht den Arbeitsvertrag von Anfang an entfallen lassen, aber bis zum Zeitpunkt zurückwirken, in dem der Arbeitnehmer nicht mehr gearbeitet hat. 32

Im Falle einer Anfechtung kann der Anfechtende zum Schadensersatz nach §122 BGB verpflichtet sein. Der Umfang des Ersatzanspruches ist auch hier beschränkt auf den Vertrauensschaden, d. h. die Nachteile, die durch das Vertrauen auf die Gültigkeit der Erklärung entstanden sind (sog. negatives Interesses). Er umfasst die aufgewandten Kosten, die im Vertrauen auf die Gültigkeit des Geschäfts erbrachten Leistungen, aber auch die Nachteile, durch das Nichtzustandekommen eines möglichen anderen Geschäfts. Der Anspruch ist durch das Erfüllungsinteresse nach oben begrenzt.[319] 33

318 Palandt/*Ellenberger* BGB § 121, Rdnr. 3.
319 Palandt/*Ellenberger* BGB § 122 Rdnr. 4.

6.3 Wegfall der Geschäftsgrundlage

34 Geschäftsgrundlage sind die bei Abschluss eines Vertrags zu Tage getretenen, dem anderen Teil erkennbar gewordenen und von ihm nicht beanstandeten Vorstellungen der einen Partei oder die gemeinsamen Vorstellungen beider Parteien von dem Vorhandensein, Fortbestehen oder dem künftigen Eintritt bestimmter Umstände, sofern der Geschäftswille der Parteien auf diesen Vorstellungen aufbaut.[320] Entfällt die Geschäftsgrundlage infolge späterer Ereignisse oder wird sie wesentlich erschüttert, kann ein Anspruch auf Anpassung der Vertragsbedingungen entstehen. Das kommt in Betracht, wenn der betroffenen Partei das Festhalten an der vereinbarten Regelung nach den Grundsätzen von Treu und Glauben nicht zugemutet werden kann.[321] Die Grenzen des vertraglich übernommenen Risikos müssen überschritten sein mit der Folge, dass die benachteiligte Vertragspartei ihr Interesse in der getroffenen Vereinbarung nicht mehr auch nur annähernd gewahrt sehen kann.[322] Grund für einen Anspruch auf Anpassung des Vertrags kann auch eine Gesetzesänderung sein.[323]

35 In der Regel führt der Wegfall der Geschäftsgrundlage jedoch nicht zur Vertragsbeendigung eines Arbeitsverhältnisses. Regelmäßig berechtigt der Wegfall der Geschäftsgrundlage nur zum Ausspruch einer Kündigung. Nur wenn außergewöhnliche Verhältnisse eine an sich zulässige Kündigung unmöglich oder unzumutbar machen, können Arbeitsverhältnisse nach der Rechtsprechung des Bundesarbeitsgerichts ausnahmsweise ihr Ende finden, ohne dass eine entsprechende rechtsgestaltende Erklärung abgegeben wird. Dies kann z. B. der Fall sein, wenn die tatsächlichen Grundlagen für eine Beschäftigung des Arbeitnehmers durch äußere Ereignisse, die sowohl für den Arbeitgeber wie auch für den Arbeitnehmer erkennbar sind, dauernd oder doch auf unabsehbare Zeit weggefallen sind.[324]

---

320 BAG, Urteil v. 09.07.1986, Az.: 5 AZR 44/85, juris = BAGE 52, 273, 276.

321 BAG, Urteil v. 10.12.1992, Az.: 2 AZR 269/92, juris =AP BGB § 611 Arzt – Krankenhaus – Vertrag Nr. 27 = EzA BGB § 315 Nr. 40; BGH, Urteil v. 03.05.1995, Az.: XII ZR 29/94, juris = BGHZ 129, 297; BGH, Urteil v. 05.01.1995, Az.: IX ZR 85/94, juris = BGHZ 128, 230, 238 m. w. N.

322 BGH, Urteil v. 25.02.1993, Az.: VII ZR 24/92, juris = BGHZ 121, 378, 393; BAG, Urteil v. 11.03.1993, Az.: I ZR 27/91, juris = NJW-RR 1993, 880.

323 BAG, Urteil v. 14.03.2000, Az.: 9 AZR 493/99, juris – Rdnr. 24.

324 BAG, Urteil v. 06.08.1981, Az.: 6 AZR 391/78, juris – Rdnr. 22.

7 Beendigung des Bühnenarbeitsvertrages

7.1 Ordentliche Kündigung

Bühnenarbeitsverträge können sowohl befristet als auch unbefristet abgeschlossen werden. 1

Der Regelfall bei Bühnenarbeitsverträgen mit künstlerischem Personal ist 2
der befristete Arbeitsvertrag, und zwar entweder bezogen auf die Laufzeit eines Stückes, eine Teilspielzeit oder auf eine oder mehrere Spielzeiten. Unterfällt der Arbeitsvertrag dem NV Bühne, so handelt es sich um einen Zeitvertrag (§ 2 Abs. 2 NV Bühne). Der befristete Vertrag verlängert sich, wenn er für mindestens eine Spielzeit abgeschlossen wurde um jeweils eine Spielzeit, wenn nicht zu vor eine sog. „Nichtverlängerungsmitteilung" ausgesprochen wurde (vgl. z. B. § 61 Abs. 2 NV Bühne). Auch hier handelt es sich um einen (ggf. mehrfach verlängerten) befristeten Arbeitsvertrag.

Wie bei allen befristeten Arbeitsverträgen ist nach § 15 Abs. 2 TzBfG die Mög- 3
lichkeit der ordentlichen Kündigung (für beide Vertragsparteien) grundsätzlich ausgeschlossen, es sei denn, diese ist im Arbeitsvertrag oder dem dem Arbeitsvertrag zu Grunde liegenden Tarifvertrag ausdrücklich vereinbart. Der NV Bühne sieht eine ordentliche Kündigung grundsätzlich nicht vor. Er schränkt darüber hinaus die Möglichkeit der Vereinbarung einer ordentlichen Kündigung ein, denn gemäß § 43 Abs. 1 NV Bühne kann das Recht zur ordentlichen Kündigung unter Abänderung des § 622 BGB nur mit einer Frist von 6 Wochen zum Schluss eines Vertragsjahres oder einer Spielzeit vereinbart werden.

Besteht ein Recht zur auflösenden Nichtverlängerungsmitteilung wegen §§ 61 4
Abs. 3, 69 Abs. 3, 83 Abs. 8 oder 96 Abs. 3 nicht und wird amts- oder betriebsärztlich festgestellt, dass eine dauerhafte Berufsunfähigkeit des Mitgliedes besteht, hat der Arbeitgeber nach § 43 Abs. 4 NV Bühne das Recht, den Arbeitsvertrag mit einer Frist von 6 Wochen zum Spielzeitende ordentlich zu kündigen, ohne dass es einer gesonderten arbeitsvertraglichen Vereinbarung des Rechts der ordentlichen Kündigung bedarf.

Der Musterarbeitsvertrag des NV Bühne (vgl. Anlage 2–6 NV Bühne) sieht 5
keine Möglichkeit der ordentlichen Kündigung vor. Bei Bühnenarbeitsverträgen mit künstlerischem Personal wird demgemäß in der Regel die Möglichkeit einer ordentlichen Kündigung nicht ausdrücklich vereinbart.

Liegt ein unbefristetes Arbeitsverhältnis vor, ist die ordentliche Kündigung 6
nach § 43 Abs. 2 und 4 NV Bühne möglich oder im Arbeitsvertrag z. B. nach § 43 Abs. 1 NV Bühne ausdrücklich vorbehalten worden, gelten die gleichen Regelungen, wie im „normalen" Arbeitsrecht.

7 Das heißt, neben dem allgemeinen Kündigungsschutz für Mitarbeiter/-innen außerhalb von Kleinbetrieben gelten für einige Gruppen von Beschäftigten Sonderregelungen wie beispielsweise für Betriebs- und Personalräte; werdende Mütter, Schwerbehinderte oder Eltern im Elternurlaub und Auszubildende.

7.1.1 Besonderer Kündigungsschutz

8 Neben den allgemeinen gesetzlichen Kündigungsschutz besteht für eine ganze Reihe Beschäftigter ein besonderer gesetzlicher oder tariflicher Kündigungsschutz, z. B.:

- Auszubildende genießen nach Ablauf der Probezeit einen besonderen Kündigungsschutz (§ 15 BBiG).
- Schwerbehinderte (§ 2 Abs. 2 SGB IX) und ihnen Gleichgestellte (§ 2 Abs. 3 SGB IX) genießen besonderen Kündigungsschutz bei jeder ordentlichen, außerordentlichen, „vorsorglichen" sowie Änderungskündigung (§ 85 ff. SGB IX). In jedem Fall ist die vorherige Zustimmung des Integrationsamtes erforderlich.
- Die Kündigung gegenüber einer Frau während der Schwangerschaft und bis zum Ablauf von 4 Monaten nach der Entbindung ist unzulässig, wenn dem Arbeitgeber zum Zeitpunkt der Kündigung die Schwangerschaft oder Entbindung bekannt war, oder innerhalb von zwei Wochen nach Zugang der Kündigung mitgeteilt wird (§ 9 MuSchG).
- Entsprechendes gilt für Mitarbeiter in der Elternzeit (§ 18 Bundeselterngeld- und Elternzeitgesetz (BEEG)).
- Mitarbeiter die einen nahen Angehörigen nach § 2 Pflegezeitgesetz (PflegeZG) kurzzeitig in häuslicher Umgebung pflegen oder Pflegezeit nach § 3 PflegeZG in Anspruch nehmen, haben Kündigungsschutz von dem Zeitpunkt der Antragstellung an bis zur Beendigung der Pflege nach § 5 PflegeZG.
- Auch aus Anlass eines Betriebsübergangs darf ein Arbeitsverhältnis nicht gekündigt werden (§ 613 a Abs. 4 BGB).
- Ein befristet Beschäftigter genießt Kündigungsschutz, wenn die Möglichkeit der Kündigung nicht ausdrücklich im Arbeitsvertrag geregelt ist (§ 11 TzBfG).
- Denkbar ist auch ein Sonderkündigungsschutz auf Grund eines Tarifvertrages, einer Dienstvereinbarung oder einer Vereinbarung im Arbeitsvertrag.

7.1.2 Allgemeiner gesetzlicher Kündigungsschutz

9 Der allgemeine Kündigungsschutz wird durch das Kündigungsschutzgesetz (KSchG) gewährleistet. Dieses Gesetz stellt alle Arbeitnehmer und damit auch

künstlerisches Bühnenpersonal (unabhängig von einer ggf. vereinbarten Probezeit) nach sechsmonatiger Betriebszugehörigkeit unter seinen Schutz (§ 1 Abs. 1 KSchG).

Voraussetzung ist nach § 23 Abs. 1 KSchG, dass in dem Betrieb oder der Verwaltung des privaten oder öffentlichen Rechts in der Regel entweder mehr als 5 Arbeitnehmer beschäftigt werden, die bereits vor dem 01.01.2004 ihre Tätigkeit aufgenommen haben und noch beschäftigt sind oder – bei Beschäftigungsaufnahme nach dem 01.01.2004 – mehr als 10 Mitarbeiter beschäftigt werden. 10

Bei der Berechnung des Schwellenwertes werden Teilzeitkräfte bei einer wöchentlichen Arbeitszeit von bis zu 20 Stunden mit 0,5, bis zu 30 Stunden mit 0,75 und bei mehr als 30 Stunden voll berücksichtigt. Nicht berücksichtigt werden die zu ihrer Berufsausbildung Beschäftigte, sowie die Organe der Gesellschaft, bspw. Geschäftsführer einer GmbH. 11

Der allgemeine Kündigungsschutz nach § 1 Abs. 2 KSchG besteht darin, dass eine Kündigung, um rechtswirksam zu sein, sozial gerechtfertigt sein muss. Sozial gerechtfertigt ist eine Kündigung dann, wenn verhaltensbedingte (Verstoß gegen Vertragspflichten), personenbedingte (unverschuldete Unfähigkeit die Leistung zu erfüllen, z. B. häufige krankheitsbedingte Fehlzeiten, lang anhaltende Krankheit, Führerscheinentzug bei Tätigkeiten, die die Nutzung eines Pkws erfordern) oder betriebsbedingte (z. B. Wegfall des Arbeitskräftebedarfs, Betriebsstilllegung, -einstellung) Gründe vorliegen und nach einer umfassenden Abwägung zwischen Arbeitgeber und Arbeitnehmerinteressen die Kündigung als letztes Mittel erscheint und andere Möglichkeiten, wie beispielsweise die Weiterbeschäftigung auf einem anderen (freien) Arbeitsplatz oder zu geänderten Bedingungen nicht in Betracht kommen. 12

Ist eine Kündigung eines Arbeitsnehmers, der dem allgemeinen Kündigungsschutz unterliegt, weder verhaltens-, personen- noch betriebsbedingt, dann ist sie sozial ungerechtfertigt und damit rechtswidrig. 13

Eine ausgesprochene Kündigung ist jedoch nur dann unwirksam, wenn dies in einem rechtzeitig eingeleiteten Verfahren vor dem Arbeitsgericht rechtskräftig festgestellt wurde, vgl. § 4 KSchG. 14

7.1.2.1 Verhaltensbedingte Kündigung

Voraussetzung für eine verhaltensbedingte Kündigung eines dem allgemeinen gesetzlichen Kündigungsschutz unterliegenden Arbeitnehmers ist eine Störung im Leistungs- oder im Vertrauensbereich, d. h. ein schuldhafter Pflichtverstoß des Arbeitnehmers. 15

16 Mögliche Gründe (beispielhaft):
- Regelmäßiges Zuspätkommen
- Wiederholte verspätete Vorlage der Arbeitsunfähigkeitsbescheinigung
- Unentschuldigtes Fehlen
- „Dienst nach Vorschrift"
- Verstoß gegen Dienstanweisungen
- Einnahme von Rauschmittel, die die Arbeitsleistung des Mitarbeiters beeinträchtigen oder eine für die Einrichtung belastende Gefahrenquelle darstellen
- Beleidigung des Dienstgebers oder des Vorgesetzten
- Tätlichkeiten in der Einrichtung
- Diebstähle (auch geringwertiger Sachen)
- Schuldhafte Schlecht- oder Minderleistungen im Vergleich zu einem durchschnittlichen Arbeitnehmer
- Arbeitsverweigerung (z. B. angekündigte Arbeitsunfähigkeit, ernsthafte Verweigerung der Ausführung einer Dienstanweisung)
- Falsche Abrechnung von Dienstreisen zu Lasten des Dienstgebers
- Arbeitszeitbetrug

17 Eine Kündigung ist durch Gründe im Verhalten des Arbeitnehmers i. S. v. § 1 Abs. 2 Satz 1 KSchG „bedingt", wenn dieser seine vertraglichen Haupt- oder Nebenpflichten erheblich und in der Regel schuldhaft verletzt hat und eine dauerhaft störungsfreie Vertragserfüllung in Zukunft nicht mehr zu erwarten steht. Dann kann dem Risiko künftiger Störungen nur durch die (fristgemäße) Beendigung des Arbeitsverhältnisses begegnet werden. Das wiederum ist nicht der Fall, wenn schon mildere Mittel und Reaktionen von Seiten des Arbeitgebers – etwa eine Abmahnung oder eine Versetzung – geeignet gewesen wären, beim Arbeitnehmer künftige Vertragstreue zu bewirken.[325] Beruht die Vertragspflichtverletzung auf steuerbarem Verhalten des Arbeitnehmers, ist grundsätzlich davon auszugehen, dass sein künftiges Verhalten bereits durch die Androhung von Folgen für den Bestand des Arbeitsverhältnisses positiv beeinflusst werden kann. Einer Abmahnung bedarf es nach Maßgabe des auch in § 314 Abs. 2 i. V. m. § 323 Abs. 2 BGB zum Ausdruck kommenden Verhältnismäßigkeitsgrundsatzes demnach nur dann nicht, wenn eine Verhaltensänderung in Zukunft auch nach Abmahnung nicht zu erwarten steht oder es sich um eine so schwere Pflichtverletzung handelt, dass selbst deren erstmalige Hinnahme dem Arbeitgeber nach objektiven Maßstäben

325 BAG, Urteil v. 27.09.2012, Az.: 2 AZR 811/11, juris – Rdnr. 16 m. w. N.; BAG, Urteil v. 9.06.2011, Az.: 2 AZR 284/10, Rdnr. juris – 34 m. w. N.

unzumutbar und damit offensichtlich – auch für den Arbeitnehmer erkennbar – ausgeschlossen ist.[326]

Vertragsverletzungen im Geltungsbereich des KSchG sind daher relevant, wenn der Arbeitgeber daraus schließen kann, der Vertrag werde auch in Zukunft (erheblich) gestört. Zur sozialen Rechtfertigung gehört daher eine negative Prognose. Anknüpfungspunkt ist die bereits erfolgte Vertragsstörung. Diese negative Prognose kann sich daraus ergeben, dass der Verstoß so gravierend war, dass daraus geschlossen werden kann, es werde auch zukünftig zu derartigen Vertragsstörungen kommen. Ist der Verstoß nicht so gravierend, so ergibt sich die negative Prognose aus dem erneuten Verstoß trotz (wirksamer) Abmahnung. Der Arbeitgeber kann daher regelmäßig erst dann kündigen, wenn er zuvor (mindestens) eine wirksame Abmahnung zu einem gleichartigen Verstoß ausgesprochen hat. 18

Die (nicht mitbestimmungspflichtige) Abmahnung hat zwei Funktionen: Sie soll dem Arbeitnehmer verdeutlichen, welches Verhalten bzw. welche Leistung von ihm verlangt wird (Hinweis), zum anderen soll sie ihn warnen. Eine Abmahnung setzt deswegen eine genaue Beschreibung des angegriffenen Verhaltens (oder Unterlassens) voraus. Weiterhin muss deutlich gemacht werden, welches Verhalten vom Arbeitnehmer verlangt wird. Schließlich muss eine Abmahnung den Hinweis enthalten, dass der Arbeitnehmer im Wiederholungsfalle mit arbeitsrechtlichen Konsequenzen rechnen muss. Ein ausdrücklicher Hinweis auf eine mögliche Beendigung des Arbeitsverhältnisses ist ebenso wie die Bezeichnung als Abmahnung nicht zwingend erforderlich. 19

Nicht immer ist eine Abmahnung erforderlich, so beispielsweise insbesondere dann nicht, wenn davon ausgegangen werden kann, dass dem Arbeitnehmer die Vertragswidrigkeit seines Verhalten bekannt ist (Beispiele: schwere Beleidigung, Tätlichkeit, Diebstahl). 20

Zu unterscheiden ist auch, ob es sich um eine sog. Tatkündigung handelt oder eine Verdachtskündigung. 21

Nicht nur bei Nachweis einer schwerwiegenden Vertragsverletzung ist eine verhaltensbedingte Kündigung möglich (Tatkündigung). Bereits der auf objektive Tatsachen und Verdachtsmomente gegründete Verdacht einer schwerwiegenden vertragswidrigen Handlung (z. B. Eigentums- und Vermögensdelikte) des Arbeitnehmers kann eine ordentliche/außerordentliche Kündigung rechtfertigen. 22

Eine Verdachtskündigung ist auch als ordentliche Kündigung sozial nur gerechtfertigt, wenn Tatsachen vorliegen, die zugleich eine außerordentliche, 23

---

326 BAG, Urteil v. 25.10.2012, Az.: 2 AZR 495/11, juris – Rdnr. 16; BAG, Urteil v. 9.06.2011, Az.: 2 AZR 284/10, juris – Rdnr. 35; BAG, Urteil v. 23.01.2014, Az.: 2 AZR 638/13, juris – Rdnr. 16.

fristlose Kündigung gerechtfertigt hätten. Dies gilt zum einen für die Anforderungen an die Dringlichkeit des Verdachts als solchen. In dieser Hinsicht bestehen keine Unterschiede zwischen außerordentlicher und ordentlicher Kündigung. Für beide Kündigungsarten muss der Verdacht gleichermaßen erdrückend sein. Dies gilt zum anderen für die inhaltliche Bewertung des fraglichen Verhaltens und die Interessenabwägung. Auch im Rahmen von § 1 Abs. 2 KSchG müssen sie zu dem Ergebnis führen, dass das Verhalten, dessen der Arbeitnehmer verdächtig ist, – wäre es erwiesen – sogar eine sofortige Beendigung des Arbeitsverhältnisses rechtfertigen würde. Nur unter dieser Voraussetzung ist die Kündigung schon durch den bloßen Verdacht pflichtwidrigen Verhaltens i. S. v. § 1 Abs. 2 KSchG „bedingt".[327] Der betroffene Arbeitnehmer ist vor Ausspruch der Verdachtskündigung zwingend anzuhören (vgl. Rdnr. 61)

24 Abschließend hat seitens des Arbeitgebers eine Interessenabwägung zu erfolgen, bei der die Interessen des Arbeitgebers an der Beendigung des Arbeitsverhältnisses mit denen des Arbeitnehmers an dem Fortbestand des Arbeitsverhältnisses abgewogen werden. In diesem Zusammenhang ist auch zu prüfen, ob ggf. eine Versetzung oder aber eine Änderungskündigung als milderes Mittel in Betracht kommt.

7.1.2.2 Personenbedingte Kündigung:

25 Auch Gründe in der Person eines dem allgemeinen gesetzlichen Kündigungsschutz unterliegenden Arbeitnehmers können eine ordentliche Kündigung rechtfertigen.

26 Personenbedingte Gründe sind von dessen Willen oder Verhalten nicht beeinflussbar. Es bedarf daher keiner vorausgehenden Abmahnung.

27 Gründe (beispielhaft):

- Mangelnde körperliche, geistige, fachliche oder charakterliche Eignung und deutliche Leistungsminderung auf Grund dieser Tatsachen („Der Arbeitnehmer will, kann aber nicht")
- Krankheitsbedingte Leistungsminderung (Der Mitarbeiter erscheint zwar am Arbeitsplatz, ist jedoch krankheitsbedingt nicht in der Lage, seine vertraglich geschuldete Arbeitsleistung in quantitativer und qualitativer Hinsicht zu erfüllen.)
- Prognose einer lang andauernden Erkrankung
- Prognose zukünftiger häufiger Kurzerkrankungen

327 BAG, Urteil v. 21.11.2013, Az.: 2 AZR 797/11, juris – Rdnr. 32 = BAGE 146, 303–322.

- Entzug einer besonderen Erlaubnis zur Ausübung bestimmter Tätigkeiten (Führerschein, Arbeitserlaubnis, Gesundheitszeugnis etc.)

Eine personenbedingte Kündigung ist keine Sanktionierung des Arbeitnehmers, 28
sondern die Bewahrung des Arbeitgebers vor unzumutbaren Belastungen in der Zukunft.

Bei häufigen (Kurz-)Erkrankungen[328] wie auch bei einer langandauernden 29
Erkrankung[329] die zur Arbeitsunfähigkeit führen, ist, damit sie eine Kündigung sozial rechtfertigen können, zunächst eine negative Gesundheitsprognose erforderlich, d. h. es müssen im Kündigungszeitpunkt objektive Tatsachen vorliegen, die die Besorgnis weiterer Erkrankungen im bisherigen Umfang befürchten lassen – erste Stufe. Die prognostizierten Fehlzeiten müssen außerdem zu einer erheblichen Beeinträchtigung der betrieblichen Interessen führen, was als Teil des Kündigungsgrundes – zweite Stufe – festzustellen ist. Diese Beeinträchtigungen können sowohl in Betriebsablaufstörungen als auch in zu erwartenden Entgeltfortzahlungskosten liegen, sofern die Zahlungen einen Umfang von sechs Wochen übersteigen.[330] Im Rahmen der gebotenen Interessenabwägung – dritte Stufe – ist schließlich zu prüfen, ob die Beeinträchtigungen vom Arbeitgeber gleichwohl hingenommen werden müssen.[331] Je länger das Arbeitsverhältnis störungsfrei verlaufen ist, desto gewichtiger muss das Maß der Betriebsbeeinträchtigung sein.

Von einer negativen Prognose bei einer langandauernden Erkrankung (erste 30
Stufe) ist auszugehen, wenn auf Grund der bisherigen Erkrankungen mit einer Besserung des Gesundheitszustandes innerhalb von 24 Monaten nicht gerechnet werden kann.[332]

Traten während der letzten Jahre jährlich mehrere (Kurz-)Erkrankungen auf, 31
spricht dies für eine entsprechende künftige Entwicklung des Krankenstandes. Es besteht eine negative Prognose, es sei denn, die Krankheiten sind ausgeheilt.[333] Einer negativen Prognose steht allerdings nicht entgegen, dass die Arbeitsunfähigkeitszeiten auf unterschiedlichen Erkrankungen beruhten. Selbst wenn

328 BAG, Urteil v. 20.11.2014, Az.: 2 AZR 755/13, juris – Rdnr. 16.

329 BAG, Urteil v. 08.11.2007, Az.: 2 AZR 425/06, juris – Rdnr. 13.

330 z. B. BAG, Urteil v. 10.12.2009, Az.: 2 AZR 400/08, juris – Rdnr. 15.

331 BAG, Urteil v. 10.12.2009, Az.: 2 AZR 400/08, juris – Rdnr. 15; BAG, Urteil v. 1.03.2007, Az.: 2 AZR 217/06, juris – Rdnr. 15 = BAGE 121, 335; BAG, Urteil v. 20.11.2014, Az.: 2 AZR 755/13, juris – Rdnr. 16.

332 BAG, Urteil v. 08.11.2007, Az.: 2 AZR 425/06, juris – Rdnr. 15.

333 BAG, Urteil v. 01.03.2007, Az.: 2 AZR 217/06, juris – Rdnr. 17 = BAGE 121, 335; BAG, Urteil v. 10.11.2005, Az.: 2 AZR 44/05, juris – Rdnr. 20.

die Krankheitsursachen verschieden sind, können sie doch auf eine allgemeine Krankheitsanfälligkeit hindeuten, die prognostisch andauert.[334]

32 Allerdings ist eine aus Gründen in der Person des Arbeitnehmers ausgesprochene Kündigung unverhältnismäßig und damit rechtsunwirksam, wenn sie zur Beseitigung der eingetretenen Vertragsstörung nicht geeignet oder nicht erforderlich ist. Eine Kündigung ist durch Krankheit nicht „bedingt", wenn es angemessene mildere Mittel zur Vermeidung oder Verringerung künftiger Fehlzeiten gibt.[335] Mildere Mittel können insbesondere die Umgestaltung des bisherigen Arbeitsbereichs oder die Weiterbeschäftigung des Arbeitnehmers auf einem anderen – leidensgerechten – Arbeitsplatz sein.[336] Darüber hinaus kann sich aus dem Grundsatz der Verhältnismäßigkeit die Verpflichtung des Arbeitgebers ergeben, dem Arbeitnehmer vor einer Kündigung die Chance zu bieten, ggf. spezifische Behandlungsmaßnahmen zu ergreifen, um dadurch die Wahrscheinlichkeit künftiger Fehlzeiten auszuschließen.[337] In diesem Zusammenhang kommt dem Betrieblichen Eingliederungsmanagementverfahren nach § 84 Abs. 2 SGB IX erhebliche Bedeutung zu. Die Durchführung des „BEM" ist zwar keine formelle Wirksamkeitsvoraussetzung für eine Kündigung. § 84 Abs. 2 SGB IX ist dennoch kein bloßer Programmsatz. Die Norm konkretisiert den Verhältnismäßigkeitsgrundsatz. Mit Hilfe des „BEM" können möglicherweise mildere Mittel als die Kündigung erkannt und entwickelt werden.[338] Hat der Arbeitgeber die Durchführung eines „BEM" nicht zumindest wirksam angeboten, ist es an ihm im Kündigungsschutzverfahren nachzuweisen, dass im Rahmen des „BEM" keine zumutbaren milderen Mittel erkannt und umgesetzt hätten werden können. Zumutbar wiederum ist nur eine Beachtung solcher Maßnahmen, deren Zweckmäßigkeit hinreichend gesichert ist. Auch muss deren tatsächliche Durchführung objektiv überprüft werden können. Beides trifft auf gesetzlich vorgesehene Leistungen und Hilfen, die der Prävention und/oder Rehabilitation dienen, typischerweise zu. Solche Maßnahmen muss der Arbeitgeber deshalb grundsätzlich in Erwägung ziehen.[339]

---

334 BAG, Urteil v. 10.11.2005, Az.: 2 AZR 44/05, juris – Rdnr. 26.

335 vgl. BAG, Urteil v. 19.04.2007, Az.: 2 AZR 239/06, juris – Rdnr. 24.

336 vgl. BAG, Urteil v. 20.03.2014, Az.: 2 AZR 565/12, juris – Rdnr. 29 m. w. N.

337 BAG, Urteil v. 20.11.2014, Az.: 2 AZR 755/13, juris – Rdnr. 24; vgl. BAG, Urteil v. 17.06.1999, Az.: 2 AZR 639/98 – zu II 2 b bb der Gründe, juris = BAGE 92, 96; KR/*Griebeling* § 1 KSchG Rdnr. 286.

338 BAG, Urteil v. 20.03.2014, Az.: 2 AZR 565/12, juris – Rdnr. 34; BAG, Urteil v. 24.03.2011, Az.: 2 AZR 170/10, juris – Rdnr. 20.

339 BAG, Urteil v. 20.11.2014, Az.: 2 AZR 755/13, juris – Rdnr. 50.

Ist der Arbeitnehmer innerhalb von 12 Monaten insgesamt länger als sechs Wochen wegen Krankheit arbeitsunfähig ist der Arbeitgeber nach § 84 Abs. 2 Satz 1 SGB IX verpflichtet, ein betriebliches „BEM" durchzuführen. 33

§ 84 Abs. 2 SGB IX schreibt weder konkrete Maßnahmen noch ein bestimmtes Verfahren vor. Das „BEM" ist ein rechtlich regulierter verlaufs- und ergebnisoffener „Suchprozess", der individuell angepasste Lösungen zur Vermeidung zukünftiger Arbeitsunfähigkeit ermitteln soll.[340] Allerdings lassen sich aus dem Gesetz gewisse Mindeststandards ableiten. Zu diesen gehört es, die gesetzlich dafür vorgesehenen Stellen, Ämter und Personen zu beteiligen und zusammen mit ihnen eine an den Zielen des „BEM" orientierte Klärung ernsthaft zu versuchen. Ziel des „BEM" ist es festzustellen, auf Grund welcher gesundheitlichen Einschränkungen es zu den bisherigen Ausfallzeiten gekommen ist, und herauszufinden, ob Möglichkeiten bestehen, sie durch bestimmte Veränderungen künftig zu verringern, um so eine Kündigung zu vermeiden.[341] 34

Ein wirksames „BEM" setzt voraus, dass der Arbeitnehmer zuvor nach § 84 Abs. 2 Satz 3 SGB IX auf die Ziele des „BEM" sowie Art und Umfang der dabei erhobenen Daten durch den Arbeitgeber hingewiesen wurde.[342] Der Hinweis erfordert eine Darstellung der Ziele, die inhaltlich über eine bloße Bezugnahme auf die Vorschrift des § 84 Abs. 2 Satz 1 SGB IX hinausgeht.[343] Zu diesen Zielen rechnet die Klärung, wie die Arbeitsunfähigkeit möglichst überwunden, erneuter Arbeitsunfähigkeit vorgebeugt und wie das Arbeitsverhältnis erhalten werden kann.[344] Dem Arbeitnehmer muss verdeutlicht werden, dass es um die Grundlagen seiner Weiterbeschäftigung geht und dazu ein ergebnisoffenes Verfahren durchgeführt werden soll, in das auch er Vorschläge einbringen kann – und soll. Daneben ist ein Hinweis zur Datenerhebung und Datenverwendung erforderlich, der klarstellt, dass nur solche Daten erhoben werden, deren Kenntnis erforderlich ist, um ein zielführendes, der Gesundung und Gesunderhaltung des Betroffenen dienendes „BEM" durchführen zu können. Dem Arbeitnehmer muss mitgeteilt werden, welche Krankheitsdaten – als sensible Daten i. S. v. § 3 Abs. 9 BDSG – erhoben und gespeichert und inwieweit und für welche Zwecke sie dem Arbeitgeber zugänglich gemacht werden. Nur bei entsprechender Unterrichtung 35

340 BAG, Urteil v. 10.12.2009, Az.: 2 AZR 400/08, juris – Rdnr. 20.

341 BAG, Urteil v. 10.12.2009, Az.: 2 AZR 400/08, juris – Rdnr. 20; BAG, Urteil v. 20.11.2014, Az.: 2 AZR 755/13, juris – Rdnr. 30.

342 BAG, Urteil v. 24.03.2011, Az.: 2 AZR 170/10, juris – Rdnr. 23.

343 BVerwG, Urteil v. 23.06.2010, Az.: 6 P 8/09, juris – Rdnr. 52, = BVerwGE 137, 148.

344 vgl. BAG, Urteil v. 7.02.2012, Az.: 1 ABR 46/10, juris – Rdnr. 19 = BAGE 140, 350; Düwell in LPK-SGB IX 4. Aufl. § 84 Rdnr. 28.

kann vom Versuch der ordnungsgemäßen Durchführung eines „BEM“ die Rede sein.[345]

7.1.2.3 Betriebsbedingte Kündigung:

36 Eine ordentliche Kündigung des Arbeitgebers aus betrieblichen Gründen ist sozial gerechtfertigt, wenn dringende betriebliche Erfordernisse einer Weiterbeschäftigung ggf. auch unter geänderten Bedingungen des Arbeitnehmers entgegenstehen bzw. unzumutbar sind.

37 Gründe (beispielhaft):

- Arbeitsmangel
- Betriebseinschränkung
- Betriebsstilllegung (keine nur vorübergehende Schließung des Theaters)
- Rationalisierungsmaßnahmen
- Wegfall der Finanzierung
- „Druckkündigung“

38 Dringende betriebliche Erfordernisse i. S. v. § 1 Abs. 2 KSchG liegen vor, wenn die Umsetzung einer unternehmerischen (Organisations-)Entscheidung auf der betrieblichen Ebene spätestens mit Ablauf der Kündigungsfrist zu einem voraussichtlich dauerhaften Wegfall des Bedarfs an einer Beschäftigung des betroffenen Arbeitnehmers führt. Diese Prognose muss schon im Zeitpunkt des Zugangs der Kündigung objektiv berechtigt sein.[346]

39 Ein dringendes „betriebliches“ Erfordernis, das einer Weiterbeschäftigung entgegensteht, ist gegeben, wenn die Arbeitskraft des Arbeitnehmers im Betrieb nicht mehr gefordert ist. Der Arbeitgeber ist grundsätzlich nicht gehalten, nicht mehr benötigte Arbeitsplätze und Arbeitskräfte weiterhin zu besetzen bzw. zu beschäftigen. Dabei kommt es de lege lata nicht darauf an, ob die dem Wegfall des Beschäftigungsbedürfnisses zugrunde liegende unternehmerische (Organisations-)Entscheidung ihrerseits – etwa aus wirtschaftlichen Gründen – „dringend“ war oder die Existenz des Unternehmens auch ohne sie nicht gefährdet gewesen wäre.[347] In diesem Sinne ist die unternehmerische Entscheidung zur Umorganisation bis zur Grenze der offensichtlichen Unsachlichkeit, Unvernunft

345 BAG, Urteil v. 20.11.2014, Az.: 2 AZR 755/13, juris – Rdnr. 32.

346 BAG, Urteil v. 31.07.2014, Az.: 2 AZR 422/13, juris – Rdnr. 31; BAG, Urteil v. 23.02.2010, Az.: 2 AZR 268/08, juris – Rdnr. 17 = BAGE 133, 240.

347 BAG, Urteil v. 20.06.2013, Az.: 2 AZR 379/12, juris – Rdnr. 20 = BAGE 145, 265.

oder Willkür frei. Die unternehmerische Entscheidung den Betrieb einzuschränken, stillzulegen oder zu rationalisieren wird arbeitsgerichtlich grundsätzlich nicht überprüft.

Der Rechtsmäßigkeitskontrolle unterliegt jedoch die Umsetzung der unter- 40
nehmerischen Entscheidung. Der Arbeitgeber hat daher nachvollziehbar den Wegfall der tatsächlichen Beschäftigungsmöglichkeit darzustellen.

Für eine beschlossene und tatsächlich durchgeführte unternehmerische 41
Organisationsentscheidung spricht dabei die Vermutung, dass sie aus sachlichen – nicht zuletzt wirtschaftlichen – Gründen getroffen wurde und nicht auf Rechtsmissbrauch beruht.[348]

Hängt der Wegfall des Beschäftigungsbedarfs von einer solchen unterneh- 42
merisch-organisatorischen Maßnahme des Arbeitgebers ab, braucht diese bei Kündigungszugang noch nicht tatsächlich umgesetzt zu sein. Es genügt, dass sie sich konkret und greifbar abzeichnet. Dazu müssen – soweit die Kündigung ihren Grund in einer Änderung der betrieblichen Organisation hat – zumindest die Absicht und der Wille des Arbeitgebers, die fraglichen Maßnahmen vorzunehmen, schon vorhanden und abschließend gebildet worden sein. Andernfalls lässt sich im Zeitpunkt des Zugangs der Kündigung – auf den es dafür unverzichtbar ankommt – nicht hinreichend sicher prognostizieren, es werde bis zum Ablauf der Kündigungsfrist tatsächlich zum Wegfall des Beschäftigungsbedarfs kommen.[349]

Da der Arbeitgeber gemäß § 1 Abs. 2 Satz 4 KSchG die Tatsachen zu bewei- 43
sen hat, die die Kündigung bedingen, hat er die tatsächlichen Grundlagen für die Berechtigung der Prognose, bis spätestens zum Ablauf der Kündigungsfrist werde ein Beschäftigungsbedarf entfallen sein, von sich aus schlüssig vorzutragen. Zu diesen Tatsachen gehört der schon bei Kündigungszugang getroffene endgültige Entschluss zur Vornahme einer Maßnahme, die zu einem solchen Wegfall führen würde. Wie substantiiert der Vortrag zu erfolgen hat, hängt von der Einlassung des Arbeitnehmers ab. Zunächst genügt es, wenn der Arbeitgeber – zumindest konkludent – behauptet, er habe seine entsprechende Entscheidung schon vor Zugang der Kündigung getroffen. Wenn der Arbeitnehmer dies mit – in der Regel zunächst ausreichendem – Nichtwissen bestreitet, wird der Arbeitgeber nähere tatsächliche Einzelheiten darlegen müssen, aus denen unmittelbar oder mittelbar geschlossen werden kann, er habe die entsprechende Absicht bereits im

348 BAG, Urteil v. 31.07.2014, Az.: 2 AZR 422/13, juris – Rdnr. 31; BAG, Urteil v. 20.06.2013, Az.: 2 AZR 379/12, juris – Rdnr. 20 m. w. N.

349 BAG, Urteil v. 31.07.2014, Az.: 2 AZR 422/13, juris – Rdnr. 34; BAG, Urteil v. 20.02.2014, Az.: 2 AZR 346/12, juris – Rdnr. 18; BAG, Urteil v. 23.02.2010, Az.: 2 AZR 268/08, juris – Rdnr. 18 = BAGE 133, 240.

Kündigungszeitpunkt endgültig gehabt. Geht es dabei um den inneren Zustand einer einzelnen Person, wird sich das Gericht die Überzeugung von der Wahrheit der Behauptung – wie stets – nach § 286 ZPO bilden müssen. Soweit sich die innere Tatsache nach außen manifestiert hat, wird es ggf. Beweis über die Indiztatsachen erheben und diese würdigen müssen. Fehlt es an einer entsprechenden Offenbarung der unternehmerischen Entscheidung, wird es auf die genaue Darlegung des inneren Willensbildungsprozesses der betreffenden Person, die Schlüssigkeit ihrer Angaben und ihre Glaubwürdigkeit ankommen.[350]

44 Läuft die unternehmerische Entscheidung beispielsweise auf den Abbau einer Hierarchieebene oder die Streichung eines einzelnen Arbeitsplatzes hinaus verbunden mit einer Umverteilung der dem betroffenen Arbeitnehmer bisher zugewiesenen Aufgaben, muss der Arbeitgeber konkret erläutern, in welchem Umfang und auf Grund welcher Maßnahmen die bisher vom zu kündigenden Arbeitnehmer ausgeübten Tätigkeiten für diesen zukünftig entfallen. Der Arbeitgeber muss die Auswirkungen seiner unternehmerischen Vorgaben und Planungen auf das erwartete Arbeitsvolumen anhand einer schlüssigen Prognose im Einzelnen darstellen und angeben, wie die anfallenden Arbeiten vom verbliebenen Personal ohne überobligationsmäßige Leistungen, d. h. im Rahmen ihrer vertraglich geschuldeten regelmäßigen wöchentlichen Arbeitszeit erledigt werden können.

45 In welcher Weise ein Arbeitgeber darlegt, dass die Umverteilung von Arbeitsaufgaben nicht zu einer überobligatorischen Beanspruchung im Betrieb verbliebener Arbeitnehmer führt, bleibt ihm überlassen. Handelt es sich um nicht taktgebundene Arbeiten, muss nicht in jedem Fall und minutiös dargelegt werden, welche einzelnen Tätigkeiten die fraglichen Mitarbeiter künftig mit welchen Zeitanteilen täglich zu verrichten haben. Es kann ausreichend sein, wenn der Arbeitgeber die getroffenen Vereinbarungen zu Umfang und Verteilung der Arbeitszeit darstellt und Anhaltspunkte dafür darlegt, dass Freiräume für die Übernahme zusätzlicher Aufgaben vorhanden sind.

46 Kann nach alledem die Umsetzung einer unternehmerischen Entscheidung festgestellt werden, die zu einer Reduzierung des Arbeitskräftebedarfs führt, ist in einem weiteren Schritt zu prüfen, ob auf dem in Wegfall geratenen Arbeitsplatz mehrere Mitarbeiter im Rahmen des Direktionsrechts beschäftigt werden können. Ist dies der Fall, so ist eine Sozialauswahl der vergleichbaren Mitarbeiter nach Lebensalter, Betriebszugehörigkeit, Unterhaltsverpflichtungen und Schwerbehinderung erforderlich (§ 1 Abs. 3 KSchG). Keiner dieser Merkmale kommt eine

---

350 BAG, Urteil v. 31.07.2014, Az.: 2 AZR 422/13, juris – Rdnr. 36; BAG, Urteil v. 20.11.2014, Az.: 2 AZR 512/13, juris – Rdnr. 17.

herausragende Rolle in der Sozialauswahl zu, der Arbeitgeber ist in der Gewichtung weitestgehend frei. Üblich (aber nicht zwingend) ist die Anwendung eines sog. Punktesystems.

In einem weiteren Schritt ist zu prüfen, ob der zu kündigende Arbeitnehmer 47
auf einem anderen freien Arbeitsplatz, der nicht vergleichbar sein muss, weiterbeschäftigt werden kann. Ist dies der Fall, so ist die betriebsbedingte Kündigung unwirksam, denn es hätte als milderes Mittel eine Änderungskündigung ausgesprochen werden müssen. Dies selbst dann, wenn der Arbeitsplatz zuvor dem Mitarbeiter angeboten worden war und dieser ihn ablehnte!

Auch hier ist abschließend eine Interessenabwägung vorzunehmen. 48

Ein Sonderfall ist die sog. „**Druckkündigung**". Eine Druckkündigung liegt 49
vor, wenn Dritte unter Androhung von Nachteilen für den Arbeitgeber von diesem die Entlassung eines bestimmten Arbeitnehmers verlangen.

Ein Fall der „unechten Druckkündigung" liegt vor, wenn das Verlangen des 50
Dritten gegenüber dem Arbeitgeber durch ein Verhalten des Arbeitnehmers oder einen personenbedingten Grund objektiv gerechtfertigt sein kann. In diesem Fall liegt es im Ermessen des Arbeitgebers, ob er eine personen- oder eine verhaltensbedingte Kündigung erklärt. Die Kündigung wird dann nicht primär wegen des durch den Dritten erzeugten Drucks erklärt, sondern wegen des personen- oder verhaltensbedingten Kündigungsgrundes.

Fehlt es an einer solchen objektiven Rechtfertigung der Drohung, kommt eine 51
Kündigung aus betriebsbedingten Gründen in Betracht. An die Zulässigkeit dieser sogenannten „echten Druckkündigung" sind strenge Anforderungen zu stellen. Kann die Drohung nicht dadurch abgewendet werden, dass sich der Arbeitgeber schützend vor den betroffenen Arbeitnehmer stellt, und drohen bei Verwirklichung der Drohung schwere wirtschaftliche Schäden für den Arbeitgeber, kann die Kündigung sozial gerechtfertigt sein. Dabei ist jedoch Voraussetzung, dass die Kündigung das einzig praktisch in Betracht kommende Mittel ist, um Schäden abzuwenden. Zu berücksichtigen ist hierbei auch, inwieweit der Arbeitgeber die Drucksituation selbst in vorwerfbarer Weise herbeigeführt hat. Typische Fälle einer echten Druckkündigung sind Drohungen der Belegschaft mit Streik oder Massenkündigungen oder die Androhung des Abbruchs von Geschäftsbeziehungen für den Fall der Weiterbeschäftigung eines bestimmten Arbeitnehmers.[351]

351 BAG, Urteil v. 18.07.2013, Az.: 6 AZR 420/12, juris.

7.1.2.4 Massenentlassungen, anzeigepflichtige Entlassungen

52 Bei betriebsbedingten (Massen-)Kündigungen ist zu dem zu prüfen, ob die Grenzen des § 17 KSchG erreicht werden. In diesem Zusammenhang ist zu berücksichtigen, dass in der europarechtskonformen Auslegung Kündigungen Entlassungen im Sinne des § 17 KSchG sind mit der Folge, dass eine Kündigung unwirksam ist, wenn sie anzeigepflichtig ist und die Anzeige nicht erfolgt ist.

53 Die Vorschriften über Massenentlassungen gelten gem. § 23 Abs. 2 KSchG für Betriebe und Verwaltungen des privaten Rechts und für Betrieb der öffentlichen Verwaltung soweit sie wirtschaftliche Zwecke verfolgen.

54 Liegen die vorgenannten Voraussetzungen vor und wird im Betrieb ersichtlich, dass es voraussichtlich in den nächsten zwölf Monaten zu **Massenentlassungen** gemäß § 17 KSchG kommen wird, so ist der Betrieb gemäß § 2 Abs. 3 SGB III zur Anzeige gegenüber dem Landesarbeitsamt verpflichtet. Der Anzeige ist eine Stellungnahme der Mitarbeitervertretung beizufügen.

55 Stehen **anzeigepflichtige Entlassungen** gemäß § 17 KSchG bevor, so ist die Mitarbeitervertretung (Personalrat/Betriebsrat) rechtzeitig und umfassend zu unterrichten und ihr sind die erforderlichen Auskünfte zu erteilen. Dabei ist die Mitarbeitervertretung schriftlich über die Entlassungsgründe, die Zahl und die Berufsgruppen, den Entlassungszeitraum und die Auswahlkriterien zu unterrichten. Schließlich ist die zuständige Mitarbeitervertretung schriftlich über etwaige Abfindungen und deren Berechnung zu unterrichten. Dienststelle und Mitarbeitervertretung haben insbesondere zu beraten, Entlassungen zu vermeiden oder einzuschränken. Der Arbeitgeber hat dem Arbeitsamt die Anzeige an die Mitarbeitervertretung nachzuweisen und die Stellungnahme der Mitarbeitervertretung vorzulegen. Hat diese keine Stellungnahme abgegeben, so hat der Arbeitgeber dies glaubhaft zu machen. Die Mitarbeitervertretung kann weitere Stellungnahmen abgeben. Diese hat sie dem Arbeitgeber in Kopie zuzuleiten. Der gemäß § 20 KSchG zuständige Ausschuss des Landesarbeitsamtes hat die Mitarbeitervertretung zu hören. Eine anzeigepflichtige Entlassung (Kündigung) ohne vorhergehende Anzeige ist unwirksam.

7.2 Außerordentliche Kündigung

56 Die außerordentliche Kündigung nach § 626 BGB kann weder individualvertraglich noch durch Tarifvertrag ausgeschlossen werden. § 44 NV Bühne ist insoweit § 626 BGB nachgebildet. Der Anwendungsbereich erstreckt sich im Wesentlichen auf verhaltensbedingte Gründe, wobei hier die gleichen Grundsätze gelten, wie im „normalen“ Arbeitsrecht. Sie ist sowohl bei unbefristeten als auch befristen Arbeitsverträgen möglich.

Voraussetzung einer außerordentlichen Kündigung ist das Vorliegen eines wichtiger Grundes im Sinne des § 626 BGB. Dies ist dann der Fall, wenn es dem Kündigenden unter Berücksichtigung aller Umstände des Einzelfalls und unter Abwägung der Interessen beider Vertragsparteien nicht mehr zuzumuten ist, das Arbeitsverhältnis bis zum Ablauf der Kündigungsfrist (oder dem Ablauf der Befristung) weiter zu beschäftigen. Gründe für den Arbeitgeber können beispielsweise sein: 57

- beharrliche Arbeitsverweigerung,
- Androhung einer künftigen Erkrankung,
- Betrug,
- Diebstahl,
- grobe Beleidigung,
- Vertrauensmissbrauch.

Liegt ein Grund vor, der grundsätzlich als wichtiger Grund zur Beendigung des Arbeitsverhältnisses in Betracht kommt, bedarf es für die Beurteilung, ob tatsächlich die Voraussetzungen für eine außerordentliche Kündigung vorliegen, einer umfassenden Interessenabwägung. Auch hier gilt der Grundsatz der Verhältnismäßigkeit mit der Folge, dass eine außerordentliche Kündigung nur als „ultima ratio" in Betracht kommt, beispielsweise wenn es dem Arbeitgeber nicht zugemutet werden kann, das Arbeitsverhältnis bis zum Ablauf der ordentlichen Kündigungsfrist oder der Befristungsdauer ggf. auch zu geänderten Bedingungen weiter zu beschäftigen. 58

Bei der Prüfung, ob dem Arbeitgeber eine Weiterbeschäftigung des Arbeitnehmers trotz Vorliegens einer erheblichen Pflichtverletzung jedenfalls bis zum Ablauf der Kündigungsfrist zumutbar ist, ist in einer Gesamtwürdigung das Interesse des Arbeitgebers an einer sofortigen Beendigung des Arbeitsverhältnisses gegen das Interesse des Arbeitnehmers an dessen Fortbestand abzuwägen. Es hat eine Bewertung des Einzelfalls unter Beachtung des Verhältnismäßigkeitsgrundsatzes zu erfolgen. Eine außerordentliche Kündigung kommt nur in Betracht, wenn es keinen angemessenen Weg gibt, das Arbeitsverhältnis fortzusetzen, weil dem Arbeitgeber alle milderen Reaktionsmöglichkeiten unzumutbar sind. Im Vergleich zu einer außerordentlichen fristlosen Kündigung kommen als mildere Mittel insbesondere eine Abmahnung oder eine ordentliche Kündigung in Betracht. Einer Abmahnung bedarf es auch in Ansehung des Verhältnismäßigkeitsgrundsatzes dann nicht, wenn eine Verhaltensänderung in Zukunft selbst nach Abmahnung nicht zu erwarten steht oder es sich um eine so schwere Pflicht- 59 verletzung handelt, dass eine Hinnahme durch den Arbeitgeber offensichtlich – auch für den Arbeitnehmer erkennbar – ausgeschlossen ist.[352]

60 Nicht nur bei Nachweis einer schwerwiegenden Vertragsverletzung ist eine verhaltensbedingte Kündigung möglich (Tatkündigung). Bereits der auf objektive Tatsachen und Verdachtsmomente gegründete Verdacht einer schwerwiegenden vertragswidrigen Handlung (z. B. Eigentums- und Vermögensdelikte) des Arbeitnehmers kann eine außerordentliche Kündigung rechtfertigen.

61 Allerdings ist der betroffene Arbeitnehmer vor dem Ausspruch einer Verdachtskündigung zwingend anzuhören. Der Arbeitgeber muss dem Arbeitnehmer vor Ausspruch der Kündigung Gelegenheit geben, zu den Verdachtsmomenten Stellung zu nehmen, um dessen Einlassungen bei seiner Entscheidungsfindung berücksichtigen zu können. Versäumt er dies, könnte er sich im Prozess nicht auf den Verdacht eines pflichtwidrigen Verhaltens des Arbeitnehmers berufen, die hierauf gestützte Kündigung wäre unwirksam.

62 Unterbleibt allerdings die Anhörung, weil der Arbeitnehmer von vornherein nicht bereit war, sich auf die gegen ihn erhobenen Vorwürfe einzulassen und nach seinen Kräften an der Aufklärung mitzuwirken, steht dies der Wirksamkeit der Verdachtskündigung nicht entgegen. Eine solche Anhörung wäre überflüssig. Sie könnte zur Aufklärung des Sachverhalts und zur Willensbildung des Arbeitgebers nichts beitragen.

63 Ein Unterlassen der Anhörung kann auch dann unschädlich sein, wenn der Arbeitgeber dem Arbeitnehmer – im Rahmen des Zumutbaren – Gelegenheit zur Stellungnahme gegeben, und dieser sich innerhalb der gesetzten – angemessenen – Frist gleichwohl nicht geäußert hat. Dies gilt einmal, wenn der Arbeitnehmer vorsätzlich schweigt, kann aber selbst bei unfreiwilligem Schweigen gelten. Ist etwa der Arbeitnehmer krankheitsbedingt nicht nur an einem persönlichen Gespräch, sondern längerfristig auch an einer schriftlichen Stellungnahme auf ihm übermittelte Fragen verhindert, muss der Arbeitgeber nicht notwendig die Zeit abwarten, zu der sich der Arbeitnehmer wieder äußern kann. Zwar mag die Frist des § 626 Abs. 2 BGB noch nicht zu laufen beginnen, solange der Arbeitgeber entsprechend zuwartet, wartet der Arbeitgeber diesen Zeitpunkt aber nicht ab, führt dies nicht automatisch dazu, dass ihm eine Verletzung seiner Aufklärungspflicht vorzuwerfen wäre.[353]

352 BAG, Urteil v. 23.10.2014, Az.: 2 AZR 865/13, juris – Rdnr. 47; BAG, Urteil v. 25.10.2012, Az.: 2 AZR 495/11, juris – Rdnr. 15 f.; BAG, Urteil v. 09.06.2011, Az.: 2 AZR 381/10, juris – Rdnr. 18.
353 BAG, Urteil v. 20.03.2014, Az.: 2 AZR 1037/12, juris.

7.2.1 Frist

Die fristlose Kündigung kann nur innerhalb von zwei Wochen, nachdem der Kündigungsberechtigte von den für die Kündigung maßgebenden Tatsachen Kenntnis erlangt hat, ausgesprochen werden (§ 626 Abs. 2 BGB). 64

Der Kündigungsberechtigte, der bislang nur Anhaltspunkte für einen Sachverhalt hat, der zur außerordentlichen Kündigung berechtigen könnte, kann nach pflichtgemäßem Ermessen weitere Ermittlungen anstellen und den Betroffenen anhören, ohne dass die Frist des § 626 Abs. 2 BGB zu laufen beginnt. Soll der Kündigungsgegner angehört werden, muss dies innerhalb einer kurzen Frist erfolgen. Sie darf im Allgemeinen nicht mehr als eine Woche betragen. Bei Vorliegen besonderer Umstände darf sie auch überschritten werden. Unerheblich ist, ob die Ermittlungsmaßnahmen tatsächlich zur Aufklärung des Sachverhalts beigetragen haben oder nicht. 65

Das bedeutet zugleich, dass der mit der beabsichtigten Anhörung verbundene Fristaufschub i. S. v. § 626 Abs. 2 BGB nicht nachträglich entfällt, wenn der Arbeitgeber das ergebnislose Verstreichen der Frist zur Stellungnahme für den Arbeitnehmer zum Anlass nimmt, nunmehr auf dessen Anhörung zu verzichten. Ein solcher nachträglicher Wegfall des ursprünglichen Aufschubs käme nur in Frage, wenn der betreffende Entschluss des Arbeitgebers auf Willkür beruhte. Davon kann die Rede nicht sein, wenn Anlass für den neuen Entschluss der Umstand ist, dass sich der Arbeitnehmer innerhalb einer ihm gesetzten, angemessenen Frist nicht geäußert hat. 66

7.2.2 Sonstige wichtige Gründe

Die Möglichkeit einer **ordentlichen Kündigung** seitens des Arbeitgebers kann durch vertragliche Vereinbarungen, zumeist kollektivrechtlicher Art, **ausgeschlossen** sein. 67

Nach § 43 NV Bühne kann das Recht der ordentlichen Kündigung im Arbeitsvertrag nur so vereinbart werden, dass zum Schluss eines Vertragsjahrs oder einer Spielzeit mit einer Frist von sechs Wochen gekündigt werden darf. Die Musterverträge nach Anlage 2–6 NV Bühne sehen die Möglichkeit der ordentlichen Kündigung regelmäßig nicht vor. 68

Grundsätzlich kann ein wichtiger Grund im Sinne des § 626 BGB auch darin liegen, dass dem Arbeitnehmer nicht ordentlich gekündigt werden kann und er mithin bis zum Ende des Arbeitsverhältnisses, ggf. sogar bis zum Renteneintritt weiterbeschäftigt werden müsste, was ggf. für den Arbeitgeber unzumutbar sein könnte. 69

70 In diesem Fall besteht ggf. die Möglichkeit, das Arbeitsverhältnis außerordentlich mit notwendiger Auslauffrist zu kündigen. Die notwendige Auslauffrist hat hier der längsten möglichen (gesetzlichen) Kündigungsfrist zu entsprechen.

71 **Arbeitsunfähigkeit** infolge Krankheit kann ein wichtiger Grund i. S. d. § 626 Abs. 1 BGB sein. Eine außerordentliche Kündigung kommt allerdings nur in eng begrenzten Fällen in Betracht, etwa wenn die ordentliche Kündigung auf Grund tarifvertraglicher oder einzelvertraglicher Vereinbarungen ausgeschlossen ist. Angesichts der Tatsache, dass das Bühnenmitglied grundsätzlich auf jeweils ein Jahr befristet beschäftigt wird, wird eine außerordentliche Kündigung mit notwendiger Auslauffrist im Bühnenarbeitsverhältnis nur wirksam sein können, wenn das Arbeitsverhältnis bereits mehr als 15 Spielzeiten besteht und eine Änderungsmitteilung nicht (mehr) in Betracht kommt.

72 Voraussetzung für eine außerordentliche Kündigung in diesem Fall ist, dass die prognostizierten Fehlzeiten und die sich aus ihnen ergebende Beeinträchtigung der betrieblichen Interessen **deutlich über das Maß hinausgehen, welches eine ordentliche Kündigung sozial zu rechtfertigen vermag**. Es bedarf eines gravierenden Missverhältnisses zwischen Leistung und Gegenleistung. Ein solches ist gegeben, wenn zu erwarten steht, dass der Arbeitgeber bei Fortsetzung des Arbeitsverhältnisses – ggf. über Jahre hinweg – erhebliche Entgeltzahlungen zu erbringen hätte, ohne dass dem eine nennenswerte Arbeitsleistung gegenüberstände. Die Aufrechterhaltung eines solchermaßen „sinnentleerten" Arbeitsverhältnisses kann dem Arbeitgeber auch im Falle eines ordentlich nicht kündbaren Arbeitnehmers unzumutbar sein.

73 Das Arbeitsverhältnis ist im Rahmen einer Prognose dann noch nicht „sinnentleert", wenn der Arbeitnehmer noch zu fast zwei Dritteln seiner Jahresarbeitszeit arbeitsfähig wäre.[354]

74 Ein wichtiger Grund für eine **betriebsbedingte** außerordentliche Kündigung eines ordentlich unkündbaren Arbeitnehmers kann sich auch aus dem Wegfall der Beschäftigungsmöglichkeit auf Grund innerbetrieblicher Maßnahmen des Arbeitgebers ergeben. Davon ist nach Auffassung des Bundesarbeitsgerichts jedenfalls dann auszugehen, wenn der Sonderkündigungsschutz auf einer tarifvertraglichen Regelung beruht, die den Ausschluss der ordentlichen Kündigung an die Dauer der Betriebszugehörigkeit und das Lebensalter des Arbeitnehmers knüpft.[355]

75 In Ausnahmefällen wie z. B. Betriebsstilllegungen erkennt das Bundesarbeitsgericht an, dass ordentlich unkündbaren Mitarbeitern außerordentlich

354 BAG, Urteil v. 23.01.2014, Az.: 2 AZR 582/13, juris.
355 BAG, Urteil v. 20.06.2013, Az.: 2 AZR 379/12, juris = BAGE 145, 265–277.

gekündigt werden kann, zur Vermeidung von Wertungswidersprüchen jedoch unter Einhaltung der gesetzlich oder tarifvertraglich geltenden Kündigungsfrist (außerordentliche Kündigung mit notwendiger Auslauffrist).

Die einer betrieblich-organisatorischen Maßnahme zugrunde liegende unter- 76
nehmerische Entscheidung ist gerichtlich nicht auf ihre sachliche Rechtfertigung oder ihre Zweckmäßigkeit, sondern nur daraufhin zu überprüfen, ob sie offensichtlich unsachlich, unvernünftig oder willkürlich ist. Nachzuprüfen ist außerdem, ob die fragliche Entscheidung tatsächlich umgesetzt wurde und dadurch das Beschäftigungsbedürfnis für den einzelnen Arbeitnehmer wirklich entfallen ist.[356]

Ob ein wichtiger Grund zur außerordentlichen Kündigung gegeben ist, 77
hängt in diesen Fällen davon ab, ob jedwede Möglichkeit ausgeschlossen ist, den Arbeitnehmer anderweit sinnvoll einzusetzen, und der Arbeitgeber wegen des Ausschlusses der ordentlichen Kündigung für erhebliche Zeiträume an ein sinnentleertes Arbeitsverhältnis gebunden und aus diesem zur Vergütung verpflichtet wäre.[357]

Dies gilt entsprechend auch für das Bühnenarbeitsverhältnis, insbesondere 78
dann, wenn das Bühnenmitglied bereits länger als 15 Spielzeiten beschäftigt ist.[358] Fraglich ist, mit welcher notwendigen/sozialen Auslauffrist die außerordentliche Kündigung zu versehen ist. Einerseits kommt die Anwendung der gesetzlichen Kündigungsfristen des § 622 BGB in Betracht. Dies hätte jedoch zur Folge, dass ggf. das Arbeitsverhältnis dieser Bühnenmitglieder vor denen endet, die eine Nichtverlängerungsmitteilung erhalten. Es ist daher nach den vom Bundesarbeitsgericht entwickelten Grundsätzen zur Vermeidung von Wertungswidersprüchen eine Frist einzuhalten, die bei Ausspruch einer Nichtverlängerungsmitteilung einzuhalten wäre, ggf. demzufolge eine komplette Spielzeit.[359]

7.3 Befristung

Das wirksam zeitbefristete Arbeitsverhältnis endet grundsätzlich mit dem Ablauf 79
des vereinbarten Zeitpunktes.

---

356 BAG, Urteil v. 22.11.2012, Az.: 2 AZR 673/11, juris; sowie BAG, Urteil v. 24.05.2012, Az.:2 AZR 124/11, juris.

357 BAG, Urteil v. 28.03.1985, Az.: 2 AZR 113/84, juris; BAG, Urteil v. 05.02.1998, Az.: 2 AZR 277/98, juris.

358 BOSchG, Schiedsspruch v. 16.01.1995, OSchG Az.39/94.

359 so jedenfalls auch BOSchG, Entscheidung v. 16.01.1995, Az.: OSchG, 39/94.

80 Ist eine Verlängerungsklausel nach den §§ 61 Abs. 2, 69 Abs. 2, 83 Abs. 2 oder 96 Abs. 2 NV Bühne im künstlerischen Bühnenarbeitsvertrag für das mindestens eine Spielzeit bestehende Bühnenarbeitsverhältnis vereinbart, so verlängert es sich, wenn nicht zuvor nach den § 42 NV Bühne und den jeweiligen Sonderregelungen (§ 61 NV Solo, § 69 NV Bühnentechniker, § 83 NV Chor und § 96 NV Tanz) eine Nichtverlängerungsmitteilung ausgesprochen wurde.

81 Benachteiligt der Arbeitgeber unter Verstoß gegen § 78 Satz 2 BetrVG ein befristet beschäftigtes Betriebsratsmitglied, indem er wegen dessen Betriebsratstätigkeit den Abschluss eines Folgevertrags ablehnt, hat das Betriebsratsmitglied sowohl nach § 280 Abs. 1 Satz 1 und Satz 2 BGB als auch nach § 823 Abs. 2 Satz 1 und Satz 2 BGB Anspruch auf Schadensersatz. § 78 Satz 2 BetrVG begründet ein gesetzliches Schuldverhältnis, auf das, wie auf andere gesetzliche Schuldverhältnisse, § 280 Abs. 1 BGB Anwendung findet.[360] § 78 Satz 2 BetrVG ist, jedenfalls soweit er Benachteiligungen verbietet, auch ein Schutzgesetz i. S. v. § 823 Abs. 2 BGB.[361] Nach § 249 Abs. 1 BGB hat, wer zum Schadensersatz verpflichtet ist, den Zustand herzustellen, der bestehen würde, wenn der zum Ersatz verpflichtende Umstand nicht eingetreten wäre. Der Schaden ist durch Naturalrestitution auszugleichen. Wenn daher ohne die gegen § 78 Satz 2 BetrVG verstoßende Benachteiligung ein Folgevertrag mit dem Betriebsratsmitglied abgeschlossen worden wäre, kann dieses als Schadensersatz den Abschluss eben eines solchen Vertrags verlangen.[362]

82 Der Arbeitgeber, der in einem befristeten Arbeitsverhältnis mit einem Arbeitnehmer steht, ist verpflichtet, bei der Entscheidung über den Abschluss eines weiteren Arbeitsvertrags bzw. dem Ausspruch einer Nichtverlängerungsmitteilung das Maßregelungsverbot des § 612a BGB zu beachten. Die Vertragsfreiheit des Arbeitgebers ist nur in den Grenzen der Rechtsordnung geschützt. Das über den allgemeinen arbeitsrechtlichen Gleichbehandlungsgrundsatz hinausgehende Maßregelungsverbot des § 612a BGB ist Teil dieser Rechtsordnung. Versagt der Arbeitgeber dem Arbeitnehmer den Abschluss eines unbefristeten Vertrags aus dem tragenden Beweggrund einer von § 612a BGB verbotenen Benachteiligung, weil der Arbeitnehmer in zulässiger Weise seine Rechte ausgeübt hat, wird dieses Motiv von der Rechtsordnung nicht anerkannt. Das ohne den benachteiligenden

---

360 vgl. BGH 25.10.2012, Az.: I ZR 162/11, juris – Rdnr. 52; Palandt/*Grüneberg* § 280 Rn. 9.

361 vgl. zu der § 78 Satz 2 BetrVG entsprechenden Regelung des § 107 BPersVG BAG, Urteil v. 09.06.1982, Az.: 4 AZR 766/79, juris = BAGE 39, 118; zu § 8 BPersVG BAG, Urteil v. 31.10.1985, Az.: 6 AZR 129/83 – zu II 3 a der Gründe, juris; vgl. ferner Fitting, BetrVG, § 78 Rn. 21; Palandt/*Sprau* § 823 Rdnr. 62a.

362 BAG, Urteil v. 25.06.2014, Az.: 7 AZR 847/12, juris – Rdnr. 30 = BAGE 148, 299–311.

Beweggrund zulässige Handeln des Arbeitgebers ist wegen des Maßregelungsverbots in § 612a BGB untersagt.[363] Verletzt der Arbeitgeber das Maßregelungsverbot, kann der Arbeitnehmer Anspruch auf Schadensersatz haben. § 15 Abs. 6 AGG ist jedoch entsprechend anzuwenden. Der Arbeitnehmer kann deshalb keinen Folgevertrag verlangen.[364]

Auch wenn eine Nichtverlängerungsmitteilung lediglich aus den in § 1 AGG genannten Diskriminierungsmerkmalen erfolgt, besteht ggf. ein Anspruch auf Schadensersatz. 83

Im Rahmen der Geltendmachung eines Schadensersatzanspruchs nach § 15 Abs. 1 AGG trifft den Bewerber die Darlegungs- und Beweislast dafür, dass er als der am besten geeignete Bewerber bei diskriminierungsfreier Auswahl die Stelle erhalten hätte. Diese dem Bewerber im Rahmen des § 15 Abs. 1 AGG obliegende Darlegungs- und Beweislast hinsichtlich der haftungsausfüllenden Kausalität wird nicht durch § 22 AGG abgeändert.[365] 84

7.4 Nichtverlängerungsmitteilung

Nach den Regelungen des NV Bühne verlängert sich ein mindestens für eine Spielzeit abgeschlossener Arbeitsvertrag mit einen öffentlich-rechtlichen Theater automatisch zu den gleichen Bedingungen um eine Spielzeit, sofern nicht eine der Vertragsparteien der anderen bis zum 31.10. der Spielzeit, mit deren Ablauf das Arbeitsverhältnis endet, schriftlich eine sog. **Nichtverlängerungsmitteilung** zukommen lässt (vgl. § 42 NV Bühne i. V. m. § 61 NV Solo, § 69 NV Bühnentechniker, § 83 NV Chor und § 96 NV Tanz). 85

Für Künstler im Bereich der Privattheater gelten die Regelungen der Nichtverlängerungsmitteilung nach § 1 Abs. 7 i. V. m. Anlage 1 NV Bühne nicht. Gleichwohl werden diese tariflichen Regelungen auch in Privattheatern zumeist in Bezug genommen. 86

Während die Kündigung eine Willenserklärung ist, mit der der Kündigende im Arbeitsrecht seinen rechtsgeschäftlichen Willen zum Ausdruck bringt, das Arbeitsverhältnis durch diese Erklärung zu beenden, bringt der Erklärende durch 87

363 BAG, Urteil v. 21.09.2011, Az.: 7 AZR 150/10, juris – Rdnr. 42.

364 BAG, Urteil v. 21.09.2011, Az.: 7 AZR 150/10, juris – Rdnr. 44, 45 m. w. N.

365 BAG, Urteil v. 20.06.2013, Az.: 8 AZR 482/12, juris–Rdnr. 53; BAG, Urteil v. 19.08.2010, Az.: 8 AZR 530/09, juris; Erf. Kom./*Schlachter* § 15 AGG Rn. 3; MüKoBGB/*Thüsing* § 22 AGG Rdnr. 21.

die Nichtverlängerungsmitteilung dagegen zum Ausdruck, dass er nicht gewillt ist, einen weiteren befristeten Anschlussvertrag einzugehen.[366]

88 Schweigt eine Partei bis zum Ablauf der tariflich festgelegten Erklärungsfrist, so wird nach den tariflichen Regelungen zur Nichtverlängerung unterstellt, dass sie den rechtsgeschäftlichen Willen hat, einen wiederum auf ein Jahr (Spielzeit) befristeten Anschlussvertrag abzuschließen. Die Tarifvertragsparteien haben demnach bestimmt, dass dem Schweigen der Arbeitsvertragsparteien eine rechtsgeschäftliche Bedeutung zukommen soll. Diese Fiktion des rechtsgeschäftlichen Willens zum Abschluss eines weiteren Vertrages kann nach der tariflichen Regelung nur durch die Erklärung der Nichtverlängerungsmitteilung entkräftet werden.

89 Im Gegensatz zur Kündigung bewirkt die Nichtverlängerungsmitteilung nicht die Beendigung eines Vertrages. Der der Kündigung ähnliche Effekt der Nichtverlängerungsmitteilung, Beendigung der Zusammenarbeit, beruht auf dem Zeitablauf des befristet eingegangenen Arbeitsvertrages. In Bezug auf den Ablauf dieses alten Arbeitsvertrages kommt der Nichtverlängerungsmitteilung nur eine deklaratorische Bedeutung zu, sie bestätigt lediglich, dass die vereinbarte Vertragsdauer keine Verlängerung erfährt. [367]

90 Zwar wird hinsichtlich der Anwendbarkeit spezieller Kündigungsschutzvorschriften allgemein der unterschiedliche Rechtscharakter einer Nichtverlängerungsmitteilung im Verhältnis zu einer Kündigung betont.[368] Aus der Funktion einer Nichtverlängerungsmitteilung, welche die tariflich sonst eintretende Vertragsfortsetzung hindern soll,[369] folgt aber, dass es sich um eine Willenserklärung und damit um ein Rechtsgeschäft im Sinne von § 134 BGB handelt.[370]

---

366 BAG, Urteil v. 23.10.1991, Az.: 7 AZR 56/91, juris – Rdnr. 36= BAGE 69, 1–13.

367 BOSchG, Schiedsspruch v. 12.09.2008, Az.: BOSchG 1/08; BOSchG, Schiedsspruch v. 12.04.2005, Az.: BOSchG 22/04, S. 6 f.; BAG, Urteil v. 23.10.1991, Az.: 7 AZR 56/91, juris = BAGE 69, 1–13, Rdnr. 38; NZA 1992, 925; BAG, Urteil v. 28.10.1986, Az.: 1 ABR 16/85, juris = BAGE 53, 237, 245.

368 BAG, Urteil v. 23.10.1991, Az.: 7 AZR 56/91, juris = BAGE 69, 1; Meinel/Heyn/Herms, 2. Aufl., § 7 AGG Rz. 12; Bolwin/*Sponer* Bühnentarifrecht § 61 NV Bühne Rdnr. 23.

369 BAG, Urteil v. 15.05.2013, Az.: 7 AZR 665/11, juris – Rdnr. 25= ZTR 2014, 40; BAG, Urteil v. 23.10.1991, Az.: 7 AZR 56/91, juris – Rdnr. 37 = BAGE 69, 1.

370 offen gelassen in: BAG, Urteil v. 23.10.1991, Az.: 7 AZR 56/91, juris – Rdnr. 39 = BAGE 69, 1, juris; a. A. Opolony „rechtsgeschäftsähnliche Handlung“, NZA 2001, 1351 [1353].

7.4.1 Schriftform

Die Sonderregelungen des NV Bühne zur Nichtverlängerung in den § 61 (Solo), 91
§ 69 (Bühnentechniker), § 83 (Chor) und § 96 (Tanz) bestimmen, dass innerhalb bestimmter Fristen die Absicht der Nichtverlängerung dem Arbeitnehmer schriftlich mitzuteilen ist. Die Nichtverlängerungsmitteilung hat demnach schriftlich zu erfolgen. Damit liegt ein tarifvertraglich bestimmtes Schriftformerfordernis vor, dass als eine durch Gesetz vorgeschriebene Schriftform im Sinne des § 126 BGB zu sehen ist.[371]

In der Regel gilt dies auch dann, wenn die Geltung des die Schriftform ver- 92
langenden Tarifvertrages nicht auf beiderseitiger Tarifbindung, sondern auf einzelvertraglicher Vereinbarung beruht. Auch wenn die Arbeitsvertragsparteien lediglich einzelvertraglich die Geltung des Tarifvertrages vereinbart haben, ist – sofern keine anderweitigen Anhaltspunkt gegeben sind – eine im Tarifvertrag enthaltene Formvorschrift in aller Regel mit dem Inhalt und den Wirkungen einer gesetzlichen Formvorschrift anzuwenden.[372]

Die Einhaltung der Schriftform ist Wirksamkeitsvoraussetzung für die Nicht- 93
verlängerungsmitteilung. Zwar ist dies nicht mehr ausdrücklich – wie in der Protokollnotiz zu § 2 TVM, der tariflichen Vorgängerregelung[373] – geregelt, ergibt sich jedoch nach wie vor aus dem Zusammenspiel der Schriftform und Frist.[374]

Nach § 126 Abs. 1 BGB erfordert die Einhaltung der Schriftform, dass die 94
Urkunde, hier die Nichtverlängerungsmitteilung, eigenhändig durch Namensunterschrift unterzeichnet sein muss.

Sie muss zugehen, Urlaubsabwesenheit hindert den Zugang nicht unter der 95
Wohnanschrift, wenn die Urlaubsadresse unbekannt ist. Sie sollte aber auf § 2 Abs. 2 Satz 2 Nr. 3 SGB III hinweisen betreffend die Meldung des Arbeitnehmers bei der Arbeitsagentur und dem Erfordernis eigener Aktivität.

---

371 BOSchG, Schiedsspruch vom 05.10.2011 Az.: BOSchG 11/11 mit Verweis auf BAG, Urteil v. 06.09.1972, Az.:4 AZR 422/71, juris = AP Nr. 2 zu § 4 BAT.

372 LAG Köln, Urteil v. 19.06.2011, Az.: 13 Sa 1571/2000, juris; BOSchG, Schiedsspruch v. 18.01.2012, Az.: BOSchG 16/11.

373 BAG, Urteil v. 03.11.1999, Az.: 7 AZR 898/98, juris.

374 BOSchG, Schiedsspruch v. 05.10.2011, Az.: 11/11, S. 9.

7.4.2 Frist

96 Fristablauf für den Ausspruch der Nichtverlängerungsmitteilung ist nach § 61 Abs. 2 NV Bühne der 31. Oktober beziehungsweise bei ununterbrochener Tätigkeit von mehr als 8 Jahren (Spielzeiten) der 31.07. eines Jahres.

97 Die Nichtverlängerungsmitteilung, als einseitige, empfangsbedürftige Willenserklärung muss klar abgefasst sein, so dass aus ihr entnommen werden kann, dass das Vertragsverhältnis über die vereinbarte Spielzeit hinaus nicht fortgeführt werden soll, es bedarf keiner Angabe eines Datums.

98 Rechtsmissbrauch bei Ausspruch einer Nichtverlängerungsmitteilung mit der Folge von deren Unwirksamkeit kann vorliegen, wenn die Nichtverlängerungsmitteilung wegen des Drohens des Erreichens der 15 Jahresfrist ausgesprochen wird oder aus Gründen der Zusammenarbeit mit dem Personalrat, dessen Mitglied der betreffende Künstler ist. Ersterer Fall hat auch bereits vor einiger Zeit das BOSchG beschäftigt und wurde in dem hier dargelegten Sinn entschieden. Gleichzeitige Gespräche über ein Reengagement beeinträchtigen nicht die Möglichkeit und Eindeutigkeit einer Nichtverlängerungsmitteilung.

7.4.3 Anhörung

99 Vor Ausspruch der Nichtverlängerungsmitteilung ist das Bühnenmitglied anzuhören.

100 Die Ladungsfrist zur Anhörung beträgt 5 Kalendertage. § 193 BGB ist nicht anwendbar.[375] Ausreichend ist, dass die Ladung nachweislich 5 Kalendertage vor der Anhörung an die der Bühne bekannte Adresse versandt wurde. Einer Nachholung der Anhörung bedarf es weder, wenn die Ladung tatsächlich nicht zugeht, noch wenn das Bühnenmitglied infolge einer schweren Erkrankung oder aus anderem Grund verhindert ist.[376] Ist die der Anhörung entgegenstehende Arbeitsunfähigkeit nur vorübergehend, so ist der Arbeitgeber gehalten, den Anhörungstermin bis zum letztlich rechtlich möglichen Zeitpunkt zu verschieben, um dem Bühnenmitglied das Gespräch zu ermöglichen.[377] Bei Verhinderung des Bühnenmitglieds, kann dieses einen der in den jeweiligen Sonderregelungen benannten Vertreter beauftragen in Vertretung des Bühnenmitglieds die Anhörung durchzuführen. Eine Vertretung durch andere Personen als diejenigen, die in den jewei-

375 BOSchG, Schiedsspruch vom 10.03.2005, Az.: BOSchG 1/05.
376 BOSchG, Schiedsspruch vom 18.12.1985, Az.: BOSchG 17/85.
377 BOSchG Frankfurt a. M., Schiedsspruch v. 07.06.2006, Az.: BOSchG 1/06, S. 7.

ligen Sonderregelungen benannt sind ist tarifvertraglich nicht vorgesehen und nach Auffassung des Bühnenoberschiedsgerichts nicht zulässig.[378]

Die Anhörung muss fristgemäß 2 Wochen vor dem 31.07. bzw. 31.10. eines Jahres erfolgen. Sie erfolgt grundsätzlich in deutscher Sprache. 101

Ein Arbeitgeber, der einen sprachunkundigen Arbeitnehmer eine arbeitsrechtlich bedeutsame Erklärung zugehen lassen will, muss grundsätzlich dafür Sorge tragen, dass dieser die mündliche oder schriftliche Erklärung verstehen kann. Das Bühnenmitglied, welches nicht ausreichend der deutschen Sprache mächtig ist, kann dies daher vorab anzeigen und die Stellung eines (neutralen) Dolmetschers beantragen. Nicht ausreichend ist es, wenn erst in der Anhörung die Bitte um Stellung eines Dolmetschers vorgetragen wird,[379] ob dies auch dann noch gilt, wenn das Arbeitsverhältnis bisher allein in der Heimatsprache des Künstlers abgewickelt worden ist, ist jedoch zu bezweifeln. 102

Zu einer ordnungsgemäßen Anhörung gehört insbesondere auch, dass diese durch die beim Arbeitgeber entscheidungsbefugte(n) Person(en) oder entsprechend der maßgeblichen Vertretungsregelung erfolgt.[380] 103

Grundsätzlich wird dies der künstlerisch verantwortliche Intendant sein. Dem anzuhörenden Bühnenmitglied soll nämlich der Bühnenleiter, der auf Grund seiner künstlerischen Überzeugung die Nichtverlängerung des Bühnenmitglieds beabsichtigt gegenüberstehen. Nur er kann die Argumente des Bühnenmitglieds werten und ist geeignet, die Nichtverlängerungsmitteilung noch einmal zu überdenken.[381] 104

Sollte der Intendant jedoch einen „Vorgesetzten" haben, also beispielsweise einen Geschäftsführer als Vertreter der Rechte des Hauses, wird nach der Entscheidung des Bundesarbeitsgerichts[382] zu prüfen sein, ob er regelmäßiger Vertreter des Arbeitgebers ist und damit zu Entscheidungen über den Fortbestand des Arbeitsverhältnisses berufen ist. Eine Delegation allein der Anhörung dürfte selbst bei Vollmachtvorlage nach dem Urteil des BAG nicht mehr ausreichend sein. 105

Nach dem Wortlaut des § 69 Abs. 4 Satz 1 NV Bühne hat „der Arbeitgeber" den Bühnenkünstler zu hören, bevor er eine Nichtverlängerungsmitteilung ausspricht. Die tarifliche Regelung dient der Einleitung eines Gesprächs, das auch dem Arbeitnehmer die Darlegung der aus seiner Sicht für die Vertragsverlän- 106

378 BOSchG Frankfurt a. M., Schiedsspruch v. 07.06.2006, Az.: BOSchG 1/06.
379 BOSchG, Schiedsspruch vom 27.07.2007, Az. BOSchG 3/07, S. 6 f.
380 BAG, Urteil v. 15.05.2013, Az.: 7 AZR 665/11, juris – Rdnr. 43= BAGE 145, 142–162.
381 BOSchG, Schiedsspruch v. 20.02.2008, Az.: BOSchG 10/07.
382 BAG, Urteil v. 15.05.2013, Az.: 7 AZR 665/11, juris.

gerung sprechenden Gründe ermöglichen soll.[383] Sie hat den Zweck, dass die Entscheidung zum Ausspruch der Nichtverlängerungsmitteilung von Seiten des Arbeitgebers unter Berücksichtigung der vom Bühnenmitglied vorgetragenen Gegenargumente erneut überdacht und überprüft wird.[384] Dieser Zweck kann nur erreicht werden, wenn diejenige Person, die für die Entscheidung über den Ausspruch der Nichtverlängerungsmitteilung zuständig ist, an der Anhörung teilnimmt.[385]

107 Hinzu kommt, dass die Tarifvertragsparteien auf die Festlegung materieller Gründe für die Nichtverlängerungsmitteilung verzichtet haben und in einem solchen Fall die Nichtverlängerungsmitteilung nach der ständigen Rechtsprechung des BAG nicht darauf zu überprüfen ist, ob sie durch das Vorliegen objektiver Gründe gerechtfertigt ist.[386] Der Sicherung des arbeitsvertraglichen Bestandsschutzes dient somit allein das tarifvertraglich vorgeschriebene Anhörungsverfahren. Dieser formelle, in der Notwendigkeit eines Gesprächs bestehende Schutz darf nicht dadurch entwertet werden, dass sich der Entscheidungsträger einer direkten inhaltlichen Auseinandersetzung mit dem betroffenen Arbeitnehmer entzieht. Nur dann, wenn der Arbeitgeber „gezwungen wird, im Rahmen der Anhörung die Gründe für seine Entscheidung dem Bühnenmitglied in nachvollziehbarer Weise nahezubringen, wird er wirklich veranlasst sein, seine Entscheidung unter Berücksichtigung der vom Bühnenmitglied vorgetragenen Gegenargumente erneut zu überdenken bzw. zu überprüfen".[387] Ein Verständnis der tariflichen Regelung, wonach der Entscheidungsträger für den Ausspruch der Nichtverlängerungsmitteilung die Anhörung des betroffenen Arbeitnehmers durchzuführen hat, ist sachgerecht und führt zu praktisch brauchbaren Ergebnissen. Es bedeutet nicht, dass der Arbeitgeber gehindert wäre, für Fälle seiner Verhinderung Vertretungsregelungen vorzusehen.[388]

108 Die Überlassung der konkreten Gesprächsführung und Argumentation einschließlich der Darlegung der konkreten nachvollziehbaren Gründe an eine dritte Person ist rechtlich unbedenklich. Dies gilt jedenfalls dann, wenn der Arbeitgeber in Person des unmittelbar zuständigen Vertreters selbst an dem Anhörungsgespräch teilnimmt und sich die Argumentation des Dritten zu eigen macht.[389]

---

383 vgl. BAG, Urteil v. 18.04.1986, Az.: 7 AZR 114/85, zu I 3 b der Gründe; juris = BAGE 51, 375.
384 vgl. BAG, Urteil v. 11.03.1982, Az.: 2 AZR 233/81, zu III 4 der Gründe, juris = BAGE 39, 1.
385 im Ergebnis ebenso BOSchG, Schiedsspruch vom 12.03.1981; Az.: BOSchG 18/80.
386 vgl. BAG, Urteil v. 26.08.1998, Az.: 7 AZR 263/97, zu 3 a der Gründe m.w.N, juris = BAGE 89, 339.
387 BAG, Urteil v. 11.03.1982, Az.: 2 AZR 233/81 – zu III 4 der Gründe, juris.
388 im Ergebnis ebenso BOSchG, Schiedsspruch v. 12.03.1981, Az.: BOSchG 18/80.
389 LAG Köln, Urteil v. 29.09.2010, Az.: 3 Sa 625/10, juris – Rdnr. 16.

Ein Verstoß gegen § 61 Abs. 4 NV Bühne liegt jedoch vor, wenn unabhängig vom Vorliegen eines Verhinderungsfalls ein nachgeordneter Mitarbeiter ausschließlich mit der Durchführung der Anhörung beauftragt wird.

Für den Fall eines bevorstehenden Intendantenwechsels kann auch der desi- 109
gnierte Intendant anhören und ggf. die Nichtverlängerungsmitteilung aussprechen. Wie bereits dargestellt soll dem demnächst auf Grund Befristung ausscheidenden Bühnenmitglied derjenige Bühnenleiter gegenüberstehen, der auf Grund seiner künstlerischen Vorstellung, dessen Ausscheiden beabsichtigt. Nachdem dem Bühnenmitglied mit seiner Anhörung die Gelegenheit zu geben ist, den künstlerischen Leiter zu veranlassen, die beabsichtigte Beendigung des Arbeitsverhältnisses zu überdenken,[390] kann dies im Falle der Nichtverlängerung aus Anlass des Intendantenwechsels nur der designierte Intendant sein. Regelmäßig ist er es, der auf Grund seines künstlerischen Konzeptes für die Zeit seiner Intendanz mit dem betreffenden Bühnenmitglied nicht arbeiten will. Seine Entscheidung insoweit betrifft die Zeit, in der er – und nicht mehr der (noch) amtierende Intendant – die künstlerische Verantwortung für die Bühne trägt und ihm die Betriebsführung obliegt.[391] Allerdings bedarf es der erforderlichen Vertretungsmacht des designierten Intendanten, welche ggf. durch Vorlage einer wirksamen Vollmacht nachgewiesen werden muss.[392]

Anders als beim Ausspruch der Nichtverlängerungsmitteilung ist hier bei der 110
Anhörung eine Zurückweisung des designierten künftigen Chefs mangels Vollmachtvorlage nicht möglich, da die Anhörung kein einseitiges Rechtsgeschäft im Sinne des § 174 BGB darstellt. § 174 BGB findet keine Anwendung.[393] Andere als die im Tarifvertrag genannten Personen (Rechtsanwälte/Betriebs- oder Personalrat) können an der Anhörung nicht teilnehmen.

---

390 BAG, Urteil v. 11.03.1982, Az.: 2 AZR 233/81, juris = AP Nr. 19 zu § 611 BGB Bühnenengagementsvertrag.

391 BOSchG, Schiedsspruch v. 14.10.2009, Az.: BOSchG 03/09, Bolwin/*Sponer* Bühnentarifrecht § 2 Rdnr. 72a, § 72 Rdnr. 8, 8a.

392 BOSchG, Schiedsspruch vom 22.10.1984 zum Az. BOSchG 10/84; BOSchG, Schiedsspruch v. 14.10.2009, Az.: BOSchG 03/09.

393 BOSchG, Schiedsspruch v. 14.10.2009, Az.: BOSchG 03/09, Bolwin/*Sponer* Bühnentarifrecht § 61 Rdnr. 81.

7.4.4 Notwendiger Inhalt der Anhörung:

111 Eine wirksame Nichtverlängerungsmitteilung bedarf keiner objektiven Begründung. Ausreichend sind nach der Rechtsprechung des Bundesarbeitsgerichts „konkrete nachvollziehbare Gründe". Insoweit ausreichend ist die subjektive Determination des Intendanten. Sie kann gestützt werden auf künstlerische Erwägungen, aber auch auf persönliche oder betriebliche Gründe. Kündigungsschutzvorschriften, wie das Mutterschutzgesetz greifen nicht.

112 Wie bereits dargestellt müssen konkrete, nachvollziehbare Gründe bezogen auf die Person des Künstlers genannt werden, subjektiv determiniert aus der Sicht des Anhörenden. Es können auch betriebliche oder personenbedingte Gründe neben den künstlerischen Gründen genannt werden oder auch diese nur allein. Stets ist die subjektive Meinung des Intendanten vorzutragen. Der Künstler hat die Gründe – so die Rechtsprechung – zu erfragen. Von einer konkreten und nachvollziehbaren Begründung kann allerdings dann abgesehen werden, wenn die Nichtverlängerung eindeutig aus Anlass des Intendantenwechsels erfolgt.

113 Bei einem Intendantenwechsel genügt der Hinweis auf den Intendantenwechsel als konkret und nachvollziehbar.[394]

114 Rechtsfolge einer nicht ordnungsgemäßen Anhörung eines Bühnenmitglieds ist die Unwirksamkeit der Nichtverlängerungsanzeige.

7.4.5 Verstoß gegen Diskriminierungsverbote

115 Eine Nichtverlängerungsmitteilung kann wegen Verstoßes gegen das Verbot der Diskriminierung wegen der in § 1 AGG genannten Gründe nach § 134 BGB i. V. m. §§ 1, 3, 7 Abs. 1 AGG unwirksam sein.

116 Zwar findet grundsätzlich eine gerichtliche Überprüfung einer Nichtverlängerungsmitteilung auf ihre sachliche Rechtfertigung nicht statt.[395] Doch bedeutet dies nicht, dass die Nichtverlängerungsmitteilung nicht den für Rechtsgeschäfte allgemein geltenden gesetzlichen Regelungen unterworfen wäre, insbesondere ist ihre Wirksamkeit im Hinblick auf entgegenstehende gesetzliche Verbote zu prüfen.[396]

394 BAG, Urteil v. 15.03.1989, Az.: 7 AZR 316/88, juris; BAG; Urteil v. 11.03.1982, Az.: 2 AZR 233/81, juris.

395 BAG, Urteil v. 18.08.1986, Az.: 7 AZR 418/85, Rdnr. 20, juris; BAG, Urteil v. 18.08.1986, Az.: 7 AZR 418/85, juris – Rdnr. 39.

396 BAG, Urteil v. 23.10.1991, Az.: 7 AZR 56/91, juris – Rdnr. 34 = BAGE 69, 1.

Hierzu zählen auch die Vorschriften zum Diskriminierungsschutz. Diese verbieten nicht nur diskriminierende Willenserklärungen, sondern finden vielmehr umfassend auch auf Realakte und tatsächliche Handlungen Anwendung[397] und damit auch auf die Nichtverlängerungsmitteilung. 117

Der Anwendungsbereich des Allgemeinen Gleichbehandlungsgesetzes ist damit eröffnet. Die Frage der Beendigung eines Arbeitsverhältnisses auf Grund tariflicher Befristung infolge wirksamer Nichtverlängerungsmitteilung betrifft ebenso „Entlassungsbedingungen" im Sinne von § 2 Nr. 1 AGG, wie die Frage der Wirksamkeit einer individualvertraglichen Befristungsabrede.[398] Ebenso wie diese bezieht sie sich auf das „Ob" und „Wie" der Beendigung.[399] 118

Nach § 7 Abs. 1 Halbs. 1 AGG dürfen Beschäftigte nicht wegen eines der in § 1 AGG genannten Grundes benachteiligt werden. 119

Eine unmittelbare Benachteiligung liegt nach § 3 Abs. 1 AGG vor, wenn eine Person wegen eines in § 1 AGG genannten Grundes eine weniger günstige Behandlung erfährt, als eine andere Person in einer vergleichbaren Situation erfährt, erfahren hat oder erfahren würde. Eine Benachteiligung kann auch in einem Unterlassen liegen. Der Nachteil besteht in einer Zurücksetzung. Die Zurücksetzung muss wegen eines der in § 1 erwähnten Merkmale erfolgt sein. Die benachteiligende Maßnahme muss also durch eines (oder mehrere) dieser Merkmale motiviert sein bzw. der Benachteiligende muss bei seiner Handlung hieran anknüpfen.[400] Ausreichend ist, dass ein in § 1 AGG genannter Grund Bestandteil eines Motivbündels ist, welches die Entscheidung beeinflusst hat.[401] Auf ein schuldhaftes Handeln oder gar eine Benachteiligungsabsicht kommt es nicht an.[402] 120

Selbst wenn abweichend von der hier dargestellten Auffassung davon auszugehen wäre, dass es sich bei der Nichtverlängerungsmitteilung nicht um ein Rechtsgeschäft im Sinne von § 134 BGB handelt, wäre eine im Sinne der §§ 7 Abs. 1 121

---

397 Schleusener in: Schleusener/Suckow/Voigt, AGG, § 7 Rdnr. 5; Meinel/Heyn/*Herms* AGG § 7 Rdnr. 16.

398 BAG, Urteil v. 06.04.2011, Az.: 7 AZR 524/09, juris – Rdnr. 28 = NZA 2011, 970.

399 vgl. Schleusener in: Schleusener/Suckow/*Voigt* AGG § 2 Rdnr. 9; Meinel/Heyn/*Herms* AGG § 7 Rdnr. 27.

400 vgl. Gesetzesbegründung, BT-Drs. 16/1780, S. 32.

401 BAG, Urteil v. 18.02.2014, Az.: 3 AZR 833/12, juris – Rdnr. 32 = NJW 2011, 2458; LAG Köln, Urteil v. 03.06.2014, Az.: 12 Sa 911/13, , juris – Rdnr. 83.

402 BAG, Urteil v. 12.12.2013, Az.: 8 AZR 838/12, juris – Rdnr. 22; LAG Köln, Urteil v. 03.06.2014, Az.: 12 Sa 911/13, juris – Rdnr. 83.

AGG diskriminierende nicht nach § 8 AGG gerechtfertigte Nichtverlängerung als rechtsmissbräuchlich zu qualifizieren und damit nach § 242 BGB unwirksam.[403]

122 So stellt beispielsweise die Nichtverlängerung des Arbeitsverhältnisses auf Grund einer befürchteten Schwangerschaft eines Bühnenmitglieds oder damit verbundene Arbeitsausfälle eine unmittelbare Benachteiligung wegen des Geschlechts dar,[404] denn die Folgen von Schwangerschaften betreffen ausschließlich Frauen.

123 Zwar hat das Bundesarbeitsgericht in älteren Entscheidungen die Wirksamkeit einer Befristung nicht allein deshalb für unwirksam gehalten hat, weil die Arbeitnehmerin im Zeitpunkt des Vertragsschlusses schwanger gewesen oder es danach geworden ist.[405] Diese Rechtsprechung ist auf den Fall des Ausspruchs einer Nichtverlängerung nicht übertragbar, denn es geht nicht um die Frage der Wirksamkeit einer Befristung, sondern darum, ob die Bühne auf Grund von Umständen, die unmittelbar mit der (geplanten) Schwangerschaft eines Bühnenmitglieds zusammenhängen, die tariflich vorgesehene Vertragsverlängerung verweigern darf.[406]

124 Es ist jedoch im Einzelfall zu prüfen, ob eine Rechtfertigung nach § 8 AGG gegeben ist, d. h. ob – auch mit Blick auf das entgegenstehende verfassungs- (Art. 3 Abs. 2 GG) und europarechtlich (§ 21 Abs. 1 EU-Grundrechte-Charta) verankerte Benachteiligungsverbot – ein überwiegendes Interesse der Bühne an der Beendigung des Arbeitsverhältnisses mit der Bühnenkünstlerin besteht.[407]

125 Die in Art. 5 Abs. 3 Satz 1 GG verbürgte Kunstfreiheit rechtfertigt für sich genommen jedoch nicht eine entsprechende Diskriminierung wegen des Geschlechts, denn auch die Kunstfreiheit steht unter dem Vorbehalt der allgemeinen Gesetze.[408]

---

403 LAG Köln, Urteil v. 17.08.2010, Az.: 12 Sa 164/10, Rdnr. 44, juris; Nix/Hegemann/Hemke/*Schneider* § 61 NV Bühne Rdnr. 14, Bolwin/*Sponer* Bühnentarifrecht § 61 NV Bühne Rdnr. 46.

404 vgl. EuGH, Urteil v. 04.10.2001, Az.: C-438/99, juris – Rdnr. 47= NZA 2001, 1243,; Erf. Kom./*Müller-Glöge* § 15 TzBfG Rz. 7; zur Entlassung: EuGH, Urteil v. 08.09.2005, Az.: C-191/03, juris – Rdnr. 47 = NZA 2005, 1105; zur In-Vitro-Fertilisation: EuGH, Urteil v. 26.02.2008, Az.: C-506/06, juris – Rdnr. 50 = NZA 2008, 345; EuGH, Urteil v. 04.10.2001, Az.: C-109/00, juris – Rdnr. 25 = NJW 2002, 123.

405 vgl. BAG, Urteil v. 06.11.1996, Az.: 7 AZR 909/95, juris – Rdnr. 15 ff. = DB 1997, 1927; BAG, Großer Senat, Beschluss v. 12.10.1960, Az.: GS 1/59, juris = BAGE 10, 65.

406 LAG Köln, Urteil v. 03.06.2014, Az.: 12 Sa 911/13, Rdnr. 91, juris.

407 LAG Köln, Urteil v. 03.06.2014, Az.: 12 Sa 911/13, Rdnr. 91, juris.

408 Erf. Kom./*Schmidt* Art. 5 GG Rdnr.: 20 f.

Auch allein der Umstand, dass schwangerschaftsbedingten Fehlzeiten den Proben- und Aufführungsbetrieb stören könnten und damit die künstlerischen Belange beeinträchtigen würden, reicht für sich genommen nicht aus. 126

Zu berücksichtigen wäre jedoch, wenn die möglicherweise geminderte Einsatzfähigkeit der Bühnenkünstlerin eine Fortsetzung des Theaterbetriebs insgesamt unmöglich machen oder auch nur der Spielbetrieb wesentlich beeinträchtigt werden könnte,[409] ohne dass diese Beeinträchtigung durch zumutbare Maßnahmen der Bühne ausreichend abgemildert werden könnten. 127

7.5 Änderungsmitteilung/Änderungsnichtverlängerung

Für Bühnenmitglieder mit langer Bühnenangehörigkeit und ab Vollendung eines bestimmten Lebensjahres kann ein sich nach den jeweiligen Sonderregelungen des NV Bühne sich bestimmender Schutz vor Nichtverlängerungsmitteilung ergeben. 128

Nach den § 61 Abs. 3 Unterabs. 2; § 69 Abs. 3 Unterabs. 2 und § 96 Abs. 3 Unterabs. 2 NV Bühne kann der Arbeitgeber, wenn das Arbeitsverhältnis am Ende einer Spielzeit bei derselben Bühne ununterbrochen mehr als fünfzehn Jahre (Spielzeiten) besteht und das Bühnenmitglied in dem Zeitpunkt, in dem die Nichtverlängerungsmitteilung spätestens zugegangen sein muss, das 55. Lebensjahr vollendet hat, eine Nichtverlängerungsmitteilung nur aussprechen, um das Arbeitsverhältnis unter anderen Vertragsbedingungen bei der (den) im Arbeitsvertrag angegebenen Bühne(n) fortzusetzen. 129

Integrierender Bestandteil der Nichtverlängerungsmitteilung nach den vorstehenden Vorschriften, hinsichtlich der die tariflichen Vorschriften zu Form und Frist keine Besonderheiten gelten, ist die Angabe der konkreten anderen Vertragsbedingungen zu denen das Arbeitsverhältnis fortgesetzt werden soll.[410] Nicht ausreichend ist, wenn der Arbeitgeber lediglich mitteilt, das Arbeitsverhältnis zu geänderten Bedingungen fortzusetzen, aber nicht mitteilt, welche Bedingungen dies sind.[411] Der Arbeitnehmer soll wissen, wie sein künftiges, fortzusetzendes Arbeitsverhältnis inhaltlich ausgestaltet ist, nur dann kann er – ähnlich wie anlässlich einer Änderungskündigung – entscheiden, ob er sich auf die angetragene Fortsetzung des Arbeitsverhältnisses überhaupt einlassen will. 130

---

409 LAG Köln, Urteil v. 03.06.2014, Az.: 12 Sa 911/13, Rdnr. 91, juris.
410 BOSchG, Schiedsspruch 05.10.2011, Az.: BOSchG 11/11; Bolwin/*Sponer* Bühnentarifrecht § 61 Rdnr. 122.
411 BOSchG, Schiedsspruch v. 05.10.2011, Az.: BOSchG 11/11.

131 Ist das Angebot integrierender Bestandteil der Nichtverlängerungsmitteilung bedarf auch dieses Angebot der Schriftform, d. h. enthält die (unterschriebene) Änderungsmitteilung selbst nicht die geänderten Arbeitsbedingungen, bedarf ein ggf. der Änderungsmitteilung beigefügter Arbeitsvertrag selbst der rechtsgültigen Unterschrift. Ein Verweis auf den als Anlage beigefügten (nicht unterzeichneten) Arbeitsvertrag genügt diesen Anforderungen nicht.[412]

132 Als tarifvertraglich geregeltes einseitiges Leistungsbestimmungsrecht des Arbeitgebers müssen die nach den Sonderregelungen des NV Bühne mit der Änderungsmitteilung angebotenen neuen Arbeitsbedingungen billigem Ermessen im Sinne des § 315 BGB zu entsprechen.[413] Sie unterliegen der Rechtsmissbrauchskontrolle durch die Bühnenschiedsgerichte.[414]

133 Das heißt, sie darf nicht willkürlich erfolgen. Dazu müssen die Gründe, die den Intendanten zur Abgabe der Änderungsmitteilung veranlasst haben im Einklang mit der Veränderung des Vertragsinhalts stehen.[415]

134 Sinn und Zweck der tariflichen Regelung des § 61 Abs. 3 NV Bühne ist die materielle Sicherung des Künstlers nach langer Betriebszugehörigkeit, nicht aber der Erhalt der künstlerischen Rolle. Der Künstler soll demnach künftig auch ganz ohne künstlerische Beschäftigung nicht mehr im NV Bühne und außerhalb des Verbots der Nichtverlängerungsmitteilung mit der Möglichkeit der Beendigungskündigung beschäftigt werden können.[416]

135 Die für den geschützten Künstler vorgesehene neue Vergütung hat sich an seiner zukünftigen Tätigkeit zu orientieren, wobei das allgemeine Gehaltsgefüge im Theater zu berücksichtigen ist.[417] Insbesondere darf die Gagenkürzung nicht ein Ausmaß erreichen, dass den Bestand des Arbeitsverhältnisses in Frage stellen kann.[418] Dies wäre dann der Fall, wenn die Vergütung sich um mehr als 20 % verringern würde.

---

412 BOSchG, Schiedsspruch v. 05.10.2011, Az.: BOSchG 11/11; BOSchG, Schiedsspruch v. 05.10.2011, Az.: BOSchG 07/11, BOSchG, Schiedsspruch v. 17.10.2011, Az.: BOSchG 10/11; BOSchG, Schiedsspruch v. 17.10.2011, Az.: BOSchG 08/11.

413 BOSchG Frankfurt a. M., Schiedsspruch v. 07.06.2005, Az.: BOSchG 21/04, S. 10; BOSchG Frankfurt a. M., Schiedsspruch v. 28.09.2006, Az.: BOSchG 05/06, S. 9.

414 BAG, Urteil v. 03.11.1999, Az.: 7 AZR 898/98, juris; BOSchG Frankfurt a. M., Schiedsspruch v. 07.06.2005, Az.: BOSchG 21/04, S. 9.

415 BOSchG Frankfurt a. M., Schiedsspruch v. 28.09.2006, Az.: BOSchG 05/06, S. 9.

416 BOSchG, Schiedsspruch v. 14.09.2007, Az. BOSchG 2/07.

417 BOSchG Frankfurt a. M., Schiedsspruch v. 07.06.2005, Az.: BOSchG 21/04, S. 10.

418 BOSchG Frankfurt a. M., Schiedsspruch v. 28.09.2006, Az.: BOSchG 05/06, S. 9; BAG, Urteil v. 03.11.1999, Az.: 7 AZR 898/98, juris = AP 54 zu § 611 BGB, Bühnenengagementsvertrag.

7.6 Beendigung bei Erreichen der Regelaltersrente

Das Arbeitsverhältnis endet nicht ohne Weiteres mit Erreichen der Regelaltersrente. Häufig enthalten Tarif- oder Arbeitsverträge jedoch Klauseln, nach denen das Arbeitsverhältnis mit Erreichen der Regelaltersrente endet. 136

Nach den jeweils geltenden Sonderregelungen zur Nichtverlängerungsmitteilung in den §§ 61 Abs. 9 (Solo), 69 Abs. 9 (Bühnentechniker), 83 Abs. 9 (Chor) und 96 Abs. 9 (Tanz) NV Bühne gelten die Regelungen zur Anhörung und zur Änderungsmitteilung nicht, wenn das Bühnenmitglied bei Beendigung des Arbeitsverhältnisses Anspruch auf Altersrente aus der gesetzlichen Rentenversicherung oder einer außerhalb der gesetzlichen Rentenversicherung bestehenden Versorgung durch den Arbeitgeber oder durch eine Versorgungseinrichtung hat, zu der der Arbeitgeber Mittel beigesteuert hat. 137

Diese Regelungen gelten ferner nicht, wenn die Nichtverlängerungsmitteilung zum Ende der Spielzeit ausgesprochen wird, in der der Bühnentechniker das gesetzlich festgelegte Alter zum Erreichen der Regelaltersrente oder ein höheres Alter vollendet hat. 138

7.7 Beendigung bei Erwerbsminderung

Grundsätzlich endet das Arbeitsverhältnis nicht bei Erhalt einer Erwerbsminderungsrente. Dem Arbeitgeber bleibt die Möglichkeit der ordentlichen personenbedingten Kündigung. Anderes gilt ggf. sofern Tarifverträge auf das Arbeitsverhältnis Anwendung finden. 139

Entsprechend der Regelungen in den Tarifverträgen für den öffentlichen Dienst endet nach § 45 Abs. 1 NV Bühne mit Bescheid eines Rentenversicherungsträgers, in dem festgestellt wird, dass das Mitglied voll erwerbsgemindert ist, mit Ablauf des Monats, in dem der Bescheid zugestellt wird, sofern das Mitglied eine außerhalb der gesetzlichen Rentenversicherung bestehende Versorgung durch den Arbeitgeber oder durch eine Versorgungseinrichtung erhält, zu der der Arbeitgeber Mittel beigesteuert hat. Das Mitglied hat den Arbeitgeber von der Zustellung des Rentenbescheides unverzüglich zu unterrichten. Beginnt die Rente wegen voller Erwerbsminderung erst nach der Zustellung des Rentenbescheids, endet das Arbeitsverhältnis mit dem Ablauf des dem Rentenbeginn vorangehenden Tages. 140

Verzögert das Mitglied schuldhaft den Rentenantrag oder bezieht es Altersrente nach § 236 oder § 236 a bzw. § 36 oder § 37 SGB Vl oder ist er nicht in der gesetzlichen Rentenversicherung versichert, tritt an die Stelle des Bescheides des Rentenversicherungsträgers das Gutachten eines Amtsarztes oder des betriebs- 141 ärztlichen Dienstes. Das Arbeitsverhältnis endet in diesem Fall mit Ablauf des Monats, in dem dem Mitglied das Gutachten bekannt gegeben worden ist.

142 Erhält das Mitglied keine außerhalb der gesetzlichen Rentenversicherung bestehende Versorgung durch den Arbeitgeber oder durch eine Versorgungseinrichtung, zu der der Arbeitgeber Mittel beigesteuert hat, endet das Arbeitsverhältnis nach Ablauf einer Frist von drei Monaten zum Schluss eines Kalendervierteljahres. Die Frist beginnt mit der Zustellung des Rentenbescheids bzw. mit der Bekanntgabe des Gutachtens des Amtsarztes oder betriebsärztlichen Dienstes an das Mitglied. Das Mitglied hat den Arbeitgeber von der Zustellung des Rentenbescheids unverzüglich zu unterrichten. Beginnt die Rente wegen voller Erwerbsminderung erst nach der Zustellung des Rentenbescheids, beginnt die Frist mit Ablauf des dem Rentenbeginn vorangehenden Tages.

143 Liegt dem Mitglied, das schwerbehindert im Sinne des SGB IX ist, in dem Zeitpunkt, in dem nach den Absätzen 1 und 2 das Arbeitsverhältnis wegen voller Erwerbsminderung endet, die nach § 92 SGB IX erforderliche Zustimmung des Integrationsamtes noch nicht vor, endet das Arbeitsverhältnis mit Ablauf des Tages der Zustellung des Zustimmungsbescheides des Integrationsamtes, es sei denn, das Arbeitsverhältnis endet zuvor durch eine wirksam ausgesprochene Nichtverlängerungsmitteilung.

144 Das Arbeitsverhältnis endet nicht, wenn nach dem Bescheid des Rentenversicherungsträgers eine Rente auf Zeit gewährt wird. In diesem Fall ruht das Arbeitsverhältnis mit allen Rechten und Pflichten von dem Tage an, der auf den nach Absatz 1 maßgebenden Zeitpunkt folgt, bis zum Ablauf des Tages, bis zu dem die Rente auf Zeit bewilligt ist, längstens jedoch bis zum Ablauf des Tages, an dem das Arbeitsverhältnis endet.

145 Vorstehende Regelungen gelten entsprechend, wenn durch den Bescheid eines Rentenversicherungsträgers festgestellt wird, dass das Mitglied nur teilweise erwerbsgemindert ist, es sei denn, das Mitglied stellt den schriftlichen Antrag, in seinem bisherigen Beruf teilweise beschäftigt zu werden. In diesem Fall ist der Arbeitgeber verpflichtet, das Mitglied dem Antrag entsprechend zu beschäftigen, wenn eine dem Antrag entsprechende Beschäftigungsmöglichkeit besteht. Der Arbeitgeber ist berechtigt, die Vergütung unter Berücksichtigung von Art und Umfang der Beschäftigung angemessen zu kürzen. Besteht die Beschäftigungsmöglichkeit nicht, gelten Absätze 1 bis 4 mit der Maßgabe entsprechend, dass das Arbeitsverhältnis nicht vor der schriftlichen Ablehnung des Antrags durch den Arbeitgeber endet bzw. ruht.

7.8 Abfindung bei Beendigung des Arbeitsverhältnisses

Wird das Arbeitsverhältnis durch Kündigung oder nach Nichtverlängerungsmitteilung auf Grund Befristung beendet, besteht grundsätzlich kein Anspruch auf Zahlung einer Abfindung. Etwas anderes gilt nur dann, wenn ausnahmsweise Gesetz oder Tarifvertrag unter bestimmten Bedingungen einen Abfindungsanspruch vorsehen. 146

So kann der Arbeitgeber beispielsweise –sofern zulässig – eine (ordentliche) Kündigung nach § 1a Abs. 1 KSchG auf betriebsbedingte Gründe stützen und eine Abfindung in gesetzlicher Höhe zusagen mit der Folge, dass ein gesetzlicher Anspruch auf Abfindung in Höhe von 0,5 (Brutto-) Monatsverdienste für jedes Jahr des Bestehens des Arbeitsverhältnisses entsteht. Bei der Ermittlung der Dauer des Arbeitsverhältnisses ist ein Zeitraum von mehr als sechs Monaten auf ein volles Jahr aufzurunden (vgl. § 1a Abs. 2 KSchG). 147

Der NV Bühne sieht im Bereich Solo (§ 62 NV Bühne) bei Ausspruch einer Nichtverlängerungsmitteilung „wegen Intendantenwechsel" ebenfalls unter bestimmten Voraussetzungen einen Abfindungsanspruch vor. 148

Ein Intendantenwechsel setzt die Neuübertragung der künstlerischen und geschäftlichen Leitung voraus. Der Künstler darf in der ersten Spielzeit nach dem Intendantenwechsel nicht mehr im Engagement stehen, scheidet er erst aus, wenn der Intendant bereits die erste Spielzeit absolviert hat, besteht kein derartiger Abfindungsanspruch. Die Nichtverlängerungsmitteilung muss schließlich aus Anlass des Wechsels ausgesprochen worden sein, wobei dabei selbstverständlich auch andere, weitere künstlerische Gründe genannt werden können. Dabei soll es für die Nichtverlängerungsmitteilung aus Anlass des Intendantenwechsels nach der Rechtsprechung genügen, wenn der Intendant nur von künstlerischen Gründen redet, denn dies beinhalte als Motiv den Intendantenwechsel.[419] Wenn jedoch der amtierende Intendant eine Nichtverlängerungsmitteilung ausspricht und er später plötzlich unvorhersehbar ausscheidet mit der notwendigen Folge des Intendantenwechsels, liegt kein Fall des Abfindungsanspruchs wegen Intendantenwechsels vor.[420] Der Künstler hat schließlich zum Erhalt des Abfindungsanspruchs auch seine eigenen Bemühungen für ein sich anschließendes Anschlussengagement darzulegen, ohne eigene Bemühungen besteht demnach kein Anspruch auf Intendantenabfindung. 149

Voraussetzung für einen derartigen Anspruch, welcher der Höhe nach in § 62 Abs. 2 NV Bühne geregelt ist, ist nach Absatz 1, dass in den ersten 3 Monaten nach 150

419 BAG, Urteil v. 28.05.1998, Az. 6 AZR 349/96, juris.
420 BOSchG, Schiedsspruch v. 19.06.1995, Az. 85/94.

Beendigung kein volles neues Arbeitsverhältnis vorliegt, also ein Arbeitsverhältnis, welches die volle Arbeitskraft des Künstlers beansprucht, eine Halbtagstätigkeit ist danach nicht abfindungsschädlich.

151 Für die näher in Absatz 4 benannten Leitungsmitglieder besteht allerdings kein Anspruch auf die sog. Intendantenabfindung.

152 Darüber hinaus kann bei Schließung des Theaters oder eines Zweigs oder der Zusammenlegung von Theatern, ein Anspruch auf Überbrückungsgeld bestehen.

7.9 Übergangsgeld

153 Bei Kündigung/Nichtverlängerung des Arbeitsverhältnisses aus betriebsbedingten Gründen im Sinne des § 46 Abs. 1 NV Bühne erhält das Mitglied, das am Tage der Beendigung des Arbeitsverhältnisses das einundzwanzigste Lebensjahr vollendet hat und in einem ununterbrochenen Arbeitsverhältnis von mindestens vier Jahren (Spielzeiten) bei demselben Arbeitgeber gestanden hat, beim Ausscheiden ein Übergangsgeld.

154 Betriebsbedingte Gründe sind in diesem Zusammenhang die Auflösung des Theaters, die Auflösung der Sparte des Theaters, der es angehört und die Zusammenlegung des Theaters mit einem oder mehreren anderen Theatern.

155 Klarstellend ist in § 46 Abs. 2 NV Bühne geregelt, dass das Übergangsgeld nicht gewährt wird, wenn das Arbeitsverhältnis aus einem anderen als in § 46 Abs. 1 NV Bühne geregeltem Grund endet, Hierzu zählt der Umstand, dass das Mitglied das Ausscheiden verschuldet hat, das Mitglied gekündigt hat oder das Arbeitsverhältnis nicht verlängert oder das Arbeitsverhältnis durch Auflösungsvertrag beendet ist. Dies gilt jedoch nicht, wenn das Mitglied gekündigt hat wegen eines mit Sicherheit erwarteten Personalabbaus, einer Körperbeschädigung, die es zur Fortsetzung der Arbeit unfähig macht, einer in Ausübung oder infolge seiner Arbeit erlittenen Gesundheitsschädigung, die seine Arbeitsfähigkeit für längere Zeit wesentlich herabsetzt, oder das weibliche Mitglied außerdem wegen Schwangerschaft, oder Niederkunft in den letzten drei Monaten oder einen Auflösungsvertrag abgeschlossen hat (§ 46 Abs. 3 NV Bühne).

156 Der Anspruch auf Übergangsgeld entfällt darüber hinaus, wenn dem Mitglied auf Grund Satzung, Gesetzes, Tarifvertrags oder sonstiger Regelung im Falle des Ausscheidens vor Eintritt eines Versicherungsfalls im Sinne der gesetzlichen Rentenversicherung eine laufende Versorgungsleistung gewährt wird, das Mitglied aus eigener Erwerbstätigkeit eine Rente aus der gesetzlichen Rentenversicherung oder Leistungen aus einer Versicherung oder Versorgung erhält oder beanspruchen kann, zu der der Arbeitgeber oder ein anderer Arbeitgeber, der diesen Tarif-

vertrag oder einen Tarifvertrag wesentlich gleichen Inhalts anwendet, Mittel ganz oder teilweise beisteuert oder beigesteuert hat.

Das Übergangsgeld wird nach der dem Mitglied am Tag vor dem Ausscheiden zustehenden monatlichen Vergütung bemessen. Es beträgt bei einer ununterbrochenen Beschäftigung bei demselben Arbeitgeber von 157

4 Jahren (Spielzeiten)	3 monatliche Vergütungen,
6 Jahren (Spielzeiten)	4 monatliche Vergütungen,
9 Jahren (Spielzeiten)	5 monatliche Vergütungen,
12 Jahren (Spielzeiten)	6 monatliche Vergütungen.

Das Übergangsgeld wird in einer Summe ausgezahlt, wenn das Vorliegen der Voraussetzungen nachgewiesen ist. 158

Erhält das Mitglied eine Abfindung auf Grund des Kündigungsschutzgesetzes oder eine Geldzahlung ohne Arbeitsleistung auf Grund eines Vergleichs, werden diese Leistungen auf das Übergangsgeld angerechnet. Liegen sowohl die Voraussetzungen für das Übergangsgeld als auch für die Abfindung wegen Beendigung des Arbeitsverhältnisses aus Anlass eines Intendantenwechsels vor, so erhält das Mitglied die für ihn günstigere Leistung, die Gewährung der anderen Leistung ist ausgeschlossen. 159

Das Mitglied, das noch nicht ununterbrochen vier Jahre (Spielzeiten) an demselben Theater beschäftigt war und aus den in Absatz 1 genannten Gründen aus dem Arbeitsverhältnis ausscheidet, erhält einen Zuschuss zu den Umzugskosten. Der Zuschuss beträgt die Hälfte der nachgewiesenen Kosten für das Befördern des Umzugsguts, höchstens jedoch eine monatliche Vergütung. Hat das Mitglied den Kostennachweis erbracht, ist der Zuschuss in einer Summe zu zahlen. 160

In der Praxis hat das Übergangsgeld nur eine geringe Bedeutung, da der Anspruch auf die Leistungen zu den Umzugskosten einer anderen Bühne oder aus öffentlichen Mitteln (Arbeitslosengeld) anzurechnen ist, vgl. §46 Abs. 6 NV Bühne. 161

8 Grundsätze des allgemeinen Arbeitsrecht

1 Die Bühne als Arbeitgeber ist grundsätzlich ohne Weiteres an die Regeln des allgemeinen Arbeitsrechts gebunden.

2 Als sog. Tendenzträger können sie sich jedoch auf die nach der Verfassung in Art. 5 Abs. 3 GG geschützte Kunstfreiheit stützen. Diese wird „nur durch verfassungsimmanente Schranken" begrenzt. Diese können sich beispielsweise aus dem Persönlichkeitsrecht des Arbeitnehmers aus Art. 1 Abs. 1 GG (Menschenwürde) in Verbindung mit Art. 2 Abs. 1 GG (freie Entfaltung der Persönlichkeit), aus Art. 3 GG, Art. 9 GG („Streikrecht") und den sich aus Art. 12 GG resultierenden Rechten ergeben.

3 Die Gesetzgebung berücksichtigt in den arbeitsrechtlichen Regelungen die Kunstfreiheit der Bühne als Arbeitgeber, in dem sie z. T. weitreichende Sondergelungen erlassen hat, so z. B. bei der Befristung von Arbeitsverträgen (vgl. § 14 Abs. 1 Nr. 4 TzBfG[421]) oder im Mitbestimmungsrecht der Betriebs- und Personalräte.

8.1 Mitarbeitervertretungsrecht

4 Auch bei öffentlichen oder privaten Bühnen findet das jeweils geltende Mitarbeitervertretungsrecht mit Einschränkungen Anwendung. Im öffentlichen Bereich ist es das nach Bundes- oder Landesrecht geltende Personalvertretungsgesetz (LPersVG), bei privaten Bühnen das Betriebsverfassungsgesetz (BetrVG).

5 Auf Unternehmen und Betriebe, die unmittelbar und überwiegend künstlerischen Bestimmungen dienen, sog. Tendenzbetriebe, finden die Vorschriften des LPersVG bzw. des BetrVG nur eingeschränkt Anwendung. Regelmäßig wird durch besondere Bestimmungen sichergestellt, das in sog. Tendenzbetriebe, zu denen auch die öffentlich-rechtlich oder privat-rechtlich organisierten Bühnen gehören, die verfassungsrechtlich garantierten Grundrechte des Arbeitgebers gewährleistet werden. Im Bereich der Bühnen ist dies vor allem der Schutz der Freiheit der Kunst (Art. 5 Abs. 3 GG).

---

421 vgl. Erf. Kom./*Müller-Glöge* TzBfG § 14 Rdnr. 46, 47.

8.1.1 Personalvertretungsrecht

Die Personalvertretungsgesetze der Länder weisen im Einzelnen unter sich und 6
im Verhältnis zum Bundespersonalvertretungsgesetz unterschiedliche Regelungen, auch im Hinblick auf die Behandlung der Opern, Theater und Orchester bzw. der betroffenen Künstler, auf.

Nach § 77 BPersVG besteht z. B. nur ein (eingeschränktes) Mitbestimmungs- 7
recht des Personalrates für Beschäftigte mit überwiegend künstlerische Tätigkeit in Personalangelegenheiten nach § 75 Abs. 1, § 76 Abs. 1 PersVG wenn diese es beantragen.

Bei Beschäftigten mit überwiegend künstlerischer Tätigkeit soll das Antrags- 8
erfordernis dazu dienen, die Freiheit der Kunst zu gewährleisten und das Persönlichkeitsrecht des überwiegend künstlerisch tätigen Beschäftigten zu schützen.[422] Angesichts des besonderen Profils dieser Personen soll es ihnen überlassen bleiben, ob sie personalvertretungsrechtlichen Schutz wünschen.[423] Ob der Beschäftigte unter den Anwendungsbereich des § 77 BPersVG fällt, hängt davon ab, ob er überwiegend künstlerischen Aufgaben zu erfüllen hat und ob diese Tätigkeiten seinen Aufgabenbereich prägen, weil sie den Schwerpunkt seiner Tätigkeit bilden.[424] Das Wesentliche der künstlerischen Tätigkeit ist die freie schöpferische Gestaltung, in der Eindrücke, Erfahrungen und Erlebnisse des Künstlers durch das Medium einer bestimmten Formensprache zu unmittelbarer Anschauung gebracht werden.[425] Unverzichtbares Merkmal einer künstlerischen Tätigkeit ist daher das Erbringen selbständiger schöpferischer Leistungen gemeinsam mit anderen oder unter der Leistung eines anderen.[426]

Zur sachgerechten Ausübung des Antragsrechts im Rahmen der antragsab- 9
hängigen Mitbestimmung ist der Beschäftigte von der Dienststelle vor der beabsichtigten Maßnahme in Kenntnis zu setzen.[427]

---

422 BVerwG Urteil v. 20.03.2002, Az.: 6 P 6.01 m. w. N., juris; BAG, Beschluss v. 06.03.2003, Az.: 2 AZR 59/02, juris.

423 BVerwG, Urteil v. 20.03.2002, Az.: 6 P 6.01, juris.

424 BVerwG, Beschluss v. 26.01.1968, Az.: VII P 8.67, juris; BVerwG, Beschluss v. 18.03.1981, Az.: 6 P 26.79, juris; BVerwG, Beschluss v. 07.10.1988, Az.: 6 P 30.85, juris.

425 BVerfG, Beschluss v. 07.12.1994, Az.: 6 P 29.92, juris.

426 BVerwG, Beschluss v. 07.12.1994, Az.: 6 P 29.92, juris.

427 Altvater/Peiseler, BPersVG, § 77 Rdnr. 3, BVerwG, BVerwG, Urteil v. 09.12.1999, Az.: 2 C 4/99, juris; a. A. BAG, Urteil 26.08.1993, Az.: 2 AZR 376/93; 03.11.1999, Az.: 7 AZR 880/98 und BAG, Urteil v. 06.03.2003, Az.: 2 AZR 59/02, juris.

10 Nach § 95 Abs. 1 BPersVG besteht die Möglichkeit für Angehörige von Dienststellen, die künstlerischen Zwecken dienen, besondere Regelungen in den Landesgesetzen zu treffen.

11 Keine Tendenzregelung haben andererseits die Personalvertretungsgesetze von Bremen, Hamburg, Sachsen-Anhalt sowie auch Schleswig-Holstein. Diese haben von der nach § 95 Abs. 1 BPersVG vorgesehenen Möglichkeit für Angehörige von Dienststellen, die künstlerischen Zwecken dienen, besondere Regelungen zu treffen nicht genutzt. In diesen Ländern findet demgemäß das PersVG auch für künstlerisch tätige uneingeschränkt Anwendung, allerdings unter Berücksichtigung der Kunstfreiheitsgarantie.[428] So steht beispielsweise dem Personalrat bei der Mitbestimmung in personellen Angelegenheiten des künstlerischen Personals eine Beurteilung über die künstlerische Befähigung nicht zu.[429]

12 Soweit in den Landespersonalvertretungsgesetzen Einschränkungen der Mitbestimmungs-/Mitwirkungsrechte für künstlerisches Personal vorsehen, wird meist nicht wie im Betriebsverfassungsrecht auf den Tendenzträgern abgestellt, sondern auf Mitarbeiter, die „künstlerisch" (§ 103 LPVG BaWü, vormals § 95 LPVG BaWü) oder nach den künstlerischen Tarifverträgen (NV Bühne) beschäftigt werden bzw. unter dessen Geltungsbereich fallen, vgl. z. B. § 72 Abs. 1 Satz 2 Halbsatz 2 Nr. 3 NWPersVG. Danach gilt § 72 Abs. 1 Satz 1 NWPersVG nicht für überwiegend und unmittelbar künstlerisch tätige Beschäftigte an Theatern, die unter den Geltungsbereich des Normalvertrages (NV) Bühne fallen.

13 Das Bundesverwaltungsgericht hat mehrfach entschieden, dass die Mitbestimmung des Personalrats in personellen Angelegenheiten des künstlerischen Personals mit Blick auf die Kunstfreiheit nicht schlechthin ausgeschlossen ist.[430] Der Beteiligung des Personalrats bedenkenfrei zugänglich sind jedenfalls solche Personalmaßnahmen der Dienststellenleitung, welche die Kunstfreiheit für sich nicht in Anspruch nehmen können. Darunter fallen vor allem solche Auswahlentscheidungen, die einzelne Bewerber sachwidrig begünstigen oder benachteiligen und deswegen letztlich auf kunstfremden Motiven beruhen. Entsprechendes gilt für Stellenausschreibungen, durch welche eine sachwidrige und damit kunstfremde Personalentscheidung vorbereitet werden soll. Die Überprüfung durch den Personalrat ist geeignet, sachwidrigen Personalentscheidungen entgegenzuwirken.[431]

---

428 *Kurz* Theaterrecht S. 448.
429 BVerwG, Beschluss v. 18.03.1981, Az.: 6 P 27/79, juris – Rdnr. 41 = BVerwGE 62, 55–64.
430 BVerwG, Beschluss v. 18.03.1981, Az.: BVerwG 6 P 27.79, juris = BVerwGE 62, 55 <59 ff.>
431 BVerwG, Beschluss v. 09.01. 2007, Az.: 6 P 6/06, juris – Rdnr. 25.

Sofern das Mitwirkungsrecht nach den Landesrechtlichen Vorschriften nicht ausdrücklich ausgeschlossen wird, erstreckt sich daher das Mitwirkungsrecht des Personalrats auch auf Stellenausschreibungen, die sich auf Stellen für solche Beschäftigte am Theater beziehen, die nach dem NV Bühne beschäftigt werden.[432] 14

Wie auch das Bundesarbeitsgericht hat das BVerwG (bezogen auf das LPersVG Baden-Württemberg) festgestellt, dass die Kunstfreiheit gemäß Art. 5 Abs. 3 Satz 1 GG nicht berührt ist, wenn der Personalrat Einsicht in die Vergütungslisten zu dem Zweck nimmt, die Einhaltung der zugunsten der künstlerischen Mitarbeiter geltenden tarifvertraglichen Bestimmungen zu überwachen. Die künstlerische Freiheit der Theaterleitung, soweit sie sich in der Vereinbarung bestimmter Entgelte für die am Theater tätigen Personen ausdrückt, wird dadurch nicht eingeschränkt.[433] Die Einsichtnahme zum Zweck des Diskriminierungsschutzes dient gerade dazu, die Festlegung der Vergütungen aus kunstfremden Motiven zu verhindern.[434] 15

Das Bundesverwaltungsgericht hat unter Zugrundelegung derselben Erwägungen entschieden, dass die Verlängerung eines Zeitarbeitsvertrags eine Einstellung im Sinne des § 75 Abs. 1 Nr. 1 BPersVG ist.[435] 16

8.1.2 Betriebsverfassungsrecht

Im Rahmen des Betriebsverfassungsrechts ist § 118 BetrVG zu beachten. Danach finden auf Unternehmen und Betriebe, die unmittelbar und überwiegend künstlerischen Bestimmungen dienen, die Vorschriften dieses Gesetzes keine Anwendung, soweit die Eigenart des Unternehmens oder des Betriebs dem entgegensteht. Die §§ 106 bis 110 BetrVG sind nicht, die §§ 111 bis 113 nur insoweit anzuwenden, soweit sie den Ausgleich oder die Milderung wirtschaftlicher Nachteile für die Arbeitnehmer infolge von Betriebsänderungen regeln. 17

Orchester,[436] Opern, Theater[437] und vergleichbare Unternehmen verfolgen künstlerische Zielsetzungen i. S. d. § 118 Abs. 1 Nr. 1 BetrVG. 18

---

432 BVerwG, Beschluss v. 09.01.2007, Az.: 6 P 6/06, juris – Rdnr. 17 für § 73 Nr. 6 NWPersVG.

433 BVerwG, Beschluss v. 16.02.2010, Az.: 6 P 5/09, juris – Rdnr. 26.

434 vgl. BVerwG, Beschluss v. 9.01.2007, Az.: BVerwG 6 P 6.06, juris; BVerwG, Beschluss v. 16.02.2010, Az.: 6 P 5/09, juris – Rdnr. 26.

435 BVerwG, Beschluss v. 13.02.1979, juris = BVerwGE 57, 280.

436 BAG 03.11.1982, Az.: 7 AZR 5/81, juris = AP KSchG 1969 § 15 Nr. 12.

437 BAG, Beschluss v. 28.10.1986, Az.: 1 ABR 16/85, juris; BAG, Beschluss v. 04.08.1981, Az.: 1 ABR 106/79, juris = BAGE 36, 161, zu B II 3 der Gründe.

19 Grund der Privilegierung ist nach der h. M. ein ausgewogenes Verhältnis zwischen den Freiheitsrechten der Tendenzträger und dem Sozialstaatsprinzip zu schaffen.[438]

20 Der Unternehmer soll autonom darüber entscheiden können, auf welche Weise er seine künstlerischen Zwecke verfolgen will. Die Beteiligungsrechte des Betriebsrats haben soweit zurückzutreten, wie durch ihre Ausübung die Freiheit des Unternehmers, seine künstlerischen Ziele in bestimmter Weise zu verwirklichen, ernsthaft beeinträchtigt werden kann.[439]

21 Bei den in Tendenzbetrieben nicht anwendbaren §§ 106 bis § 110 BetrVG handelt es sich um Vorschriften, die nur im Unternehmensbereich relevant werden. So muss der private Arbeitgeber im Tendenzbetrieb keinen Wirtschaftsausschuss nach §§ 106–109 BetrVG gründen. Auch ein Anspruch auf Unterrichtung der Arbeitnehmer über die wirtschaftliche Lage und Entwicklung des Unternehmens nach § 100 BetrVG kommt nicht in Betracht.

22 Hinsichtlich der §§ 111 bis 113 besteht nur ein eingeschränkter Ausschluss, sie sind nur insoweit anzuwenden, als sie den Ausgleich oder die Milderung wirtschaftlicher Nachteile für die Arbeitnehmer infolge von Betriebsänderungen regeln

23 Mit dieser Formulierung nimmt die Vorschrift auf die Definition des Sozialplans in § 112 Abs. 1 S. 2 BetrVG Bezug, mit der Folge, dass in Tendenzbetrieben nach überwiegender Auffassung[440] nur die den Sozialplan betreffenden Vorschriften anwendbar bleiben. Die Pflicht des Arbeitgebers gem. § 17 Abs. 2 S. 2 KSchG bei Massenentlassungen mit dem Betriebsrat über die Vermeidung und Einschränkung von Entlassungen, sowie die Milderungen ihrer Folgen zu beraten, bestehen. Dies dürfte angesichts des üblichen Abschlusses von befristeten Verträgen nur von untergeordneter Bedeutung sein, da das Ausscheiden auf Grund einer Befristung (Nichtverlängerungsmitteilung) nicht unter den Anwendungsbereich des § 17 KSchG fällt.

24 Die übrigen Vorschriften finden laut § 118 Abs. 1 S. 1 BetrVG keine Anwendung, soweit die Eigenart des Unternehmens oder des Betriebs dem entgegensteht.

---

438 BAG, Urteil v. 22.04.1975, Az.: 1 AZR 604/73, juris = AP Nr. 2 zu § 118 BetrVG 1972; BAG, Urteil v. 07.11.1975, Az.: 1 AZR 282/74, juris = AP Nr. 4 zu § 118 BetrVG 1972; BAG, Beschluss v. 22.05.1979, Az.: 1 ABR 100/77, juris = AP Nr. 13 zu § 118 BetrVG 1972; BAG, Beschluss v. 21.06.1989, juris = AP BetrVG 1972 § 118 Nr. 43, Fitting BetrVG § 118 Rdnr. 2.

439 BAG, Beschluss, v. 28.10.1986, Az.: 1 ABR 16/85, juris = BAGE 53, 237, zu B II 1 a der Gründe.

440 BAG, Beschluss v. 17.08.1982, Az.: 1 ABR 40/80, juris = AP BetrVG 1972 § 111 Nr. 11, Erf. Kom./Kania, § 118 BetrVG Rdnr. 18 m. w. N.

25 Zur Feststellung, ob die Anwendung einer Vorschrift der Eigenart des Unternehmens oder des Betriebs dem entgegensteht, haben Rechtsprechung und Lehre eine insbesondere für die den Bereich der personellen Mitbestimmung bedeutsame Systematik entwickelt, die sog. Maßnahmetheorie[441]. Zunächst muss es sich um eine einen Tendenzträger betreffende Maßnahme handeln, des Weiteren muss diese Maßnahme einen Tendenzbezug aufweisen, also aus tendenzbedingten Gründen erfolgen.

26 Nicht zu den sog. Tendenzträgern zählen solche Arbeitnehmer in einem Tendenzbetrieb, die keine tendenzbezogenen Aufgaben wahrzunehmen haben,[442] d. h. Beschäftigte sind demnach Tendenzträger, wenn die Bestimmungen und Zwecke des jeweiligen in § 118 Abs. 1 BetrVG genannten Unternehmens oder Betriebs für ihre Tätigkeit prägend sind.[443] Dies setzt voraus, dass der Beschäftigte die Möglichkeit einer entsprechenden inhaltlichen Einflussnahme auf die Tendenzverwirklichung hat.[444] Eine bloße Mitwirkung bei der Tendenzverfolgung genügt dafür nicht.[445]

27 Durch eine Beschäftigung mit künstlerischen oder überwiegend künstlerischen Tätigkeiten wird ein Arbeitnehmer nicht ohne Weiteres zu einem Tendenzträger. Eine solche Tätigkeit lässt nicht zwingend darauf schließen, dass er auch einen prägenden Einfluss auf die Tendenzverwirklichung hat.[446] Die Kunstfreiheit des Unternehmers aus Art. 5 Abs. 3 GG wird durch dieses Verständnis des § 118 Abs. 1 Nr. 1 BetrVG nicht verletzt. Sie lässt es zu, dass Arbeitnehmer, die nur mittelbar an der eigentlichen Produktion beteiligt sind, nach dem Maß ihrer Eigenverantwortlichkeit dem Kreis der Tendenzträger zugeordnet werden. Je weniger eigenverantwortlich ein Mitarbeiter an der Produktion beteiligt ist, desto stärker kann der Unternehmer kraft seiner Weisungsbefugnis Einfluss auf die künstlerische Gestaltung der Aufführungen nehmen und so seine Vorstellungen verwirkli-

441 BAG, Beschluss v. 30.01.1979, Az.: 1 ABR 78/76, juris = AP BetrVG 1972 § 118 Nr. 11; BAG, Beschluss v. 28.10.1986, Az.: 1 ABR 16/85, juris = AP BetrVG 1972 § 118 Nr. 32; BAG, Beschluss v. 08.05.1990, Az.: 1 ABR 33/89, juris = AP BetrVG 1972 § 118 Nr. 46; BAG, Beschluss v. 27.07.1993, Az.: 1 ABR 8/93; juris = AP BetrVG 1972 § 118 Nr. 51; Fitting BetrVG § 118 Rdnr. 30, 36, Erf. Kom./*Kania* § 118 BetrVG Rdnr. 20.

442 BAG, Urteil v. 03.11. 1982, Az.: 7 AZR 5/81, juris – Rdnr. 26 = BAGE 40, 296–307; so auch BVerfG, Beschluss v. 06.11.1979, Az.: 1 BvR 81/76, juris – Rdnr. 43 = BVerfGE 52, 283, 297 = AP Nr. 14 zu § 118 (Abs. 1) BetrVG 1972, zu B II 1 b der Gründe in einem Presseunternehmen.

443 BAG, Urteil v. 30.05.2006, Az.: 1 ABR 17/05, juris = AP BetrVG 1972 § 118 Nr. 80 = EzA BetrVG 2001 § 98 Nr. 2, zu B I 2 b bb der Gründe.

444 BAG, Urteil v. 12.11.2002, Az.: 1 ABR 60/01, juris = BAGE 103, 329, zu B II 2 b bb der Gründe m. w. N.

445 BAG, Urteil v. 18.04.1989, Az.: 1 ABR 2/88, juris = BAGE 61, 305, zu B II 2 c der Gründe m. w. N.

446 BAG, Urteil v. 28.10.1986, Az.: 1 ABR 16/85, juris = BAGE 53, 237, zu B II 1 d der Gründe.

chen. Für die Tendenzträgereigenschaft muss deshalb nicht ohne nähere Prüfung allein darauf abgestellt werden, ob der Mitarbeiter einen künstlerischen Beitrag leistet.[447] Dementsprechend kommt es in einem Theaterbetrieb darauf an, ob der Arbeitnehmer einen maßgeblichen inhaltlichen Einfluss auf die betreffende Produktion und Inszenierung nehmen kann.[448] Gleichfalls allenfalls Indizwirkung kann daher auch dem Umstand zukommen, dass das Bühnenmitglied auf Grund der geltenden künstlerischen Tarifverträge, wie dem NV Bühne beschäftigt wird.

28 So hat das Bundesarbeitsgericht[449] z. B. entschieden, dass der Leiter der Kostümabteilung im Theaterbetrieb anders als der Kostümbildner selbst dann kein Tendenzträger ist, wenn dieser gemäß Arbeitsvertrag künstlerisch oder überwiegend künstlerisch im Sinne von § 1 Abs. 2 Unterabs. 2 NV Bühne tätig wird. Dies gilt jedenfalls dann, wenn er nach Maßgabe seiner Befugnisse keinen prägenden Einfluss auf die Tendenzverwirklichung hat. In der zitierten Entscheidung konnte der Leiter der Kostümabteilung Produktion und Inszenierung eines bestimmten Theaterstücks nach dem Vorbringen des Arbeitgebers nicht maßgeblich beeinflussen. Danach bestimmt der Kostümbildner (nur) darüber, welche einzelnen Kostüme von den Schauspielern in den jeweiligen Stücken getragen werden. Aufgabe des Leiters der Kostümabteilung war es hingegen, Probenkostüme aus dem Fundus herauszusuchen und mit dem Kostümbildner Stoffe und Schnitte für das jeweilige Stück zu besprechen. Darin verwirklicht sich nach Auffassung des Bundesarbeitsgerichts kein eigener Gestaltungsspielraum. Selbst wenn die Ideen des Leiters der Kostümabteilung in die Absprachen mit dem Kostümbildner einfließen. Entsprechendes gilt für Maskenbildner und Chefmaskenbildner, auch diese sind nach Auffassung des Bundesarbeitsgerichts[450] keine Tendenzträger.

29 Die in den §§ 1 bis 73 BetrVG enthaltenen organisatorischen Vorschriften zur Betriebsverfassung unterliegen im Regelfall keinen tendenzschutzbedingten Einschränkungen.

30 Die allgemeinen Vorschriften der Mitwirkung und Mitbestimmung in den §§ 74 bis 80 sowie §§ 81 bis 86 BetrVG unterliegen wie auch die Vorschriften über die sozialen Angelegenheiten in den §§ 87 bis 89 BetrVG in der Regel keinen tendenzschutzbedingten Einschränkungen.

31 Durch bloße Informations-, Anhörungs- und Beratungsrechte des Betriebsrats in personellen Angelegenheiten wird ein Tendenzunternehmen in der Ver-

447 BVerfG, Beschluss v. 07.01.1992, Az.: 1 BvR 1468/89, juris.
448 BAG, Beschluss v. 13.02.2007, Az.: 1 ABR 14/06, juris = BAGE 121, 139–147, Rdnr. 17.
449 BAG, Beschluss v. 13.02.2007, Az.: 1 ABR 14/06, juris – Rdnr. 18, = BAGE 121, 139–147.
450 BAG, Beschluss v. 28.10.1986, Az.: 1 ABR 16/85, juris – Rdnr. 20 = BAGE 53, 237–247.

folgung seiner geistig-ideellen Ziele grundsätzlich nicht gehindert oder ernsthaft beeinträchtigt.[451]

So bestehen die Unterrichtungs- und Beratungsverpflichtungen gemäß § 92 BetrVG in einem Tendenzbetrieb auch hinsichtlich Tendenzträger.[452] 32

Dem Verlangen des Betriebsrates gem. § 93 BetrVG vakante Arbeitsplätze innerbetrieblich auszuschreiben, steht die Eigenart des Tendenzunternehmern i. d. R. auch dann nicht entgegen, wenn sich die Ausschreibung auf sog. Tendenzträger erstrecken soll, da dem Arbeitgeber auch dann die Auswahl frei steht.[453] 33

Bei personenbezogenen Einzelmaßnahmen in Tendenzbetrieben kommt eine Einschränkung der Beteiligungsrechte des Betriebsrats in Betracht, wenn die betreffende Maßnahme sog. Tendenzträger betrifft.[454] Dies stellt den Hauptanwendungsbereich des § 118 Abs. 1 BetrVG dar. 34

Bei der Einstellung von Tendenzträgern spricht eine tatsächliche Vermutung dafür, dass diese aus tendenzbedingten Gründen erfolgt.[455] 35

Eine verfassungskonforme Auslegung von § 118 Abs. 1 Satz 1 BetrVG ergibt, dass das Tendenzunternehmen berechtigt ist, eine personelle Maßnahme mit Tendenzbezug auch ohne Zustimmung des Betriebsrats und auch ohne dass diese durch das Arbeitsgericht ersetzt worden ist, durchzuführen. Der Verzicht auf die Zustimmung des Betriebsrates steht allerdings unter dem Risiko, dass ihm auf Antrag des Betriebsrats nach § 101 BetrVG aufgegeben wird, die Maßnahme wieder aufzuheben, wenn die Voraussetzungen für eine Zustimmungsfreiheit der Maßnahme nicht vorgelegen haben.[456] 36

Jedenfalls verbleiben für den Fall einer Einstellung Informations- und Beratungsrechte nach § 99 Abs. 1 und 2 BetrVG bestehen, nicht jedoch weitergehende Beteiligungsrechte nach § 99 Abs. 2 und 3, § 100 Abs. 2, § 101 BetrVG, weil der Betriebsrat in Ausübung seiner weiteren Beteiligungsrechte nach §§ 99 bis 101 in erheblichem Umfang personelle, tendenzbedingte Maßnahmen des Arbeitgebers verhindern oder doch auf ungewisse Zeit verzögern könnte. Das widerspricht der 37

---

451 BAG, Beschluss v. 13.02.2007, Az.: 1 ABR 14/06, juris – Rdnr. 31 = BAGE 121, 139–147; Nix/*Herdlein* § 2 Rdnr. 9 S. 46.

452 BAG, Beschluss v. 06.11.1990, Az.: 1 ABR 60/89, juris = AP BetrVG 1972 § 92 Nr. 3.

453 BAG, Beschluss v. 30.01.1979, Az.: 1 ABR 78/76, juris = AP BetrVG 1972 § 118 Nr. 11, Fitting BetrVG § 118 Rdnr. 33.

454 BAG, Beschluss v. 30.05.2006, Az.: 1 ABR 17/05, juris = AP BetrVG 1972 § 118 Nr. 80 = EzA BetrVG 2001 § 98 Nr. 2, zu B I 2 b bb der Gründe.

455 BAG, Beschluss v. 09.12.1975, Az.: 1 ABR 37/74, juris – Rdnr. 15 = AP BetrVG 1972 § 118 Nr. 7, BAG, Beschluss v. 19.05.1981, Az.: 1 ABR 109/78; juris = AP BetrVG 1972 § 118 Nr. 18; BAG, 28.10.1986, Az.: 1 ABR 16/85, juris = AP BetrVG 1972 § 118 Nr. 32.

456 BAG, Beschluss v. 01.09.1987, Az.: 1 ABR 23/86, juris = BAGE 56, 81–95, Rn. 48.

Wahrung der geistig-ideellen Zielsetzung. Eine mangelhafte Unterrichtung hat nur die Sanktionen nach § 121 BetrVG oder § 23 Abs. 3 BetrVG zur Folge.[457]

38 Auch bei der Versetzung von Tendenzträgern wird nach § 118 Abs. 1 BetrVG das Beteiligungsrecht des Betriebsrats nach § 99 Abs. 1 BetrVG eingeschränkt. Der Arbeitgeber hat den Betriebsrat über die personelle Einzelmaßnahme zu informieren, aber nicht dessen Zustimmung einzuholen. Dies gilt in der Regel unabhängig davon, ob vom Betriebsrat sog. tendenzneutrale oder tendenzbezogene Zustimmungsverweigerungsgründe geltend gemacht werden.[458] Dagegen bleiben die Rechte auf Information, Vorlage von Bewerbungsunterlage, Beratung und Äußerung von Bedenken bestehen.[459]

39 Der Tendenzcharakter eines Unternehmens steht der Anhörung des Betriebsrats zur Kündigung eines Tendenzträgers nach § 102 Abs. 1 BetrVG nicht entgegen,[460] Bei Kündigungen kommt danach eine Einschränkung der Beteiligungsrechte des Betriebsrates nur in Betracht, wenn es sich a) um ein Tendenzunternehmen (-betrieb) handelt, b) einem sog. Tendenzträger gekündigt wird, und c) tendenzbedingte Kündigungsgründe vorliegen.[461]

40 Die Nichtverlängerungsmitteilung nach den Sonderregelungen im NV Bühne (vormals Tarifvertrag über die Mitteilungspflicht v. 23.11.1977) stellt keine Kündigung im Sinne des Kündigungsschutzgesetzes und von § 102 Abs. 1 BetrVG dar.[462]

41 Für den „schlicht befristeten" Arbeitsvertrag ist wiederholt vom Bundesarbeitsgericht entschieden worden, dass die Mitteilung des Arbeitgebers, dass ein befristeter Arbeitsvertrag nicht verlängert werde, oder eine mit der Befristung begründete Ablehnung der Weiterbeschäftigung keine Kündigung ist.[463] Die Mitteilung des Arbeitgebers, der befristete Vertrag werde nicht verlängert, ist jedenfalls dann keine rechtsgeschäftliche Erklärung, wenn der Arbeitgeber damit nur

457 BAG, Beschluss v. 09.12.1975, Az.: 1 ABR 37/74, juris – Rdnr. 15 = AP BetrVG 1972 § 118 Nr. 7, BAG, Beschluss v. 19.05.1981, Az.: 1 ABR 109/78, juris = AP BetrVG 1972 § 118 Nr. 18; BAG, Beschluss v. 28.10.1986, Az.: 1 ABR 16/85, juris = AP BetrVG 1972 § 118 Nr. 32.

458 BAG, Beschluss v. 27.07.1993, Az.: 1 ABR 8/93, juris; = AP BetrVG 1972 § 118 Nr. 51; BAG, Beschluss v. 08.05.1990, Az.: 1 ABR 33/89, juris = AP § 118 BetrVG 1972 Nr 46.

459 BAG, Beschluss v. 09.12.1975, Az.: 1 ABR 37/74, juris = AP BetrVG 1972 § 118 Nr. 7, BAG, Beschluss v. 19.05.1981, Az.: 1 ABR 109/78, juris = AP BetrVG 1972 § 118 Nr. 18.

460 BAG, Beschluss v. 06.12. 1988, Az.: 1 ABR 43/87, juris – Rdnr. 28, BAG, Urteil v. 7.11. 1975, Az.: 1 AZR 282/74, juris = AP § 118 BetrVG 1972, Nr. 4.

461 BAG, Urteil v. 03.11. 1982, Az.: 7 AZR 5/81, juris – Rdnr. 23, = BAGE 40, 296–307.

462 BAG, Beschluss v. 28.10.1986, Az.: 1 ABR 16/85, juris – Rdnr. 35 = BAGE 53, 237–247.

463 BAG, Urteil v. 09.11.1977, Az.: 5 AZR 388/76, juris = AP Nr. 43 zu § 620 BGB Befristeter Arbeitsvertrag; BAG, Urteil v. 15.03.1978, Az.: 5 AZR 831/76, juris = AP Nr. 45 zu § 620 BGB Befristeter Arbeitsvertrag; BAG, Urteil v. 24.10.1979, Az.: 5 AZR 851/78, juris = AP Nr. 49 zu § 620 BGB Befristeter Arbeitsvertrag.

seine Rechtsauffassung zum Ausdruck bringt, das mit dem Arbeitnehmer abgeschlossene Arbeitsverhältnis werde wie vorgesehen auf Grund der vereinbarten Befristung enden.[464]

Nach den Sonderregelungen zur Nichtverlängerungsmitteilung im NV Bühne (vormals Tarifvertrag über die Mitteilungspflicht) hat die Nichtverlängerungsanzeige zwar eine ähnliche Wirkung wie die Kündigung, da sich der befristete Arbeitsvertrag ohne eine solche Mitteilung jeweils automatisch um ein Jahr verlängert. Doch ist die rechtliche Qualität dieser Mitteilung nicht losgelöst von der tariflichen Entwicklung des Bühnenarbeitsrechts gesehen werden. Das tarifliche Bühnenarbeitsrecht geht von der Befristung der Arbeitsverträge als tariflichem Regelfall aus und stellt die Nichtverlängerungsanzeige nicht der Kündigung gleich. Die Nichtverlängerungsanzeige unterbricht nicht wie die Kündigung den zeitlichen Ablauf eines Vertragsverhältnisses, sondern bestätigt lediglich, dass die im Vertrag vereinbarte Vertragsdauer keine über diesen Zeitraum hinausgehende Verlängerung erfährt.[465] 42

Die Nichtverlängerungsanzeige ist mit einer Kündigung aber auch deshalb nicht zu vergleichen, weil sie den Arbeitnehmer nur verfahrensmäßig besserstellt. Eine Nachprüfung ihrer sachlichen Berechtigung wie bei einer Kündigung ist damit nicht verbunden. 43

Da die Nichtverlängerungsanzeige keine Kündigung ist und ihr auch nicht gleichgestellt werden kann, bedarf es grundsätzlich keiner Mitwirkung der Arbeitnehmervertretung.[466] 44

Die Verlängerung des befristeten Arbeitsvertrages löst hingegen das Mitbestimmungsrecht des Betriebsrates nach § 99 Abs. 1 BetrVG aus.[467] Dem Unterlassen der Nichtverlängerungsanzeige liegt eine personelle Entscheidung des Arbeitgebers zugrunde, an der der Betriebsrat beteiligt werden kann und muss.[468] 45

464 BAG, Beschluss v. 28.10.1986, Az.: 1 ABR 16/85 Rdnr. 32 mit weiteren Nachweisen, BAGE 53, 237–247.

465 BVerwG, Beschluss v. 01.10.1965, Az.: VII P 14.64, juris = AP Nr. 1 zu § 72 PersVG Rheinland-Pfalz.

466 BAG, Urteil v. 21.05.1981, Az.: 1117/78 = juris BAG 35, 309, 321 = AP Nr. 15 zu § 611 BGB Bühnenengagementsvertrag, zu II 4 b der Gründe.

467 BAG, Beschluss v. 28.10.1986, Az.: 1 ABR 16/85, juris – Rdnr. 38 = BAGE 53, 237–247; BAG, Beschluss v. 18.07.1978, Az.: 1 ABR 79/75, juris = BAG 31, 20, 23 = AP Nr. 9 zu § 99 BetrVG 1972, zu II 2 c der Gründe); BAG, Beschluss v. 16.07.1985, Az.: 1 ABR 35/83, juris = AP Nr. 21 zu § 99 BetrVG 1972, zu B II 3 b der Gründe, BVerwG, Beschluss, v. 13.02.1979, Az.: 6 P 48/78, juris = BVerwGE 57, 280.

468 BAG, Beschluss v. 28.10.1986, Az.: 1 ABR 16/85, juris – Rdnr. 38 = BAGE 53, 237–247.

8.2 Gleichbehandlung

46 Das Grundgesetz normiert die Gleichheit aller Menschen in Art. 3 Abs. 1 GG, der in den Differenzierungsverboten des Art. 3 Abs. 3 GG konkretisiert wird. Im Verhältnis zwischen Privaten findet der allgemeine Gleichheitssatz wegen der fehlenden Grundrechtsbindung (Art. 1 Abs. 3 GG) keine unmittelbare Anwendung, ihm kommt über auslegungsbedürftige Generalklauseln und unbestimmte Rechtsbegriffe eine Ausstrahlungswirkung in das Privatrecht zu (mittelbare Drittwirkung).[469]

47 Der auf den allgemeinen Gleichheitssatz des Art. 3 Abs. 1 GG zurückzuführende Gleichbehandlungsgrundsatz zielt darauf ab, eine Gleichbehandlung von Personen in vergleichbaren Sachverhalten sicherzustellen und eine gleichheitswidrige Gruppenbildung auszuschließen. Eine Gruppenbildung kann auch dadurch erfolgen, dass für eine Arbeitnehmergruppe eine Regelung getroffen wird und für eine andere unterbleibt.[470] Sind für verschiedene Arbeitnehmergruppen unterschiedliche Pflichten vorgesehen, verlangt der Gleichheitssatz, dass diese Differenzierung sachlich gerechtfertigt ist. Maßgeblich hierfür ist vor allem der mit der Regelung verfolgte Zweck.[471] Dabei ist bei einer personenbezogenen Ungleichbehandlung der Gleichheitssatz bereits dann verletzt, wenn eine Gruppe von Normadressaten im Vergleich zu anderen Normadressaten anders behandelt wird, obwohl zwischen beiden Gruppen keine Unterschiede von solcher Art und solchem Gewicht bestehen, dass sie die ungleiche Behandlung rechtfertigen könnten.[472]

48 Der arbeitsrechtliche Gleichbehandlungsgrundsatz gebietet dem Arbeitgeber, seine Arbeitnehmer oder Gruppen von Arbeitnehmern, die sich in vergleichbarer Lage und Stellung befinden, bei Anwendung einer selbst gesetzten Regel gleich zu behandeln.[473] Er wurzelt in dem überpositiven Ideal der Gerechtigkeit, die es gebietet, Gleiches gleich und Ungleiches entsprechend seiner Eigenart ungleich zu behandeln. Der Gleichbehandlungsgrundsatz beschränkt die Gestaltungsmacht des Arbeitgebers. Wird er verletzt, muss der Arbeitgeber die von ihm

---

469 Grobys/Panzer/*Altenburg* Gleichbehandlungsgrundsatz Rdnr. 3.

470 BAG, Urteil v. 22.03.2005, Az.: 1 AZR 49/04 – zu 3 a der Gründe, juris = BAGE 114, 179.

471 BAG, Urteil v. 18.05.2010, Az.: 1 AZR 187/09, juris – Rdnr. 15.

472 BAG, Urteil v. 14.05.2013, Az.: 1 AZR 43/12, juris – Rdnr. 18; BAG, Urteil v. 30.09.2014, Az.: 1 AZR 1083/12, juris – Rdnr. 15.

473 BAG, Urteil v. 26.09.207, Az.: 10 AZR 569/06, juris = NZA 2007, 1424; BAG, Urteil v. 22.01.2009, Az.: 8 AZR 808/07, juris = NZA 2009, 547; BAG Urteil v. 20.11.1996, Az.: 5 AZR 401/95, juris.

gesetzte Regel entsprechend korrigieren. Der benachteiligte Arbeitnehmer hat Anspruch auf die vorenthaltene Leistung.[474]

Für private Arbeitgeber ergibt sich unmittelbar auch aus Art. 157 AEUV eine Gleichbehandlung von Arbeitnehmern bei allen Entgeltbestandteilen und -bedingungen. Danach ist jede Diskriminierung auf Grund des Geschlechts nur zur Erreichung eines sachlich erforderlichen Ziels zulässig.[475] Einfachgesetzlich verbietet das AGG jede unzulässige Benachteiligung aus Gründen der Rasse, der ethnischen Herkunft, des Geschlechts, der Religion oder der Weltanschauung, der Behinderung, des Alters oder der sexuellen Identität. Soweit eine Ungleichbehandlung aus diesen Gründen nicht vorliegt, findet der allgemeine Gleichbehandlungsgrundsatz Anwendung. 49

Im Bereich der Arbeitsvergütung ist der Gleichbehandlungsgrundsatz unter Beachtung der Vertragsfreiheit anwendbar, wenn Arbeitsentgelte durch eine betriebliche Einheitsregelung generell angehoben werden und der Arbeitgeber die Leistungen nach einem bestimmten erkennbaren und generalisierenden Prinzip gewährt, indem er bestimmte Voraussetzungen oder Zwecke festlegt.[476] 50

Verstöße gegen den Gleichbehandlungsgrundsatz, die nachteilige Rechtshandlungen des Arbeitgebers gegenüber dem Arbeitnehmer zur Folge haben sind unwirksam. Im Wege der ergänzenden Vertragsauslegung wird die entstandene Regelungslücke i. d. R. durch einen Anpassungsanspruch der Benachteiligten „nach oben" ausgefüllt. Dem Arbeitgeber hingegen ist eine Vereinheitlichung der Arbeitsbedingungen unter Berufung auf den Gleichheitsbehandlungsgrundsatz im Sinne einer Anpassung „nach unten" verwehrt.[477] 51

Aus Gründen des Bestandsschutzes der bevorzugten Arbeitnehmer hat der benachteiligte Arbeitnehmer für die Vergangenheit einen Erfüllungsanspruch auf die Vorenthaltene Leistung.[478] Für die Zukunft steht es Arbeitgebern und Tarifvertragsparteien im Rahmen ihrer Gestaltungsmöglichkeiten frei, welchem Niveau die Gleichbehandlung hergestellt wird.[479] 52

---

474 BAG, Urteil v. 03.09.2014, Az.: 5 AZR 6/13 juris – Rdnr. 18 m. w. N.
475 EuGH 27.05.2004, Az.: C-285/02, juris.
476 BAG, Urteil v. 03.09.2014, Az.: 5 AZR 6/13 juris – Rdnr. 19.
477 Grobys/Panzer/*Altenburg* Gleichbehandlungsgrundsatz Rdnr. 11.
478 BAG, Urteil v. 22.01.2009, Az.: 8 AZR 808/07, juris.
479 BAG, Urteil v. 28.05.1996, Az.: 3 AZR 752/95, juris = NZA 1997, 101.

8.3 Insolvenz

53 Auf Bundesebene sieht die Insolvenzordnung klare Regelungen für bestimmte juristische Personen des öffentlichen Rechts vor. Die Insolvenzfähigkeit von Bund und Bundesländern (§ 12 Abs. 1 Nr. 1 InsO) sind bundesgesetzlich ausgeschlossen.

54 Durch Bundesgesetze bestehen ähnliche Sonderregelungen für bundesunmittelbare juristische Personen des öffentlichen Rechts, das Landesrecht schließt weitere juristische Personen des öffentlichen Rechts aus. Deshalb sind insolvenzunfähig bundesunmittelbare juristische Personen des öffentlichen Rechts (Anstalten des öffentlichen Rechts und Körperschaften des öffentlichen Rechts, sowie u. a. kommunale Eigen- und Regiebetriebe). Auf Landesebene stellen Gesetze klar, dass das Insolvenzverfahren über das Vermögen von juristischen Personen des öffentlichen Rechts, die der unmittelbaren Landesaufsicht unterliegen, unzulässig ist.

55 Private Träger von Bühnen sind dagegen insolvenzfähig. Das Insolvenzverfahren wird nur auf Antrag eingeleitet. Nach § 13 Abs. 1 InsO antragsberechtigt sind der Schuldner (Eigenantrag) und die Gläubiger (Fremdantrag). In personalintensiven Betrieben, wie Bühnen, ist Antragsteller nicht selten der Sozialversicherungsträger (Krankenkassen).

8.3.1 Das Insolvenzverfahren

56 Nach Antrag eines oder mehrerer Gläubiger oder einem Eigenantrag wird vom Insolvenzgericht ein Gutachter bestellt, der prüft, ob ein Insolvenzgrund vorliegt und die Kosten des Verfahrens (Massekosten) gedeckt sind.

57 Insolvenzgründe sind
- Zahlungsunfähigkeit (§ 17 InsO)
- Drohende Zahlungsunfähigkeit (nur bei Eigenantrag durch den Schuldner, § 18 InsO)
- Überschuldung (nur bei juristischen Personen, § 19 InsO

58 Parallel dazu kann auch vom Gericht ein vorläufiger Insolvenzverwalter bestellt werden, dessen Hauptaufgabe es ist, die Insolvenzmasse zu sichern. Die Aufgaben des Gutachters, des vorläufigen Insolvenzverwalters und – soweit das Verfahren später eröffnet wird – auch des Insolvenzverwalters werden in der Regel von derselben Person wahrgenommen.

Das Gericht kann dem Schuldner ein allgemeines Verfügungsverbot auferlegen und die entsprechende Verfügungsmacht dem vorläufigen Insolvenzverwalter (sog. „Starker Insolvenzverwalter“) übertragen. 59

Der schwache vorläufige Insolvenzverwalter darf keine Rechtsgeschäfte abschließen. Sobald aber über das Vermögen des Schuldners verfügt werden soll, muss der schwache vorläufige Verwalter lediglich zustimmen. 60

Wenn ein Insolvenzgrund vorliegt und die Massekosten gedeckt sind, wird der Gutachter dem Gericht vorschlagen, das Verfahren zu eröffnen. 61

Wenn kein Insolvenzgrund vorliegt (selten) oder die Massekosten nicht gedeckt sind, dann wird das Insolvenzverfahren nicht eröffnet. 62

8.3.2 Arbeitsrecht in der Insolvenz

In der Zeit vor der Insolvenz, d. h. auch während der vorläufigen Insolvenzverwaltung, gibt es keine vom normalen Arbeitsrecht abweichenden Regelungen, dies gilt unabhängig davon, ob der vorläufige Insolvenzverwalter mit der allgemeinen Verfügungsbefugnis nach § 22 InsO ausgestattet ist. 63

Von Ausnahmen beim Kündigungsrecht und bei Interessenausgleich und Sozialplan abgesehen, gelten auch in der Insolvenz alle arbeitsrechtlichen Grundsätze weiter. An die Stelle des bisherigen Arbeitgebers, der das Verwaltungs- und Verfügungsrecht über das Vermögen verliert, nimmt diese Funktion der Insolvenzverwalter war. 64

Arbeits- und Berufsausbildungsverhältnisse werden nach § 108 InsO von der Insolvenz nicht berührt. Auch eine ggf. bestehende Tarifbindung bleibt bestehen. Der Insolvenzverwalter ist an die bestehenden Tarifverträge gebunden. Mit den §§ 113, 120–128 InsO treten an die Stelle einiger betriebsverfassungsrechtlicher und kündigungsrechtlicher Regelungen ein eigenes „Insolvenzarbeitsrecht“. 65

Der Insolvenzverwalter hat bei der Kündigung von Arbeitnehmern zwar ggf. das Kündigungsschutzgesetz zu beachten, mit der Folge, dass die Kündigung außerhalb des Kleinbetriebs und nach 6 Monaten Betriebszugehörigkeit sozial gerechtfertigt sein muss. Auch muss er bei der Kündigung eines schwerbehinderten Menschen die Zustimmung des Integrationsamtes einholen. Die vom Verwalter zu beachtenden Kündigungsfristen sind nach § 113 Sätze 1, 2 InsO jedoch auf maximal drei Monate zum Monatsende begrenzt, d. h. längere Kündigungsfristen auf Grund des Gesetzes (§ 622 Abs. 2 Bürgerliches Gesetzbuch – BGB), auf Grund eines Tarifvertrags oder auf Grund seines Arbeitsvertrags werden entsprechend abgekürzt. Auch ein befristeter Vertrag mit fester Laufzeit, die wie Verträge nach dem NV Bühne eigentlich (§ 15 Abs. 3 Teilzeit- und Befristungsgesetz – TzBfG), nicht vorab gekündigt werden können oder ein arbeitgeberseitig „unkündbarer“ 66

Arbeitsvertrag kann vom Verwalter mit einer Frist von drei Monaten gekündigt werden.

67 Insolvenzverwalter und Betriebsrat können einen Interessenausgleich mit Namenliste vereinbaren, d. h. die zu kündigenden Arbeitnehmer namentlich bezeichnen, was zu einer Verkürzung des Kündigungsschutzes der betroffenen Arbeitnehmer führt (§ 125 InsO).

8.3.3 Gagenforderungen in der Insolvenz

68 Erhebliche Relevanz hat die Insolvenz jedoch hinsichtlich offener Gagenforderungen. Offene **Gagenforderungen**, die bereits **vor Verfahrenseröffnung** dem Grunde nach entstanden sind, sind **Insolvenzforderungen**. Diese müssen beim Verwalter angemeldet und von ihm geprüft werden. Bestätigt der Verwalter ihren rechtlichen Bestand, stellt er diese Forderungen „zur Insolvenztabelle fest". Für Gagenforderungen, die in den letzten drei Monaten vor dem Insolvenzereignis entstanden sind, besteht ggf. ein Anspruch auf Insolvenzgeld nach.

69 Reguläre Gagenzahlungen kann der Insolvenzverwalter nach § 130 Abs. 1 Satz 1 Nr. 1 InsO anfechten, wenn sie in den letzten drei Monaten vor dem Antrag auf Eröffnung des Insolvenzverfahrens vorgenommen worden ist und zur Zeit der Handlung der Schuldner zahlungsunfähig war und der Gläubiger zu dieser Zeit die Zahlungsunfähigkeit kannte oder wenn sie nach dem Eröffnungsantrag vorgenommen worden ist und der Gläubiger zur Zeit der Handlung die Zahlungsunfähigkeit oder den Eröffnungsantrag kannte.

70 Der Kenntnis der Zahlungsunfähigkeit oder des Eröffnungsantrags steht die Kenntnis von Umständen gleich, die zwingend auf die Zahlungsunfähigkeit oder den Eröffnungsantrag schließen lassen. Dies ist anzunehmen, wenn der Anfechtungsgegner die tatsächlichen Umstände kennt, aus denen bei zutreffender rechtlicher Bewertung die Zahlungsunfähigkeit zweifelsfrei folgt.[480]

71 Ein Gläubiger kennt die Zahlungseinstellung dann, wenn er selbst bei Leistungsempfang seine Ansprüche ernsthaft eingefordert hat, diese verhältnismäßig hoch sind und er weiß, dass der Schuldner nicht in der Lage ist, die Forderungen zu erfüllen,[481] Ersatzweise reicht es für die Anfechtung aus, wenn der Leistungsempfänger Indiztatsachen von solcher Beweiskraft kennt, dass sich

---

480 BGH, Urteil v. 19.02.2009, Az.: IX ZR 62/08, juris = BGHZ 180, 63 Rdnr. 13; BGH, Urteil v. 30.04.2015, Az.: IX ZR 149/14 , juris – Rdnr. 8.

481 BGH, Urteil v. 25.09.1997, Az.: IX ZR 231/96, juris = NJW 1998, 607, 608; BGH, Urteil v. 22.01.1998, Az.: IX ZR 99/97, juris = ZIP 1998, 477, 479.

daraus eine Zahlungseinstellung eindeutig ergibt. Die Umstände müssen konkret sein und ein eindeutiges Urteil über die Liquiditätsgesamtlage des Schuldners ermöglichen.[482] Dazu kann ein einziger Anhaltspunkt von hinreichendem Aussagewert genügen, etwa eigene Erklärungen des Schuldners, fällige Verbindlichkeiten nicht begleichen zu können,[483] auch wenn sie mit einer Stundungsbitte verbunden sind.[484] Lässt ein gewerblich tätiger Schuldner monatelang einen Rückstand von erheblicher Höhe mit betriebsnotwendigen fortlaufenden Verbindlichkeiten – insbesondere Steuern und Sozialabgaben, aber auch Löhne und Mieten – aufkommen und zahlt er danach unregelmäßig einzelne Raten, ohne jedoch die Gesamtschuld verringern zu können, so deuten diese Tatsachen auf eine Zahlungsunfähigkeit hin.[485]

Umgekehrt begründet die Kenntnis von der ausbleibenden Tilgung einer For- 72
derung noch nicht die Kenntnis des Gläubigers von der Zahlungseinstellung und der Zahlungsunfähigkeit. Denn diese kann die verschiedensten Ursachen haben und muss nicht zwingend auf eine Zahlungsunfähigkeit des Schuldners hindeuten. Ebenso wenig muss auf die Kenntnis des Gläubigers von der schuldnerischen Zahlungsunfähigkeit geschlossen werden, wenn der Schuldner eine geringfügige Verbindlichkeit erst nach mehreren Mahnungen begleicht.[486]

Die einen Benachteiligungsvorsatz und seine Kenntnis nahelegenden 73
Beweisanzeichen können jedoch zurücktreten, wenn der Schuldner eine kongruente Leistung Zug um Zug gegen eine zur Fortführung seines eigenen Unternehmens unentbehrliche Gegenleistung erbracht hat, die den Gläubigern im Allgemeinen nützt.[487] Zu den für die Betriebsfortführung unverzichtbaren Gegenleistungen gehört auch die Tätigkeit der Arbeitnehmer, deren Mitwirkung für jede betriebliche Wertschöpfung unabdingbar ist. Deswegen scheidet regelmäßig ein Benachteiligungsvorsatz aus, wenn durch Gehaltszahlungen im Zuge eines Baraustauschs die für die Betriebsfortführung unerlässliche Gegenleistung der Arbeitstätigkeit entgolten wird.[488] So fehlt es an einem Benachteiligungsvorsatz

482 BGH, Urteil v. 19.02. 2009, Az.: IX ZR 62/08, juris – Rdnr. 17 = BGHZ 180, 63.
483 BGH, Urteil v. 08.01.2015, Az.: IX ZR 203/12, juris – Rdnr. 21 m. w. N.).
484 BGH, Urteil v. 10.07.2014, Az.: IX ZR 280/13, juris – Rdnr. 28 m. w. N.
485 BGH, Urteil v. 20.11.2001, Az.: IX ZR 48/01, juris = BGHZ 149, 178, 185 f; BGH, Urteil v. 10.07.2003, Az.: IX ZR 89/02, juris; BGH, Urteil v. 17.07.2003, Az.: IX ZR 272/02, juris = NJW 2003, 3560, 3562.
486 BGH, Beschluss v. 16.04.2015, Az.: IX ZR 6/14, juris; BGH, Urteil v. 30.04.2015, Az.: IX ZR 149/14 juris – Rdnr. 10.
487 BGH, Urteil v. 10.07.1997, Az.: IX ZR 234/96, juris = ZIP 1997, 1551, 1553; BGH, Beschluss v. 16.07.2009, Az.: IX ZR 28/07, juris; BGH, Urteil v. 06.02.2014, Az.: IX ZR 221/11, juris.
488 BAG, Urteil v. 29.01.2014, Az.: 6 AZR 345/12, juris.

des Schuldners, wenn diese dem Arbeitnehmer Gehaltszahlungen im Rahmen eines bargeschäftlichen Leistungsaustauschs gewährt hat.[489] Ist der Arbeitnehmer vorleistungspflichtig, genießen Lohnzahlungen seines insolventen Arbeitgebers, die binnen 30 Tagen nach Fälligkeit bewirkt werden, das sog. Bargeschäftsprivileg im Sinne des § 142 InsO.[490]

74 Auch Zahlungen, die der Bühnenkünstler auf Grundlage eines Titels (Gerichtsurteil/Vollstreckungsbescheid u. a.) unter Androhung der Zwangsvollstreckung oder durch eine Zwangsvollstreckungsmaßnahme erlangt hat, können durch den Insolvenzverwalter nach § 131 Abs. 1 InsO angefochten werden.

75 Nach § 131 Abs. 1 InsO ist eine Rechtshandlung, die Zahlung auf den Titel, die einem Insolvenzgläubiger eine Sicherung oder Befriedigung gewährt oder ermöglicht hat, die er nicht oder nicht in der Art oder nicht zu der Zeit zu beanspruchen hatte, und die Handlung im letzten Monat vor dem Antrag auf Eröffnung des Insolvenzverfahrens oder nach diesem Antrag vorgenommen worden ist, oder die Handlung innerhalb des zweiten oder dritten Monats vor dem Eröffnungsantrag vorgenommen worden ist und der Schuldner zur Zeit der Handlung zahlungsunfähig war oder die Handlung innerhalb des zweiten oder dritten Monats vor dem Eröffnungsantrag vorgenommen worden ist und dem Gläubiger zur Zeit der Handlung bekannt war, dass sie die Insolvenzgläubiger benachteiligte. Für die Anwendung des Absatzes 1 Nr. 3 steht der Kenntnis der Benachteiligung der Insolvenzgläubiger die Kenntnis von Umständen gleich, die zwingend auf die Benachteiligung schließen lassen.

76 Im Falle der erfolgreichen Anfechtung von Gagenzahlungen vor Eröffnung des Insolvenzverfahrens durch den Insolvenzverwalter kann der Arbeitnehmer nachträglich Insolvenzgeld beantragen. In diesem Fall lebt gemäß § 144 Abs. 1 InsO die (Netto-)Entgeltforderung rückwirkend auf den Zeitpunkt des Erlöschens als Insolvenzforderung wieder auf, so dass der Arbeitnehmer Anspruch auf Insolvenzgeld hat. Es wird der Zustand hergestellt, der ohne die angefochtene Rechtshandlung bestanden hätte. § 166 Abs. 1 Nr. 2 SGB III, der den Insolvenzgeldanspruch ausschließt, wenn der Anspruch auf das Arbeitsentgelt durch eine angefochtene Rechtshandlung erworben worden ist, steht dem nicht entgegen, wenn – wie in der weit überwiegenden Mehrzahl der Fälle und auch vorliegend – der Entgeltanspruch anfechtungsfrei erworben und nur anfechtbar erfüllt worden ist. Anfechtungsrechtlich ist zwischen Grund- und Erfüllungsgeschäft zu unter-

489 BGH, Urteil v. 10.07.2014, Az.: IX ZR 192/13, juris – Rdnr. 44 = BGHZ 202, 59–76.
490 BGH, Urteil v. 10.07.2014, Az.: IX ZR 192/13, juris – Rdnr. 44 = BGHZ 202, 59–77 ; a. A. Bargeldgeschäft bis zu einer Zeitspanne von 3 Monaten: BAG, Urteil v. 06.10.2011, Az.: 6 AZR 262/10, juris = BAGE 139, 235 und BAG, Urteil v. 29.01.2014, Az.: 6 AZR 345/12, juris = ZIP 2014, 628.

scheiden. § 166 Abs. 1 Nr. 2 SGB III betrifft nur das Grundgeschäft und hat deshalb vor allem Bedeutung, wenn der Arbeitsvertrag kurz vor der Insolvenz noch geändert worden ist und dadurch höhere Entgeltansprüche entstanden sind.

Stellt der Arbeitnehmer nachträglich Antrag auf Insolvenzgeld, ist jedoch die zweimonatige Ausschlussfrist des § 324 Abs. 3 Satz 1 SGB III, die unionsrechtskonform[491] an das Insolvenzereignis anknüpft, versäumt. Im Regelfall wird die Ausschlussfrist unverschuldet versäumt sein, so dass die zweimonatige Nachfrist des § 324 Abs. 3 Satz 2 SGB III gilt. Allerdings ist zu beachten, dass die Nachfrist beginnt mit dem Wegfall des Hindernisses für die Beantragung des Insolvenzgeldes, d. h. sobald der Arbeitnehmer bei Beachtung der gebotenen Sorgfalt von dem Anspruch Kenntnis hätte haben können. Für den Anlauf dieser Frist ist eine Vielzahl von Zeitpunkten denkbar, z. B. die Anfechtungserklärung durch den Insolvenzverwalter, eine die Anfechtung bejahende Entscheidung der Tatsacheninstanzen oder der Eintritt der Rechtskraft einer solchen Entscheidung. Deshalb wird die Bundesagentur für Arbeit dem Arbeitnehmer oft erfolgreich entgegenhalten können, die Nachfrist sei versäumt. Zudem besteht rechtstatsächlich ein erhebliches Risiko, dass auch die Nachfrist mangels deren Kenntnis versäumt wird.[492] 77

8.4 Ausschlussfristen

Im Bereich des Arbeitsrechts und so auch im Bühnenarbeitsrecht ist es inzwischen üblich Ausschluss- bzw. Verfallfristen zu vereinbaren. Dies geschieht entweder individualrechtlich im Rahmen des Arbeitsvertrages oder kollektivrechtlich im Tarifvertrag. 78

Anders als der Ablauf der Verjährungsfrist führt der Ablauf der Ausschlussfrist zum Erlöschen eines nicht fristgerecht in der geforderten Form geltend gemachten Anspruchs. 79

Ausschlussklauseln können eine formlose, schriftliche oder gerichtliche Geltendmachung vorsehen. Zumeist wird mindestens eine schriftliche Geltendmachung vereinbart. 80

An die ordnungsgemäße Geltendmachung kann sich für den Fall, dass der Anspruchsgegner nicht fristgemäß reagiert, oder den Anspruch zurückweist eine 81

491 BSG, Urteil v. 17.10.2007, Az.: B 11a AL 75/07 B – unter Bezug auf EuGH, Entscheidung v. 18.09.2003, Az.: C-125/01 – [Pflücke] , juris.
492 BAG, Urteil v. 29.01. 2014, Az.: 6 AZR 345/12, juris – Rdnr. 34 = BAGE 147, 162–198, m. w. N.

zweite Stufe, der der gerichtlichen Geltendmachung innerhalb einer vorgesehen Frist anschließen.

82 Der Beginn der Frist wird im Regelfall an die Entstehung, die Ablehnung eines Anspruchs oder die Beendigung des Arbeitsverhältnisses geknüpft. Zumeist hat die Geltendmachung schriftlich zu erfolgen.

83 Die Geltendmachung ist eine einseitige rechtsgeschäftsähnliche Handlung, auf die die Vorschriften über Willenserklärungen insbesondere hinsichtlich Zugang und Auslegung Anwendung finden können.[493]

84 Geltendmachung bedeutet, die andere Seite zur Erfüllung eines bestimmten Anspruchs aufzufordern. Deshalb muss jede Forderung grds. nach Grund und Höhe, sowie den Zeitraum für den er verfolgt wird, ersichtlich gemacht werden.[494]

85 Die Klageerhebung wahrt die erste Stufe einer Verfallklausel, wenn die Klage vor Ablauf der Verfallfrist zugestellt wird. § 270 Abs. 3 ZPO, nach der dann, wenn durch die Klageerhebung eine Frist gewahrt werden soll, diese Wirkung bereits mit der Klageschrift Eintritt ist nicht entsprechend anwendbar.[495]

86 Bei Versäumung der Klagefrist bei einer zwei-stufigen Verfallfrist besteht kein Anspruch nach § 233 ZPO auf Wiedereinsetzung in den vorigen Stand.

87 Nach dieser Bestimmung ist einer Partei auf Antrag Wiedereinsetzung in den vorigen Stand zu gewähren, wenn sie ohne ihr Verschulden gehindert war, eine Notfrist oder die Frist zur Begründung der Berufung, der Revision, der Nichtzulassungsbeschwerde, der Rechtsbeschwerde oder der Beschwerde nach §§ 621e, 629a Abs. 2 ZPO oder die Frist des § 234 Abs. 1 ZPO einzuhalten. Eine individual- oder kollektivrechtliche Verfallfrist und damit eine Frist mit materiell-rechtlichem Charakter stellt keine Notfrist und auch keine andere der in § 233 ZPO genannten Fristen dar. Eine unmittelbare Anwendung des § 233 ZPO scheidet mithin aus.

88 Aber auch eine analoge Anwendung der Vorschrift auf vertragliche Ausschlussfristen ist – wie das Bundesarbeitsgericht zutreffend ausführt – nicht geboten.

89 Die in § 233 ZPO geregelte Möglichkeit, im Falle unverschuldeter Fristversäumung Wiedereinsetzung in den vorigen Stand zu erlangen, beruht auf einer Abwägung der Erfordernisse der Rechtssicherheit gegen die Forderung der materiellen Gerechtigkeit.[496]. Die Wiedereinsetzung dient somit unter Beachtung der rechtsstaatlichen Garantie effektiven Rechtsschutzes in bürgerlichen Streitig-

493 BAG, Urteil v. 11.12.2003, Az.: 6 AZR 539/02, juris.
494 BAG, Urteil v. 22.04.2004, Az.: 8 AZR 652/02, juris.
495 BAG, Urteil v. 25.09.1996, Az.: 10 AZR 678/95, juris – Rdnr. 39 ff.
496 BVerfG, Urteil v. 25.11.1994, Az.: 2 BvR 852/93, juris = NJW 1995, 711.

keiten[497] und des von Art. 2 Abs. 1 GG i. V. m. Art. 20 Abs. 3 GG gewährleisteten Anspruchs der Parteien auf ein faires Verfahren[498] der Verwirklichung der Einzelfallgerechtigkeit und einer rechtsstaatlichen Anforderungen genügenden Verfahrensgestaltung. Das Recht der Wiedereinsetzung will verhindern, dass einer Partei durch den Ablauf der in der Vorschrift genannten gesetzlichen Fristen ein unwiederbringlicher Nachteil entsteht, obwohl eine tatsächliche Möglichkeit zur Fristwahrung nicht bestanden hat. Die Gerichte sind nach dem durch Art. 2 Abs. 1 GG i. V. m. dem Rechtsstaatsprinzip verbürgten Recht der Parteien auf Gewährung wirkungsvollen Rechtsschutzes gehalten, bei der Auslegung und Anwendung der Vorschriften über die Wiedereinsetzung in den vorigen Stand die Anforderungen an das, was der Betroffene zur Fristwahrung veranlasst haben muss, nicht zu überspannen.[499]

Aus der Beschränkung der Restitutionsmöglichkeit auf bestimmte gesetzliche 90
Fristen in § 233 ZPO wird allerdings deutlich, dass der Gesetzgeber der materiellen Gerechtigkeit Vorrang vor der Rechtssicherheit nur bei Versäumung gesetzlicher Fristen einräumen wollte. Daraus folgt zugleich, dass nach der gesetzgeberischen Wertung eine Fristenrestitution bei vertraglichen Fristen ausgeschlossen ist.[500] Dementsprechend kommt z. B. nach der übereinstimmenden Rechtsprechung des Bundesgerichtshofs und des Bundesarbeitsgerichts[501] gegen die Versäumung einer Vergleichswiderrufsfrist keine Wiedereinsetzung in den vorigen Stand gemäß § 233 ZPO in Betracht. Denn bei vertraglich vereinbarten Fristen haben es die Parteien in der Hand, die Dauer der Frist und die Modalitäten ihres Ablaufs so zu bestimmen, dass einer unverschuldeten Versäumung vorgebeugt werden kann.[502] Das gilt auch für vertragliche Verfallfristen. Mit der Vereinbarung von Ausschlussfristen räumen die Arbeitsvertragsparteien im Rahmen ihrer Vertragsfreiheit der Rechtssicherheit Vorrang vor der materiellen Gerechtigkeit ein. Dieser Zielsetzung widerspräche es, bei einer Versäumung einer vertraglichen Ausschlussfrist einer Partei auf ihren Antrag hin Wiedereinsetzung in den vorigen Stand zu gewähren. Aus dem vertraglichen Charakter im Arbeitsvertrag vereinbarter Verfallfristen ergeben sich so bedeutende Unterschiede zu den in § 233 ZPO genannten gesetzlichen Fristen, dass eine Gleichbehandlung nicht geboten ist.[503]

---

497 BVerfG, Urteil v. 02.03.1993, Az.: 1 BvR 249/92, juris = BVerfGE 88, 118, 123.
498 BVerfG, Urteil v. 22.10.2004, Az.: 1 BvR 894/04, juris = VersR 2004, 1585.
499 BVerfG, Urteil v. 30.05.1997, Az.: 1 BvR 200/96, juris = NJW 1997, 2941.
500 BAG, Urteil v. 10.11.1977, Az.: 2 AZR 269/77, juris = BAGE 29, 358, 361.
501 BAG, Urteil v. 22.01.1998, Az.: 2 AZR 367/97, juris = BAGE 87, 352, 358 m. w. N.
502 BAG, Urteil v. 10.11.1977, Az.: 2 AZR 269/77, juris = BAGE 29, 358, 361 f.
503 BAG, Urteil v. 18.11.2004, Az.: 6 AZR 651/03, juris – Rdnr. 30= BAGE 112, 351–361.

91 Der Anspruchsteller trägt in entsprechender Anwendung von § 203 Abs. 2 BGB a. F. (§ 206 BGB n. F.) bis zur Grenze höherer Gewalt die Gefahr, dass die Klage innerhalb der Ausschlussfrist zugestellt wird, wenn er vor Ablauf einer einstufigen tariflichen Ausschlussfrist Klage einreicht, obwohl für die Wahrung der Frist ein einfacher Brief genügt hätte. Ein Fall höherer Gewalt liegt dann nicht vor.[504]

92 Allerdings kann das Berufen auf eine Ausschlussfrist den Grundsatz von Treu und Glauben verstoßen und damit gemäß § 242 BGB eine unzulässige Rechtsausübung darstellen, z. B. wenn die zum Verfall des Anspruchs führende Untätigkeit durch ein Verhalten der Gegenpartei veranlasst worden ist.[505] Eine rechtsmissbräuchliche Berufung auf die Verfallklausel setzt damit voraus, dass der eine Vertragspartner den anderen Vertragspartner von einer fristgerechten Geltendmachung[506], bei einer zweistufigen Verfallklausel der Klageerhebung abgehalten hat.[507] Der Arbeitnehmer muss nach Wegfall der den Arglisteinwand gegenüber der Ausschlussfrist begründenden Umstände jedoch innerhalb einer kurzen, nach den Umständen des Falles sowie Treu und Glauben zu bestimmenden Frist die Ansprüche in der nach dem Tarifvertrag gebotenen Form, vorliegend somit gerichtlich geltend machen.[508] Eine Geltendmachung der Ansprüche ist jedoch nicht mehr erforderlich, wenn sie vom Schuldner bereits anerkannt worden sind.

93 Ausschussfristen sind – anders als Verjährungsfristen – vor Gericht von Amts wegen zu beachten.[509]

8.4.1 Arbeitsvertraglich vereinbarte Ausschlussfristen

94 Verfallklauseln für abdingbare Ansprüche aus dem Arbeitsverhältnis können nach der ständigen Rechtsprechung des Bundesarbeitsgerichts auch in einem Einzelarbeitsvertrag wirksam vereinbart werden. Sie unterliegen dann einer

---

504 BAG, Urteil v. 18.11.2004, Az.: 6 AZR 651/03, juris – Rdnr. 31 = BAGE 112, 351–361.

505 BAG, Urteil v. 5.06.2003, Az.: 6 AZR 249/02, juris = EzA TVG § 4 Ausschlussfristen Nr. 167, zu II 2 c aa der Gründe; BAG, Urteil v. 10.10.2002, Az.: 8 AZR 8/02, juris = BAGE 103, 71, 77; BAG, Urteil v. 05.08.1999, Az.: 6 AZR 752/97, juris = ZTR 2000, 36, zu 2 a der Gründe; BAG, Urteil v. 08.08.2000, Az.: 9 AZR 418/99, juris = AP TVG § 4 Ausschlussfristen Nr. 151 = EzA TVG § 4 Ausschlussfristen Nr. 133, zu I 3 der Gründe; BAG, Urteil v. 22.01.1997, Az.: 10 AZR 459/96, juris = AP BAT § 70 Nr. 27 = EzA TVG § 4 Ausschlussfristen Nr. 125, zu II 1 der Gründe.

506 BAG, Urteil v. 05.02.1987, Az.:2 AZR 46/86, juris – Rdnr. 31.

507 BAG, Urteil v. 18.11.2004, Az.: 6 AZR 651/03, juris – Rdnr. 33 = BAGE 112, 351–361.

508 BAG, Urteil v. 05.02.1987, Az.:2 AZR 46/86, juris – Rdnr. 31.

509 BAG, Urteil v. 30.03.1962, Az.: 2 AZR 101/61, juris = NJW 1962, 1460.

Inhaltskontrolle nach § 138 BGB.[510] Auch formularmäßig vereinbarte arbeitsvertragliche Ausschlussfristen sind grds. zulässig, unterliegen jedoch der Inhaltskontrolle[511] nach dem Recht der allgemeinen Geschäftsbedingungen, geregelt in den §§ 305 ff BGB.

Eine formularmäßig einzelvertraglich vereinbarte Ausschlussfrist von 95
weniger als drei Monaten für die erste[512] als auch die zweite[513] Stufe verstößt nach ganz h. M. gegen § 307 Abs. 1 BGB. Eine zu kurz bemessene Ausschlussfrist fällt wegen des Verbots geltungserhaltender Reduktion ersatzlos weg.

Neben einer zu kurz bemessenen Frist kann auch die Einseitigkeit einer Aus- 96
schlussfrist eine unangemessene Benachteiligung enthalten, die zur Unwirksamkeit der Vertragsklausel führt.[514]

8.4.2 Ausschlussfristen nach § 98 NV Bühne

Der NV Bühne enthält in § 98 NV Bühne eine Ausschlussklausel dergestalt, dass 97
Ansprüche aus dem Arbeitsverhältnis (soweit tarifvertraglich nichts anderes bestimmt ist) verfallen, wenn sie nicht innerhalb einer Ausschlussfrist von sechs Monaten nach Fälligkeit vom Mitglied oder vom Arbeitgeber schriftlich geltend gemacht werden, soweit tarifvertraglich nichts anderes bestimmt ist.

Die Ausschlussfrist gemäß § 95 Abs. 1 NV Bühne gilt insbesondere für Ansprü- 98
che, wie

- die Vergütung nach § 12 NV Bühne, einschließlich
  - die Sondervergütungen i. S. v. § 12 Abs. 2 Unterabs. 3 NV Bühne
  - die Urlaubsvergütung nach § 37 NV Bühne
  - die Urlaubsabgeltung gemäß § 38 NV Bühne
  - Zuwendungen gemäß §§ 13–15 NV Bühne
  - Vermögenswirksame Leistungen gemäß § 16 NV Bühne

---

510 BAG, Urteil v. 24.03.1988, Az.: 2 AZR 630/87, juris = AP BGB § 241 Nr. 1 = EzA TVG § 4 Ausschlussfrist Nr. 72, zu II 2 a der Gründe; BAG, Urteil v. 13.12.2000, Az.: 10 AZR 168/00, juris = BAGE 96, 371 (377); BAG, Urteil v. 27.02.2002, Az.: 9 AZR 543/00, juris = AP TVG § 4 Ausschlussfristen Nr. 162 = EzA BGB § 138 Nr. 30, zu I 2 b (1) der Gründe; BAG, Urteil v. 18.11.2004, Az.: 6 AZR 651/03, Rdnr. 23 – juris = BAGE 112, 351–361.

511 BAG, Urteil v. 12.03.2008, Az.: 10 AZR 152/07, juris = NZA 2008, 699; BAG, Urteil v. 28.09.2005, Az.: 5 AZR 52/05, juris = NZA 2006, 149; BAG, Urteil v. 25.05.2005, Az.: 5 AZR 572/04, juris = NZA 2005, 1111.

512 BAG, Urteil v. 31.08.2005, Az.: 5 AZN 580/055; juris = NZA 2005, 1204 (1205).

513 BAG, Urteil v. 25.05.2005, Az.: 5 AZR 572/04; juris = NZA 2005, 1111.

514 BAG, Urteil v. 02.03.2004, Az.: 1 AZR 271/03, juris = NZA 2004, 852.

  - Abfindungen nach §§ 62, 70 und 97 NV Bühne
  - außertarifliche Geldleistungen
- Sozialbezüge, wie
  - die Krankenbezüge nach §§ 27, 27 a NV Bühne
  - das Sterbegeld gemäß § 32 NV Bühne
  - Jubiläumszuwendungen aufgrund außertariflicher Vereinbarung bzw. gemäß §§ 82, 95 NV Bühne
  - Beihilfen
  - den Zuschuss zu den Umzugskosten nach § 62 Abs. 3, § 70 Abs. 3 und § 97 Abs. 3 NV Bühne
  - Unterstützungen aufgrund außertariflicher Vereinbarung bzw. gemäß §§ 81, 94 NV Bühne
- Aufwendungsersatz
  - Reisekosten,
  - Trennungsgeld,
  - Schminkgelder,
  - Frackgelder,
  - Ballkleidgelder
- Schadensersatzansprüche
  - wegen schuldhafter Vertragsverletzung oder aus unerlaubter Handlung, selbst wenn sie vorsätzlich begangen wurde
  - Schadensersatzansprüche des Arbeitnehmers wegen Verletzung der Fürsorgepflicht des Arbeitgebers
- Erteilung eines qualifizierten Zeugnisses gemäß § 630 BGB, § 109 GewO bzw. § 47 TVK, und dessen Änderung
- Anspruch auf Entfernung einer Abmahnung aus der Personalakte, wobei die Frist jeden Tag neu beginnt, solange die Abmahnung in der Personalakte verbleibt
- Rückforderung überzahlter Bezüge, die Erstattung überzahlter Lohnsteuer
- den Rückerstattungsanspruch bei zu wenig abgeführter Lohnsteuer

99 Die Ausschlussfrist gemäß § 95 Abs. 1 NV Bühne gilt z. B. nicht für Ansprüche,
- die auf eine Verletzung des Persönlichkeitsrechts gestützt werden
- für Ansprüche der Arbeitnehmer auf Verschaffung einer Zusatzversorgung
- Schadensersatzansprüche wegen unterlassener Zusatzversorgung
- Ansprüche wegen falscher Auskunft bzw. Aufklärung über Versorgungsangelegenheiten
- Ansprüche aus einer Zusatzversorgung, insbesondere auf laufende Versorgungsbezüge
- Zuschüsse zum Krankenversicherungsbeitrag nach § 257 SGB V

- Kindergeldansprüche (vgl. §§ 62–78 EStG)
- Arbeitnehmer-Sparzulage nach § 13 5. VermbG
- Aufwendungen im Zusammenhang mit einer Betriebs- oder Personalratstätigkeit
- anerkannte Ansprüche; ein Anerkenntnis kann auch in einer vom Arbeitgeber erstellten Lohnabrechnung liegen

Die Geltendmachung hat schriftlich zu erfolgen (§ 126 BGB), eine bloße mündliche Geltendmachung reicht nicht aus, der Gläubiger ist nicht gehalten, den Schuldner darauf hinzuweisen.[515] 100

Neben dem Grund der Forderung muss zumindest die ungefähre Höhe angegeben werden, damit sich der Anspruchsgegner schlüssig werden kann, wie er sich verhalten soll. Die Angabe der Höhe ist (nur) dann entbehrlich, wenn sie dem Anspruchsgegner bekannt ist[516] und darüber kein Streit besteht. 101

Für denselben Sachverhalt reicht die einmalige Geltendmachung des Anspruchs aus, um die Ausschlussfrist auch für später fällig werdende Leistungen unwirksam zu machen. Derselbe Sachverhalt liegt vor, wenn bei unveränderter rechtlicher oder tatsächlicher Lage aus einem bestimmten Tatbestand Ansprüche herzuleiten sind.[517] Variable Bezüge, deren Entstehung nach Grund und Höhe von ständig wechselnden Faktoren (Zahl der Dienste, Einstufung, Freizeitausgleich etc.) abhängig ist, erfüllen diese Voraussetzung nicht.[518] So z. B. im Falle des Anspruchs auf Entgeltfortzahlung einer erneuten Geltendmachung, wenn der Arbeitnehmer zwischenzeitlich gesund war.[519] 102

Die Wahrung der Ausschlussfrist verhindert den Verfall des Anspruchs grundsätzlich auf Dauer. Allerdings unterliegt er der je nach Einzelfall geltenden Verjährung nach den §§ 194 ff. BGB bzw. der Verwirkung. 103

Tarifliche Ausschlussfristen zählen zu den Inhaltsnormen und wirken nach Ablauf des Tarifvertrages nach.[520] 104

Diese tarifvertraglichen Fristen werden sowohl für den tarifgebundene als auch tarifungebundenen, bei denen der Tarifvertrag lediglich kraft einzelver- 105

515 BAG, Urteil v. 13.04.1956, Az.: 1 AZR 353/55, juris = AP Nr. 2 zu § 4 TVG Ausschlussfristen; BAG, Urteil v. 30.03.1962, Az.: 2 AZR 101/61, juris = AP Nr. 28 zu § 4 TVG Ausschlussfristen.

516 BAG Urteil v.16.12.1971, Az.: 1 AZR 335/71, juris = AP Nr. 48 zu § 4 TVG Ausschlussfristen; BAG Urteil v.08.02.1972, Az.: 1 AZR 221/71, juris = AP Nr. 49 zu § 4 TVG Ausschlussfristen; BAG Urteil v.17.10.1974, Az.: 3 AZR 4/74, juris = AP Nr. 55 zu § 4 TVG Ausschlussfristen.

517 BAG, Urteil v. 20.07.1989, Az.: 6 AZR 774/87, juris.

518 BAG, Urteil v. 20.07.1989; Az.: 6 AZR 774/87, juris.

519 BAG, Urteil v. 26.10.1994, Az.: 5 AZR 404/93, juris = AP Nr. 22 zu § 70 BAT.

520 BAG, Urteil v. 23.06.1961, Az.: 1 AZR 239/59, juris = AP Nr. 27 zu § 4 TVG Ausschlussfristen.

traglicher Bezugnahme gilt, auch dann in Gang gesetzt, wenn sie den Parteien unbekannt sind[521] oder wenn der Tarifvertrag entgegen § 8 TVG nicht im Betrieb ausgehängt wurde.[522] Nach Auffassung des Bundesarbeitsgerichts ist es den Arbeitnehmern zumutbar, sich über den Tarifvertrag, dem sie unterfallen, zu unterrichten.[523]

106 Ergibt sich im Rahmen des gerichtlichen Verfahrens aus dem Parteivortrag, dass ein Tarifvertrag angewandt werden muss, ist das angerufene Arbeitsgericht nach § 46 ArbGG i. V. m. § 293 ZPO gehalten, diesen von Amtswegen zu ermitteln und auf etwaige Ausschlussfristen hin zu überprüfen.[524] Eine entsprechende Regelung ist in der Bühnenschiedsgerichtsordnung nicht enthalten, die Verfahrensvorschriften des Arbeitsgerichtsgesetzes und der Zivilprozessordnung gelten nicht, auch nicht entsprechend. Es gelten ausschließlich die §§ 105 bis 110 ArbGG und der Schiedsgerichtsordnung, im Übrigen nach dem freien Ermessen des Schiedsgerichts.

8.5 Verjährung

107 Ansprüche aus dem Arbeitsvertrag verjähren innerhalb der regelmäßigen Verjährungsfrist des § 195 BGB innerhalb von drei Jahren.

108 Die regelmäßige Verjährungsfrist beginnt nach § 199 Abs. 1 BGB, soweit nicht ein anderer Verjährungsbeginn bestimmt ist, mit dem Schluss des Jahres, in dem der Anspruch entstanden ist und der Gläubiger von den den Anspruch begründenden Umständen und der Person des Schuldners Kenntnis erlangt oder ohne grobe Fahrlässigkeit erlangen müsste.

109 Schweben zwischen Arbeitnehmer und Arbeitgeber Verhandlungen über den Anspruch oder die den Anspruch begründenden Umstände, so ist die Verjährung gehemmt, bis der eine oder der andere Teil die Fortsetzung der Verhandlungen verweigert. Die Verjährung tritt frühestens drei Monate nach dem Ende der Hemmung ein (vgl. § 203 BGB).

110 Auch die Rechtsverfolgung im Sinne des § 204 BGB hemmt die Verjährung.

111 Nach Eintritt der Verjährung ist der Schuldner berechtigt (aber nicht verpflichtet) die Leistung zu verweigern (§ 214 Abs. 1 BGB). Das zur Befriedigung eines verjährten Anspruchs Geleistete kann nicht zurückgefordert werden.

---

521 BAG, Urteil v. 18.02.1992; Az.: 9 AZR 611/90, juris = NZA 1992, 881.

522 BAG, Urteil v. 23.01.2002, Az.: 4 AZR 56/01, juris = NZA 2002, 800.

523 Nix/Hegemann/*Hemke-Maier* § 98 Rdnr. 10.

524 BAG, Urteil v. 12.07,1972, Az.: 1 AZR 445/71, juris = AP Nr. 51 zu § 4 TVG Ausschlussfristen.

8.6 Unzulässige Rechtsausübung

„Treu und Glauben", geregelt in § 242 BGB, bilden eine allen Rechten, Rechtspflichten und Rechtsnormen immanente Inhaltsbegrenzung. Die gegen § 242 BGB verstoßende „Rechtsausübung" oder „Ausnutzung einer Rechtslage" ist als Rechtsüberschreitung missbräuchlich und unzulässig.[525] Welche Anforderungen sich aus „Treu und Glauben" ergeben, lässt sich nur unter Berücksichtigung des Einzelfalls entscheiden. Maßgebender Zeitpunkt ist die Geltendmachung des Anspruchs. 112

Ein **widersprüchliches Verhalten** („venire contra factum proprium") kann sich als Verstoß gegen die Grundsätze von Treu und Glauben und damit als unzulässige Rechtsausübung darstellen, wenn durch das frühere Verhalten ein Vertrauenstatbestand geschaffen worden ist und der Vertragspartner sich auf die bisher eingenommene Haltung der anderen Seite verlassen durfte.[526] Im Arbeitsgerichtlichen Verfahren stellt die Unzulässigkeit des „venire contra factum proprium" eine von Amts wegen zu prüfende Schranke jeder Rechtsanwendung dar und zwar auch ohne dass sich eine Partei darauf beruft.[527] So kann beispielsweise eine Kündigung gegen das Verbot widersprüchlichen Verhaltens verstoßen. Soweit es um die Sozialwidrigkeit der Kündigung geht, wird § 242 BGB durch das Kündigungsschutzgesetz (so es denn Anwendung findet) verdrängt. 113

Die Anwendung von (tariflichen) Ausschlussfristen steht unter dem Gebot von Treu und Glauben.[528] Der Anspruch kann aus besonderen Gründen trotz Fristablaufs noch zuzulassen sein, jedoch sind strenge Anforderungen zu stellen.[529] So ist § 242 BGB anwendbar, wenn der Schuldner den Anschein erweckt er werde sich auf die Ausschlussfrist nicht berufen und der Gläubiger hierauf vertraut.[530] 114

Die **Verwirkung** ist ein Sonderfall der unzulässigen Rechtsausübung. Durch die Verwirkung wird die illoyal verspätete Geltendmachung von Rechten 115

---

525 BGH, Urteil v. 16.02.2005, Az.: IV ZR 18/04, juris = NJW-RR 2005, 619; BAG, Urteil v. 28.08.2003, Az.: 2 AZR 333/02, juris; BAG, 13.10.2011, Az.: 8 AZR 608/10, juris – Rdnr. 52 = AP zu § 15 AGG Nr. 9.

526 BGH, 06.03.1985, Az.: IVb ZR 7/84, juris = NJW 1985, 2589; BGH, Urteil v.05.06.1997, Az.: X ZR 73/95, juris = NJW 1997, 3377, 3379; BAG, Urteil v. 11.12.1996, Az.: 5 AZR 708/95, juris = AP BGB § 242 Unzulässige Rechtsausübung -Verwirkung Nr. 36 = EzA BGB § 242 Rechtsmißbrauch Nr. 2; BAG, Urteil v. 27.09.2001, Az.: 6 AZR 140/00, juris – Rdnr. 43.

527 BAG, Urteil v. 08.06.1972, Az.: 2 AZR 336/71, juris – Rdnr. 27= BAGE 24, 292.

528 BAG, Urteil v. 27.03.1963, Az.: 4 AZR 72/62, juris – Rdnr. 20 f. = BAGE, 14, 140 (145).

529 BAG, Urteil v. 26.08.1960, Az.: 1 AZR 425/58, juris = BAGE 10, 1 (7).

530 BAG, Urteil v. 28.01.1970, Az.: 4 AZR 153/69. Juris = DB 70, 688; BAG, Urteil v. 18.12.1984, Az.: 3 AZR 383/82, juris = AP zu § 4 TVG Ausschlussfristen Nr. 87.

ausgeschlossen. Sie dient dem Vertrauensschutz. Deshalb kann allein der Zeitablauf nicht zur Verwirkung eines Rechts führen. Zu dem Zeitmoment müssen vielmehr besondere Umstände sowohl im Verhalten des Berechtigten als auch des Verpflichteten hinzutreten (Umstandsmoment), die es rechtfertigen, die späte Geltendmachung des Rechts als mit Treu und Glauben unvereinbar und für den Verpflichteten als unzumutbar anzusehen. Dabei muss der Berechtigte unter Umständen, die den Eindruck erwecken konnten, dass er sein Recht nicht mehr geltend machen wolle, untätig geblieben sein, so dass der Verpflichtete sich darauf einstellen durfte, nicht mehr in Anspruch genommen zu werden.[531]

116 Während des Ablaufs von Ausschluss-/Verfallfristen verwirken Ansprüche grundsätzlich nicht.[532]

117 Nach § 4 Abs. 4 TVG ist die Verwirkung von tariflichen Rechten (bei beiderseitiger Tarifgebundenheit) ausgeschlossen.

531 BAG, Urteil v. 17.06.2014, Az.:3 AZR 412/13, juris – Rdnr. 61; BAG, Urteil v. 10.12.2013, Az.: 3 AZR 832/11, juris – Rdnr. 73 m. w. N.; BAG, Urteil v. 25.04.2001, Az.: 5 AZR 497/99, juris = NZA 2001, 966; BAG, Urteil v. 17.06.2014, Az.: 3 AZR 412/13, juris – Rdnr. 61; BAG, Urteil v. 10.12.2013, Az.: 3 AZR 832/11, juris – Rdnr. 73 m. w. N.

532 Erf. Kom./*Preis* § 611 BGB Rdnr. 471 m. w. N.

II. Teil

Einleitung

Die Erläuterung des besonderen Teils Normalvertrag Bühne, Sonderregelungen Solo, Bühnentechnik, Chor und Tanz unter besonderer Berücksichtigung der Rechtsprechung der Bühnenschiedsgerichtsbarkeit und der Rechtsprechung des Landesarbeitsgerichts Köln und des Bundesarbeitsgerichts gemäß dem Titel dieses Handbuchs bedarf vorab einer Darstellung der einzelnen Rechtsgrundlagen für dieses Rechtsgebiet. 1

1 Der Bühnenarbeitsvertrag als Grundlage der Sonderreglungen

1.1 Tarifvertragliche Grundlagen

1 Arbeitsrechtliche Regelungen des Bühnenarbeitsvertrages als Zeitvertrag enthält als Tarifvertrag der Normalvertrag Bühne (NV Bühne) der Solo-, Opernchor- und Tanzgruppenmitglieder sowie der überwiegend künstlerisch tätigen Bühnentechniker in der jeweils aktuellen Fassung, abgeschlossen zwischen dem Deutschen Bühnenverein, Bundesverband der Theater und Orchester und der Genossenschaft Deutscher Bühnenangehöriger und der Vereinigung deutscher Opernchöre und Bühnentänzer e. V. (VdO). Zu berücksichtigen sind stets auch die jeweiligen Haustarifverträge, die zwischen der Genossenschaft Deutscher Bühnenangehöriger (GDBA) und dem VdO und dem Arbeitgeberverband, dem Deutschen Bühnenverein (DBV), abgeschlossen worden sind. Ihre Anwendbarkeit ist jeweils im Einzelnen zu untersuchen. Die Haustarifverträge sind bei Bolwin/Sponer, Ordner I, A, I, 2 zu finden.

2 Schließlich ist zu berücksichtigen der TVK, der Tarifvertrag für Musiker in Kulturorchestern, nebst den dazugehörigen Einzeltarifverträgen, letztendlich die einschlägigen gesetzlichen Bestimmungen, insbesondere die §§ 611 ff. BGB sowie der umfangreiche Bestand an Arbeitnehmerschutzrechten.

3 Dabei sind für die Auslegung erhobener Ansprüche auch die etwaigen Bühnenbräuche zu berücksichtigen. Für die Anwendung der Grundsätze über den Bühnenbrauch sei dargelegt:

1.2 Der Bühnenbrauch

4 Ein ggf. festzustellender bestehender Bühnenbrauch ist keine Rechtsquelle als solche und setzt zunächst die Anwendbarkeit qua Tarifbindung bzw. arbeitsvertraglicher Vereinbarung der einschlägigen bühnenarbeitsrechtlichen Vorschriften voraus, also des Normalvertrags Bühne. Erst soweit diese Bestimmungen keine – ggf. auch im Wege der Auslegung zu ermittelnden Regelungen vorgeben – erhält ein Bühnenbrauch als sogenannte Tarifübung für die Auslegung Bedeutung.[533] Letztlich kann ein Bühnenbrauch auch als betriebliche Übung zu qualifizieren sein und führt damit ggf. zu einem diesbezüglichen arbeitsvertraglichen

533 BAG, Urteil v. 30.09.1987, Az.: 4 AZR 233/87, BAGE 56, 179.

Anspruch (Bolwin/Sponer, Anm. 30a zu § 2 NV Bühne). Ein Bühnenbrauch kann die Mitwirkungspflicht des Bühnenmitglieds erweitern (vgl. Kurz, Praxishandbuch Theaterrecht, 7. Kap., Rz. 57) oder die Bühne ermächtigen ohne Einwilligung des Urheberrechtsinhabers unwesentliche Änderungen an einem vorgegebenen Text vorzunehmen.[534] Bereits vor Inkrafttreten des Teilzeitbefristungsgesetzes (dort § 14 Abs. 1 Satz 4) wurde die Befristung im künstlerischen Bereich mit einem angeblichen Bühnenbrauch gerechtfertigt seitens des Bundesarbeitsgerichts.[535] Zum Bühnenbrauch, vgl. auch den Anspruch des gemittelten Bühnenmitglieds auf eine Ansehrolle bzw. auf Schadensersatz wegen Nichtgewährung von zwei Premieren pro Spielzeit bzw. einer Wiederaufnahme mit Presse. Neue Bühnenbräuche nach dem 01.02.2006 (Änderung des § 2 Abs. 1 NV Bühne) sind allerdings bei der tariflichen Fassung des § 2 Abs. 1 NV Bühne nicht mehr möglich angesichts der tariflich vorgeschriebenen Schriftform (vgl. dazu Bolwin/Sponer, Anm. 32 zu § 3 NV Bühne). **Der Normalvertrag Bühne sowie die Bühnenschiedsgerichtsordnungen (DBV/GDBA bzw. DBV/VdO) sind als Anlage A und B am Ende abgedruckt.**

1.3 Verfahrensrechtliche Regelungen (Bühnenschiedsgerichtordnung, Aufhebungsklage § 110 ArbGG)

Das Bühnenarbeitsrecht ist gekennzeichnet durch die Bühnenschiedsgerichtsordnung. Die jeweils anwendbare Bühnenschiedsgerichtsordnung ist im Einzelnen zu beachten, insbesondere hinsichtlich der dort in den verschiedenen Bühnenschiedsgerichtsordnungen zum Teil enthaltenen unterschiedlichen Fristen. Es existiert eine Bühnenschiedsgerichtsordnung, die die Genossenschaft Deutscher Bühnenangehöriger (GDBA) mit dem Arbeitgeberverband, dem DBV, abgeschlossen hat und ebenso die weitere Bühnenschiedsgerichtsordnung, die der VdO ebenfalls mit dem Bühnenverein abgeschlossen hat. 5

Anzuwenden sind somit auf Grund Tarifbindung bzw. arbeitsvertraglicher Vereinbarung der Tarifvertrag über die Bühnenschiedsgerichtsbarkeit – Bühnenschiedsgerichtsordnung (BSchGO) – zwischen dem DBV und der GDBA oder der Tarifvertrag über die Bühnenschiedsgerichtsbarkeit für Opernchöre, abgeschlossen von der VdO (§ 53 NV Bühne). 6

---

534 BGH, Urteil v. 29.04.1970, Az.: I ZR 30/69, BGHZ 55, 1–5.

535 BAG, AP Nr. 53 zu § 611 BGB Bühnenengagementsvertrag, ferner BAG, Urteil v. 26.08.1998, Az.: 7 AZR 263/97, ebenso Erf. Komm/*Müller-Glöge* § 14 TzBfG Anm. 47, der von einem Bühnenbrauch spricht.

7 Die Entscheidungen der Bühnenschiedsgerichtsbarkeit können im Aufhebungsverfahren gemäß § 110 Abs. 1, 2, 3 ArbGG angegriffen werden. Das Aufhebungsverfahren, wie der Ablauf des bühnenschiedsgerichtlichen Verfahrens, wird nachstehend gesondert dargestellt werden.

8 In der aktuellen bühnenschiedsgerichtlichen Literatur sind hervorzuheben:

- Das Praxishandbuch Theaterrecht von Dr. Hanns Kurz, C.H.Beck Verlagsbuchhandlung München 1999 und
- der Handkommentar von Nix/Hegemann/Hemke, Normalvertrag Bühne, 2. Auflage 2012, ferner der Kommentar Germelmann/Matthes/Prütting, Arbeitsgerichtsgesetz, besondere Verfahrensarten III, Bühnenschiedsgerichtsordnung, 8. Auflage 2013.

9 Einschlägig ist ferner der Kommentar von Bolwin/Sponer, Bühnen- und Orchesterrecht, 4 Bände. Eine für den Praktiker jederzeit empfehlenswerte umfangreiche Darstellung des Bühnen- und Orchesterrechts in mehreren Bänden unter Bezugnahme auf staatliche und bühnenschiedsgerichtliche Rechtsprechung, verfasst von der Arbeitgeberseite des Deutschen Bühnenvereins in mehreren Bänden, zuletzt 2014.

10 Das Buch „Das Arbeitsrecht der Bühne“ von Bernhard Riepenhausen ist zuletzt erschienen als Ergänzungsband 1965 nach der 2. Auflage im Jahre 1956. Durch Zeitablauf und neue tarifliche Regelungen, insbesondere das Inkrafttreten des Normalvertrags Bühne, ist dieses Werk nicht mehr aktuell; die Darlegungen in beiden Büchern sind jedoch stets berücksichtigungswert und in ihren Überlegungen auch heute noch aktuell, auch wenn sich die Gesetzesgrundlagen umfangreichst fortentwickelt haben.

2 Sonderregelungen (SR) für Solo (§§ 54–70 NV Bühne)

2.1 Erfasster Personenkreis (Solomitglieder) (§ 1 Abs. 1, 2 NV Bühne)

Die Sonderreglungen Solo (NV Bühne, besonderer Teil II, 1) setzen vorab zu ihrer 1
Anwendung voraus, dass zum einen überhaupt ein Arbeitsverhältnis besteht, zum anderen, dass es sich um das Beschäftigungsverhältnis eines Solomitglieds handelt. Zu letzterem Begriff sei auf nachstehende Ausführung betreffend Solomitglieder verwiesen. Infrage kommen Dienstverträge, Werkverträge, freie Mitarbeiterverhältnisse, für alle zuletzt erwähnte Vertragsabreden gilt, dass die tatsächlich, ggf. genau zu ermittelnde Tätigkeit zu bewerten ist im Sinne einer Gesamtwürdigung,[536] ob ein künstlerisches Arbeitsverhältnis des Solomitglieds vorliegt. Ferner sei auf nachstehende Ausführungen zum bühnenschiedsgerichtlichen Verfahren betreffend künstlerische Arbeitsverhältnisse verwiesen. Die Formulierung der Parteien in der Vereinbarung ist bei der Bewertung, ob ein künstlerisches Arbeitsverhältnis vorliegt, mit zu berücksichtigen.[537] Entscheidungserheblich ist also stets die Gesamtwürdigung der Vereinbarung und der verrichteten Tätigkeit. Maßgeblich ist der zu würdigende Geschäftsinhalt der Tätigkeit. Der Künstler/Solomitglied leistet seine Tätigkeit persönlich eingebunden in eine Arbeitsorganisation und weisungsabhängig nach Inhalt, Durchführung, Zeit, Dauer und Ort der Leistungserbringung.[538] Wenn entsprechendes wie vor bereits in einem Gastvertrag des Künstlers vertraglich vereinbart geregelt ist, soll es an einer Tätigkeit als Arbeitnehmer fehlen und eine selbstständige Tätigkeit des Bühnenkünstlers vorliegen (so Bundesarbeitsgericht a. a. O.), auch wenn hinsichtlich des Probenablaufs im Übrigen eine gewisse Weisungsgebundenheit gegeben ist. Zur Arbeitnehmereigenschaft/Gastvertrag hat das Bundesarbeitsgericht in der Entscheidung vom 07.02.2007 ausgeführt:

> *„[15] 3. Die Parteien haben kein Arbeitsverhältnis begründet, indem sie eine Schiedsabrede getroffen, ersatzweise die Zuständigkeit des Arbeitsgerichts K vereinbart haben. Der Wille, ein Arbeitsverhältnis zu begründen, ist mit derartigen Vereinbarungen nicht notwendig ver-*

---

536 vgl. dazu die sogenannte Parsivalentscheidung des BAG, Urteil v. 07.02.2007, Az.: 5 AZR 270/06, NZA 2007 1072 und BAG, Urteil, Az.: 5 AZR 418/74, DB 75, 844.

537 vgl. LAG Köln, Urteil v. 05.03.2008, Az.: 8 Sa 723/07 und BOSchG, Schiedsspruch v. 18.11.2013, Az.: BOSchG 3/13.

538 BAG a. a. O. unter Hinweis auf BAG, Urteil v. 09.10.2002, Az.: 5 AZR 405/01.

bunden. Auch der sonstige Vertragsinhalt rechtfertigt nicht die Annahme eines Arbeitsverhältnisses. Der Kläger hatte nach dem Gastvertrag keine abhängige Dienstleistung zu erbringen. Er konnte seine Tätigkeit im Wesentlichen frei gestalten und seine Arbeitszeit im Wesentlichen frei bestimmen.

[16] a) Das Landesarbeitsgericht ist zutreffend von den Grundsätzen ausgegangen, nach denen Arbeitnehmer von selbständigen Dienstverpflichteten abgegrenzt werden. Arbeitnehmer ist, wer auf Grund eines privatrechtlichen Vertrags im Dienste eines anderen zur Leistung weisungsgebundener, fremdbestimmter Arbeit in persönlicher Abhängigkeit verpflichtet ist. In einem Arbeitsverhältnis ist die vertraglich geschuldete Leistung im Rahmen einer von Dritten bestimmten Arbeitsorganisation zu erbringen. Die Eingliederung in die fremde Arbeitsorganisation zeigt sich insbesondere daran, dass der Beschäftigte einem Weisungsrecht seines Vertragspartners (Arbeitgebers) unterliegt. Das Weisungsrecht kann Inhalt, Durchführung, Zeit, Dauer und Ort der Tätigkeit betreffen. Arbeitnehmer ist derjenige, der nicht im Wesentlichen frei seine Tätigkeit gestalten und seine Arbeitszeit bestimmen kann. Diese Grundsätze gelten auch für Musiker (vgl. nur BAG 9. Oktober 2002 – 5 AZR 405/01 – AP BGB § 611 Abhängigkeit Nr. 114 = EzA BGB 2002 § 611 Arbeitnehmerbegriff Nr. 1, zu II 1, 2 der Gründe mwN).

[17] b) Das Landesarbeitsgericht hat bei der Anwendung der dargestellten Grundsätze auf den Streitfall wesentliche Gesichtspunkte außer Acht gelassen. Es hat insbesondere nicht ausreichend berücksichtigt, dass der vorliegende Gastvertrag sein Gepräge durch die Mitwirkung an den Vorstellungen erhält. Auch wenn die Proben zeitlich überwogen, dienten sie nur dem Zweck, die Oper aufzuführen. Dies war der eigentliche Sinn des Vertrags, der auch in den unterschiedlichen Vergütungsregelungen zum Ausdruck kommt. Die Prüfung der Weisungsgebundenheit muss diese dienende Funktion der Proben angemessen berücksichtigen. Die Bewertung der persönlichen Abhängigkeit darf nicht allein nach dem zeitlichen Umfang der Tätigkeiten erfolgen. Stehen die Aufführungen als Vertragsgegenstand ganz im Vordergrund, sind sie neben den in zeitlicher Hinsicht überwiegenden Proben zumindest gleichgewichtig.

[18] c) Bei den Aufführungen bestand keine ins Gewicht fallende Weisungsgebundenheit des Klägers.

[19] Der Kläger war hier zwar nicht fachlich weisungsfrei. Er hatte sich in die von anderen bestimmte Gesamtkonzeption des Werkes einzuordnen. Das stellt aber nur eine schwache Weisungsbindung dar. Die nach dem Vertrag vorausgesetzte maßgebliche künstlerische Tätigkeit des Klägers als „P" war der Einflussnahme durch fachliche Weisungen weitgehend entzogen. Eher kann davon gesprochen werden, es werde das gemeinsam erarbeitete Werk aufgeführt. Dem stehen etwaige unterschiedliche künstlerische Auffassungen zur Gastrolle nicht entgegen. Durchsetzen wird sich dabei nicht ohne Weiteres das Theater als Weisungsgeber, sondern die „bessere" künstlerische Konzeption, immer begrenzt durch das jeweilige Können des Gastes.

[20] Die Zeit der Dienstleistung war hinsichtlich der Aufführungen im Wesentlichen vertraglich festgelegt. Dem beklagten Land kam, abgesehen von der Möglichkeit, die Premiere um bis zu sieben Tage zu verschieben, insoweit kein zeitliches Weisungsrecht zu. Der Kläger unterwarf sich nicht etwa einem von dem Vertragspartner noch aufzustellenden Spielplan. Er war hinsichtlich der Zeit der Arbeitsleistung zwar nicht frei, aber doch frei von Weisungen.

[21] Entsprechendes gilt für Inhalt, Dauer und Ort der Tätigkeit. Diese ergaben sich schon aus dem Gastvertrag und konnten von dem beklagten Land nicht mehr einseitig festgelegt werden.

[22] d) Bei den Proben bestand eine weitergehende Weisungsgebundenheit des Klägers.

[23] Das beklagte Land bestimmte den Ablauf der Proben. Damit unterlag der Kläger einem Weisungsrecht hinsichtlich der Durchführung der Tätigkeit. Der Einfluss auf die eigentliche künstlerische Tätigkeit des Klägers war freilich auch hier begrenzt.
[24] Der vereinbarte Zeitraum für die Proben war beschränkt und durch bestimmt bezeichnete Zeiträume und Tage weiter eingeschränkt. Dem beklagten Land blieb damit angesichts der unstreitig erforderlichen Anzahl von Proben nur ein deutlich begrenztes Weisungsrecht zur zeitlichen Festlegung. Darauf hat bereits das Bühnenoberschiedsgericht hingewiesen.
[25] Das beklagte Land durfte die erforderliche Zeitdauer im Rahmen der verbleibenden Zeiträume konkretisieren. Die Teilnahme des Klägers an Presse- und Werbeveranstaltungen setzte dagegen eine Absprache und die Berücksichtigung anderweitiger Dispositionen voraus. Weitergehende Spielräume zur einseitigen Festlegung bestanden nach dem Gastvertrag nicht.
[26] e) Bei einer isolierten Würdigung der Verpflichtung zur Mitwirkung an bestimmten Aufführungen, eventuell mit kurzen zusätzlichen Stell- oder Verständigungsproben, wäre eine selbständige Dienstleistung anzunehmen. Demgegenüber müsste der Probenzeitraum, könnte er gesondert bewertet werden, wohl als Arbeitsverhältnis anzusehen sein. Die Annahme eines gemischten Vertrags aus Elementen des freien Dienstvertrags und des Arbeitsvertrags erscheint aber lebensfremd. Vielmehr handelt es sich um einen einheitlichen Vertragsgegenstand mit unterschiedlichen Pflichten, die nach der Natur der Sache und den Vereinbarungen der Parteien in verschiedener Art und Weise zu erbringen waren. Deshalb ist eine Gesamtwürdigung geboten, die nicht nur für die rechtliche Beurteilung von Begründung und Beendigung des Rechtsverhältnisses, sondern auch insgesamt für dessen Inhalt maßgebend ist. Diese Gesamtwürdigung ergibt eine selbständige Tätigkeit. Die Weisungsgebundenheit war insgesamt nicht so stark, dass sie zu einem Arbeitsverhältnis führt. Sie tritt gegenüber der freien Stellung des Klägers nach dem Gesamtgepräge des Vertragsverhältnisses zurück.“

Zur Abgrenzung des Arbeitsverhältnisses von der freien Mitarbeiterstellung, vgl. 2
auch Bolwin/*Sponer* § 1 NV Bühne Anm. 18 mit Rechtsprechung.

Der Arbeitsvertrag jedes Solomitglieds unterliegt als schriftlich abzuschlie- 3
ßender Arbeitsvertrag seit 2006 (§ 2 Abs. 1 NV Bühne i. V. m. § 126 BGB) der Schriftform. Die Schriftform muss also nach tariflicher Vorgabe eingehalten werden, sie ist keine Sollvorschrift mehr wie früher nach § 2 Abs. II NV Solo.

Der Arbeitsvertrag des Solomitglieds bedarf der Formulierung nach Anlage 2 4
zum NV Bühne, wobei stets auch bei tarifvertraglicher Bindung qua Tarifbindung bzw. Vereinbarung des Normalvertrags Bühne günstigere Regelungen möglich sind (vgl. zur Abweichung auch § 1 Abs. 6 NV Bühne). Letztlich sollen – so der tarifvertragliche Text in § 2 Abs. 3 und § 4a NV Bühne – Kunstgattung und Kunstfach Ort, Dauer des Arbeitsverhältnisses angegeben werden und die Beschäftigung hier als Solomitglied. Teilspielzeitverträge für einen bestimmten Zeitraum sind zulässig, wobei zu beachten ist, dass stets nur Verträge über eine volle Spielzeit den Nichtverlängerungsregelungen (§ 61 Abs. 2 NV Bühne) für Solomitglieder unterliegen, dies vor allem auch betreffend eine Abfindung wegen Intendantenwechsels (§ 62 Abs. 1 Satz 1 NV Bühne). Mit anderen Worten: Ohne volle Spielzeitvereinbarung keine Abfindung bei Intendantenwechsel.

5 Zum Gastregisseur, der Regisseur ist Solomitglied nach § 1 Abs. 2 NV Bühne, sei auf Bundessozialgericht vom 24.06.1981 zum Az.: 12 RK 35/80 verwiesen. So wie der Sänger, wie oben ausgeführt, auch Nichtarbeitnehmer sein kann, kann auch der Gastregisseur Unternehmer sein nach entsprechender Prüfung seines Vertrages und der Modalitäten seiner Arbeitsleistung. Dabei ist stets zu beachten, dass allein die Bezeichnung „Solo" nicht maßgebend ist. Die einverständliche Beendigung des Solovertrages bedarf der Schriftform nach § 623 BGB. Die tarifliche Regelung betreffend die erforderliche Schriftform (§ 2 Abs. 1 NV Bühne) geht über diese letztgenannte Vorschrift hinaus, es ist also der Vertrag insgesamt als der Schriftform unterliegend anzusehen.

6 Der Arbeitsvertrag ist mit dem Rechtsträger des Theaters in korrekter Formulierung abzuschließen. Wer auf der Arbeitgeberseite Soloverträge abschließt, folgt aus § 1 Abs. 1 NV Bühne, also stets bedarf es der Trägerschaft/Beteiligung von Landes- und Gemeindeverbänden als Träger. Für Privattheater gilt Absatz 7 von § 1 NV Bühne nebst Anlage 1; die in der Anlage 1 aufgeführten Vorschriften des Normalvertrags Bühne gelten, also nicht das Institut der Nichtverlängerungsmitteilung mit ggf. sich automatisch verlängerten Spielzeitverträgen, es sei denn dies ist ausdrücklich vereinbart (vgl. dazu Bolwin/Sponer, Anm. 215 zu § 1 NV Bühne). Das sogenannte Mindestlohngesetz gilt auch für Soloarbeitsverträge (§ 22 Abs. 1 MiLoG). Das Mindestlohngesetz gilt nach § 22 Abs. 1 des Gesetzes, soweit nicht Praktikantentätigkeit vorliegt auch für künstlerische Arbeitsverhältnisse. Von seiner Geltung ausgenommen sind die Praktikanten wie vor und nach Abs. 2 und 4, Satz 1 Beschäftigte, die zuvor langzeitarbeitslos waren, für die ersten 6 Monate der Tätigkeit. Gleiches gilt für die Tätigkeit von Kindern und Jugendlichen nach § 2 Abs. 1 und 2 JArbSchG. Die Anwendung des Gesetzes wie vor ist zwingend (§ 1 Abs. 1) und nicht durch Tarifvertrag bzw. Einzelvereinbarung abdingbar. Der Gesetzeswortlaut ist umfassend und erfasst auch den/die solistischen Arbeitnehmer/Arbeitnehmerinnen. Hieran ändert auch nichts die tarifvertragliche Formulierung, die zur Arbeitszeit keine zahlenmäßigen Vorgaben gibt bzw. betreffend Sonderregelungen Solo zur genauen Arbeitszeit naturgemäß auf Grund der Art der zu verrichtenden Tätigkeit keine Angaben näherer Art machen kann. Der Mindestlohn bzw. ggf. vorzunehmende Nachzahlungen sind keine Sondervergütungen nach § 58 Abs. 2 NV Bühne.

7 Der Soloarbeitsvertrag wird in den meisten Fällen durch eine Nichtverlängerungsmitteilung gemäß § 61 Abs. 1, 2 NV Bühne beendet. Es kann aber auch eine Kündigungsmöglichkeit arbeitsvertraglich vereinbart werden im Arbeitsvertrag. Insoweit sei auf § 43 NV Bühne verwiesen. Die Vereinbarung einer auflösenden Bedingung im Arbeitsverhältnis nimmt auch keinen Kündigungsschutz in einem ggf. ohnehin befristeten Arbeitsverhältnis. Die Möglichkeit der Vereinbarung

einer auflösenden Bedingung im Arbeitsverhältnis Solomitglieds ist möglich.[539] Dies wie vorstehend ist möglich, wenn für den Eintritt der Bedingung sogenannte künstlerische Erwägungen maßgeblich sind, d. h. letztlich ein sachlicher Grund vorliegt. Die zuletzt genannte Entscheidung des Bundesarbeitsgerichts betrifft die Rolle einer Schauspielerin in einer Fernsehserie außerhalb des Normalvertrags Bühne, die Serie war weggefallen u. a. aus Gründen der Anpassung an den Publikumsgeschmack. Dies ist von dem Bundesarbeitsgericht als sachlicher Grund anerkannt worden. Der Normalvertrag Bühne selbst kennt allein die Nichtverlängerung und die Kündigung und enthält keine Vorschriften über die Möglichkeit einer Bedingung. Diese Beendigungsmöglichkeit regelt also der Tarifvertrag nicht, aus dem Schweigen kann mangels weiterer tariflicher Erklärung nicht gefolgert werden, dass nur die beiden vorerwähnten Beendigungsmöglichkeiten qua Nichtverlängerungsmitteilung bzw. Kündigung möglich sind.

Die Sonderreglungen gelten für Solomitglieder: 8

Die Erörterung der Sonderregelungen Solo setzt also voraus, dass über den 9
darin erwähnten Begriff (§ Abs. 2 NV Bühne) Solomitglied Klarheit besteht, somit über den notwendigen Inhalt des Arbeitsvertrags (vgl. § 2 Abs. 3 NV Bühne) eines Solomitglieds.

a) Solomitglieder werden im stets zulässig[540] befristeten künstlerischen 10
Arbeitsverhältnis und im Einzelnen in der umfangreichen Vorschrift des § 1 Abs. 2 NV Bühne aufgezählt. Damit sind tarifvertraglich auch Pressereferenten und Referenten der Öffentlichkeitsarbeit und – ohne Einschränkung – auch Referenten des Intendanten als Solomitglieder erfasst, ferner sogenannte Personen in ähnlicher Stellung. Diese zeichnen sich dadurch aus, dass sie die künstlerische Konzeption eines Werks unmittelbar eigenschöpferisch erarbeiten und umsetzen,[541] ggf. auch gemeinsam mit anderen Künstlern. Wenn man mit der Rechtsprechung des Bundesarbeitsgerichts[542] davon ausgeht, dass künstlerische Tätigkeit „an sich" die unmittelbare Erarbeitung und Umsetzung der künstlerischen Konzeption eines Werks darstellt und für diesen Personenkreis der Bühnenkünstler (§ 101 Abs. 2 ArbGG) die Bühnenschiedsgerichtsbarkeit vereinbart werden kann, wie es auch § 53 Abs. 1 NV Bühne vorsieht, können Solomitglieder z. B. „in ähnlicher Stellung" nur die Arbeitsverhältnisse sein, die letztgenannte

539 BAG, Urteil v. 02.07.2003, Az.: 7 AZR 612/02, BAGE 107, 28–35.

540 BAG (GS), Urteil v. 12.10.1960, BAGE 10/65.

541 so BOSchG, Schiedsspruch v. 14.09.2007, Az.: BOSchG 2/07.

542 BAG, Urteil, Az.: 6 AZR 229/95, NZA 96, 721 (Konzertstimmer), BOSchG, Schiedsspruch v. 23.08.1971, Az.: BOSchG 3/69, Opolony, NZA 2001, 1351, BOSchG, Schiedsspruch v. 16.09.2013, Az.: BOSchG 13/12.

Voraussetzungen auch und überwiegend auf Grund vertraglicher Vereinbarung[543] erfüllen. Der reine Verwaltungsmitarbeiter kann also keine Person „in ähnlicher Stellung" sein. In Zweifelsfällen betreffend künstlerische Tätigkeit kommt der vertraglichen Vereinbarung der Parteien besondere Bedeutung zu.[544]

11 Aus der neueren Rechtsprechung und Literatur seien erwähnt:

a) Arbeitsgericht Frankfurt, Urteil vom 17.10.2002 zum Az.: 19 Ca 1042/02, Pressereferent als Bühnenmitglied (noch zur Geltung des Normalvertrags Solo), ebenso Nix in Nix/Hegemann/*Hemke* Normalvertrag Bühne § 1 Anm. 3 und Bolwin/*Sponer* Bühnen- und Orchesterrecht AI, 1 b, 104, 10,
b) Tondesigner/Techniker, Landesarbeitsgericht Köln, Urteil vom 29.05.2007 zum Az.: 10 Sa 593/06,
c) Orchesterinspektor, Arbeitsgericht Dresden, Urteil vom 09.02.2000 zum Az.: 13 Ca 6249/99,
d) Leiter der Abteilung Öffentlichkeitsarbeit, Bühnenoberschiedsgericht, Schiedsspruch vom 26.04.2005 zum Az.: BOSchG 27/04,
e) Schauspielmusiker ist Künstler, Bundesarbeitsgericht, Urteil vom 26.08.1998 zum Az.: 7 AZR 263/97, NZA 1999, 442–444,
f) Referentin für Öffentlichkeitsarbeit, kein Künstler, Bühnenschiedsgericht Köln, Schiedsspruch vom 03.07.2002 zum Az.: BSchG 7/01,
g) Gewandmeister, Landesarbeitsgericht Köln, Urteil vom 05.03.2008 zum Az.: 8 Sa 723/07,
h) Theaterpädagoge, künstlerisches Arbeitsverhältnis fraglich, Bundesarbeitsgericht, Urteil vom 17.08.1994 zum Az.: 4 AZR 711/93, juris,
i) Solomaskenbildner, künstlerisches Arbeitsverhältnis, Bühnenoberschiedsgericht vom 13.11.1995 zum Az.: 17/95, auch Bundesarbeitsgericht, Urteil vom 10.12.1992 zum Az.: 2 AZR 340/92 – juris – mit weiterer Rechtsprechung, auch Bühnenoberschiedsgericht, Schiedsspruch vom 16.09.2013 zum Az.: BOSchG 13/12 (Maskenbildner),
j) Repetitor und Korrepetitor sind künstlerische Arbeitsverhältnisse, Bühnenoberschiedsgericht, Schiedsspruch zum Az.: BOSchG 1/2000,
k) Theaterplastiker, BAG, Urteil vom 25.02.2009 zum Az.: 7 AZR 942/07 künstlerisches Arbeitsverhältnis,
l) Für einen Tondesigner/-techniker kann eine überwiegend künstlerische Tätigkeit vereinbart werden, Landesarbeitsgericht Köln, Urteil vom 29.05.2008 zum Az.: 10 Sa 593/06, openjur 2011/472 73

543 BOSchG, Schiedsspruch v. 12.10.2011, Az.: BOSchG 5/11 und BOSchG 2/07 v. 14.09.2007.
544 so LAG Köln, Urteil v. 05.03.2008, Az.: 8 Sa 723/07.

Bei einer Vereinbarung „überwiegend künstlerische Tätigkeit" nach § 1 Abs. 3 NV Bühne ist der Missbrauch im Einzelfall nicht ausgeschlossen, dessen Darlegung und Beweis unterliegt strengen Anforderungen.[545] 12

2.2 Bühnentechniker (§ 1 Abs. 3, Unterabs. 1 und 2 NV Bühne)

Allein Bühnentechniker (§ 1 Abs. 3 Unterabsatz 1 NV Bühne), sowie die in Absatz 3 Unterabsatz 2 erwähnten Berufe, sind nach der Rechtsprechung des Bundesarbeitsgerichts[546] künstlerisch tätig, wenn bei Letzteren im Arbeitsvertrag vereinbart worden ist, dass sie überwiegend künstlerisch tätig sind. Dies gilt also nicht für sonstige Solomitglieder nach § 1 Abs. 2 und 3, 1. Unterabsatz. Bei nicht eindeutig wortlautmäßig erfassten Tätigkeiten bleibt es bei der erforderlichen und darzulegenden künstlerischen Tätigkeit. Für den Personenkreis nach Absatz 3 Unterabsatz 2 genügt jedoch die arbeitsvertragliche Vereinbarung der überwiegenden künstlerischen Tätigkeit, soweit nicht eindeutig eine missbräuchliche Wortwahl vorliegt.[547] 13

Dementsprechend sind Bühnentechniker nach § 1 Abs. 1 NV Bühne in Verbindung mit Absatz 3 Unterabsatz 1 tarifunterworfen, soweit sie eine entsprechende Tätigkeit gemäß Absatz 3 Satz 1 verrichten (sogenannte geborene Künstler). Die weiteren Berufe nach Absatz 3 Satz 2 von § 1 NV Bühne sind ebenfalls tarifunterworfen, wenn sie laut Arbeitsvertrag überwiegend künstlerisch tätig sind (sogenannte gekorene Mitglieder). Diese Arbeitnehmer nach Absatz 3 Satz 2 NV Bühne sind also nur dann künstlerisch tätig, soweit im Arbeitsvertrag dies vereinbart worden ist dahingehend, dass sie überwiegend künstlerisch tätig sind. Dabei ist die vertragliche Vereinbarung maßgeblich, und es kommt nicht darauf, dass der Arbeitnehmer behauptet, er sei tatsächlich, „obwohl dies vereinbart worden ist", nicht künstlerisch beschäftigt mit der Folge, dass nach seiner Ansicht das Arbeitsgericht und ggf. auch das Kündigungsschutzgesetz anwendbar sind.[548] Eine etwaige missbräuchliche Vertragsgestaltung entgegen der getroffenen vertraglichen Abrede bedarf der konkreten Darlegung wie vorstehend dargelegt. 14

545 LAG Köln, Urteil v. 28.06.2012, Az.: 6 Sa 324/12.

546 BAG, Urteil v. 28.01.2009, Az.: 4 AZR 987/07, NJW 2010, 795, und Urteil v. 25.02.2009, Az.: 7 AZR 942/07, zuvor BOSchG, Az.: BOSChG 13/03 – Gewandmeister, BOSchG, Schiedsspruch v. 12.10.2011, Az.: BOSchG 5/11.

547 LAG Köln, Urteil v. 28.06.2012, Az.: 6 Sa 324/12, vgl. oben.

548 BAG, Urteil v. 25.02.2009, Az.: 7 AZR 942/07, ebenso BAG, Urteil v. 28.01.2009, Az.: 4 AZR 987/07, BOSchG, Schiedsspruch v. 21.10.2010 zum Az. BOSchG 15/09, ferner BOSchG, Schiedsspruch v. 05.01.2012, Az.: BOSchG 1/11.

2.3 Opernchormitglieder und Tanzgruppenmitglieder (§ 1 Abs. 1, 4 NV Bühne)

15 Opernchormitglieder und Tanzgruppenmitglieder fallen ebenfalls unter den NV Bühne (§ 1 Abs. 1 und Abs. 4 NV Bühne). Tarifliche Regelungen dazu nachstehend. Zu beachten ist, dass für Solomitglieder an Privattheatern nach § 1 Abs. 1 letzter Satz, Abs. 7 Satz 2 NV Bühne allein die Vorschriften gemäß der Anlage 1 (Vorschriften für Mitglieder an Privattheatern) zum Normalvertrag Bühne im Einzelnen gelten, also mangels diesbezüglicher Erwähnung nicht die tarifvertraglichen Vorschriften betreffend die Nichtverlängerung. Für diese Bühnenmitglieder gelten die in der Anlage 1 genannten Vorschriften, soweit nichts Abweichendes vereinbart worden ist, z. B. Geltung der Vorschriften betreffend Nichtverlängerung. Zur Definition eines Privattheaters vgl. nachstehend.

2.4 Geltung für Gastvertrag und an Privattheatern

16 Für Solomitglieder von Privattheatern sind nach § 1 Abs. 7 Satz 1 NV Bühne die Absätze 2 bis 5 von § 1 NV Bühne anwendbar, stets aber unter Beachtung der Anlage 1 zum Normalvertrag (NV) Bühne, soweit nicht im Einzelvertrag ggf. etwas davon Abweichendes vereinbart worden ist. Es wird also bei Solomitgliedern an Privattheatern (vgl. die Definition in § 1 Abs. 7, 2. Unterabsatz) stets die Anwendbarkeit der jeweiligen Tarifvorschrift des Normalvertrags Bühne zu prüfen sein.

Der Gastvertrag:

17 Zum Inhalt eines Gastvertrags (§ 1 Abs. 5 Satz 3 NV Bühne) setzt der Tarifvertrag voraus, dass der Gast zur Ergänzung des ständigen Personals beschäftigt wird mit nicht mehr als 72 Aufführungen, so der tarifliche Text. Laut Bundesarbeitsgericht[549] bedarf es im Vertrag der Festlegung der zu spielenden Rolle und des Bühnenstücks.

18 Nach § 1 Abs. 5 Satz 1 NV Bühne gilt der Normalvertrag Bühne nicht für Gastspielverträge, ausgenommen §§ 53, 60, 98 NV Bühne. Zur arbeitsrechtlichen und sozialrechtlichen Problematik dahingehend, ob Gäste überhaupt Arbeitnehmer sind, vgl. die nachstehenden Ausführungen über den Rechtscharakter des Gastvertrags. Zur Definition des Gastspielvertrags, vgl. § 1 Abs. 5 Satz 3 NV Bühne.[550]

549 BAG, Urteil v. 27.09.2001, juris.

550 BAG, Urteil v. 24.09.1986, Az.: 7 AZR 663/84, BAGE 53, 108, BAG, Urteil v. 27.09.2001, Az.: 6 AZR 140/00, juris, BOSchG, Schiedsspruch v. 10.07.2001, Az.: BOSchG 3/01 und BOSchG 4/01.

Die Rechtsproblematik des Gastvertrags stellt sich unter Berücksichtigung der sogenannten Parsivalentscheidung des Bundesarbeitsgerichts bei der Frage, ob der Gast überhaupt Arbeitnehmer ist,[551] wobei in der Praxis Gastverträge oft als Werkverträge oder Ähnliches bzw. Dienstverträge bezeichnet werden. Zur Weisungsgebundenheit des international bekannten Opernsängers im Gastvertrag führt das Bundesarbeitsgericht in der Entscheidung zum Az.: 5 AZR 270/06 aus wie vorstehend bereits ausgeführt.

Dabei gilt nach der Rechtsprechung für die rechtliche Qualifizierung ungeachtet der wörtlichen Bezeichnung im Vertragstext, was folgt: 19

Entscheidend für die Qualifizierung als Arbeitsvertrag ist die tatsächliche Tätigkeit des Gastes und nicht primär das schriftlich Niedergelegte, es kommt also auf den Geschäftsinhalt an. Es muss stets eine fremdbestimmte und ins Gewicht fallende weisungsgebundene Tätigkeit vorliegen. Ein künstlerischer Bezug muss im eventuellen Arbeitsverhältnis vorhanden sein.[552] 20

Ein Gastvertrag kann auch wiederholt abgeschlossen werden, auch nach einem beendeten Arbeitsverhältnis nach Normalvertrag Bühne Sonderregelungen Solo.[553] 21

Der Arbeitsvertrag des Solomitglieds bedarf im Übrigen bei Beachtung der tariflichen Regelungen der Schriftform nach § 2 Abs. 1 NV Bühne und der Nennung der Bühne und der Beschäftigungszeit, also Spielzeit, Jahr der Beschäftigung und der Vereinbarung der Beschäftigung als Solomitglied (§ 2 Abs. 3 a, b, c Abs. 4 NV Bühne). Die vereinbarte Gage ist im schriftlichen Arbeitsvertrag unter Beachtung des Mindestgagensatzes von zurzeit monatlich 1.650 € festzulegen. Die Mindestgage wird ab Beginn der Spielzeit 2015/2016 durch Tarifvertrag auf 1.765,00 € erhöht werden. Die Gage bedarf der Nennung im schriftlichen Arbeitsvertrag (§ 58 Abs. 1 NV Bühne). Das Schriftformerfordernis gilt ebenso für Änderungen und Ergänzungen des Arbeitsvertrags (§ 2 Abs. 1 NV Bühne). Dabei ist stets § 1 Abs. 2 NV Bühne zu beachten, enthaltend die Beschreibungen der Solotätigkeit nach den Vorstellungen der Tarifvertragsparteien. Die Aufzählung der Solotätigkeiten in § 1 Abs. 2 NV Bühne ist nicht erschöpfend, auch Personen „in ähnlicher Stellung", soweit sie künstlerisch tätig sind, werden erfasst, sofern eine vertragliche Solotätigkeit oder eine ähnliche Arbeitsverrichtung vorliegt als vertraglich übernommene Tätigkeit – § 54 Abs. 1 NV Bühne –. Der oder die Gruppentänzer/ 22

551 BAG, Urteil v. 07.02.2007, Az.: 5 AZR 270/06, BOSchG, Schiedsspruch v. 10.07.2001, Az.: BOSchG 4/01, BSG, Urteil v. 20.03.2013, Az.: B 12 R 13/10.

552 BOSchG, Schiedsspruch v. 10.07.2001, Az.: BOSchG 3/01 und BOSchG 4/01.

553 BAG, Urteil v. 02.07.2003, Az.: 7 AZR 613/02, NZA 2004, 1119, ferner LAG Köln, Urteil v. 15.06.2009, Az.: 4 Sa 821/08 und Urteil v. 02.08.2002, Az.: 4 Sa 815/01.

Gruppentänzerinnen auch mit vertraglicher Soloverpflichtung sind nicht Solomitglied, sondern weiterhin Tanzgruppenmitglied.

2.5 Mitwirkungspflicht und Beschäftigungsanspruch des Solomitglieds (§ 54 NV Bühne)

Die besondere Mitwirkungspflicht des Solomitglieds, der Beschäftigungsanspruch des Künstlers

23 Das Solomitglied ist verpflichtet, im Rahmen der vertraglich übernommenen Tätigkeit (vgl. dazu §2 Abs. 4 a NV Bühne) alle ihm zugewiesenen Aufgaben zu übernehmen (auch §7 NV Bühne, was ggf. auch für eine Vertretung gilt).[554] Das Mitglied kann die Übernahme einer kleinen Rolle im Normalfall nicht einfach ablehnen (so auch §54 Abs. 5 Satz 1 NV Bühne) mit der Begründung, dass diese Rolle seiner bisherigen Tätigkeit und seinem künstlerischen Ruf schade, da er bisher nur „große Rollen" gespielt habe.[555] Fernliegende Aufgaben, das sind solche Aufgaben, die mit dem vertraglich übernommenen Bereich nichts zu tun haben, dürfen dem Bühnenmitglied nicht angewiesen werden (a. a. O. Absatz 3). Nicht fernliegende Aufgaben, sogenannte fachnahe Rollen, müssen übernommen werden (vgl. dazu Bolwin/Sponer, Anm. 5 und 6, 53 zu §54 NV Bühne). Im Übrigen wird auf die Ausführungen zur generellen Mitwirkungspflicht des Bühnenmitglieds (§7 NV Bühne) verwiesen.[556] Unzumutbare, künstlerschädigende Aufgaben müssen nicht übernommen werden.[557] Das Bühnenmitglied kann ggf. gegenüber dem Theaterveranstalter Einwendungen gegen die übertragene Aufgabe mit möglichst genauer Begründung erheben, bei Zurückweisung seines Anliegens kann er das Bühnenschiedsgericht einschalten gemäß §54 Abs. 8 NV Bühne, keineswegs kann er/sie – ohne gerichtliche Billigung – der angesonnenen Tätigkeit nicht nachkommen (§54 Abs. 5 NV Bühne). Dabei hat das Bühnenschiedsgericht ggf. kurzfristig Termin anzuberaumen (§18 Abs. 2 BSchGO).

24 Der tariflich festgelegte Beschäftigungsanspruch des Solomitglieds (§54 Abs. 2 Satz 1 und 2 NV Bühne) besteht seit langem bereits nach dem damaligen Normalvertrag Solo (§6 Abs. 1 NV Solo). Der Beschäftigungsanspruch ist heute

554 BOSchG, Schiedsspruch v. 23.11.1961, Az.: BOSchG 9/61.

555 BOSchG B 02/1997.

556 BOSchG, Schiedsspruch v. 26.10.1965, Az.: BOSchG 11/64 und BSchG Hamburg, Schiedsspruch v. 23.09.2003, Az.: BSchG 11/03.

557 BOSchG, Schiedsspruch v. 06.01.1970, Az.: BOSchG 7/69.

von der Rechtsprechung anerkannt.[558] Der Anspruch auf Beschäftigung seitens des Arbeitnehmers ist damit generell auch von der Rechtsprechung anerkannt und gilt nicht nur wie tariflich festgelegt – für den Bühnenkünstler bzw. für das Solomitglied. Von dem Beschäftigungsanspruch kann im Wege der sogenannten Suspendierung einverständlich abgewiesen werden und vereinbart werden, dass eine Beschäftigung nicht möglich sein sollte, z. B. nach Kündigung zum Ende eines Arbeitsverhältnisses. Die Suspendierung kann auch einseitig vom Arbeitgeber erfolgen, wenn Gründe hierfür vorliegen, die eine Weiterbeschäftigung des Arbeitnehmers unzumutbar machen. Das Solomitglied, also nicht nur der anzusehende oder die anzusehende Künstlerin ist also angemessen zu beschäftigen nach dem Wortlaut des Tarifvertrages, darauf kann auch nicht verzichtet werden, d. h. der Beschäftigungsanspruch jeglichen Solomitglieds kann nicht ausgeschlossen werden (vgl. dazu Bolwin/*Sponer* §54 NV Bühne Anm. 66–67 mit Rechtsprechung). Vorstehendes gilt auch für den Berufsanfänger. Der Arbeitgeber, der ohne sein Verschulden aus ggf. näher darzulegenden Gründen den Beschäftigungsanspruch nicht oder nicht vollumfänglich zu erfüllen vermag ist gehalten, eine diesbezügliche Vereinbarung mit den darstellenden Solomitglied zu treffen (§54 Abs. 2 Satz 2 NV Bühne) zwecks tarifvertraglich erforderlicher Berücksichtigung auch seiner betrieblichen Belange durch bzw. seitens des Arbeitnehmers. Der Beschäftigungsanspruch gilt wie dargelegt für jegliches Solomitglied, also nicht allein für den/die anzusehenden Künstler, also z. B. auch für die Solomitglieder als sogenannte Personen in ähnlicher Stellung nach §2 Abs. 2 a. E.. NV Bühne, dabei ist selbstverständlich jeweils der Einzelfall des nichtanzusehenden Mitglieds zu berücksichtigen (vgl. dazu Bolwin/*Sponer* Anm. 76 §54 NV Bühne mit bühnenschiedsgerichtlicher Rechtsprechung).

Nach §54 Abs. 2 NV Bühne ist somit jegliches Solomitglied angemessen zu 25 beschäftigen. Als angemessen angesehen wird für das anzusehende Bühnenmitglied pro Spielzeit in der Praxis die Übertragung von zwei Uraufführungen bzw. einer Uraufführung und einer Wiederaufnahme mit Presse.[559] Aus der Verletzung dieser arbeitgeberseitigen Beschäftigungsverpflichtung mit der Folge der Schadensersatzverpflichtung haben sich zahlreiche Rechtsstreitigkeiten ergeben.[560] Die Verletzung des Beschäftigungsanspruchs des Künstlers führt zur künstlerischen Rufschädigung mit der Folge eines Schadensersatzanspruchs gegenüber dem Arbeitgeber.

---

558 BAG, Urteil v. 10.11.1955 in DB 56, Seite 114 und BAG, Urteil v. 27.02.1985, Az.: (Großer Senat) 1/84, DB 85, Seite 2197.

559 BOSchG, Az.: BOSchG 20/57 und BOSchG 21/1997.

560 BAG, Urteil v. 12.11.1985, Az.: 3 AZR 576/83, BB 86, 1366.

26 Dementsprechend ersetzt auch eine Wiederaufnahme mit Presse eine Premiere. Eine Ansehrolle, die nicht notwendig eine Premiere sein muss,[561] muss in der sogenannten Ansehzeit von Dezember bis Ende März einer Spielzeit gewährt werden. Der Beschäftigungsanspruch nach tariflicher Vorgabe gilt gleichermaßen für Solopersonal, das nicht angesehen wird, wobei keine generelle Regelung bzw. Handhabung vorgegeben werden kann, wie hier zu verfahren ist.[562] Letztlich ist also unter Beachtung und Berücksichtigung oben genannter tariflicher Grundsätze zu § 54 Abs. 2 Satz 1 und 2 NV Bühne zu verfahren. Die Nicht- bzw. unzureichende Beschäftigung führt zu einem Schadensersatzanspruch des Solomitglieds.

27 Die Höhe des Schadensersatzanspruchs in letztgenannten Fällen nicht ausreichender Beschäftigung variiert nach der Rechtsprechung je nach Einzelfall zwischen 1 und 6 Monatsgagen.[563] Der Schaden ist allerdings von dem Solomitglied darzulegen und ggf. auch zu beweisen, wobei für das anzusehende Solomitglied eine Erleichterung gilt: Gemäß § 287 ZPO kann das Bühnenschiedsgericht den Schaden eines nicht angesehenen Künstlers schätzen und dabei berücksichtigen, dass das Nichtangesehenwerden eines in der Öffentlichkeit hervortretenden Bühnenkünstlers zu einer schadensersatzpflichtigen Schädigung des Mitglieds führt. Dies führt für den Personenkreis Schauspieler, Tänzer, Sänger, Dirigent, Bühnenbildner zu einer erheblichen Erleichterung seiner Darlegungs- und Beweislast. Derartige Schadensersatzansprüche sind stets unter Beachtung tariflicher Ausschlussfristen rechtzeitig geltend zu machen. Allerdings: Ein demgegenüber nicht anzusehendes Bühnenmitglied muss den entstandenen Schaden substantiiert darlegen, was im Einzelnen schwierig und ggf. unmöglich ist; die erleichterte Vorgehensweise nach § 287 ZPO gilt nur für anzusehende Bühnenmitglieder (Solo). Das nicht zu diesem Kreis gehörende Solomitglied muss seinen Schaden ggf. im Einzelnen darlegen und beweisen.[564]

Zusammenfassend:

28 Der Beschäftigungsanspruch des Solomitglieds ergibt sich aus § 54 Abs. 2 Satz 2 NV Bühne. Nach § 54 Abs. 2 Satz 1 NV Bühne hat der Arbeitgeber die Dienste des Solomitglieds abzunehmen; er hat das Solomitglied angemessen zu beschäfti-

561 BOSchG, Schiedsspruch v. 17.01.1975, Az.: BOSchG 12/74.

562 BOSchG, Schiedsspruch v. 06.03.1995, Az.: BOSchG 23/90 betreffend Dramaturgen sowie BOSchG, Schiedsspruch v. 18.01.1996, Az.: BOSchG 21/95 betreffend Regieassistent, BOSchG, Schiedsspruch v. 27.04.1994, Az.: BOSchG 35/93 (Dirigent).

563 BAG, Urteil v. 18.03.1999, Az.: 8 AZR 344/98, juris, auch BAG, Urteil v. 12.11.1985, Az.: 3 AZR 576/83, AP Nr. 23 zu § 611 BGB Bühnenengagementsvertrag.

564 LAG Köln, Urteil v. 17.10.1997 (Dramaturg), Az.: 11 Sa 222/97.

gen. Als angemessen ist eine Beschäftigung anzusehen, die sowohl den Interessen des Solomitglieds als auch den Interessen des Arbeitgebers entspricht, so die ständige Rechtsprechung der Bühnenschiedsgerichtsbarkeit und der Arbeitsgerichtsbarkeit. Hierzu nachfolgender Auszug (Leitsatz 1) aus der Entscheidung Landesarbeitsgericht Köln vom 17.10.1997 zum Az.: 11 Sa 222/97, NZA-RR 466–467:

> *„Einem unzureichend beschäftigten Dramaturgen ist nicht in gleicher Weise wie den darstellenden Bühnenkünstlern die Möglichkeit genommen, sich in geeigneten Rollen seines Kunstfachs darzustellen und sein Können zu beweisen sowie sich künstlerisch weiterzuentwickeln und sein Rollen-Repertoir zu erweitern. Deshalb kann bei einem Dramaturgen nicht in gleicher Weise davon ausgegangen werden, dass ihm mit Zwangsläufigkeit ein realer Vermögensschaden entsteht, der dann gem. § 287 ZPO nur noch seiner Höhe nach zu schätzen ist."*

Der Beschäftigungsanspruch des Bühnenkünstlers ist nicht abdingbar. Ein Kern- 29
stück des Bühnenarbeitsrechts ist seit langer Zeit die angemessene Beschäftigung des Bühnenkünstlers, unabhängig von dem heute anerkannten allgemeinen Beschäftigungsanspruch jeglichen Arbeitnehmers. Nach der Entscheidung des Bundesarbeitsgerichts vom 12.11.1985 zu 3 AZR 576/83[565] ist wie vorstehend dargelegt zur Erfüllung des Beschäftigungsanspruchs erforderlich pro Spielzeit die Gewährung von zwei Premieren oder einer Wiederaufnahme und einer Premiere, letztere mit entsprechender Herausstellung in der Presse. Gute Anschlussengagements schließen den Schadensersatzanspruch nicht aus. Ein Anspruch für Bühnenmitglieder, die eine Nichtverlängerungsmitteilung erhalten haben, auf Gewährung einer vom Künstler rechtzeitig zu fordernden Ansehrolle in der Ansehzeit bis Ende März der Spielzeit besteht ferner. Bei dem Beschäftigungsanspruch gibt es keine Differenzierung des Personenkreises, beispielsweise nach Anfänger oder langjährig Beschäftigten oder bereits gemitteiltem Bühnenmitglied. Der Schadensersatzanspruch wegen künstlerischer Nichtbeschäftigung ist rechtzeitig unter Beachtung der tariflichen Verfallfrist geltend zu machen, und zwar substantiiert unter Nennung einer Forderung. Nichtbeschäftigung des Künstlers führt also zu dem Schadensersatzanspruch. Dem darstellenden Künstler entsteht, ohne dass es weiterer Darlegungen bedarf, durch die Nichtbeschäftigung ein Schaden. Anders bei dem nicht darstellenden Künstler (z. B. Dramaturgie, Regieassistent). Dieser wird – was oftmals nur schwer möglich ist – den einzuklagenden Schaden konkret darlegen müssen.[566] Für den anzusehenden Künstler, zumeist das Solomitglied, entsteht wie dargestellt der Schaden, und

565 RdA 86, 268.

566 BOSchG, Schiedsspruch v. 18.01.1996, Az.: BOSchG 21/95 und v. 06.03.1995, Az.: BOSchG 25/93.

dieser kann von dem Bühnenschiedsgericht, so die ständige Rechtsprechung des Bundesarbeitsgerichts gem. § 287 ZPO geschätzt werden, ohne dass es einer weiteren Darlegung bedarf. Die gerichtliche Praxis geht – wie dargelegt – von einem Schadensersatzanspruch bis zu 6 Monatsgagen aus, dies wird gebilligt durch das Bundesarbeitsgericht vom 12.11.1985 in der Entscheidung 3 AZR 576/83, RdA 86, 268 und 8 AZR 344/98 vom 18.03.1999, ZTR 99, 516.

30 Die Umstände des Einzelfalls sind bei der Schadenshöhe stets mit zu berücksichtigen, es kann also keine starre Formel geben zur Höhe des Anspruchs. Es ist stets auch das Verhalten des Bühnenmitglieds zu berücksichtigen.

31 Über etwaige (ggf. pauschalierte) oder dargelegte Schadensersatzansprüche des Solomitglieds hinaus ist jegliches Solomitglied nach tariflicher Vorschrift angemessen zu beschäftigen (§ 54 Abs. 2 NV Bühne), also nicht nur das anzusehende Mitglied. Dies bedeutet, dass auch eine teilweise oder totale Nichtbeschäftigung oder unzureichende künstlerische Beschäftigung mit Aufgaben, die das künstlerische Mitglied nicht erfüllen, muss (z. B. Statistentätigkeit), Schadensersatzansprüche nach Maßgabe des vorgesagten entstehen lassen kann. Dabei darf nicht außer Acht bleiben, dass der Solodarsteller zur Durchführung seiner vertraglichen Verpflichtung zum einen ggf. auch kleine Rollen zu übernehmen hat, andererseits aber zur Erfüllung seiner Solistentätigkeit (und nur hierfür) ggf. auch nichtkünstlerische Verrichtungen vorzunehmen hat; derartige Hilfsgeschäfte können im Einzelfall gefordert werden.

2.6 Proben-Solo (§ 55 NV Bühne); Ruhezeiten (§ 56 NV Bühne); Freie Tage (§ 57 NV Bühne)

32 Die Dauer der Probe (n) und Lage der Ruhepausen unterliegen dem arbeitgeberseitigen Direktionsrecht nach Maßgabe der künstlerischen Erfordernisse, so § 55 Abs. 1 NV Bühne.

33 Nachtproben und Sonntags-, Feiertagsproben auch außerhalb des Theatergebäudes sind unter Beachtung der elfstündigen Ruhezeit nach § 56 Abs. 1 NV Bühne zulässig und nicht vergütungspflichtig,[567] stets unter Beachtung und Voraussetzung, dass besondere Umstände, z. B. ein Gastspiel, eine derartige Probe notwendig machen (§ 55 Abs. 2 NV Bühne)!

---

567 BOSchG, Schiedsspruch v. 25.10.1965, Az.: BOSchG 5/64, ebenso BOSchG, Schiedsspruch v. 25.05.1983, Az.: BOSchG 5/83.

Jedoch: Das gegenüber dem Normalvertrag Bühne vorrangige Arbeitszeitgesetz gestattet nach § 10 Abs. 1 Nr. 5 allein Theateraufführungen an Sonn- und Feiertagen und keine Proben. Davon – also doch Probe – befreit den Arbeitgeber aber unter der Einschränkung von § 55 Abs. 2 NV Bühne wie vorstehend geschildert die Vorschrift des § 14 Abs. 1 ArbZG bei Notfällen und sonstigen außergewöhnlichen Fällen. Führt die Nachtprobe aber zu einer Verkürzung der Ruhezeit (vgl. § 56 Abs. 1 Satz 2 NV Bühne), ist dies sondervergütungspflichtig. 34

Eine entschädigungslose Ruhezeitverkürzung (vgl. früher § 18 Abs. 3 NV Solo), Befreiung dementsprechend von der Zahlungspflicht, kennt der Normalvertrag Bühne nicht mehr.[568] 35

2.7 Ruhezeiten – Solo (§ 56 Abs. 1, 2, 3 NV Bühne)

Zunächst ist auf den Text des Tarifvertrags hinzuweisen, wonach nach Absatz 1 von § 56 NV Bühne eine Nachtruhezeit von 11 Stunden zu beachten ist. Dies entspricht der gesetzlichen Regelung in § 5 Abs. 1 ArbZG. Abweichungen, also eine Verkürzung wie vorstehend in § 56 Abs. 1 Satz 2 der Ruhezeit sind von Gesetzes wegen zulässig unter den Voraussetzungen von § 7 Abs. 1 Nr. 3 und Abs. 2 Nr. 1 ArbZG, also im vorliegenden Fall des § 56 Abs. 1 Satz 2 NV Bühne. Nach Abs. 2 Satz 1 von § 56 NV Bühne gilt, dass eine Verkürzung der Ruhezeit möglich ist, bezogen auf die letzten 4 Stunden vor Beginn der Tätigkeit. Dabei wird jedoch vorausgesetzt, dass der Spielplan oder Betriebsstörungen oder Gastspiele an einem Theater eine derartige Verkürzung der Ruhezeit notwendig machen (§ 56 Abs. 2 Satz 1 und 2 NV Bühne). 36

Die Verkürzung der Nachtruhezeit erfordert tariflich nach § 56 Abs. 1 Satz 2 NV Bühne die Anhörung des Spartensprechers und ggf. Nachgewährung der gekürzten Ruhezeit innerhalb eines bestimmten Zeitraumes. Die Reisezeit von und zu einem Gastspiel ist keine Ruhezeit (§ 5 Abs. 1 ArbZG und § 56 Abs. 1 NV Bühne). 37

Absatz 3 der Bestimmung führt aus, dass zwischen zwei Proben und vor einer Probe, die nach einer Abendaufführung stattfindet, eine angemessene Ruhezeit zu gewähren ist. 38

Die Ruhezeit beginnt nach dem Ende der täglichen Arbeitszeit (§ 56 Abs. 1 NV Bühne). Arbeitszeit ist jedoch nicht mehr im Normalfall der Weg zur individuellen Wohnung des Künstlers zu oder von der Arbeitsstätte, dem Theater aus.[569] Die 39

568 anders für den Bereich NV Solo noch BOSchG, Schiedsspruch v. 15.03.1978, Az.: BOSchG 9/93.

569 BOSchG, Schiedsspruch v. 09.03.1961, Az.: BOSchG 8/60.

einzuhaltende Ruhezeit während der letzten 4 Stunden vor Beginn einer Tätigkeit nach Absatz 3 gilt auch bei einer Wiederaufnahme eines Stückes, das bereits auf dem Spielplan stand und bei welcher eine Generalprobe mit Bühnenbild, Kostüm und Maske durchgeführt wird. Eine Verkürzung ist nach Absatz 2 a. a. O. jedoch zulässig bezogen auf diese vierstündige Ruhezeit, wenn Spielplan oder Betriebsstörung oder Gastspiele eine Verkürzung diesbezüglich erforderlich machen.[570] Darüber hinausgehende, also über den Wortlaut des § 56 NV Bühne hinausgehende Ruhezeitenregelungen, kennt der Tarifvertrag nicht, beispielsweise auch nicht, wenn zwei Vorstellungen an demselben Tag stattfinden, in diesem Fall ist keine angemessene Ruhezeit zu gewähren.[571] Zu beachten ist schließlich, dass die früher in § 18 Ziff. 3 NV Bühne Solo (wie jetzt § 56 Abs. 3 NV Bühne) erwähnte angemessene Ruhezeit zwischen zwei Proben auch für jede Art von Probe gilt, also auch für Haupt- und Generalproben.[572] Nachtproben innerhalb einer verkürzten Ruhezeit nach § 56 Abs. 1 NV Bühne sind zulässig und nicht vergütungspflichtig. Die Angemessenheit der zwischen zwei Proben zu gewährenden Ruhezeit (a. a. O. Absatz 3) bestimmt sich im Einzelfall nach der konkreten Abwägung zwischen den Belangen des Arbeitsgebers und denen des Arbeitnehmers.[573]

2.8 Freie Tage (§ 57 NV Bühne)

40 Es sind außerhalb der Theaterferien (a. a. O. Absatz 1 und 3) pro Spielzeit 8 freie Tage bzw. freie Sonntage zu gewähren unter Berücksichtigung betrieblicher und künstlerischer Belange, jedoch nicht kumuliert! Nach Absatz 4 gilt vorstehende Regelung nicht für die darin genannten Theaterberufe. Diese künstlerischen Mitarbeiter erhalten gesondert freie Tage nach Maßgabe von Absatz 4.

2.9 Gage/Vergütung (§ 58 NV Bühne)

41 Die Gagenhöhe des Solomitglieds unterliegt der freien vertraglichen Vereinbarung. Dies gilt auch für eine etwaige Gagenänderung. Dabei sind jedoch stets Billigkeitsgesichtspunkte (§ 315 BGB) zu beachten.

570 BOSchG, Schiedsspruch v. 28.11.1967, Az.: BOSchG 6/66.
571 BOSchG, Schiedsspruch v. 03.11.1988, Az.: BOSchG 6/88.
572 BOSchG, Schiedsspruch v. 15.03.1978, Az.: BOSchG 9/93.
573 BOSchG, Schiedsspruch v. 26.10.1965, Az.: BOSchG 1/65.

Die Mindestgage beträgt zurzeit 1.650,00 € monatlich bzw. 1.765,00 €. § 58 Abs. 5 (a, b, c, d) NV Bühne enthält Bestimmungen wie bei tariflichen Gagenanpassungen für neu eingetretene Bühnenmitglieder zu verfahren ist (a. a. O. Absatz 5 a) im Wege arbeitsvertraglicher Vereinbarung die tariflich wirksam wird in den ersten 12 Monaten seit Beginn des Arbeitsverhältnisses, dieses Mitglied soll daran nicht teilhaben, Gleiches soll gelten (a. a. O. Absatz 5 b) in den ersten 12 Monaten nach einer Gagenerhöhung oder für denjenigen Solisten, der mindestens 40 Tage Gastierurlaub bezahlt erhalten hat (Absatz 5, b, c), letztlich sollen auch höherverdienende Solisten mit einer Gage die höher ist als der dreifache Betrag der Mindestgage von der Anpassung nicht profitieren können. Tarifverträge wie hier können generell über arbeitsvertragliche Vereinbarungen bestimmte Beschäftigungsverhältnisse von tariflichen Erhöhungen ausschließen jedoch nur dann – so die Rechtsprechung – wenn hierfür sachliche Gründe (Gleichbehandlung) gegeben sind,[574] diese sind (betreffend Dauer der Betriebszugehörigkeit, Gagenhöhe) nicht erkennbar. Dabei kann es nicht darauf ankommen, ob ein Ausschluss wie vor im Tarifvertrag bereits vorgegeben ist oder noch zusätzlich arbeitsvertraglich vereinbart werden muss, wie es § 58 Abs. 5 NV Bühne vorsieht. 42

Die Gage deckt die Leistungen allein auf Grund arbeitsvertraglicher Verpflichtungen ab, Sonderleistungen wie zum Beispiel Doppelaufführungen (a. a. O. Absatz 3 a, b) sind nach Maßgabe des Tarifvertrages zu vergüten. Zulässig vereinbart sind auch Spielgelder und Überspielhonorare zusätzlich zur Gage. Weitere tarifliche Vorgaben zu weitergehenden Vergütungsvereinbarungen bestehen nicht, diese sind unabhängig vom tariflichen Wortlaut stets zulässig. Liegt die vereinbarte Gage unter 2/3 der üblicherweise gezahlten Löhne liegt der Verdacht der Sittenwidrigkeit vor nach der Rechtsprechung, wobei nach hiesiger Rechtsansicht nicht die ohnehin niedrigere tarifliche Mindestgage von zurzeit 1.650,00 € anzusehen ist, sondern darüber liegende Vergütungen, denn diese werden in der Praxis tatsächlich höher als nach der Mindestgage gezahlt. Tätige Künstler werden generell höher vergütet als mit der Mindestgage von 1.650,00 €. Stets bedarf es aber bei Prüfung der Sittenwidrigkeit einer Gagenabrede der Würdigung aller Umstände des Einzelfalls, und es kann bei Berücksichtigung der Faustregel wie vor – also weniger als 2/3 – nicht pauschal von der tatsächlichen Mindestgage nach § 58 Abs. 1 NV Bühne ausgegangen werden. Die Beachtung des stets einzuhaltenden Mindestlohns nach dem Mindestlohngesetz ändert nichts an einer ggf. besonders sorgfältigen Prüfung des Vorwurfs der Sittenwidrigkeit 43

574 BAG, Urteil v. 06.07.2011, Az.: 4 AZR 596/09, NZA 2011, 1426.

einer Gagenvereinbarung.[575] Letztgenannte Entscheidung befasst sich mit der Unterschreitung von 75 % des üblichen Gehalts für eine angestellte Lehrperson. Zu der vorgenannten Frage der Sittenwidrigkeit gibt es zahlreiche erstinstanzliche Entscheidungen der Arbeitsgerichte.

2.10 Verwertungsrechte des Solomitglieds (§ 59 NV Bühne)

44 § 59 Abs. 1 NV Bühne enthält für den Bereich Solo/Rechteabgeltung Regelungen, die über § 8 Abs. 1–5 NV Bühne hinausgehen, insbesondere sind für den Bereich Solo hinsichtlich des in § 59 Abs. 1 erfassten Personenkreises für die dort erwähnten Aufführungen Sondervergütungen zu zahlen, also anders entgegen § 8 Abs. 5 NV Bühne. Da der von den Sonderregelungen Solo wie vorstehend dargestellt erfasste Personenkreis (§ 1 Abs. 2 NV Bühne) weitgehend ist und nicht nur bei Veranstaltungen mitwirkende Solomitglieder erfasst, ist für letztgenannten und nicht von § 59 Abs. 1 NV Bühne erfassten Personenkreis auf § 8 NV Bühne zurückzugehen und aus letztgenannter Bestimmung zu entscheiden, ob ggf. eine Zusatzvergütung zu zahlen ist, anders der Personenkreis nach § 59 Abs. 1 und 2 NV Bühne, dem eine urheberrechtliche Zusatzvergütung zusteht nach tariflicher Vorgabe (arg. ex. § 8 Abs. 5 Satz 1 NV Bühne). Jederzeit sind jedoch günstigere arbeitsvertragliche Abweichungen (a. a. O. Absatz 6) zulässig. Reportagesendungen (a. a. O. Absatz 3) sowie Aufnahmenutzungen für theatereigene Zwecke sind (Absatz 4) nicht zu vergüten.

45 Einschlägig für Urheberrechtsverfügungen der Solomitglieder ist zunächst § 8 Abs. 5 NV Bühne. Auf die diesbezüglichen Erörterungen zu dieser Tarifbestimmung wird vorab verwiesen. Absatz 5 von § 8 NV Bühne sieht vor, dass die Nutzungsrechte an Aufführungen etc. dem Arbeitgeber zustehen, soweit keine anderweitige tarifliche oder private Regelung vorliegt. Eine Vergütung soll nach Absatz 5 am Ende nicht zu zahlen sein; sie soll mit der Gage abgegolten sein. Dabei ist fraglich, ob insoweit diese tarifliche Regelung mit höherrangigem Recht des Urheberrechtsgesetzes (§§ 79, 32 Abs. 1 und 2 UrhG) kollidiert.[576] Bolwin/Sponer gehen davon aus, dass bei nach § 8 Abs. 5 NV Bühne übertragenen Rechte des Arbeitnehmers weitere Sondervergütungsansprüche des Solomitglieds über § 59 NV Bühne hinausgehend nicht bestehen sollen (Anm. 8 und 18 zu § 59 NV

575 zur Rechtsprechung BAG, Urteil v. 22.04.2008,, Az.: 5 AZR 436/08, BAGE 130, 338 sowie BAG, Urteil v. 26.04.2006, Az.: 5 AZR 549/05.

576 Bolwin/*Sponer* Anm. 18 zu § 59 NV Bühne; ebenso *Nix* Normalvertrag Bühne Anm. 11 zu § 8 Normalvertrag

Bühne). Dies erscheint fraglich angesichts des Gesetzeswortlauts. Ein pauschaler Ausschluss wie vor in § 8 Abs. 5 NV Bühne kollidiert bei Vorliegen der gesetzlichen Voraussetzungen mit dem gesetzlichen Anspruch auf angemessene Vergütung im Einzelfall nach § 32a Abs. 1 UrhG.

Die vorgenannten Bestimmungen des Urheberrechtsgesetzes sehen deutlich 46
und zwingend eine insoweit nicht abdingbare Vergütungspflicht zugunsten des Arbeitnehmers vor (so §§ 32, 32a Abs. 3 UrhG).

Für den Bereich Solo sieht § 59 Abs. 1 NV Bühne eine nach § 8 Abs. 5 NV Bühne 47
zulässige Abweichung von dieser letztgenannten Bestimmung vor, d. h. (vgl. Absatz 1 und Absatz 2 a. a. O.) es sind also sehr wohl für die Inanspruchnahme der künstlerischen Leistungsrechte des Künstlers im Solobereich Sondervergütungen zu zahlen, soweit nicht eine Reportagensendung (Absatz 3) oder eine hauseigene Aufzeichnung für einen Werbezweck (Absatz 4) vorliegt.

Zusammenfassend: Auch die tarifvertragliche Übertragung der Verwertungs- 48
rechte nach Normalvertrag Bühne schließt ggf. einen angemessenen weiteren Vergütungsanspruch nach §§ 32, 32a Abs. 1 a. a. O. UrhG nicht aus. Ein genereller Vergütungsverzicht der Höhe nach gemäß § 8 Abs. 5 Satz 2 NV Bühne im Voraus bei Vertragsabschluss durch Geltung bzw. Vereinbarung des Normalvertrags Bühne erscheint hier nicht wirksam, vgl. so auch § 32a Abs. 3 Satz 1 UrhG. Dies gilt (Absatz 4) auch im Hinblick darauf, dass der Normalvertrag Bühne Vergütungsregelungen nach § 36 UrhG nicht enthält. § 59 NV Bühne enthält insoweit für darüberhinausgehende Ansprüche, wie vorstehend dargelegt, gerade keine Regelung.

§ 59a regelt den Anspruch des Solomitglieds bzw. des Solotänzers auf Zahlung 49
einer Jubiläumszuwendung. Der Text der tarifvertraglichen Bestimmung lautet:

Das Solomitglied erhält als Jubiläumszuwendung nach einer ununterbroche- 50
nen Beschäftigungszeit bei demselben Arbeitgeber von

25 Jahren 350 €,
40 Jahren 500 €.

Solotänzer erhalten abweichend von Satz 1 als Jubiläumszuwendung nach einer 51
ununterbrochenen Beschäftigungszeit bei demselben Arbeitgeber von

15 Jahren 350 €,
25 Jahren 500 €.

2.11 Nichtverlängerung – Solo, die Nichtverlängerungsmitteilung, Kündigung und außerordentliche Kündigung (§ 61 NV Bühne)

52 Der künstlerische Arbeitsvertrag ist also[577] zulässig befristet nach § 61 Abs. 1 NV Bühne. Ein sachlicher Grund für eine Befristung liegt bei künstlerischen Arbeitsverhältnissen stets vor (§ 14 Abs. 1 Nr. 4 TzBfG), so das Bundesarbeitsgericht nach ständiger Rechtsprechung und allgemeiner Rechtsauffassung. Vorstehendes gilt auch für anzusehende Personen, Solomitglieder nach § 1 Abs. 2 NV Bühne wie z. B. die sogenannten Personen in ähnlicher Stellung und die ferner an vorgenannter Stelle erwähnten künstlerisch Tätigen. Entscheidend nach der Rechtsprechung ist dabei stets das Erbringen individueller künstlerischer Leistungen durch den jeweiligen Arbeitnehmer; davon ist betreffend letztgenannte Personen angesichts deren Einbeziehung in die Liste der künstlerischen Berufe in § 2 Abs. 2, 3 NV Bühne auszugehen. Der zulässig befristete Arbeitsvertrag kann jedoch stets schriftlich durch Aufhebungsvertrag (ohne Nichtverlängerungsmitteilung) einverständlich beendet werden sowie – soweit arbeitsvertraglich vereinbart nach § 43 Abs. 1 NV Bühne – durch ordentliche Kündigung nach letztgenannter Vorschrift oder auch durch begründete außerordentliche Kündigung nach § 44 Abs. 1 NV Bühne beendet werden. Dabei ist bei einer vereinbarten Kündigungsmöglichkeit diese ordentliche Kündigung stets nur möglich mit einer Frist von 6 Wochen zum Ende eines Vertragsjahres bzw. Spielzeit, so die tarifliche Vorschrift. Derartige letztgenannte Vereinbarungen kommen in der Praxis selten vor. Ein derartig befristeter Vertrag kann bei Vereinbarungen der Parteien und auch nur dann ordentlich gekündigt werden, er ermöglicht aber, wenn ansonsten die Voraussetzungen des Kündigungsschutzgesetzes gegeben sind, dessen Anwendung mit allen damit verbundenen Folgen für die Darlegungs- und Beweislast des jeweiligen Arbeitgebers im Kündigungsschutzprozess. Die Kündigung bedarf der Schriftform gemäß § 623 BGB, ein etwaiges Mitbestimmungsrecht des Betriebsrates nach § 102 Abs. 1 BetrVG ist dabei zu berücksichtigen im Gegensatz zu dem Verfahren betreffend Ausspruch einer Nichtverlängerungsmitteilung.

53 Die stets mögliche außerordentliche Kündigung des Arbeitsverhältnisses nach § 44 Abs. 1 NV Bühne setzt einen wichtigen Grund im Sinne von § 626 BGB voraus. Aus der bühnenschiedsgerichtlichen Rechtsprechung seien beispielsweise erwähnt:

577 ständige Rechtsprechung, Bundesarbeitsgericht GS vom 12.10.1960, GS 1/59, BAGE 10, 65 Urteilsgründe zu C, 3.

1. Außerordentliche Kündigung wegen Antritt eines Gastierurlaubs trotz sachlich begründeter Ablehnung (BOSchG 18/72).
2. Weigerung, eine kleine Rolle zu übernehmen trotz entsprechender Verpflichtung (BOSchG 16/72).
3. Installation von privaten Spionageprogrammen auf dem betrieblichen Rechner des Arbeitgebers (BOSchG 5/07).
4. Weigerung eines Schauspielers an einer zugeteilten Aufgabe mitzuwirken. Im Übrigen sei auf Bolwin/Sponer RZ 124–143 zu § 44 NV Bühne verwiesen. Dabei ist stets zu prüfen, ob nicht ggf. eine Abmahnung ausreicht.[578]/[579]

Nach einer Theaterschließung (Betriebsstilllegung) kann somit eine Nichtverlängerungsmitteilung nach mehr als 15 Jahren (Spielzeiten) eigentlich nicht mehr ausgesprochen werden (§ 61 Abs. 3 NV). In einem derartigen Fall kann jedoch ein Grund zur außerordentlichen Kündigung vorliegen, welche stets aber unter Einhaltung der längst möglichen Beendigungsfrist,[580] wäre eine Nichtverlängerung noch möglich, zu erklären sein wird. Stets aber unter der Voraussetzung, dass der Bühnenarbeitgeber keine anderweitige Beschäftigungsmöglichkeiten – ggf. auch in einem nichtkünstlerischen Bereich – freimachen kann,[581] unter Umständen auch zu schlechten Bedingungen, wobei die Frist des § 44 Abs. 2 NV Bühne zu berücksichtigen ist. 54

Ausgehend von der Grundbestimmung des § 42 NV Bühne Nichtverlängerungsmitteilung, wonach im Bereich Solo die Sonderregelungen Solo gelten, ist § 61 NV Bühne die grundlegende Vorschrift für die Beendigung eines Bühnenarbeitsverhältnisses im Wege der Nichtverlängerungsmitteilung für den Personenkreis nach § 1 NV Bühne, also stets im Rahmen des Geltungsbereichs des Normalvertrags Bühne kraft Tarifbindung bzw. einzelvertraglicher Vereinbarung. Streitige Auseinandersetzungen vor der Bühnenschiedsgerichtsbarkeit beschäftigen sich seit jeher durch alle Instanzen der Bühnenschiedsgerichtsbarkeit und im Aufhebungsverfahren nach § 110 ArbGG in einer Vielzahl von Fällen mit strittigen Fragen des Nichtverlängerungsrechts. 55

578 BOSchG, Schiedsspruch v. 13.03.1995, Az.: BOSchG 63/94.
579 Gegen BOSchG, Schiedsspruch v. 03.11.1994, Az.: BOSchG 26/94.
580 BOSchG, Schiedsspruch v. 20.10.2005, Az.: BOSchG 7/05 – künstlerischer Bühnendirektor – mangelnde Bearbeitung der Aufgabengebietes; BOSchG, Schiedsspruch v. 06.09.2005, Az.: BOSchG 3/05 – Schauspielerin – tätliche Auseinandersetzung im Ensemble.
581 BAG, Urteil v. 06.11.1997, Az.: 2 AZR 253/97; NZA 98, 833.

Die Nichtverlängerungsmitteilung

56 Arbeitsverhältnisse betreffend künstlerische Beschäftigung können befristet abgeschlossen werden (§ 14 Abs. 1 Ziff. 4 TzBfG). Die künstlerische Tätigkeit rechtfertigt als sachlicher Grund die Befristung.[582] Dies ist ständige Rechtsprechung.[583] Stets bedarf es aber des Vorliegens eines Arbeitsverhältnisses eines künstlerisch tätigen Bühnenmitglieds (vgl. § 1 Abs. 1 und 2 NV Bühne). Dabei ist zu berücksichtigen, dass auch „Personen in ähnlicher Stellung" nach § 1 Abs. 2 am Ende NV Bühne sowie Beschäftigte nach § 1 Abs. 3, 2. Absatz NV Bühne nach Normalvertrag Bühne zu behandeln sind. Letzteres gilt stets, wenn diese Arbeitnehmer laut Arbeitsvertrag überwiegend künstlerisch tätig sind. (§ 1 Abs. 3, 2 Absatz NV Bühne). Das betreffende Bühnenmitglied muss also entweder zu dem Personenkreis nach § 1 Abs. 3, 1 Abs. gehören oder nach Unterabsatz 2 die dort genannten Berufe verrichten und laut Arbeitsvertrag vertraglich vereinbart überwiegend künstlerisch tätig sein.[584] Personen in „ähnlicher Stellung" wie die zuvor in Absatz 2 genannten Mitarbeiter sind also nach § 1 Abs. 2 a. E. gleichfalls Solomitglieder; Bühnentechniker nach § 1 Abs. 3, 2. Abs. NV Bühne, wie auch vorstehende Personen in „ähnlicher Stellung" unterfallen ebenfalls nach § 1 Abs. 1 dem Normalvertrag Bühne. Dabei kommt es auf die auszuübende vertraglich vereinbarte Tätigkeit an.[585] Liegt jedoch ein nichtkünstlerisches Arbeitsverhältnis an einer Bühne vor, so kann dieses Arbeitsverhältnis nicht einfach den Tarifbedingungen des Normalvertrags Bühne betreffend eine Nichtverlängerungserklärung unterstellt werden. Für den Bereich des Bühnentechnikers ist für die Einordnung als künstlerisches Arbeitsverhältnis stets maßgeblich die arbeitsvertragliche Vereinbarung der überwiegend künstlerischen Tätigkeit. Liegt diese schriftliche Vereinbarung vor, ist diese maßgebend für die Qualifizierung als befristetes Bühnenarbeitsverhältnis und auf die Behauptung einer nur handwerklichen Tätigkeit, in Wirklichkeit kommt es nicht an.[586] Hierzu hat das Bundesarbeitsgericht in der Entscheidung vom 28.01.2009 ausgeführt:

> *„Enthält der Arbeitsvertrag, der gemäß § 2 Abs. 1 Satz 2 NV Bühne der Schriftform bedarf, eine Bestimmung, dass der Arbeitnehmer als Bühnentechniker überwiegend künstlerisch tätig ist, dann ist die überwiegend künstlerische Tätigkeit Inhalt der übereinstimmenden Willenser-*

---

582 BAGE 35, 309.

583 z. B. BAG, Urteil v. 21.05.1981, Az.: 2 AZR 1117/78, AP Nr. 15 zu § 611 BGB Bühnenengagementsvertrag.

584 BAG, Urteil v. 26.01.2009, Az.: 4 AZR 987/07, NJW 2010, 795 und BAG, Urteil v. 25.02.2009, Az.: 7 AZR 942/07, juris.

585 BOSchG, Schiedsspruch v. 12.10.2011, Az.: BOSchG 5/11.

586 BAG, Urteil v. 28.01.2009, Az.: 4 AZR 987/07, NJW 2010, 795.

klärungen der Arbeitsvertragsparteien. Die Tarifvertragsparteien haben deshalb diese – einzelvertraglich nach dem Grundsatz der Vertragsfreiheit jederzeit bestehende – Gestaltungsmöglichkeit der Präzisierung und Eingrenzung der geschuldeten Tätigkeit aufgegriffen. Der NV Bühne soll im Bereich der (nachgeordneten) Bühnentechniker demnach nur dann, aber auch immer dann gelten, wenn dort – ähnlich wie im Bereich der in Satz 1 genannten Bühnentechniker von vorneherein vorausgesetzt – die als künstlerisch anzusehende Tätigkeit im Spektrum der gesamten vertraglich vereinbarten Tätigkeit überwiegt. Machen die Arbeitsvertragsparteien von dieser Möglichkeit einer vertraglichen Eingrenzung Gebrauch, dann ist der maßgebende Tätigkeitsbereich schon auf Grund dieser Willensübereinkunft als überwiegend künstlerisch anzusehen und damit auch sachlich geeignet, den besonderen Regelungen des speziell für den künstlerischen Bereich geschaffenen Tarifvertrages NV Bühne zu unterfallen (iE auch GK-ArbGG/Mikosch Stand November 2008 § 101 Rn. 16).
Es handelt sich bei dieser arbeitsvertraglichen Vereinbarung damit entgegen der Revision nicht um eine Bewertung eines aus anderen Rechtsquellen bestimmten Inhalts des Arbeitsverhältnisses, die eine nachträgliche Bewertung einer bestimmten konkreten Tätigkeit als überwiegend künstlerisch oder nicht erlauben würde. Es wäre den Gerichten – von der bewussten übereinstimmenden Scheinabrede (§ 117 BGB) abgesehen – deshalb verwehrt, das Arbeitsverhältnis eines Theatermalers, Beleuchtungsmeisters, Maskenbildners, Tontechnikers ua. (§ 1 Abs. 3 Satz 2 NV Bühne), für das eine solche Vereinbarung getroffen worden ist, als „in Wirklichkeit" nicht diesen Inhalts zu bewerten. Der Inhalt dieses Arbeitsverhältnisses ist durch die Vereinbarung gerade festgelegt, was eine nachträgliche Änderung der vereinbarten Tätigkeit nicht ausschließt; eine solche müsste aber festgestellt werden. Ein möglicher Widerspruch zwischen dem, was ein Angehöriger der in § 1 Abs. 3 Satz 2 NV Bühne genannten Berufsgruppen tatsächlich an Arbeitsleistung erbringt, und der Charakterisierung dieser Tätigkeit als überwiegend künstlerisch ist nicht im Rahmen der Frage, ob er dem personellen Anwendungsbereich des NV Bühne unterliegt, auszutragen, sondern allein unter dem Gesichtspunkt, ob er vertragsgemäß beschäftigt wird oder nicht. Auch für die Beantwortung dieser Frage ist nach der tariflichen und arbeitsgerichtsgesetzlichen Konzeption die Bühnenschiedsgerichtsbarkeit die geeignete und zwingend vorrangig anzurufende Institution."

Eine derartige fehlerhafte Einordnung des Arbeitsverhältnisses als künstlerisch 57 kann schwerwiegende Folgen haben betreffend die Unwirksamkeit einer erklärten Nichtverlängerungsmitteilung wegen eines in Wirklichkeit nicht bestehenden unwirksam befristeten Arbeitsverhältnisses bis zum Erreichen einer etwaigen anderweitigen Unkündbarkeit. Eine unwirksame Nichtverlängerungsmitteilung kann auch nicht in eine Kündigung umgedeutet werden (Bolwin/*Sponer* Anm. 200 zu § 44 NV Bühne). Auch die Umdeutung einer ggf. unwirksamen außerordentlichen Kündigung in eine Nichtverlängerungsmitteilung ist nicht möglich angesichts des unterschiedlichen Charakters beider Instrumente. Die Nichtverlängerungsmitteilung beendet anders als die Kündigung nicht ein Arbeitsverhältnis, sondern informiert über das Ende eines befristeten Arbeitsverhältnisses.[587] Sie

587 BOSchG, Schiedsspruch v. 13.06.1994, Az.: BOSchG 36/93.

ist – da sie keine Kündigung ist – auch gegenüber einem Betriebsratsmitglied zulässig.[588]

58 Das künstlerische Arbeitsverhältnis endet also bei Ausspruch einer Nichtverlängerungsmitteilung und nach § 61 Abs. 1 NV Bühne mit Ablauf der Befristung. Selbstverständlich ist – wenn die Voraussetzungen hierfür vorliegen – eine außerordentliche Kündigung nach § 626 Abs. 1 BGB, § 44 Abs. 1 und 2 NV Bühne möglich oder ein stets möglicher Aufhebungsvertrag bei einem Bühnenmitglied, das länger als 15 Spielzeiten beschäftigt ist aus Anlass z. B. einer Betriebsschließung.[589] In diesem Fall (also bei einer zulässigen außerordentlichen Kündigung ggf. mit Auslauffrist wegen Bühnenschließung) ist die längstmögliche Frist wie bei einer sonstigen Nichtverlängerung eines noch nicht so lange beschäftigten Künstlers einzuhalten und ggf. darzulegen, dass eine andere Beschäftigung insbesondere, wenn mehrere Häuser betrieben werden, nicht möglich ist.[590] Eine außerordentliche Kündigung ansonsten ist selbstverständlich möglich, sofern diesbezüglich ein gemäß § 626 Abs. 1 BGB wichtiger Grund gegeben ist. Auch eine ausdrücklich erklärte und vertraglich vereinbarte ordentliche Kündigung in Schriftform nach § 43 Abs. 1 und Abs. 4 NV Bühne sieht der Tarifvertrag, wie dargelegt, für befristete Arbeitsverhältnisse vor, wenn die entsprechenden Voraussetzungen gegeben sind; d. h. dies arbeitsvertraglich vereinbart ist, oder die Voraussetzungen nach § 43 Abs. 4 NV Bühne beachtet werden für den Fall der Berufsunfähigkeit.

2.12 Rechtsnatur und Inhalt einer Nichtverlängerungserklärung/Veränderungsmitteilung, Anhörung vor Ausspruch der Nichtverlängerungserklärung

59 a) Die Nichtverlängerungserklärung ist schriftlich (§ 61 Abs. 2 NV Bühne) zu erklären, also auch die sogenannte Veränderungsmitteilung[591] (Absatz 3), sie bedarf nicht der Erwähnung des Wortes „Nichtverlängerung“, es muss durch die Nichtverlängerungsmitteilung aber klar und genau erklärt werden, dass das befristete Vertragsverhältnis enden soll zu dem vertraglich vereinbarten Zeitpunkt (§ 61 Abs. 1 NV Bühne). Die tariflich vorgegebene Schriftform gilt nicht nur bei Tarif-

588 BOSchG, Schiedsspruch v. 30.09.1993, Az.: BOSchG 17/93.
589 BOSchG, Schiedsspruch v. 16.01.1995, Az.: BOSchG 39/84.
590 BAG, Urteil v. 06.11.1997, Az.: 2 AZR 253/97, NZA 98, 833.
591 BOSchG, Schiedsspruch v. 17.10.2011, Az.: BOSchG 10/11.

bindung, sondern auch bei Inbezugnahme des Normalvertrags Bühne.[592] Die Nichtverlängerungsmitteilung kann nicht unter einer Bedingung oder Befristung abgegeben werden, sie erfordert zu ihrer Wirksamkeit das Vorliegen eines Sachgrundes;[593] sie ist eine Willenserklärung.[594] Sie stellt, so die Rechtsprechung, die subjektiv determinierte Entscheidung des Intendanten dar.

Die Nichtverlängerung informiert über die Beendigung – so der Wortlaut von 60
§ 61 Abs. 2 Satz 1 NV Bühne – eines auf ein Jahr (eine Spielzeit) abgeschlossenen künstlerischen Bühnenarbeitsvertrag bzw. verlängerten Bühnenarbeitsvertrags (§ 61 Abs. 2), es wird also vorausgesetzt, dass kein Teilzeitspielvertrag abgeschlossen worden ist. Ein Vertrag, der kürzer als für eine Spielzeit bzw. ein Jahr läuft, kann also nicht durch Nichtverlängerungsmitteilung beendet werden. Die Nichtverlängerungserklärung ist eine Willenserklärung.[595] Eine Nichtverlängerungsmitteilung ist keine Kündigung und etwaige Kündigungsschutzvorschriften greifen deshalb nicht, was in der Praxis gelegentlich nicht berücksichtigt wird.[596] Dies gilt z. B. auch für den Kündigungsschutz nach § 18 BEEG und § 85 SGB IX[597] oder § 9 MuSchG.[598] Das Schweigen des Arbeitgebers bzw. das Unterbleiben der Erklärung der Nichtverlängerung hat die Folge der befristeten Verlängerung des Vertragsverhältnisses[599] und bedarf nicht der Erklärung in Schriftform (§ 61 Abs. 2 NV Bühne).[600]

Nach § 61 Abs. 3 NV Bühne kann nach einer Betriebszugehörigkeit von mehr 61
als 15 Jahren (Spielzeiten) nur noch eine sogenannte Veränderungsmitteilung ausgesprochen werden (a. a. O. Absatz 3, erster Unterabsatz). Bei der Berechnung der Betriebszugehörigkeit zählen Jahre bzw. Spielzeiten, auch wenn letztere nicht ein Jahr erreichen, wobei arbeitsvertragliche Vorbereitungsarbeiten vor Beginn einer Spielzeit mitzählen.[601] Nicht zu berücksichtigen sind Zeiten des Gastvertrags bzw. einer sonstigen Tätigkeit, die nicht eine solche nach Normalvertrag Bühne

---

592 BOSchG, Schiedsspruch v. 17.10.2011, Az.: BOSchG 8/11.
593 BOSchG, Schiedsspruch v. 27.01.2014, Az.: BOSchG 8/13, vgl. aber BAG, Urteil v. 02.07.2003, Az.: 7 AZR 612/03 für den Fall einer auflösenden Bedingung aus künstlerischen Gründen.
594 jetzt BAG, Urteil v. 03.11.1999, Az.: 7 AZR 898/98, NZA 2000, 491.
595 BAG, Urteil v. 03.11.1999, Az.: 7 AZR 898/98, NZA 2000, 491, auch Schulz, Bühnenschiedsgerichtsbarkeit und befristeter Bühnenanstellungsvertrag S. 109.
596 BAG, Urteil v. 23.10.1991, Az.: 7 AZR 56/91, AP Nr. 45 zu § 611 BGB Bühnenengagementsvertrag, NZA 1992, 925.
597 BOSchG, Schiedsspruch v. 16.03.1998, Az.: BOSchG 23/97.
598 BOSchG, Schiedsspruch v. 12.04.2005, Az.: BOSchG 22/04.
599 BAG AP Nr. 45 zu § 611 BGB Bühnenengagementsvertrag.
600 BOSchG, Schiedsspruch v. 07.06.2005, Az.: BOSchG 21/04.
601 BOSchG, Schiedsspruch v. 20.06.2006, Az.: BOSchG 9/06.

ist.[602] Die zu berücksichtigende Betriebszugehörigkeit kann auch unterbrochen sein bei einem engen, inneren Zusammenhang beider Tätigkeiten.[603] Nach § 61 Abs. 1, 3. Abs. NV Bühne können die Arbeitsvertragsparteien vereinbaren, dass bei einer ununterbrochenen Tätigkeit von mehr als 8 Spielzeiten (Jahren) bis zu 4 nachfolgende Spielzeiten auf die 15-Jahres-Frist nicht angerechnet werden.

62 Dem Vorstehenden entsprechend bedarf es daher keiner vorherigen Abmahnung des Arbeitgebers vor Ausspruch einer Nichtverlängerungsmitteilung. Demzufolge (die Nichtverlängerungsmitteilung ist keine Kündigung) unterliegt diese auch nicht gemäß §§ 102, 103 BetrVG der Mitbestimmung bzw. Zustimmung des Betriebsrats[604]; dabei sind – soweit das Betriebsverfassungsgesetz nicht anwendbar ist – die einzelnen Personalvertretungsgesetze der Länder gesondert zu beachten, die zum Teil für künstlerische Berufe (vgl. z. B. § 89 Abs. 2 PersVG Berlin) kein Mitbestimmungsrecht kennen. Anders ist die Rechtslage bei Verlängerung eines befristet abgeschlossenen Vertrages nach § 61 Abs. 2 Satz 1 NV Bühne, hier soll für diesen Vorgang eine Mitbestimmung nach § 99 Abs. 1 BetrVG bestehen,[605] soweit es sich jeweils nicht um Tendenzträger handelt (§ 118 BetrVG).

63 b) Die Nichtverlängerungserklärung hat also (siehe oben) keine Beendigungswirkung bezogen auf das Arbeitsverhältnis, sie ist keine auflösende Erklärung des Arbeitgebers, also keine Kündigung, so die ständige Rechtsprechung der Gerichte.[606] Das Arbeitsverhältnis ist bereits – zulässig – befristet mit Vertragsabschluss, die Nichtverlängerungsmitteilung verhindert allein als arbeitgeberseitige Erklärung die automatische Verlängerung des befristeten Arbeitsverhältnisses um eine weitere Spielzeit[607] bei Verschweigen des Arbeitgebers entsprechend § 61 Abs. 2 Satz 1 NV Bühne (vgl. Vorstehend zu a).

64 c) Die Nichtverlängerungserklärung bedarf somit nach den tariflichen Vorschriften in § 61 Abs. 2 NV Bühne der klaren Erklärung des Arbeitgebers dahingehend, dass das Arbeitsverhältnis über den vereinbarten Beendigungszeitpunkt hinaus sich nicht verlängert. Diese Erklärung in ihrer Gesamtheit erfordert nach vorgenannter Tarifbestimmung die Schriftform gemäß § 126 Abs. 1 BGB, ansonsten ist sie unwirksam. Sie muss auch einen erkennbaren Aussteller als entscheidungsbefugte Person (meist der Intendant) haben, und dessen eigenhändige

---

602 ebenso Germelmann, FS Arge, Arbeitsrecht S. 306.

603 BOSchG, Schiedsspruch v. 01.07.1954, Az.: BOSchG 9/54.

604 BAG, AP Nr. 32 zu § 118 BetrVG v. 28.10.1986, NZA 87, 531.

605 vgl. dazu Nix/Hegemann/Hemke/*Schneider* § 61 Anm. 10 mit Anm., BAG, Urteil v. 28.10.1986, Az.: 1 ABR 16/85, NZA 1987, 530.

606 BOSchG, Schiedsspruch v. 13.06.1994, Az.: BOSchG 36/93, BAG, Urteil v. 23.10.1991, Az.: 7 AZR 56/91 und BAG, Urteil v. 28.10.1986, Az.: 1 ABR 16/85, Leitsatz 2.

607 BAG, Urteil v. 23.10.1991, Az.: 7 AZR 56/91, NZA 1992, 925.

Namensunterschrift (§ 61 Abs. 2 Satz 1) muss diesbezüglich erkennbar sein. Die Nichtverlängerungsmitteilung muss dem Bühnenmitglied zugehen innerhalb der Frist gemäß § 61 Abs. 2 NV Bühne, und zwar ordnungsgemäß, E-Mail oder Faxzugang reichen auf Grund der notwendigen Schriftform nicht bei einer Nichtverlängerungserklärung. Der Arbeitgeber ist darlegungsbelastet für den Nachweis des Zugangs der Erklärung.

Soweit eine sogenannte Veränderungsmitteilung (§ 61 Abs. 3 NV Bühne) ausgesprochen wird bei einem Arbeitsverhältnis, das länger als 15 Jahre oder Spiel- 65
zeiten besteht, gilt nichts anderes als vorstehend gesagt. Zu beachten ist dabei, dass alle künftigen neuen Arbeitsbedingungen, zu denen das Bühnenmitglied arbeiten soll, der Erwähnung in der schriftlichen Urkunde bedürfen, also reicht es nicht aus, dass unterschriftlich vollzogen die Nichtverlängerung des laufenden Vertrages mit dem Hinweis auf künftige anderweitige Vertragsbestimmungen – die in der Anlage beschrieben sind – übermittelt wird, wenn die Anlage nicht auch die Unterschrift des Intendanten bzw. der sonst rechtlich verantwortlich handelnden Person trägt. Ansonsten ist die gesamte Veränderungsmitteilung aus diesem Grunde mangels Schriftform unwirksam.[608] Die neuen Arbeitsbedingungen sind also konkret anzugeben. Gehaltskürzungen sind bei pflichtgemäßer Ermessensausübung (§ 315 BGB) zulässig. Die Rechtsprechung akzeptiert dabei Gehaltskürzungen bis zu 30 % bei im Übrigen korrekter Vorgehensweise wie vorstehend geschildert. Die vorgenannte tarifliche Bestimmung enthält einen materiellen Schutz des Bühnenangehörigen, keineswegs aber einen Schutz seiner bisherigen künstlerischen Tätigkeit. Es können also als künftige Tätigkeit auch nicht künstlerische Verrichtungen festgelegt werden, stets aber im Rahmen pflichtgemäßer Ermessensausübung. Eine bisher leitende künstlerisch tätige Persönlichkeit kann im Rahmen des Ermessens nach § 315 BGB nicht unterwertig beschäftigt werden auch bei Einhaltung der Grenze von 30 %.

Während die Nichtverlängerungsmitteilung als Beendigungsankündigung 66
(nicht Kündigung) in klarem Wortlaut eindeutig zu sein pflegt, ist dies bei der sogenannten Veränderungsmitteilung, die gleichfalls eine Nichtverlängerung des bisherigen Vertrages beinhaltet verbunden mit der Zuweisung einer neuen Tätigkeit, weitaus schwieriger und oftmals unklar. Liegt eine lange Betriebszugehörigkeit vor von mehr als 15 Jahren/Spielzeiten, können nach § 61 Abs. 3, 2 Absatz NV Bühne nur noch „andere Vertragsbedingungen" zugeordnet werden unter Fortbestand des Arbeitsverhältnisses, ggf. auch an einer anderen als der im Arbeitsvertrag angegebenen Bühne; nach Vollendung des 55. Lebensjahres nur noch an der gleichen Bühne (§ 61 Abs. 3 Unterabs. 2). Was bedeutet dieser

608 BOSchG, Schiedsspruch v. 05.11.2011, Az.: BOSchG 7/11.

Bestandsschutz? Können auch nichtkünstlerische Tätigkeiten künftig Vertragsinhalt werden mit dann gegebener Kündigungsmöglichkeit und ggf. künftig wegfallendem Bestandsschutz nach Normalvertrag Bühne bei bisher langer künstlerischer Tätigkeit? Eine Überprüfung der arbeitgeberseitig genannten Gründe für die Veränderungsmitteilung auf eine soziale Rechtfertigung wie beispielsweise bei einer Änderungskündigung nach § 2 KSchG ist bühnenschiedsgerichtlich nicht möglich angesichts fehlender gesetzlicher oder tariflicher Vorgaben, anders als im Kündigungsschutzrecht.[609] Die Veränderungsmitteilung im Solobereich ist die Mitteilung der subjektiv determinierten Meinung des Arbeitgebers, das bisherige Arbeitsverhältnis künftig zu geänderten Bedingungen fortsetzen zu wollen und ist nicht auf allein künstlerische Gründe beschränkt, wie vorstehend dargelegt. Das Bühnenoberschiedsgericht hat in der Entscheidung vom 05.11.2001 dies nochmals ausgeführt und erklärt, dass die Gründe für die Änderung der Vertragsbedingungen auch dem geänderten Vertragsinhalt entsprechen müssen. Dazu heißt es in der Entscheidung des Bundesarbeitsgerichts vom 03.11.1999 zum Az.: 7 AZR 898/99 was folgt:

„Als tariflich geregeltes einseitiges Leistungsbestimmungsrecht des Arbeitgebers muß die Nichtverlängerungsmitteilung nach § 2 Abs. 3 TVM billigem Ermessen entsprechen (§ 315 BGB).
a) Dazu müssen die Gründe, die den Intendanten zur Abgabe der Nichtverlängerungsmitteilung veranlaßt haben, in Einklang mit der Änderung des Vertragsinhalts stehen. Wie das Landesarbeitsgericht zutreffend erkannt hat, sind diese Gründe aber nicht zu objektivieren. Denn die Tarifparteien haben den Bestandsschutz und den daran geknüpften Inhaltsschutz durch die Einhaltung der im TVM aufgestellten Verfahrensvorschriften gewährleistet. Diese sind vorliegend beachtet worden.
b) Die von dem Intendanten genannten Gründe tragen die vorgenommenen Änderungen des Vertragsinhalts. Wie zwischen den Parteien nicht streitig ist, kann der Kläger die Aufgaben eines Solotänzers nur noch eingeschränkt wahrnehmen. In diesem Umfange sind ihm die Aufgaben eines Gruppentanzmitglieds übertragen worden. Unabhängig davon wird er weiterhin entsprechend seinem Leistungsvermögen als Solotänzer eingesetzt. Auch die materielle Existenz des Klägers wird durch die Herabsetzung der Gage um 7 % gegenüber dem bisher vereinbarten Bruttoentgelt nicht außer im Verhältnis zu seinen Leistungen eingeschränkt. Nach den Feststellungen des Landesarbeitsgerichts orientiert sich die Vergütung an der tariflichen Gage von Gruppentanzmitgliedern. Die damit verbundene Kürzung erreicht kein Ausmaß, das den Bestand des Arbeitsverhältnisses auch nur annähernd in Frage stellen könnte.“

67 Gerichtlich möglich ist demzufolge eine Überprüfung des arbeitgeberseitigen Ermessens (§ 315 BGB) bei Mitteilung der neuen Arbeitsbedingungen ebenso wie eine Prüfung der in der Anhörung dargestellten Gründe auch unter dem Gesichtspunkt von Treu und Glauben/Arglist (§ 242 BGB). Die Veränderungsmitteilung

609 BAG, Urteil v. 03.11.1999, Az.: 7 AZR 898/98, NZA 2000, 491.

dient wie dargelegt dem eingeschränkten Bestandsschutz eines langen währenden Arbeitsverhältnisses, nicht jedoch dem künstlerischen Bestandsschutz. Dies muss bei der Prüfung der Rechtsmäßigkeit einer Veränderungsmitteilung beachtet werden. Die Rechtsprechung akzeptiert wie dargelegt Gehaltskürzungen bis zu 30 Prozent im Rahmen des auch insoweit in der Anhörung konkret und nachvollziehbar darzulegenden arbeitgeberseitigen Ermessens nach § 315 BGB,[610] so kann z. B. ein Ballettmeister als Leiter der Komparserie eingesetzt werden. Ein Tanzmeister soll nicht als Garderobier eingesetzt werden können, das ist fraglich. Auch Gehaltskürzungen, wie vor, müssen nach Maßgabe der Indentantenvorstellungen den geänderten Vertragsinhalt entsprechen.

Konkret und nachvollziehbar müssen in der Anhörung also nicht nur die 68
künstlerischen bzw. sonstigen ggf. betriebsbedingten Gründe des Arbeitgebers sein, sondern auch die in der Anhörung zu nennenden Gehaltskürzungen.[611]/[612] Was im Einzelnen konkret und nachvollziehbar ist, ist nach der ständigen Rechtsprechung des Bundesarbeitsgerichts[613] im konkreten Fall auch anhand des Inhalts des Anhörungsprotokolls nach § 61 Abs. 4 NV Bühne zu prüfen. Pauschale Äußerungen reichen nicht aus. Dies gilt insbesondere für künstlerische Beurteilungen. Maßgeblich ist stets die konkret (!) und nachvollziehbar geäußerte Meinung des Arbeitgebers, pauschale, bezuglose Meinungen reichen nicht.

Letztlich können die Arbeitsvertragsparteien nach dem Wortlaut von § 61 69
Abs. 3, 3. Absatz NV Bühne auch mit der Folge der „Verzögerung des Bestandschutzes" nach Absatz 2 a. a. O. vertraglich vereinbaren, dass bis zu 4 nachfolgende (nicht frühere) Spielzeiten auf die Frist von 15 ununterbrochenen Jahren/Spielzeiten nicht angerechnet werden sollen unter der Voraussetzung, dass das Arbeitsverhältnis am Ende der Spielzeit ununterbrochen mehr als 8 Jahre besteht. Keineswegs reicht es nach der gefestigten Rechtsprechung des Bühnenschiedsgerichts und des Bundesarbeitsgerichts aus, die subjektiv determinierte arbeitgeberseitige Äußerung betreffend Nichtverlängerungsmitteilung zu geänderten Bedingungen, damit zu begründen, man wolle den Eintritt des Bestandschutzes nach § 61 Abs. 3 NV Bühne vermeiden. Eine derartige Umgehung tarifvertraglicher und damit gesetzlicher Vorgaben führt zur Unwirksamkeit einer daraufhin

---

610 *Kurz* Theaterrecht § 9 Anm. 34 mit Rechtsprechung, ebenso *Nix* Anm. 17 zu § 61 NV Bühne, ebenfalls mit Rechtsprechung, vgl. auch BSchG Berlin, Az.: BSchG 7/92, NZA 1994, 182.

611 LAG Köln, Urteil v. 26.02.1999, Az.: 11 Sa 1048/99.

612 BAG, Urteil v. 11.03.1982, Az.: 2 AZR 233/81, DB 1983, 892 und Bolwin/*Sponer* Anm. 90 zu § 61 NV Bühne mit zahlreicher Rechtsprechung.

613 BAG, Urteil v. 11.03.1982, wie vor.

ausgesprochenen Nichtverlängerungsmitteilung/Veränderungsmitteilung, wie die Rechtsprechung wiederholt entschieden hat.[614]

70 Die Nichtverlängerungsmitteilung – auch die Veränderungsmitteilung – bedarf also zu ihrer Wirksamkeit der vorherigen Anhörung des Solomitglieds (§ 61 Abs. 4, 5 NV Bühne) spätestens 2 Wochen vor dem 31.07. bzw. 31.10. Ausgenommen sind nach § 61 Abs. 9 NV Bühne Bezieher von Altersrente (Absatz 9, 1. Unterabsatz) bzw. Fälle des Erreichens des Alters, das zum Erreichen der Regelaltersrente berechtigt. Eine fehlerhafte Anhörung führt zur Unwirksamkeit der späteren Nichtverlängerungsmitteilung.[615] Der Intendant kann – wenn er anwesend ist – die Darlegung der künstlerischen Gründe einem Dritten übertragen, wenn er sich dessen Darlegungen zu Eigen macht.[616] Die Anhörung hat die zuständige entscheidungsbefugte Person durchzuführen.[617] Eine Vertretung ist nur nach der maßgebenden Vertretungsregelung möglich.[618] Eine telefonische Anhörung ist keine Anhörung und reicht nicht aus.[619] Für Bühnentechniker nach § 1 Abs. 3 NV Bühne gilt Gleiches (§ 69 Abs. 4 bis 6, 7 NV Bühne). Die Einladung zur Anhörung bedarf der Schriftform nach § 61 Abs. 4 NV Bühne, auch wenn bekannt ist, dass der Arbeitnehmer im Urlaub ist und die Urlaubsadresse bekannt ist,[620] unter Einhaltung einer Frist von 5 Kalendertagen vor der Anhörung. Die Frist ist also auch dann gewahrt, wenn der letzte Tag der Frist z. B. ein Sonnabend ist. § 193 BGB ist nach seinem Wortlaut nicht anzuwenden.[621] Dabei reicht die Absendung der Einladung zur Anhörung 5 Tage vor der Anhörung, was ggf. nachzuweisen ist, aus. Anwesend bei der Anhörung können neben dem Solomitglied nach § 61 Abs. 4 NV Bühne sein das von dem Arbeitnehmer benannte Mitglied des Lokalverbandes/Ortsverbandes der an dem Tarifvertrag beteiligten Gewerkschaften GDBA bzw. VdO. Der Rechtsanwalt des beteiligten Bühnenmitglieds soll kein Anwesenheitsrecht haben nach bühnenschiedsgerichtlicher Rechtsprechung,[622] was allerdings die sachgerechte Rechtsvertretung des Arbeitnehmers, letztlich die Waffengleichheit der Parteien beeinträchtigt, in vielen Fällen auch die Möglichkeit einer gütlichen Einigung vor Anrufung der Bühnenschiedsgerichtsbarkeit. Nach der neuen

---

614 BOSchG, Schiedsspruch v. 21.12.1999, Az.: BOSchG 24/99.

615 LAG Köln, Urteil v. 14.09.2009, Az.: 5 Sa 246/09, BAG, Urteil v. 18.04.1986 um Az.: 7 AZR 114/85, AP Nr. 27 zu § 611 BGB Bühnenengagementsvertrag.

616 LAG Köln, Urteil v. 29.09.2010, Az.: 3 Sa 625/10.

617 z. B. nicht der Ballettmeister BOSchG, Schiedsspruch v. 07.03.2005, Az.: BOSchG 1/2004.

618 BAG, Urteil v. 15.05.2013, Az.: 7 AZR 665/11.

619 BOSchG, Schiedsspruch v. 10.12.1992, Az.: BOSchG 3/92.

620 BOSchG, Schiedsspruch v. 27.04.1994, Az.: BOSChG 17/92.

621 BSchG Berlin, Az.: BSchG 18/04 und BSchG 19/04.

622 zuletzt BOSchG, Schiedsspruch v. 25.04.2008, Az.: BOSchG 11/07.

Rechtsprechung, Bundesarbeitsgericht vom 15.05.2013 zum Az.: 7 AZR 665/11,[623] kann der Arbeitnehmer aber eine Person seines Vertrauens mitbringen – also auch den Rechtsanwalt –, insoweit gegen vorgenannte Rechtsprechung des Bühnenoberschiedsgerichts. Vorstehendes betreffend Anhörung und Teilnahmerecht soll nicht gelten soweit berechtigte Interessen des Arbeitgebers oder der Zweck des Gesprächs dem entgegenstehen. Eine telefonische „Anhörung" ist kein Anhörungsgespräch im Sinne des Tarifvertrages (vgl. oben).[624]

Eine Vielzahl von Bestandsstreitigkeiten vor den Bühnenschiedsgerichten 71 im Aufhebungsverfahren und dem Bundesarbeitsgericht befasst sich seit Jahrzehnten mit der Einwendung des Bühnenmitglieds, die tariflich vorgeschriebene Anhörung nach § 61 Abs. 4 NV Bühne bzw. der früheren Fassung nach Normalvertrag Solo sei nicht ordnungsgemäß durchgeführt worden, wobei es gefestigte Rechtsprechung der Bühnenschiedsgerichtsbarkeit ist, dass eine fehlerhafte Anhörung zur Unwirksamkeit einer späteren Nichtverlängerung führt.

Wann ist aber eine Anhörung fehlerhaft? Dabei ist vorab stets zu berücksich- 72 tigen, dass es sich in jedem Fall einer Nichtverlängerung um eine Einzelfallentscheidung handelt und generelle Hinweise die Prüfung des Einzelfalls im Normalfall nicht ausschließen können.

Grundlegend für eine gerichtliche Prüfung einer Anhörung ist, da der Tarif- 73 vertrag in § 61 Abs. 4 NV Bühne keine weiteren Hinweise gibt, die Auslegung des Wortes „Anhörung" nach Maßgabe der Grundsatzentscheidung des Bundesarbeitsgerichts, Urteil vom 11.03.1982 zum Az.: 2 AZR 233/81, BAGE 39, 1. Die darin enthaltenen Äußerungen – vgl. nachstehend – werden vom Bundesarbeitsgericht bis heute fortgeltend aufrechterhalten und sind auch von der Bühnenschiedsgerichtsbarkeit übernommen worden.[625] Im Einzelnen hat das BAG ausgeführt:

> *„Nach § 2 Abs. 5 TVM hat der Arbeitgeber, bevor er eine Nichtverlängerungsmitteilung ausspricht, das Bühnenmitglied zu hören. Diese Verpflichtung des Arbeitgebers beinhaltet auch, dem Bühnenmitglied die maßgebl. Gründe für die beabsichtigte Maßnahme mitzuteilen. Dies folgt aus der sachgerechten Auslegung des wie ein Ges. auszulegenden § 2 Abs. 5 TVM. Die normativen Bestimmungen eines TV sind unter Beachtung ihres Wortlautes, ihres systematischen Zusammenhanges, ihrer Entstehungsgeschichte sowie des hiermit verfolgten Zweckes auszulegen, wobei der Wille der Tarifparteien nur insoweit Berücksichtigung finden kann, wie er auch in dem Wortlaut einen für Dritte erkennbaren Ausdruck gefunden hat (BAG, Urt. vom 22. 1. 1960 – 1 AZR 449/57 –*

623 NZA 2014, 990.
624 BOSchG, Schiedsspruch v. 10.12.1992, Az.: BOSchG 3/92.
625 BOSchG, Az.: BOSchG 9/96, Leitsatz 2, BAG, Urteil v. 15.05.2013, Az.: 7 AZR 665/11, NZA 2014, 990, anders noch Opolony, NZA 2001, 1355, der nur die formellen Voraussetzungen der Nichtverlängerungserklärung für überprüfungsfähig erachtet.

AP Nr. 96 zu § l TVG Auslegung; BAG 18, 278 = AP Nr. 117 zu § 1 TVG Auslegung; BAG, Urt. vom 4. 11. 1970 – 4 AZR 121/70 – AP Nr. 119 zu § 1 TVG Auslegung; BAG, Urt. vom 30. 9. 1971 – 5 AZR 123/71 – AP Nr. 121 zu § 1 TVG Auslegung; BAG, Urt. vom 11. 12. 1974 – 4 AZR 108/74 – AP Nr. 124 zu § 1 TVG Auslegung; Wiedemann/Stumpf, TVG, 5. Aufl., § 1 Rz. 397 ff.; m. W. N.). Bei Anwendung dieser Auslegungsgrundsätze ergibt sich aber, daß sich die aus § 2 Abs. 5 TVM ergebende Verpflichtung des Arbeitgebers nicht nur darin erschöpft, dem Bühnenmitglied ledigl. die Absicht der Nichtverlängerung mitzuteilen.

2. Für diese Auslegung spricht schon der allgemeine und insbesondere der jur. Sprachgebrauch, der unter ‚zu hören' oder den von den TVParteien synonym verwendeten Begriffen ‚Anhörung' und ‚Anhörungsverfahren' nicht ledigl. Ein stummes, reaktionsloses Abwarten des Anhörenden versteht (vgl. dazu Creifelds, Rechtswörterbuch, 6. Aufl. 1981, unter ‚Anhörung'). Wenn jemand über oder zu etwas zu hören ist – hier über die beabsichtigte Nichtverlängerungsmitteilung –, so ergibt sich schon aus dem Wortsinn der tarifvertragl. Bestimmung, von dem in erster Linie auszugehen ist, daß der Anzuhörende von dem Sachverhalt, zu dem er gehört werden soll, zuvor Kenntnis haben muß. Für das Bühnenmitglied ist daher die Kenntnis der Gründe für die in Aussicht genommene Nichtverlängerungsmitteilung erforderl., um dazu sachl. Stellung nehmen und seine Gegenargumente Vorbringen zu können. Wie bereits aus dieser Wortauslegung folgt, gehört zur ordnungsgemäßen Anhörung i. S. von § 2 Abs. 5 TVM die Angabe der maßgebl. Gründe für die beabsichtigte Nichtverlängerungsmitteilung."

74 Hören im tariflichen Sinne (jetzt § 61 Abs. 4 NV Bühne) erfordert die Angabe und Mitteilung der maßgeblichen Gründe der Nichtverlängerungsmitteilung (Leitsatz 1) in dem Anhörungsgespräch.

75 Es bedarf einer konkreten und nachvollziehbaren Begründung (Leitsatz 2). Allein die bloße Mitteilung der Nichtverlängerungsabsicht reicht – so der Senat – nicht. Dementsprechend bedarf es der Mitteilung der maßgeblichen Gründe, die nach Ansicht der Intendanz einer Verlängerung des Engagements entgegenstehen. Es bedarf auch einer auf die Person (!) des betroffenen Bühnenmitglieds bezogene, konkreten und (!) nachvollziehbaren Begründung. Pauschale Angaben reichen nicht. Nachfolgende Voraussetzungen müssen insgesamt für die ordnungsgemäße Anhörung vorliegen;

a) konkrete und personenbezogene Gründe, auch ggf. vorliegende betriebsbezogene konkrete Gründe,
b) die Nachvollziehbarkeit dieser Gründe muss zugleich dargelegt werden.

76 Fehlleistungen, falsche Leistungen, unzureichende Leistungen, stets subjektivdeterminiert, sind darzustellen und zwar so, dass diese so dargestellten Gründe von dem Bühnenmitglied nachvollziehbar verstanden werden können, auch wenn sie nicht gebilligt werden. Hierzu hat das Bühnenoberschiedsgericht in der Entscheidung vom 03.02.2009 zum Az.: BOSchG 9/08 ausgeführt:

„Dabei ist vom Grundsatz auszugehen, dass eine Nichtverlängerungsmitteilung nicht daraufhin zu überprüfen ist, ob sie durch das Vorliegen objektiver Gründe gerechtfertigt ist. Bei der Anhörung geht es nicht um die Darlegung objektiver Gründe, sondern um die Offenlegung der subjektiven Motivation des Intendanten. Diese muß auf Verlangen des angehörten Bühnenkünstlers konkret und nachvollziehbar dargelegt werden, so dass eine sachliche Erwiderung möglich ist. Dem Mitglied soll durch konkrete auf die Person oder Leistung bezogene Gründe die Möglichkeit eröffnet werden, durch ebenso konkrete Einlassung den Intendanten zu bewegen, seine Entscheidung unter Berücksichtigung dieser Einlassungen zu überdenken (vgl. BAG AP Nr. 19 zu § 611 BGB Bühnenengagementsvertrag). Dabei darf sich der Bühnenleiter nicht auf formelhafte Angaben beschränken, sondern muß dem Bühnenmitglied die maßgeblichen Gründe mitteilen, die seiner Meinung nach der Verlängerung des Engagements entgegenstehen. Etwas anderes gilt nur dann, wenn es sich um eine Nichtverlängerung aus Anlaß des Intendantenwechsels handelt.

Diese Voraussetzungen hat die Beklagte erfüllt. Im Anhörungsgspräch wurden unstreitig die von der Beklagten im Tatbestand vorgetragenen Ausführungen gemacht. Es hat sich um konkrete subjektive künstlerische Gründe gehandelt. Soweit der Kläger mit seinem Vortrag, der -Inhalt der Gründe sei nicht nachvollziehbar gewesen, zum Ausdruck bringen will, daß er die Kritik nicht teilen kann, ist darauf zu verweisen, daß der Arbeitgeber nicht zu einem Beweis verpflichtet ist, daß die mitgeteilten Gründe objektiv richtig sind.

Der Intendant durfte die Anhörung im wesentlichen auch dem designierten Schauspieldirektor überlassen. Gemäß § 61 Abs. 4 hat „der Arbeitgeber" das betroffene Solo-Mitglied zu hören, was bedeutet, dass nur eine Person mit Arbeitgeberfunktionen, die auch die Vollmacht zur Erklärung der Nichtverlängerungsmitteilung besitzt, darunter verstanden werden kann. Dies war im Streitfalle unzweifelhaft der Generalintendant, der auch am Anhörungsgespräch teilnahm. Daß er die Darlegung der künstlerischen Gründe im Einzelnen dem zukünftigen Schauspieldirektor überlassen hat, ist rechtlich nicht zu beanstanden.

Nach dem Zweck des Anhörungsgesprächs soll dem Bühnenmitglied eine entscheidungsbefugte Person gegenüberstehen, die nach der Anhörung die Argumente des Bühnenmitglieds noch einmal überdenken soll und u. U. von der zunächst beabsichtigten Nichtverlängerungsmitteilung absehen können soll. In einem Mehrspartentheater ist – wie auch das Schiedsgericht zu Recht angenommen hat – der Intendant als künstlerischer Gesamtleiter auf Beratung und Sachkenntnis der einzelnen Spartenleiter angewiesen. Wenn der Intendant daher so verfährt, dass er selbst an dem Anhörungsgespräch teilnimmt und die Darlegung der künstlerischen Gründe dem Spartenleiter überlässt -wobei er gleichzeitig erklärt, dass er diese Gründe teilt – kann dies rechtlich nicht beanstandet werden"

Dies muss das Bühnenschiedsgericht im Rahmen seines richterlichen Ermes- 77
sens überprüfen und in den Urteilsgründen im Einzelnen auch darlegen. Kurze Urteilsausführungen dahingehend, wonach nach dem festgestellten Sachverhalt eine ordnungsgemäße Anhörung vorliege, genügen nicht. Es bedarf unter Nennung konkreter und nachvollziehbarer Gründe einer auf die Person (so ausdrücklich das Bundesarbeitsgericht) des Bühnenmitglieds bezogene Begründung, was auch die Kenntnisnahme und Erörterung der sozialen Verhältnisse des Bühnenmitglieds – jedoch nicht i. S. einer Sozialauswahl nach § 1 Abs. 3 KSchG – einschließt wie z. B. die Höhe der Gage und künftige Tätigkeitsbeschreibung bei

einer Veränderungsmitteilung nebst Darlegung von sozialen Fakten bei mehreren Betroffenen in Verbindung mit den im Einzelnen darzulegenden künstlerischen oder sonstigen Gründen im Rahmen der Ermessensausübung. Dabei müssen z. B. die in der Anhörung darzulegenden Gründe der Veränderungsmitteilung gemäß § 315 BGB im Einklang mit der Änderung des Vertragsinhaltes stehen.[626] Die Entscheidung, was in der Anhörung darzulegen ist betreffend eine Nichtverlängerungsmitteilung unterliegt, nach vorstehender Entscheidung billigem Ermessen des Intendanten, wozu auch die Kenntnisnahme und Erörterung der sozialen Lage des Bühnenmitglieds auch im Verhältnis zu anderen Mitgliedern des Hauses gehört. Die Ausübung billigen Ermessens bedarf der Erörterung in der Anhörung.

78 Auf die Anhörung kann von dem betroffenen Solomitglied schriftlich verzichtet werden[627] (§ 61 Abs. 5 NV Bühne). Der Anhörung bedarf es ferner nicht bei Nichterscheinen des Arbeitnehmers im Anhörungstermin bzw. der Verhinderung der Terminwahrnehmung in Folge Arbeitsunfähigkeit oder aus einem anderen Grund (a. a. O. Absatz 6). Soweit der Arbeitgeber nicht in Fristenprobleme betreffend die Anhörung gerät (§ 61 Abs. 5 Satz 1 und Abs. 4 Satz 2 NV Bühne), ist er gehalten, auf die Nachricht des Künstlers über die Erkrankung den Anhörungstermin zu verschieben.[628] Wer an der Anhörung teilnehmen kann, ist tariflich betreffend die Arbeitnehmerseite im Einzelnen geregelt (§ 61 Abs. 4 NV Bühne). Dabei kann der Arbeitnehmer[629] zur Anhörung eine Person seines Vertrauens mitnehmen. Auf der Arbeitgeberseite wird der amtierende Intendant als entscheidungsbefugte Person in den meisten Fällen die Anhörung durchführen, er darf sich dabei sachkundiger Mitarbeiter bedienen zu seiner Unterstützung und zur Darlegung der erforderlichen konkreten und nachvollziehbaren Gründe, wobei stets klar sein muss, dass die Entscheidung der anwesende Intendant treffen wird.[630]

79 Intendantenwechsel: Für die Anhörung genügt der Hinweis auf den Intendantenwechsel.[631] Dabei soll bereits die Begründung durch den neuen Intendanten mit allein künstlerischen Erwägungen genügen.[632]

626 BAG, Urteil v. 03.11.1999, Az.: 7 AZR 898/98, NZA 2000, 491.

627 BOSchG, Schiedsspruch v. 17.05.1999 und bedeutet nicht den Verlust etwaigen Abfindungsanspruchs (a. A. BSchG v. 10.03.1995 Frankfurt, Az.: BSchG 3/95).

628 BOSchG, Schiedsspruch v. 07.06.2006, Az.: BOSchG 1/06, zuvor BOSchG, Schiedsspruch v. 19.06.1995, Az.: BOSchG 85/94.

629 BAG, Urteil v. 15.05.2013, vorstehend zitiert.

630 BOSchG, Schiedsspruch v. 28.11.2008, Az.: BOSchG 3/08.

631 BAG, Urteil v. 15.03.1989, Az.: 7 AZR 316/88, BB 89, 2119.

632 BAG, Urteil, Az.: 6 AZR 349/96, NZA 99/422.

Bei einem feststehenden bevorstehenden Intendantenwechsel ist es Sache des künftigen Intendanten, die Anhörung durchzuführen und – ggf. jeweils unter Vollmachtvorlage des amtierenden Intendanten – die Nichtverlängerung zu erklären.[633] Die Anhörung dient der sachgerechten Erörterung der vom Arbeitgeber vorgetragenen subjektiv determinierten konkreten und nachvollziehbaren Gründe, denn mit pauschalen Vorwürfen oder Bedenken ist eine sachgerechte Erörterung nicht möglich, wobei stets zu beachten ist, dass der Arbeitgeber subjektiv bestimmt nach der Anhörung auf Grund seiner danach festgelegten Meinung entscheiden wird über den Ausspruch der Nichtverlängerungsmitteilung oder für das Unterbleiben einer solchen Nichtverlängerungsmitteilung mit der Folge der Fortsetzung des künstlerischen Arbeitsverhältnisses um eine Spielzeit (§ 61 Abs. 2 NV Bühne) soweit dabei nicht die gesonderte Bestandsschutzregelung nach Absatz 3 zu beachten ist. Die Anhörung ist also nicht allein eine einseitige Darlegung von subjektiven näher präzisierten Gründen seitens des Intendanten, sondern die Anhörung ist ein Gespräch, an welchem der Arbeitnehmer/Solomitglied mitwirkt und tunlichst mitzuwirken hat durch Gegenäußerungen. Laut Bundesarbeitsgericht, Urteil vom 15.05.2013 zum Az.: 7 AZR 665/11, NZA 2014, 990 soll bereits die Anhörung und nicht nur die spätere Nichtverlängerung von der Person durchgeführt werden, die über die Nichtverlängerung zu befinden hat. 80

Klagen gegen eine Nichtverlängerungsmitteilung sind gemäß § 61 Abs. 8 NV Bühne innerhalb einer tariflichen Ausschlussfrist von 4 Monaten ab 31.07. bzw. 31.10. bei dem zuständigen Bühnenschiedsgericht, welches auf Grund Tarifbindung bzw. arbeitsvertraglicher Vereinbarung zuständig ist (§ 53 NV Bühne), einzureichen. Liegt ausnahmsweise trotz Vereinbarung des Normalvertrag Bühne keine Tarifbindung oder vertragliche Vereinbarung (§ 53 NV Bühne) der Bühnenschiedsgerichtsbarkeit vor, wäre das Arbeitsgericht zuständig. Vorgenannte Klagefrist ist nicht zu verwechseln mit der Regelung von § 98 Abs. 1 NV Bühne betreffend Ausschlussfristen von 6 Monaten für die schriftliche Geltendmachung von Ansprüchen sonstiger Art aus dem Arbeitsverhältnis. Soweit – auch – die Zulässigkeit der Befristung des Arbeitsvertrages angegriffen wird, ist unabhängig vom Vorstehenden, die kurze Frist des § 17 Abs. 1 TzBfG zu beachten (vgl. vorstehend).[634] 81

---

633 BOSchG, Schiedsspruch v. 14.10.2009, Az.: BOSchG 3/09, so auch LAG Köln, Urteil v. 13.02.201, Az.: 7 Sa 64/13.

634 BAG, Urteil v. 15.05.2013.

Nichtverlängerungsmitteilung bei Intendantenwechsel/Abfindungsanspruch (§ 62 NV Bühne)

82 Die Nichtverlängerungsmitteilung wegen Intendantenwechsel durch den bereits festbestimmten designierten Intendanten bedarf in der Anhörung nach § 61 Abs. 4 NV Bühne außer der Erwähnung des Intendantenwechsels keiner weiteren Begründung nach der Rechtsprechung des Bundesarbeitsgerichts und des Bühnenoberschiedsgerichts, also keines weiteren „konkreten und nachvollziehbaren Grundes“.[635] Eine Nichtverlängerung wegen Intendantenwechsel liegt auch vor, wenn diese neben künstlerischen Gründen auch auf personenbedingte Gründe und auf künstlerische Gründe seitens des neuen Intendanten gestützt wird,[636]/[637] wobei in letzteren Fällen wie vorstehend dargelegt mit substantiierten Gründen anzuhören ist.

83 Im Einzelnen: § 62 Abs. 1 NV Bühne sieht einen Abfindungsanspruch des länger als 4 Jahre/Spielzeiten beschäftigten und gemitteilten Solomitglieds auf Grund Intendantenwechsels vor unter der Voraussetzung, dass kein Übergangsgeldanspruch nach § 46 Abs. 1 NV Bühne besteht. Die Höhe der Abfindung reicht von 3 Monatsvergütungen bei 4 Spielzeiten/Jahren bis zu 6 Monatsvergütungen bei 12 Jahren/Spielzeiten ununterbrochener Betriebszugehörigkeit bei demselben Arbeitgeber. Ununterbrochen ist ein Arbeitsverhältnis auch dann, wenn ein enger sachlicher Zusammenhang zwischen einem beendeten und einem sich ausschließenden Arbeitsverhältnis vorliegt. Voraussetzung derartiger Ansprüche ist stets, dass innerhalb von 3 Monaten nach Beendigung des laufenden Arbeitsverhältnisses keine andere Tätigkeit begründet werden konnte, § 62 Abs. 1 NV Bühne. Der Nachweis erfolgt durch entsprechende Bescheinigung der Bundesagentur für Arbeit (§ 62 Abs. 1 a. E. NV Bühne). Das gemitteilte Bühnenmitglied ist aber nach der Rechtsprechung gehalten sich durch Eigenbemühungen – die ggf. nachzuweisen sind – um eine andere Stelle zu bemühen, ansonsten besteht kein derartiger Anspruch.[638] Hierzu hat das Bühnenoberschiedsgericht in der Entscheidung vom 18.11.2004 ausgeführt:

> *„Nach dem Wortlaut des Tarifvertrages muss das Bühnenmitglied, das eine Abfindung nach § 2 Abs. 7 TV Mitteilungspflicht beansprucht nicht nur darlegen, dass es in dem 3-Monats-Zeitraum kein Arbeitsverhältnis im Tarifsinn begründet hat, sondern auch, dass es ihm unmöglich war, ein solches Arbeitsverhältnis zu begründen.*

---

635 BAG, Urteil v. 11.03.1982, Az.: 2 AZR 233/81, Leitsatz 2, DB 83, 892.
636 BOSchG, Schiedsspruch v. 31.01.1994, Az.: BOSchG 23/93.
637 BOSchG, Schiedsspruch v. 31.01.1994, Az.: BOSchG 23/93 und BOSchG, Az.: 7/98, ferner BOSchG, Schiedsspruch v. 30.01.1996, Az.: BOSchG 26/95, ferner BAG, Urteil, Az.: 6 AZR 349/96.
638 BOSchG, Schiedsspruch v. 18.11.2004, Az.: BOSchG 19/03.

Die tatsächliche Nichtbegründung eines Arbeitsverhältnisses ist dementsprechend für die Abfindungszahlung nicht ausreichend. Hinzukommen muss vielmehr, dass es dem Bühnenmitglied im konkreten Fall subjektiv nicht möglich war, ein Arbeitsverhältnis im Tarifsinn zu begründen.
Diese Sichtweise folgt zunächst aus dem Text des Tarifvertrages selbst, der durch die Verwendung des Ausdrucks „begründen könnte" auf die Fähigkeit des einzelnen Bühnenmitglieds abstellt, einen Arbeitsvertragsschluss herbeizuführen. Daneben folgt dieses Ergebnis auch unter Berücksichtigung des Leistungszwecks. Nach der nunmehr gefestigten Rechtsprechung des BAG soll die Abfindung keine reine Belohnung der in der Vergangenheit zurückgelegten Betriebszugehörigkeitszeit darstellen, sondern dient dem Ausgleich der nach der Beendigung des Arbeitsverhältnisses typischerweise eintretenden wirtschaftlichen Nachteile beim Arbeitnehmer. Diesen Leistungszweck haben ersichtlich auch die Tarifvertragsparteien zu Grunde gelegt. Ein Bühnenmitglied, das nicht binnen 3 Monaten nach Beendigung der Spielzeit ein Anschlussarbeitsverhältnis begründen kann, muss regelmäßig mit einer Arbeitslosigkeit für die sich an die Beendigung seines bisherigen Arbeitsverhältnisses anschließende nächste Spielzeit rechnen.
Die Tarifvertragsparteien wollten dementsprechend nicht alleine die Nichtbegründung eines Arbeitsverhältnisses für die Abfindungszahlung ausreichen lassen. Eine Ausgleichszahlung sollte erst dann erbracht werden, wenn das Bühnenmitglied trotz Vermittlungsbemühungen von Dritten und entsprechender Eigenbemühungen bei der Begründung eines neuen Arbeitsverhältnisses nicht erfolgreich war. Aus diesem Grund muss sich ein Bühnenmitglied regelmäßig nach Bekanntwerden der Nichtverlängerung seines Vertragsverhältnisses im Zusammenhang mit einem Intendantenwechsel um ein Anschlussarbeitsverhältnis bemühen, um sich die Anwartschaft auf eine Abfindung zu erhalten. Welche Anforderungen an diese Pflichtenstellung im Einzelnen zu stellen sind, bedarf vorliegend keiner Entscheidung."

Die Entscheidung ist noch zu dem damaligen Tarifvertrag über die Mitteilungs- 84
pflicht ergangen, jetzt § 62 Abs. 1, Unterabs. 1 NV Bühne.

Der Anspruch auf eine Abfindung des gemitteilten Bühnenmitglieds setzt 85
also nach § 62 Abs. 1 NV Bühne wie dargelegt ferner voraus, dass in der ersten Spielzeit nach dem Intendantenwechsel trotz entsprechenden Bemühens des Solomitglieds, kein volles Arbeitsverhältnis bestand.[639] Ein befristetes Arbeitsverhältnis von 3 Monaten reicht nicht für den Wegfall des Anspruchs.[640] Auch ein anschließender Gastspielvertrag ist nicht abfindungsschädlich.[641]

Es ergaben sich trotz der sprachlich klaren tarifvertraglichen Formulierung 86
wiederholt gerichtliche Auseinandersetzungen darüber, was unter dem Begriff „erste Spielzeit" nach dem Intendantenwechsel zu verstehen ist, denn der neue Intendant wird oftmals – nicht stets – innerhalb einer Spielzeit vor seinem Dienst-

639 BOSchG, Schiedsspruch v. 18.11.2004, Az.: BOSchG 19/03.
640 BOSchG, Schiedsspruch v. 25.05.1993, Az.: BOSchG 14/93.
641 BOSchG, Az.: BOSchG 32/1997.

antritt eine Nichtverlängerungsmitteilung aussprechen mit der Folge, dass bei länger Beschäftigten (§ 61 Abs. 2 a. E. NV Bühne.) das Ausscheiden des gemitteilten Bühnenmitglieds erst möglich ist, wenn der neue Intendant bereits die erste Spielzeit absolviert hat. Hier hat das Bundesarbeitsgericht in seiner Entscheidung vom 30.03.2000[642] klargestellt, dass erste Spielzeit im tariflichen Sinne die erste Spielzeit nach Dienstantritt des Intendanten ist. Dies gilt entsprechend für den Zuschuss zu den Umzugskosten für das noch nicht 4 Jahre tätige Bühnenmitglied. Gibt der neue Intendant für die Nichtverlängerungsmitteilung im Einzelnen künstlerische Gründe an und nicht seine künftige Intendantentätigkeit, liegt gleichfalls nach der Rechtsprechung[643] eine Nichtverlängerungsmitteilung auf Grund Intendantenwechsels vor wie dargelegt.[644]

87 Auch die Anhörung wegen Intendantenwechsel ist also eine solche, auch wenn vorstehendes Wort nicht fällt, sondern künstlerische Erwägungen angeführt werden.[645]

Exkurs:

88 Mitbestimmung Betriebsrat/Personalrat bei Einstellung sowie vor und bei Nichtverlängerung des Arbeitsverhältnisses des Solomitglieds (§§ 42, 43, 44 NV Bühne):

89 a) Wie bereits dargelegt ist die Nichtverlängerungsmitteilung nach § 61 Abs. 2 NV Bühne keine Kündigung. Der Betriebsrat hat somit kein Mitbestimmungsrecht nach § 102 Abs. 1 BetrVG, dies ist gefestigte Rechtsprechung.[646]

90 b) Ein Mitbestimmungsrecht besteht jedoch (§ 99 Abs. 1 BetrVG bei Einstellungen auch im Bereich künstlerisches Personal Solo (vgl. BAG vom 28.10.1986, oben zitiert). Dabei erfasst der Begriff Einstellung auch den Sachverhalt des § 45 Abs. 2 Satz 1 NV Bühne, dass nämlich eine Nichtverlängerungsmitteilung nicht ausgesprochen wird mit der Folge der Verlängerung des befristeten Vertrages des Solomitglieds um eine weitere Spielzeit.[647]

91 c) Stellenausschreibungen für neu zu besetzende Stellen (§§ 93, 99 II, 5 BetrVG) haben auch für den Bereich Solo zu erfolgen.[648] Unterlassene Ausschrei-

---

642 BAG, Urteil v. 30.03.2000, Az.: 6 AZR 630/98, NZA 2000, 1242, ebenso BOSchG, Schiedsspruch v. 10.06.2013, Az.: BOSchG 2/13.

643 BOSchG 23/93.

644 BAG, Urteil v. 28.05.1998, Az.: 6 AZR 349/96, NZA 1998, 1015.

645 BAG, Urteil v. 28.05.1998, Az.: 6 AZR 349/96, wie vor; BAG, Urteil v. 15.03.1989, Az.: 7 AZR 316/88, BB 89, 2119.

646 vgl. z. B. BAG, Urteil v. 28.10.1986, Az.: 1 ABR 16/85, NJW 1987, 2540–2542.

647 zuletzt LAG Baden-Württemberg, Urteil v. 08.10.2012, Az.: 1 Sa 11/12, Jurio RS 2012/28385.

648 BVerwG, Urteil v. 09.01.2007, Az.: 6 P 6/069.

bungen können demgemäß bei Verstößen eine Neueinstellung mangels Zustimmung des Betriebsrates (§§ 99 II, 5 BetrVG) hemmen.

d) Auch die Eingruppierung des Arbeitnehmers seitens des Arbeitgebers 92 durch Zuordnung unter dem Normalvertrag Bühne und dessen Anwendung unterliegt der Mitbestimmung nach § 99 II, 1 BetrVG.[649] Bei der Eingruppierung hat der Betriebsrat auch das Recht, Einblick in die Liste der Künstlergagen zu nehmen, diese Einsicht muss ihm gewährt werden.[650]

Bereich Landespersonalvertretungsgesetze: Insoweit sind die jeweiligen 93 Landespersonalvertretungsgesetze in jeweils aktueller Fassung zu berücksichtigen, welche diese zum Teil gemäß ausdrücklicher Gesetzesbestimmung für Beschäftigte im Bereich Sonderregelungen Solo das jeweilige Landespersonalvertretungsgesetz für nicht anwendbar erklären. Wegen der Einzelheiten wird auf anschließende Aufstellung verwiesen.

Land	Gesetzesbestimmung	Inhalt
Baden-Württemberg	§ 103 LPersVG	Keine Geltung für künstlerische Mitglieder hinsichtlich einzelner Vorschriften
Bayern	Art. 78 Abs. 1 d) BayPVG	Keine Mitbestimmung in wesentlichen ausdrücklich näher bezeichneten Tatbeständen bei durch Bühnendienstvertrag oder Gastspielvertrag verpflichtete Mitglieder von Theatern sowie durch Sondervertrag verpflichtete Personen in leitender Stellung an Theatern
Berlin	§ 89 Abs. 1 Satz 2 LPersVG	Kein Mitbestimmungsrecht bei Beschäftigten gemäß Normalvertrag
Brandenburg	§ 90 Abs. 7, § 63 Abs. 2 PersVG	Bildung besonderer Personalräte für künstlerisch Beschäftigte, Beteiligung des Personalrat auf Antrag Arbeitnehmer
Hessen	§§ 103, 104 Abs. 1, 3 LPersVG	Keine Mitbestimmung, auf Antrag Mitwirkung
Mecklenburg-Vorpommern	§ 68 Abs. 3 LPersVG	Mitbestimmung auf Antrag des Beschäftigten
Niedersachsen	§ 106 Abs. 1 LPersVG	
Nordrhein-Westfalen	§ 72 Abs. 1 Nr. 14 LPersVG	Keine Personalratsbeteiligung für Beschäftigte nach Normalvertrag

649 BAG, Urteil v. 09.03.2011, Az.: 7 ABR 118/09 und BAG, Urteil v. 27.10.2010, Az.: 7 ABR 96/09.
650 BAG, Urteil v. 13.02.2007, Az.: 1 ABR 14/06.

Land	Gesetzesbestimmung	Inhalt
Saarland	§ 106 Abs. 1 PersVG	
Schleswig Holstein	§ 82 Abs. 1 LPersVG	Bildung besonderer Personalräte für Künstler
Thüringen	§§ 89 LPersVG	Keine Mitbestimmung, a. a. O. Nr. 2, ggf. Anhörung Personalrat auf Antrag

1.16 Liste der Schiedssprüche/Urteile betreffend Nichtverlängerungsmitteilung

1. Bühnenoberschiedsgericht, Schiedsspruch vom 22.10.1984 zum Az.: BOSchG 10/84 – ebenso Bühnenoberschiedsgericht, Schiedsspruch vom 14.10.2009 zum Az.: BOSchG 3/09
   Der neu eintretende und nicht der scheidende Intendant hat die Anhörung bei beabsichtigter Nichtverlängerung durchzuführen. Er benötigt hierfür eine Vollmacht (Bühnenoberschiedsgericht, Schiedsspruch vom 13.11.1995 zum Az.: BOSchG 7/95) des amtierenden Intendanten.
2. Bundesarbeitsgericht, Urteil vom 15.03.1989 zum Az.: 7 AZR 316/88, BB 89, 2119, auch Bundesarbeitsgericht zum Az.: 6 AZR 349/96, NZA 1998, 1015
   Der Hinweis auf den Intendantenwechsel genügt in der Anhörung, wenn das Bühnenmitglied aus Anlass eines Intendantenwechsels nicht verlängert werden soll.
3. Bundesarbeitsgericht, Urteil vom 23.10.1991 zum Az.: 7 AZR 56/91, BAGE 69, 1
   Das Kündigungsverbot nach § 9 Abs. 1 MuSchG ist auf die Nichtverlängerungsmitteilung weder unmittelbar nach entsprechend anzuwenden. Diese ist auch im Erziehungsurlaub möglich (BOSchG 23/97).
   Bühnenoberschiedsgericht, Schiedsspruch vom 30.09.1993 zum Az.: BOSchG 17/93. Auch gegenüber einem Betriebsratsmitglied kann eine Nichtverlängerung erklärt werden.
4. Bühnenoberschiedsgericht, Schiedsspruch vom 27.04.1994 zum Az.: BOSchG 17/92
   Eine Nichtverlängerungsmitteilung geht auch dann wirksam zu, wenn das Bühnenmitglied Urlaub hat und dies dem Arbeitgeber bekannt ist.
5. Bundesarbeitsgericht, Urteil vom 26.08.1998 zum Az.: 7 AZR 263/97, NZA 1999, 442
   Eine Nichtverlängerung bedarf keines sie rechtfertigenden Grundes und kann auch aus betrieblichen Gründen erfolgen. Dabei bedarf es der Offenlegung der subjektiven Motivation des Intendanten.

6. Bundesarbeitsgericht, Urteil vom 03.11.1999 zum Az.: 7 AZR 898/98, NZA 2000, 491
   Eine Nichtverlängerungsmitteilung zur Vertragsänderung eines langjährig beschäftigten Bühnenmitglieds muss billigem Ermessen (§ 315 BGB) entsprechen. Sie ist keine Kündigung (BOSchG, Schiedsspruch vom 13.06.1994 zum Az.: BOSchG 36/93) und kann auch gegenüber einem Betriebsratsmitglied ausgesprochen werden (BOSchG, Schiedsspruch vom 30.09.1993 zum Az.: BOSchG 17/93, Leitsatz 1).
7. Bundesarbeitsgericht, Urteil vom 30.03.2000 zum Az.: 6 AZR 630/98, NZA 2000, 1242
   Ein Abfindungsanspruch wegen Intendantenwechsels nach Nichtverlängerung setzt voraus, dass das Bühnenmitglied in der ersten Spielzeit nach dem Intendantenwechsel nicht mehr im Arbeitsverhältnis steht. Erfolgt der Wechsel zu Beginn einer neuen Spielzeit, so ist dies die erste Spielzeit.
8. Bühnenoberschiedsgericht, Schiedsspruch vom 18.11.2004 zum Az.: BOSchG 19/03
   Der Abfindungsanspruch wegen Intendantenwechsel setzt auch voraus, dass das Bühnenmitglied darlegt, dass es ihm subjektiv unmöglich war, ein Arbeitsverhältnis im Tarifsinn zu begründen.
9. Bühnenoberschiedsgericht, Schiedsspruch vom 03.02.2009 zum Az.: BOSchG 9/08 und BOSchG 6/11
   Die Nichtverlängerungsmitteilung ist nicht darauf hin zu überprüfen, ob sie durch objektive Gründe gerechtfertigt ist, es geht vielmehr in der Anhörung um die Offenlegung der subjektiven Motivation des Intendanten. Diese muss konkret und nachvollziehbar dargelegt werden.
10. Bühnenoberschiedsgericht, Schiedsspruch vom 28.11.2008 zum Az.: BOSchG 3/08 und BOSchG 7/08
    Die weiteren stillschweigenden (dazu § 69 Abs. 2 Satz 1 NV Bühne) Verlängerungen eines schriftlichen Arbeitsvertrages eines Bühnenkünstlers bedürfen nicht der Schriftform.
11. Bühnenoberschiedsgericht, Schiedsspruch vom 05.10.2011 zum Az.: BOSchG 7/11
    Zur Wahrung der Schriftform genügt es nicht bei einer Nichtverlängerungsmitteilung zur Fortsetzung des Arbeitsverhältnisses zu geänderten Bedingungen, wenn nur das nicht näher konkretisierte Angebot unterschrieben ist, auch die Konkretisierung des Angebots mit den neuen Arbeitsbedingungen bedarf der Unterschrift.
12. Bundesarbeitsgericht, Urteil vom 15.05.2013 zum Az.: 7 AZR 665/11, NZA 2014, 990 und Bühnenoberschiedsgericht, Schiedsspruch vom 07.03.2005 zum

Az.: BOSchG 1/2004, ferner Bühnenoberschiedsgericht, Schiedsspruch vom 14.10.2009 zum Az.: BOSchG 93/09

Die Anhörung vor einer Nichtverlängerungsmitteilung hat die für die Entscheidung über die Nichtverlängerung zuständige Person durchzuführen. Der Arbeitnehmer ist berechtigt zur Anhörung einer Person seines Vertrauens mitzubringen.

Bei der Feststellung der Unwirksamkeit einer Nichtverlängerung und der Feststellung der Unwirksamkeit einer Befristung handelt es sich um verschiedene prozessuale Streitgegenstände.

13. Bühnenoberschiedsgericht, Schiedsspruch vom 31.01.1994 zum Az.: BOSchG 23/93

    Eine Nichtverlängerung wegen Intendantenwechsel liegt auch vor, wenn diese auf personenbedingte Gründe oder künstlerische Gründe von dem neuen Intendanten gestützt wird.

14. Bühnenoberschiedsgericht, Schiedsspruch vom 13.06.1994 zum Az.: BOSchG 36/93

    Eine Nichtverlängerungserklärung ist keine Kündigung.

15. Bühnenoberschiedsgericht, Schiedsspruch vom 28.11.2008 zum Az.: BOSchG 3/08

    Die Anhörung nach § 61 Abs. 4 NV Bühne hat der Arbeitgeber durchzuführen, also eine für die Erklärung der Nichtverlängerung entscheidungsbefugte Person, dabei kann die Darlegung der Gründe im Einzelnen dem mitanwesenden Schauspieldirektor überlassen werden.

16. Landesarbeitsgericht Köln, Urteil vom 28.01.2014 zum Az.: 12 Sa 679/13

    Bei Ausspruch einer Änderungsnichtverlängerungsmitteilung bedarf auch das Änderungsangebot der Schriftform. Ein Änderungsangebot entspricht nicht billigem Ermessen, wenn der Umfang der Leistungspflicht des Arbeitnehmers nicht hinreichend bestimmt ist.

17. Landesarbeitsgericht Köln, Urteil vom 03.06.2014 zum Az.: 12 Sa 911/13

    Eine Nichtverlängerungsmitteilung kann nach § 134 BGB wegen eines Verstoßes gegen das Diskriminierungsverbot (§§ 1, 3, 7 Abs. 1 AGG) unwirksam sein.

18. Bühnenoberschiedsgericht zum Az.: BOSchG 32/97

    Ein Gastspielvertrag in den ersten drei Monaten nach Beendigung/Intendantenwechsel i. S. v. § 70 Abs. 1 Satz 2 NV Bühne ist nicht abfindungsschädlich.

3 Sonderregelungen (SR) für Bühnentechniker

Zu dem von nachstehenden Sonderregelungen erfassten Personenkreis, vgl. vorab oben Sonderregelungen Solo, Teil II, Abschnitt 2.1. 1

3.1 §§ 63–70 NV Bühne

Das Wort Sonderregelung ergänzt und präzisiert für das Arbeitsverhältnis der Bühnentechniker (§ 1 Abs. 3 Unterabs. 1, 2 NV Bühne), welches unter den Normalvertrag Bühne fällt als künstlerisches Arbeitsverhältnis die tariflichen Bestimmungen über sogenannte allgemeine Arbeitsbedingungen des künstlerischen Personals, wie sie in §§ 1–53 NV Bühne enthalten sind. Auf obige Ausführungen zu § 7 NV Bühne (allgemeine Mitwirkungspflicht des Bühnenkünstlers) wird vorab verwiesen, diese Vorschrift hat Geltung neben der gesonderten Vorschrift des § 63 NV Bühne, vgl. nachstehend. 2

Betreffend Sonderregelungen (SR) Bühnentechniker sei vorab vor Erläuterung der einzelnen tariflichen Vorschriften auf obige Darlegungen zum sogenannten künstlerischen Arbeitsverhältnis verwiesen. Der Normalvertrag Bühne gilt demgemäß nach § 1 Abs. 1 Satz 1 für Bühnentechniker, die vertraglich beschäftigt sind an Bühnen eines Landes- oder Gemeindeverbandes, insgesamt als rechtlicher oder wirtschaftlicher Träger eines Hauses. Bühnentechniker nach vorstehender Definition werden von § 1 Abs. 3 Unterabs. 1 als sogenannte geborene Bühnentechniker erfasst hinsichtlich der dort genannten Berufstätigkeiten sowie ferner auch als sogenannte gekorene Bühnentechniker in Unterabsatz 2 hinsichtlich der dort genannten Bühnentechniker; die geborenen und die gekorenen Bühnentechniker wie vorstehend dargelegt unterliegen den Sonderregelungen Solo. 3

Zu Unterabsatz 2 von § 1 Abs. 3 NV Bühne ist zu beachten, dass auch Personen in ähnlicher Stellung erfasst sind, gemeint sind stets aber nur die sogenannte Bühnentechniker in überwiegend künstlerischer Tätigkeit. Ist dies im Arbeitsvertrag vereinbart worden, sind auch die Personen in ähnlicher Stellung von den Sonderregelungen Solo erfasst. Dieser Personenkreis wie vor ist also – anders als nach Unterabsatz 1 – nicht per se nach Auffassung der Tarifvertragsparteien künstlerisch tätig, es bedarf stets der schriftlichen arbeitsvertraglichen Vereinbarung der überwiegend künstlerischen Tätigkeit.[651] Die erforderliche Vereinbarung 4

---

651 vgl. BAG, Urteil v. 28.01.2009, Az.: 4 AZR 987/07, BAGE 129, 225–237, ferner BAG, Urteil v. 25.02.2009 zum Az. 7 AZR 942/07.

überwiegend künstlerischer Tätigkeit ist nicht mitbestimmungspflichtig.[652] Die Vereinbarung ist jedoch erforderlich für die Qualifikation des Arbeitsvertrages nach § 1 Abs. 3 Unterabs. 2 als künstlerischer Bühnentechnikerarbeitsvertrag:[653] Bei der tarifrechtlich erforderlichen vertraglichen Vereinbarung der überwiegend künstlerischen Tätigkeit sind Missbrauchsfälle nicht ausgeschlossen.[654] Dabei kommt stets der entsprechenden vertraglichen Vereinbarung jedoch besondere Bedeutung zu.[655] Bei der entsprechenden Prüfung ist darauf zu achten, ob ggf. allein verwaltungsmäßige Tätigkeiten oder sonstige technische Verrichtungen nichtkünstlerischer Art erbracht werden und dennoch zusätzlich eine überwiegend künstlerische Tätigkeit vereinbart wird. Dann könnten Anhaltspunkte für eine missbräuchliche Formulierung wie vorstehend geschildert bestehen. Dabei ist jedoch nur in Ausnahmefällen und nach strenger Prüfung von einem Missbrauchsfall auszugehen. Dementsprechend zu dem Vorgesagten müssen Bühnentechniker als „Personen in ähnlicher Stellung" nach § 1 Abs. 3 Unterabs. 2 künstlerisch tätig sein nach entsprechender Vereinbarung im Arbeitsvertrag.[656]

3.2 Die besondere Mitwirkungspflicht des Bühnentechnikers (§ 63 NV Bühne)

5 § 63 NV Bühne enthält eine besondere Mitwirkungspflicht des Bühnentechnikers, der im Rahmen seiner vertraglichen Tätigkeit alle ihm zugewiesenen Arbeiten zu erledigen hat. Diese Formulierung beinhaltet das arbeitgeberseitige Direktionsrecht. Im Rahmen der vertraglich übernommenen Tätigkeit (vgl. § 7 Abs. 1 NV Bühne) – also künstlerisch – hat der Arbeitgeber das einseitige Recht, dem Bühnentechniker in Ausübung seines diesbezüglichen Ermessens jede Tätigkeit zur Verrichtung seiner Aufgabe zuzuweisen. Dies kann, wenn der künstlerische Rahmen vorliegt und auch nur dann, auch eine diese Aufgabe unterstützende einfache nichtkünstlerische Tätigkeit sein, so lange nicht allein nichtkünstlerische Hilfstätigkeiten unzumutbarer Art gefordert werden (§ 315 BGB). Dabei wird der Arbeitgeber im Rahmen seines Ermessens nach § 315 BGB auch die Position des Bühnentechnikers im künstlerischen Betrieb zu berücksichtigen haben, wenn er

652 BAG, Urteil, Az.: 7 ABR 96/09.
653 so auch BAG, Urteil v. 08.03.2006 betreffend einen Gewandmeister.
654 LAG Köln, Urteil v. 08.06.2012, Az.: 6 Sa 324/12.
655 LAG Köln, Urteil v. 05.03.2008, Az.: 8 Sa 723/07.
656 vgl. Germelmann in GMP, Anhang 3, Anm. 14 zu § 1 BSchGO.

beispielsweise dem künstlerischen Direktor eine andere Tätigkeit zuweist. Ergänzend wird auf obige Ausführungen zu § 54 Abs. 1–8 NV Bühne verwiesen.

3.3 Arbeitszeit (§ 64 NV Bühne)

Die tarifliche Vorschrift enthält seit dem 01.02.2006 eine 40-Stunden-Woche mit 6
einverständlicher Verlängerungsmöglichkeit für 6 Wochenstunden im Gegensatz zu den früheren 38,5 Stunden wie damals tarifvertraglich festgelegt. Für vor dem 01.02.2006 abgeschlossene Verträge soll stets (so Engert in Nix/Hegemann, § 64, Anm. 2) die alte Regelung von 38,5 Stunden fortgelten, was die Tarifvertragsparteien gewünscht haben sollen (Engert a. a. O.). Diese kurze Begründung überzeugt nicht angesichts des tariflichen Wortlautes, der keine Unterscheidungen zwischen Alt- und Neuverträgen vorsieht. Das Vorgesagte (38,5 Stunden) mag gelten, soweit die Bezugnahme in dem „alten" Arbeitsvertrag eine präzise Bezugnahme auf den damaligen Normalvertrag Solo und der damals geltenden Arbeitszeit enthält, ansonsten müssen, ob tarifgebunden oder arbeitsvertraglich durch Inbezugnahme vereinbart, die neuen tariflichen Regelungen mit der höheren Wochenarbeitszeit gelten und beachtet werden. Für die Praxis bedeutet dies, dass es – ob konkret vereinbart oder qua präziser Inbezugnahme der damaligen tariflichen Regelung – nur in diesen Altfällen bei 38,5 Wochenstunden verbleibt (anders Engert a. a. O. und Bolwin/Sponer § 64 Nr. 2a).[657] Aus dem Sinn einer tarifvertraglichen Regelung betreffend die Änderung der Wochenarbeitszeit und dem Wortlaut der Bestimmung ist nicht zu entnehmen, dass auch bei Tarifbindung für derartige Altfälle die alte tariflich festgelegte Arbeitszeit beibehalten werden sollte. Bei einer generellen Bezugnahmeklausel auf den damaligen Normalvertrag Solo oder z. B. den damaligen Bühnentechnikertarifvertrag (BTT) und den diese ggf. ergänzenden oder ablösenden tariflichen Regelungen gilt nunmehr die Arbeitszeitregelung nach Normalvertrag Bühne.

Die alte Regelung, wie vorstehend geschildert, gilt also bei ausdrücklicher 7
arbeitsvertraglicher oder in Bezug genommener tariflicher Vereinbarung einer Wochenarbeitszeit von 38,5 Stunden/Woche (vgl. dazu § 2 am Ende des Musterarbeitsvertrages für Bühnentechniker Anlage 4 zum NV Bühne). Stets sind dabei abweichende vertragliche Regelungen (vgl. Abs. 5 von § 64 NV Bühne) möglich (vgl. auch § 7 ArbZG).

Überstunden sind Überschreitungen der vertraglich vereinbarten wöchent- 8
lichen Arbeitszeit, die nicht innerhalb der Spielzeit oder in den sich unmittelbar

657 so auch LAG Köln, Urteil v. 04.02.2010, Az.: 7 Sa 931/09.

anschließenden Theaterferien ausgeglichen werden, so der Wortlaut von § 64 Abs. 4 NV Bühne. Ansonsten, wenn also vorstehender Sachverhalt nicht vorliegt, entsteht für Überstunden eine Vergütungspflicht nach § 67 Abs. 1 Unterabs. 4 NV Bühne.

9 Einvernehmlich kann die Arbeitszeit um bis zu 6 Stunden pro Woche verlängert werden, dies soll (so Engert, Anm. 6 zu § 64 NV Bühne) ohne Änderung der Gage möglich sein. Diese Ansicht findet keine Stütze im Wortlaut des § 64 Abs. 1 NV Bühne für eine Erhöhung der Arbeitszeit einvernehmlich um immerhin 15 % von der regelmäßigen wöchentlichen Arbeitszeit ausgehend und kann deshalb nicht geteilt werden. Nach Absatz 2 kann in Ausnahmefällen eine Aufteilung der Arbeitszeit des Bühnentechnikers auf zwei Teile des Arbeitstages erfolgen. Ein Ausnahmefall erfordert betriebliche im Einzelnen darzulegende Gründe und kann nicht begründet werden pauschal mit einem betrieblichen Dauerzustand. Für die Berücksichtigung von Dienstreisen ist § 64 Abs. 3 Unterabs. 1 und 2 NV Bühne zu berücksichtigen. Im Übrigen sind von § 64 Abs. 1–4 NV Bühne abweichende vertragliche Regelungen nur unter Beachtung von § 7 ArbZG möglich (a. a. O. Absatz 5).

3.4 Ruhezeit (§ 65 NV Bühne)

10 § 65 NV Bühne regelt die Ruhezeiten, insbesondere die elfstündige Nachtruhezeit.[658]

11 Die Regelungen im Einzelnen (11-stündige Ruhezeit, Abkürzung bei Rückfahrt von auswärtigem Gastspiel) sind aus § 65 Abs. 1 und 2 NV Bühne zu entnehmen, wobei bei dem sogenannten geteilten Dienst (Vormittagsdienst und Nachmittagsdienst) die Regelung in Absatz 2 zu beachten ist, wonach die zweistündige Ruhezeit u. a. zwischen Vor- und Nachmittagsproben, in diesem Fall bei Spielplan oder Betriebsstörungen verkürzt werden kann, wobei derartige befürchtete Störungen vom Arbeitgeber aus seiner Sicht und nachvollziehbar darzulegen sind. Zu beachten ist ferner, dass diese zweistündige Ruhezeit (a. a. O. Absatz 2) bei bestimmten Proben wie im Text erwähnt nicht zu beanspruchen ist.

658 BOSchG Köln, Schiedsspruch v. 21.11.1989, Az.: BOSchG 13/88, Bühnengenossenschaft 1990, Nr. 2.

3.5 Freie Tage (§ 66 NV Bühne)

§ 66 NV Bühne enthält den Anspruch des Bühnentechnikers auf freie Tage. 12

Grundsätzlich besteht eine Mitwirkungspflicht des Bühnentechnikers (vgl. 13
§§ 7, 63, 66 Abs. 1 NV Bühne) an allen Tagen der Spielzeit (Theaterferien ausgenommen) also an Werk-, Sonn- und Feiertagen soweit der Bühnentechniker nicht (z. B. wegen Urlaub, Elternzeit und anderen gesetzlichen Regelungen) von der Arbeitsverpflichtung befreit ist. Zum Ausgleich für die umfassende Mitwirkungspflicht an „allen Tagen einer Spielzeit" (§ 66 Abs. 1 NV Bühne) besteht ein Anspruch auf einen freien Tag wöchentlich. Fällt der vorgenannte freie und zu bezahlende Tag auf einen gesetzlichen Wochenfeiertag, besteht darüber hinaus kein weiterer Anspruch auf einen zweiten freien Tag.[659] Der Bühnenkünstler hat (§ 66 Abs. 4 NV Bühne) den Arbeitgeber vor Antritt des freien Tages dahingehend zu informieren, wo und wie er ggf. zu erreichen ist. Acht beschäftigungsfreie Sonntage sind nach § 66 Abs. 3 Satz 2 NV Bühne zu gewähren, pro Spielzeit außerhalb der Theaterferien.

Grundlage der Tätigkeit des Bühnentechnikers ist also die 6-Tagewoche (§ 66 14
Abs. 1 und 2 NV Bühne). Proben, also auch an Sonntagen, hierfür sind freie Tage zu gewähren, ggf. in Form von zwei halben freien Tagen.

3.6 Vergütung (§ 67 NV Bühne)

§ 67 NV Bühne regelt in Absatz 1 die tarifliche Mindestgage von zurzeit 1.650,00 € 15
bzw. 1.765,00 €, diese ist im Arbeitsvertrag zu vereinbaren.

Angesichts einer tariflichen Wochenarbeitszeit von 40 Stunden und unter 16
Berücksichtigung der Ausbildungsqualifikationen eines Bühnentechnikers, handelt es sich bei dieser Mindestgage in der Tat um eine sehr geringe Bezahlung, zumal nach Absatz 4 a–d a. a. O. zumindest theoretisch derartige neu begründete Arbeitsverhältnisse von einer potenziellen tariflichen Gagenanpassung ausgeschlossen werden können qua Vereinbarung. § 67 Abs. 4 NV Bühne bietet die Möglichkeit des vertraglichen Ausschlusses von tarifvertraglich geregelten Gagenanpassungen für neue Bühnenmitglieder für die ersten 12 Monate bzw. für den gleichen Zeitraum nach einer vorherigen arbeitsvertraglichen Gagenanpassung bzw. für den Fall, dass ein bezahlter Gastierurlaub von mindestens 40 Tagen gewährt worden ist.

---

659 BOSchG, Schiedsspruch v. 13.04.1984, Az.: BOSchG 20/83, BAG, Urteil v. 12.12.2001, Az.: 5 AZR 294/00, NZA 2002, 505.

17 Letztlich nimmt das Bühnenmitglied in dem Bereich Bühnentechnik auch dann nicht bei entsprechender arbeitsvertraglicher Vereinbarung an einer tarifvertraglichen Gagenanpassung teil, wenn seine Gage höher ist, als die dreifache Mindestgage. Bedenken gegen einen derartigen tariflich sanktionierten einzelvertraglichen Ausschluss von einer Gagenerhöhung mangels insoweit Fehlens eines sachlichen Grundes bestehen unter dem Gesichtspunkt der dafür erforderlichen Gleichbehandlung.

18 Eine Theaterbetriebszulage gibt es im Normalvertrag Bühne nicht mehr. Betreffend alte Vereinbarungen zur Theaterbetriebszulage sei auf die Protokollnotiz zu Abs. 1 Nr. 2 verwiesen in § 67 NV Bühne.

19 Die Vergütung pro Überstunde erfolgt durch Bezahlung von 1/145 Gage (a. a. O. Absatz 1 Unterabsatz 4).

20 Teilzeitarbeit ist ausgehend von 40 Wochenstunden bei einem vollen Arbeitsverhältnis bei der Bezahlung umzurechnen und entsprechend zu vergüten.

21 Nach Bolwin/Sponer, Anm. 8, Abs. 1 zu § 67 NV Bühne ist eine Überstundenvergütung nur dann zu zahlen bei Teilzeitbeschäftigten, wenn die regelmäßige wöchentliche Arbeitszeit von 40 Stunden überschritten wird (ebenso Engert in Hegemann/Nix, Anm. 4, 2 Abs. zu § 67 NV Bühne und Anm. 9 zu § 64 NV Bühne). Engert sieht also in der Zeit zwischen der arbeitsvertraglich vereinbarten Teilzeitarbeit und den vorerwähnten tariflichen 40 Stunden Wochenarbeitszeit reguläre zu vergütende Arbeitszeit. Vorstehende den/die Teilzeitbeschäftigten letztlich benachteiligende Regelung gegenüber dem vollbeschäftigten Bühnentechniker gründet auf dem tariflichen Wortlaut einer Überstundendefinition in § 64 Abs. 4 Satz 1 NV Bühne. Eine befriedigende Lösung kann u. a. durch Betriebsvereinbarung oder günstigere einzelvertragliche Lösung gefunden werden.

22 Die von den Tarifvertragsparteien vereinbarte Mindestgage von derzeit 1.650,00 € bzw. 1.765,00 € kommt nahe an das Mindestlohngesetz mit 8,50 € pro Stunde (§ 67 Abs. 1 NV Bühne); dies bei einer Arbeitszeit von einer 40-Stunden-Woche mit einer Erhöhung bei einer vertraglich vereinbarten höheren Wochenarbeitszeit. Aus Absatz 1 Unterabsatz 4 ist zu entnehmen, dass diese Bestimmung auch eine Regelung für Überstundenvergütungen betreffend eine Beschäftigung unter 40 Wochenstunden enthält. Betreffend Arbeitnehmerinnen/Arbeitnehmer aus dem Bereich Bühnentechnik/Sonderregelungen, die arbeitsvertraglich von späteren tarifvertraglichen Gagenerhöhungen ausgeschlossen werden können gemäß § 67 Abs. 4 NV Bühne, wird vorab auf die oben dargelegten Bedenken zu der gleichlautenden Vorschrift von § 58 Abs. 5 NV Bühne für den Bereich Solo verwiesen. Ein sachlicher Grund, der eine Ungleichbehandlung von derartigen Arbeitnehmern allein wegen kurzer Betriebszugehörigkeit, eines Einkommens von über der dreifachen Monatsgage bzw. wegen einer einverständlich zuvor bewilligten sonstigen Gagenerhöhung ist in diesem Sachverhalt nicht zu erken-

nen. Eine Differenzierung allein qua Tarifvertrag ist diesbezüglich bei gleicher Leistungsvereinbarung der betroffenen Gruppen wie vorliegend nicht sachgerecht. Dies gilt auch für die Fälle auf Grund kurzer oder kürzerer Betriebszugehörigkeit/Nichtberücksichtigung bei Gagenerhöhungen.

3.7 Rechteabgeltung (§ 68 NV Bühne)

Vorab ist auf obige Ausführungen zu § 59 NV Bühne SR Solo zu verweisen. Leis- 23
tungsschutzrechte oder Urheberrechte für den hiesigen Bereich setzen auch hier stets eine künstlerische Tätigkeit/Mitwirkung des Bühnentechnikers voraus (§ 73 UrhG), also das Bestehen eines Urheber- und Leistungsschutzrechts (a. a. O. Absatz 1) im konkreten Fall.

So ausdrücklich der Wortlaut von § 68 Abs. 1 Satz 1 NV Bühne. Die Ausübung 24
einer künstlerischen Tätigkeit muss jeweils im Einzelnen dargelegt und festgestellt werden und wird nicht stets der Fall sein, denn der Bühnentechniker ist (§ 1 Abs. 3 Halbsatz 2 NV Bühne) überwiegend, also nicht stets, künstlerisch tätig. Eine nichtkünstlerische Tätigkeit in dieser Berufsgruppe ist im Einzelfall sehr wohl möglich bezogen auf die tatsächliche Verrichtung.

Denkbar sind derartige Rechte zum Beispiel bei Mitgestaltung eines Bühnen- 25
werkes, z. B. des Bühnenbildes. Dabei kann ein Anspruch auf eine Sondervergütung entstehen (§ 68 Abs. 1 NV Bühne) im Bereich Bühnenbild. Dies sei nur beispielsweise, nicht erschöpfend dargelegt. Dabei ist jedoch stets für einen entsprechenden Anspruch (vgl. § 73 UrhG) die künstlerische Mitwirkung bei einer Aufführung nach letztgenannter Gesetzesbestimmung, also bei unmittelbarem Einfluss des Bühnentechnikers auf die entsprechende Aufführung erforderlich. Es bedarf einer unmittelbaren Einflussnahme auf die Werkinterpretation (vgl. BGH, Urteil nachstehend zitiert). Vorstehendes betrifft sämtliche in § 1 Abs. 3 Unterabs. 1 und 2 genannte Bühnentechniker, also Bühnenmeister, technische Leiter und im Normalfall auch Maskenbildner und Tonmeister.[660] Keine Sondervergütung gibt es für Reportagensendungen bzw. bei Verwendung für den theatereigenen Gebrauch (Absatz 4 und 5 a. a. O.). Wiederholt sei klarstellend darauf hingewiesen (vgl. oben zu § 59 NV Bühne), dass Bedenken auch hier hinsichtlich des Wortlautes der Tarifbestimmung gegen eine Anwendung von § 8 Abs. 5 NV Bühne bestehen angesichts der Vorschrift des § 32, 32a UrhG i. V. m. § 79 Abs. 2 des Gesetzes.

660 vgl. BGH, Urteil, Az.: I ZR 114/80 in NJW 1984, 1110–1112.

3.8 Jubiläumszuwendung (§ 68 a NV Bühne)

26 Es besteht ein Anspruch auf eine Jubiläumszuwendung von 350,00 bzw. 500,00 € nach 25 bzw. 40 Jahren Beschäftigungszeit bei dem gleichen Arbeitgeber.

3.9 Nichtverlängerungsmitteilung (§ 69 NV Bühne)

27 Erwähnt sei die Entscheidung des Bühnenoberschiedsgerichts vom 06.08.2012 zum Az.: BOSchG 2/11, wonach die Klage einer überwiegend künstlerisch tätigen Maskenbildnerin gegen eine Veränderungsmitteilung mit der Begründung, sie solle künftig auch handwerklich tätig sein, erfolglos blieb, da derartige Tätigkeiten auch zur vereinbarten überwiegend künstlerischen Tätigkeit gehören.

28 Die Vorschrift ist weitgehend identisch mit § 61 NV Bühne. Auf die diesbezüglichen Ausführungen wird verwiesen.

29 Die Nichtverlängerung aus Anlass eines Intendantenwechsels und der daraus resultierende Abfindungsanspruch ist in § 70 NV Bühne geregelt.

30 Die Vorschrift befasst sich gleichlautend mit den Regelungen des § 62 NV Bühne für den Bereich Solo mit dem Ausspruch der Nichtverlängerungsmitteilung aus Anlass eines Intendantenwechsels. Auf die Ausführungen zu § 62 NV Bühne Solo wird verwiesen; ggf. besteht bei kürzerer Betriebszugehörigkeit nach § 70 Abs. 3 NV Bühne ein Anspruch auf einen Zuschuss zu den Umzugskosten. Keine Nichtverlängerungsmitteilung wegen Intendantenwechsel ist möglich, wenn die neue Intendanz noch nicht feststeht.[661]

31 Der Bezug von Übergangsgeld nach § 46 Abs. 1 NV Bühne schließt den Abfindungsanspruch wegen Intendantenwechsel aus (a. a. O. Absatz 1 Satz 1). Das Vorliegen eines sich anschließenden Gastvertrages nach der Nichtverlängerungsmitteilung und Beendigung des Arbeitsverhältnisses ist kein volles Arbeitsverhältnis und schließt den Abfindungsanspruch nicht aus.

3.10 Bühnenschiedsgerichtliche Gerichtsentscheidungen betreffend Sonderregelungen Bühnentechniker

1. Bundesarbeitsgericht, Urteil vom 15.05.2013 zum Az.: 7 AZR 665/11, NZA 2014, 990

---

661 BSchG Köln, Schiedsspruch, Az.: BSchG 12/07, auch BOSchG, Schiedsspruch v. 19.06.1995, Az.: BOSchG 85/94.

Nichtverlängerung und Feststellung der Unwirksamkeit einer Befristung sind zwei verschiedene Streitgegenstände. Der Arbeitnehmer ist berechtigt, bei der Anhörung eine Person seines Vertrauens mitzubringen.

2. Bundesarbeitsgericht, Urteil vom 28.01.2009 zum Az.: 4 AZR 987/07, NJW 2010, 795
   Die Vereinbarung im Arbeitsvertrag einer überwiegend künstlerischen Tätigkeit ist eine Bestimmung des Inhalts des Arbeitsverhältnisses.
3. Bundesarbeitsgericht, Urteil vom 15.02.2012 zum Az.: 7 AZR 626/10, NZA RR 2013, 154
   § 61 Abs. 3 Unterabs. 1 NV Bühne dient dem Bestandsschutz des Arbeitsverhältnisses und nicht dem Inhaltsschutz. Ende einer Spielzeit meint das Ende der Spielzeit in der das verlängerte Arbeitsverhältnis – noch – besteht und nicht das Ende der Spielzeit, in der die Nichtverlängerungsmitteilung zugegangen sein muss.
4. Bundesarbeitsgericht, Urteil vom 26.08.1998 zum Az.: 7 AZR 263/97, NZA 1999, 442
   Eine Nichtverlängerungsmitteilung bedarf keines gerechtfertigten Grundes und kann aus betrieblichen Gründen erfolgen.
5. Bundesarbeitsgericht, Urteil vom 24.09.1986 zum Az.: 7 AZR 663/84, BAGE 53, 108
   Gastspielvertrag Bühnenbildner setzt Mitwirkung für eine bestimmte Anzahl von Aufführungen voraus nebst vertraglicher Festlegung der konkreten Aufgabe.
6. Bundesarbeitsgericht, Urteil vom 25.02.2009 zum Az.: 7 AZR 942/07, nicht veröffentlicht
   Anwendung der Bühnenschiedsgerichtsordnung auf Bühnenkünstler (hier: Theaterplastiker).
7. Landesarbeitsgericht Köln, Urteil vom 28.06.2012 zum Az.: 6 Sa 324/12
   Die Vereinbarung im Arbeitsvertrag einer überwiegend künstlerischen Tätigkeit schließt den Missbrauch im Einzelfall nicht aus. An dessen Darlegung sind strenge Anforderungen zu stellen.
8. Bühnenoberschiedsgericht, Schiedsspruch vom 06.08.2012 zum Az.: BOSchG 2/11
   Änderungsmitteilung, Maskenbildnerin Zumutbarkeit einer Gehaltskürzung.

4 Sonderregelungen (SR) Chor (§§ 71–83 NV Bühne)

1 Die Mitglieder des Opernchors unterfallen nach § 1 Abs. 1 und 4 NV Bühne – auch soweit sie Operetten und Musicals singen – dem Normalvertrag Bühne, ihre Aufgaben beschreibt § 71 Abs. 1 NV Bühne.

2 Die Bestimmungen §§ 71–83 NV Bühne betreffen die künstlerischen Arbeitnehmer/Arbeitnehmerinnen, die Chormitglieder sind. Für sie gilt § 1 Abs. 1 NV Bühne. Der Tarifvertrag enthält nach Maßgabe der Anlage 5 zum Normalvertrag Bühne (Arbeitsvertrag Opernchormitglied) ein Arbeitsvertragsmuster.

3 § 71 Abs. 1 NV Bühne regelt die generelle Mitwirkungspflicht des Opernchormitglieds an sämtlichen Leistungen des Opernchors (Absatz 1 Satz 1 a. a. O. und Absatz 2 präzisiert die zu leistenden Tätigkeiten des Chormitglieds ohne Sondervergütung, Absatz 3 von § 71 erfasst die sondervergütungspflichtigen Leistungen des Chormitglieds (dazu § 79 Abs. 2–4 NV Bühne).

4.1 Besondere Mitwirkungspflicht – Chor (§ 71 NV Bühne)

4 Die besondere Mitwirkungspflicht der Opernchormitglieder (vgl. § 71 Abs. 1, 2 und 3 NV Bühne) regelt in Ergänzung von § 7 NV Bühne, § 71 Abs. 1, 2, 3 NV Bühne nebst Protokollnotizen, wobei stets vorgenannte Bestimmung (§ 7 Abs. 1 NV Bühne) zu beachten ist, enthaltend eine über § 71 NV Bühne ggf. hinausgehende Mitwirkungspflicht auch für nicht in § 71 NV Bühne erwähnte Veranstaltungen wie z. B. Matineen, bunte Programme. Ein Neujahrskonzert fällt nicht unter die arbeitsvertragliche Mitwirkungspflicht nach vorgenannter Bestimmung und ist demgemäß sondervergütungspflichtig.[662] In Zweifelsfällen betreffend eine Mitwirkungspflicht sollte im Hinblick auf etwaige arbeitsrechtliche Konsequenzen bei einer später als fehlerhaft festgestellten Entscheidung des Bühnenmitglieds vorab die Entscheidung des Bühnenschiedsgerichts eingeholt werden im Wege eines kurzfristig anzuberaumenden Termins gemäß § 18 Abs. 2 BSchGO.

5 Opernchormitglieder sind auch diejenigen Chormitglieder, die Operette und Musical singen – ggf. ausschließlich[663], so im Ergebnis auch Hegemann, Anm. 48 zu § 71 NV Bühne, der keine Verpflichtung des Opernchormitglieds zu einer

---

662 BAG, Urteil v. 20.07.2000, Az.: 6 AZR 56/99, NZA 2001, 572, ferner BAG, Urteil v. 26.04.2001, Az.: 6 AZR 704/99, NZA 2002, 352 (LS), auch BOSchG, Schiedsspruch v. 04.11.1993, Az.: BOSchG 14/93 (Johannes Passion).

663 Hegemann in Nix/*Hegemann* § 71 NV Bühne Anm. 2.

strittigen Mitwirkungspflicht sieht, aber in einer später als unrichtig erkannten Arbeitsverweigerung – naturgemäß – ein erhebliches Risiko für das Bühnenmitglied. Das Opernchormitglied ist künstlerisch darstellend tätig, wozu die Tätigkeit als Opernchorsänger per se gehört sowie sozusagen diese Tätigkeit unterstützend auch Bewegung, Gesellschaftstanz und Ähnliches; dies gilt, solange bei letztgenannter Tätigkeit nicht eine andere fachfremde Individualität als bei der Chorleistung gegeben ist mit der Folge in diesem Fall, nämlich Darstellung einer anderen Individualität, der Sondervergütungspflicht.[664] Eine Sondervergütungspflicht besteht auch, wenn die Darbietung des Opernchormitglieds als die eines Berufssängers, Schauspielers oder Tänzers erscheint.[665] Ein Berufsbild des Chorsängers, Chorsängerin enthält die Schrift „Berufe am Theater", einzelne Theaterberufe des Deutschen Bühnenvereins, die auch im Internet einsehbar ist.

Für Oper und Operette ist nach § 71 Abs. 1, Satz 2 NV Bühne „in der Regel" 6
der Chor des Hauses einzusetzen. Dabei kann mit dem Begriff „in der Regel" als Ausnahme einer generellen tariflichen Besetzungspflicht nicht gemeint sein, dass finanzielle (günstigere) Möglichkeiten dem Arbeitgeber die Besetzung mit einem anderen Chor ermöglichen (anderer Ansicht Bolwin/Sponer, Anm. 10 zu § 71 NV Bühne). Das Wort „in der Regel" erlaubt sicherlich eine Ausnahme mit der Besetzungspflicht (§ 71 Abs. 1 Satz 2 NV Bühne) aus allein künstlerischen Werkbedingungen und sonst werkbedingten Gründen, diese sind präzise darzulegen. Die tarifliche Bestimmung gestattet jedoch keine Abweichung aus Gründen der Geldersparnis aus welchen Gründen auch immer, da damit in der Praxis die umfassende tariflich festgelegte Besetzungspflicht mit hauseigenem Personal in weitem Umfang – auch ggf. künstlerisch rufschädigend – durchbrochen werden kann. § 71 Abs. 2 NV Bühne enthält die Aufzählungen von Mitwirkungspflichten des Chormitglieds ohne Sondervergütung im Gegensatz zu Absatz 3 der Bestimmung, bei dessen Vorliegen bei bestehender Mitwirkungspflicht eine Sondervergütung zu zahlen ist.

Im Einzelnen: Eine solistische, eigenständige Leistung, sich abhebend von 7
dem Gesamtbild der Chorleistung ist eine kleinere Partie, die sondervergütungspflichtig ist.[666]

---

664 Gegen BAG, Urteil v. 28.05.1986, BOSchG, Schiedsspruch, Az.: BOSchG 5/98, wonach bereits tänzerische Antionen mit erheblicher körperlicher Anstrengung sondervergütungspflichtig sein sollen.

665 BAG, Urteil v. 28.05.1986, Az.: 4 AZR 594/84, NZA 86, 819, BAG, Urteil v. 29.03.2001, Az.: 6 AZR 644/99, NZA 2001, 1388, BOSchG, Schiedsspruch v. 14.10.1981, Az.: BOSchG 4/81.

666 BAG, Urteil v. 16.12.2010, Az.: 6 AZR 487/09 – Idomeneo –, NZA 2011, 1441.

8 Eine kleinere Partie nach Absatz 3 a liegt stets vor, wenn das Chormitglied aus dem Chorkollektiv heraustritt, was voraussetzt, dass eine nach der konkreten Inszenierung und nach dem Umfang der Leistung eigenständige Leistung vorliegt. Kurze solistische Leistungen lösen noch keine Sondervergütungspflicht aus (Absatz 2 e), erst über die zu erfordernden Leistungen hinausgehende Tätigkeiten führen nach dem Wortlaut von Absatz 3 zur Sondervergütung. Die sondervergütungspflichtige Leistung des Chormitglieds muss sich vom Auftreten des Gesamtchors abheben.[667] Ob Chortanzleistungen sondervergütungspflichtig sind über die nicht vergütungspflichtigen nach Absatz 2 h hängt davon ab, ob fragliche Tanzleistungen Fähigkeiten eines ausgebildeten Balletttänzers erfordern.[668] Zur Abgrenzung der nichtsondervergütungspflichtigen Chorleistung von einer vergütungspflichtigen kleinen Partie hat das Bundesarbeitsgericht in der Entscheidung vom 16.12.2010 zum Az.: 6 AZR 487/09, NZA 2011, 1441 ausgeführt:

> *„Hiernach konnte die Aufhebungsklage keinen Erfolg haben. Die Kläger haben keinen Anspruch auf die begehrte Sondervergütung gemäß § 79 Abs. 2 Buchst. a bzw. Abs. 3 NV Bühne. Sämtliche streitbefangenen Gesangsleistungen sind nach der rechtsfehlerfreien Würdigung des Bühnenoberschiedsgerichts als kurze solistische Gesangsleistungen noch mit der Vergütung nach § 75 Abs. 1 NV Bühne abgegolten. Die Mitwirkung im Männerquartett Nr. 5 im Rahmen der konzertanten Aufführungen der Lyrischen Suite von Nick war ebenfalls nicht sondervergütungspflichtig, weil es sich dabei nach den nicht mit zulässigen Verfahrensrügen angegriffenen Feststellungen des Bühnenoberschiedsgerichts um ein musikalisches Bühnenwerk handelt.*
>
> *1. Die Kläger zu 1), 2), 4) und 6) haben keinen Anspruch auf Sondervergütung gemäß § 79 Abs. 2 Buchst. a NV Bühne für die Duette in Nr. 3 und das Quartett in Nr. 9 der Oper „Idomeneo“ von W. A. Mozart. Die vom Bühnenoberschiedsgericht für die Inszenierung am Theater der Beklagten in der Spielzeit 2005/2006 vorgenommene Einordnung dieser Chorsoli als nicht sondervergütungspflichtige „kurze solistische Gesangsleistung“ iSv. § 71 Abs. 2 Buchst. e NV Bühne ist rechtsfehlerfrei.*
>
> *a) Die mit der Aufhebungsklage angegriffene Abgrenzung von „kurzen solistischen Gesangsleistungen“ gemäß § 71 Abs. 2 Buchst. e NV Bühne einerseits und „kleineren Partien“ iSd. § 71 Abs. 3 Buchst. a NV Bühne andererseits durch das Bühnenoberschiedsgericht verlangt die rechtliche und tatsächliche Ausfüllung unbestimmter Rechtsbegriffe. Diesbezüglich beschränkt sich die Überprüfung der Rechtsanwendung der Bühnenschiedsgerichte im Aufhebungsverfahren grundsätzlich darauf, ob die Bühnenschiedsgerichte den Rechtsbegriff selbst verkannt haben, ob die Unterordnung des Sachverhalts (Subsumtion) unter den Rechtsbegriff Denkgesetze oder allgemeine Erfahrungssätze verletzt und ob die Beurteilung wegen Außerachtlassung wesentlicher Umstände oder wegen Widersprüchlichkeit offensichtlich fehlerhaft ist. Innerhalb dieser Grenzen haben die Bühnenschiedsgerichte einen Beurteilungsspielraum, der als solcher den staatlichen Gerichten im Rahmen der Überprüfung des Schiedsspruches*

667 BOSchG (Opernchor), Schiedsspruch v. 18.11.2004, Az.: BOSchG C 2/04.
668 BOSchG (Opernchor), Schiedsspruch v. 28.03.2003, Az.: BOSchG C 1/03.

im Aufhebungsverfahren nach § 110 ArbGG verschlossen ist. Ist dieser Beurteilungsspielraum nicht überschritten, liegt ein Rechtsfehler, der zur Aufhebung des Schiedsspruches im Verfahren nach § 110 ArbGG führen könnte, nicht vor (vgl. BAG 11. Mai 1983 – 4 AZR 545/80 – BAGE 42, 349, 362; vgl. für die Überprüfung unbestimmter Rechtsbegriffe im Revisionsverfahren 21. Februar 2007 – 4 AZR 183/06 – Rn. 15, EzTöD 400 BAT Eingruppierung Justizdienst VergGr. IVa Nr. 1; st. Rspr. seit 10. April 1957 – 4 AZR 384/54 – BAGE 4, 149, 155).

Haben wie im vorliegenden Fall tarifliche unbestimmte Rechtsbegriffe Kunstbezug, werden also bei der Auslegung und Anwendung dieser Begriffe künstlerische Belange berührt, ist bei der Überprüfung von Schiedssprüchen im Aufhebungsverfahren die Einräumung eines weiten Beurteilungsspielraums für die Bühnenschiedsgerichtsbarkeit nicht nur durch den revisionsähnlichen Charakter dieses Verfahrens, sondern auch und insbesondere durch den Bezug zur Kunstfreiheit des Art. 5 Abs. 3 Satz 1 GG geboten. Die Kunstfreiheit beinhaltet einen eigengesetzlichen Freiraum, der staatlichen Einfluss soweit wie möglich ausschließt (vgl. Hufen Die Freiheit der Kunst in staatlichen Institutionen 1982 S. 180 ff.). Die Bühnenschiedsgerichtsbarkeit, die über ihre tarifliche Verankerung in § 53 NV Bühne auch an der Gewährleistung des Art. 9 Abs. 3 GG teil hat, soll den grundrechtlichen eigengesetzlichen Freiraum der am Kunstprozess Beteiligten dadurch gegenüber übermäßiger staatlicher Einflussnahme in Form von Gerichtsentscheidungen absichern, dass die Ordnung der Rechtsbeziehungen zuvörderst unter Beteiligung der Kunstschaffenden erfolgt. Dem durch Art. 2 Abs. 1 GG iVm. dem Rechtsstaatsprinzip garantierten Justizgewährungsanspruch ist dadurch genügt, dass § 110 ArbGG den Weg zu einer Rechtskontrolle und endgültigen Streitentscheidung durch die staatlichen Gerichte eröffnet (vgl. BVerfG 14. Februar 2007 – 1 BvR 1351/01 – Rn. 26, BVerfGK 10, 275 für die in einem Gütestellen- und Schlichtungsgesetz vorgesehene Verpflichtung zur Durchführung eines außergerichtlichen Schlichtungsverfahrens vor Erhebung einer Klage vor den Zivilgerichten).“

Im Einzelnen zu den sondervergütungspflichtigen Leistungen des Chormitglieds nach Absatz 3: 9

Eine kleine Partie betrifft die gesangliche Mitwirkung des Chormitglieds, Rolle ist die darstellerische Leistung. Sondervergütungspflichtige Tanzleistungen erfordern die tänzerische Darstellung einer eigenen Individualität des Chormitglieds.[669] Überpflichtgemäße sondervergütungspflichtige Leistungen des Chormitglieds sind zulässig. 10

Einzelfälle hierzu: 11

a. Teilnahme an Konzerten,
b. Sonntagsprobe unter Nichtbeachtung von § 72 Abs. 10 NV Bühne.[670]

---

669 BAG, NZA 2001, 1388, auch BSchG, Schiedsspruch v. 14.10.1981, Az.: BSchG 4/81.
670 BOSchG, Schiedsspruch v. 14.12.1987, Az.: BOSchG C 2/87.

4.2 Rechtsprechung zur Mitwirkungspflicht/Sondervergütung des Opernchormitglieds

12 Aus der Rechtsprechung zur Mitwirkungspflicht/Sondervergütung des Opernchormitglieds

1. Bühnenoberschiedsgericht, Schiedsspruch vom 06.01.1955 zum Az.: BOSchG 18/54 (LS 2)
   Eine Veranstaltung, die Werbezwecken dient bzw. eine typische Bühnenfestlichkeit darstellt, ist nicht sondervergütungspflichtig.
2. Bundesarbeitsgericht, Urteil vom 28.05.1996 zum Az.: 4 AZR 594/84, NZA 86, 819
   Eine Opernchorsängerin ist auch zu Tanzleistungen (hier Gesellschaftstanz) verpflichtet. Vgl. jetzt § 71 Abs. 2 h NV Bühne.
3. Bundesarbeitsgericht, Urteil vom 26.05.1999 zum Az.: 5 AZR 506/98, NZA 99, 1118
   Verpflichtung einer Opernchorsängerin zur Mitwirkung an Aufführungen anderer Bühnen, vgl. dazu auch § 7 Abs. 2 b NV Bühne, auch Bundesarbeitsgericht, Urteil vom 26.05.1999 zum Az.: 5 AZR 495/98, juris und Opern/Tanz 2001/02.
4. Bundesarbeitsgericht, Urteil vom 20.07.2000 zum Az.: 6 AZR 56/99, NZA 2001, 572 und Bundesarbeitsgericht, Urteil vom 26.04.2001 zum Az.: 6 AZR 704/99, NZA 2002, 352
   Opernchormitglieder, Vergütung für Konzerte
5. Bundesarbeitsgericht, Urteil vom 29.03.2001 zum Az.: 6 AZR 644/99, NZA 2001, 1388
   Opernchormitglied, Sondervergütung für Tanzleistungen des Chormitglieds bei Darstellung einer anderen Individualität als bei der Chorleistung.
6. Bundesarbeitsgericht, Urteil vom 01.06.2006 zum Az.: 6 AZR 37/06, NZA RR 2007, 297
   Sondervergütung Chor, Aufführung „Carmina Burana"
7. Bühnenoberschiedsgericht, Schiedsspruch vom 30.06.2009 zum Az.: BOSchG 10/08
   Sondervergütung für kleinere Rolle/Partie, Abgrenzung
8. Bühnenoberschiedsgericht, Schiedsspruch zum Az.: BOSchG 10/2002
   Mitwirkungspflicht kurze Sprechrollen und Gesang, Abgrenzung zur Mitwirkungspflicht/Sondervergütung in individualisierten Rollen.
9. Landesarbeitsgericht Köln, Urteil vom 19.05.2011 zum Az.: 13 Sa 1324/10
   Sondervergütung Chor-Solo
10. Bühnenoberschiedsgericht zum Az.: BOSchG 10/08, ebenso in der Aufhebungsklage Landesarbeitsgericht Köln vom 19.05.2011 zum Az.: 4 Sa 821/08:

Die Übernahme der Partie „Suor Osmina in Puccini suor Angelica" ist eine kurze Gesangsleistung und keine kleine Rolle und nicht sondervergütungspflichtig.

11. Bühnenoberschiedsgericht, Schiedsspruch vom 27.05.1986 zum Az.: BOSchG 22/85 betreffend Konzert/Konzertante Aufführung: Ein Neujahrskonzert ist ein Konzert. Keine Sondervergütung für Carmina Burana.
12. Bundesarbeitsgericht, Urteil zum Az.: 5 AZR 678/11 in BAGE 143, 107 ebenso Bundesarbeitsgericht, Urteil vom 17.09.1987 zum Az.: 6 AZR 560/84, Ankleidezeit ist Arbeitszeit, ZUM 1988, 203
13. Bundesarbeitsgericht, Urteil vom 26.05.1999 zum Az.: 5 AZR 506/98, NZA 1999, 1118
    Verpflichtung des Opernchormitglieds zur Mitwirkung an Aufführungen anderer Bühnen
14. Bundesarbeitsgericht, Urteil vom 26.04.1990, BAGE 348–354
    Ausnahmsweise Zulässigkeit einer Sonntagsprobe, Notwendigkeit einer derartigen Probe erforderlich.

4.3 Chor/Proben (§ 72 NV Bühne)

Der Normalvertrag Bühne kennt im § 72 Abs. 1 Unterabs. 1 und 2 und Abs. 2 Chorgesangsproben, Chorprobe mit Orchester und Bühnenproben. Die Absätze 3, 4, 5 befassen sich mit Proben im Kostüm und Maske sowie Haupt- und Generalproben. Im Einzelnen gilt Nachstehendes: 13

§ 72 Abs. 1 NV Bühne regelt zunächst die Dauer von Chorgesangproben von 2 Stunden und ggf. Chorproben mit Orchester von 2 ½ Stunden. Derartige Proben (Absatz 2) sollen (!) 3 Stunden nicht überschreiten. Der Begriff der Probe im tariflichen Sinne erläutert Absatz 8 von § 72 NV Bühne. 14

Proben wie vor sind Bühnenproben. Derartige Proben sind der Zahl nach begrenzt. Zur zeitlichen Lage der Proben sind die Absätze 9 und 10 der Tarifbestimmung zu beachten, also (Absatz 9) nur eingeschränkte Proben nach einer Aufführung abends oder nach Haupt- und Generalprobe einer großen Choroper oder großem Chorwerk. Ausnahmen sind im Einzelfall nach Absprache mit dem Chorvorstand möglich, ferner keine Probenverpflichtung (Absatz 10) Sonntags, an gesetzlichen Feiertagen, gleichzeitig mit einer Aufführung, nach einer Abendaufführung sowie nach 23 Uhr, ausgenommen besondere Umstände, also Notfälle. Nach Nix/*Hegemann* § 72 NV Bühne Anm. 11 bedeutet die tarifliche Formulierung, dass Bühnenproben 3 Stunden nicht überschreiten sollen, dass diese 3 Stunden nicht überschritten werden dürfen. Diese Auslegung kann angesichts des eindeutigen Wortlauts (sollen) der aktuellen tariflichen Formulierung nicht gefolgt 15 werden (ebenso Bolwin/*Sponer* § 72 NV Bühne Anm. 84). Nix/*Hegemann* a. a. O. vertritt auch die Ansicht, dass u. a. nach dem Wortlaut des § 72 Abs. 3 NV Bühne die Zahl weiterer Bühnenproben für den dort genannten Sachverhalt beschränkt werde (Nix/*Hegemann* Anm. 10 zu § 72 NV Bühne). Die tarifliche Vorschrift wie vor lasse nur die erwähnte Gruppenzahl zu, wenn im Tarifvertrag von einer weiteren Bühnenprobe, somit zeitlich unbegrenzte Probe, gesprochen werde. Diese Ansicht wird hier nicht geteilt. Nach Bolwin/*Sponer* Anm. 44 zu § 72 NV Bühne bedeutet die vorgeschilderte wörtliche Formulierung allein die Umschreibung der zu leistenden Probe und enthalte keine zahlenmäßige Beschränkung der Proben wie beispielsweise in Absatz 2, letzter Satz der Tarifbestimmung.

16 Haupt- und Generalproben sowie weitere Proben nach Absatz 3 sind zeitlich nach dem geltenden tariflichen Wortlaut nicht begrenzt. Die weitere Probe beginnt, sobald Kostüm und Maske angelegt sind. Ankleide- und Schminkzeiten sind nicht Teil der weiteren Probe,[671] und nicht gesondert zu vergüten (Bundesarbeitsgericht a. a. O.). Den Wegfall der Probenmitwirkungspflicht regelt § 72 Abs. 10 NV Bühne. Tarifwidrige dennoch entgegen § 72 Abs. 10 NV Bühne durchgeführte Sonntagsproben sind mit einer halben Tagesgage zu vergüten.[672]

17 Grundsätzlich ist die Überschreitung zeitbegrenzter Proben zu vergüten wie unzulässige Mehrarbeit,[673] z. B. auch Chorprobe über 23:00 Uhr hinaus.[674]

18 Eine Probe im Kostüm und Maske nach § 72 Abs. 4 NV Bühne kann ausnahmsweise auch geteilt werden. Bei Inanspruchnahme einer Bühnenorchesterprobe von bis zu 4 Stunden bzw. einer zeitlich unbegrenzten Probe (a. a. O. Absatz 2 Satz 3 und Absatz 3) bzw. einer zeitlich unbegrenzten Bühnenprobe ist für jede Probe ein zusätzlicher freier Tag zu gewähren (vgl. a. a. O. Absatz 7).

19 Der Arbeitgeber hat also[675] ggf. die freien Tage unter vollständiger Freistellung von jeglicher Arbeitsverpflichtung des Chormitglieds nach seinem Ermessen gemäß § 315 Abs. 1 BGB zu gewähren. Bei der Ermessensausübung ist der Unterabsatz 2 von § 72 Abs. 7 NV Bühne zu berücksichtigen.

20 Letztlich sind Abweichungen von vorstehenden tariflichen Regelungen – so der tarifliche Wortlaut von § 72 Abs. 11 NV Bühne – im Einzelfall möglich im Einvernehmen mit dem Chorvorstand. Dabei sind die gesetzlichen Vorgaben in § 10 Abs. 1 Nr. 5 ArbZG zu beachten, wonach Aufführungen (also nicht Proben)

---

671 BAG, Urteil v. 17.09.1987, Az.: 6 AZR 560/84, ZUM 1988/203.

672 BOSchG Köln, Schiedsspruch v. 14.12.1987, Az.: BOSchG C 2/87 in AP Nr. 39 zu § 611 BGB Bühnenengagementsvertrag.

673 BAG, Urteil v. 12.05.1982, Az.: 4 AZR 510/81 BAGE 38, 383 und BAG, Urteil v. 17.09.1984, Az.: 6 AZR 560/84 in AP Nr. 20 zu § 611 BGB Bühnenengagementsvertrag.

674 BAG, Urteil v. 13.08.1992, Az.: 6 AZR 22/91, ZTR 1993, 74 (Leitsatz).

675 BAG, Urteil v. 30.09.1987, Az.: 4 AZR 233/87, BB 88, 568.

auch an Sonntagen, Feiertagen möglich sind. Die Probenmitwirkungspflicht soll jedoch nach Absatz 10 von § 72 NV Bühne an diesen Tagen in den dort genannten Ausnahmefällen fortbestehen, wenn besondere plötzlich eingetretene Umstände dies erfordern.[676] Letztlich folgt dieses Ergebnis aus § 14 Abs. 1 ArbZG.

4.4 Ruhezeiten/Freie Tage – Chor (§ 73 NV Bühne)

Die tarifliche Regelung von Ruhezeiten in § 73 (Abs. 1 a-d) NV Bühne wiederholt die gesetzliche Regelung des § 5 ArbZG bzw. spezifiziert in Absatz 1 a, b, c die generelle Regelung von § 5 Abs. 1 ArbZG mit den dort vorgeschriebenen Ruhezeiten von 11 Stunden. 21

Betreffend Ruhezeiten der Chormitglieder ist auf die eingehende Regelung in § 73 NV Bühne zu verweisen. Tarifliche Ruhezeiten können nach Anhörung (sogenanntes Benehmen) des Chorvorstandes nach § 73 Abs. 2 d NV Bühne verkürzt werden. Dies gilt bei vorliegenden betrieblichen, ggf. genau darzulegenden Gründen. Darüber hinaus geht dies nur im Einvernehmen mit dem Chorvorstand (a. a. O. Absatz 4). Nach Absatz 2 a, b, c, e sind weitere Verkürzungsmöglichkeiten der Ruhezeit möglich. Letztlich sieht § 73 Abs. 4 NV Bühne eine weitere Verkürzungsmöglichkeit der Ruhezeit vor, jeweils jedoch im Einvernehmen mit dem Chorvorstand. Die Verkürzung nach Absatz 4 setzt also Einvernehmen, also vorherige Einwilligung des Chorvorstandes voraus, ein alleiniges Benehmen, das keine Einwilligung erfordert (vgl. Vorstehendes) genügt nicht. 22

Freie Tage – Chor

Freie Werktage für Chormitglieder regelt § 74 Abs. 1 NV Bühne. Absatz 1 a. a. O. definiert die umfassende Mitwirkungspflicht der Chormitglieder (alle Tage in der Spielzeit, ausgenommen die Theaterferien). Acht Sonntage außerhalb der Theaterferien sind beschäftigungsfrei, wobei künstlerische und betriebliche Gründe zu berücksichtigen sind (a. a. O. Absatz 5). Dies bedeutet, dass die 8 Sonntage im Rahmen des arbeitgeberseitigen Ermessens unter Berücksichtigung betrieblicher und künstlerischer Belange zu gewähren sind. Abweichungen im Einzelfall von der tariflichen Regelung betreffend freie Tage (a. a. O. Absatz 2–5) sind im Einvernehmen mit dem Chorvorstand möglich, wobei stets die gesetzlichen Vorgaben des Arbeitszeitgesetzes einzuhalten sind (Bolwin/Sponer, Anm. 30, 4 zu § 74 NV Bühne). 23

676 Bolwin/*Sponer* Anm. 126 zu § 72 NV Bühne und Nix/*Hegemann* Anm. 28 zu § 72 NV Bühne, ferner BAG, Urteil v. 26.04.1990, Az.: 6 AZR 462/88, BAGE 64, 348.

24 Zu Absatz 1: Freie Werktage sind wöchentlich zu gewähren, Werktage sind Montag bis einschließlich Samstag, die halben freien Tage können demgegenüber auch sonntags gewährt werden. Zwischen freien Werktagen sollen (Absatz 2) kein Zeitraum über 12 Tage hinaus bestehen. Freie Tage bedeutet vollständige Freistellung von allen vertraglichen Verpflichtungen, auch Rufbereitschaft.[677]

25 Zu Absatz 5: Die beschäftigungsfreien Sonntage sind außerhalb der Theaterferien zu gewähren.

4.5 Vergütung – Chor (§ 75 NV Bühne)

26 Die Vergütung des Chormitglieds besteht aus Gage (§ 76 Abs. 1 NV Bühne) und Zulage. Die Gage beinhaltet sämtliche vertragsgemäße Leistungen des Chormitgliedes nach § 79 Abs. 1 NV Bühne, insbesondere Leistungen gemäß §§ 71 Abs. 1–3, 72 NV Bühne.

27 Für die Vergütung des Opernchormitglieds für dessen gesamte Tätigkeit – soweit nicht Sondervergütungen zu zahlen sind (§ 75 Abs. 1 NV Bühne) – gilt: Maßgebend ist die Eingruppierung des Orchesters des Hauses. Gilt für das Haus ein Sondertarifvertrag mit niedrigerer Vergütung als nach dem Tarifvertrag für Musiker und Kulturorchestern ist dies auch für das Opernchormitglied maßgeblich.[678] Dies soll jedoch bei höherer Eingruppierung des Orchesters als nach § 22 TVK für das Opernchormitglied nicht gelten.[679] Fällt das Orchester des Hauses nicht unter den Tarifvertrag für Musiker und Kulturorchestern, ist für den Opernchor ein gesonderter Gagentarifvertrag abzuschließen (§ 76 Abs. 1 a. E. NV Bühne). Kommt ein derartiger Tarifvertrag nicht zustande, muss sinngemäß entsprechend letztgenannter Tarifbestimmung verfahren werden; letztlich ist festzustellen, wie ein Orchester für das Haus einzugruppieren wäre, wäre es vorhanden.[680] Dementsprechend ist dann das Chormitglied zu vergüten.

28 **Gagenklasse/Chor/Gage**

29 Die Vergütung des Chormitglieds beinhaltet Gage (§ 76 NV Bühne), Ortszuschlag (§ 77 NV Bühne) und Zulage. Betreffend Gage gilt das vorstehend Gesagte, d. h., es ist zunächst die Eingruppierung des Hausorchesters nach dem Tarifvertrag für Musiker in Kulturorchestern festzustellen, wobei die eingangs geschilderten

---

677 BAG, Urteil v. 30.09.1987, Az.: 4 AZR 233/87, BAGE 56, 179–191.
678 BSchG Köln, Schiedsspruch v. 07.12.1994, Az.: BSchG C 18/94.
679 BOSchG Köln, Schiedsspruch v. 27.03.1980, Az.: BOSchG C 1/79.
680 BOSchG Köln, Schiedsspruch v. 06.11.1980, Az.: BOSchG C 5/80.

Abweichungen betreffend die Eingruppierung des Hausorchesters zu beachten sind.

Im Einzelnen: vgl. § 76 Abs. 1 NV Bühne. Der nach § 75 Abs. 1 NV Bühne zu berücksichtigende Ortszuschlag (§ 77 NV Bühne) ist entfallen. 30

4.6 Zulage/Sondervergütungen – Chor (§§ 78, 79 NV Bühne)

Die zu zahlende Zulage ist nach § 78 Abs. 1 NV Bühne zu ermitteln, wobei allein die Beschäftigungsdauer für die Höhe der Zulage zu berücksichtigen ist. 31

Nach § 78 Abs. 1 NV Bühne ist Beschäftigungsdauer die gesamte Tätigkeit des Chormitglieds ab dem 18. Lebensjahr als Chormitglied bei einem Mitglied des Deutschen Bühnenvereins. Maßgeblich ist also die Dienstzeit als Opernchormitglied (§ 78 Abs. 1 NV Bühne), eine Solistentätigkeit zählt nicht. Unterbrechungen der ggf. zusammen zu zählenden vorerwähnten Dienstzeiten haben keine Bedeutung, d. h., es ist zusammenzuzählen (Bolwin/Sponer, Anm. 4–6 zu § 78 NV Bühne). 32

Sondervergütungen – Chor

Betreffend die ferner zu zahlenden Sondervergütungen ist vorab auf die Ausführungen oben zu § 71 NV Bühne, insbesondere Absatz 3 zu verweisen. Das Singen einer mittleren Choroper (§ 79 Abs. 2 b NV Bühne), einer großen Choroper (a. a. O. 2 c) und bei einer Mitwirkung an einer zweiten oder dritten Aufführung an einem Tag ist jeweils sondervergütungspflichtig, wobei jeweils die Voraussetzungen zu 2 b) und c) – in welcher Sprache wird gesungen? – zu prüfen sind dahingehend, ob sie gegeben sind, wie es der Tarifvertrag vorschreibt. Letztlich sind auch „andere Tanzleistungen" angemessen sondervergütungspflichtig. Es muss sich dabei um Tanzleistungen handeln, die über die nicht zu vergütenden Tanzleistungen nach § 71 Abs. 2 h NV Bühne hinausgehen, was bereits § 71 Abs. 3 c NV Bühne erwähnt. Leistungen nach § 71 Abs. 3 NV Bühne im Gegensatz zu Leistungen nach § 71 Abs. 2 NV Bühne sind wie oben bereits dargelegt nach § 79 NV Bühne sondervergütungspflichtig.[681] Nichtvergütungspflichtige „ähnliche Tanzleistungen" dienen stets der Ausgestaltung der Chortätigkeit und sind als solche abzugrenzen von den sondervergütungspflichtigen anderen Tanzleistungen im Sinne von § 79 Abs. 2 h, 71 Abs. 3 c NV Bühne. Letztlich ist die Mitwirkung in Konzerten nach § 79 Abs. 3 NV Bühne sondervergütungspflichtig. 33

Zur Definition des Begriffes „Konzert" vgl. auch die Protokollnotiz zu Absatz 3. 34

---

681 BAG, Urteil v. 28.05.1986, Az.: 4 AZR 594/84, NZA 1986, 819–820.

35 Zum Begriff der sondervergütungspflichtigen großen Choroper nach § 79 II c NV Bühne, vgl. noch die Anlage 7 zum NV Bühne mit einem Verzeichnis der großen Choropern bzw. Chorwerke. Sondervergütungspflichtig sind nach § 79 Abs. 2 e NV Bühne auch andere Tanzleistungen, hierzu wird auf obige Darlegungen zu § 71 Abs. 3 NV Bühne verwiesen. Die Mitwirkung bei der musikalischen Aufführung eines konzertanten Bühnenwerks ist bereits nach dem tariflichen Wortlaut nicht sondervergütungspflichtig. Die Mitwirkung bei Konzerten ist nach § 79 Abs. 3 NV Bühne sondervergütungspflichtig, so z. B. bei einem Neujahrskonzert. Zur Definition des Begriffes Konzertes vgl. auch die Protokollnotiz Nr. 1 zu Absatz 3 von § 79 NV Bühne sowie ferner BAG, Urteil vom 01.06.2006 zum Az.: 6 AZR 37/06 (Carmina Burana), NZA-RR 2007, 297 betreffend Abgrenzung Konzert/Vorstellung/musikalisches Bühnenwerk.

4.7 Rechteabgeltung Chor (§ 80 NV Bühne)

36 Die tarifliche Vorschrift des § 80 NV Bühne gründet auf § 79 Abs. 2 UrhG i. V. m. § 32 des gleichen Gesetzes und gewährt der Gruppe der Chormitglieder (§ 80 UrhG) den Anspruch des Chormitglieds auf eine angemessene Sondervergütung.

37 Die Leistungsschutzrechte des Chormitglieds regelt § 80 NV Bühne. Dazu sei auf obige Ausführungen zu §§ 59, 68 NV Bühne, Leistungsschutzrechte Bühnentechnik verwiesen.

38 § 81 NV Bühne betreffend Gewährung von Beihilfen und Unterstützungen etc. ist aktuell nicht mehr von Bedeutung, da neue Mitarbeiter im Bereich Tarifvertrag für den öffentlichen Dienst keine Beihilfe mehr erhalten. Für Beschäftigte, die nach den Regelungen des Bundes-Angestelltentarifvertrags bei Inkrafttreten des Tarifvertrags für den öffentlichen Dienst bereits einen Beihilfeanspruch hatten, gilt diese alte Regelung nach § 81 NV Bühne weiter, ggf. ist zu prüfen, ob nach Unterstützungsgrundsätzen des jeweiligen Bundeslandes eine Unterstützung gewährt werden kann.

39 § 82 NV Bühne regelt die Gewährung einer Jubiläumszuwendung, wobei wie bei der Zulagenregelung nach § 78 Abs. 1 Chor als Dienstzeit allein die Tätigkeit als Opernchormitglied zählt, also ggf. (vgl. Absatz 3 a) auch Chormitgliedszeiten bei einem anderen Arbeitgeber der Mitglied des Bühnenvereins ist.

4.8 Nichtverlängerungsmitteilung – Chor, § 83 NV Bühne

40 § 83 Abs. 1–11 NV Bühne enthält die Regelungen betreffend Nichtverlängerung im Bereich Chor. Die Bestimmung ist – allerdings nicht vollständig – identisch mit

den Regelungen betreffend den Bereich Solo und Bühnentechnik. Es liegen für diesen Bereich jedoch einige wesentliche Unterschiede vor, diese müssen beachtet werden. So sieht Absatz 3 der vorerwähnten Bestimmung vor, dass der Arbeitgeber den Opernchorvorstand unterrichten muss und Gelegenheit geben muss, mit dem Ziel der Einigung zur Aussprache, ähnlich der sonst geforderten Anhörung oder zur schriftlichen Stellungnahme binnen Wochenfrist. Nach Absatz 6 sind dem Opernchormitglied auf sein Verlangen unverzüglich die Gründe der Nichtverlängerungsmitteilung schriftlich mitzuteilen. Insoweit wird mehr gefordert als die bloße Anhörung mit Nennung konkreter und nachvollziehbarer Gründe, die subjektiv determiniert sein müssen aus der Sicht des Arbeitgebers. Nach Absatz 8 sind nicht vorliegende künstlerische Gründe in Verbindung mit überwiegenden Interessen des Bühnenmitglieds an dem Verbleib im Arbeitsverhältnis Grund für eine Unwirksamkeit der Nichtverlängerungsmitteilung. Die künstlerischen Gründe, die die Nichtverlängerungsmitteilung bedingen sollen, hat der Arbeitgeber vorzutragen und ggf. zu beweisen.[682] Umgekehrt ist das Bühnenmitglied darlegungs- und beweispflichtig betreffend seine Leistungsfähigkeit oder sonstige Eignung (Bundesarbeitsgericht a. a. O.). Der Unterschied zum Bereich Solo liegt somit darin, dass eine Anhörung des Chormitglieds nicht stattfindet, eine schriftliche Mitteilung über eine in Aussicht genommene Nichtverlängerungsmitteilung ist auch hier zu beachten und zu berücksichtigen, dass die Möglichkeit der Nichtverlängerungsmitteilung nach § 83 NV Bühne die Möglichkeit einer begründeten außerordentlichen Kündigung nicht ausschließt.[683]

Eine etwaige Versäumung der vorgenannten tariflichen Verpflichtung (vgl. 41
Absatz 7) führt zur Unwirksamkeit der Mitteilung des Arbeitgebers über die beabsichtigte Nichtverlängerung. Der Arbeitgeber hat ferner auf Verlangen des Chormitglieds, diesem schriftlich (Absatz 6) die Gründe für die Nichtverlängerungsmitteilung mitzuteilen, welche sodann hinsichtlich der dargelegten Erwägungen in die Aussprache bzw. Stellungnahme des Opernchorvorstandes einfließen können bzw. erörtert werden können. Letztendlich sind auch hier seitens des Arbeitgebers betreffend Mitteilung an das Chormitglied wiederum konkrete und nachvollziehbare Gründe erforderlich, wie sie die Rechtsprechung beispielsweise in der Entscheidung des Bundesarbeitsgerichts vom 11.03.1982, AP Nr. 19 zu § 611 BGB Bühnenengagementsvertrag für die Anhörung nach § 61 Abs. 4 NV Bühne für den Bereich Solo, erfordert hat.

Die Darlegung und der Beweis hinsichtlich der künstlerischen Belange für die 42
Nichtverlängerungsmitteilung nach Absatz 8 a. a. O. obliegen dem Arbeitgeber,

682 BAG, Urteil v. 12.01.2000, Az.: 7 AZR 925/98, NZA 2000, 1345.
683 BOSchG Chor, Schiedsspruch v. 15.06.1979, Az.: BOSchG 3/78.

andere Gründe (z. B. Leistungsfähigkeit, sonstige Eignung) hat der Arbeitnehmer darzulegen und ggf. dies zu beweisen (a. a. O. Absatz 10). Zur Rechtsprechung wird auf die Entscheidung des Bundesarbeitsgerichts, Urteil vom 12.01.2000 zum Az.: 7 AZR 925/98, NZA 2000, 1345 verwiesen. Soweit die Nichtverlängerungsmitteilung durch Leistungs- und Eignungseinschränkungen berührt wird (so das Bundesarbeitsgericht a. a. O.) trifft dem Arbeitgeber die Darlegungs- und Beweislast. Geht es jedoch (Absatz 10) um die Leistungsfähigkeit oder sonstige Eignung, ist der Arbeitnehmer darlegungs- und beweisbelastet. Die übrigen strittigen Umstände, so der tarifliche Wortlaut, hat also der Arbeitnehmer zu beweisen, insoweit im Einzelfall auch betriebsbedingte Umstände eingreifen und beachtet werden müssen. Zur Darlegungs- und Beweislast in diesem Fall sei auf nachstehenden Auszug aus der Entscheidung des Bundesarbeitsgerichts vom 12.01.2000 hingewiesen:

> *„Danach sind bei einem Streit über die Wirksamkeit einer Nichtverlängerungsmitteilung nach Abs. 9 die künstlerischen Belange der Bühne vom Arbeitgeber, die übrigen Umstände, zB die Leistungsfähigkeit oder die sonstige Eignung, dagegen vom Opernchormitglied zu beweisen. Zwar ist in § 22 Abs. 9 NV Chor von der Leistungsfähigkeit oder der sonstigen Eignung des Chormitglieds nicht ausdrücklich die Rede. Wie sich aus Wortlaut, Systematik sowie Sinn und Zweck des § 22 Abs. 9 und 11 NV Chor ergibt, gehen aber die Tarifvertragsparteien davon aus, daß es einerseits künstlerische Belange gibt, die von der Leistungsfähigkeit oder sonstigen Eignung des Chormitglieds unabhängig sind, daß andererseits die künstlerischen Belange aber auch durch die Leistungsfähigkeit und Eignung des Chormitglieds beeinträchtigt sein können. Geht es allein um die künstlerischen Belange oder um die Frage, ob die künstlerischen Belange durch bestimmte Leistungs- oder Eignungseinschränkungen des Chormitglieds berührt werden, ist der Arbeitgeber beweisbelastet. Besteht dagegen Streit über die Leistungsfähigkeit oder sonstige Eignung des Chormitglieds, obliegt diesem insoweit die Beweislast (so auch Crisolli, Das Tarifrecht der Angestellten im öffentlichen Dienst, § 22 NV Chor Nr. 45).“*

43 Die Entscheidung ist noch zum NV Chor ergangen, der jetzige Wortlaut in § 83 Abs. 10 NV Bühne ist identisch.

44 Allein die Darlegung konkreter und nachvollziehbarer Gründe, diese subjektiv determiniert reicht nicht aus angesichts des Wortlauts von Absatz 10 der tariflichen Bestimmung, welcher einen Beweis der behaupteten Belange des Hauses erfordert, was umgekehrt auch für das Chormitglied gilt hinsichtlich seiner Darlegungs- und Beweislast wie vorstehend dargelegt.

45 Betriebsbedingte Gründe wie Spartenschließung ordnet die bühnenschiedsgerichtliche Rechtsprechung (vgl. Bolwin/Sponer, Anm. 57 zu § 83 NV Bühne mit Rechtsprechung) unter künstlerische Belange und berücksichtigt diese gleichfalls, obwohl dies nach dem Vorgesagten nicht folgerichtig und unrichtig nach dem tariflichen Wortlaut erscheint, denn betriebsbedingte Gründe fallen bereits unter den Begriff „übrige Umstände“ in Absatz 10, 2. Satzteil von § 83 NV Bühne.

Nach Absatz 11 von § 83 NV Bühne ist der Arbeitgeber bei einem Bühnenmitglied, das älter als 40 Jahre ist und länger als 15 Jahre bei derselben Bühne beschäftigt ist, gehalten zu prüfen, ob dieses anderweit – ggf. auch nichtkünstlerisch – an der Bühne bzw. bei der einschlägigen Kulturverwaltung, sofern vorhanden, weiterbeschäftigt werden kann. Die erforderlichen Beschäftigungszeiten bei der Bühne sollen (so Bolwin/*Sponer* Anm. 68 zu § 83 NV Bühne) um die Zeiten auch einer früheren Beschäftigung verlängert angesehen werden. Unterbrechungen der Tätigkeit beim Opernchor sollen, so Bolwin/*Sponer*, nicht zählen. Diese Differenzierung erscheint angesichts des tariflichen Wortlautes, der nur von einer 15-jährigen Beschäftigung ohne weitere Vorgaben spricht betreffend die tatsächliche Tätigkeit und deren Berechnung nicht gerechtfertigt, dies z. B. bei einer Beschäftigung eines Opernchormitglieds, das zuvor als Solist tätig war. Auch dessen Zeit ist nach dem tariflichen Wortlaut mit zu berücksichtigen. Der Tarifvertrag spricht allein davon, dass eine Beschäftigung neben dem Alterserfordernis von länger als 15 Jahren bei derselben Bühne vorliegt. 46

Inwieweit diese Regelung von Absatz 11 betreffend anderweite Beschäftigung (40 Jahre mindestens und länger als 15 Jahre beschäftigt) als diskriminierend nach § 1 AGG von jüngeren Chormitgliedern angesichts der Rechtsprechung des Europäischen Gerichtshofs vom 08.09.2011 zum Az.: 297/10 und 298/10 angegriffen werden kann, ist fraglich angesichts eines Sachvortrags, dass sachliche Gründe für den betroffenen Personenkreis in diesem künstlerischen Bereich eine derartige Behandlung erfordern. Ein etwaiger Verstoß gegen die Berechnung nach Absatz 11 wie vor führt nicht zur Unwirksamkeit einer Nichtverlängerungsmitteilung, da der Wortlaut der Bestimmung hierüber nichts aussagt, zum anderen die Nichtverlängerungsmitteilung nach fester Rechtsprechung gerade keine Kündigung ist, sodass eine entsprechendes Anwendung von § 1 Abs. 2 und 3 KSchG ausgeschlossen erscheint angesichts eines im Übrigen nach der Rechtsprechung zulässig befristeten Arbeitsverhältnisses des Chormitglieds, und der Wortlaut allein eine Prüfung des Vorliegens einer freien Stelle erfordert. Eine Angebots- oder Besetzungsverpflichtung enthält der Text nicht. 47

4.9 Gerichtsentscheidungen betreffend Sonderregelungen (SR) Chor

1. Bundesarbeitsgericht, Urteil vom 12.01.2000 zum Az.: 7 AZR 925/98, NZA 2000/1345
   Verteilung der Darlegungs- und Beweislast bei Streit um eine Nichtverlängerungsmitteilung im Bereich Chor.

2. Bundesarbeitsgericht, Urteil vom 26.04.2001 zum Az.: 6 AZR 704/99, NZA 2002, 352 (Leitsatz)
   Definition: Konzert, konzertante Aufführung, auch Bundesarbeitsgericht, Urteil vom 20.07.2000 zum Az.: 6 AZR 56/99
3. Bundesarbeitsgericht, Urteil vom 29.03.2001 zum Az.: 6 AZR 644/99, NZA 2001/1388
   Opernchormitglied, Tanzleistungen
4. Bundesarbeitsgericht, Urteil vom 01.06.2006 zum Az.: 6 AZR 37/06, NZA RR 2007, 297, zuvor Landesarbeitsgericht Köln vom 04.10.2005 zum Az.: 13 (6) Sa 626/05
   Carmina Burana, konzertante Aufführung in einer Kirche, keine Sondervergütung
5. Bundesarbeitsgericht, Urteil vom 16.12.2010 zum Az.: 6 AZR 487/09, zuvor Landesarbeitsgericht Köln, Urteil vom 15.05.2009 zum Az.: 4 Sa 821/08, NZA 2011/1441
   Sondervergütung Duo- und Quartettauftritte Idomeneo
6. Opernchormitglied, Tanzleistungen, Bundesarbeitsgericht, Urteil vom 28.05.1986 zum Az.: 4 AZR 594/84, NZA 87, 1446
   Ein Opernchorsänger ist nach dem Normalvertrag Chor auch zu Tanzleistungen verpflichtet; derartige Leistungen sind nicht zusätzlich zu vergüten, soweit es sich dabei um „Gesellschaftstanz“ handelt. Darunter verstehen die Parteien Tanzleistungen die zu Bühnenwerken gehören, die gegenwärtig aufgeführt werden.

5 Sonderreglungen (SR) Tanz (§§ 84–97 NV Bühne)

Die Sonderregelungen für Tanzgruppenmitglieder (auch mit Soloverpflichtung) finden sich in **§§ 84–97 NV Bühne.** 1

Die Bestimmungen erfassen das Tanzgruppenmitglied, also den Gruppentänzer/Gruppentänzerin auch mit Soloverpflichtung. Der Solotänzer/Solotänzerin unterfällt nicht diesem Personenkreis, er ist Solomitglied. Die besondere Mitwirkungspflicht der Gruppentänzer erfasst nach §84 Abs. 1 NV Bühne auch die Verpflichtung zur Teilnahme am Training. Vereinbarte Tätigkeiten, die weder unter die allgemeine Mitwirkungspflicht noch unter die besondere Mitwirkungspflicht fallen, sind sondervergütungspflichtig. Erfasst von vorgenannter arbeitsvertraglicher Mitwirkungspflicht der Gruppentänzer sind also (§84 Abs. 2 a, b, c NV Bühne) kurze solistische Sprech- und/oder Gesangsleistungen, Refraingesang und pantomimische Leistungen bzw. Leistungen ähnlicher Art. Die Übernahme kleinerer Rollen oder Partien nach Absatz 3 der Bestimmung ist demgegenüber jedoch sondervergütungspflichtig. Die Übernahme einer Rolle ist eine darstellerische Leistung, die Übernahme einer Partie ist eine musikalische Leistung (vgl. Bolwin/*Sponer* Anm. 80, 81 zu §71 NV Bühne). 2

5.1 Besondere Mitwirkungspflicht – Tanz (§ 84 Absatz 1, 2, 3 NV Bühne)

§84 Abs. 1, 2 NV Bühne befasst sich mit den nicht zusätzlich zu vergütenden besonderen Mitwirkungspflichten der Tanzgruppenmitglieder über deren allgemeine Mitwirkungspflicht nach §7 NV Bühne hinaus. Die Mitwirkungspflicht umfasst auch kurze solistische Sprech- oder (und) Gesangsleistungen, wobei damit nicht gemeint ist die Übernahme einer kleinen Rolle/Partie. Vorgenannte Leistungen müssen also ohne Sondervergütung erbracht werden (§84 Abs. 4 NV Bühne). Ob das Tanzgruppenmitglied kollektive Sprech- oder Gesangsleistungen über die Voraussetzungen nach §84 Abs. 2 b und d NV Bühne hinausgehend zu übernehmen hat, ist tariflich nicht klar geregelt. 3

Dies – also kollektivmäßige Sprech- und Gesangsleistungen über §84 Abs. 2 b und d hinaus NV Bühne – sollen erfordert werden können, wenn das Gruppenmitglied ohnehin (und nur dann!) zur Mitwirkung verpflichtet ist (so Fischer in Nix/Hegemann, Normalvertrag Bühne, §84, Anm. 8, und Bolwin/*Sponer* §84 NV Bühne, Anm. 12). 4

5 Hervorzuheben an der Aufzählung der – nichtvergütungspflichtigen – Mitwirkung des Tanzgruppenmitglieds in § 84 NV Bühne ist die Mitwirkungspflicht bei Statistentätigkeit und Komparsentätigkeit, also einer nicht künstlerischen Tätigkeit, dies aber nur unter der Voraussetzung – so der Wortlaut der Tarifbestimmung – wenn es aus künstlerischen Gründen gerechtfertigt ist, und das Tanzgruppenmitglied ohnehin an der Veranstaltung teilzunehmen verpflichtet ist (vgl. dazu auch § 71 Abs. 2 g NV Bühne gleichlautend für den Bereich Chor); also „nur" Statistentätigkeit oder Komparsentätigkeit kann insoweit nicht gefordert werden.

6 Letztlich besteht eine tariflich geregelte Mitwirkungspflicht für die Übernahme einer kleinen Tanzrolle oder Tanzpartie § 84 Abs. 3 NV Bühne; die Übernahme ist sondervergütungspflichtig nach § 92 Abs. 2 NV Bühne. Die kleinen Rollen oder Partien müssen Tanzrollen oder Tanzpartien sein (vgl. Bolwin/*Sponer* Anm. 29 zu § 84 NV Bühne).

5.2 Proben – Tanz (§ 85 NV Bühne)

7 § 85 NV Bühne regelt die Mitwirkungspflicht in
- Bühnenproben (i. E.: Das Einüben einer Aufführung)
- Haupt-/Generalproben
- Proben mit Kostüm und Maske

8 Nach Absatz 1 a. a. O. ist die Probenobergrenze 7 Stunden, dies gilt nach Absatz 2 Satz 1 a. a. O. für die Dauer einer Hauptprobe oder Generalprobe nicht, ebenso bei einer zeitlich unbegrenzten Probe in Kostüm und Maske bei Neuinszenierung nach Absatz 2 Satz 2 a. a. O. bzw. nach Absatz 4 a. a. O., bei Übernahme eines Werks aus vorangegangener Spielzeit bei gleicher Regiekonzeption. Für letztere Proben nach Absatz 2 Satz 2 oder Absatz 4 ist ein zusätzlicher freier Tag zu gewähren bis zu 6 freien Tagen (Absatz 6 Satz 2 a. a. O.); ein einzelner (!) freier Tag kann nicht sonntags gewährt werden. Auch bei Proben ist eine angemessene Pause zu gewähren (Absatz 7 a. a. O.). Den Probeneinsatz nach einer Aufführung am Abend, während einer Aufführung nach 23 Uhr an einem Sonntag oder gesetzlich anerkanntem Feiertag, untersagt Absatz 9 a. a. O., es sei denn, es liegt ein betriebsbedingter in Absatz 9 näher beschriebener Ausnahmefall vor.

9 Der Arbeitgeber ist verpflichtet, an 5 Wochentagen Training anzusetzen (§ 85 Abs. 1 Unterabs. 2) und (vgl. Protokollnotiz zu Absatz 1 a. a. O.) die Möglichkeit zum Exercice vor Beginn der Aufführung vorab zu bieten.

10 Bei der Dauer einer Probe sind stets die gesetzlichen Schutzvorschriften des § 3 ArbZG zu beachten, soweit nicht tarifvertraglich geltend (§ 7 ArbZG) Abwei-

chungen vereinbart sind. Eine echte Probenteilungsmöglichkeit sieht Absatz 3 vor, wobei auch eine Teilung mit Fortsetzung nach 4 Stunden von der Rechtsprechung akzeptiert wird.[684] Eine Teilungsmöglichkeit besteht aber nur für Proben in Kostüm und Maske nach Absatz 2 und nicht für Proben etc. nach Absatz 4 a. a. O.

Die tarifliche Regelung der Probenzeit ist im § 85 Abs. 1–10 NV Bühne enthalten. Probe ist das Üben einer künftigen Vorstellung (vgl. zu dem Begriff auch a. a. O. Absatz 7, Unterabsatz 1, 2, 3 sowie ferner Bolwin/*Sponer* Anm. 2–20 zu § 72 NV Bühne). Eine Probe liegt auch dann vor, wenn diese durch eine Pause unterbrochen ist (a. a. O. Absatz 8, Unterabsatz 3); keine Proben sind (Unterabsatz 4) kurzeitige Einübungen schwieriger Stellen bezogen auf eine Aufführung. Ein derartiges Einüben darf (so Bolwin/*Sponer* Anm. 11 zu § 72 NV Bühne) 15 Minuten nicht überschreiten. 11

Zur Definition von Haupt- und Generalproben nach § 85 Abs. 2. NV Bühne.[685] 12
Definiert werden vorstehende Begriffe also als die letzte Probe bzw. die Probe vor der letzten Probe. Eine Probe in Kostüm und Maske setzt das Tragen der erforderlichen Kostüme und das Anlegen der Maske auf Grund entsprechender Anordnungen voraus.

Im Einzelnen vergleiche nachstehend: 13

5.3 Ruhezeiten – Tanz (§ 86 NV Bühne)

§ 86 Abs. 1 a-c NV Bühne regelt die Ruhezeiten für den Bereich Tanz, dies sind: 14

a) Ruhezeit zwischen einer Probe (d. h. deren Beendigung und Erscheinungstermin zur Aufführung im Theater bzw. Erscheinungstermin zur Abfahrt bei auswärtiger Tätigkeit.
b) Ruhezeit zwischen zwei Proben, 4 Stunden.
c) Nachtruhezeit, 11 Stunden (vgl. auch gleichlautend § 5 Abs. 1 ArbZG).

§ 86 Abs. 1 NV Bühne beinhaltet die Bestimmungen über die jeweiligen Ruhezeiten der Tanzgruppenmitglieder und deren Dauer. Absatz 2 beinhaltet die Möglichkeit zur Kürzung der Ruhezeit von 5 Stunden nach Abs. 1 (a) NV Bühne; die Protokollnotiz zu Absatz 1 enthält als Sollbestimmung auch die Möglichkeit der Verlängerung der Ruhezeit um eine halbe Stunde nach Absatz 1 (a) bei starker Belastung des Tanzgruppenmitglieds. Eine Verkürzung (Protokollnotiz zu Absatz 15

684 BAG, Urteil v. 23.11.1985, AP Nr. 23 zu § 611 BGB Bühnenengagementsvertrag.
685 vgl. BAG, Urteil v. 21.05.1992, Az.: 6 AZR 114/91, NZA 1993, 83–85 und Kurz, Theaterrecht, S. 288, Anm. 62.

2, b) um bis zu einer Stunde ist schließlich möglich bei – jeglicher – Probe in Kostüm und Maske.

16 Letztlich ist eine Verkürzung der Ruhezeit im Benehmen mit dem Tanzgruppenvorstand möglich (Absatz 2 d). Benehmen bedeutet Erörterung mit dem Tanzgruppenvorstand, nicht aber Einigung bzw. Zustimmung (vgl. Fischer, Anm. 20 zu § 85 NV Bühne in Nix/Hegemann, Normalvertrag Bühne).

17 Ferner regelt § 5 Abs. 1 ArbZG die nächtliche Ruhezeit von 11 Stunden, gleichlautend zu § 86 Abs. 1 (c) NV Bühne. Letztlich kann (§ 86 Abs. 2 NV Bühne notwendige Verkürzung wegen der Art der Arbeit und der Gewährung eines Ausgleichszeitraums für die Verkürzung) eine Verkürzung der Ruhezeit nach § 86 Abs. 1 a erfolgen, soweit die Voraussetzungen des Absatzes 2 vorliegen.

18 Die gemeinsame Anreise der Tanzgruppe zu einem Gastspiel ist Arbeitszeit und nicht Ruhezeit, Gleiches gilt für die gemeinsame wie private Anreise (ebenso Kurz, Theaterrecht, Kap. 7, Anm. 163).

5.4 Freie Tage – Tanz (§ 87 NV Bühne)

19 Die allgemeine tarifliche Regelung für freie Tage im Bereich Sonderregelung Tanz (Absatz 1 i. V. m. § 87 NV Bühne) beinhaltet also einen freien Werktag (da ist Montag bis Samstag eingeschlossen) und einen halben Tag je Woche. Die Vorschrift wiederholt die Mitwirkungspflicht des Tanzgruppenmitglieds in Absatz 1 an allen Tagen der Spielzeit, Theaterferien ausgenommen. Auch soweit freie Tage wie vor vorliegen gilt dies und kann das Tanzgruppenmitglied in betrieblichen Notfällen angesichts der umfassenden tariflichen Mitwirkungspflicht zur Mitwirkung herangezogen werden. Freie Tage bedürfen der entsprechenden Kennzeichnung in den Spiel- und Probenplänen zwecks Information des Bühnenmitglieds.

20 Einen Anspruch auf freie Tage im Bereich Tanz enthält § 87 Abs. 1 NV Bühne ausgehend von einer, an allen Tagen in der Spielzeit bestehenden Mitwirkungspflicht des Tanzgruppenmitglieds. Die Modalitäten im Einzelnen regeln die Absätze 2 bis 5 von § 87 NV Bühne, was insgesamt nach § 9 ff. ArbZG möglich ist (vgl. § 10 Abs. 5 ArbZG). Nach Abs. 6 Satz 1 a. a. O. sind Abweichungen von den tariflichen Regelungen im Einzelfall und im Einvernehmen mit dem Tanzgruppenvorstand möglich, wobei Abweichung selbstverständlich nicht bedeuten kann, den Wegfall freier Tage (vgl. dazu auch § 11 Abs. 3 ArbZG).

5.5 Gage/Gagenklassen – Tanz; Zulage – Tanz (§§ 89, 91 NV Bühne)

§ 88 NV Bühne enthält betreffend Vergütung der Tanzgruppenmitglieder die Eingangsbestimmung, wonach diese neben etwaigen Sondervergütungen (§§ 92 bis 95 NV Bühne) nach Maßgabe der Gage (§ 89 NV Bühne) und einer Zulage (§ 91 NV Bühne) zu bezahlen sind. 21

Die zu zahlende Gage richtet sich nach Gagenklassen (1a, 1b, 2a, 2b) – so § 89 Abs. 1 NV Bühne –, die Gagenklasse wiederum richtet sich danach, wie das Orchester des Hauses nach Maßgabe des Tarifvertrages für Kulturorchester (TVK) eingruppiert ist. Die so ermittelte Gagenklasse der Tanzgruppe bestimmt nach § 89 Abs. 2 TVB den Gagenrahmen, den der Arbeitgeber (§ 315 BGB) nach billigem Ermessen auszufüllen hat. Soweit das Orchester nicht dem Tarifvertrag für Musiker in Kulturorchestern wie vor unterfällt, bedarf es (a. a. O. Absatz 1 Satz 3) eines gesonderten Gagentarifvertrages für die Tanzgruppenmitglieder. Die zur Gage ferner zu zahlende Zulage Tanz bestimmt § 91 NV Bühne, sie ist der Höhe nach abhängig von der Dienstzeit des Tanzgruppenmitglieds und der Gagenklasse. Anfängergagen regelt § 89 Abs. 3 NV Bühne mit mindestens 75 % der vorermittelten Gage. Diese Bestimmung ist nicht zwingend in der Begrenzung auf mindestens 75 %; die Anfängergage kann höher sein. Die Höhe der ferner zu zahlenden Zulage bestimmt § 91 Abs. 1 NV Bühne, auf den Wortlaut der Bestimmung wird verwiesen. Die zeitlichen Voraussetzungen der Zugehörigkeit nachgestaffelt folgen gleichfalls aus dem Wortlaut des Tarifvertrages wie vor. 22

5.6 Rechteabgeltung – Tanz (§ 93 NV Bühne)

§ 93 NV Bühne (vgl. dazu die inhaltsgleiche Vorschrift des § 59 NV Bühne für Solo) regelt die Vergütung der Leistungsschutzrechte des Tanzgruppenmitglieds. Dabei ist § 8 NV Bühne als generelle Vorschrift heranzuziehen, wonach die diesbezüglichen Leistungsschutzrechte dem Arbeitgeber qua Tarifvertragsbindung oder vereinbarter Anwendung des Normalvertrags Bühne übertragen sind, und zwar nach § 8 Abs. 5 Satz 2 NV Bühne ohne zusätzliche Vergütung, solange nichts anderes vereinbart worden ist. Für die Geltendmachung von Ansprüchen betreffend Leistungsschutzrechte wie vor ist der Tanzgruppenvorstand vertretungsberechtigt (§§ 80 Abs. 2, 74 Abs. 2 UrhG). Leistungsschutzrechte des Tanzgruppenmitglieds bestehen auch hier gemäß § 79 Abs. 2 Satz 2 UrhG i. V. m. § 32 dieses Gesetzes. Es bestehen Bedenken (vgl. oben zu dem Bereich Solo), ob die Vorschrift des § 8 Abs. 5 NV Bühne, wonach mangels gesonderter Vereinbarung diese Rechte mit der Gage abgegolten sind, hier Geltung haben kann. Auf die bis- 23 herigen diesbezüglichen Darlegungen für die anderen Bereiche der Sonderregelungen wird verwiesen.[686] Tatsächliche Leistungsschutzrechte sind auch nach § Absatz 2 a. a. O. zu vergüten, ausgeschlossen jedoch soweit es sich um Reportagensendungen oder solche für den theatereigenen Gebrauch handelt (§ 93 Abs. 3 und 4 NV Bühne). Auf obige Ausführungen zu § 59 NV Bühne wird hingewiesen.

Jubiläumszuwendung:

24 § 95 Abs. 1 NV Bühne gibt schließlich dem Tanzgruppenmitglied bei Erfüllung längerer Beschäftigungszeiten von 15 bzw. 25 Jahren den Anspruch auf eine Jubiläumszuwendung. Dienstzeiten sind Beschäftigungszeiten des Tanzgruppenmitglieds (also nicht Solo) bei Arbeitgebern, die dem Deutschen Bühnenverein angehören.

5.7 Nichtverlängerungsmitteilung – Tanz (§ 96 NV Bühne)

25 § 96 Abs. 1 bis 9 NV Bühne (nebst Protokollnotiz) regelt entsprechend der Parallelvorschrift des § 61 (Solobereich), § 69 Bühnentechniker und § 83 (Chor) NV Bühne die Beendigung des zulässigen Zeitarbeitsverhältnisses des Tanzgruppenmitglieds. Die Vorschrift ist identisch mit den vorgenannten Parallelvorschriften für Solo und Bühnentechnik. Nach der letztgenannten Vorschrift des § 96 Abs. 9 Satz 2 NV Bühne endet jedoch das Arbeitsverhältnis ohne Nichtverlängerungsmitteilung mit dem Erreichen des Alters zur Erlangung der Regelaltersrente bzw. eines noch höheren Alters (ebenso § 83 Abs. 9 Unterabs. 2 NV Bühne für Chor). Die Nichtverlängerungsmitteilung – auch die Nichtverlängerungsmitteilung als Veränderungsmitteilung nach Absatz 3, 2. Unterabsatz – ist fristgemäß zugehend zu erklären, es gilt nichts anderes als im Bereich Solo bzw. Chor. Es hat eine fristgemäße Anhörung (a. a. O. Absatz 5) vor Ausspruch der entsprechenden Mitteilung zu erfolgen, auf die diesbezüglichen bisherigen Ausführungen (wer hat anzuhören, was ist konkret und nachvollziehbar von der erklärenden Person (z. B. Intendant) zu sagen) wird verwiesen. Dabei kommt es stets auf „die subjektiv determinierte" Erklärung des Arbeitgebers in der Anhörung an. Eine Anhörung ohne eine konkrete und nachvollziehbare Erklärung des Nichtverlängerungswillens ist fehlerhaft und führt zur Unwirksamkeit einer Nichtverlängerungsmitteilung.[687] Die Anhörung eines Tanzgruppenmitglieds hat spätestens am 16.10. zu

686 vgl. dazu Nix/*Fischer* Anm. 11 zu § 8 Abs. 5 NV Bühne.
687 LAG Köln, Urteil v. 14.09.2009, Az.: 5 Sa 246/09.

erfolgen.[688] Entgegen älteren Entscheidungen (vgl. Bolwin/Sponer, Anm. 37 zu 96 NV Bühne) der Bühnenschiedsgerichtsbarkeit hat der Künstler/Arbeitnehmer nach der jetzigen Rechtsprechung des Bundesarbeitsgerichts – vgl. oben – einen Anspruch seinen Rechtsvertreter als Person seines Vertrauens in die Anhörung mitzunehmen über die evtl. Beteiligungsrechte des Tanzgruppenvorstandes bzw. des Vorstandsmitgliedes des Lokalverbandes einer tariflich beteiligten Gewerkschaft nach Absatz 6 a. a. O. hinaus. Nach § 96 Abs. 9 Unterabs. 1, 2 NV Bühne bedarf es der Anhörung nicht soweit das Tanzgruppenmitglied Ansprüche aus der gesetzlichen Rentenversicherung oder einer sonstigen Versorgung hat. Das Arbeitsverhältnis endet demnach am Ende einer Spielzeit ohne Nichtverlängerungsmitteilung, in der das Alter zum Erreichen der Regelaltersrente vorliegt, bzw. danach.

Klagen gegen Nichtverlängerungsmitteilungen sind nach Absatz 8 wie im 26
Bereich Solo (§ 61 Abs. 8 NV Bühne) binnen 4 Monaten nach den Fristen des § 96 Abs. 2 NV Bühne (31. Juli oder 31. Oktober) bei dem zuständigen Bühnenschiedsgericht zu erheben, ggf., wenn dieses Gericht nicht qua Tarifbindung oder Vereinbarung des Normalvertrag Bühne zuständig ist, bei dem Arbeitsgericht (vgl. Bolwin/Sponer, Anm. 7 zu § 96 NV Bühne).

Abfindungsanspruch bei Nichtverlängerungsmitteilung wegen Intendantenwechsel (Tanz)

§ 97 Abs. 1 NV Bühne gibt dem Tanzgruppenmitglied, das in der ersten Spielzeit 27
nach einem Intendantenwechsel auf Grund arbeitgeberseitiger Nichtverlängerungsmitteilung kein Arbeitsverhältnis hat, einen Abfindungsanspruch gestaffelt in der Höhe nach der Dauer der Betriebszugehörigkeit (Spielzeiten). Nach dem Wortlaut des Tarifvertrages kommt es, wie bei der Jubiläumszuwendung nach § 95 Abs. 1 NV Bühne, auf die ununterbrochene Beschäftigung bei demselben Arbeitgeber an, nicht unbedingt als Tanzgruppenmitglied. Anders der Wortlaut des § 91 Abs. 1 NV Bühne betreffend die Zahlung einer Zulage, wo eine Dienstzeit als Tanzgruppenmitglied ausdrücklich erfordert wird. Entscheidend für das Entstehen des Abfindungsanspruchs (§ 97 Abs. 1 NV Bühne) ist also die erste Spielzeit des neuen Intendanten und die Nichtbegründung eines Arbeitsverhältnisses des auf Grund Intendantenwechsels ausgeschiedenen Bühnenmitglieds in den ersten 3 Monaten nach dessen Ausscheiden (a. a. O. Absatz 1) in der vorerwähnten Spielzeit. Kann das fortbeschäftigte Tanzgruppenmitglied erst zum Ende der ersten Spielzeit des neuen Intendanten ausscheiden, was in der Praxis häufig der Fall sein wird, gibt es im Hinblick auf die tarifliche Formulierung in § 97 Abs. 1 NV

688 LAG Köln, Urteil v. 18.09.2009, Az.: 4 Sa 1301/08.

Bühne keinen Abfindungsanspruch. Voraussetzung ist ferner für die Abfindung (a. a. O. Abs. 1 Satz 2) neben der 3-Monats-Frist wie vor, dass kein unter dem Normalvertrag Bühne fallendes oder sonstiges volles Arbeitsverhältnis begründet werden konnte, erforderlich ist also Vollzeitbeschäftigung.[689] Diesbezüglich wird auf § 62 NV Bühne und die dortigen Ausführungen verwiesen. Voraussetzung für derartige Ansprüche ist stets (§ 97 Abs. 1 Satz 1 NV Bühne), dass daneben tatbestandlich die Voraussetzungen für ein Übergangsgeld nach § 46 Abs. 1 NV Bühne nicht vorliegen. Nach § 97 Abs. 3 NV Bühne gibt es für kürzer Beschäftigte ggf. einen Anspruch auf Zuschuss zu den Umzugskosten.

5.8 Übergangs- und Schlussvorschriften (Ausschlussfristen) (§ 98 NV Bühne)

28 Nach § 98 Abs. 1 NV Bühne – Ausschlussfristen – verfallen Ansprüche aus dem Arbeitsverhältnis, wenn diese nicht binnen 6 Monaten nach Fälligkeit schriftlich geltend gemacht werden, soweit der Normalvertrag Bühne qua Tarifbindung gilt oder sonst wirksam durch Inbezugnahme vereinbart ist. Die einmalige Geltendmachung durch möglichst genaue Beschreibung des Anspruchs auch der Höhe nach gilt auch für später fällig werdende Leistungen auf Grund gleichen Sachverhalts (§ 98 Abs. 2 NV Bühne). Die Klage auf Unwirksamkeit einer Nichtverlängerungsmitteilung ist – wie bei einer Kündigungsschutzklage – die schriftliche Geltendmachung von Ansprüchen, die vom Ausgang des Rechtsstreits abhängen.[690] Geltende Ausschlussfristen sind von Amts wegen zu beachten, unabhängig von der Kenntnis des betroffenen Arbeitnehmers oder Arbeitgebers.

29 Unabhängig davon sind etwaige Verjährungsfristen bei Geltendmachung von Ansprüchen zu beachten, auch eine etwaige Verwirkung ist zu berücksichtigen. Allein wirklich eindeutig und klar anerkannte Ansprüche bedürfen keiner erneuten Geltendmachung, denn hier ist dem potenziellen Schuldner bewusst, welche und in welcher Höhe bzw. genau präzisierte Ansprüche erhoben werden. Allein die Erörterung von behaupteten eindeutigen und klaren Forderungen reicht nicht, sodass sich im Zweifel stets eine rechtzeitige präzise Geltendmachung empfiehlt.

30 Die Ausschlussfrist den § 98 Abs. 1 NV Bühne erfasst alle Ansprüche aus dem Arbeitsverhältnis (vgl. dazu den Katalog verfallbarer und nicht verfallbarer Ansprüche bei Nix/Hegemann, Normalvertrag Bühne, Anm. 20 und 21 zu § 98 NV

---

689 BOSchG, Schiedsspruch v. 03.12.1994, Az.: BOSchG 1/94.

690 Bolwin/*Sponer* Anm. 42 zu § 98 NV Bühne; BOSchG, Schiedsspruch v. 05.05.2014, Az.: BOSchG 11/13.

Bühne). Die möglichst genaue Geltendmachung als Erhebung eines entsprechend zu schildernden Anspruchs ist nach der Rechtsprechung möglich gegenüber dem Vertragspartner durch Erhebung und Zugang einer entsprechenden rechtzeitig und fristgemäß dem Gegner zugehenden Leistungsklage bzw. durch Erhebung einer Kündigungsschutzklage bei einer Kündigung sei es außerordentliche Kündigung, ordentliche Kündigung oder Änderungskündigung. Damit werden allerdings nur die von dem Erfolg vorgenannter Klage abhängigen Ansprüche und nur diese ordnungsgemäß geltend gemacht, nicht aber eventuelle weitere offene Lohnansprüche davor oder sonstige Ansprüche, deren Vorliegen von der Erfüllung weiterer Voraussetzungen (z. B. Freizeitausgleich) abhängig ist. Dies ist gefestigte Rechtsprechung.[691]

Letztlich ist die Kündigungsschutzklage gegen eine Kündigung gerichtet. Die 31
Nichtverlängerungsmitteilung ist aber nach ständiger Rechtsprechung gerade keine Kündigung. Die Erwägungen der Rechtsprechung, wonach mit dem Erfolg der Kündigungsschutzklage auch die davon abhängigen Lohnansprüche i. S. der Wahrung der tariflichen Ausschlussfrist erfasst sind, müssen auch für die Klage gegen eine Nichtverlängerungsmitteilung bzw. eine sogenannte Veränderungsmitteilung gelten, wie vorstehend ausgeführt (so Bolwin/Sponer, Anm. 42 zu § 98 NV Bühne), für diesen Bereich der Nichtverlängerungsmitteilung. Betreffend einen Verfall von Ansprüchen, die von der Geltung des § 98 NV Bühne nicht erfasst seien folgende Konstellationen erwähnt:

a) Nicht angetretener Urlaub soll (§ 35 Abs. 2 a. E. NV Bühne) nach tariflicher Regelung verfallen.
b) Betreffend Fälligkeit des Anspruchs auf vermögenswirksame Leistungen gilt §§ 17, 18 NV Bühne). Letztgenannte Vorschriften stellen klar, ab wann ein entsprechender Anspruch besteht (§ 18 Abs. 1 NV Bühne a. E.), d. h. fällig wird und insoweit den Lauf der Verfallfrist des § 98 NV Bühne.

Die Verletzung des allgemeinen Persönlichkeitsrechts, auch der Anspruch auf 32
Entfernung einer Abmahnung, unterfällt nicht der Verfallfrist, gleichfalls nicht der Anspruch auf Auszahlung der in der erstellten Lohnabrechnung enthaltenen Beträge, weil diese dadurch anerkannt sind, wobei Gleiches gilt, für Zahlung aus einer vergleichsweisen Regelung.

691 z. B. BAG, Urteil v. 17.11.2009, Az.: 9 AZR 745/08, juris, ferner BAG, AP Nr. 114 zu § 4 TVG Ausschlussfristen.

6 Das bühnenschiedsgerichtliche Verfahren (§§ 101–110 ArbGG)

6.1 Das bühnenschiedsgerichtliche Verfahren und seine Eingliederung in das Arbeitsgerichtsgesetz

33 Die umfassende arbeitsgerichtliche Zuständigkeit gemäß § 2 Abs. 1 ArbGG für bürgerlich-rechtliche Streitigkeiten zwischen Arbeitnehmer und Arbeitgeber aus dem Arbeitsvertrag (a. a. O. Absatz 1 ArbGG) wird durch § 4 ArbGG relativiert dahingehend, dass die Arbeitsgerichtsbarkeit durch die §§ 101 bis 110 ArbGG ausgeschlossen werden kann, d. h. nach § 101 Abs. 2 Satz 1 ArbGG können die tarifgebundenen Parteien vereinbaren, dass – für individualrechtliche Streitigkeiten – das Bühnenschiedsgericht entscheiden soll, soweit es sich dabei um Bühnenkünstler handelt. Neben anderen Berufsgruppen (a. a. O. Absatz 2) gilt diese Möglichkeit des Ausschlusses der Arbeitsgerichtsbarkeit hier bei bestehender Tarifbindung für Bühnenkünstler, also für künstlerische Arbeitsverhältnisse auf der Basis Normalvertrag Bühne – so § 1 Abs. 2 BSchGO. Der Bühnenleiter (Intendant) gehört nicht zu diesem Personenkreis. Zur Abgrenzung gegenüber nichtkünstlerischen Berufen, vgl. dazu nachstehend Bühnenschiedsgerichtsbarkeit, allgemeine Vorbemerkungen. Nach § 101 Abs. 2 Satz 3 ArbGG gilt das Vorstehende ohne Tarifbindung auch für Parteien, deren Verhältnisse aus anderen Gründen dem Bühnentarifvertrag unterfallen können bei entsprechender schriftlicher Vereinbarung,[692] also in der Praxis einzelvertraglicher Vereinbarung/Inbezugnahme des Normalvertrags Bühne nebst der in § 53 NV Bühne enthaltenden Schiedsvereinbarung betreffend das Bühnenschiedsgericht. Entscheidend ist also ein bühnenkünstlerisches Arbeitsverhältnis (§ 1 Abs. 1, 2, 3, 4 bis 7 NV Bühne) und die Vereinbarung der Bühnenschiedsgerichtsbarkeit.

34 Die Zuständigkeit der Bühnenschiedsgerichte kann also in jedem künstlerischen Einzelarbeitsvertrag (Bühnenkünstler nach § 1 Abs. 2 und 3 NV Bühne) vereinbart werden, ohne dass dabei der Normalvertrag Solo bzw. jetzt Normalvertrag Bühne ausdrücklich vereinbart werden muss.[693] Ausreichend und erforderlich ist dabei neben der Vereinbarung der Bühnenschiedsgerichtsbarkeit, soweit ein gesonderter Tarifvertrag über die Bühnenschiedsgerichtsbarkeit existiert (Tarifvertrag über die Bühnenschiedsgerichtsordnung), dass letzterer

---

692 BOSchG, Schiedsspruch v. 08.03.2006, Az.: BOSchG 13/03.
693 BAG, Urteil v. 31.10.1963, Az.: 5 AZR 283/62, BAGE 15/87.

Anwendung findet.[694] Nach Absatz 4 a. a. O. finden insoweit die Bestimmungen der Zivilprozessordnung (§§ 1025 ff. ZPO) über das schiedsrichterliche Verfahren keine Anwendung, sie sind also ausgeschlossen. Dabei muss es sich aber stets um bühnenkünstlerische Berufe handeln, für welche bei Tarifbindung das Bühnenschiedsgericht zuständig wäre.[695] Ein Mangel der Form betreffend eine Schiedsvereinbarung wird durch die Einlassung auf das Verfahren zur Hauptsache geheilt (§ 101 Abs. 2 ArbGG).

Nach § 102 Abs. 1 ArbGG kann die beklagte Partei die Einrede des Schieds- 35
vertrages erheben, soweit dennoch das Arbeitsgericht angerufen worden ist. Die Einrede wie vor muss nicht erhoben werden; ggf. kann also in diesem Fall die Sache vor dem Arbeitsgericht erhoben werden. Die hier ggf. streitige Frage Bühnenschiedsgericht oder Arbeitsgericht korrespondiert mit der Entscheidung künstlerisches Arbeitsverhältnis oder nichtkünstlerisches Arbeitsverhältnis. Soweit der gleiche Sachverhalt – eine Verweisung an das Schiedsgericht seitens des staatlichen Arbeitsgerichts ist bekanntlich nicht möglich – vor beiden Gerichten anhängig ist, kann das Arbeitsgericht gem. § 148 ZPO aussetzen, damit die Frage, ob ein künstlerisches Arbeitsverhältnis vorliegt, vor dem Bühnenschiedsgericht geklärt werden kann.[696] Gleiches soll umgekehrt auch auf der Seite des Bühnenschiedsgerichts möglich sein.

Die Erhebung der Einrede durch die Beklagte führt bei Begründetheit zur 36
Abweisung der Klage als unzulässig. Die Einrede kann nicht betreffend Arrestansprüche oder einstweilige Verfügung erhoben werden, ebenso nicht betreffend die Vollstreckungsabwehrklage nach § 767 ZPO bzw. der Drittwiderspruchsklage. Soweit das Schiedsgericht jeweils seine Zuständigkeit rechtskräftig erkannt hat, sind die Parteien und die Arbeitsgerichte daran gebunden (arg. § 108 Abs. 4 ArbGG).

Der Einwand der Rechtshängigkeit kann demgegenüber in dem bühnen- 37
schiedsgerichtlichen Verfahren nicht erhoben werden, da das Bühnenschiedsgericht kein staatliches Gericht ist (vgl. § 261 Abs. 3 ZPO). Letztlich soll aber auch nach der Rechtsprechung eine nachträgliche Klage vor dem Bühnenschiedsgericht (trotz der Frist nach § 4 Satz 1 KSchG) möglich sein, wenn in Bezug auf eine außerordentliche Kündigung zunächst rechtzeitig vor dem Arbeitsgericht geklagt worden ist, und sich sodann die Zuständigkeit des Bühnenschiedsgerichts auf Grund einer Einrede des Schiedsvertrages herausstellt, weil ein künstlerisches

---

694 BAG, Urteil v. 31.05.2000, Az.: 7 AZR 909/98 und BAG, Urteil v. 25.02.2009, Az.: 7 AZR 942/07.
695 *Germelmann* NZA 1994, 14.
696 *Germelmann* NZA 1994, 14.

Arbeitsverhältnis mit Zuständigkeit des letztgenannten Gerichts vorliegt.[697] Die Anhängigkeit der Klage vor dem Arbeitsgericht führt nicht zur Unzulässigkeit der Klage vor dem Bühnenschiedsgericht.[698] Dabei bleibt offen, wie im umgekehrten Fall zu verfahren ist. § 103 Abs. 1–3 ArbGG regelt die paritätische Zusammensetzung des Schiedsgerichts. Ein Organ oder eine sonst vertretungsberechtigte Person einer als Partei an dem Rechtsstreit beteiligten juristischen Person kann nicht Schiedsrichter sein. Ggf. – § 103 Abs. 2 und 3 ArbGG – kommt auch ein Ablehnungsrecht in Betracht, soweit sonstige Arbeitnehmer einer Prozesspartei als Schiedsrichter berufen werden.

38 § 104 ArbGG regelt das Verfahren vor dem (Bühnen-)Schiedsgericht u. a. durch Verweisung auf die nachfolgenden Vorschriften der §§ 105 bis 110 ArbGG und den zugrunde liegenden Schiedsvertrag. Soweit Tarifbindung besteht oder der Normalvertrag Bühne vereinbart ist, gilt, damit (§ 53 NV Bühne) zugleich das Bühnenschiedsgericht nach Maßgabe der Bühnenschiedsgerichtsordnung als vereinbart.

39 Das Bühnenschiedsgericht kennt kein Versäumnisverfahren (arg.ex § 105 Abs. 3 ArbGG); Prozesskostenhilfe wie im staatlichen Verfahren gibt es nicht, das Bühnenschiedsgerichts ist kein staatliches Gericht. Letztlich gibt es im Bereich der Bühnenschiedsgerichtsbarkeit keine Arrestverfahren und keine Verfahren betreffend einstweilige Verfügung.[699] Jedoch sieht § 18 Abs. 2 BSchGO – unabhängig von der fehlenden Möglichkeit eines Arrestes oder einer einstweiligen Verfügung – ein sogenanntes beschleunigtes Verfahren in bestimmten Fällen vor im Wege der kurzfristigen Terminierung.

6.2 Die Bühnenschiedsordnung allgemein und die Voraussetzungen ihrer Anwendung auf das künstlerische Arbeitsverhältnis, insbesondere der Bühnenschiedsvertrag

40 Nach § 101 Abs. 2, Satz 1 ArbGG können Rechtsstreitigkeiten aus einem Arbeitsverhältnis geregelt durch Tarifvertrag, soweit sich dessen persönlicher Geltungsbereich überwiegend auf Bühnendarsteller, Filmschaffende, Artisten erstreckt, der staatlichen Arbeitsgerichtsbarkeit auf Grund Tarifbindung oder arbeitsvertraglicher Vereinbarung entzogen werden, insoweit entscheiden sodann nach

697 so BAG, Urteil v. 25.09.1970, Az.: 5 AZR 54/40, AP KSchG, § 3, Nr. 37, einschränkend BOSchG, Schiedsspruch v. 05.05.2014, Az.: BOSchG 9/13.

698 *Germelmann* NZA 1994, 12, 14.

699 *Germelmann* NZA 1994, 16.

§§ 53 NV Bühne bzw. der Bühnenschiedsgerichtsordnung/GDBA oder nach § 1 Abs. 1 des Tarifvertrags über die Bühnenschiedsgerichtsbarkeit für Opernchöre, (Bühnenverein/VdO) ständige Schiedsgerichte, also die Bühnenschiedsgerichte bzw. Bühnenoberschiedsgerichte als zweite Instanz nach Maßgabe der jeweiligen tarifvertraglichen Bühnenschiedsgerichtsordnung. Die zuständigen Bühnenschiedsgerichte ergeben sich auf Grund Tarifbindung bzw. arbeitsvertraglicher Einzelvereinbarung aus der jeweiligen Bühnenschiedsgerichtsordnung (§ 53 NV Bühne). Letztere beinhaltet tarifvertragliche Regelungen auf Grund entsprechender Vereinbarungen zwischen dem Deutschen Bühnenverein und der Genossenschaft deutscher Bühnenangehöriger (GDBA) bzw. der Vereinigung deutscher Opernchöre und Bühnentänzer (VdO).[700] Auch für den Fall der Rechtsnachfolge in Ansprüche, für die ursprünglich die Zuständigkeit der Bühnenschiedsgerichte gegeben war, bleibt es bei der Nichtzuständigkeit der Bühnenschiedsgerichte für die übergegangenen Ansprüche, es sei denn, die Rechtsnachfolge tritt während des Laufs eines anhängigen schiedsgerichtlichen Verfahrens ein.[701] Für kollektivrechtliche Streitigkeiten ist das Bühnenschiedsgericht nicht zuständig. Der Text der jeweiligen Bühnenschiedsgerichtsordnung (DBV/GDBA/VdO) ist als Anlage abgedruckt.

Die Bühnenschiedsgerichtsbarkeit (§ 1, (1), 2, 3 BSchGO/GDBA bzw. § 1 Abs. 1 BSchGO/VdO) gilt für die tarifgebundenen künstlerisch tätigen Beteiligten, also Gewerkschaftsmitglieder der GDBA bzw. VdO, die arbeitsvertraglich beschäftigt werden.[702] Für nicht tarifgebundene Bühnen/Bühnenmitglieder kann und wird die Bühnenschiedsgerichtsbarkeit nach § 101 Abs. 2 Satz 3 ArbGG vereinbart (sog. Schiedsgerichtsklausel). Dabei ist stets zu beachten, dass nur künstlerische Arbeitsverhältnisse einer derartigen Vereinbarung zugänglich sind.[703] Hierzu führt das Bundesarbeitsgericht zum Az.: 7 AZR 626/10 in der Entscheidung vom 15.02.2012 aus: 41

> *„Es liegt kein Aufhebungsgrund iSv. § 110 Abs. 1 Nr. 1 ArbGG vor. Das schiedsgerichtliche Verfahren war nicht „an sich" unzulässig. Die Unwirksamkeit der Nichtverlängerungsmitteilung war von der Beklagten nach § 101 Abs. 2 Satz 1 ArbGG vor dem Bühnenschiedsgericht geltend zu machen, da sich das Arbeitsverhältnis der Parteien „nach einem Tarifvertrag bestimmt" im Sinn dieser Vorschrift. Der NV Bühne umfasst nach seinem persönlichen Geltungsbereich*

700 Es existieren also zwei Bühnenschiedsgerichtsordnungen, was *Germelmann* Anhang III 3 2, Anm. 4 BSchGO nicht erwähnt.

701 *Germelmann* ArbGG Anhang III § 1 Anm. 7 BSchGO.

702 BAG, Urteil v. 16.11.1995, Az.: 6 AZR 229/95, AP BGB § 611 Bühnenengagementsvertrag Nr. 49.

703 z. B. BOSchG 13/03 unter Hinweis auf BAG, Urteil v. 06.08.1997, Az.: 7 AZR 156/96, ferner BAG, Urteil v. 15.02.2012, Az.: 7 AZR 626/10 zu II, 1.

überwiegend „Bühnenkünstler" nach § 101 Abs. 2 Satz 1 ArbGG (vgl. § 1 Abs. 1 NV Bühne) und schließt die Arbeitsgerichtsbarkeit ausdrücklich aus (vgl. § 53 NV Bühne). Allerdings gilt eine Vereinbarung der Tarifvertragsparteien, mit der sie bei Bestehen von Schiedsgerichten die staatliche Arbeitsgerichtsbarkeit ausschließen, in erster Linie für tarifgebundene Personen (§ 101 Abs. 2 Satz 2 ArbGG). Ob die Klägerin tarifgebunden ist, ist von den Vorinstanzen nicht festgestellt worden. Darauf kommt es aber vorliegend im Ergebnis auch nicht an. Die entsprechende Vereinbarung der Tarifvertragsparteien gilt auch dann, wenn die betreffenden tariflichen Bestimmungen auf Grund einzelvertraglicher Vereinbarung zur Anwendung kommen (§ 101 Abs. 2 Satz 3 ArbGG) und es sich um ein Arbeitsverhältnis handelt, das nach dem konkreten Inhalt der ausgeübten Tätigkeit einer Berufsgruppe zuzuordnen ist, für die nach § 101 Abs. 2 Satz 1 ArbGG bei Tarifgebundenheit der Vorrang der Schiedsgerichtsbarkeit wirksam geregelt werden kann (vgl. BAG 25. Februar 2009 – 7 AZR 942/07 – Rn. 18 mwN, bühnengenossenschaft 2010, Nr. 6–7, 8; 6. August 1997 – 7 AZR 156/96 – zu I 2 der Gründe, BAGE 86, 190; GK-ArbGG/Mikosch Stand Oktober 2008 § 101 Rn. 27 mwN). Dies ist hier der Fall. Die Parteien haben vereinbart, dass sich ihr Arbeitsverhältnis nach dem „Normalvertrag Solo in der jeweils geltenden Fassung und den ihn ändernden und ergänzenden oder an seine Stelle tretenden Tarifverträgen sowie den sonstigen zwischen dem Deutschen Bühnenverein – Bundesverband deutscher Theater und der Genossenschaft deutscher Bühnen-Angehöriger für die auf Normalvertrag Solo Beschäftigung vereinbarten Tarifverträgen" richtet. Der NV Bühne ist an die Stelle des Normalvertrags Solo getreten (vgl. Hk-NV Bühne-Nix/Herdlein 2. Aufl. Einleitung Rn. 1). Die Beklagte gehört als „Souffleuse/Inspizientin mit Spielverpflichtung" einer Berufsgruppe an, für die eine einzelvertragliche Schiedsvereinbarung zulässig ist."

42 Künstlerische Tätigkeit bedeutet die unmittelbare Erarbeitung und Umsetzung eines Werkes (BAG a. a. O.), was oftmals schwierig zu beantworten ist, da § 1 NV Bühne hier nicht stets weiterhilft in der Beantwortung der Frage, ob ein Arbeitnehmer(in) künstlerisch tätig ist. Was sind z. B. Personen in ähnlicher Stellung nach § 1 Abs. 2 NV Bühne die gleichfalls künstlerisch tätig sind? Die gleiche Problematik stellt sich in § 1 Abs. 3, Unterabs. 2 bei überwiegend künstlerischer Tätigkeit eines Bühnentechnikers. Diese Überprüfung hat auf Grund einer möglichst genauen Sichtung des Tätigkeitsbereichs zu erfolgen. Bühnenberufe sind demgemäß nicht nur die „klaren" Berufe, wie sie in § 1 Abs. 1, 2, 3, Unterabs. 1 NV Bühne erwähnt sind, oftmals handelt sich es aber in den Häusern um – teilweise – Verwaltungstätigkeiten oder rein technische Tätigkeiten (vgl. dazu auch die Schilderung der Bühnenberufe in der Broschüre des Deutschen Bühnenvereins, Berufe am Theater). Wo ist z. B. in Zweifelsfällen (Künstler oder Nichtkünstler) eine fristgebundene Klage (§ 4 Satz 1 KSchG) eines Arbeitnehmers gegen eine außerordentliche Kündigung einzureichen bzw. fristgerecht die Unzulässigkeit einer Befristung (§ 17 Abs. 1 TzBfG) geltend zu machen, oder wo ist die Klage gegen eine Nichtverlängerungsmitteilung fristgerecht (§ 61 Abs. 8 NV Bühne) einzureichen bei einem Streit über die künstlerische Eigenschaft?

43 Wenn das Bühnenschiedsgericht nicht zuständig ist – eine Verweisung an das Arbeitsgericht ist nicht möglich – wird die vor dem Bühnenschiedsgericht

erhobene Klage als unzulässig abgewiesen, eine spätere Anrufung des Arbeitsgerichts ist von dem Fall des § 5 Abs. 1 KSchG abgesehen bei einer Kündigung in den meisten Fällen mangels Einhaltung der Klagefrist nach § 4 Satz 1 KSchG nicht mehr möglich. Das Bühnenoberschiedsgericht hat die Problematik gesehen[704] allerdings ohne Aufzeigen eines klaren Lösungsweges. Die Praxis wird in Zweifelsfällen (z. B. Problematik der Arbeitnehmereigenschaft der Künstler auf Grund eines Gastvertrages) vor beiden Gerichten klagen und das Arbeitsgericht bitten, nach Klagezustellung geräumig Gütetermin anzuberaumen, denn von letzterem Gericht kann ggf. an die Zivilgerichtsbarkeit verwiesen werden, wenn die Arbeitnehmereigenschaft strittig ist, wie bei Gastverträgen. Nach Bundesarbeitsgericht[705] soll bei fristgerechter Klageerhebung nach § 4 Satz 1 KSchG zum Arbeitsgericht die Klagefrist gewahrt sein, wenn nach Erhebung der Einrede des Schiedsvertrages diese Klage zurückgezogen wird und in einem „angemessenen" Zeitraum vor dem Bühnenschiedsgericht geklagt wird. Die Entscheidung erscheint angesichts des klaren, eindeutigen Gesetzeswortlauts in § 4 Satz 1 KSchG bedenklich, was den Beginn und Lauf der Klagefrist anbetrifft (ebenso Koch, Erfurter Kommentar, § 101 ArbGG, Anm. 4). Das Bühnenschiedsgericht kann gemäß § 148 ZPO auch aussetzen, wenn das gleiche Verfahren vor dem Arbeitsgericht ebenfalls anhängig ist.[706]

Nach § 13 Abs. 1 BSchGO/GDBA trägt die unterliegende Partei – anders als in 44 arbeitsgerichtlichen Verfahren gemäß § 12a Abs. 1 ArbGG – die außergerichtlichen Kosten, also auch die Kosten des gegnerischen Bevollmächtigten. Dabei bedarf es ggf. nach einer rechtskräftigen Entscheidung des Bühnenschiedsgerichts, der Einreichung eines Kostenfestsetzungsgesuches (vgl. § 13 Abs. 5 BSchGO/GDBA). Für eine etwaige spätere Zwangsvollstreckung muss der Kostenfestsetzungsbeschluss vom Arbeitsgericht für vollstreckbar erklärt werden (§ 109 ArbGG, § 37 BSchGO/GDBA analog).

§ 24 BSchGO/GDBA/VdO regelt das Säumnisverfahren und verweist in Absatz 45 2 auf §§ 230 bis 238 ZPO. Ein Versäumnisurteil (§§ 330, 331 ZPO) kennt die Bühnenschiedsgerichtsbarkeit also nicht. Nach § 24 Abs. 1 BSchGO sind im Termin bei Säumnis einer Partei die tatsächlichen Behauptungen einer Partei als zugestanden anzusehen, soweit die säumige Partei dazu nichts Schriftliches erklärt hat.

Zu beachten ist die **unterschiedliche Berufungsfrist** in den beiden Büh- 46 nenschiedsgerichtsordnungen. Nach § 31 BSchGO/GDBA beträgt diese 1 Monat,

704 BOSchG, Schiedsspruch v. 18.10.2005, Az.: BOSchG 17/04.

705 BAG, Urteil v. 04.09.1970, Az.: 5 AZR 54/70, NJW 1971, 213, so auch BOSchG, Schiedsspruch v. 13.04.1981, Az.: BOSchG 10/80.

706 BOSchG, Schiedsspruch v. 12.10.2011, Az.: BOSchG 5/11.

während sie nach § 31 TV BSchGO/VdO 2 Wochen beträgt. Es gibt zunächst nach beiden Schiedsgerichtsordnungen keine Berufungsbegründungsfrist. Die nach § 32 BSchGO/GDBA eingelegte Berufung ist jedoch nach Absatz 3 von § 32 a. a. O. innerhalb der vom Obmann hierzu gesetzten Frist schriftlich zu begründen. Gleiches für die Begründung gilt für den Bereich VdO (§ 32 Abs. 3 BSchGO/VdO). Wiederholt sei: Die Zwangsvollstreckung aus einem bühnenschiedsgerichtlichen Urteil oder Vergleich (vgl. § 37 BSchGO/GDBA) bedarf der Vollstreckbarerklärung durch das Arbeitsgericht.

Exkurs

47 Wann liegt ein **künstlerisches Arbeitsverhältnis** vor (§ 101 Abs. 2 Satz 1 ArbGG) als Voraussetzung bühnenschiedsgerichtlicher Tätigkeit?

48 Jede künstlerische Tätigkeit ist individuell, in dem diese Vorhandenes wiedergibt, als Vorwand nutzt oder etwas Neues schafft. Künstlerische Tätigkeit ist schöpferisch gestaltend in der konzeptionellen Umsetzung eines Werkes[707] mit vorgegebener Gestaltungsfreiheit ggf. im Zusammenwirken mit anderen Bühnenmitgliedern.[708] Vereinbarte Arbeitsverhältnisse nach § 1 Abs. 2 und § 1 Abs. 3, Abs. 1 und 2 NV Bühne sind künstlerische Arbeitsverhältnisse bereits kraft vertraglicher Vereinbarung. Bei einer Vereinbarung wie vor bedarf es für Arbeitsverhältnisse von Bühnentechnikern nach § 1 Abs. 3, Unterabs. 2 stets der Vereinbarung der überwiegend künstlerischen Tätigkeit im Arbeitsvertrag. Auf das Niveau der Bühnendarbietung kommt es dabei nicht.[709] Der Intendant ist nicht Arbeitnehmer.[710]

49 Die künstlerische Tätigkeit muss den größten Teil des Arbeitsverhältnisses prägen. Auch der Gast als Arbeitnehmer und nur dann wird von der Bühnenschiedsgerichtsbarkeit erfasst, vgl. dazu auch § 1 Abs. 5 NV Bühne sowie nachstehende Ausführungen zum Gastvertrag – § 1 Abs. 5 NV Bühne –.[711] „Bühnenmitglieder“ als arbeitnehmerähnliche Personen (§ 5 ArbGG) sollen gleichfalls unter die Bühnenschiedsgerichtsbarkeit fallen (vgl. dazu Kurz, Kapitel 12, Rdnr. 6 und 7) was hier angesichts der Formulierung in § 1 Abs. 2 BSchGO fraglich erscheint, denn dieser Personenkreis wird oftmals nicht auf Basis Normalvertrag Bühne beschäftigt, sondern als „freier Mitarbeiter“ auf Dienst- oder Werkvertragsbasis

707 BAG, NZA 1995, 442.

708 Germelmann a.a.O, Anm. 13 zu § 1 BSchGO und BAG, Urteil v. 16.11.1995, AP BGB, § 611 Bühnenengagementsvertrag Nr. 49.

709 BOSchG B 02/1997.

710 BAG, Urteil v. 22.02.1999, Az.: 5 AZB 56/98, juris.

711 Zur Arbeitnehmereigenschaft des Gastes, vgl. BAG, Urteil v. 07.02.2007, Az.: 5 AZR 270/2006, NZA 2007, 1072 und ZUM 2007, 507 auch BAG, Urteil v. 31.10.1963, Az.: 5 AZR 283/62, NJW 1964, 270, ferner BOSchG, Schiedsspruch v. 10.07.2001, Az.: BOSchG 4/01 und BOSchG 37/93.

und fällt dann ungeachtet der Regelungen des § 5 ArbGG bereits nach dem Wortlaut der Tarifbestimmung nicht unter den Begriff Bühnenmitglieder im Sinne von § 1 Abs. 2 BSchGO. Die Berücksichtigung arbeitnehmerähnlicher Personen und deren wirtschaftlicher Abhängigkeit über § 5 ArbGG ist nach dem Wortlaut von § 1 Abs. 2 BSchGO nicht möglich.

6.3 Die Zwangsvollstreckung aus Entscheidungen des Bühnenschiedsgericht

Der Bühnenschiedsvertrag und seine prozessuale Bedeutung, der Bühnen- 50
schiedsvergleich; die Zwangsvollstreckung (§§ 101–110 ArbGG):

In der bühnenschiedsgerichtlichen Praxis kann die Vorschrift des § 102 51
Abs. 2 Satz 3 ArbGG von Bedeutung sein, wonach die Berufung auf die Einrede des Schiedsvertrags, also der Klage vor dem Bühnenschiedsgericht statt vor dem Arbeitsgericht, nicht möglich ist, wenn das Schiedsgericht die Durchführung des Verfahrens trotz einer von dem Arbeitsgericht fruchtlos gesetzten Frist verzögert. Damit ist gemeint auch eine geringe Verzögerung, welche nicht auf das Verhalten der Prozessparteien zurückzuführen ist.[712] Mit dem Verstreichen der Frist wie vor entfällt die Einrede des Schiedsvertrags gemäß § 102 Abs. 1 ArbGG.

Schließlich entfällt die vorgenannte Einrede nach § 102 Abs. 2 Nr. 4 bei 52
begründeter Mitteilung der Unmöglichkeit der Abgabe eines Schiedsspruchs durch das Schiedsgericht. Das Vorstehende gilt grundsätzlich, soweit eine bühnenschiedsgerichtliche Entscheidung nicht möglich ist, und führt dazu, dass das Schiedsgericht unzuständig ist und auch bleibt für eine künftige neuerliche Vereinbarung in dieser Sache.

§ 103 ArbGG korrespondiert mit § 7 BSchGO, auf die dortigen Ausführungen 53
wird verwiesen.

§ 104 ArbGG enthält Regelungen betreffend die Verfahrensweise des Büh- 54
nenschiedsgerichts. Es gelten die allgemeinen Verfahrensgrundsätze neben den ausdrücklich erwähnten Gesetzesvorschriften der §§ 105–110 ArbGG. Ergänzend sind die schiedsvertraglichen Regelungen zu beachten. Insoweit wird auf die Kommentierung der Bühnenschiedsgerichtsordnung verwiesen, insbesondere §§ 15 und 16 BSchGO. Nach § 39 BSchGO gelten – soweit in der Bühnenschiedsgerichtsordnung nichts anderes geregelt ist – das Arbeitsgerichtsgesetz, die Zivilprozessordnung und das Gerichtsverfassungsgesetz entsprechend. Nach § 105 Abs. 2 ArbGG bedarf es der Vorlage einer schriftlichen Vollmacht für Bevollmäch-

712 Zur Problematik vgl. *Germelmann* Arbeitsgerichtsgesetz § 102 ArbGG Anm. 21.

tigte. Nach Absatz 3 a. a. O. ist auch bei Säumnis einer Partei eine Sachentscheidung möglich, somit kann kein Versäumnisurteil ergehen (vgl. dazu oben § 24 BSchGO).

55 Nach § 106 ArbGG kann das Bühnenschiedsgericht eine Beweisaufnahme durchführen, es hat allerdings keinerlei Zwangsmittel, weshalb es ggf. das Arbeitsgericht bzw. das nähere Amtsgericht (vgl. § 106 Abs. 2 ArbGG) um die Durchführung der Beweisaufnahme ersuchen muss, wenn es die Beweisaufnahme nicht selbst durchführen kann. Die Parteien haben die Beweismittel dem Bühnenschiedsgericht zur Verfügung zu stellen. Vereidigungen nimmt ggf. allein das staatliche Gericht vor (vgl. a. a. O. Abs. 2).

56 Ein schiedsgerichtlicher Vergleich (§ 107 ArbGG) bedarf der Niederschrift zu Protokoll sowie der Unterschrift der Mitglieder des Schiedsgerichts und der Parteien. Er kann also nicht zu Protokoll erklärt werden, sodann vorgelesen und genehmigt werden. Insoweit ist der Gesetzestext eindeutig. Da jedoch nach § 39 BSchGO/GDBA die Zivilprozessordnung, und damit auch § 278 Abs. 6 ZPO entsprechend gelten, stellt sich die Frage, ob ggf. ein derartiger gerichtlicher Vergleich in bühnenschiedsgerichtlichen Verfahren auch nach § 278 Abs. 6 ZPO geschlossen werden kann (ablehnend *Germelmann* § 107 ArbGG Anm. 3). Diese Form des gerichtlichen Vergleichs – die auch der Beschleunigung und Vereinfachung eines Verfahrens dient – wird durch die Bühnenschiedsgerichtsordnung nicht ausgeschlossen, ebenso nicht durch § 107 ArbGG. Ein nach § 278 Abs. 6 ZPO geschlossener Vergleich ist – wie vorstehend ausgeführt – nicht vor dem Schiedsgericht abgeschlossen, sondern außerhalb der Verhandlung durch Zustimmung/Annahme eines Vorschlags des Gerichts seitens der Parteien. Der schiedsgerichtliche Vergleich bedarf zur Vollstreckung der Vollstreckbarkeitserklärung durch das Arbeitsgericht (§ 109 Abs. 1 ArbGG).

57 § 108 Abs. 1–4 ArbGG bestimmt den Inhalt des bühnenschiedsgerichtlichen Schiedsspruchs sowie die interne Verfahrensweise des Bühnenschiedsgerichts bei der Entscheidungsfällung, ergänzend sind die Bestimmungen der §§ 25 und 26 BSchGO bei der Herbeiführung und Ausfertigung einer Entscheidung des Bühnenschiedsgerichts zu berücksichtigen. Der Schiedsspruch bedarf von den Substantiierungs- und Begründungsanforderungen (a. a. O. Absatz 2 a–h) abgesehen einer Streitwertfestsetzung und Kostenentscheidung,[713] obwohl tariflich nicht näher geregelt.

58 Der bühnenschiedsgerichtliche Schiedsspruch (§ 108 Abs. 4 ArbGG) entfaltet die Wirkung eines rechtskräftigen Urteils des Arbeitsgerichts, soweit er nicht mit der Berufung nach Maßgabe der Bühnenschiedsgerichtsordnung angegriffen

713 Zur Kostenentscheidung *Germelmann* Arbeitsgerichtsgesetz Anm. 10 zu § 108 ArbGG.

wird, ansonsten mit der Rechtskraft der Entscheidung des Bühnenoberschiedsgerichts über eine eingelegte Berufung.

§ 109 ArbGG bestimmt die Verfahrensweise bei einer erforderlichen Zwangsvollstreckung aus einem Schiedsspruch bzw. einem bühnenschiedsgerichtlichen Vergleich. Nicht ausdrücklich erwähnt wird die Verfahrensweise betreffend Kostenentscheidungen, z. B. Kostenfestsetzungsbeschlüssen gemäß § 13 Abs. 6 BSchGO. Diese sind gleichfalls entsprechend § 109 Abs. 1 ArbGG zu behandeln,[714] also ebenfalls arbeitsgerichtlich für vollstreckbar zu erklären. 59

6.4 Die einzelnen Bestimmungen der Bühnenschiedsgerichtsordnung

§ 1 BSchGO/GDBA:

Das Bühnenschiedsgericht entscheidet nach dieser Bestimmung über bürgerliche Rechtsstreitigkeiten zwischen Theaterveranstaltern und Bühnenmitgliedern im Sinne von § 2 ArbGG. Wer Theaterveranstalter in diesem Sinne ist, folgt aus § 1 Abs. 1 NV Bühne; erforderlich ist, dass die Häuser ganz oder überwiegend von Ländern, Gemeinden etc. wie tariflich aufgezählt, rechtlich oder wirtschaftlich getragen werden. Für Privattheater (§ 1 Abs. 7 Satz 1 und 2 und Abs. 2 a. E. NV Bühne gelten die in der Anlage 1 zum Normalvertrag Bühne genannten Bestimmungen, zum Begriff des Theaterveranstalters gehört (Tarifbindung) auch die Mitgliedschaft im Deutschen Bühnenverein als Tarifvertragspartei nach § 2 TVG. Wer Bühnenmitglied ist im Sinne von § 1 BSchGO folgt aus § 1 Abs. 1 NV Bühne, also das auf Normalvertrag Bühne beschäftigte Bühnenmitglied nach § 1 Abs. 1, 2 und 3 NV Bühne. Auf die entsprechenden Ausführungen oben zum künstlerischen Arbeitsverhältnis sei verwiesen. Für nichtkünstlerische Arbeitsverhältnisse kann das Bühnenschiedsgericht nicht vereinbart werden. Wiederholt sei, dass die Aufzählung der Berufe in § 1 Abs. 2 und 3 letztlich – wenn vorstehende Voraussetzungen im Übrigen vorliegen – nicht erschöpfend ist, denn tariflich (Absatz 2 und 3) sind künstlerische Berufe durch das Wort „Personen in ähnlicher Stellung" erfasst, deren Berufsbezeichnungen zuvor nicht ausdrücklich erfasst werden. Der <u>Gast</u> der in einem künstlerischen Dienstverhältnis/Gastvertrag tätig ist, unterfällt der Bühnenschiedsgerichtsbarkeit, allerdings <u>nicht</u>, wenn er auf dienst- oder werkvertraglicher Basis tätig ist.[715] Die Bestimmung ist klar und gestattet nicht die entsprechende Anwendung von § 2 a ArbGG mit Wirkung für Streitigkeiten 60

714 so *Germelmann* Anm. 3 zu § 109 ArbGG.

715 BAG, Urteil v. 07.02.2007, Az.: 5 AZR 270/06.

betreffend die Personalvertretungsgesetze, Betriebsverfassungsgesetz. Die in § 2 Abs. 1, Nr. 4, 5–9 ArbGG erwähnten Auseinandersetzungen unterfallen angesichts des Wortlautes von § 1 Abs. 1 BSchGO gleichfalls nicht der Zuständigkeit der Bühnenschiedsgerichtsbarkeit. Für Rechtsnachfolgestreitigkeiten, die während eines laufenden Verfahrens entstanden sind, soll es bei der einmal entstandenen Zuständigkeit der Bühnenschiedsgerichtsbarkeit verbleiben.[716] Streitigkeiten über urheberrechtliche oder leistungsschutzrechtliche Auseinandersetzungen – soweit ein Anspruch insoweit nicht vereinbart ist – sind gleichfalls von der vorgegebenen Zuständigkeit nach § 1 Abs. 1 BSchGO nicht erfasst.[717] Gleiches gilt für kollektivrechtliche Streitigkeiten.

61 Zusammenhangstreitigkeiten (§ 2 Abs. 3 ArbGG) im engen tatsächlich, rechtlichen und wirtschaftlichen Zusammenhang unterfallen der Zuständigkeit der Bühnenschiedsgerichte. Bei der Prüfung des Zusammenhangs ist restriktiv vorzugehen.

62 Die Vereinbarung der Bühnenschiedsgerichtsbarkeit nach § 101 Abs. 2 Satz 3 ArbGG kann auch bei fehlender Tarifbindung ausdrücklich durch entsprechende Vereinbarung erfolgen, wobei deren Fehlen durch entsprechende Verhandlung zur Hauptsache vor dem Bühnenschiedsgericht geheilt werden kann. Es muss sich dabei aber stets um Arbeitsverhältnisse von Bühnenkünstlern handeln, die nach ihrem sachlichen und persönlichen Geltungsbereich unter die Bestimmungen des Normalvertrags Bühne fallen.[718] Für die Vereinbarung wie vor genügt die Bezugnahme allein auf die tarifliche Bühnenschiedsgerichtsordnung, es bedarf nicht noch der Inbezugnahme des Normalvertrags Bühne.[719]

§§ 2, 3 BSchGO/GDBA:

63 Die Bestimmung zeigt zunächst auf, dass die Bühnenschiedsgerichtsbarkeit nach diesem Tarifvertrag zweistufig ist. Nach § 2 Abs. 2 gibt es Bezirksbühnenschiedsgerichte (erster Rechtszug) und das Bühnenoberschiedsgericht. Die derzeitigen Anschriften der Bühnenschiedsgerichte (§ 3 Abs. 1 BSchGO) lauten wie folgt:

---

716 so *Germelmann* Anhang III § 1 BSchGO Anm. 7.

717 BOSchG 10/74 und BOSchG 13/74.

718 BAG, Urteil v. 06.08.1997, Az.: 7 AZR 156/96, NZA 98, 220.

719 BAG, Urteil v. 28.01.2009, Az.: 4 AZR 987/07, NZA-RR 2009, 465 und *Germelmann* NZA 94, 13, ferner BAG, Urteil v. 31.05.2000, Az.: 7 AZR 909/98, juris.

I. Instanz

Bezirks-Bühnenschiedsgericht Berlin (für Berlin und Brandenburg):
Geschäftsstelle:
c/o Landesarbeitsgericht Berlin-Brandenburg
Magdeburger Platz 1, 10785 Berlin
Tel. 030/90171-306, Fax 030/90171-777

Bezirks-Bühnenschiedsgericht Chemnitz (für Sachsen, Sachsen-Anhalt, Thüringen):
Geschäftsstelle:
c/o Arbeitsgericht Chemnitz, Zimmer 107
Zwickauer Str. 54, 09112 Chemnitz
Tel. 0371/4537203

Bezirks-Bühnenschiedsgericht Frankfurt am Main
(für Hessen, Rheinland-Pfalz, Saarland, Baden-Württemberg):
Geschäftsstelle:
c/o Landesarbeitsgericht Frankfurt am Main
Gutleutstr. 130, 60327 Frankfurt am Main
Tel. 069/15047-8408 oder 069/1535279
Fax: 069/15047-8300

Bezirks-Bühnenschiedsgericht Hamburg
(für Niedersachsen, Schleswig-Holstein, Hamburg, Bremen, Mecklenburg-Vorpommern):
Geschäftsstelle:
c/o Landesarbeitsgericht Hamburg
Gerichtsgebäude, Zimmer 417
Osterbekstr. 96, 22083 Hamburg
Tel. 040/428635601

Bezirks-Bühnenschiedsgericht Köln (für Nordrhein-Westfalen)
Geschäftsstelle:
c/o Landesarbeitsgericht Köln
Blumenthalstr. 33, 50670 Köln
Tel. 0221/7740-0
Zu erreichen über: Frau Lennartz, Sekretariat des Obmanns, Tel. 02273/69240

Bezirks-Bühnenschiedsgericht München (für Bayern)
c/o Landesarbeitsgericht München
Winzererstr. 106, 80797 München
Tel. 089/306190

II. Instanz

Bühnen-Oberschiedsgericht
Geschäftsstelle:
Bühnenoberschiedsgericht
c/o Hessisches Landesarbeitsgericht
Gutleutstraße 130, 60327 Frankfurt am Main
Tel. 069/15047-8408
Fax: 069/15047-8300

64 Im Hinblick darauf, dass zwei tarifliche Vereinbarungen betreffend Schaffung von Bühnenschiedsgerichten existieren ist darauf hinzuweisen, dass sich für den Bereich VdO/DBV in Köln das Bühnenschiedsgericht für Opernchöre befindet und das Bühnenoberschiedsgericht für Opernchöre ebenfalls in Köln. Die Adressen dieser beiden Gerichte lauten wie folgt:

Bühnenschiedsgericht für Opernchöre:
Geschäftsstelle:
c/o Landesarbeitsgericht Köln
Blumenthalstr. 33, 50670 Köln
Tel. 02236/337147 (Geschäftsstelle)
Fax: 0221/7740356

Bühnenoberschiedsgericht für Opernchöre:
Geschäftsstelle:
c/o Landesarbeitsgericht Köln
Blumenthalstr. 33, 50670 Köln
Tel. 0221/77401
Fax: 0221/7740356

65 Hierzu sei auf den Tarifvertrag über die Bühnenschiedsgerichtsbarkeit für Opernchöre vom 30.03.1977, zuletzt in der Fassung des Tarifvertrages vom 01.02.2009 verwiesen. Diese letztgenannten Gerichte sind, soweit die Voraussetzungen für die Bühnenschiedsgerichtsbarkeit vorliegen für den Bereich Opernchöre <u>und</u> Tanz zuständig. Soweit eine Tarifbindung durch Mitgliedschaft bei der GDBA

bzw. VdO besteht, ergibt sich daraus, welches Bühnenschiedsgericht anzurufen ist. Im Fall der arbeitsvertraglichen Vereinbarung der Bühnenschiedsgerichtsbarkeit ohne Tarifbindung hat für den Bereich Chor bzw. Tanz das Bühnenmitglied, solange nicht ausdrücklich die Schiedsgerichtsbarkeit der GDBA/DBV oder VdO/ DBV gegeben ist, ein Wahlrecht dahingehend, welches Bühnenschiedsgericht (GDBA oder VdO) angerufen wird (so Kurz, Praxishandbuch Theaterrecht, Kapitel 12, Anm. 2).

Bei der Bezeichnung der Bühnenschiedsgerichte sollte jeweils der Zusatz 66
(vgl. § 2 Abs. 2 BSchGO) „DBV/GDBA“ oder DBV/VdO“ erfolgen.

Schriftsätze, besonders fristgebundene Klagen, sind an das jeweilige Büh- 67
nenschiedsgericht bzw. Bühnenoberschiedsgericht zu übermitteln. Da die Postanschrift, vor allem die Faxadresse oftmals die des jeweiligen Arbeitsgerichts/ Landesarbeitsgerichts ist, in welchem der Obmann (§ 5 BSchGO) hauptberuflich tätig ist, empfiehlt es sich bei der Geschäftsstelle (§ 10 BSchGO) – meistens ein(e) Mitarbeiter(in) des Arbeitsgerichts/Landesarbeitsgerichts – den genauen Eingang zu ermitteln, denn erst mit dem Eingang in der Geschäftsstelle des Bühnenschiedsgerichts liegt der ggf. fristwahrende Schriftsatz vor.[720] Ein Eingang bei der Briefannahmestelle bedeutet nicht stets Eingang bei dem Bühnenschiedsgericht.

§ 4 BSchGO:

Die Vorschrift regelt in Absatz 1 a-f die örtliche Zuständigkeit der jeweils anzu- 68
rufenden Bühnenschiedsgerichte (vgl. dazu oben zu § 3 BSchGO). Der jeweilige Gerichtsstand folgt nach Absatz 2 den allgemeinen Vorschriften der ZPO, soweit ein örtlich nicht zuständiges Bühnenschiedsgericht angerufen worden ist, kann dies durch rügeloses Verhandeln zur Sache vor diesem Gericht geheilt werden (§ 39 ZPO i. V. m. § 42 Abs. 2 BSchGO). Zur Zuständigkeit bei Auslandsbezug von Arbeitsverträgen sei auf Anm. 5 zu § 4 BSchGO bei Germelmann in GMP, Arbeitsgerichtsgesetz, Anhang III verwiesen.

§ 5 BSchGO:

Die Bestimmung betrifft die Besetzung des jeweiligen Schiedsgerichts mit 69
Obmann, stellvertretenden Obmann und Beisitzern bzw. deren Vertretern und enthält die Festlegung, dass das Bühnenschiedsgericht aus – so die Wortwahl – einem Ob<u>mann</u>, einem stellvertretenden Obmann und 12 Beisitzern und deren jeweils 12 Stellvertreter bestehen muss. Dabei schließt die überkommene Wortwahl „Obmann“ die Besetzung mit einer Ob<u>frau</u> natürlich nicht aus. Der Obmann

720 vgl. dazu *Germelmann* § 15 Anm. 1 BSchGO in Anhang III Arbeitsgerichtsgesetz.

und sein(e) Vertreter(in) müssen die Befähigung zum Richteramt aufweisen, die Tätigkeit ist nicht allein Richtern vorbehalten (vgl. dazu nachstehend zu § 6 BSchGO).

§ 6 BSchGO:

70 Die Besetzung des Gerichts erfolgt durch die Tarifvertragsparteien, also DBV, GDBA bzw. VdO, wobei der/die Vorsitzende bzw. Vertreter nicht Angestellte oder Beamte eines Theaters bzw. von dessen Trägern (!) sein können. In der Praxis sind dies zumeist Arbeitsrichter der ersten oder zweiten Instanz, wobei auch die Besetzung mit einem bühnenerfahrenen Rechtsanwalt nicht ausgeschlossen ist.

§ 7 BSchGO:

71 Die Bestimmung regelt die Besetzung des Gerichts mit einem Vorsitzenden und je zwei Beisitzern der Arbeitgeber- und Arbeitnehmerseite, wobei möglichst (also nicht zwingend) bei Chorsänger- bzw. Tänzerauseinandersetzungen die Arbeitnehmerbeisitzer aus diesen Berufsbereichen stammen sollen (so § 7 Abs. 1 Satz 2 BSchGO/GDBA).

§ 8 BSchGO:

c) Die Beisitzer sind, bevor sie erstmalig tätig werden – danach nicht mehr – auf eine gewissenhafte Erfüllung ihrer Tätigkeit nach Maßgabe von Gesetz und tarifvertraglicher Vorgabe, zu „verpflichten".
d) Eine derartige Belehrung oder Hinweiserteilung bedarf keiner Form oder gar einer Vereidigung der Beisitzer und muss auch nicht aktenkundig gemacht werden nach dem Wortlaut der tariflichen Bestimmung.
e) Das Bühnenschiedsgericht besteht somit aus dem Obmann und je zwei Beisitzern aus dem Bereich Arbeitgeber bzw. Arbeitnehmer. Die Beisitzer werden jeweils durch die Verbände benannt (§ 7 Abs. 1 BSchGO). Im Bereich Tänzer und Chorsänger (siehe oben) sollen die Arbeitnehmerbeisitzer möglichst jeweils diesem Bereich angehören (§ 7 BSchGO, a. a. O.).

§ 9 BSchGO:

72 Die Bezirksschiedsgerichte haben untereinander und dem Bühnenoberschiedsgericht Rechtshilfe zu leisten, wobei entsprechende Rechtshilfeersuchen auch durch die Bühnenoberschiedsgerichte möglich sind. Nach § 106 Abs. 2 ArbGG kann unter den im Gesetz genannten Voraussetzungen auch ein Arbeitsgericht bzw. Amtsgericht zur Durchführung einer Beweisaufnahme bzw. einer Vereidigung von Zeugen/Sachverständigen von dem Bühnenschiedsgericht ersucht werden. Voraussetzung für eine Verfahrensweise nach § 106 Abs. 2 ArbGG ist zum einen, dass das Bühnenschiedsgericht eine Beweisaufnahme beispielsweise

nicht selbst vornehmen kann, weil ein Zeuge sich weigert zu erscheinen. Das Bühnenschiedsgericht besitzt insoweit keinerlei Machtmittel, das Erscheinen zu erzwingen. Gleiches wie vor kann gelten für den Fall der für erforderlich gehaltenen Vereidigung eines Zeugen bzw. einer Partei im Hinblick darauf, dass derartige Handlungen/Vereidigungen den staatlichen Gerichten vorbehalten sind.

§ 10 BSchGO:

Die jeweiligen Bühnenschiedsgerichte haben eine Geschäftsstelle (vgl. oben 73
die Liste der Geschäftsstellen mit Anschriften). In der Praxis sind dies oftmals Mitarbeiter(innen) des jeweiligen Arbeitsgerichts/Landesarbeitsgerichts, die diese Tätigkeit neben ihren hauptberuflichen Aufgaben verrichten, hier z. B. die Entgegennahme von Schriftsätzen, Klagen jeder Art, die mit Eingang in der Geschäftsstelle des Bühnenschiedsgerichts dem Gericht zugegangen sind, ferner die Ladung der Parteien, Einforderung von Gerichtskosten und der Abrechnung ebenso wie die Ladung der durch die Tarifvertragsparteien benannten Beisitzer. Dabei ist es ggf. Sache der Tarifvertragsparteien dafür Sorge zu tragen, dass z. B. die Briefannahmestelle eines Arbeitsgerichts Schriftstücke für das Bühnenschiedsgericht entgegen nehmen kann. Ohne eine derartige Sicherstellung genügt der Eingang bei der Briefannahme des Arbeitsgerichts oder Landesarbeitsgerichts nicht, es bedarf – wie oben dargestellt – stets der Weiterleitung an das Bühnenschiedsgericht und Eingang dort.

§§ 11, 12 BSchGO:

Zustellungen erfolgen seitens des Bühnenschiedsgerichts durch Einschreiben/ 74
Rückschein. Ggf. reicht es aus, dass seitens der Parteien Empfangsbekenntnisse betreffend das Zustellungsschriftstück abgegeben werden. Im Gegensatz zu arbeitsgerichtlichen Verfahren gilt diese Möglichkeit des Empfangsbekenntnisses nicht nur für Rechtsanwälte, sondern auch für die Parteien selbst, die eine derartige Bescheinigung gleichfalls abgegeben können. Nach Germelmann, ArbGG, Anhang III, Anm. 3 zu § 11 BSchGO soll auch ein elektronisches Empfangsbekenntnis der betreffenden Person angesichts des Wortlautes von § 11 Abs. 1 BSchGO nicht möglich sein. Nach dieser Ansicht, gestützt auf den Wortlaut von § 11 Abs. 1 BSchGO bedarf es stets eines Originalempfangsbekenntnisses nebst entsprechender Unterschrift. Dieser Ansicht kann für den Fall der Übermittlung per Fax nicht gefolgt werden, da der Wortlaut der tariflichen Bestimmung zumindest die Faxübermittlung einer unterschriebenen Originalempfangsbestätigung nach Erhalt eines Einschreibens, Originals ausdrücklich dem Wortlaut nach nicht ausschließt. Die Bestimmung enthält nicht das Erfordernis der Schriftform in der Formulierung „eingeschriebener Brief. Die Rechtsprechung akzeptiert bei der Erfordernis der schriftlichen Geltendmachung von Ansprüchen in tariflichen

Ausschlussfristen auch die Übermittlung per Fax (Bundesarbeitsgericht, NJW 2003, 843) und prozessual auch Klagen, bestimmende Schriftsätze als solche nach gefertigter Rechtsprechung sehr wohl welche nach der Rechtsprechung fristwahrend per Fax eingereicht werden können, was in der gerichtlichen Praxis auch geschieht, gleiches folgt aus § 39 BSchGO i. V. m. § 174 IV, 2 ZPO. Letztlich akzeptiert auch § 126 (a) BGB die elektronische Form.

§ 12 BSchGO:

75 Die Vorschrift regelt die Modalitäten und Verfahrensweise bei einer öffentlichen Zustellung bei unbekanntem Aufenthalt einer Partei.

§ 13 BSchGO:

76 Die Kosten des Verfahrens trägt – anders als im arbeitsgerichtlichen Verfahren nach § 12a ArbGG – der unterliegende Teil, ggf. erfolgt bei auch teilweisem Obsiegen eine Quotierung über die gesamten Kosten. Es bedarf also einer Kostenentscheidung im Schiedsspruch. Der Wert des Streitgegenstandes ist im Urteil festzuhalten (§ 26 Abs. 2 f. BSchGO) nach Maßgabe des Arbeitsgerichtsgesetz und des Gerichtskostengesetzes (§ 39 BSchGO). Ergänzend sei auf den Streitwertkatalog für die Arbeitsgerichtsbarkeit der Streitwertkommission verwiesen, der auch hier herangezogen werden kann. Der Streitwert einer Nichtverlängerungsmitteilung ist nach § 42 Abs. 3 GKG zu bestimmen.

77 Die Berechnung der Höhe der Gerichtskosten vom Streitwert ausgehend folgt aus § 13 Abs. 2 BSchGO. Dementsprechend regelt die Vorschrift die Kostenhöhe auch bei einem Vergleich und bei Rücknahme der Klage vor streitiger Verhandlung (keine Gerichtskosten) bzw. nach streitiger Verhandlung (½ der sonst anzusetzenden Kosten).

78 Nach Absatz 4 a. a. O. soll die Zustellung einer Klage erst nach Zahlung eines vom Bühnenschiedsgericht anzufordernden Kostenvorschusses erfolgen. Prozesskostenhilfe gibt es in bühnenschiedsgerichtlichen Verfahren nicht, sondern erst im ggf. sich anschließenden Aufhebungsverfahren vor dem Arbeitsgericht.

79 Über die zu erstattenden außergerichtlichen Kosten nach rechtskräftiger bühnenschiedsgerichtlicher Entscheidung (§ 13 Abs. 5 a. a. O.) oder nach einem rechtskräftigen Urteil im Aufhebungsverfahren entscheidet das Bühnenschiedsgericht und ggf. nach Beschwerde das Bühnenoberschiedsgericht durch entsprechenden Beschluss.

80 § 37 BSchGO bzw. § 109 ArbGG regeln die Zwangsvollstreckung aus dem Schiedsspruch bzw. einem schiedsgerichtlichen Vergleich, nachdem dieser zuvor durch das Arbeitsgericht für vollstreckbar erklärt worden ist. Prozesskostenhilfe kennt das bühnenschiedsgerichtliche, nicht staatliche Verfahren nicht.

§ 14 BSchGO Prozessvertretung:

Nach Absatz 1 der tariflichen Bestimmung können Rechtsanwälte, Verbandsvertreter und Angestellte bzw. Beamte von Theaterveranstaltern als Prozessbevollmächtigte vor dem Bühnenschiedsgericht auftreten, und zwar in beiden Instanzen. Die Verbandsvertreter von Verbänden, die nicht Tarifvertragsparteien des Normalvertrags Bühne sind, können gleichfalls als Bevollmächtigte tätig sein, wenn das am Klageverfahren beteiligte Bühnenmitglied gleichfalls Mitglied ihres Verbandes ist.[721] Diese sachgerechte Auslegung von § 14 Abs. 1 BSchGO erscheint fraglich angesichts der engen Formulierung der Vorschrift des § 14 Abs. 1 Nr. 1 und 2 BSchGO, der zwar Verbandsvertreter zulässt, ohne klarzustellen, ob damit Vertreter der Tarifvertragsparteien oder auch weitergehend solche dritter Verbände gemeint sind. Angesichts der Möglichkeit der Inbezugnahme des Normalvertrags Bühne mit dessen § 53 (Bühnenschiedsgerichtsbarkeit) bei ansonsten fehlender Tarifbindung, erscheint vorstehende Auslegung richtig. 81

§ 15 BSchGO:

Die Vorschrift befasst sich mit der – ordnungsgemäßen – Klageerhebung beim Bühnenschiedsgericht. Sie wiederholt letztlich Selbstverständlichkeiten einer ordnungsgemäßen Klageschrift (§ 15 Abs. 1 und 2 BSchGO). Die Klage erfordert die bestimmte Schilderung des Sachverhaltes mit Angaben der Parteien und einen bestimmten Antrag (a. a. O. Abs. 1, (1, 2, 3)). Die unterschriebene Klage ist beim Bühnenschiedsgericht schriftlich einzureichen. Einreichung per Telefax vorab genügt, soweit das Bühnenschiedsgericht einen Faxempfang besitzt. Allein die Faxübermittlung einer (fristgebundenen) Klage an die Faxnummer des Arbeitsgerichtes, Landesarbeitsgerichts in dessen Hause sich die Geschäftsstelle des Bühnenschiedsgerichts befindet, reicht per se nicht, solange nicht feststeht, dass dieser Faxanschluss auch für das im Hause befindliche Bühnenschiedsgericht verwendet werden kann.[722] Eine Klage kann auch zur Niederschrift der Geschäftsstelle erklärt werden, was in der Praxis an den örtlichen Gegebenheiten scheitern dürfte, da die Geschäftsstelle von Mitarbeitern des Arbeitsgerichts nur nebenberuflich betreut werden. Eine Klage soll nach Absatz 2 a. a. O. auch zur Niederschrift der Geschäftsstelle erklärt werden können, was jedoch in der Praxis an den dortigen Gegebenheiten scheitern dürfte, da die Angestellten der Arbeitsgerichtsbarkeit in der Praxis für die Bühnenschiedsgerichte nur nebenberuflich tätig sind. 82

721 so Germelmann, Arbeitsgerichtsgesetz, Anhang III, § 14 BSchGO, Anm. 5.
722 ebenso Germelmann GMP, § 15 BSchGO, Anm. 1.

83 Bei auftretenden Zuständigkeitsfragen betreffend Zuständigkeit Arbeitsgericht/Bühnenschiedsgericht – liegt ein künstlerisches Arbeitsverhältnis vor oder nicht – ist es durchaus angeraten, bei beiden Gerichten die Klage einzureichen, der Einwand der Rechtshängigkeit (§ 261 ZPO) greift in diesem Fall nicht, da eine Rechtshängigkeit nur zwischen staatlichen Gerichten möglich ist. Ein Gericht kann ggf. zwecks Klärung der Zuständigkeit, das dort anhängige Verfahren aussetzen.[723]

84 Es können Leistungs-, Feststellungs- und Gestaltungsklagen eingereicht werden, ein Verfahren auf Erlass einer einstweiligen Verfügung bzw. eines Arrestes nur für das Bühnenschiedsgericht ist nicht möglich.[724] Mangels vorläufiger Vollstreckbarkeit bühnenschiedsgerichtlicher Entscheidungen (§ 109 Abs. 1 ArbGG) ist eine Klage auf angemessene Beschäftigung oder vorläufige Weiterbeschäftigung z. B. bis zur rechtskräftigen Entscheidung über eine gerichtlich angegriffene Nichtverlängerungsmitteilung erst möglich nach Rechtskraft der bühnenschiedsgerichtlichen Entscheidung, ggf. nach längerer Verfahrensdauer. Der Antrag auf Erlass einer einstweiligen Verfügung ist nicht möglich, dass in eilbedürftigen Fällen nach § 18 Abs. 2 BSchGO das beschleunigte Verfahren in dem dort erwähnten Fällen durchzuführen ist und damit insoweit die Möglichkeit einer schnellen Entscheidung besteht.

85 Letztlich kann das Bühnenschiedsgericht Fristen setzen betreffend eine Klageerwiderung und mangels Einlassung auch nach Lage der Akten entscheiden.

§ 16 BSchGO Widerklage:

86 Eine Widerklage ist zulässig, solange der Streitgegenstand „im Zusammenhang" mit dem Klagebegehren steht, d. h. den gleichen Sachverhalt betrifft. Es gilt auch hier (§ 1 Abs. 4 BSchGO), dass es sich um eine Auseinandersetzung aus einem künstlerischen Arbeitsverhältnis handeln muss.

§ 17 BSchGO Wahrheitspflicht:

87 Die Bestimmung wiederholt einen Grundsatz des zivilprozessualen Verfahrens (§ 138 ZPO), danach haben sich die Parteien zu erklären über die vorgetragenen Tatsachen und zwar wahrheitsgemäß, was auch mit dem Wortlaut festgehalten wird, dass nicht bestrittene Tatsachen als zugestanden anzusehen sind.

723 Kurz, Theaterrecht, § 12, Anm. 11.

724 Germelmann, Arbeitsgerichtsgesetz § 104, Anm. 16 und § 15 BSchGO, Anm. 11.

§ 18 BSchGO Terminanberaumung und Vorbereitung des Verhandlungstermins:
Nach Absatz 1 ist nach Klageeingang „unverzüglich" zu terminieren, d. h. nach Eingang des Gerichtskostenvorschusses (§ 13 Abs. 4 BSchGO). Nach Absatz 2 sind Streitigkeiten über Verpflichtung zur Darstellung einer Rolle oder einer Partie beschleunigt zu bearbeiten durch vorrangige Terminierung in der nächsten Sitzung bzw. in einem Extratermin, wobei nicht nur das „Ob" der Übernahme, sondern auch ggf. das „Wie" im Rahmen der besonderen Mitwirkungspflicht des Bühnenmitglieds (§§ 54, 63, 71, 84 NV Bühne) der Entscheidung des Bühnenschiedsgerichts unterliegen können. Gleiches gilt für die Genehmigung von Nebentätigkeiten, wie z. B. gastweise Tätigkeiten an anderen Häusern (vgl. dazu § 4 NV Bühne), wie oben dargestellt, ersetzt die Bestimmung die hier fehlende Möglichkeit einer einstweiligen Verfügung für den Streit über eine Mitwirkungspflicht oder über die Genehmigung einer Nebentätigkeit wie zum Beispiel bei einer Gastverpflichtung eines Solisten an einem anderen Haus (§ 4 NV Bühne). 88

§ 19 BSchGO:
Die Vorschrift postuliert die Öffentlichkeit der Verhandlung vor dem Bühnenschiedsgericht. Die Öffentlichkeit kann durch Beschluss des Bühnenschiedsgerichts im Interesse einer Partei oder der Parteien ausgeschlossen werden. Gleiches gilt – was selten der Fall sein dürfte – wenn Derartiges im allgemeinen Interesse liegt oder aus Gründen der Zweckmäßigkeit, wobei stets im Einzelnen zu prüfen ist seitens des Gerichts, ob eine derartige ausweichende Maßnahme tatsächlich konkret notwendig ist. Letztere Voraussetzungen dürften selten gegeben sein. 89

§ 20 BSchGO:
Nach dieser Vorschrift – vgl. dazu die Regelung in § 136 Abs. 1 ZPO – obliegt dem Obmann die Verhandlungsleitung, d. h. er erörtert den Sachverhalt mit den Parteien, ggf. die Ansicht des Gerichts in tatsächlicher und rechtlicher Hinsicht, stellt ggf. Fragen und weist auf etwaige Bedenken des Gerichts hin und verkündet die Entscheidung. In der Verhandlung ist jeder Beisitzer gesondert frageberechtigt (§ 20 NV Bühne). Die Prozessbeteiligten und nur diese können (a. a. O. Absatz 3) Anordnungen oder in der Verhandlung Fragen des Obmanns beanstanden als nicht zulässig, wobei ggf. sodann das Gericht zu entscheiden hat. 90

§ 21 BSchGO:
§ 21 BSchGO enthält die Verpflichtung des Bühnenschiedsgerichts, in jeder Lage des Verfahrens auf eine gütliche Regelung des Rechtsstreits hinzuwirken und ggf. einen Vergleichsvorschlag zu unterbreiten. Angesichts des hier fehlenden Güteverfahrens nach § 54 ArbGG (vgl. § 104 ArbGG) ist diese Möglichkeit von 91

besonderer Bedeutung in der Praxis zur schnellen Streitbeendigung. Der tarifliche Wortlaut „jederzeit" schließt auch vorterminliche Anregungen des Bühnenschiedsgerichts nicht aus.

§ 22 BSchGO:

92 Nach dieser Bestimmung kann seitens des Obmannes bzw. des Gerichts wie allgemein auch sonst – auch bei anwaltlicher Vertretung – das persönliche Erscheinen einer oder der Parteien anordnen; dabei kann das Nichterscheinen trotz Anordnung nicht erzwungen bzw. geahndet werden.

§ 23 BSchGO:

93 § 23 BSchGO enthält die Vorschriften über eine durchzuführende Beweisaufnahme. Nach Absatz 1 der Bestimmung soll eine etwaige Beweisaufnahme sofort erfolgen. Dies dürfte oftmals nicht möglich sein, da z. B. Zeugen erscheinen sollen und/oder Urkunden beschafft und vorgelegt werden müssen. Soweit eine derartige Verfahrensweise nicht möglich ist unter den gegebenen Umständen, ist ein Beweisbeschluss (a. a. O. Absatz 1) zu erlassen. Die Beweisaufnahme findet vor dem Bühnenschiedsgericht statt, ggf. auf Ersuchen des Gerichts (a. a. O. Absatz 2) vor einem Arbeitsgericht oder Amtsgericht. Da das Bühnenschiedsgericht als tarifliches Schiedsgericht nicht vereidigen kann, gilt dies auch für diesen Komplex. Für die zu erwartenden Kosten der staatlichen Gerichte kann das Bühnenschiedsgericht (a. a. O. Absatz 3) einen Vorschuss einfordern, und zwar vor Absendung des Ersuchens an die staatlichen Gerichte betreffend Durchführung einer Beweisaufnahme. Im Übrigen ist diese tarifliche Bestimmung eine Wiederholung von § 106 Abs. 1 und 2 ArbGG.

§ 24 BSchGO:

94 § 24 BSchGO stellt klar, dass ein Säumnisverfahren nach der Zivilprozessordnung/ Arbeitsgerichtsgesetz nicht möglich ist, es (vgl. Absatz 1) können bei Säumnis einer Partei ggf. die Behauptungen der anderen Partei als zugestanden anzusehen sein, soweit sich die nicht erscheinende Partei dazu nicht vorab schriftlich dazu geäußert hat. Es ist also ggf. mit der erscheinenden Partei zu verhandeln, und es kann sodann ein Schiedsspruch, kein Versäumnisurteil, ergehen auch mit Berücksichtigung des schriftlichen Vorbringens der nicht anwesenden Partei, wogegen Berufung eingelegt werden kann (§ 30 BSchGO). Erscheinen beide Parteien nicht, ist das Ruhen des Verfahrens anzuordnen. Nach Absatz 2 der Bestimmung finden die Vorschriften der §§ 230–238 ZPO betreffend Wiedereinsetzung in den vorigen Stand und sonst versäumte Prozesshandlungen Anwendung. In der Praxis gilt dies also vorwiegend bei versäumter Berufungsfrist, Berufungsbegründungsfrist. Für den Wiedereinsetzungsantrag ist die zweiwöchige Antrags-

frist zu beachten (§ 234 Abs. 1 ZPO; das Verfahren ist mit dem Verfahren über die nachgeholte Prozesshandlung zu verbinden. Es gibt in diesem Verfahren allerdings kein Versäumnisurteil (vgl. insoweit auch § 105 ArbGG).

§ 25 BSchGO:

§ 25 BSchGO bestimmt das Verfahren bei der – geheimen – Abstimmung des Bühnenschiedsgerichts nach Schluss der Verhandlung. Die Abstimmungsverhältnisse bei der gefundenen Entscheidung sind nicht anzugeben, auch die Angabe einer abweichenden Meinung soll[725] nicht zulässig sein, was angesichts des – kurzen – Wortlauts von § 25 Abs. 2 BSchGO aus dem Text der Bestimmung allein nicht herausgelesen werden kann, was aber angesichts der Verweisung in § 39 BSchGO auf die Vorschriften des Gerichtsverfassungsgesetzes (insbesondere § 95 GVG und die dazu ergangene Rechtsprechung) richtig erscheint. Also kein Sondervotum! 95

§ 26 BSchGO:

§ 26 BSchGO enthält allgemeine Vorschriften über den Inhalt des schriftlich abzusetzenden Schiedsspruchs (Absatz 1 und 2 a. a. O.). Auf eine schriftliche Begründung kann von den Parteien verzichtet werden. Die Regelungen über den notwendigen Inhalt des Schiedsspruchs entsprechen den Regelungen, die auch für das Absetzen der Entscheidungen der staatlichen Gerichte gelten (a. a. O. Absatz 2 a-h). Bei allseitigem Verzicht der Parteien (Absatz 2) bedarf es keiner schriftlichen Begründung des Schiedsspruchs. 96

Der Schiedsspruch bedarf der Rechtsmittelbelehrung ebenso wie die – soweit erforderlich (§ 30 Abs. 1 BSchGO) – Zulassung der Berufung im Schiedsspruch (vgl. § 107 ArbGG). 97

§ 27 BSchGO:

§ 27 BSchGO regelt in Absatz 1 – wie auch in staatlichen Gerichtsverfahren (§ 319 Abs. 1, 320 Abs. 1 ZPO) – die Möglichkeit Schreibfehler und sonstige Fehler, Auslassungen etc. auf Antrag und auch von Amts wegen zu berücksichtigen und zu korrigieren. Dabei ist die fehlerhafte Urteilsausfertigung zurückzureichen zwecks Verbindung mit dem erforderten Berichtigungsbeschluss. Davon zu trennen ist aber § 27 Abs. 3 BSchGO, wonach binnen einer Frist von einer Woche (!) im Urteil übergegangene aber geltend gemachte Ansprüche auf Antrag durch ein Ergänzungsurteil nach neuerlicher Verhandlung Berücksichtigung finden können (vgl. dazu vorstehend zu § 26 BSchGO). 98

---

725 so *Germelmann* a. a. O. Anm. 6 zu § 25 BSchGO.

§ 28 BSchGO:

99 § 28 BSchGO enthält die Verfahrensweise betreffend die erforderliche Zustellung des Schiedsspruchs (vgl. dazu §§ 11, 12 BSchGO). Der ergangene Schiedsspruch soll nach § 108 Abs. 3 ArbGG bei dem zuständigen Arbeitsgericht niederlegt werden, gleiches hat das Bühnenoberschiedsgericht mit dem Schiedsspruch der ersten Instanz, dem dieser einzureichen ist, beim Arbeitsgericht Köln nach § 28 a. E. BSchGO zu veranlassen. Die Vorschrift wie vor dient allein der inhaltlichen Information über ergangene Schiedssprüche; sie ist eine Ordnungsvorschrift. Nach § 108 Abs. 4 ArbGG hat der rechtskräftige Schiedsspruch die Wirkung eines rechtskräftigen Urteils zwischen den Parteien (vgl. § 36 Abs. 3 BSchGO).[726]

§ 29 BSchGO:

100 § 29 BSchGO enthält Bestimmungen über den erforderlichen Inhalt des zu erstellenden Sitzungsprotokolls, wonach u. a. auch der wesentliche Gang der Verhandlung mit aufzunehmen ist; das sind die prozessualen Ereignisse des ablaufenden Verfahrens. Wichtig ist zu beachten, dass ein etwaiger Vergleich unter Tagesangabe von den Parteien und dem Schiedsgericht zu unterschreiben ist. Ein Vergleich im schriftlichen Verfahren gemäß § 796a Abs. 1 ZPO soll[727] nicht möglich sein. Diese Ansicht erscheint fraglich angesichts der Vorschrift des § 39 BSchGO, der u. a. auch die Bestimmungen der Zivilprozessordnung als entsprechend anwendbar heranzieht, solange in der Bühnenschiedsgerichtsordnung nichts Gegenteiliges bestimmt ist. Die Verfahrensweise betreffend den Vergleich im schriftlichen Verfahren ist nicht in der Bühnenschiedsgerichtsordnung untersagt. Letztlich ist ein derartiger Vergleich gemäß § 796 a Abs. 1 ZPO auch nicht vor dem Bühnenschiedsgericht, d. h. in der Verhandlung geschlossen. Nur insoweit gilt nach dem Wortlaut des § 107 ArbGG diese Vorschrift betreffend Erforderlichkeit einer Unterschrift. Koch in Erfurter Kommentar, Anm. 7 zu § 110 ArbGG hält die Einreichung einer beidseitig unterschriebenen Vergleichsvereinbarung beim Bühnenschiedsgericht für ausreichend.

§§ 30–35 BSchGO Das Verfahren vor dem Bühnenoberschiedsgericht:

101 **§ 30 Abs. 1 BSchGO** führt zunächst aus, dass gegen jegliches Urteil des Bühnenschiedsgerichts Berufung zulässig ist, wenn der festgesetzte Wert des Streitgegenstandes 200,00 € erreicht bzw. 100,00 € bei Entscheidungen des Bühnenschiedsgerichts für Chor und Tanz oder eine Zulassung wegen grundsätzlicher Bedeutung im Urteil erfolgt ist. Eine gesonderte Anfechtung der Streitwertfest-

---

726 *Germelmann* NZA 1994, 12, 15 u. a.
727 *Germelmann* a. a. O. Anm. 3 zu § 29 BSchGO.

setzung ebenso wie der Entscheidung über eine Zulassung der Berufung (a. a. O. Absatz 4) ist ausgeschlossen, ebenso (a. a. O. Absatz 2) eine gesonderte Anfechtung der Kostenentscheidung ohne Berufung. Eine grundsätzliche Bedeutung kann vorliegen, wenn unterschiedliche Rechtsauffassungen existieren oder eine höchstrichterliche Entscheidung in einer streitigen Frage nicht vorliegt.

Nur für den Fall eines Anerkenntnisurteils (a. a. O. Absatz 3) kann die getrof- 102
fene Kostenentscheidung gesondert angegriffen werden. Letztlich ist § 35 BSchGO (vgl. nachstehend) zu beachten, der in dem Fall fehlender Entscheidung zur Hauptsache die befristete Beschwerde zulässt, soweit der Wert 100,00 € übersteigt. Für die Berufung gilt über § 64 ArbGG, § 519 ZPO (vgl. § 39 BSchGO) betreffend die erforderliche Berufungsbegründung.

Wichtig: Bei eingelegter Berufung (§ 30 Abs. 5 BSchGO) ist die Vollstreckung 103
der Entscheidung der ersten Instanz aufgeschoben, zu diesem Zeitpunkt ist es also – noch – nicht möglich, den Schiedsspruch durch das Arbeitsgericht gemäß § 109 ArbGG für vollstreckbar zu erklären. Von grundsätzlicher Bedeutung für die Zulassung einer Berufung kann auch eine Streitfrage betreffend die Auslegung eines im Bühnenbereich geltenden Tarifwerkes sein, z. B. des Normalvertrags Bühne.[728]

Nach **§ 31 BSchGO** beträgt die Berufungsfrist (Notfrist) 1 Monat nach Zustel- 104
lung des Schiedsspruchs. Im Bereich der Bühnenschiedsgerichtsordnung DBV/VdO beträgt die Frist 2 Wochen betreffend eine Berufung gegen die Entscheidungen des Bühnenschiedsgerichts Chor und Tanz auf der Basis der Bühnenschiedsgerichtsordnung DBV/VdO. Eine Berufungsbegründungsfrist kennt die Bühnenschiedsgerichtsordnung für ihren Bereich nicht. Es gibt keine festgelegte Berufungsbegründungsfrist, wie z. B. in § 66 Abs. 1 ArbGG. Der Obmann des Bühnenoberschiedsgerichts setzt dem/der Berufungskläger(in) jedoch eine gesonderte Frist innerhalb derer die Berufung zu begründen ist (§ 32 Abs. 3 BSchGO/GDBA bzw. VdO). Neben diesen Besonderheiten gelten die allgemeinen Vorschriften des Arbeitsgerichtsgesetzes, der Zivilprozessordnung und des Gerichtsverfassungsgesetzes gemäß § 39 BSchGO auch insoweit. Vorstehendes gilt auch für eine eventuelle Anschlussberufung, deren Modalitäten § 33 BSchGO regelt. Von der Berufungsfrist, der Berufungsbegründungsfrist abgesehen, gelten die allgemeinen Vorschriften (§ 64 Abs. 6 ArbGG i. V. m. § 520 Abs. 3, 2 ZPO). Berufung und Begründung erfordern deren fristgerechten Eingang beim Bühnenoberschiedsgericht.

728 so *Germelmann* a. a. O. § 30 BSchGO Anm. 2.

105 Nach **§ 34 BSchGO** gelten für das Verfahren vor dem Bühnenoberschiedsgericht die erstinstanzlichen Verfahrensvorschriften der Bühnenschiedsgerichtsordnung entsprechend.

106 Letztlich bestimmt § 35 BSchGO, dass Kostenentscheidungen des Bühnenschiedsgerichts, soweit keine Entscheidung in der Hauptsache erfolgt ist, mit der befristeten Beschwerde von 2 Wochen anzufechten sind, soweit der Beschwerdewert 100,00 € übersteigt.

§§ 36, 37, 38, 39 BSchGO tarifvertragliche Schlussbestimmungen:

107 **§ 36 Abs. 1 BSchGO** erwähnt und erläutert die Rechtskraft bühnenschiedsgerichtlicher Entscheidungen, wobei zu beachten ist, dass es Aufgabe des Obmanns ist (a. a. O. Absatz 2) eine Bescheinigung über die Rechtskraft auszufertigen, insbesondere im Hinblick auf § 109 ArbGG/§ 37 BSchGO. **§ 37 BSchGO** wiederholt § 109 ArbGG (vgl. dazu obige Ausführungen). Ein rechtskräftiger Schiedsspruch hat die Wirkung eines Urteils.

108 **§ 38 BSchGO** regelt die Möglichkeit der Aufhebungsklage gegen einen Schiedsspruch (§ 110 ArbGG) binnen einer Notfrist von 2 Wochen ab Zustellung des Schiedsspruchs und bestimmt tarifvertraglich die ausschließliche Zuständigkeit des Arbeitsgerichts Köln für eine Aufhebungsklage für die tarifunterworfenen Bühnenmitglieder wie für diejenigen, die die Bühnenschiedsgerichtsbarkeit gemäß § 53 NV Bühne im Arbeitsvertrag bzw. auch gesondert vereinbart haben. Zu Einzelheiten wird auf nachstehende Ausführungen betreffend die Aufhebungsklage verwiesen.

109 **§ 39 BSchGO** verweist als grundlegende Vorschrift allgemein – soweit die Bühnenschiedsgerichtsordnung nichts Abweichendes aussagt – auf die entsprechende Anwendung Bestimmungen des Arbeitsgerichtsgesetz, der Zivilprozessordnung und des Gerichtsverfassungsgesetzes.

7 Die Aufhebungsklage Rechtsnatur der Aufhebungsklage, Einzelheiten und Klageantrag (§ 110 ArbGG)

Gegen einen bestandskräftigen Schiedsspruch (nicht einem Schiedsvergleich), 1
zumeist eine Entscheidung des Bühnenoberschiedsgerichts, ist im Falle des § 110 Abs. 1 Nr. 1 und 2 ArbGG die Aufhebungsklage zulässig (§ 38 BSchGO) binnen 2 Wochen nach Zustellung der bühnenschiedsgerichtlichen Entscheidung (§ 110 Abs. 3 ArbGG). Die Aufhebungsklage wird sich nach Maßgabe der geltenden Bühnenschiedsgerichtsordnungen (§ 37 BSchGO/VdO) und § 38 BSchGO/GDBA gegen die Entscheidung des jeweiligen Bühnenschiedsgerichts richten und ist nach tarifvertraglicher Vorschrift bzw. entsprechender vertraglicher Vereinbarung bei dem Arbeitsgericht Köln einzureichen und zu begründen binnen einer Notfrist von 2 Wochen nach Zustellung der anzufechtenden Entscheidung (§ 110 Abs. 3 Satz 1 ArbGG). Die Klage kann auch bereits vor Zustellung der bühnenschiedsgerichtlichen Entscheidung eingereicht werden.[729] Das arbeitsgerichtliche Aufhebungsverfahren ist revisionsähnlich[730] nach ständiger Rechtsprechung des Bundesarbeitsgerichts und verlangt u. a. (§ 110 Abs. 1 Nr. 1 und 2 ArbGG) die Darlegung, dass das schiedsgerichtliche Verfahren unzulässig war (a. a. O. Absatz 1 Nr. 1) bzw. die Verletzung einer Rechtsnorm vorliegt (Absatz 1 Nr. 2 a. a. O.) oder die Voraussetzungen einer Restitutionsklage analog den zivilprozessualen Vorschriften vorliegen. Dabei (d. h. für den Fall der Rechtsnormverletzung) wäre für die zuerst genannte Begründung einer Aufhebungsklage die Verkennung der Künstlereigenschaft des Klägers als Arbeitnehmer vorstellbar, vgl. dazu die Problematik der ggf. fraglichen Arbeitnehmereigenschaft des Künstlers auf Grund[731] eines Gastvertrags nach der Parsivalentscheidung des Bundesarbeitsgerichts, wozu in den Ausführungen zu § 1 ff. NV Bühne Stellung genommen werden wird.[732] Letztlich wird sich die Aufhebungsklage in der bühnenschiedsgerichtlichen Praxis auf Grund entsprechender Bezugnahme bzw. Tarifbindung zumeist gegen Entscheidungen des Bühnenoberschiedsgerichts richten und die Verletzung einer Rechtsnorm rügen, wobei darzulegende Verstöße gegen materielles Recht auch

---

729 LAG Köln, Urteil v. 03.06.2014, Az.: 12 Sa 911/13.

730 BAG, Urteil v. 15.02.2012, Az.: 7 AZR 626/10, NZA-RR 2013, 154, ferner BAG, Urteil v. 18.08.1986, Az.: 7 AZR 418/85, juris.

731 BAG, Urteil v. 07.02.2007, Az.: 5 AZR 270/2006, NZA 2007, 1072 (LS), ZUM 2007, 507.

732 BAG, Urteil v. 06.08.1997, Az.: 7 AZR 156/96, NZA 98, 220 und v. 31.05.2010, Az.: 7 AZR 908/98, LAG AP Nr. 5 zu § 101 ArbGG sowie LAG Köln, Urteil v. 29.05.2008, Az.: 10 Sa 593/06.

die fehlerhafte Auslegung einer tariflichen Vorschrift beinhalten.[733] In der Aufhebungsklage ist der Schiedsspruch seitens des Arbeitsgerichts nach der Rechtsprechung des Bundesarbeitsgerichts insgesamt auf seine Gesetzesmäßigkeit zu überprüfen. Nachträgliche Gesetzesänderungen oder Tarifänderungen werden im Aufhebungsverfahren jedoch nicht berücksichtigt. Das staatliche Arbeitsgericht ist an die tatsächlichen Feststellungen des Bühnenoberschiedsgerichts gebunden.[734] Für Verstöße gegen das Verfahren jedoch müssen innerhalb der für das Revisionsverfahren geltenden Frist von 2 Wochen Verstöße dargelegt werden (§ 110 Abs. 3 ArbGG). Ein Verfahrensmangel muss in der Aufhebungsklage fristgemäß gerügt werden.[735] Allein die fehlerhafte Behandlung einer bühnenschiedsgerichtlichen Verfahrensvorschrift der jeweiligen Bühnenschiedsgerichtsbarkeit durch das Bühnenoberschiedsgericht ist im Aufhebungsverfahren nicht berücksichtigungsfähig nach der Rechtsprechung des Bundesarbeitsgerichts.[736] Die Darlegung eines materiellen Rechtsfehlers – von Amts wegen zu prüfen – bedarf der eingehenden und nicht pauschalen Auseinandersetzung mit den Gründen des angefochtenen Urteils und den Ausführungen des Vorderrichters. Jegliche Begründung hat unter Beachtung des vom Bühnenoberschiedsgericht ausweislich des Urteilstatbestandes nebst der darin enthaltenen Bezugnahme auf Grund des festgestellten Sachverhalts zu erfolgen,[737] neue Tatsachen können nicht vorgebracht werden. Verfahrensrügen – soweit sie nicht ausnahmsweise von Amts wegen zu beachten sind – bedürfen der Darlegung in der Form des § 554 Abs. 3 Nr. 3 b ZPO.[738] Bei einer erfolgreichen Aufhebungsklage ist eine Zurückweisung durch das staatliche Gericht an das Bühnenschiedsgericht nicht möglich,[739] das staatliche Gericht hat eine Sachentscheidung zu treffen auf Grund eines Sachantrages.

2 Zu den einzelnen Aufhebungsgründen:

3 a) Unzulässigkeit der schiedsgerichtlichen Verfahren (§ 110 Abs. 1 Nr. 1 ArbGG). Dieser Fall kann vorliegen, wenn ein Schiedsvertrag nicht wirksam vereinbart werden konnte (§ 101 Abs. 1 und 2 ArbGG) oder ansonsten das Schiedsgericht weder sachlich noch örtlich zuständig sein konnte.

---

733 BAG, Urteil v. 12.05.1982, Az.: 4 AZR 510/81, Leitsatz 1, BAGE 38, 383; BAG, Urteil v. 30.09.1971, Az.: 5 AZR 123/71, Leitsatz 1, AP Nr. 121 zu § 1 TVG Auslegung.

734 BAG, Urteil, Az.: 7 AZR 114/85.

735 BAG, Urteil v. 27.05.1970, Az.: 5 AZR 425/69, NJW 1970, 1702, und v. 11.03.1982, Az.: 2 AZR 233/81, BAGE 39, 1.

736 BAG, Urteil v. 15.02.2012, Az.: 7 AZR 626/10, NZA-RR 2013, 154.

737 § 559 ZPO.

738 BAG, Urteil v. 18.04.1986, Az.: 7 AZR 114/85, Leitsatz 3, NZA 1987, 94 und ZUM 1989/202.

739 BAG, Urteil v. 27.01.1993, Az.: 7 AZR 124/92.

Fehler bei der Anwendung tarifvertragliche Vorschriften betreffend das Verfahren vor dem Bühnenschiedsgericht können mit der Aufhebungsklage nicht gerügt werden.[740] 4

Hierzu führt das Bundesarbeitsgericht in der Entscheidung vom 15.02.2012 zum Az.: 7 AZR 626/10 aus: 5

„a) Nach § 110 Abs. 1 Nr. 1 und Nr. 2 ArbGG kann auf Aufhebung eines Schiedsspruchs geklagt werden, wenn das schiedsgerichtliche Verfahren unzulässig war oder wenn der Schiedsspruch auf der Verletzung einer Rechtsnorm beruht. Hierunter fallen Verstöße gegen tarifvertragliche Vorschriften über das schiedsgerichtliche Verfahren nicht. Allerdings können Verfahrensfehler des Schiedsgerichts – insbesondere Verstöße gegen §§ 105 ff. ArbGG – einen Aufhebungsgrund iSv. § 110 Abs. 1 Nr. 1 ArbGG darstellen (vgl. GMP/Germelmann ArbGG 7. Aufl. § 110 Rn. 8 mwN). Auch sind materiell-rechtliche tarifliche Bestimmungen Rechtsnormen iSv. § 110 Abs. 1 Nr. 2 ArbGG (vgl. BAG 2. Juli 2003 – 7 AZR 613/02 – zu I 2 der Gründe, AP BGB § 611 Musiker Nr. 39). Die Verletzung tarifvertraglicher Vorschriften über das schiedsgerichtliche Verfahren kann aber weder nach § 110 Abs. 1 Nr. 1 ArbGG noch nach § 110 Abs. 1 Nr. 2 ArbGG mit einer Aufhebungsklage erfolgreich gerügt werden.
aa) Das Arbeitsgerichtsgesetz regelt in seinen §§ 102 ff. die Einzelheiten des schiedsgerichtlichen Verfahrens nicht vollständig. Gemäß § 104 ArbGG bestimmt sich das Verfahren vor dem Schiedsgericht nach §§ 105 bis 110 ArbGG und dem Schiedsvertrag, im Übrigen nach dem freien Ermessen des Schiedsgerichts. Daraus folgt, dass nur Verstöße gegen die im Arbeitsgerichtsgesetz geregelten Verfahrensvorschriften – also zB eine Verletzung des Grundsatzes der vorherigen Anhörung der Parteien nach § 105 Abs. 1 ArbGG – einen Aufhebungsgrund abgeben können (ähnlich bereits BAG 12. Mai 1982 – 4 AZR 510/81 – BAGE 38, 383). Die tarifvertragliche Ausgestaltung des Schiedsgerichtsverfahrens darf bereits aus Gründen des effektiven Rechtsschutzes nicht dazu führen, dass die Möglichkeit der gerichtlichen Überprüfung eines in der Sache ergangenen Schiedsspruchs nach Maßgabe des § 110 Abs. 1 Nr. 2 ArbGG verhindert wird.
bb) Die Klage nach § 110 ArbGG richtet sich auf die Aufhebung „des Schiedsspruchs". Das drückt aus, dass die schiedsgerichtliche Entscheidung in der Sache – und nicht die über die Eröffnung eines weiteren Instanzenzugs im schiedsgerichtlichen Verfahren oder über die Zulässigkeit oder Unzulässigkeit eines diesbezüglichen Rechtsmittels – einer Aufhebung zugänglich sein soll. Entsprechend sind das Verfahren vor der Bühnenschiedsgerichtsbarkeit und das arbeitsgerichtliche Aufhebungsverfahren nach § 110 ArbGG auch nicht etwa als einheitlicher Instanzenzug ausgestaltet. Mit der Entscheidung des Bühnenoberschiedsgerichts ist das Bühnenschiedsgerichtsverfahren verbraucht (aA aber GMP/Germelmann ArbGG § 110 Rn. 26). Gegenstand des Aufhebungsverfahrens nach § 110 ArbGG sind nicht die vom Bühnenschiedsgericht und Bühnenoberschiedsgericht getroffenen Entscheidungen, sondern das vor dem Schiedsgericht anhängig gemachte Sachbegehren (vgl. zu alldem [in der Konstellation, dass der Kläger im Schiedsverfahren auch Kläger der Aufhebungsklage ist] BAG 12. Januar 2000 – 7 AZR 925/98 – zu A der Gründe mwN, AP BGB § 611 Musiker Nr. 30 = EzA TVG § 4 Bühnen Nr. 8). Dieses muss unabhängig von der jeweiligen tarifvertraglichen Ausgestaltung

740 BAG, Urteil v. 15.02.2012, Az.: 7 AZR 626/10, NZA 2000, 1345.

des schiedsgerichtlichen Verfahrens einer Überprüfung nach § 110 Abs. 1 ArbGG zugeführt werden können.“

6 b) Die Verletzung einer Rechtsnorm ist stets zu berücksichtigen so z. B. die rechtsfehlerhafte Auslegung einer Norm des Normalvertrags Bühne, wobei z. B. der Bühnenschiedsgerichtsbarkeit in der Bewertung künstlerisches Fragen ein weiter Beurteilungsspielraum zu gewähren ist.

7 c) Nach Absatz 1 Nr. 3 rechtfertigt letztlich das Vorliegen der Voraussetzungen der Restitutionsklage (§ 580 Abs. 1 Nr. 1–6 ZPO) die Aufhebungsklage.

8 2. Die Frist zur Erhebung der Aufhebungsklage beträgt zwei Wochen (§ 110 ArbGG, Absatz 3). Sie beginnt jeweils mit Zustellung an die Partei; Wiedereinsetzung den vorigen Stand gemäß § 233 ZPO möglich; die Klage kann bereits vor Fristablauf eingereicht werden.

9 3. Aufhebungsklage/Sachentscheidung der Arbeitsgerichte:

10 Es sei auf die oben zitierte Entscheidung des Bundesarbeitsgerichts, Urteil vom 15.02.2012 nochmals verwiesen. Das Bundesarbeitsgericht führt dazu aus:

a) Das Verfahren vor dem Bühnenschiedsgericht und das Aufhebungsverfahren sind kein einheitlicher Instanzenzug.
b) Gegenstand des Aufhebungsverfahrens ist nicht die von der Bühnenschiedsgerichtsbarkeit getroffene Entscheidung. Eine Zurückverweisung an das Bühnenschiedsgericht ist nicht möglich.[741] Es verbleibt also bei nachstehenden Empfehlungen für die Formulierung des Klageantrags der Aufhebungsklage (ebenso GMP, § 110 ArbGG, Anm. 22a).

11 Zum Klageantrag der Aufhebungsklage:

12 Das Arbeitsgerichtsgesetz spricht in § 110 Abs. 1 ArbGG von einer Aufhebung des Schiedsspruchs. Dennoch ist das Verfahren vor dem Bühnenschiedsgericht und das staatliche Aufhebungsverfahren nach der Rechtsprechung des Bundesarbeitsgerichts kein Instanzenzug, die staatlichen Gerichte haben eine eigene Sachentscheidung zu treffen, wie das Bundesarbeitsgericht ausgeführt hat.[742] Es reicht also nicht aus – obwohl das Bundesarbeitsgericht in der Auslegung entsprechender Anträge großzügig ist – Aufhebung zu beantragen. Es bedarf nach der Rechtsprechung stets auch der Stellung eines Sachantrags, wobei angesichts der Gesetzesformulierung wie vorstehend geschildert empfehlenswert ist, auch Aufhebung zu beantragen. Empfehlenswert für die Praxis ist es also mit dem

741 BAG, Urteil v. 27.01.1993, Az.: 7 AZR 124/92, NZA 1993, 1102.

742 BAG, Urteil v. 27.01.1993, Az.: 7 AZR 124/92, NZA 1993, 1102. Eine Zurückverweisung ist also nicht möglich (a. A. *Germelmann* NZA 1994,18).

Sachantrag verbunden, eine Aufhebung zu beantragen.[743] Mit der Entscheidung des Bundesarbeitsgerichts vom 15.05.2013 zum Az.: 7 AZR 665/11 ist jedoch zu beachten, dass die Feststellung der Unwirksamkeit einer Nichtverlängerungsmitteilung und die ggf. ferner begehrte Feststellung der Unwirksamkeit einer Befristung zwei verschiedene Streitgegenstände sind, was bei einem Streit über die Künstlereigenschaft bereits in der Klage bemerkt und dargelegt werden muss. Es bedarf also, wenn beide Rechtsverletzungen gerügt werden sollen, auch einer doppelten Begründung! Im Klageantrag hat dies durch entsprechende Antragsformulierung unter Beachtung der tariflichen Klagefrist nach Normalvertrag Bühne (§§ 61 Abs. 8, 96 Abs. 8 NV Bühne) und der Klagefrist nach § 17 Satz 1 TzBfG zu geschehen.

Prozesszinsen können erst im Aufhebungsverfahren ab Zustellung der Aufhebungsklage geltend gemacht werden.[744] 13

Verzeichnis von Entscheidungen betreffend §§ 101–110 ArbGG und Aufhebungsklage:

Bühnenoberschiedsgericht, Schiedsspruch vom 25.04.1959 zum Az.: BOSchG 8/58 und BOSchG 3/59

Die Schiedsgerichtsklausel braucht nicht in dem gleichen Tarifvertrag enthalten zu sein, der eine tarifliche Regelung des Arbeitsverhältnisses beinhaltet. Es genügt die Aufnahme der Schiedsgerichtsklausel in einem gesonderten Tarifvertrag. Eine tarifliche Schiedsklausel ist zwingend und kann nicht durch Einzelvertrag abbedungen werden. 14

Bundesarbeitsgericht, Urteil vom 18.04.1986 zum Az.: 7 AZR 114/85, NZA 1987, 94

Überprüfung der Beweiswürdigung des Vorderrichters im Aufhebungsverfahren nur darauf, ob diese rechtlich möglich ist und ob Grenzen und Voraussetzungen der richterlichen Überzeugung gewahrt sind. 15

Bundesarbeitsgericht, Urteil vom 31.10.1963 zum Az.: 5 AZR 283/62

Für die Vereinbarung der Bühnenschiedsgerichtsbarkeit in einem Tarifvertrag ist nicht erforderlich, dass dieser auch sonstige Arbeitsbedingungen für den Bühnenengagementsvertrag enthält. 16

Für die Prüfung, ob der Schiedsspruch nach § 110 Abs. 1 Nr. 2 ArbGG auf der Verletzung einer Rechtsnorm beruht, ist der Schiedsspruch insgesamt auf die 17

743 ebenso *Kurz* Theaterrecht Kap. 12, 5, 3, Rz. 36; *Germelmann* Arbeitsgerichtsgesetz § 110 Anm. 22 a, ferner BAG, Urteil v. 12.01.2000, Az.: 7 AZR 925/98, NZA 2000, 1345–1347.

744 BAG, Urteil v. 12.05.1982, Az.: 4 AZR 510/81, Leitsatz 5, BAGE 38, 383.

Gesetzesmäßigkeit seiner Begründung im Aufhebungsverfahren zu überprüfen, dabei besteht keine Beschränkung auf die geltend gemachten Aufhebungsgründe. Betreffend Verfahrensmängel gilt allerdings, dass nur die in der Aufhebungsklage vorgebrachten Mängel zu überprüfen sind.

18 Bundesarbeitsgericht, Urteil vom 27.01.1993 zum 7 AZR 124/92, NZA 1993, 1102
Im Aufhebungsverfahren nach § 110 ArbGG dürfen die Gerichte für Arbeitssachen den Rechtsstreit nicht an die Bühnenschiedsgerichtsbarkeit zurück überweisen.

19 Bundesarbeitsgericht, Urteil vom 06.08.1997 zum Az.: 7 AZR 156/96, NZA 1998, 220
Die in § 101 Abs. 2 Satz 3 ArbGG eröffnete Möglichkeit der einzelvertraglichen Vereinbarung einer Schiedsklausel ist nur für solche Arbeitsverhältnisse zulässig, die nach dem konkreten Inhalt der ausgeübten Tätigkeit einer Berufsgruppe zuzuordnen sind für die nach § 101 Abs. 2 Satz 1 ArbGG bei Tarifbindung der Vorrang der Schiedsgerichtsbarkeit wirksam geregelt werden kann.

20 Bundesarbeitsgericht, Urteil vom 12.05.1982 zum Az.: 4 AZR 510/81, Leitsatz 1
Eine Aufhebungsklage kann darauf gestützt werden, dass Schiedsgerichte Normen eines Tarifvertrags fehlerhaft ausgelegt hätten.

21 Bundesarbeitsgericht, Urteil vom 12.01.2000 zum 7 AZR 925/98, Leitsatz 1
Verfahrensrügen, die erst nach Abschluss der ersten Instanz des Aufhebungsverfahrens nach § 110 ArbGG erhoben werden, sind keinesfalls mehr rechtzeitig und können deshalb im weiteren Verlauf des Rechtsstreits nicht berücksichtigt werden.

22 Landesarbeitsgericht Köln, Urteil vom 10.07.2002 zum Az.: 8 Sa 278/02
Keine Hinzuziehung eines Rechtsanwaltes im Anhörungsverfahren bzw. eines Betriebsratsmitglieds (anders BAG, Urteil vom 15.05.2013 zum Az.: 7 AZR 665/11, Leitsatz 2)

23 Bundesarbeitsgericht, Urteil vom 25.02.2009 zum Az.: 7 AZR 942/07
§ 53 NV Bühne enthält eine den Anforderungen des § 101 Abs. 2 Satz 1 ArbGG genügende Schiedsvereinbarung, die die Arbeitsgerichtsbarkeit ausschließt.

24 Bundesarbeitsgericht, Urteil vom 15.02.2012 zum Az.: 7 AZR 626/10
Keine Aufhebung eines Schiedsspruchs auf Grund der Verletzung tarifvertraglicher Vorschriften zum bühnenschiedsgerichtlichen Verfahren.

Landesarbeitsgericht Köln, Urteil vom 18.09.2009 zum Az.: 4 Sa 1301/08

Zu den Anforderungen an nicht von Amts wegen zu berücksichtigende Verfahrensrügen im Aufhebungsverfahren: Es ist ein unverzügliches Rügen des Verfahrensmangels erforderlich nach Erhebung der Aufhebungsklage, jedenfalls innerhalb der in § 110 Abs. 3 Satz 1 ArbGG vorgesehenen Frist von 2 Wochen. 25

Bundesarbeitsgericht, Urteil vom 15.02.2012 zum Az.: 7 AZR 626/10

Das Aufhebungsverfahren nach § 110 ArbGG ist in allen drei Instanzen als revisionsähnliches Verfahren ausgestaltet, in dem der Spruch des Bühnenoberschiedsgerichts nur auf Rechtsfehler überprüft werden kann und neuer Sachvortrag grundsätzlich nicht zulässig ist. 26

Bundesarbeitsgericht, Urteil vom 15.05.2013 zum Az.: 7 AZR 665/11

Bei der Feststellung der Unwirksamkeit einer Nichtverlängerungsmitteilung und der Feststellung der Unwirksamkeit einer Befristung handelt es sich um verschiedene prozessuale Streitgegenstände (der Kläger hatte zuletzt im Aufhebungsverfahren allein die Nichtverlängerungsmitteilung angegriffen und begehrte in diesem Verfahren auch eine Entscheidung betreffend die Unwirksamkeit der Befristung ohne gesonderten Antrag insoweit.) 27

Landesarbeitsgericht Köln, Urteil vom 03.06.2014 zum Az.: 12 Sa 911/13

Das Sachbegehren ist Gegenstand des Aufhebungsverfahrens. Eine Nichtverlängerung kann wegen Verstoß gegen das Diskriminierungsverbot nach § 134 BGB, 1, 3, 7 Abs. 1 AGG unwirksam sein. 28

Anhang 1: Normalvertrag Bühne vom 15. Oktober 2002, zuletzt geändert durch Änderungs-TV Nr. 7 vom 14. Juni 2012

I. Allgemeiner Teil

1. Abschnitt: Allgemeine Arbeitsbedingungen

§ 1 Geltungsbereich

(1) Dieser Tarifvertrag gilt für Solomitglieder und Bühnentechniker sowie Opernchor- und Tanzgruppenmitglieder (im folgenden insgesamt als Mitglieder bezeichnet) an Bühnen innerhalb der Bundesrepublik Deutschland, die von einem Lande oder von einer Gemeinde oder von mehreren Gemeinden oder von einem Gemeindeverband oder mehreren Gemeindeverbänden ganz oder überwiegend rechtlich oder wirtschaftlich getragen werden.

(2) Er gilt für Solomitglieder an Privattheatern in dem in Absatz 7 näher bezeichneten Umfang. Solomitglieder sind Einzeldarsteller einschließlich Kabarettisten und Puppentheaterspielern, Dirigenten, Kapellmeister, Studienleiter, Repetitoren, Orchestergeschäftsführer, Direktoren des künstlerischen Betriebs (insbesondere Operndirektor, Schauspieldirektor, Ballettdirektor, Leiter des Kinder- und Jugendtheaters), Spielleiter (Regisseure), Chordirektoren, Choreografen, Tanz-/Ballettmeister sowie Trainingsleiter, Dramaturgen, Leiter des künstlerischen Betriebsbüros, Disponenten, Ausstattungsleiter, Bühnenbildner, Kostümbildner und Lightdesigner, Inspizienten, Theaterpädagogen, Schauspielmusiker, Referenten und Assistenten von Intendanten sowie des künstlerischen Betriebs, Souffleure, Theaterfotografen und Grafiker, Pressereferenten und Referenten der Öffentlichkeitsarbeit sowie Personen in ähnlicher Stellung.

(3) Bühnentechniker sind Technische Direktoren und technische Leiter, Vorstände der Malsäle, Leiter des Beleuchtungswesens, Leiter der Bühnenplastiken/-werkstätten, Leiter des Kostümwesens, Leiter der Ausstattungswerkstätten, Chefmaskenbildner, Referenten und Assistenten der Technischen Direktoren und technischen Leiter, Tonmeister.

Oberinspektoren und Inspektoren, Theater- und Kostümmaler, Beleuchtungsmeister und Beleuchter, Bühnenplastiker (Kascheure), Maskenbildner, Requisitenmeister und Requisiteure, Gewandmeister, Bühnenmeister, Veranstaltungstechniker, Tontechniker und Personen in ähnlicher Stellung sind Bühnentechniker im Sinne dieses Tarifvertrags, wenn mit ihnen im Arbeitsvertrag vereinbart wird, dass sie überwiegend künstlerisch tätig sind.

(4) Opernchormitglieder sind auch Chormitglieder, die Operetten und Musicals singen.

(5) Für Solomitglieder, mit denen Gastspielverträge abgeschlossen werden, gilt dieser Tarifvertrag nicht. Jedoch finden auf diese Gastspielverträge §§ 53, 60 und 98 Anwendung. Gastspielverträge sind Verträge, die der Arbeitgeber zur Ergänzung seines ständigen Personals und zur Ausgestaltung seines Spielplans mit Solomitgliedern in der Weise abschließt, dass sie nicht als ständige Solomitglieder angestellt, sondern nur zur Mitwirkung für eine bestimmte Anzahl von Aufführungen, aber nicht für mehr als 72 während der Spielzeit, verpflichtet werden. Bei Serientheatern liegt ein Gastspielvertrag nur vor, wenn das dem Gast bewilligte Entgelt die festen Bezüge der meisten von dem Arbeitgeber fest angestellten Mitglieder weit übersteigt; in diesem Fall fällt die in Satz 3 festgesetzte ziffernmäßige Beschränkung der Aufführungen fort.

Im Übrigen gilt dieser Tarifvertrag nicht für Mitglieder, die von Fall zu Fall (Aushilfen) oder auf Stückdauer für einzelne Inszenierungen beschäftigt werden. Abweichend davon finden §§ 53, 60 und 98 Anwendung.

(6) Mit Musikalischen Oberleitern, Direktoren des künstlerischen Betriebs, Oberspielleitern, Ausstattungsleitern, Technischen Direktoren und technischen Leitern einschließlich den Leitern des Beleuchtungswesens können von diesem Tarifvertrag abweichende Regelungen vereinbart werden.

(7) Der persönliche Geltungsbereich für Mitglieder an Privattheatern ergibt sich aus den Absätzen 2 und 5. Für diese Mitglieder gelten die in Anlage 1 genannten Vorschriften dieses Tarifvertrags.
Ein Privattheater liegt vor, wenn es von einer natürlichen Person oder von einem Zusammenschluss natürlicher Personen oder von einer juristischen Person privaten Rechts, an der keine juristische Person öffentlichen Rechts beteiligt ist, getragen wird. Unschädlich ist die Beteiligung einer juristischen Person öffentlichen Rechts an der Trägerschaft, wenn diese nicht überwiegt und wenn die Finanzierung nicht überwiegend aus öffentlichen Mitteln bestritten wird.

Protokollnotiz:
Die in diesem Tarifvertrag verwendeten Berufsbezeichnungen umfassen Arbeitnehmerinnen und Arbeitnehmer.

§ 2 Begründung des Arbeitsvertrags
(1) Mit dem Mitglied ist ein Arbeitsvertrag nach dem Muster der Anlagen 2 bis 6 abzuschließen. Der Arbeitsvertrag bedarf zu seiner Wirksamkeit der Schriftform. Das gleiche gilt für Änderungen und Ergänzungen. § 101 Abs. 4 bleibt unberührt.
(2) Der Arbeitsvertrag ist mit Rücksicht auf die künstlerischen Belange der Bühne ein Zeitvertrag.
(3) In dem Arbeitsvertrag müssen angegeben sein:
a) die Bühne(n), für die das Mitglied angestellt wird;
b) die Zeit, für die der Arbeitsvertrag abgeschlossen wird, sowie die Kalendertage, an denen das Arbeitsverhältnis beginnt und endet;
c) ob das Mitglied als Solomitglied, Bühnentechniker, Opernchormitglied oder Tanzgruppenmitglied beschäftigt wird.
(4) In dem Arbeitsvertrag muss ferner angegeben sein:
a) für das Solomitglied die Tätigkeiten im Sinne von § 1 Abs. 2, zu denen das Mitglied verpflichtet ist; darüber hinaus soll bei darstellenden Solomitgliedern die Kunstgattung und – jedenfalls im Musiktheater – das Kunstfach festgelegt werden; dabei kann die Bezeichnung des Kunstfachs durch die Vereinbarung von Rollengebieten oder Partien näher gekennzeichnet oder ersetzt werden;
b) für den Bühnentechniker die Tätigkeiten im Sinne von § 1 Abs. 3 sowie die vereinbarte durchschnittliche wöchentliche Arbeitszeit;
c) für das Opernchormitglied das Kunstfach (die Stimmgruppe); Stimmgruppen sind
der 1. Sopran, der 2. Sopran,
der 1. Tenor, der 2. Tenor,
der 1. Alt, der 2. Alt,
der 1. Bass, der 2. Bass;
d) für das Tanzgruppenmitglied, ob es auch zu Sololeistungen verpflichtet ist.

§ 3 Personalakten
(1) Das Mitglied hat das Recht auf Einsicht in seine vollständigen Personalakten. Es kann das Recht auch durch einen hierzu schriftlich Bevollmächtigten ausüben. Die Vollmacht ist zu den Personalakten zu nehmen. Der Arbeitgeber kann einen Bevollmächtigten zurückweisen, wenn es aus dienstlichen oder betrieblichen Gründen geboten ist.
(2) Das Recht der Akteneinsicht schließt das Recht ein, Abschriften bzw. Ablichtungen aus den Personalakten zu fertigen.

(3) Das Mitglied muss über Beschwerden und Behauptungen tatsächlicher Art, die für das Mitglied ungünstig sind oder ihm nachteilig werden können, vor deren Aufnahme in die Personalakte gehört werden. Seine Äußerung ist zu den Personalakten zu nehmen.

§ 4 Nebenbeschäftigung

Jede entgeltliche Nebenbeschäftigung – auch während des Urlaubs – muss dem Arbeitgeber, möglichst rechtzeitig vor Ausübung, schriftlich angezeigt werden. Der Arbeitgeber kann die Ausübung der Nebenbeschäftigung untersagen, wenn sie die Erfüllung der arbeitsvertraglichen Pflichten des Mitglieds oder sonstige berechtigte Interessen des Arbeitgebers beeinträchtigt.

2. Abschnitt
Arbeitszeit

§ 5 Arbeitszeit

(1) Die Arbeitszeit ergibt sich aus der Dauer der Proben und der Aufführungen oder der Ausübung der arbeitsvertraglich vereinbarten Tätigkeit.

(2) Eine Dienstregelung kann durch Haustarifvertrag eingeführt werden.

(3) Für die Bühnentechniker ist die Vereinbarung von Teilzeitarbeit zulässig. Mit einem Mitglied des Opernchors kann Teilzeitarbeit nur innerhalb eines mindestens für eine Spielzeit abgeschlossenen Arbeitsvertrags vereinbart werden. Im Arbeitsvertrag ist der Umfang der Beschäftigung festzulegen.

(4) Die Arbeitszeit für die Bühnentechniker richtet sich nach den für sie geltenden Sonderregelungen.

> **Protokollnotiz zu Absatz 3:**
> Von der Gesamtzahl der im Haushaltsplan für den Opernchor ausgebrachten Planstellen dürfen nicht mehr als jeweils 15 v. H., auf die volle Zahl aufgerundet, mit Mitgliedern in Teilzeitarbeit besetzt werden. Sind für den Opernchor keine Planstellen im Haushaltsplan ausgewiesen, gilt Satz 1 entsprechend. Das Mitglied ist berechtigt, einen Antrag auf Teilzeitarbeit zu stellen, über den alsbald entschieden werden soll.

§ 6 Arbeitseinteilung

(1) Proben und Aufführungen sind durch Anschlag im Theater bekanntzugeben. Die wöchentliche Proben- und Aufführungseinteilung ist der Arbeitsplan; verbindlich ist der tägliche Proben- und Aufführungsplan.

(2) Die Mitglieder sind verpflichtet, sich über den Arbeitsplan und den täglichen Proben- und Aufführungsplan durch Einsichtnahme zu unterrichten; der Arbeitgeber kann andere Formen der Unterrichtung festlegen. Nach 14.00 Uhr eintretende Änderungen für denselben Abend oder den nächsten Tag sind den Mitgliedern besonders mitzuteilen.

(3) Die Teilnahme der Mitglieder der jeweiligen Beschäftigtengruppe an höchstens zwei Gruppenversammlungen pro Spielzeit, die im Einvernehmen mit dem Arbeitgeber angeordnet werden, ist im Arbeitsplan entsprechend vorzusehen.

(4) Alle Mitglieder haben dafür Sorge zu tragen, dass sie, soweit in diesem Tarifvertrag keine abweichende Regelung getroffen ist, möglichst jederzeit zu erreichen sind. Auswärtige Aufenthaltsorte sind rechtzeitig dem Arbeitgeber bekanntzugeben. Die Mitglieder, die nicht dienstfrei haben, sind verpflichtet, bis drei Stunden vor Beginn der Aufführung erreichbar zu sein.

(5) Bei allen Aufführungen hat sich das Mitglied mindestens eine halbe Stunde vor Beginn des ununterbrochen durchlaufenden Spielabschnitts, in dem es aufzutreten hat, in seinem Ankleideraum einzufinden.
(6) Jedes Mitglied ist bei den Proben und Aufführungen für den richtigen und rechtzeitigen Auftritt selbst verantwortlich.
(7) Absatz 4 Satz 2 gilt für Solomitglieder mit auf Vorstellungen bezogener Tätigkeit, insbesondere für darstellende Solomitglieder mit der Maßgabe, dass die Erreichbarkeitspflicht auch besteht, wenn das Mitglied proben- und aufführungsfrei hat. Absätze 5 und 6 finden auf Solomitglieder und Bühnentechniker keine Anwendung, wenn deren Arbeitszeit von Proben und Aufführungen unabhängig ist oder durch gesonderten Dienstplan geregelt wird. Ein gesonderter Dienstplan tritt an die Stelle des in den Absätzen 1 bis 3 genannten Arbeitsplans.
(8) Anstelle der Gruppenversammlungen nach Absatz 3 ist den Solomitgliedern und den Bühnentechnikern Gelegenheit zu mindestens einer Ensembleversammlung je Spielzeit zu geben. In dieser Ensembleversammlung können die Solomitglieder und Bühnentechniker einen Sprecher ihrer Sparte wählen. § 52 Abs. 1 findet entsprechend Anwendung.
Unterabsatz 1 gilt nicht für die Sparte Tanz, wenn ein Tanzgruppenvorstand gewählt wird und die Solotänzer mit Zustimmung der Tanzgruppe an der Wahl des Vorstands teilgenommen haben.

§ 7 Mitwirkungspflicht

(1) Die Mitwirkungspflicht erstreckt sich im Rahmen der vertraglich übernommenen Tätigkeit (Kunstfach) auf alle Veranstaltungen (Aufführungen und Proben) der Bühne(n) in allen Kunstgattungen. Veranstaltungen sind auch auswärtige Gastspiele, Festspiele, Konzerte, Werbeveranstaltungen, bunte Programme, Matineen und sonstige Veranstaltungen, die vom Arbeitgeber oder einem seiner rechtlichen oder wirtschaftlichen Träger unter der Verantwortung des Arbeitgebers durchgeführt werden.
Als Veranstaltungen gelten auch die Übertragung der Darbietungen durch Funk (Hörfunk und Fernsehen) sowie die Aufzeichnung auf Ton- und/oder Bildträger sowie Bildtonträger.
(2) Die Mitwirkungspflicht erstreckt sich ferner auf Veranstaltungen
a) an Bühnen, die der Arbeitgeber erst nach Abschluss des Arbeitsvertrags in Betrieb nimmt,
b) an Bühnen, mit denen der Arbeitgeber eine Vereinbarung über eine Zusammenarbeit getroffen hat oder nach Abschluss des Arbeitsvertrags trifft, sofern die Veranstaltungen unter seiner künstlerischen und wirtschaftlichen Mitverantwortung stattfinden.
(3) Die besonderen Mitwirkungspflichten richten sich nach den für die einzelnen Beschäftigtengruppen geltenden Sonderregelungen.
(4) Beim Einsatz des Mitglieds darf keine übermäßige Belastung eintreten.

> **Protokollnotiz:**
> In den Fällen des Absatzes 2 Buchst. b werden Aufwendungen entsprechend § 26 ersetzt.

§ 8 Rechteübertragung

(1) Bei Veranstaltungen für Funkzwecke (live oder aufgezeichnet) überträgt das Mitglied dem Arbeitgeber die für die Sendung und deren Wiedergabe – einschließlich der Wiederholungen – erforderlichen zeitlich, räumlich und inhaltlich unbegrenzten Rechte und willigt in die Verwertung dieser Rechte ein, insbesondere auch in die Ausstrahlung durch ausländische Sender (z. B. Eurovision). Die Einwilligung umfasst auch die Verwertung für Online-Dienste. Bei Online-Angeboten mit Downloadmöglichkeit darf der Download nur unentgeltlich erfolgen, die Wiedergabedauer 15 Min. nicht überschreiten und nicht mehr als ein Viertel des Werkes umfassen.

(2) Bei Veranstaltungen, die auf Ton- und/oder Bildträger sowie Bildtonträger zu theatereigenen Zwecken aufgenommen werden, hat das Mitglied die für diese Zwecke vorgenommene Vervielfältigung, Verbreitung sowie die – auch durch Dritte vorgenommene – Wiedergabe zu dulden. Es räumt dem Arbeitgeber die dafür erforderlichen zeitlich und räumlich unbegrenzten Rechte ein. Zu den theatereigenen Zwecken gehören auch die Werbezwecke des Arbeitgebers. Die Werbezwecke des Arbeitgebers umfassen auch die Abgabe von Ton- und/oder Bildträgern sowie Bildtonträgern, sofern sie unentgeltlich oder gegen eine Schutzgebühr erfolgt. Die Rechteeinräumung umfasst jedoch nicht die darüber hinausgehenden Nutzungen dieser Träger gegen Entgelt. Absatz 1 Sätze 2 und 3 finden entsprechende Anwendung.
(3) Bei Veranstaltungen, die durch Bildschirm und/oder Lautsprecher oder ähnliche technische Einrichtungen zeitgleich öffentlich wahrnehmbar gemacht werden, räumt das Mitglied dem Arbeitgeber die dafür erforderlichen Rechte ein.
(4) Unberührt von der Rechteübertragung nach den Absätzen 1 bis 3 bleiben die von den Verwertungsgesellschaften wahrgenommenen Ansprüche auf Vergütung, soweit diese sich aus den §§ 73 ff. UrhG ergeben.
(5) Ist mit dem Mitglied nichts Abweichendes vereinbart oder in diesem Tarifvertrag keine abweichende Regelung getroffen, stehen die Nutzungsrechte an Werken, die das Mitglied in Erfüllung seiner Verpflichtungen aus dem bestehenden Arbeitsverhältnis geschaffen hat, dem Arbeitgeber zu. Die Vergütung ist mit der vereinbarten Gage abgegolten.

§ 9 Proben
Die Dauer der Proben richtet sich nach den für die einzelnen Beschäftigtengruppen geltenden Sonderregelungen.

§ 10 Ruhezeiten
Die Ruhezeiten richten sich nach den für die einzelnen Beschäftigtengruppen geltenden Sonderregelungen.

§ 11 Freie Tage
Die Anzahl der freien Tage richtet sich nach den für die einzelnen Beschäftigtengruppen geltenden Sonderregelungen.

3. Abschnitt
Bezüge

Unterabschnitt 1
Vergütung

§ 12 Vergütung
(1) Die Vergütung richtet sich nach den für die einzelnen Beschäftigtengruppen geltenden Sonderregelungen.
(2) Die Vergütung und die in Monatsbeträgen vereinbarten Sondervergütungen sind für den Kalendermonat zu berechnen und am Fünfzehnten eines jeden Monats (Zahltag) für den laufenden Monat auf ein von dem Mitglied eingerichtetes Girokonto im Inland zu zahlen. Diese Bezügeteile sind so rechtzeitig zu überweisen, dass das Mitglied am Zahltag über sie verfügen kann. Fällt der Zahltag auf einen Sonnabend oder auf einen Wochenfeiertag, gilt der vorhergehende Werktag, fällt er auf einen Sonntag, gilt der zweite vorhergehende Werktag als Zahltag.

Der Zahltag nach Unterabsatz 1 kann auf den letzten oder einen anderen nach dem jeweiligen 15. liegenden Tag des laufenden Monats verschoben werden, sofern diese Verschiebung für alle dauerhaft beschäftigten Arbeitnehmer desselben Arbeitgebers vorgenommen wird. Die Umstellung des Zahltages kann nur im Monat Dezember eines Jahres beginnen.
Nicht in Monatsbeträgen vereinbarte Sondervergütungen sind mit der Vergütung des übernächsten Monats zu zahlen.
Die Kosten der Übermittlung der Bezüge mit Ausnahme der Kosten für die Gutschrift auf dem Konto des Empfängers trägt der Arbeitgeber, die Kontoeinrichtungs-, Kontoführungs- oder Buchungsgebühren trägt der Empfänger.
(3) Besteht der Anspruch auf Bezüge nicht für alle Tage des Kalendermonats, wird nur der Teil gezahlt, der auf den Anspruchszeitraum entfällt.
(4) Ändert sich im Laufe des Kalendermonats die Höhe der Vergütung und der in Monatsbeträgen vereinbarten Sondervergütungen, gilt Absatz 2 entsprechend.
(5) Dem Mitglied ist eine Abrechnung auszuhändigen, in der die Beträge, aus denen sich die Bezüge zusammensetzen, und die Abzüge getrennt aufzuführen sind. Ergeben sich gegenüber dem Vormonat keine Änderungen der Brutto- oder Nettobeträge, bedarf es keiner erneuten Abrechnung.
(6) Für die Zahlung der Urlaubsvergütung gilt Absatz 2; abweichend von § 11 Abs. 2 Bundesurlaubsgesetz ist die Urlaubsvergütung nicht vor Antritt des Urlaubs auszuzahlen.
(7) Von der Rückforderung zu viel gezahlter Bezüge kann aus Billigkeitsgründen ganz oder teilweise abgesehen werden.

§ 12 a Anpassung der Gagen

(1) Werden die Arbeitsentgelte der unter den TVöD/VKA fallenden Beschäftigten rechtsverbindlich allgemein geändert, sind die Gagen der Mitglieder, deren Arbeitgeber den TVöD/VKA anwendet oder anzuwenden hat, diesen Veränderungen durch Tarifvertrag sinngemäß anzupassen.
(2) Werden die Arbeitsentgelte der unter den TV-L fallenden Beschäftigten rechtsverbindlich allgemein geändert, sind die Gagen der Mitglieder, deren Arbeitgeber den TV-L anwendet oder anzuwenden hat, diesen Veränderungen durch Tarifvertrag sinngemäß anzupassen.
(3) Wendet ein Arbeitgeber weder den TVöD/VKA noch den TV-L an und werden die Arbeitsentgelte der Beschäftigten der öffentlichen Verwaltung seines überwiegenden unmittelbaren oder mittelbaren wirtschaftlichen Trägers rechtsverbindlich allgemein geändert, sind die Gagen der Mitglieder diesen Veränderungen durch Tarifvertrag sinngemäß anzupassen.
(4) Findet in den Fällen der Absätze 1 bis 3 bei einem Arbeitgeber eine allgemeine Änderung der Arbeitsentgelte keine oder nicht in voller Höhe Anwendung, wird für die Mitglieder dieses Arbeitgebers zwischen den Tarifvertragsparteien eine gesonderte tarifliche Vereinbarung abgeschlossen.

Unterabschnitt 2
Zuwendung

§ 13 Anspruchsvoraussetzungen

(1) Das Mitglied erhält für jede Spielzeit, in der es bei derselben Bühne in einem Arbeitsverhältnis von mindestens neun Monaten gestanden hat, eine Zuwendung, wenn es nicht aus seinem Verschulden vorzeitig ausgeschieden ist.

(2) Die Anspruchsvoraussetzungen für die Zuwendung erfüllt auch das Mitglied, das die Zuwendung nur deshalb nicht erhalten würde, weil sein Arbeitsverhältnis wegen Einberufung zum Grundwehrdienst oder zum Zivildienst ruht oder geruht hat.
(3) Stirbt das Mitglied nach der Leistung der Vorauszahlung (§ 15 Abs. 2), aber vor der Fälligkeit der Zuwendung, ist die Vorauszahlung nicht zu erstatten. Entsprechendes gilt, wenn das Mitglied nach der Zahlung der Zuwendung stirbt.

§ 14 Höhe der Zuwendung

(1) Die Zuwendung beträgt – unbeschadet des Absatzes 2 – 72 vom Hundert der Urlaubsvergütung (§ 37), die dem Mitglied zugestanden hätte, wenn es während des letzten vollen Vertragsmonats der Spielzeit Erholungsurlaub gehabt hätte.
In den Fällen, in denen im Beschäftigungsmonat für die Zuwendung eine erziehungsgeldunschädliche Teilzeitbeschäftigung ausgeübt wird und das Kind am ersten Tag des Bemessungsmonats den zwölften Lebensmonat noch nicht vollendet hat, bemisst sich die Zuwendung abweichend von dem Beschäftigungsumfang im Bemessungsmonat nach dem Beschäftigungsumfang am Tage vor dem Beginn der Elternzeit.
(2) Hat das Mitglied nicht während der gesamten in die Spielzeit fallenden Vertragsdauer Bezüge erhalten, vermindert sich die Zuwendung um ein Zwölftel für jeden Kalendermonat, für den es keine Bezüge erhalten hat. Die Verminderung unterbleibt für die Kalendermonate, für die das Mitglied keine Bezüge erhalten hat wegen

a) der Ableistung von Grundwehrdienst oder Zivildienst, wenn es vor dem Ende der Spielzeit entlassen worden ist und nach der Entlassung unverzüglich die Arbeit wieder aufgenommen hat,
b) der Beschäftigungsverbote nach § 3 Abs. 2 und § 6 Abs. 1 des Mutterschutzgesetzes,
c) der Inanspruchnahme der Elternzeit nach dem Bundeserziehungsgeldgesetz bis zur Vollendung des zwölften Lebensmonats des Kindes, wenn am Tage vor Antritt der Elternzeit Anspruch auf Bezüge oder auf Zuschuss zum Mutterschaftsgeld bestanden hat.

Die Verminderung unterbleibt ferner für die Kalendermonate, in denen dem Mitglied nur wegen der Höhe der Barleistungen des Sozialversicherungsträgers Krankengeldzuschuss nicht gezahlt worden ist.

Protokollnotiz:
Eine Spielzeit umfasst in der Regel einen Zeitraum von zwölf Monaten.

§ 15 Zahlung der Zuwendung

(1) Die Zuwendung ist am letzten Gehaltszahlungstermin der Bühne vor dem Beginn der Theaterferien zu zahlen. Können die nach § 37 Abs. 1 Buchst. c und d zustehenden Anteile der Urlaubsvergütung bis zum Gehaltszahlungstermin nach Satz 1 nicht abschließend berechnet werden, sind sie am letzten Gehaltszahlungstermin der Bühne vor der Beendigung der Spielzeit zu zahlen.
(2) Auf die Zuwendung ist spätestens am 1. Dezember eine Vorauszahlung in Höhe von einem Drittel der Vergütung zu leisten, die dem Mitglied für den Monat November zusteht oder zustehen würde. Die Vorauszahlung ist auf volle Euro aufzurunden.

Unterabschnitt 3
Vermögenswirksame Leistungen

§ 16 Voraussetzungen und Höhe

(1) Das Mitglied erhält monatlich eine vermögenswirksame Leistung im Sinne des Vermögensbildungsgesetzes. Die vermögenswirksame Leistung beträgt monatlich 6,65 €. Das teilzeitbeschäftigte Opernchormitglied und der teilzeitbeschäftigte Bühnentechniker erhalten von dem Betrag nach Satz 2 den Teil, der dem Umfang der Beschäftigung (§ 5 Abs. 3) entspricht.
(2) Absatz 1 gilt nicht für ein Mitglied, das auf Teilspielzeitvertrag bis zu acht Monaten angestellt ist.
(3) Die vermögenswirksame Leistung wird nur für Kalendermonate gewährt, für die dem Mitglied Vergütung, Urlaubsvergütung oder Krankenbezüge zustehen. Für Zeiten, für die Krankengeldzuschuss zusteht, ist die vermögenswirksame Leistung Teil des Krankengeldzuschusses.
(4) Die vermögenswirksame Leistung nach diesem Tarifvertrag gehört nicht zum Diensteinkommen im Sinne des § 23 der Satzung der Versorgungsanstalt der deutschen Bühnen.

§ 17 Mitteilung der Anlageart

Das Mitglied teilt dem Arbeitgeber schriftlich die Art der für die vermögenswirksame Leistung gewählten Anlage mit und gibt hierbei, soweit dies nach der Art der Anlage erforderlich ist, das Unternehmen oder Institut mit der Nummer des Kontos an, auf das die Leistung eingezahlt werden soll.

§ 18 Entstehung und Fälligkeit des Anspruchs

(1) Der Anspruch auf die vermögenswirksame Leistung entsteht frühestens für den Kalendermonat, in dem das Mitglied dem Arbeitgeber die nach § 17 erforderlichen Angaben mitteilt, und für die beiden vorangegangenen Kalendermonate desselben Kalenderjahrs. Die Ansprüche werden erstmals am Letzten des zweiten auf die Mitteilung folgenden Kalendermonats fällig.
(2) Der Anspruch entsteht nicht für einen Kalendermonat, für den dem Mitglied von seinem oder einem anderen Arbeitgeber oder Dienstherrn eine vermögenswirksame Leistung aus diesem oder einem früher begründeten Arbeits- oder sonstigen Rechtsverhältnis erbracht wird. Dies gilt nicht, wenn der Anspruch mit einem gegen einen anderen Arbeitgeber bestehenden Anspruch auf eine vermögenswirksame Leistung von weniger als 6,65 € zusammentrifft.

§ 19 Änderung der vermögenswirksamen Anlage

(1) Das Mitglied kann während des Kalenderjahrs die Art der vermögenswirksamen Anlage und das Unternehmen oder Institut, bei dem sie erfolgen soll, nur mit Zustimmung des Arbeitgebers wechseln.
(2) Für die vermögenswirksame Leistung nach diesem Tarifvertrag und die vermögenswirksame Anlage von Teilen des Arbeitsentgelts nach § 11 Abs. 1 Vermögensbildungsgesetz soll das Mitglied möglichst dieselbe Anlageart und dasselbe Unternehmen oder Institut wählen.
(3) Die Änderung einer schon bestehenden Vereinbarung nach § 11 Abs. 1 Vermögensbildungsgesetz bedarf nicht der Zustimmung des Arbeitgebers, wenn das Mitglied diese Änderung aus Anlass der Gewährung der vermögenswirksamen Leistung nach diesem Tarifvertrag verlangt.
(4) In den Fällen der Absätze 1 und 3 gilt § 18 Abs. 1 Satz 2 entsprechend.

§ 20 Nachweis bei Anlagen nach § 2 Abs. 1 Nr. 5 Vermögensbildungsgesetz

Bei einer vermögenswirksamen Anlage nach § 2 Abs. 1 Nr. 5 Vermögensbildungsgesetz (Wohnungsbauprämie) hat das Mitglied seinem Arbeitgeber die zweckentsprechende Verwendung der vermögenswirksamen Leistungen auf Verlangen nachzuweisen; das Auslaufen der Entschuldung hat es unverzüglich anzuzeigen.

Unterabschnitt 4
Urlaubsgeld

§ 21 Anspruchsvoraussetzungen

(ersatzlos gestrichen)

§ 22 Höhe des Urlaubsgelds

(ersatzlos gestrichen)

§ 23 Anrechnung von Leistungen

(ersatzlos gestrichen)

§ 24 Auszahlung des Urlaubsgeldes

(ersatzlos gestrichen)

4. Abschnitt
Aufwendungsersatz

§ 25 Bühnenkleidung

(1) Der Arbeitgeber hat dem Mitglied die zur Aufführung eines Bühnenwerks erforderlichen Kleidungs-, Ausrüstungs- und Schmuckstücke sowie Perücken und Ballettschuhe zur Verfügung zu stellen. Ausgenommen und für den dienstlichen Gebrauch vorzuhalten sind Proben- und Trainingskleidung, ferner

- bei Männern: ein Straßenanzug
- bei Frauen: ein Straßenkleid
- für beide Geschlechter: das zu Anzug und Kleid jeweils gehörende Schuhwerk sowie die dazugehörende Kopf- und Handbekleidung.

(2) Die Instandsetzung (kleine Ausbesserungen, Reinigen und Aufbügeln) der für Zwecke des Bühnengebrauchs getragenen Kleidungsstücke des Mitglieds hat der Arbeitgeber auf seine Kosten zu besorgen.

§ 26 Ersatz von Aufwendungen bei auswärtiger Arbeitsleistung

Bei auswärtigen Arbeitsleistungen hat das Mitglied Anspruch auf einen angemessenen Ersatz seiner Aufwendungen durch die Erstattung der Fahrkosten und die Zahlung von Tage- und Übernachtungsgeldern nach den Reisekostenbestimmungen des Arbeitgebers.

5. Abschnitt
Sozialbezüge

§ 27 Krankenbezüge

(1) Wird das Mitglied durch Arbeitsunfähigkeit infolge Krankheit an seiner Arbeitsleistung verhindert, ohne dass es ein Verschulden trifft, erhält es Krankenbezüge nach Maßgabe der Absätze 2 bis 7.

Als unverschuldete Arbeitsunfähigkeit im Sinne des Unterabsatzes 1 gilt auch die Arbeitsverhinderung infolge einer Maßnahme der medizinischen Vorsorge oder Rehabilitation, die ein Träger der gesetzlichen Renten-, Kranken- oder Unfallversicherung, eine Verwaltungsbehörde der Kriegsopferversorgung oder ein sonstiger Sozialleistungsträger bewilligt hat und die in einer Einrichtung der medizinischen Vorsorge oder Rehabilitation durchgeführt wird. Bei Mitgliedern, die nicht Mitglied einer gesetzlichen Krankenkasse oder nicht in der gesetzlichen Rentenversicherung versichert sind, gilt Satz 1 dieses Unterabsatzes entsprechend, wenn eine Maßnahme der medizinischen Vorsorge oder Rehabilitation ärztlich verordnet worden ist und in einer Einrichtung der medizinischen Vorsorge oder Rehabilitation oder einer vergleichbaren Einrichtung durchgeführt wird.

Als unverschuldete Arbeitsunfähigkeit im Sinne des Unterabsatzes 1 gilt ferner eine Arbeitsverhinderung, die infolge einer nicht rechtswidrigen Sterilisation oder eines nicht rechtswidrigen oder nicht strafbaren Abbruchs der Schwangerschaft eintritt.

(2) Das Mitglied erhält bis zur Dauer von sechs Wochen Krankenbezüge in Höhe der Urlaubsvergütung, die ihm zustehen würde, wenn es Erholungsurlaub hätte.

Wird das Mitglied infolge derselben Krankheit (Absatz 1) erneut arbeitsunfähig, hat es wegen der erneuten Arbeitsunfähigkeit Anspruch auf Krankenbezüge nach Unterabsatz 1 für einen weiteren Zeitraum von sechs Wochen, wenn

a) es vor der erneuten Arbeitsunfähigkeit mindestens sechs Monate nicht infolge derselben Krankheit arbeitsunfähig war oder
b) seit dem Beginn der ersten Arbeitsunfähigkeit infolge derselben Krankheit eine Frist von zwölf Monaten abgelaufen ist.

Der Anspruch auf die Krankenbezüge nach den Unterabsätzen 1 und 2 wird nicht dadurch berührt, dass der Arbeitgeber das Arbeitsverhältnis aus Anlass der Arbeitsunfähigkeit kündigt. Das gleiche gilt, wenn das Mitglied das Arbeitsverhältnis aus einem vom Arbeitgeber zu vertretenden Grund kündigt, der das Mitglied zur Kündigung aus wichtigem Grund ohne Einhaltung einer Kündigungsfrist berechtigt.

Endet das Arbeitsverhältnis vor Ablauf der in den Unterabsätzen 1 oder 2 genannten Frist von sechs Wochen nach dem Beginn der Arbeitsunfähigkeit, ohne dass es einer Kündigung bedarf, oder infolge einer Kündigung aus anderen als den in Unterabsatz 3 bezeichneten Gründen, endet der Anspruch mit dem Ende des Arbeitsverhältnisses.

(3) Nach Ablauf des nach Absatz 2 maßgebenden Zeitraums erhält das Mitglied für den Zeitraum, für den ihm Krankengeld oder die entsprechenden Leistungen aus der gesetzlichen Renten- oder Unfallversicherung oder nach dem Bundesversorgungsgesetz gezahlt werden, als Krankenbezüge einen Krankengeldzuschuss bis zum Ende der 20. Woche der Arbeitsunfähigkeit. Dies gilt nicht,

a) wenn das Mitglied Rente wegen Erwerbsminderung (§ 43 SGB VI) oder wegen Alters aus der gesetzlichen Rentenversicherung erhält,
b) in den Fällen des Absatzes 1 Unterabs. 3,

c) für den Zeitraum, für den das Mitglied Anspruch auf Mutterschaftsgeld nach § 200 RVO oder nach § 13 Abs. 2 MuSchG hat.

(4) Krankengeldzuschuss wird nicht über den Zeitpunkt hinaus gezahlt, von dem an das Mitglied Bezüge aufgrund eigener Versicherung aus der gesetzlichen Rentenversicherung (einschließlich eines rentenersetzenden Übergangsgelds im Sinne des § 20 SGB VI i. V. m. § 8 SGB IX), aus einer zusätzlichen Alters- und Hinterbliebenenversorgung oder aus einer sonstigen Versorgungseinrichtung erhält, zu der der Arbeitgeber oder ein anderer Arbeitgeber, der diesen Tarifvertrag oder einen Tarifvertrag wesentlich gleichen Inhalts angewendet hat, die Mittel ganz oder teilweise beigesteuert hat.

Überbezahlter Krankengeldzuschuss und sonstige überzahlte Bezüge gelten als Vorschüsse auf die zustehenden Bezüge im Sinne des Unterabsatzes 1. Die Ansprüche des Mitglieds gehen insoweit auf den Arbeitgeber über; § 53 SGB I bleibt unberührt. Verzögert das Mitglied schuldhaft, dem Arbeitgeber die Zustellung des Rentenbescheids mitzuteilen, gelten die für die Zeit nach dem Tage der Zustellung des Rentenbescheids überzahlten Bezüge im Sinne des Satzes 1 dieses Unterabsatzes in vollem Umfang als Vorschuss; die Ansprüche gehen in diesem Falle in Höhe des für die Zeit nach dem Tage der Zustellung des Rentenbescheids überzahlten Bezüge auf den Arbeitgeber über.

Der Arbeitgeber kann von der Rückforderung des Teils des überzahlten Betrags, der nicht durch die für den Zeitraum der Überzahlung zustehenden Bezüge im Sinne des Unterabsatzes 1 ausgeglichen worden ist, absehen, es sei denn, das Mitglied hat dem Arbeitgeber die Zustellung des Rentenbescheids schuldhaft verspätet mitgeteilt.

(5) Der Krankengeldzuschuss wird in der Höhe des Unterschiedsbetrags zwischen den tatsächlichen Barleistungen des Sozialversicherungsträgers und der Nettovergütung gezahlt. Nettovergütung ist die Vergütung nach § 12, vermindert um die gesetzlichen Abzüge.

(6) Anspruch auf den Krankengeldzuschuss nach den Absätzen 3 bis 5 hat auch das Mitglied, das in der gesetzlichen Krankenversicherung versicherungsfrei oder von der Versicherungspflicht in der gesetzlichen Krankenversicherung befreit ist. Dabei sind für die Anwendung des Absatzes 5 die Leistungen zugrunde zu legen, die dem Mitglied als Pflichtversicherten in der gesetzlichen Krankenversicherung zustünden.

(7) Schließt sich an ein infolge Zeitablaufs beendetes Arbeitsverhältnis ein neues Arbeitsverhältnis zu demselben Arbeitgeber an, beginnen die Fristen für die Zahlung der Krankenbezüge wegen einer in der vorangegangenen Spielzeit durch Krankheit verursachten Arbeitsunfähigkeit nicht neu zu laufen.

Protokollnotiz zu Absatz 1:
Ein Verschulden im Sinne des Absatzes 1 liegt nur dann vor, wenn die Arbeitsunfähigkeit vorsätzlich oder grob fahrlässig herbeigeführt wurde.

§ 27 a Übergangsvorschrift zu den Krankenbezügen

Für die

a) Mitglieder, die am 30. Juni 1994 in einem Arbeitsverhältnis gestanden haben, das am 1. Juli 1994 zu demselben Arbeitgeber fortbestanden hat, sowie

b) Mitglieder, die nicht krankenversicherungspflichtig sind und keinen Zuschuss nach § 257 SGB V erhalten, die am 30. Juni 1994 zu einem Arbeitgeber, der Mitglied im Deutschen Bühnenverein ist, in einem Arbeitsverhältnis auf der Grundlage eines Normalvertrags oder eines für Bühnentechniker geltenden Tarifvertrags (BTT/BTTL) gestanden haben und die mit einem anderen Unternehmen, das Mitglied im Deutschen Bühnenverein ist, einen Arbeitsvertrag als Mitglied abschließen, der zum 1. Juli 1994 oder später wirksam wird,

gilt anstelle des § 27 für die Dauer dieses Arbeitsverhältnisses folgendes:

(1) Wird das Mitglied durch Arbeitsunfähigkeit infolge Krankheit an seiner Arbeitsleistung verhindert, ohne dass es ein Verschulden trifft, erhält es Krankenbezüge nach Maßgabe der Absätze 2 bis 8.

Als unverschuldete Arbeitsunfähigkeit im Sinne des Unterabsatzes 1 gilt auch die Arbeitsverhinderung infolge einer Maßnahme der medizinischen Vorsorge oder Rehabilitation, die ein Träger der gesetzlichen Renten-, Kranken- oder Unfallversicherung, eine Verwaltungsbehörde der Kriegsopferversorgung oder ein sonstiger Sozialleistungsträger bewilligt hat und die in einer Einrichtung der medizinischen Vorsorge oder Rehabilitation durchgeführt wird. Bei Mitgliedern, die nicht Mitglied einer gesetzlichen Krankenkasse oder nicht in der gesetzlichen Rentenversicherung versichert sind, gilt Satz 1 dieses Unterabsatzes entsprechend, wenn eine Maßnahme der medizinischen Vorsorge oder Rehabilitation ärztlich verordnet worden ist und in einer Einrichtung der medizinischen Vorsorge oder Rehabilitation oder einer vergleichbaren Einrichtung durchgeführt wird.

Als unverschuldete Arbeitsunfähigkeit im Sinne des Unterabsatzes 1 gilt ferner eine Arbeitsverhinderung, die infolge einer nicht rechtswidrigen Sterilisation oder eines nicht rechtswidrigen oder nicht strafbaren Abbruchs der Schwangerschaft eintritt.

(2) Krankenbezüge werden nicht gezahlt

a) über die Beendigung des Arbeitsverhältnisses hinaus,

b) über den Zeitpunkt hinaus, von dem an das Mitglied Bezüge aufgrund eigener Versicherung aus der gesetzlichen Rentenversicherung (einschließlich eines rentenersetzenden Übergangsgelds im Sinne des § 20 SGB VI i. V. m. § 8 SGB IX), aus einer zusätzlichen Alters- und Hinterbliebenenversorgung oder aus einer sonstigen Versorgungseinrichtung erhält, zu der der Arbeitgeber oder ein anderer Arbeitgeber, der diesen Tarifvertrag oder einen Tarifvertrag wesentlich gleichen Inhalts angewendet hat, die Mittel ganz oder teilweise beigesteuert hat. Überzahlte Krankenbezüge und sonstige überzahlte Bezüge gelten als Vorschüsse auf die zustehenden Bezüge im Sinne des Satzes 1 dieses Unterabsatzes. Die Ansprüche des Mitglieds gehen insoweit auf den Arbeitgeber über; § 53 SGB I bleibt unberührt. Der Arbeitgeber kann von der Rückforderung des Teils des überzahlten Betrags, der nicht durch die für den Zeitraum der Überzahlung zustehenden Bezüge im Sinne des Satzes 1 dieses Unterabsatzes ausgeglichen worden ist, absehen, es sei denn, das Mitglied hat dem Arbeitgeber die Zustellung des Rentenbescheids schuldhaft verspätet mitgeteilt.

Kündigt der Arbeitgeber das Arbeitsverhältnis aus Anlass der Arbeitsunfähigkeit und endet das Arbeitsverhältnis vor dem Ende der Bezugsfrist nach Unterabsatz 1 Satz 1, behält das Mitglied abweichend von Unterabsatz 1 Satz 1 Buchst. a den Anspruch auf Krankenbezüge bis zur Dauer von sechs Wochen. Das gleiche gilt, wenn das Mitglied das Arbeitsverhältnis aus einem von dem Arbeitgeber zu vertretenden Grunde kündigt, der das Mitglied zu einer außerordentlichen Kündigung berechtigt.

(3) Dem krankenversicherungspflichtigen Mitglied und dem nichtkrankenversicherungspflichtigen Mitglied, das einen Zuschuss nach § 257 SGB V erhält, werden als Krankenbezüge gezahlt

a) die Vergütung und die in Monatsbeträgen vereinbarten, nicht zum Ersatz von Aufwendungen dienenden Sondervergütungen bis zum Ende der sechsten Woche der Arbeitsunfähigkeit und

b) bei einer länger als sechs Wochen dauernden Arbeitsunfähigkeit nach Ablauf der sechsten Woche ein Krankengeldzuschuss bis zum Ende der 26. Woche der Arbeitsunfähigkeit.

Der Krankengeldzuschuss beträgt 100 v. H. des Nettoarbeitsentgelts, vermindert um die Barleistung des Sozialversicherungsträgers. Durch Gesetz vorgesehene Abzüge von der Leistung des Sozialversicherungsträgers werden bei der Berechnung des Zuschusses nicht berücksichtigt. Bei den bei einem privaten Krankenversicherungsunternehmen Versicherten werden die satzungsmäßigen Barleistungen der sonst zuständigen Krankenkasse berücksichtigt, gleichgültig, welche Barleistungen das private Krankenversicherungsunternehmen gewährt.

Nettoarbeitsentgelt sind die Vergütung und die in Monatsbeträgen vereinbarten, nicht zum Ersatz von Aufwendungen dienenden Sondervergütungen, vermindert um die gesetzlichen Abzüge (Steuern und Sozialversicherungsbeiträge und den Arbeitnehmeranteil zur Versorgungsanstalt der deutschen Bühnen).

(4) Dem nichtkrankenversicherungspflichtigen Mitglied, das keinen Zuschuss nach § 257 SGB V erhält, werden als Krankenbezüge gezahlt

a) die Vergütung und die in Monatsbeträgen vereinbarten, nicht zum Ersatz von Aufwendungen dienenden Sondervergütungen bis zum Ende der sechsten Woche der Arbeitsunfähigkeit und

b) bei einer länger als sechs Wochen dauernden Arbeitsunfähigkeit nach Ablauf der sechsten Woche die Hälfte der in Buchstabe a genannten Bezüge bis zum Ende der 26. Woche der Arbeitsunfähigkeit.

(5) Bei Arbeitsunfähigkeit im Sinne von Absatz 1 Unterabs. 3 werden die Krankenbezüge längstens bis zur Dauer von sechs Wochen gezahlt.

(6) Schließt sich an ein infolge Zeitablaufs beendetes Arbeitsverhältnis ein neues Arbeitsverhältnis zu demselben Arbeitgeber an, beginnen die Fristen für die Zahlung der Krankenbezüge wegen einer in der vorangegangenen Spielzeit durch Krankheit verursachten Arbeitsunfähigkeit nicht neu zu laufen.

(7) Hat das Mitglied nicht mindestens vier Wochen wieder gearbeitet und wird es aufgrund derselben Ursache erneut arbeitsunfähig, werden Krankenbezüge insgesamt nur für die nach Absatz 3 und 4 maßgebende Zeit gezahlt.

(8) Für Solomitglieder und Bühnentechniker findet

a) Absatz 3 mit der Maßgabe Anwendung, dass der Krankengeldzuschuss bis zum Ende der 20. Woche der Arbeitsunfähigkeit gezahlt wird;

b) Absatz 4 Buchst. b mit der Maßgabe Anwendung, dass die Hälfte der dort genannten Bezüge bis zum Ende der 20. Woche der Arbeitsunfähigkeit bezahlt wird;

c) Absatz 2 Buchst. b mit der Maßgabe Anwendung, dass die Fortzahlung der in Absatz 4 Buchst. b genannten Bezüge bis zur 16. Woche der Arbeitsunfähigkeit, längstens jedoch für zwei Monate vom Beginn der Bezüge aus der gesetzlichen Rentenversicherung oder aus einer zusätzlichen Alters- und Hinterbliebenenversorgung an geleistet wird.

Protokollnotiz zu Absatz 1:
Ein Verschulden im Sinne des Absatzes 1 liegt nur dann vor, wenn die Arbeitsunfähigkeit vorsätzlich oder grob fahrlässig herbeigeführt wurde.

§ 28 Anzeige- und Nachweispflichten

(1) In den Fällen des § 27 Abs. 1 Unterabs. 1 und 3 bzw. des § 27 a Abs. 1 Unterabs. 1 und 3 ist das Mitglied verpflichtet, dem Arbeitgeber die Arbeitsunfähigkeit und deren voraussichtliche Dauer unverzüglich mitzuteilen. Dauert die Arbeitsunfähigkeit länger als drei Kalendertage, hat das Mitglied eine ärztliche Bescheinigung über das Bestehen der Arbeitsunfähigkeit sowie deren voraussichtliche Dauer spätestens an dem darauffolgenden allgemeinen Arbeitstag der Dienst-

stelle oder dem Betrieb vorzulegen. Der Arbeitgeber ist berechtigt, bei Krankmeldung die Vorlage der ärztlichen Bescheinigung früher zu verlangen. Dauert die Arbeitsunfähigkeit länger als in der Bescheinigung angegeben, ist das Mitglied verpflichtet, eine neue ärztliche Bescheinigung vorzulegen.

Hält sich das Mitglied bei Beginn der Arbeitsunfähigkeit im Ausland auf, ist es darüber hinaus verpflichtet, dem Arbeitgeber die Arbeitsunfähigkeit, deren voraussichtliche Dauer und die Adresse am Aufenthaltsort in der schnellstmöglichen Art der Übermittlung mitzuteilen. Die durch die Mitteilung entstehenden Kosten hat der Arbeitgeber zu tragen. Darüber hinaus ist das Mitglied, wenn es Mitglied einer gesetzlichen Krankenkasse ist, verpflichtet, auch dieser die Arbeitsunfähigkeit und deren voraussichtliche Dauer unverzüglich anzuzeigen. Kehrt ein arbeitsunfähig erkranktes Mitglied in das Inland zurück, ist es verpflichtet, dem Arbeitgeber seine Rückkehr unverzüglich anzuzeigen.

Der Arbeitgeber ist berechtigt, die Fortzahlung der Bezüge zu verweigern, solange das Mitglied die von ihm nach Unterabsatz 1 vorzulegende ärztliche Bescheinigung nicht vorlegt oder den ihm nach Unterabsatz 2 obliegenden Verpflichtungen nicht nachkommt, es sei denn, dass das Mitglied die Verletzung dieser ihm obliegenden Verpflichtungen nicht zu vertreten hat.

(2) In den Fällen des § 27 Abs. 1 Unterabs. 2 bzw. des § 27 a Abs. 1 Unterabs. 2 ist das Mitglied verpflichtet, dem Arbeitgeber den Zeitpunkt des Antritts der Maßnahme, die voraussichtliche Dauer und die Verlängerung der Maßnahme unverzüglich mitzuteilen und ihm

a) eine Bescheinigung über die Bewilligung der Maßnahme durch einen Sozialleistungsträger nach § 27 Abs. 1 Unterabs. 2 Satz 1 bzw. § 27 a Abs. 1 Unterabs. 2 Satz 1 oder
b) eine ärztliche Bescheinigung über die Erforderlichkeit der Maßnahme im Sinne des § 27 Abs. 1 Unterabs. 2 Satz 2 bzw. des § 27 a Abs. 1 Unterabs. 2 Satz 2

unverzüglich vorzulegen. Absatz 1 Unterabs. 3 gilt entsprechend.

Protokollnotiz zu Absatz 1 Unterabs. 1 Satz 3:
Für Solomitglieder kann die Vorlage der ärztlichen Bescheinigung für den ersten Krankheitstag angeordnet werden. Das gilt für alle Mitglieder vor Abstechern.

§ 29 Forderungsübergang bei Dritthaftung

(1) Kann das Mitglied aufgrund gesetzlicher Vorschriften von einem Dritten Schadensersatz wegen des Verdienstausfalls beanspruchen, der ihm durch die Arbeitsunfähigkeit entstanden ist, geht dieser Anspruch insoweit auf den Arbeitgeber über, als dieser dem Mitglied Krankenbezüge und sonstige Bezüge gezahlt und darauf entfallende, vom Arbeitgeber zu tragende Beiträge zur Bundesagentur für Arbeit, Arbeitgeberanteile an Beiträgen zur Sozialversicherung und zur Pflegeversicherung sowie Umlagen (einschließlich der Pauschalsteuer) zu Einrichtungen der zusätzlichen Alters- und Hinterbliebenenversorgung abgeführt hat.

(2) Das Mitglied hat dem Arbeitgeber unverzüglich die zur Geltendmachung des Schadensersatzanspruchs erforderlichen Angaben zu machen.

(3) Der Forderungsübergang nach Absatz 1 kann nicht zum Nachteil des Mitglieds geltend gemacht werden.

(4) Der Arbeitgeber ist berechtigt, die Zahlung der Krankenbezüge und sonstiger Bezüge zu verweigern, wenn das Mitglied den Übergang eines Schadensersatzanspruchs gegen einen Dritten auf den Arbeitgeber verhindert, es sei denn, dass das Mitglied die Verletzung dieser ihm obliegenden Verpflichtungen nicht zu vertreten hat.

§ 30 Beihilfen, Unterstützungen
Die Gewährung von Beihilfen in Krankheits-, Geburts-, Pflege- und Todesfällen sowie von Unterstützungen richtet sich nach den für die einzelnen Beschäftigtengruppen geltenden Sonderregelungen.

§ 31 Jubiläumszuwendung
Die Jubiläumszuwendung richtet sich nach den für die einzelnen Beschäftigtengruppen geltenden Sonderregelungen.

§ 32 Sterbegeld
(1) Beim Tode des Mitglieds, dessen Arbeitsverhältnis zur Zeit seines Todes nicht aufgrund gesetzlicher Vorschriften oder vertraglicher Vereinbarung geruht hat, erhalten
a) der überlebende Ehegatte oder der überlebende eingetragene Lebenspartner,
b) die Abkömmlinge des Mitglieds
Sterbegeld.
(2) Sind Anspruchsberechtigte im Sinne des Absatzes 1 nicht vorhanden, ist Sterbegeld auf Antrag zu gewähren
a) Verwandten der aufsteigenden Linie, Geschwistern, Geschwisterkindern sowie Stiefkindern, wenn sie zur Zeit des Todes des Mitglieds mit diesem in häuslicher Gemeinschaft gelebt haben oder wenn das verstorbene Mitglied ganz oder überwiegend der Ernährer gewesen ist,
b) sonstige Personen, die die Kosten der letzten Krankheit oder der Bestattung getragen haben, bis zur Höhe ihrer Aufwendungen.
(3) Als Sterbegeld werden gezahlt
a) die Vergütung, die dem verstorbenen Mitglied für die restlichen Tage des Sterbemonats zugestanden hätte,
b) das Zweifache der Vergütung, die dem verstorbenen Mitglied im Sterbemonat zugestanden hätte, höchstens jedoch das Zweifache des Betrags, der der jeweiligen Beitragsbemessungsgrenze des § 23 Abs. 2 der Satzung der Versorgungsanstalt der deutschen Bühnen entspricht.
(4) Ist dem Mitglied zur Zeit seines Todes die Vergütung nicht oder nicht mehr in voller Höhe weitergezahlt worden oder hat das Mitglied zur Zeit seines Todes Mutterschaftsgeld nach § 13 MuSchG bezogen, erhalten die Hinterbliebenen als Sterbegeld
a) die Vergütung, die dem verstorbenen Mitglied im Sterbemonat für den Sterbetag und die restlichen Tage des Sterbemonats zugestanden hätte,
b) das Zweifache der Vergütung, die dem verstorbenen Mitglied im Sterbemonat zugestanden hätte, höchstens jedoch das Zweifache des Betrags, der der jeweiligen Beitragsbemessungsgrenze des § 23 der Satzung der Versorgungsanstalt der deutschen Bühnen entspricht.
(5) Das Sterbegeld wird in einer Summe gezahlt.
(6) Sind an das verstorbene Mitglied Bezüge oder Vorschüsse über den Sterbetag hinaus gezahlt worden, werden sie auf das Sterbegeld angerechnet.
(7) Die Zahlung an einen der Hinterbliebenen bringt den Anspruch der übrigen gegenüber dem Arbeitgeber zum Erlöschen. Sind Hinterbliebene nicht vorhanden, werden für den Sterbemonat über den Sterbetag hinaus gezahlte Bezüge nicht zurückgefordert.
(8) Das Sterbegeld verringert sich um den Betrag, den die Hinterbliebenen als Sterbegeld aus einer zusätzlichen Alters- und Hinterbliebenenversorgung oder aus einer Ruhegeldeinrichtung

erhalten. Dies gilt nicht, wenn die zusätzliche Alters- und Hinterbliebenenversorgung oder die Ruhegeldeinrichtung einen Arbeitnehmerbeitrag vorsieht.

6. Abschnitt
Freistellung von der Arbeit

Unterabschnitt 1
Erholungsurlaub

§ 33 Anspruchsvoraussetzungen
(1) Das Mitglied erhält in jedem Urlaubsjahr Erholungsurlaub unter Zahlung der Urlaubsvergütung. Urlaubsjahr ist das Kalenderjahr.
(2) Der Urlaubsanspruch kann erst nach Ablauf von sechs Monaten nach der Einstellung geltend gemacht werden, es sei denn, dass das Mitglied vorher ausscheidet.

§ 34 Dauer des Urlaubs
(1) Der Urlaub beträgt in jedem Urlaubsjahr 45 Kalendertage.
(2) Beginnt oder endet das Arbeitsverhältnis im Laufe des Urlaubsjahrs, beträgt der Urlaubsanspruch ein Zwölftel für jeden vollen Monat des Bestehens des Arbeitsverhältnisses. Bruchteile von Urlaubstagen werden auf volle Tage, jedoch nur einmal im Urlaubsjahr, aufgerundet.

§ 35 Zeitpunkt und Übertragung des Urlaubs
(1) Der Urlaub soll grundsätzlich zusammenhängend in den Theaterferien gegeben und genommen werden. Er kann aus betrieblichen Gründen in zwei Teilen gegeben werden; in diesem Falle soll ein Urlaubsteil mindestens zwei Drittel des dem Mitglied zustehenden Urlaubs betragen und in den Theaterferien gegeben und genommen werden.
Der kleinere Urlaubsteil kann auch zu einer anderen Zeit gegeben und genommen werden. Der Zeitpunkt des Antritts dieses Urlaubsteils ist vom Arbeitgeber spätestens sechs Wochen vorher unter Berücksichtigung der Erfordernisse des Spielplans und möglichst unter Berücksichtigung der Wünsche des Mitglieds festzulegen.
14 Kalendertage des Urlaubs sollen zusammenhängend während der Schulferien des jeweiligen Bundeslandes gewährt werden.
(2) Der Teil des Urlaubs, der auf die Zeit vom Beginn der Spielzeit bis zum Ende des Kalenderjahrs entfällt, ist zusammen mit dem Teil des Urlaubs, der im folgenden Kalenderjahr auf die Zeit bis zum Ende der Spielzeit entfällt, in den Theaterferien des folgenden Kalenderjahrs zu geben und zu nehmen. Dies gilt nicht für den Teil des Urlaubs, der bereits zu Beginn der Vertragszeit gegeben und genommen worden ist.
Kann der Urlaub bis zum Ende der Theaterferien des folgenden Kalenderjahrs nicht genommen werden, ist er bis zum Ende dieses Kalenderjahrs anzutreten.
Läuft die Wartezeit (§ 33 Abs. 2) erst im Laufe des folgenden Kalenderjahrs ab, ist der Urlaub spätestens zu Beginn der Theaterferien anzutreten.
Urlaub, der nicht innerhalb der genannten Fristen angetreten ist, verfällt.

§ 36 Arbeitsunfähigkeit während des Urlaubs
(1) Erkrankt das Mitglied während des Urlaubs und zeigt es dies unverzüglich an, werden die durch ärztliches Zeugnis nachgewiesenen Krankheitstage, an denen das Mitglied arbeitsunfähig war, auf den Erholungsurlaub nicht angerechnet; § 28 Abs. 1 gilt entsprechend.

Endet das Arbeitsverhältnis nicht mit dem Ende der Theaterferien oder schließt sich an ein beendetes Arbeitsverhältnis ein neues Arbeitsverhältnis bei demselben Arbeitgeber an, hat sich das Mitglied nach dem Ende der Theaterferien oder nach dem planmäßigem Ablauf seines Urlaubs oder, wenn die Arbeitsunfähigkeit länger dauert, nach der Wiederherstellung der Arbeitsfähigkeit zur Arbeitsleistung zur Verfügung zu stellen.

(2) Den Zeitpunkt des Antritts des nach Absatz 1 nach zu gewährenden Urlaubs bestimmt der Arbeitgeber unter Berücksichtigung der Erfordernisse des Spielplans und möglichst unter Berücksichtigung der Wünsche des Mitglieds. Der Urlaub kann, wenn er

a) nicht mehr als 35 Tage beträgt, einmal
b) mehr als 35 Tage beträgt, zweimal

geteilt werden. Dabei beträgt der eine Teil mindestens 21 Kalendertage, im Falle des Buchstaben a jedoch nur, wenn der nach zu gewährende Urlaub mindestens diesen Zeitraum umfasst.

(3) Absatz 1 und Absatz 2 Satz 1 Buchst. a gelten entsprechend, wenn das Mitglied bei Beginn der Theaterferien wegen Krankheit arbeitsunfähig ist.

§ 37 Urlaubsvergütung

(1) Als Urlaubsvergütung erhält das Mitglied

a) die Vergütung,
b) die Sondervergütung, die in Monatsbeträgen festgelegt ist,
c) einen Anteil der sonstigen regelmäßig angefallenen Sondervergütungen,
d) einen Anteil der Spielgelder bzw. Übersinghonorare.

(2) Die nach Absatz 1 Buchst. c und d zu zahlenden Anteile betragen je zehn vom Hundert der Vergütungen, die in der in die Spielzeit fallenden Vertragsdauer angefallen sind.

Als regelmäßig angefallen gilt eine Sondervergütung nur dann, wenn sie für sich in der in die Spielzeit fallenden Vertragsdauer mindestens sechsmal angefallen ist.

Zu den Sondervergütungen nach Absatz 1 Buchst. c gehören nicht die Aufwandsentschädigungen (z. B. Schminkgelder, Frackgelder, Ballkleidgelder, Reisekosten und Diäten) ohne Rücksicht darauf, ob sie einzeln abgerechnet werden oder in Monatsbeträgen festgelegt sind.

Protokollnotizen:

1. Übernahmehonorare fallen, wenn sie nicht in Monatsbeträgen festgelegt sind, unter Absatz 1 Buchst. c.
2. Vergütungen für Doppelvorstellungen fallen unter Absatz 1 Buchst. c. Das gleiche gilt für Überstundenvergütungen nach § 67 Abs. 1 Unterabs. 4.

§ 38 Abgeltung des Urlaubsanspruchs

(1) Der Urlaubsanspruch ist abzugelten, wenn und soweit der Urlaub aus zwingenden betrieblichen Gründen nicht bis zum Ende der Vertragszeit oder bis zu einer früheren Beendigung des Arbeitsverhältnisses gegeben und genommen werden kann, es sei denn, dass sich an ein beendetes Arbeitsverhältnis ein neues Arbeitsverhältnis bei demselben Arbeitgeber anschließt.

Im Falle einer fristlosen Entlassung, die durch vorsätzlich schuldhaftes Verhalten des Mitglieds veranlasst worden ist, und im Falle des fristlosen Ausscheidens des Mitglieds, sofern das Arbeitsverhältnis vom Mitglied unberechtigterweise aufgelöst worden ist, wird nur der Urlaubsanspruch abgegolten, der dem Mitglied nach gesetzlichen Vorschriften bei Anwendung des § 34 Abs. 2 noch zustehen würde.

(2) Die Geldabfindung beträgt für jeden Urlaubstag ein Dreißigstel der Urlaubsvergütung.

Unterabschnitt 2
Sonstige Freistellung von der Arbeit

§ 39 Arbeitsbefreiung

(1) Als Fälle nach § 616 BGB, in denen das Mitglied unter Fortzahlung der Vergütung im nachstehend genannten Ausmaß von der Arbeit freigestellt wird, gelten nur die folgenden Anlässe:

<table>
<tr><td>a)</td><td>Niederkunft der Ehefrau</td><td>1 Arbeitstag</td></tr>
<tr><td>b)</td><td>Tod des Ehegatten, des eingetragenen Lebenspartners, eines Kindes oder Elternteils</td><td>2 Arbeitstage</td></tr>
<tr><td>c)</td><td>Umzug aus dienstlichem oder betriebsbedingtem Grund an einen anderen Ort</td><td>1 Arbeitstag</td></tr>
<tr><td>d)</td><td>25-, 40- und 50-jähriges Arbeitsjubiläum</td><td>1 Arbeitstag</td></tr>
<tr><td>e)</td><td>schwere Erkrankung</td><td></td></tr>
<tr><td>aa)</td><td>eines Angehörigen, soweit er in demselben Haushalt lebt,</td><td>1 Arbeitstag im Kalenderjahr,</td></tr>
<tr><td>bb)</td><td>eines Kindes, das das 12. Lebensjahr noch nicht vollendet hat, wenn im laufenden Kalenderjahr kein Anspruch nach § 45 SGB V besteht oder bestanden hat,</td><td>bis zu 4 Arbeitstage im Kalenderjahr,</td></tr>
<tr><td>cc)</td><td>einer Betreuungsperson, wenn das Mitglied deshalb die Betreuung seines Kindes, das das 8. Lebensjahr noch nicht vollendet hat oder wegen körperlicher, geistiger oder seelischer Behinderung dauernd pflegebedürftig ist, übernehmen muss,</td><td>bis zu 4 Arbeitstage im Kalenderjahr.</td></tr>
<tr><td colspan="3">Eine Freistellung erfolgt nur, soweit eine andere Person zur Pflege oder Betreuung nicht sofort zur Verfügung steht und der Arzt in den Fällen der Doppelbuchstaben aa und bb die Notwendigkeit der Anwesenheit des Mitglieds zur vorläufigen Pflege bescheinigt. Die Freistellung darf insgesamt fünf Arbeitstage im Kalenderjahr nicht überschreiten.</td></tr>
<tr><td>f)</td><td>ärztliche Behandlung des Mitglieds, wenn diese während der Arbeitszeit erfolgen muss,</td><td>erforderliche nachgewiesene Abwesenheit einschließlich erforderlicher Wegezeiten.</td></tr>
</table>

Bei der Festlegung des Zeitpunkts der Arbeitsbefreiung sind die dienstlichen Belange der Bühne zu berücksichtigen.

(2) Bei Erfüllung allgemeiner staatsbürgerlicher Pflichten nach deutschem Recht, soweit die Arbeitsbefreiung gesetzlich vorgeschrieben ist und soweit die Pflichten nicht außerhalb der Arbeitszeit, gegebenenfalls nach ihrer Verlegung, wahrgenommen werden können, besteht der Anspruch auf Fortzahlung der Vergütung nur insoweit, als das Mitglied nicht Ansprüche auf Ersatz dieser Bezüge geltend machen kann. Die fortgezahlten Bezüge gelten in Höhe des Ersatzanspruchs als Vorschuss auf die Leistungen der Kostenträger. Das Mitglied hat den Ersatzanspruch geltend zu machen und die erhaltenen Beträge an den Arbeitgeber abzuführen.

(3) Dem Mitglied ist auf Verlangen Arbeitsbefreiung zur Erlangung einer neuen Anstellung unter Fortzahlung der Vergütung zu gewähren. Der Zeitpunkt und die Dauer der Arbeitsbefreiung sind so zu bestimmen, dass dem Arbeitgeber kein unverhältnismäßiger Nachteil entsteht.

(4) Das Mitglied hat aus dringenden persönlichen Gründen (z. B. Eheschließung und Umzug aus persönlichen Gründen, Kommunion oder Konfirmation des eigenen Kindes, Todesfall eines engen Angehörigen und ähnliche persönliche Anlässe) in jeder Spielzeit Anspruch auf Arbeitsbefreiung unter Fortzahlung der Vergütung von einem Tag oder zwei halben freien Tagen. Die Arbeitsbefreiung wird nicht gewährt, wenn dringende dienstliche oder betriebliche Gründe entgegenstehen.
Darüber hinaus kann der Arbeitgeber in sonstigen dringenden Fällen Arbeitsbefreiung unter Fortzahlung der Vergütung bis zu drei Tagen gewähren. In begründeten Fällen kann bei Verzicht auf die Vergütung kurzfristige Arbeitsbefreiung gewährt werden, wenn die dienstlichen oder betrieblichen Verhältnisse es gestatten.
(5) Zur Teilnahme an Tagungen kann den gewählten Vertretern der Delegiertentagungen, der Orts- und Lokalverbände, der Landesverbände und des Hauptvorstands bzw. der Bundesdelegiertenversammlung auf Anfordern der vertragschließenden Gewerkschaft Arbeitsbefreiung bis zu sechs Tagen im Jahr unter Fortzahlung der Vergütung erteilt werden, sofern nicht dringende dienstliche oder betriebliche Interessen entgegenstehen.
(6) Zur Teilnahme an Tarifverhandlungen mit dem Deutschen Bühnenverein und zur Teilnahme an den Sitzungen der Organe der Versorgungsanstalt der deutschen Bühnen kann auf Anfordern der vertragschließenden Gewerkschaft Arbeitsbefreiung unter Fortzahlung der Vergütung ohne zeitliche Begrenzung erteilt werden.

§ 40 Gastierurlaub, Aushilfen

(1) Dem Mitglied kann Gastierurlaub gewährt werden, wenn die dienstlichen oder betrieblichen Verhältnisse es zulassen. Ist nichts Abweichendes vereinbart, hat das Mitglied keinen Anspruch auf die Fortzahlung der Vergütung. Der Anspruch auf Zuwendung kann für den Fall eines Gastierurlaubs von mehr als 40 Tagen für die jeweilige Spielzeit ganz oder teilweise durch eine Vereinbarung mit dem Mitglied abbedungen werden; § 14 Abs. 2 bleibt unberührt.
(2) Für eine Aushilfstätigkeit an einer anderen Bühne, die dem Deutschen Bühnenverein angehört, kann eine Freistellung gewährt werden, wenn die dienstlichen oder betrieblichen Verhältnisse es zulassen. Die Freistellung erfolgt unter Fortzahlung der Vergütung.

§ 40 a Urlaubsschein

Anträge auf Urlaub außerhalb der Theaterferien sind auf dem vorgeschriebenen Vordruck einzureichen. Darin muss zur Erreichbarkeit während des Urlaubs die Adresse und die Telefonnummer des Mitglieds enthalten sein. Der Urlaub gilt erst dann als bewilligt, wenn er von der Bühnenleitung auf dem vorgeschriebenen Urlaubsschein schriftlich bestätigt ist. Der Urlaubsantrag ist unverzüglich zu bescheiden. Ein etwaiger Widerruf des Urlaubs ist schriftlich vorzubehalten. Der Urlaub soll nur widerrufen werden, wenn besondere Gründe vorliegen.

7. Abschnitt
Zusätzliche Alters- und Hinterbliebenenversorgung

§ 41 Zusatzversorgung

Das Mitglied ist bei der Versorgungsanstalt der deutschen Bühnen pflichtversichert, soweit die Satzung der Versorgungsanstalt der deutschen Bühnen eine solche Pflichtversicherung vorsieht.

§ 41 a Übergangsvorschrift zur befreienden Lebensversicherung

(1) Dem bei der Versorgungsanstalt der deutschen Bühnen versicherten Mitglied, das nach § 231 Nr. 1 SGB VI (früher Artikel 2 § 1 AnVNG) von der Versicherungspflicht in der Rentenversicherung der Angestellten befreit ist und mit einem öffentlichen oder privaten Versicherungsunternehmen für sich und seine Hinterbliebenen einen Lebensversicherungsvertrag für den Fall des Todes und des Erlebens des 65. oder eines niedrigeren Lebensjahrs abgeschlossen hat und aufrecht erhält, gewährt der Arbeitgeber auf Antrag für die Zeit, für die dem Mitglied Vergütung oder Krankenbezüge zustehen, einen Zuschuss zur monatlichen Prämienzahlung in Höhe des Beitragsanteils, den der Arbeitgeber zur Rentenversicherung der Angestellten zu zahlen hätte. Voraussetzung für die Gewährung des Zuschusses ist, dass das Mitglied für die Lebensversicherung jeweils mindestens einen Beitrag aufwendet, der als Pflichtbeitrag für das Mitglied zur Rentenversicherung der Angestellten zu zahlen wäre.

(2) Erhöht sich der Pflichtbeitrag, der für das Mitglied zur Rentenversicherung der Angestellten zu zahlen wäre, kann das Mitglied seiner Verpflichtung zur Erhöhung seiner Aufwendung (Absatz 1 Satz 2) dadurch nachkommen, dass das Mitglied mindestens einen Beitrag in Höhe des Unterschieds zwischen dem bisher und dem nunmehr für ihn maßgebenden Pflichtbeitrag

a) für die Lebensversicherung oder
b) für eine freiwillige Versicherung in der Rentenversicherung der Angestellten oder
c) für die Versicherung bei der Versorgungsanstalt der deutschen Bühnen als Ergänzungsbeitrag im Sinne des § 23 Abs. 5 der Anstaltssatzung

verwendet. Der Zuschuss des Arbeitgebers erhöht sich in diesen Fällen um die Hälfte des aufgewendeten Mehrbetrags, höchstens jedoch um die Hälfte des Unterschiedsbetrags nach Satz 1.

(3) Kommt das Mitglied der Verpflichtung nach Absatz 2 Satz 1 nicht nach, entfällt auch der Zuschuss nach Absatz 1.

(4) Die Absätze 1 bis 3 gelten nicht für Mitglieder, die aus dem Arbeitsverhältnis Anspruch auf eine Alters- und Hinterbliebenenversorgung nach beamtenrechtlichen Grundsätzen haben.

8. Abschnitt
Beendigung des Arbeitsverhältnisses

§ 42 Nichtverlängerungsmitteilung

Die Nichtverlängerungsmitteilungen richten sich nach den für die einzelnen Beschäftigtengruppen geltenden Sonderregelungen.

§ 43 Ordentliche Kündigung

(1) Das Recht der ordentlichen Kündigung kann im Arbeitsvertrag nur so vereinbart werden, dass zum Schluss eines Vertragsjahrs oder einer Spielzeit mit einer Frist von sechs Wochen gekündigt werden darf. Die Kündigung bedarf der Schriftform.

(2) Sollen Regelungen, deren Inhalt über diesen Tarifvertrag hinausgeht und Eingang in den Arbeitsvertrag gefunden hat, geändert werden, ist auf ein Einvernehmen mit dem jeweiligen Vorstand hinzuwirken. Wird zwischen dem Arbeitgeber und dem jeweiligen Vorstand eine einvernehmliche Regelung erzielt, ist diese für die jeweiligen Mitglieder verbindlich.

Wird eine einvernehmliche Regelung nicht erzielt oder widerspricht ein Mitglied der einvernehmlichen Regelung, ist eine betriebsbedingte Änderungskündigung mit der Frist des Absatzes 1 zulässig, ohne dass es der arbeitsvertraglichen Vereinbarung des Rechts der ordentlichen Kündigung bedarf.

(3) Absatz 2 findet auf Solomitglieder und Bühnentechniker keine Anwendung. Sollen für diese Mitglieder Regelungen, deren Inhalt über diesen Tarifvertrag hinausgeht und Eingang in den Arbeitsvertrag gefunden hat, geändert werden, kann der Arbeitgeber stattdessen eine Nichtverlängerungsmitteilung aussprechen und dem Solomitglied oder dem Bühnentechniker die Fortsetzung des Arbeitsverhältnisses unter geänderten Bedingungen anbieten.
(4) Besteht ein Recht zur auflösenden Nichtverlängerungsmitteilung wegen §§ 61 Abs. 3, 69 Abs. 3, 83 Abs. 8 oder 96 Abs. 3 nicht und wird amts- oder betriebsärztlich festgestellt, dass eine dauerhafte Berufsunfähigkeit des Mitgliedes besteht, hat der Arbeitgeber das Recht, den Arbeitsvertrag mit der Frist des Absatzes 1 ordentlich zu kündigen, ohne dass es der arbeitsvertraglichen Vereinbarung des Rechts der ordentlichen Kündigung bedarf.

Protokollnotizen zu Absatz 2:
1. Eine betriebsbedingte Änderungskündigung, die die Kürzung oder Streichung von in monatlichen Pauschalen gewährten Sondervergütungen oder außertariflichen Vergütungen zum Inhalt hat, kann nicht mit dem Abschluss dieses Tarifvertrags begründet werden.
2. Eine betriebsbedingte Änderungskündigung, die die Umwandlung eines Vollzeitarbeitsverhältnisses in ein Teilzeitarbeitsverhältnis zum Ziel hat, ist unzulässig.

§ 44 Außerordentliche Kündigung
(1) Der Arbeitgeber und das Mitglied sind berechtigt, das Arbeitsverhältnis aus einem wichtigen Grunde fristlos zu kündigen, wenn Tatsachen vorliegen, aufgrund derer dem Kündigenden unter Berücksichtigung aller Umstände des Einzelfalls und unter Abwägung der Interessen beider Vertragsparteien die Fortsetzung des Arbeitsverhältnisses bis zur vereinbarten Beendigung nicht mehr zugemutet werden kann. Die Kündigung bedarf der Schriftform.
(2) Die Kündigung kann nur innerhalb von zwei Wochen ausgesprochen werden. Die Frist beginnt mit dem Zeitpunkt, in dem der Kündigungsberechtigte von den für die Kündigung maßgebenden Tatsachen Kenntnis erlangt. Der Kündigende muss der anderen Vertragspartei auf Verlangen den Kündigungsgrund unverzüglich schriftlich mitteilen.

§ 45 Erwerbsminderung
(1) Wird durch den Bescheid eines Rentenversicherungsträgers festgestellt, dass das Mitglied voll erwerbsgemindert ist, endet das Arbeitsverhältnis mit Ablauf des Monats, in dem der Bescheid zugestellt wird, sofern das Mitglied eine außerhalb der gesetzlichen Rentenversicherung bestehende Versorgung durch den Arbeitgeber oder durch eine Versorgungseinrichtung erhält, zu der der Arbeitgeber Mittel beigesteuert hat. Das Mitglied hat den Arbeitgeber von der Zustellung des Rentenbescheides unverzüglich zu unterrichten. Beginnt die Rente wegen voller Erwerbsminderung erst nach der Zustellung des Rentenbescheids, endet das Arbeitsverhältnis mit dem Ablauf des dem Rentenbeginn vorangehenden Tages.
Verzögert das Mitglied schuldhaft den Rentenantrag oder bezieht es Altersrente nach § 236 oder § 236 a bzw. § 36 oder § 37 SGB VI oder ist er nicht in der gesetzlichen Rentenversicherung versichert, tritt an die Stelle des Bescheides des Rentenversicherungsträgers das Gutachten eines Amtsarztes oder des betriebsärztlichen Dienstes. Das Arbeitsverhältnis endet in diesem Fall mit Ablauf des Monats, in dem dem Mitglied das Gutachten bekannt gegeben worden ist.
(2) Erhält das Mitglied keine außerhalb der gesetzlichen Rentenversicherung bestehende Versorgung durch den Arbeitgeber oder durch eine Versorgungseinrichtung, zu der der Arbeitgeber Mittel beigesteuert hat, endet das Arbeitsverhältnis nach Ablauf einer Frist von drei Monaten zum Schluss eines Kalendervierteljahres. Die Frist beginnt mit der Zustellung des Rentenbescheids

bzw. mit der Bekanntgabe des Gutachtens des Amtsarztes oder betriebsärztlichen Dienstes an das Mitglied. Das Mitglied hat den Arbeitgeber von der Zustellung des Rentenbescheids unverzüglich zu unterrichten. Beginnt die Rente wegen voller Erwerbsminderung erst nach der Zustellung des Rentenbescheids, beginnt die Frist mit Ablauf des dem Rentenbeginn vorangehenden Tages.

(3) Liegt dem Mitglied, das schwerbehindert im Sinne des SGB IX ist, in dem Zeitpunkt, in dem nach den Absätzen 1 und 2 das Arbeitsverhältnis wegen voller Erwerbsminderung endet, die nach § 92 SGB IX erforderliche Zustimmung des Integrationsamtes noch nicht vor, endet das Arbeitsverhältnis mit Ablauf des Tages der Zustellung des Zustimmungsbescheides des Integrationsamtes, es sei denn, das Arbeitsverhältnis endet zuvor durch eine wirksam ausgesprochene Nichtverlängerungsmitteilung.

(4) Das Arbeitsverhältnis endet nicht, wenn nach dem Bescheid des Rentenversicherungsträgers eine Rente auf Zeit gewährt wird. In diesem Fall ruht das Arbeitsverhältnis mit allen Rechten und Pflichten von dem Tage an, der auf den nach Absatz 1 maßgebenden Zeitpunkt folgt, bis zum Ablauf des Tages, bis zu dem die Rente auf Zeit bewilligt ist, längstens jedoch bis zum Ablauf des Tages, an dem das Arbeitsverhältnis endet.

(5) Die Absätze 1 bis 4 gelten entsprechend, wenn durch den Bescheid eines Rentenversicherungsträgers festgestellt wird, dass das Mitglied nur teilweise erwerbsgemindert ist, es sei denn, das Mitglied stellt den schriftlichen Antrag, in seinem bisherigen Beruf teilweise beschäftigt zu werden. In diesem Fall ist der Arbeitgeber verpflichtet, das Mitglied dem Antrag entsprechend zu beschäftigen, wenn eine dem Antrag entsprechende Beschäftigungsmöglichkeit besteht. Der Arbeitgeber ist berechtigt, die Vergütung unter Berücksichtigung von Art und Umfang der Beschäftigung angemessen zu kürzen. Besteht die Beschäftigungsmöglichkeit nicht, gelten Absätze 1 bis 4 mit der Maßgabe entsprechend, dass das Arbeitsverhältnis nicht vor der schriftlichen Ablehnung des Antrags durch den Arbeitgeber endet bzw. ruht.

§ 46 Übergangsgeld

(1) Das Mitglied, das am Tage der Beendigung des Arbeitsverhältnisses das einundzwanzigste Lebensjahr vollendet hat und in einem ununterbrochenen Arbeitsverhältnis von mindestens vier Jahren (Spielzeiten) bei demselben Arbeitgeber gestanden hat, erhält beim Ausscheiden ein Übergangsgeld, wenn für das Ausscheiden

a) die Auflösung des Theaters,
b) die Auflösung der Sparte des Theaters, der es angehört,
c) die Zusammenlegung des Theaters mit einem oder mehreren anderen Theatern

ursächlich ist.

(2) Das Übergangsgeld wird nicht gewährt, wenn

a) das Mitglied das Ausscheiden verschuldet hat,
b) das Mitglied gekündigt hat oder das Arbeitsverhältnis nicht verlängert,
c) das Arbeitsverhältnis durch Auflösungsvertrag beendet ist,
d) dem Mitglied aufgrund Satzung, Gesetzes, Tarifvertrags oder sonstiger Regelung im Falle des Ausscheidens vor Eintritt eines Versicherungsfalls im Sinne der gesetzlichen Rentenversicherung eine laufende Versorgungsleistung gewährt wird,
e) das Mitglied aus eigener Erwerbstätigkeit eine Rente aus der gesetzlichen Rentenversicherung oder Leistungen aus einer Versicherung oder Versorgung erhält oder beanspruchen kann, zu der der Arbeitgeber oder ein anderer Arbeitgeber, der diesen Tarifvertrag oder einen Tarifvertrag wesentlich gleichen Inhalts anwendet, Mittel ganz oder teilweise beisteuert oder beigesteuert hat.

(3) In den Fällen des Absatzes 2 Buchst. b und c wird Übergangsgeld jedoch gewährt, wenn

1. das Mitglied wegen
   a) eines mit Sicherheit erwarteten Personalabbaus,
   b) einer Körperbeschädigung, die es zur Fortsetzung der Arbeit unfähig macht,
   c) einer in Ausübung oder infolge seiner Arbeit erlittenen Gesundheitsschädigung, die seine Arbeitsfähigkeit für längere Zeit wesentlich herabsetzt,
2. das weibliche Mitglied außerdem wegen
   a) Schwangerschaft,
   b) Niederkunft in den letzten drei Monaten

gekündigt oder einen Auflösungsvertrag geschlossen hat.

(4) Das Übergangsgeld wird nach der dem Mitglied am Tag vor dem Ausscheiden zustehenden monatlichen Vergütung bemessen. Es beträgt bei einer ununterbrochenen Beschäftigung bei demselben Arbeitgeber von

4 Jahren (Spielzeiten)	3 monatliche Vergütungen,
6 Jahren (Spielzeiten)	4 monatliche Vergütungen,
9 Jahren (Spielzeiten)	5 monatliche Vergütungen,
12 Jahren (Spielzeiten)	6 monatliche Vergütungen.

Das Übergangsgeld wird in einer Summe ausgezahlt, wenn das Vorliegen der Voraussetzungen nachgewiesen ist.

(5) Erhält das Mitglied eine Abfindung aufgrund des Kündigungsschutzgesetzes oder eine Geldzahlung ohne Arbeitsleistung aufgrund eines Vergleichs, werden diese Leistungen auf das Übergangsgeld angerechnet. Liegen sowohl die Voraussetzungen für das Übergangsgeld als auch für die Abfindung wegen Beendigung des Arbeitsverhältnisses aus Anlass eines Intendantenwechsels vor, so erhält das Mitglied die für ihn günstigere Leistung, die Gewährung der anderen Leistung ist ausgeschlossen.

(6) Das Mitglied, das noch nicht ununterbrochen vier Jahre (Spielzeiten) an demselben Theater beschäftigt war und aus den in Absatz 1 genannten Gründen aus dem Arbeitsverhältnis ausscheidet, erhält einen Zuschuss zu den Umzugskosten. Der Zuschuss beträgt die Hälfte der nachgewiesenen Kosten für das Befördern des Umzugsguts, höchstens jedoch eine monatliche Vergütung. Hat das Mitglied den Kostennachweis erbracht, ist der Zuschuss in einer Summe zu zahlen.

Auf den Zuschuss sind Leistungen zu den Umzugskosten einer anderen Bühne oder aus öffentlichen Mitteln anzurechnen.

9. Abschnitt
Hausordnung

§ 47 Ordnungsausschuss

(1) Für die einzelnen Beschäftigtengruppen wird ein Ordnungsausschuss gebildet. Er besteht aus drei Mitgliedern sowie gleich vielen Ersatzmitgliedern. Sie werden von den jeweiligen Gruppenmitgliedern gewählt. Der Ordnungsausschuss wählt einen Obmann. Für die Wahlen und die Amtszeit finden die §§ 48 und 49 sinngemäß Anwendung. Die Bildung eines gemeinsamen Ordnungsausschusses ist zulässig, soweit nicht eine Beschäftigtengruppe widerspricht.

Die Beratungen des Ordnungsausschusses sind vertraulich. Die Beschlüsse werden mit Stimmenmehrheit gefasst. Bei Stimmengleichheit entscheidet die Stimme des Obmanns.

Ist ein Mitglied des Ordnungsausschusses Partei, so ist an seiner Stelle ein Ersatzmitglied zuzuziehen.

(2) Verstöße gegen die arbeitsvertraglichen Verpflichtungen können vom Arbeitgeber gemeinsam mit dem Ordnungsausschuss durch Verwarnung oder Bußgeld geahndet werden. Bußgelder dürfen im einzelnen Fall den Betrag von vier Tagesgagen nicht übersteigen. Das Mitglied ist vorher zu hören.
(3) Alle den Betrieb berührenden Streitigkeiten, die unter den Mitgliedern entstehen, sind zunächst dem Ordnungsausschuss zur Schlichtung zu unterbreiten. Der Ordnungsausschuss kann dem Arbeitgeber ein Gutachten erstatten.
Bei dienstlichen Streitigkeiten zwischen einem Mitglied und einem Bühnenvorstand kann der Entscheidung der zuständigen Stelle ein Sühneversuch vor dem Arbeitgeber und dem Obmann des Ordnungsausschusses vorausgehen.
(4) Alle Bußgelder müssen für wohltätige oder gemeinnützige Einrichtungen verwendet werden, die den Mitgliedern zugute kommen.

10. Abschnitt
Opernchor- und Tanzgruppenvorstände

§ 48 Wahl und Zusammensetzung des Opernchor- und des Tanzgruppenvorstands
(1) Die Mitglieder des Opernchors und der Tanzgruppe wählen in unmittelbarer, gleicher und geheimer Wahl einen Opernchorvorstand und einen Tanzgruppenvorstand (Vorstand).
(2) Wahlberechtigt sind alle Mitglieder.
Wählbar sind alle Mitglieder, die dem Opernchor bzw. der Tanzgruppe mehr als eine Spielzeit angehören.
(3) Der Vorstand besteht aus dem Obmann, dem stellvertretenden Obmann und einem weiteren Mitglied.
(4) Die Wahl erfolgt in der Regel zu Beginn der Spielzeit. Die von dem bisherigen Vorstand einzuberufende Versammlung wählt einen Wahlvorstand. Wahlvorschläge sind spätestens eine Woche vor der vom Wahlvorstand einzuberufenden Wahlversammlung schriftlich bei dem Wahlvorstand einzureichen. Der Wahlvorstand prüft die Wahlvorschläge und leitet die Wahl.
(5) Zur Wahl des Obmanns werden höchstens zwei Wahlgänge durchgeführt. Gewählt ist im ersten Wahlgang der Bewerber, der die absolute Mehrheit der von den anwesenden Mitgliedern abgegebenen Stimmen auf sich vereinigt. Wird ein zweiter Wahlgang erforderlich, findet er als Stichwahl zwischen den beiden Bewerbern statt, die im ersten Wahlgang die höchsten Stimmenzahlen erreicht haben. Gewählt ist der Bewerber, der die meisten Stimmen erhält.
Der stellvertretende Obmann und das weitere Mitglied werden nach den Grundsätzen der Mehrheitswahl (Personenwahl) gewählt. Gewählt sind die Bewerber in der Reihenfolge der jeweils höchsten auf sie entfallenden Anzahl der Stimmen.
Die Wahlversammlung kann bestimmen, dass auch zur Wahl des stellvertretenden Obmanns und der weiteren Mitglieder das in Unterabsatz 1 vorgesehene Wahlverfahren angewendet wird.
(6) Über den Wahlvorgang ist eine Niederschrift zu fertigen, die vom Wahlvorstand zu unterzeichnen ist. Dieser hat dem Arbeitgeber das Wahlergebnis mitzuteilen.

§ 49 Amtszeit des Vorstands
(1) Die Amtszeit des Vorstands erstreckt sich auf zwei Spielzeiten.
(2) Die Mitgliedschaft im Vorstand endet durch
a) Ablauf der Amtszeit,
b) Niederlegung des Amtes,

c) Ausscheiden aus dem Arbeitsverhältnis als Opernchormitglied bzw. als Tanzgruppenmitglied bei der betreffenden Bühne,
d) Abwahl.

(3) Scheidet ein Mitglied aus dem Vorstand aus, wird der Vorstand durch Nachwahl für die restliche Amtszeit ergänzt.
(4) Der Antrag auf Abwahl eines Mitglieds des Vorstands kann von zwei Dritteln der Opernchormitglieder bzw. der Tanzgruppenmitglieder bei dem Vorstand schriftlich gestellt werden. Liegt der Antrag vor, hat der Vorstand binnen zwei Wochen eine Versammlung abzuhalten, in der über den Abwahlantrag geheim abgestimmt wird. Die Abwahl ist wirksam erfolgt, wenn zwei Drittel der anwesenden Mitglieder dem Antrag zugestimmt haben.

§ 50 Geschäftsordnung des Vorstands

(1) Der Vorstand kann sich eine Geschäftsordnung geben.
(2) Der Vorstand hat bei der Anberaumung seiner Sitzungen auf die dienstlichen Erfordernisse Rücksicht zu nehmen.
(3) Die Sitzungen des Vorstands sind nicht öffentlich.
(4) Der Arbeitgeber nimmt nur an den Sitzungen teil, die auf sein Verlangen anberaumt sind oder zu denen er ausdrücklich eingeladen ist.

§ 51 Aufgaben und Befugnisse des Vorstands

(1) Der Vorstand wirkt mit bei der Auswahl von Bewerbern, für die Tanzgruppe jedoch nur, wenn die Bewerber durch ein Vortanzen vor Ort ermittelt werden. Er wirkt außerdem mit in allen sonstigen Fällen, in denen ihm durch Gesetz oder Tarifvertrag Aufgaben zugewiesen sind.
(2) Beim Probedirigieren von Bewerbern für die Stelle des Chordirektors oder seines Stellvertreters ermittelt der Opernchorvorstand die Auffassung des Opernchors und vertritt sie gegenüber dem Arbeitgeber.
(3) Der Vorstand kann beim Arbeitgeber Bedenken gegen die vorgesehene Spielplan- und Probeneinteilung geltend machen, die der Arbeitgeber in seine Erwägungen einbeziehen soll.
(4) Der Vorstand wirkt daran mit, dass Proben und Veranstaltungen reibungslos ablaufen.
(5) Beabsichtigt der Arbeitgeber, für den Opernchor Mitglieder in Teilzeitarbeit zu beschäftigen, wirkt der Opernchorvorstand an dieser Entscheidung mit.

Protokollnotiz zu Absatz 1 Satz 2:
Zu den Fällen, in denen dem Vorstand durch Gesetz oder Tarifvertrag Aufgaben zugewiesen sind, gehören insbesondere

1. die Geltendmachung von Leistungsschutzrechten (§ 80 UrhG),
2. die Änderung außertariflicher Regelungen (§ 43 Abs. 2),
3. die Änderung von Probenregelungen (§§ 72, 85),
4. die Verkürzung von Ruhezeiten (§§ 73, 86),
5. die Abweichung von den Regelungen über freie Tage (§§ 74, 87),
6. die Abgeltung eines Sondervergütungsanspruchs durch Freizeit (§ 79 Abs. 4 und § 92 Abs. 3),
7. das Nichtverlängerungsverfahren (§§ 83, 96).

Die in den Fällen 1. – 6. unter Mitwirkung des jeweiligen Vorstands erzielten Regelungen sind für die Mitglieder der jeweiligen Beschäftigtengruppe verbindlich.

§ 52 Schutz der Vorstandsmitglieder

(1) Den Mitgliedern des Vorstands dürfen wegen ihrer Tätigkeit im Vorstand keine Nachteile erwachsen.
(2) Der Obmann des Vorstands ist zur Entlastung für je einen Monat seiner Tätigkeit von der Teilnahme an einer Probe zu befreien.

11. Abschnitt
Schiedsgerichtsbarkeit

§ 53 Bühnenschiedsgerichtsbarkeit

Für alle bürgerlichen Rechtsstreitigkeiten im Sinne des § 2 Arbeitsgerichtsgesetz zwischen den Arbeitsvertragsparteien sind unter Ausschluss der Arbeitsgerichtsbarkeit ausschließlich die von den vertragschließenden Parteien dieses Tarifvertrags nach Maßgabe der vereinbarten Bühnenschiedsgerichtsordnungen eingesetzten Schiedsgerichte zuständig.

II. Besonderer Teil

1. Abschnitt
Sonderregelungen (SR) Solo

§ 54 Besondere Mitwirkungspflicht – Solo

(1) Das Mitglied ist im Rahmen der vertraglich übernommenen Tätigkeit verpflichtet, alle ihm zugewiesenen Aufgaben zu übernehmen.
(2) Der Arbeitgeber hat die Dienste des Solomitglieds abzunehmen; er hat das Solomitglied angemessen zu beschäftigen. Als angemessen ist die Beschäftigung anzusehen, die sowohl den Interessen des Solomitglieds als auch den Interessen des Arbeitgebers gleichermaßen gerecht wird.
(3) Dem Solomitglied dürfen keine seiner vertraglichen Vereinbarung fernliegenden Aufgaben ohne seine ausdrückliche Zustimmung übertragen werden.
(4) Zur Mitwirkung bei Proben für eine Aufführung ist das Solomitglied auch dann verpflichtet, wenn die Hauptprobe, die Generalprobe und die Premiere in die Zeit nach der Beendigung des Arbeitsverhältnisses fallen.
(5) Das darstellende Solomitglied hat auch Rollen und Partien von kleinerem Umfang zu übernehmen; Absatz 2 bleibt unberührt. Eine Verpflichtung zur Mitwirkung bei Pantomimen besteht nur, wenn sie im Arbeitsvertrag vereinbart ist.
(6) Das darstellende Solomitglied ist in der Kunstgattung und in dem Kunstfach – soweit jeweils arbeitsvertraglich vereinbart – zu beschäftigen. Die Bezeichnung eines bestimmten Kunstfachs der Kunstgattung Schauspiel kann im Arbeitsvertrag durch eine Umschreibung des Rollengebiets nach charakteristischen Merkmalen ersetzt werden.
Sofern ein Rollengebiet vereinbart ist, hat das darstellende Solomitglied keinen Anspruch auf jede Rolle oder Partie seines Rollengebiets; in diesem Fall muss sich die Beschäftigung jedoch im Rahmen des Rollengebiets halten. Das darstellende Solomitglied hat einen Anspruch auf bestimmte Rollen oder Partien nur, wenn sie im Arbeitsvertrag ausdrücklich vereinbart sind.
(7) Eine Probe, bei der das darstellende Solomitglied mitwirkt, darf der Öffentlichkeit nur mit seiner Zustimmung zugänglich gemacht werden. Dies gilt nicht für öffentliche Generalproben.
(8) Ist das Solomitglied der Auffassung, zu der Erfüllung einer ihm zugewiesenen Aufgabe nicht verpflichtet zu sein, so kann es das Schiedsgericht mit dem Ziel anrufen, feststellen zu lassen,

dass es zu der Erfüllung der Aufgabe nicht verpflichtet ist. Bis zur Entscheidung des Schiedsgerichts hat das Solomitglied die Aufgabe durchzuführen, vorbehaltlich aller Ansprüche, die ihm gegen den Arbeitgeber aus der unberechtigten Zuweisung einer Aufgabe gegebenenfalls erwachsen.

§ 55 Proben – Solo

(1) Die Dauer einer Probe und die Lage der Pause(n) ergeben sich aus den künstlerischen Belangen der Bühne. Dies gilt auch für Haupt- und Generalproben. § 56 bleibt unberührt.

(2) Das Solomitglied ist nicht verpflichtet, an einem Sonntag oder gesetzlich anerkannten Feiertag sowie nach Beschäftigung in einer Abendaufführung an einer Probe teilzunehmen, wenn nicht besondere Umstände, insbesondere eine Störung des Spielplans oder des Betriebs oder ein Gastspiel es notwendig machen, die Probe zu dieser Zeit abzuhalten. In der Vorprobenzeit kann der Arbeitgeber dem Solomitglied Gelegenheit zur Durchführung einer an Sonn- und Feiertagen stattfindenden Probe gewähren. Als Vorprobenzeit gilt die Zeit zwischen dem Ende der Spielzeitferien und der ersten Vorstellung, bei Mehrspartentheatern der jeweiligen Sparte.

§ 56 Ruhezeiten – Solo

(1) Nach dem Ende der täglichen Arbeitszeit, insbesondere nach der Abendaufführung oder nach der Heimkehr von auswärtigen Gastspielen zur Nachtzeit ist dem Solomitglied eine elfstündige Ruhezeit (Nachtruhezeit) zu gewähren. Die Nachtruhezeit darf um zwei Stunden verkürzt werden, wenn die Art der Arbeit dies erfordert und die Kürzung der Ruhezeit innerhalb eines festzulegenden Ausgleichszeitraums ausgeglichen wird. Vor der Entscheidung über die Verkürzung ist der Sprecher der Sparte zu hören.

Bei Abstechern kann der Ruhezeit nach Unterabsatz 1 Satz 1 bei der Rückfahrt von einem auswärtigen Gastspiel die Hälfte der Rückfahrtzeit, jedoch nicht mehr als eine Stunde, zugerechnet werden; dabei sind 50 Kilometer der Rückfahrt mit einer Stunde Fahrzeit anzurechnen.

(2) Außer bei Haupt- und Generalproben sowie bei weiteren zeitlich unbegrenzten Proben nach § 9 i. V. m. § 72 Abs. 3 und 5 sowie § 85 Abs. 2 und 4 ist das Solomitglied nicht verpflichtet, in einer Probe während der letzten vier Stunden vor Beginn seiner Tätigkeit in einer Aufführung mitzuwirken, es sei denn, dass Spielplan- oder Betriebsstörungen oder Gastspiele am Theater eine Verkürzung der Ruhezeit notwendig machen. Bei Nachmittagsvorstellungen oder auswärtigen Gastspielen des Theaters kann die Ruhezeit auf drei Stunden verkürzt werden. Unter Beginn der Tätigkeit ist der Zeitpunkt zu verstehen, in dem das Solomitglied im Theater erscheinen muss.

Zwischen zwei Proben und vor einer Probe, die nach einer Aufführung stattfindet, ist dem Solomitglied eine angemessene Ruhezeit einzuräumen.

§ 57 Freie Tage – Solo

(1) Die Beschäftigung an Sonn- und Feiertagen wird durch die während des Ausgleichszeitraums einer Spielzeit eintretende Freizeit ausgeglichen. Jedenfalls erhält das Solomitglied außerhalb der Theaterferien je Spielzeit acht freie Tage, an denen das Solomitglied nicht erreichbar sein muss. Am 1. Mai und am 24. Dezember können freie Tage nicht gewährt werden.

(2) In die Freizeit nach Absatz 1 ist jede Freizeit einzurechnen, die unmittelbar im Zusammenhang mit der Nachtruhezeit (§ 56 Abs. 1) anfällt. Dies gilt einschließlich jedes bezahlten Gastierurlaubs.

(3) In jeder Spielzeit sind acht Sonntage außerhalb der Theaterferien beschäftigungsfrei zu lassen. Dabei sind künstlerische und betriebliche Gründe zu berücksichtigen.

(4) Absatz 1 Satz 2 findet auf Souffleure, Inspizienten, Regieassistenten und Repetitoren keine Anwendung. Sie erhalten pro Woche (mit Ausnahme der Theaterferien) einen ganzen oder zwei halbe freie Tage.

§ 58 Vergütung – Solo

(1) Im Arbeitsvertrag ist eine Gage zu vereinbaren. Sie beträgt mindestens 1.650,-- € monatlich. Mit der Gage sind die von dem Solomitglied nach diesem Tarifvertrag zu erbringenden Arbeitsleistungen abgegolten, soweit sich aus den Absätzen 2 und 3 nichts anderes ergibt.
(2) Neben der Gage können mit dem Solomitglied besondere Vergütungen wie Spielgelder oder Übersinghonorare vereinbart werden.
(3) Für die Mitwirkung
a) in weiteren an demselben Tag stattfindenden Aufführungen,
b) in zwei gleichzeitig stattfindenden Aufführungen, wenn mit der Doppelbeschäftigung eine Erschwernis verbunden ist, ist eine besondere angemessene Vergütung zu vereinbaren.

Die Vergütung für die Mitwirkung in den in dem Unterabsatz 1 Buchst. a genannten Fällen ist im Arbeitsvertrag zu vereinbaren.
(4) gestrichen
(5) Im Arbeitsvertrag kann vereinbart werden, dass abweichend von § 12 a
a) das neu engagierte Solomitglied nicht an einer Gagenanpassung teilnimmt, die für die ersten zwölf Monate seiner Tätigkeit tarifvertraglich wirksam wird,
b) das Solomitglied nicht an einer Gagenanpassung teilnimmt, die für die ersten zwölf Monate nach einer arbeitsvertraglichen Gagenanpassung tarifvertraglich wirksam wird,
c) das Solomitglied nicht an einer Gagenanpassung teilnimmt, die für die Spielzeit tarifvertraglich wirksam wird, in der ihm bezahlter Gastierurlaub von insgesamt mindestens 40 Tagen gewährt wird,
d) das Solomitglied an keiner Gagenanpassung teilnimmt, wenn seine Gage höher ist als der dreifache Betrag der Mindestgage.

Protokollnotiz zu Absatz 1:
Die Höhe der Mindestgage wird zum gegebenen Zeitpunkt überprüft.

§ 59 Rechteabgeltung – Solo

(1) Neben der Gage (§ 58 Abs. 1) erhält das Solomitglied zusätzlich für die Mitwirkung bei Veranstaltungen für Funkzwecke (live oder aufgezeichnet) einschließlich Übertragung der für die Sendung und deren Wiedergabe erforderlichen Rechte eine angemessene Sondervergütung. Die Sondervergütung kann durch Nebenabrede in Monatsbeträgen pauschaliert werden; die Nebenabrede ist mit einer Frist von drei Monaten zum Ende einer Spielzeit kündbar.
(2) Wiederholungsvergütungen, auch bei zeitversetzter Verbreitung über Kabel und/oder Satellit, sowie Vergütungen für die Verbreitung der Sendung außerhalb des vertraglich vereinbarten Sendegebiets und Beteiligungen am Erlös aus Verkäufen/Überlassungen der Sendung an ausländische Rundfunkunternehmen sind in angemessener Höhe zu zahlen.
(3) Nicht zu vergüten ist die Mitwirkung bei Reportagesendungen des Hörfunks und des Fernsehens. Dies gilt unabhängig von der Zeit, die zwischen der Aufzeichnung bzw. der Livewiedergabe und der Reportagesendung vergangen ist. Reportagesendungen liegen vor, wenn die Wiedergabezeit sechs Minuten nicht übersteigt und nicht mehr als ein Viertel des Werks wiedergegeben wird.

(4) Keine Vergütung wird gezahlt bei der Verwertung einer Aufnahme für den theatereigenen Gebrauch (einschließlich der Nutzung als kostenloses oder gegen Schutzgebühr abgegebenes Werbemittel, mit dem zugunsten des Arbeitgebers oder seines Rechtsträgers geworben wird).
(5) Die Rechteabgeltung kann abweichend von den Absätzen 1 und 2 arbeitsvertraglich vereinbart werden.

§ 59 a Jubiläumszuwendung – Solo
Das Solomitglied erhält als Jubiläumszuwendung nach einer ununterbrochenen Beschäftigungszeit bei demselben Arbeitgeber von

25 Jahren 350 €,
40 Jahren 500 €.

Solotänzer erhalten abweichend von Satz 1 als Jubiläumszuwendung nach einer ununterbrochenen Beschäftigungszeit bei demselben Arbeitgeber von

15 Jahren 350 €,
25 Jahren 500 €.

§ 60 Vermittlungsgebühr – Solo
Die wegen des Vertragsabschlusses gegebenenfalls anfallende Vermittlungsgebühr tragen das Solomitglied und der Arbeitgeber je zur Hälfte. Die anteilige Kostentragung durch den Arbeitgeber erfolgt nicht, wenn der Name des Künstlers dem Arbeitgeber für den jeweiligen Beschäftigungsvertrag nicht durch den Vermittler mitgeteilt wurde oder der Vermittler auch nicht in anderer Weise an der Aushandlung dieses Vertrages beteiligt war.

§ 61 Nichtverlängerungsmitteilung – Solo
(1) Das Arbeitsverhältnis endet mit dem im Arbeitsvertrag vereinbarten Zeitpunkt.
(2) Ein mindestens für ein Jahr (Spielzeit) abgeschlossener Arbeitsvertrag verlängert sich zu den gleichen Bedingungen um ein Jahr (Spielzeit), es sei denn, eine Vertragspartei teilt der anderen bis zum 31. Oktober der Spielzeit, mit deren Ablauf der Arbeitsvertrag endet, schriftlich mit, dass sie nicht beabsichtigt, den Arbeitsvertrag zu verlängern (Nichtverlängerungsmitteilung). Besteht das Arbeitsverhältnis am Ende einer Spielzeit ununterbrochen mehr als acht Jahre (Spielzeiten), muss die Nichtverlängerungsmitteilung der anderen Vertragspartei bis zum 31. Juli der jeweils vorangegangenen Spielzeit schriftlich zugegangen sein.
(3) Besteht das Arbeitsverhältnis am Ende einer Spielzeit bei derselben Bühne ununterbrochen mehr als fünfzehn Jahre (Spielzeiten), kann der Arbeitgeber eine Nichtverlängerungsmitteilung nach Absatz 2 nur aussprechen, um das Arbeitsverhältnis unter anderen Vertragsbedingungen – auch außerhalb der im Arbeitsvertrag angegebenen Bühne(n) (ein Arbeitgeber in selbständiger Rechtsform auch bei seinem oder einem seiner rechtlichen oder wirtschaftlichen Träger) – fortzusetzen.
Besteht das Arbeitsverhältnis am Ende einer Spielzeit bei derselben Bühne ununterbrochen mehr als fünfzehn Jahre (Spielzeiten) und hat das Solomitglied in dem Zeitpunkt, in dem die Nichtverlängerungsmitteilung spätestens zugegangen sein muss (Absatz 2), das 55. Lebensjahr vollendet, kann der Arbeitgeber eine Nichtverlängerungsmitteilung nach Absatz 2 nur aussprechen, um das Arbeitsverhältnis unter anderen Vertragsbedingungen bei der (den) im Arbeitsvertrag angegebenen Bühne(n) fortzusetzen.

Besteht das Arbeitsverhältnis am Ende einer Spielzeit bei derselben Bühne ununterbrochen mehr als acht Jahre (Spielzeiten), können der Arbeitgeber und das Solomitglied vertraglich vereinbaren, dass bis zu vier Spielzeiten der nachfolgenden Spielzeiten auf die 15 Jahre nach Unterabsatz 1 und 2 nicht angerechnet werden.
(4) Bevor der Arbeitgeber eine Nichtverlängerungsmitteilung ausspricht, hat er das Solomitglied – auf dessen schriftlichen Wunsch auch den Sprecher der Sparte, der das Solomitglied angehört, oder das von dem Solomitglied benannte Vorstandsmitglied des Orts-/Lokalverbands einer der vertragschließenden Gewerkschaften, das an der gleichen Bühne beschäftigt ist – zu hören.
(5) Das Solomitglied ist fünf Tage vor der Anhörung zur Anhörung schriftlich einzuladen. Die Einladung zur Anhörung gilt als ordnungsgemäß zugestellt, wenn der Arbeitgeber nachweist, dass die Absendung der Einladung fünf Tage vor der Anhörung an die dem Arbeitgeber bekannte Adresse erfolgt ist. Das Solomitglied und der von ihm nach Absatz 4 Benannte sind unter Berücksichtigung der durch die Theaterferien oder einen Gastierurlaub bedingten Abwesenheit des Solomitglieds spätestens zwei Wochen vor den in Absatz 2 genannten Zeitpunkten zu hören, es sei denn, das Solomitglied verzichtet schriftlich darauf, gehört zu werden; in diesem Fall findet Absatz 4 Satz 2 keine Anwendung. Unterlässt es der Arbeitgeber, das Solomitglied fristgerecht zu hören, ist die Nichtverlängerungsmitteilung unwirksam.
(6) Ist das Solomitglied durch Arbeitsunfähigkeit oder aus einem anderen Grunde verhindert, die Anhörung bis zu dem in Absatz 5 genannten Zeitpunkt wahrzunehmen, oder nimmt das Solomitglied die Anhörung nicht wahr, bedarf es seiner Anhörung zur Wirksamkeit der Nichtverlängerungsmitteilung nicht. Im Falle der Verhinderung ist der Arbeitgeber auf schriftlichen Wunsch des Solomitglieds jedoch verpflichtet, den Sprecher der Sparte, der das Solomitglied angehört, oder das von dem Solomitglied benannte Vorstandsmitglied des Orts-/Lokalverbands einer der vertragschließenden Gewerkschaften, das an der gleichen Bühne beschäftigt ist, zu hören; Satz 1 gilt entsprechend. Der schriftliche Wunsch muss dem Arbeitgeber spätestens zwei Wochen vor den in Absatz 2 genannten Zeitpunkten zugegangen sein. In diesem Fall muss die Anhörung spätestens drei Tage vor den in Absatz 2 genannten Zeitpunkten vorgenommen sein.
(7) Der auf Wunsch des Solomitglieds beteiligte Sprecher der Sparte und das beteiligte Vorstandsmitglied des Orts-/Lokalverbands einer der vertragschließenden Gewerkschaften haben über den Inhalt der Anhörung gegenüber Dritten Vertraulichkeit zu wahren.
(8) Klagen gegen Nichtverlängerungsmitteilungen sind innerhalb einer Ausschlussfrist von vier Monaten nach den in Absatz 2 genannten Terminen zur Nichtverlängerungsmitteilung zu erheben.
(9) Die Absätze 3 bis 6 gelten nicht, wenn das Solomitglied bei Beendigung des Arbeitsverhältnisses Anspruch auf Altersrente aus der gesetzlichen Rentenversicherung oder einer außerhalb der gesetzlichen Rentenversicherung bestehenden Versorgung durch den Arbeitgeber oder durch eine Versorgungseinrichtung hat, zu der der Arbeitgeber Mittel beigesteuert hat.
Die Absätze 3 bis 6 gelten ferner nicht, wenn die Nichtverlängerungsmitteilung zum Ende der Spielzeit ausgesprochen wird, in der das Solomitglied das gesetzlich festgelegte Alter zum Erreichen der Regelaltersrente oder ein höheres Alter vollendet hat.

Protokollnotiz zu den Absätzen 2 und 3:
Soweit bei Angaben von Zeiträumen die Bezeichnung „Jahr (Spielzeit)“ oder die Bezeichnung „Jahre (Spielzeiten)“ verwendet werden, ist es unerheblich, ob die Spielzeit bzw. die Anzahl der Spielzeiten in Kalendertagen kürzer oder länger als ein Jahr bzw. die entsprechende Anzahl von Jahren sind.

§ 62 Besondere Entschädigung bei Beendigung des Arbeitsverhältnisses aus Anlass eines Intendantenwechsels – Solo

(1) Das Solomitglied, das aus Anlass eines Intendantenwechsels infolge einer durch den Arbeitgeber ausgesprochenen Nichtverlängerungsmitteilung in der ersten Spielzeit nach dem Intendantenwechsel nicht mehr im Arbeitsverhältnis steht, erhält eine Abfindung nach Maßgabe des Unterabsatzes 2, sofern nicht die Voraussetzungen von § 46 Abs. 1 vorliegen. Voraussetzung für den Anspruch nach Satz 1 ist, dass das Solomitglied innerhalb von drei Monaten nach Beendigung des Arbeitsverhältnisses kein unter diesen Tarifvertrag fallendes Arbeitsverhältnis oder kein anderes volles Arbeitsverhältnis begründen konnte.

Die Abfindung beträgt bei einer ununterbrochenen Beschäftigung bei demselben Arbeitgeber von

4 Jahren (Spielzeiten)	3 monatliche Vergütungen,
6 Jahren (Spielzeiten)	4 monatliche Vergütungen,
9 Jahren (Spielzeiten)	5 monatliche Vergütungen,
12 Jahren (Spielzeiten)	6 monatliche Vergütungen.

Das Solomitglied hat das Vorliegen der Voraussetzungen des Unterabsatzes 1 Satz 2 in geeigneter Form nachzuweisen. Für den Nachweis, dass kein Arbeitsverhältnis nach Unterabsatz 1 Satz 2 abgeschlossen wurde, reicht in der Regel die Vorlage einer Bescheinigung der Agentur für Arbeit aus, aus der sich ergibt, dass das Mitglied in dem gesamten in Unterabsatz 1 Satz 2 genannten Zeitraum arbeitslos gemeldet war. Hat es diesen Nachweis erbracht, ist die Abfindung in einer Summe zu zahlen.

(2) Zieht das Solomitglied nach dem beendeten Arbeitsverhältnis an einen anderen Ort um, ist ihm auf Antrag ein Vorschuss auf die Abfindung in Höhe des Zuschusses zu den Umzugskosten nach Absatz 3 zu zahlen. Der Vorschuss ist zurückzuzahlen, wenn dem Solomitglied kein Anspruch auf die Abfindung zusteht, weil es innerhalb von drei Monaten nach Beendigung des Arbeitsverhältnisses ein unter diesen Tarifvertrag fallendes Arbeitsverhältnis oder ein anderes volles Arbeitsverhältnis begründen konnte.

(3) Das Solomitglied, das aus Anlass eines Intendantenwechsels infolge einer durch den Arbeitgeber ausgesprochenen Nichtverlängerungsmitteilung in der ersten Spielzeit nach dem Intendantenwechsel nicht mehr im Arbeitsverhältnis steht und noch nicht ununterbrochen vier Jahre (Spielzeiten) an derselben Bühne beschäftigt war, erhält einen Zuschuss zu den Umzugskosten. Der Zuschuss beträgt die Hälfte der nachgewiesenen Kosten für das Befördern des Umzugsguts, höchstens jedoch eine monatliche Vergütung. Hat das Solomitglied den Kostennachweis erbracht, ist der Zuschuss in einer Summe zu zahlen.

Auf den Zuschuss sind Leistungen zu den Umzugskosten einer anderen Bühne oder aus öffentlichen Mitteln anzurechnen.

(4) Absätze 1 bis 3 gelten nicht für Musikalische Oberleiter, Direktoren des künstlerischen Betriebes, leitende Regisseure der Oper (Oberspielleiter), leitende Regisseure des Schauspiels (Oberspielleiter), Ausstattungsleiter und Chefdramaturgen sowie Referenten des Intendanten.

Sie gelten nicht für das Solomitglied, wenn dieses bei Beendigung des Arbeitsverhältnisses Anspruch auf Altersrente aus der gesetzlichen Rentenversicherung oder einer außerhalb der gesetzlichen Rentenversicherung bestehenden Versorgung durch den Arbeitgeber oder durch eine Versorgungseinrichtung hat, zu der der Arbeitgeber Mittel beigesteuert hat.

Protokollnotiz:
Ist die Leitung einem Direktorium übertragen, gilt als Intendantenwechsel im Sinne der Absätze 1 und 3 der Wechsel des Operndirektors, Schauspieldirektors oder Ballettdirektors, dem die Vollmachten eines Intendanten übertragen sind.

2. Abschnitt
Sonderregelungen (SR) Bühnentechniker

§ 63 Besondere Mitwirkungspflicht – Bühnentechniker

Der Bühnentechniker ist im Rahmen der vertraglich übernommenen Tätigkeit verpflichtet, alle ihm zugewiesenen Aufgaben zu übernehmen.

§ 64 Arbeitszeit – Bühnentechniker

(1) Die regelmäßige wöchentliche Arbeitszeit beträgt ausschließlich der Pausen im Durchschnitt der gesamten Spielzeit 40 Stunden. Sie kann arbeitsvertraglich bis zu 6 Stunden wöchentlich verlängert werden; § 43 Abs. 3 findet entsprechend Anwendung.
(2) Die Arbeitszeit darf nur in Ausnahmefällen, wenn es der Betrieb erfordert, auf mehr als zwei Zeitabschnitte des Tages verteilt werden.
(3) Bei Dienstreisen gilt nur die Zeit der dienstlichen Inanspruchnahme am auswärtigen Geschäftsort als Arbeitszeit. Es wird jedoch für jeden Tag, einschließlich der Reisetage, mindestens die dienstplanmäßige bzw. betriebsübliche Arbeitszeit berücksichtigt.
Fahrten des Ensembles oder eines Teils des Ensembles zu regelmäßig bespielten Abstecherorten gelten nicht als Dienstreisen. Die bei solchen Fahrten anfallenden Fahrzeiten gelten zur Hälfte als Arbeitszeit; hierbei wird eine Entfernung von 50 Kilometern einer Stunde gleichgesetzt.
(4) Eine Überstunde liegt vor, wenn der Bühnentechniker die vertraglich vereinbarte regelmäßige wöchentliche Arbeitszeit (Absatz 1) in einer Woche überschreitet, ohne dass diese Überschreitung innerhalb der Spielzeit oder im unmittelbaren Anschluss an die der Spielzeit folgenden Theaterferien ausgeglichen wird.
(5) Abweichende Regelungen können im Rahmen des § 7 ArbZG durch Tarifvertrag oder Betriebsvereinbarung getroffen werden.

§ 65 Ruhezeiten – Bühnentechniker

(1) Nach dem Ende der täglichen Arbeitszeit oder nach der Heimkehr von auswärtigen Gastspielen zur Nachtzeit ist dem Bühnentechniker eine elfstündige Ruhezeit (Nachtruhezeit) zu gewähren. Die Nachtruhezeit darf um zwei Stunden verkürzt werden, wenn die Art der Arbeit dies erfordert und die Kürzung der Ruhezeit innerhalb eines festzulegenden Ausgleichszeitraums ausgeglichen wird. Vor der Entscheidung über die Verkürzung ist der Sprecher der Sparte zu hören.
Bei Abstechern kann der Ruhezeit nach Unterabsatz 1 Satz 1 bei der Rückfahrt von einem auswärtigen Gastspiel die Hälfte der Rückfahrtzeit, jedoch nicht mehr als eine Stunde, zugerechnet werden; dabei sind 50 Kilometer der Rückfahrt mit einer Stunde Fahrzeit anzurechnen.
(2) Außer bei Haupt- und Generalproben, bei weiteren zeitlich unbegrenzten Proben nach § 9 i. V. m. § 72 Abs. 3 und 5 sowie nach § 85 Abs. 2 und 4 sowie bei technischen Proben ist zwischen dem Ende des Vormittagsdienstes und dem Beginn des Abenddienstes eine zweistündige Ruhezeit zu gewähren, es sei denn, dass Spielplan- oder Betriebsstörungen oder Gastspiele am Theater eine Verkürzung dieser Ruhezeit notwendig machen.

§ 66 Freie Tage – Bühnentechniker

(1) Der Bühnentechniker hat unbeschadet der an allen Tagen einer Spielzeit bestehenden Mitwirkungspflicht, ausgenommen an den Tagen der in die Spielzeit fallenden Theaterferien, Anspruch auf einen freien Tag wöchentlich.
Wird auf Anordnung an einem Wochenfeiertag gearbeitet, so wird dafür ein freier Tag gewährt.
(2) Der Ausgleichszeitraum für die Gewährung der freien Tage ist die Spielzeit. Die freien Tage sollen unter Berücksichtigung der Bedürfnisse der Bühne möglichst gleichmäßig innerhalb der Spielzeit verteilt werden. Freie Tage können auch zusammenhängend (z. B. für bezahlten Gastierurlaub) gewährt werden. Wegen der künstlerischen Belange der Bühne kann ein freier Tag auch durch zwei halbe freie Tage ersetzt werden.
(3) Die freien Tage nach Absatz 1 Unterabs. 1 gelten die wegen einer Beschäftigung an einem Sonntag zu gewährende Freizeit ab. In jeder Spielzeit sind acht Sonntage außerhalb der Theaterferien beschäftigungsfrei zu lassen. Dabei sind künstlerische und betriebliche Gründe zu berücksichtigen.
(4) Der Bühnentechniker gibt dem Arbeitgeber vor Antritt des freien Tags bekannt, ob und wie er gegebenenfalls zu erreichen ist.

§ 67 Vergütung – Bühnentechniker

(1) Im Arbeitsvertrag ist eine Gage zu vereinbaren. Sie beträgt mindestens 1.650,-- € monatlich. Wird die regelmäßige wöchentliche Arbeitszeit nach § 64 Abs. 1 Satz 2 arbeitsvertraglich verlängert, erhöht sich die Mindestgage nach Satz 2 für jede Stunde der Verlängerung um 12,-- €.
Wird mit einem Bühnentechniker nach § 5 Abs. 3 eine Teilzeit vereinbart, kann die Mindestgage nach Unterabsatz 1 unterschritten werden, jedoch um nicht mehr, als sich aus dem Maß der vereinbarten durchschnittlichen wöchentlichen Arbeitszeit ergibt.
Mit der Gage sind die von dem Bühnentechniker nach diesem Tarifvertrag zu erbringenden Arbeitsleistungen abgegolten, soweit sich aus den Absätzen 2 und 3 nichts anderes ergibt.
Die Vergütung der Überstunde (§ 64 Abs. 4) beträgt 1/145 der Gage. Bei Teilzeitarbeitszeit (§ 5 Abs. 3) und bei Verlängerung der regelmäßigen wöchentlichen Arbeitszeit (§ 64 Abs. 1) ist Berechnungsgrundlage die auf eine wöchentlich regelmäßige Arbeitszeit von 40 Wochenstunden umgerechnete Gage.
(2) Neben der Gage können mit dem Bühnentechniker besondere Vergütungen vereinbart werden.
(3) gestrichen
(4) Im Arbeitsvertrag kann vereinbart werden, dass abweichend von § 12 a

a) der neu engagierte Bühnentechniker nicht an einer Gagenanpassung teilnimmt, die für die ersten zwölf Monate seiner Tätigkeit tarifvertraglich wirksam wird,
b) der Bühnentechniker nicht an einer Gagenanpassung teilnimmt, die für die ersten zwölf Monate nach einer arbeitsvertraglichen Gagenanpassung tarifvertraglich wirksam wird,
c) der Bühnentechniker nicht an einer Gagenanpassung teilnimmt, die für die Spielzeit tarifvertraglich wirksam wird, in der ihm bezahlter Gastierurlaub von insgesamt mindestens 40 Tagen gewährt wird,
d) der Bühnentechniker an keiner Gagenanpassung teilnimmt, wenn seine Gage höher ist als der dreifache Betrag der Mindestgage.

Protokollnotizen zu Absatz 1:

1. Die Höhe der Mindestgage wird zum gegebenen Zeitpunkt überprüft.
2. Beläuft sich zum Zeitpunkt des Inkrafttretens dieses Tarifvertrags die Gage eines Bühnentechnikers einschließlich der Theaterbetriebszulage nach § 6 BTT bzw. BTTL auf einen Betrag, der die in Absatz 1 Unterabs. 1 Satz 2 genannte Mindestgage unterschreitet, erhält er die in Absatz 1 Unterabs. 1 Satz 2 genannte Mindestgage unter Anrechnung der ihm bislang gewährten Theaterbetriebszulage. Beläuft sich zum Zeitpunkt des Inkrafttretens dieses Tarifvertrags die Gage eines Bühnentechnikers einschließlich der Theaterbetriebszulage nach § 6 BTT bzw. BTTL auf einen Betrag, der der in Absatz 1 Unterabs. 1 Satz 2 genannten Mindestgage entspricht oder diese Mindestgage übersteigt, bleibt die Gage unverändert. Für Verträge mit Gagenvereinbarungen nach den Sätzen 1 und 2 dieser Protokollnotiz gelten § 6 Abs. 1 Unterabs. 2 BTT vom 25. Mai 1961 in der Fassung vom 23. September 1996 bzw. § 6 Abs. 1 Unterabs. 2 BTTL vom 28. Juni 1968 in der Fassung vom 23. September 1996 einschließlich der Übergangsregelung für das Beitrittsgebiet weiter. Bei der Vereinbarung von Teilzeitarbeit gelten Sätze 1 bis 3 dieser Protokollnotiz entsprechend.

§ 68 Rechteabgeltung – Bühnentechniker

(1) Soweit ein Urheber- oder Leistungsschutzrecht besteht, erhält der Bühnentechniker neben der Gage (§ 67 Abs. 1) zusätzlich für die Mitwirkung bei Veranstaltungen für Funkzwecke (live oder aufgezeichnet) einschließlich Übertragung der für die Sendung und deren Wiedergabe erforderlichen Rechte eine angemessene Sondervergütung. Die Sondervergütung kann durch Nebenabrede in Monatsbeträgen pauschaliert werden; die Nebenabrede ist mit einer Frist von drei Monaten zum Ende einer Spielzeit kündbar.

(2) Im Fall von Absatz 1 sind Wiederholungsvergütungen, auch bei zeitversetzter Verbreitung über Kabel und/oder Satellit, sowie Vergütungen für die Verbreitung der Sendung außerhalb des vertraglich vereinbarten Sendegebiets und Beteiligungen am Erlös aus Verkäufen/Überlassungen der Sendung an ausländische Rundfunkunternehmen in angemessener Höhe zu zahlen.

(3) Nicht zu vergüten ist die Mitwirkung bei Reportagesendungen des Hörfunks und des Fernsehens. Dies gilt unabhängig von der Zeit, die zwischen der Aufzeichnung bzw. der Livewiedergabe und der Reportagesendung vergangen ist. Reportagesendungen liegen vor, wenn die Wiedergabezeit sechs Minuten nicht übersteigt und nicht mehr als ein Viertel des Werks wiedergegeben wird.

(4) Keine Vergütung wird gezahlt bei der Verwertung einer Aufnahme für den theatereigenen Gebrauch (einschließlich der Nutzung als kostenloses oder gegen Schutzgebühr abgegebenes Werbemittel, mit dem zugunsten des Arbeitgebers oder seines Rechtsträgers geworben wird).

§ 68 a Jubiläumszuwendung – Bühnentechniker

Der Bühnentechniker erhält als Jubiläumszuwendung nach einer ununterbrochenen Beschäftigungszeit bei demselben Arbeitgeber von

25 Jahren 350 €,
40 Jahren 500 €.

§ 69 Nichtverlängerungsmitteilung – Bühnentechniker

(1) Das Arbeitsverhältnis endet mit dem im Arbeitsvertrag vereinbarten Zeitpunkt.

(2) Ein mindestens für ein Jahr (Spielzeit) abgeschlossener Arbeitsvertrag verlängert sich zu den gleichen Bedingungen um ein Jahr (Spielzeit), es sei denn, eine Vertragspartei teilt der anderen

bis zum 31. Oktober der Spielzeit, mit deren Ablauf der Arbeitsvertrag endet, schriftlich mit, dass sie nicht beabsichtigt, den Arbeitsvertrag zu verlängern (Nichtverlängerungsmitteilung). Besteht das Arbeitsverhältnis am Ende einer Spielzeit ununterbrochen mehr als acht Jahre (Spielzeiten), muss die Nichtverlängerungsmitteilung der anderen Vertragspartei bis zum 31. Juli der jeweils vorangegangenen Spielzeit schriftlich zugegangen sein.

(3) Besteht das Arbeitsverhältnis am Ende einer Spielzeit bei derselben Bühne ununterbrochen mehr als fünfzehn Jahre (Spielzeiten), kann der Arbeitgeber eine Nichtverlängerungsmitteilung nach Absatz 2 nur aussprechen, um das Arbeitsverhältnis unter anderen Vertragsbedingungen – auch außerhalb der im Arbeitsvertrag angegebenen Bühne(n) (ein Arbeitgeber in selbständiger Rechtsform auch bei seinem oder einem seiner rechtlichen oder wirtschaftlichen Träger) – fortzusetzen.

Besteht das Arbeitsverhältnis am Ende einer Spielzeit bei derselben Bühne ununterbrochen mehr als fünfzehn Jahre (Spielzeiten) und hat der Bühnentechniker in dem Zeitpunkt, in dem die Nichtverlängerungsmitteilung spätestens zugegangen sein muss (Absatz 2), das 55. Lebensjahr vollendet, kann der Arbeitgeber eine Nichtverlängerungsmitteilung nach Absatz 2 nur aussprechen, um das Arbeitsverhältnis unter anderen Vertragsbedingungen bei der (den) im Arbeitsvertrag angegebenen Bühne(n) fortzusetzen.

Besteht das Arbeitsverhältnis am Ende einer Spielzeit bei derselben Bühne ununterbrochen mehr als acht Jahre (Spielzeiten), können der Arbeitgeber und der Bühnentechniker vertraglich vereinbaren, dass bis zu vier Spielzeiten der nachfolgenden Spielzeiten auf die 15 Jahre nach Unterabsatz 1 und 2 nicht angerechnet werden.

(4) Bevor der Arbeitgeber eine Nichtverlängerungsmitteilung ausspricht, hat er den Bühnentechniker – auf dessen schriftlichen Wunsch den Sprecher der Sparte, der der Bühnentechniker angehört, oder das von dem Bühnentechniker benannte Vorstandsmitglied des Orts-/Lokalverbands einer der vertragsschließenden Gewerkschaften, das an der gleichen Bühne beschäftigt ist – zu hören. Der Bühnentechniker ist fünf Tage vor der Anhörung zur Anhörung schriftlich einzuladen. Die Einladung zur Anhörung gilt als ordnungsgemäß zugestellt, wenn der Arbeitgeber nachweist, dass die Absendung der Einladung fünf Tage vor der Anhörung an die dem Arbeitgeber bekannte Adresse erfolgt ist.

(5) Der Bühnentechniker und der von ihm nach Absatz 4 Benannte sind unter Berücksichtigung der durch die Theaterferien oder einen Gastierurlaub bedingten Abwesenheit des Bühnentechnikers spätestens zwei Wochen vor den in Absatz 2 genannten Zeitpunkten zu hören, es sei denn, der Bühnentechniker verzichtet schriftlich darauf, gehört zu werden; in diesem Fall findet Absatz 4 Satz 2 keine Anwendung. Unterlässt es der Arbeitgeber, den Bühnentechniker fristgerecht zu hören, ist die Nichtverlängerungsmitteilung unwirksam.

(6) Ist der Bühnentechniker durch Arbeitsunfähigkeit oder aus einem anderen Grunde verhindert, die Anhörung bis zu dem in Absatz 5 genannten Zeitpunkt wahrzunehmen, oder nimmt der Bühnentechniker die Anhörung nicht wahr, bedarf es seiner Anhörung zur Wirksamkeit der Nichtverlängerungsmitteilung nicht. Im Falle der Verhinderung ist der Arbeitgeber auf schriftlichen Wunsch des Bühnentechnikers jedoch verpflichtet, den Sprecher der Sparte, der der Bühnentechniker angehört, oder das von dem Bühnentechniker benannte Vorstandsmitglied des Orts-/Lokalverbands einer der vertragschließenden Gewerkschaften, das an der gleichen Bühne beschäftigt ist, zu hören; Satz 1 gilt entsprechend. Der schriftliche Wunsch muss dem Arbeitgeber spätestens zwei Wochen vor den in Absatz 2 genannten Zeitpunkten zugegangen sein. In diesem Fall muss die Anhörung spätestens drei Tage vor den in Absatz 2 genannten Zeitpunkten vorgenommen sein.

(7) Der auf Wunsch des Bühnentechnikers beteiligte Sprecher der Sparte und das beteiligte Vorstandsmitglied des Orts-/Lokalverbands einer der vertragschließenden Gewerkschaften haben über den Inhalt der Anhörung gegenüber Dritten Vertraulichkeit zu wahren.
(8) Klagen gegen Nichtverlängerungsmitteilungen sind innerhalb einer Ausschlussfrist von vier Monaten nach den in Absatz 2 genannten Terminen zur Nichtverlängerungsmitteilung zu erheben.
(9) Die Absätze 3 bis 6 gelten nicht, wenn der Bühnentechniker bei Beendigung des Arbeitsverhältnisses Anspruch auf Altersrente aus der gesetzlichen Rentenversicherung oder einer außerhalb der gesetzlichen Rentenversicherung bestehenden Versorgung durch den Arbeitgeber oder durch eine Versorgungseinrichtung hat, zu der der Arbeitgeber Mittel beigesteuert hat.
Die Absätze 3 bis 6 gelten ferner nicht, wenn die Nichtverlängerungsmitteilung zum Ende der Spielzeit ausgesprochen wird, in der der Bühnentechniker das gesetzlich festgelegte Alter zum Erreichen der Regelaltersrente oder ein höheres Alter vollendet hat.

Protokollnotiz zu den Absätzen 2 und 3:
Soweit bei Angaben von Zeiträumen die Bezeichnung „Jahr (Spielzeit)" oder die Bezeichnung „Jahre (Spielzeiten)" verwendet werden, ist es unerheblich, ob die Spielzeit bzw. die Anzahl der Spielzeiten in Kalendertagen kürzer oder länger als ein Jahr bzw. die entsprechende Anzahl von Jahren sind.

§ 70 Besondere Entschädigung bei Beendigung des Arbeitsverhältnisses aus Anlass eines Intendantenwechsels – Bühnentechniker

(1) Der Bühnentechniker, der aus Anlass eines Intendantenwechsels infolge einer durch den Arbeitgeber ausgesprochenen Nichtverlängerungsmitteilung in der ersten Spielzeit nach dem Intendantenwechsel nicht mehr im Arbeitsverhältnis steht, erhält eine Abfindung nach Maßgabe des Unterabsatzes 2, sofern nicht die Voraussetzungen von § 46 Abs. 1 vorliegen. Voraussetzung für den Anspruch nach Satz 1 ist, dass der Bühnentechniker innerhalb von drei Monaten nach Beendigung des Arbeitsverhältnisses kein unter diesen Tarifvertrag fallendes Arbeitsverhältnis oder kein anderes volles Arbeitsverhältnis begründen konnte.
Die Abfindung beträgt bei einer ununterbrochenen Beschäftigung bei demselben Arbeitgeber von

4 Jahren (Spielzeiten)	3 monatliche Vergütungen,
6 Jahren (Spielzeiten)	4 monatliche Vergütungen,
9 Jahren (Spielzeiten)	5 monatliche Vergütungen,
12 Jahren (Spielzeiten)	6 monatliche Vergütungen.

Der Bühnentechniker hat das Vorliegen der Voraussetzungen des Unterabsatzes 1 Satz 2 in geeigneter Form nachzuweisen. Für den Nachweis, dass kein Arbeitsverhältnis nach Unterabsatz 1 Satz 2 abgeschlossen wurde, reicht in der Regel die Vorlage einer Bescheinigung der Agentur für Arbeit aus, aus der sich ergibt, dass das Mitglied in dem gesamten in Unterabsatz 1 Satz 2 genannten Zeitraum arbeitslos gemeldet war. Hat er diesen Nachweis erbracht, ist die Abfindung in einer Summe zu zahlen.
(2) Zieht der Bühnentechniker nach dem beendeten Arbeitsverhältnis an einen anderen Ort um, ist ihm auf Antrag ein Vorschuss auf die Abfindung in Höhe des Zuschusses zu den Umzugskosten nach Absatz 3 zu zahlen. Der Vorschuss ist zurückzuzahlen, wenn dem Bühnentechniker kein Anspruch auf die Abfindung zusteht, weil er innerhalb von drei Monaten nach Beendigung des Arbeitsverhältnisses ein unter diesen Tarifvertrag fallendes Arbeitsverhältnis oder ein anderes volles Arbeitsverhältnis begründen konnte.

(3) Der Bühnentechniker, der aus Anlass eines Intendantenwechsels infolge einer durch den Arbeitgeber ausgesprochenen Nichtverlängerungsmitteilung in der ersten Spielzeit nach dem Intendantenwechsel nicht mehr im Arbeitsverhältnis steht und noch nicht ununterbrochen vier Jahre (Spielzeiten) an derselben Bühne beschäftigt war, erhält einen Zuschuss zu den Umzugskosten. Der Zuschuss beträgt die Hälfte der nachgewiesenen Kosten für das Befördern des Umzugsguts, höchstens jedoch eine monatliche Vergütung. Hat der Bühnentechniker den Kostennachweis erbracht, ist der Zuschuss in einer Summe zu zahlen. Auf den Zuschuss sind Leistungen zu den Umzugskosten einer anderen Bühne oder aus öffentlichen Mitteln anzurechnen.
(4) Absätze 1 bis 3 gelten nicht für Technische Direktoren und technische Leiter.
Sie gelten nicht für den Bühnentechniker, wenn dieser bei Beendigung des Arbeitsverhältnisses Anspruch auf Altersrente aus der gesetzlichen Rentenversicherung oder einer außerhalb der gesetzlichen Rentenversicherung bestehenden Versorgung durch den Arbeitgeber oder durch eine Versorgungseinrichtung hat, zu der der Arbeitgeber Mittel beigesteuert hat.

> **Protokollnotiz:**
> Ist die Leitung einem Direktorium übertragen, gilt als Intendantenwechsel im Sinne der Absätze 1 und 3 der Wechsel des Operndirektors, Schauspieldirektors oder Ballettdirektors, dem die Vollmachten eines Intendanten übertragen sind.

3. Abschnitt
Sonderregelungen (SR) Chor

§ 71 Besondere Mitwirkungspflicht – Chor
(1) Die Mitwirkungspflicht des Opernchormitglieds umfasst alle darstellerischen Tätigkeiten zur künstlerischen Ausgestaltung der Chorleistung. Soweit eine Oper oder Operette die Mitwirkung eines Opernchors vorsieht, ist dieser in der Regel mit Mitgliedern aus dem Opernchor der Bühne(n) zu besetzen.
(2) Zur Mitwirkungspflicht des Opernchormitglieds gehören auch
a) das Singen in einem anderen Kunstfach (Stimmgruppe), wenn dieses Kunstfach mit dem vereinbarten Kunstfach (Stimmgruppe) stimmverwandt und die Übernahme nach Stimmlage und Dauer der Beanspruchung nicht stimmschädigend ist. Ein Auswechseln oder Verstärken von Alt und Tenor oder umgekehrt ist in Ausnahmefällen gestattet. Im übrigen besteht eine Stimmverwandschaft jedenfalls zwischen dem 1. Tenor und 2. Tenor, zwischen dem 1. Bass und dem 2. Bass, zwischen dem 1. Sopran und dem 2. Sopran und zwischen dem 1. Alt und dem 2. Alt,
b) das Singen einer kleinen Choroper in fremder Sprache, jedoch nicht in einer anderen als der Originalsprache des Librettos,
c) die Sprechchorleistung,
d) andere Leistungen,
   aa) die für den Opernchor in der Partitur oder dem Libretto vorgesehen sind oder
   bb) die sich aus der Inszenierung ergeben, wenn dies aus künstlerischen Gründen gerechtfertigt und das Opernchormitglied bereits zur Mitwirkung bei der Veranstaltung verpflichtet ist,
e) kurze solistische Sprech- und/oder Gesangsleistungen, insbesondere mit szenischer Darstellung, im Schauspiel jedoch nur, wenn es im Arbeitsvertrag vereinbart ist,
f) die Chorgesangsleistung, wenn die Stimmgruppe wegen des unvorhergesehenen Ausfalls einzelner Mitglieder der Stimmgruppe nur einzeln besetzt ist,

g) die Mitwirkung bei Statisterie und Komparserie, wenn dies aus künstlerischen Gründen gerechtfertigt und das Opernchormitglied bereits zur Mitwirkung bei der Veranstaltung verpflichtet ist,
h) die pantomimische Leistung sowie Gesellschaftstänze und ähnliche Tanzleistungen, im Schauspiel jedoch nur, wenn die gesangliche Leistung eines Opernchors bei der Veranstaltung vorgesehen ist.

(3) Das Opernchormitglied ist darüber hinaus zu folgender Mitwirkung verpflichtet:
a) zur Übernahme von kleineren Rollen oder Partien,
b) zum Singen einer mittleren oder großen Choroper in fremder Sprache, jedoch nicht in einer anderen als der Originalsprache des Librettos,
c) zu anderen Tanzleistungen, als sie in Absatz 2 Buchst. h vorgesehen sind.

Protokollnotiz zu Absatz 2 Buchst. e und Absatz 3 Buchst. a:
Die tarifvertragliche Einordnung der Leistung bestimmt sich nach der jeweiligen szenisch-musikalischen Realisierung sowie nach dem Umfang der solistischen Sprech- und Gesangsleistung, nicht nach der Bezeichnung im Libretto oder in der Sekundärliteratur.

Protokollnotiz zu Absatz 2 Buchst. f:
Im Musical besteht die Verpflichtung zur Mitwirkung bei jeder mit mehreren Opernchormitgliedern zu erbringenden Gesangsleistung, auch wenn die jeweilige Stimmgruppe nur einzeln besetzt ist (z. B. Quartette, Quintette).

Protokollnotiz zu Absatz 3 Buchst. b:
Ob für den Herrenchor und den Damenchor eine große oder mittlere Choroper vorliegt, bestimmt sich nach der 8. Auflage des „Handbuch der Oper" von Rudolf Kloiber. Nicht im „Handbuch der Oper" aufgeführte Opern sind nach gleichen Maßstäben zu beurteilen.

§ 72 Proben – Chor

(1) Chorgesangsproben dürfen zwei Stunden nicht überschreiten. Opernchormitglieder sind zu Nachstudierproben verpflichtet, soweit sie das Repertoire der Bühne zum Zeitpunkt ihres Beschäftigungsbeginns nicht beherrschen; für diese Opernchormitglieder kann die Chorgesangsprobe auf zweieinhalb Stunden ausgedehnt werden.
Chorproben mit Orchester, die nicht Bühnenproben im Sinne von Absatz 2 sind (Orchestersitzproben), sollen zweieinhalb Stunden nicht überschreiten. Dienen diese Proben ausschließlich den Proben des Chorgesangs, findet Unterabsatz 1 entsprechend Anwendung.

(2) Bühnenproben sollen drei Stunden nicht überschreiten. Finden innerhalb einer Probe eine Chorgesangsprobe und eine Bühnenprobe statt, soll die Chorgesangsprobe eine Stunde nicht überschreiten. Eine Bühnenorchesterprobe je Neuinszenierung soll vier Stunden nicht überschreiten.

(3) Die Dauer der Haupt- und Generalprobe sowie einer weiteren Bühnenprobe in Kostüm und Maske je Neuinszenierung ist zeitlich nicht begrenzt. Das Opernchormitglied ist zudem verpflichtet, an einer weiteren zeitlich unbegrenzten Bühnenprobe in Kostüm und Maske je Neuinszenierung mitzuwirken.

(4) Eine Probe in Kostüm und Maske kann in Ausnahmefällen geteilt werden, wenn die Länge des Werks oder betriebliche Gründe es verlangen. Eine zweite Probe in Kostüm und Maske kann in Ausnahmefällen im Benehmen mit dem Opernchorvorstand geteilt werden. Bei einer Teilung darf der eine Probenteil vier Stunden, der andere Probenteil drei Stunden nicht überschreiten.

(5) Für jedes Werk, das in derselben Regiekonzeption aus vorangegangenen Spielzeiten übernommen wird, ist das Opernchormitglied zur Mitwirkung bei einer zeitlich unbegrenzten Probe in Kostüm und Maske (Generalprobe) verpflichtet. Eine entsprechende Verpflichtung besteht auch, wenn ein Werk in derselben Regiekonzeption auf einer oder mehreren zusätzlichen Bühnen (§ 7) aufgeführt wird, für die dafür auf der zusätzlichen Bühne anberaumten Probe vor der dortigen ersten Aufführung.

(6) Neu engagierte Opernchormitglieder sind verpflichtet, je Inszenierung an einer Probe in Kostüm und Maske teilzunehmen.

(7) Nimmt der Arbeitgeber die Vierstundenprobe (Absatz 2 Satz 3), eine weitere zeitlich unbegrenzte Bühnenprobe in Kostüm und Maske (Absatz 3 Satz 2) oder eine zeitlich unbegrenzte Probe (Absatz 5) in Anspruch, ist dem Opernchormitglied für jede dieser Proben ein zusätzlicher freier Tag zu gewähren. Finden in einer Spielzeit mehr als sechs verlängerte Proben (Satz 1) statt, erhält das Opernchormitglied nicht mehr als sechs zusätzliche freie Tage. Für zwei der zeitlich unbegrenzten Proben (Absatz 5) pro Spielzeit wird kein freier Tag gewährt.

Ein einzelner zusätzlicher freier Tag kann nicht an einem Sonntag gewährt werden. Sind mehrere zusätzliche freie Tage zu gewähren, sollen sie möglichst zusammenhängend gewährt werden.

(8) Dem Opernchormitglied soll während der Bühnenprobe eine angemessene Pause gewährt werden; die Pause wird nicht auf die Probendauer angerechnet. Während der Chorgesangsprobe soll eine angemessene Arbeitsunterbrechung stattfinden; die Arbeitsunterbrechung wird nicht auf die Probendauer angerechnet, wenn sie 15 Minuten oder länger dauert.

Eine Probe liegt auch dann vor, wenn sie durch Pausen unterbrochen oder in verschiedenen Räumen durchgeführt wird. Innerhalb einer Probe können auch mehrere Werke, auch in unterschiedlicher Besetzung, geprobt werden, sofern die Inanspruchnahme die zulässige Probendauer nicht überschreitet.

Keine Proben sind kurzzeitige Verständigungen und Repetitionen schwieriger Ensemblestellen für die laufende Vorstellung vor und während derselben, wenn sie nicht länger als 15 Minuten dauern. Entsprechendes gilt in Ausnahmefällen auch für schwierige Chorstellen auf Veranlassung des musikalischen Leiters der Aufführung im Einvernehmen mit dem Opernchorvorstand. Ebenfalls keine Proben sind bei Gastspielen szenische und akustische Verständigungen im erforderlichen Umfang, höchstens jedoch von 30 Minuten Dauer.

(9) Ein Opernchormitglied, das abends bei der Aufführung oder der Haupt- oder der Generalprobe einer großen Choroper oder eines großen Chorwerks (Anlage 7) mitzuwirken hat, darf am Vormittag nur zeitlich eingeschränkt beschäftigt werden. Bei Eintritt unvorhergesehener Umstände sind Ausnahmen im Benehmen mit dem Opernchorvorstand zulässig.

(10) Das Opernchormitglied ist nicht verpflichtet, an einem Sonntag oder gesetzlich anerkannten Feiertag, während einer Aufführung, nach einer Abendaufführung sowie nach 23.00 Uhr bei einer Probe mitzuwirken, wenn nicht besondere Umstände, insbesondere eine Störung des Spielplans oder des Betriebs oder ein Gastspiel am Theater es erfordern, eine Probe zu dieser Zeit abzuhalten.

(11) Im Einvernehmen mit dem Opernchorvorstand sind Abweichungen im Einzelfall zulässig.

§ 73 Ruhezeiten – Chor

(1) Das Opernchormitglied hat Anspruch auf die folgenden Ruhezeiten:

a) fünf Stunden zwischen einer Probe und dem Zeitpunkt, zu dem sich das Opernchormitglied zu einer Aufführung im Theater oder bei einem auswärtigen Gastspiel an der Abfahrtstelle einzufinden hat,

b) vier Stunden zwischen zwei Proben,

c) zwei Stunden vor einer Probe, die nach einer Aufführung stattfindet, wobei sich die Ruhezeit auf drei Stunden verlängert, soweit in der Aufführung eine große Choroper oder ein großes Chorwerk (Anlage 7) aufgeführt wurde,
d) elf Stunden nach dem Ende einer Abendaufführung oder nach der Heimkehr von einem Gastspiel zur Nachtzeit (Nachtruhezeit).

(2) Die Ruhezeit nach Absatz 1 Buchst. a kann verkürzt werden
a) bei Haupt- und Generalproben,
b) bei den weiteren zeitlich nicht begrenzten Proben in Kostüm und Maske um höchstens eine Stunde; wird diese Probe wegen der Länge des Werks oder aus betrieblichen Gründen geteilt, darf die Ruhezeit nur bei einem Probenteil gekürzt werden,
c) bei einem auswärtigen Gastspiel um die Hälfte der Hinfahrzeit, jedoch um nicht mehr als eine Stunde; dabei sind 50 Kilometer der Hinfahrt mit einer Fahrstunde anzusetzen,
d) im Benehmen mit dem Opernchorvorstand, wenn betriebliche Gründe, insbesondere die Störung des Spielplans oder ein Gastspiel am Theater es erfordern,
e) an einem Tage, an dem nur eine Nachmittagsaufführung stattfindet, um eine Stunde, ausgenommen vor Aufführungen von großen Choropern oder von großen Chorwerken (Anlage 7).

(3) Der Ruhezeit nach Absatz 1 Buchst. c kann bei einem auswärtigen Gastspiel die Hälfte der Rückfahrzeit, jedoch nicht mehr als eine Stunde, zugerechnet werden; dabei sind 50 Kilometer der Rückfahrt mit einer Stunde Fahrzeit anzusetzen.

(4) Weitere Verkürzungen der Ruhezeiten können im Einvernehmen mit dem Opernchorvorstand vorgenommen werden, wobei die Nachtruhezeit nur dann bis zu zwei Stunden verkürzt werden darf, wenn die Art der Arbeit dies erfordert und die Kürzung der Ruhezeit innerhalb eines festzulegenden Ausgleichszeitraums ausgeglichen wird.

Protokollnotiz zu Absatz 1:
Die Ruhezeit nach Absatz 1 Buchst. a soll um eine halbe Stunde verlängert werden, wenn ohne diese Verlängerung eine angesichts der Belastung des Opernchormitglieds in der Vorstellung angemessene Ruhezeit nicht gewährleistet ist (z. B. vor einer großen Choroper oder vor einem großen Chorwerk, Anlage 7).

Protokollnotiz zu Absatz 2:
Die Vorschrift des Absatzes 2 Buchst. b schließt nicht aus, dass die Ruhezeit bei einer Probe in Kostüm oder Maske um höchstens eine Stunde verkürzt wird.

§ 74 Freie Tage – Chor

(1) Das Opernchormitglied hat unbeschadet der an allen Tagen einer Spielzeit bestehenden Mitwirkungspflicht, ausgenommen an den Tagen der in die Spielzeit fallenden Theaterferien, Anspruch auf einen freien Werktag wöchentlich und einen halben freien Tag je Woche.

(2) Die freien Werktage sollen so gewährt werden, dass in der Regel nicht mehr als zwölf Tage zwischen zwei freien Werktagen liegen. Kann in Ausnahmefällen ein freier Werktag nicht gewährt werden, ist der Ausgleich innerhalb von sechs Wochen vorzunehmen. Ein Ausnahmefall im Sinne von Satz 2 liegt auch dann vor, wenn sich der Opernchor auf Gastspielreise befindet.

(3) Die halben freien Tage sind während der Spielzeit zu gewähren. 26 halbe freie Tage sind innerhalb von 26 Wochen zu gewähren; für die übrigen halben freien Tage gilt dies im jeweiligen Zeitraum entsprechend. Wird ein halber freier Tag am Nachmittag gewährt, beginnt er mit dem

Ende des Vormittagsdienstes. Endet dieser nach 14 Uhr, kann an diesem Tag kein halber freier Tag gewährt werden. Der halbe freie Tag darf nicht am Sonntagvormittag gewährt werden.
(4) Am 1. Mai und am 24. Dezember können weder ein freier Werktag noch ein halber freier Tag gewährt werden.
(5) Die freien Tage gelten die wegen einer Beschäftigung an einem Sonntag oder an einem auf einen Werktag fallenden gesetzlichen Feiertag zu gewährende Freizeit ab. In jeder Spielzeit sind acht Sonntage außerhalb der Theaterferien beschäftigungsfrei zu lassen. Dabei sind künstlerische und betriebliche Gründe zu berücksichtigen.
(6) Im Einzelfall sind im Einvernehmen mit dem Opernchorvorstand Abweichungen von den Absätzen 2 bis 5 zulässig. Im Einvernehmen mit dem Opernchorvorstand kann ein freier Tag durch zwei halbe freie Tage ersetzt werden.

§ 75 Vergütung – Chor
(1) Die Vergütung der Opernchormitglieder besteht aus der Gage (§ 76) und der Zulage (§ 78).
(2) Tagesgage ist ein Dreißigstel der den Opernchormitgliedern zustehenden Gage ein schließlich der Zulagen nach § 78.
(3) Das teilzeitbeschäftigte Opernchormitglied erhält von der Vergütung nach Absatz 1 den Teil, der dem Umfang seiner Beschäftigung (§ 5 Abs. 3) entspricht.

§ 76 Gagenklassen/Gage – Chor
(1) Die Gagen werden nach den Gagenklassen 1 a bis 2 b bemessen, die sich nach der jeweiligen Vergütungsgruppe des Tarifvertrags für die Musiker in Kulturorchestern (TVK) richten, in die das Orchester derselben Bühne eingruppiert ist. Dabei entsprechen

die Vergütungsgruppe des Orchesters	der Gagenklasse
A mit der Zulage nach § 22 Abs. 7 Buchst. a TVK	1 a
A ohne Rücksicht darauf, ob bzw. in welcher Höhe eine Zulage nach der Fußnote 2 zu dieser Vergütungsgruppe gewährt wird	1 b
B mit der Zulage nach § 22 Abs. 7 Buchst. b TVK	2 a
B, C und D	2b.

Soweit das Orchester nicht unter den TVK fällt, wird für die Opernchormitglieder ein gesonderter Gagentarifvertrag abgeschlossen.
(2) Die Gagen betragen monatlich in der Gagenklasse

1a	ab 3.190,– €	
1b	von 3.113,– €	bis 3.189,– €
2a	von 2.852,– €	bis 3.112,– €
2b	von 2.397,– €	bis 2.851,– €

(Gagengefüge: Gagen erhöht um 2,1 v. H.)
Dieses Gagengefüge findet im Tarifbereich TV-L ab dem 1. März 2015 Anwendung.
Im Tarifbereich TVöD gilt anstelle dieses Gagengefüges § 2 Abs. 7 Fünfter Tarifvertrag vom 25. Mai 2015 zur Durchführung des § 12 a NV Bühne vom 15. Oktober 2002.

§ 2 Abs. 7 Fünfter Tarifvertrag lautet:
„Abweichend hiervon findet im Tarifbereich TVöD ab dem 1. März 2015 folgende Ersatztabelle Anwendung.

1a	*ab 3.238,– €*	
1b	*von 3.161,– €*	*bis 3.237,– €*
2a	*von 2.901,– €*	*bis 3.160,– €*
2b	*von 2.446,– €*	*bis 2.900,– €*

(Ersatztabelle: Gagen erhöht um 2,4 v. H.)“

(3) Die Gage beträgt im Anfängerjahr mindestens 75 v. H. der Gage. Anfängerjahr ist das erste Jahr einer Beschäftigung nach Abschluss der Ausbildung.
(4) gestrichen

Protokollnotizen zu den Absätzen 1 bis 3:
1. Für Opernchormitglieder, die zum Zeitpunkt des Inkrafttretens des NV Chor/Tanz vom 2. November 2000 bei ihrem Arbeitgeber bereits als Opernchormitglieder beschäftigt waren, gilt die Protokollnotiz zu § 59 NV Chor/Tanz mit folgendem Wortlaut weiter:
Erhält das Opernchormitglied auf der Grundlage einer zum Zeitpunkt des Inkraftretens des NV Chor/Tanz bestehenden Nebenabrede zum Arbeitsvertrag eine zur Abgeltung von Ansprüchen nach § 11 NV Chor in Monatsbeträgen berechnete pauschale zusätzliche Vergütung, ist diese Vergütung bis zum Ende der Spielzeit 2000/2001 ohne Einschränkung weiterzuzahlen. Einigen sich der Arbeitgeber und der Chorvorstand bis zu diesem Zeitpunkt nicht auf eine entsprechende Anrechnung der durch diesen Tarifvertrag vorgenommenen Gagenerhöhung auf die zusätzliche Vergütung, ist die Gagenerhöhung zur Hälfte anzurechnen.
2. Ansprüche nach § 79 bestehen nicht, soweit die dort genannten sondervergütungspflichtigen Tatbestände durch die Fortzahlung einer Pauschale entsprechend deren früherer Berechnung abgegolten werden.

§ 77 Ortszuschlag – Chor
(gestrichen)

§ 78 Zulage – Chor
(1) Die Zulage wird nach einer Dienstzeit
als Opernchormitglied von

4 Jahren in Höhe von	4,5 v. H.
8 Jahren in Höhe von weiteren	3,5 v. H.
12 Jahren in Höhe von weiteren	2,5 v. H.

in den Gagenklassen 1 a, 1 b und 2 a des jeweiligen unteren Rahmenbetrags der Gagenklasse (§ 76 Abs. 1), der das Opernchormitglied angehört, in der Gagenklasse 2 b vom mittleren Rahmenbetrag gezahlt. Dienstzeit im Sinne von Satz 1 sind alle Beschäftigungszeiten, die das Mitglied als Opernchormitglied bei Arbeitgebern, die dem Deutschen Bühnenverein angehören, zurückgelegt hat.
(2) Bei der Berechnung sich ergebende Centbeträge von 50 und mehr Cent werden auf volle Euro aufgerundet, von weniger als 50 Cent auf volle Euro abgerundet.

§ 79 Sondervergütungen – Chor

(1) Mit der Vergütung (§ 75 Abs. 1) sind die von dem Opernchormitglied nach diesem Tarifvertrag zu erbringenden Arbeitsleistungen abgegolten, soweit sich aus den Absätzen 2 bis 4 nichts anderes ergibt.

(2) Neben der Vergütung (§ 75 Abs. 1) erhält das Opernchormitglied zusätzlich für

a) die Übernahme kleinerer Rollen oder Partien (§ 71 Abs. 3 Buchst. a) eine angemessene Sondervergütung,

b) das Singen einer mittleren Choroper in fremder Sprache (§ 71 Abs. 3 Buchst. b) eine Viertel-Tagesgage (§ 75 Abs. 2) je Vorstellung, sofern das Werk nicht in italienischer, französischer oder englischer Sprache aufgeführt wird,

c) das Singen einer großen Choroper in fremder Sprache (§ 71 Abs. 3 Buchst. b) eine Drittel-Tagesgage (§ 75 Abs. 2) je Vorstellung,

d) die Mitwirkung an einer zweiten oder dritten an demselben Tag stattfindenden Aufführung mindestens je eine halbe Tagesgage (§ 75 Abs. 2),

e) andere Tanzleistungen (§ 71 Abs. 3 Buchst. c) eine angemessene Vergütung.

(3) Für die Mitwirkung in Konzerten erhält das Opernchormitglied neben der Vergütung (§ 75 Abs. 1) eine angemessene Sondervergütung von einer bis zu vier Tagesgagen (§ 75 Abs. 2), es sei denn, es handelt sich um Konzerte aus besonderen Anlässen oder um konzertante Aufführungen eines musikalischen Bühnenwerks.

(4) In den Fällen des Absatzes 2 Buchst. b bis e und des Absatzes 3 kann statt der vorgesehenen Sondervergütungen – im Einvernehmen mit dem Opernchorvorstand – auch ein angemessener Freizeitausgleich gewährt werden. Bei der Gewährung von Freizeitausgleich findet § 36 Abs. 1 entsprechend Anwendung. Die ärztliche Bescheinigung ist bereits am ersten Tag der Erkrankung vorzulegen.

Die Höhe der besonderen Vergütung (Absatz 2 Buchst. a und e, Absatz 3) oder der Umfang des angemessenen Freizeitausgleichs sollen vor der Premiere vereinbart werden.

(5) Den Opernchormitgliedern kann für besondere künstlerische Leistungen eine einmalige oder zeitlich befristete Prämie gewährt werden. Der Grund für die Befristung ergibt sich aus den künstlerischen Belangen der Bühne.

Protokollnotiz zu Absatz 1:
Nicht zu vergüten ist die Mitwirkung des Damenchors in „Rigoletto".

Protokollnotiz zu Absatz 3:
1. Unter „Konzert" (bzw. „Konzerte") ist nicht die einzelne Konzertveranstaltung, sondern die jeweilige Konzerteinstudierung einschließlich einer oder mehrerer Aufführungen zu verstehen.
2. Als Konzert gilt auch das szenisch aufgeführte große Chorwerk (Anlage 7).

§ 80 Rechteabgeltung – Chor

(1) Neben der Vergütung (§ 75 Abs. 1) erhält das Opernchormitglied zusätzlich für die Mitwirkung bei Veranstaltungen für Funkzwecke (live oder aufgezeichnet) einschließlich Übertragung der für die Sendung und deren Wiedergabe erforderlichen Rechte eine angemessene Sondervergütung. Die Sondervergütung kann durch Nebenabrede in Monatsbeträgen pauschaliert werden; die Nebenabrede ist mit einer Frist von drei Monaten zum Ende einer Spielzeit kündbar.

(2) Wiederholungsvergütungen, auch bei zeitversetzter Verbreitung über Kabel und/oder Satellit, sowie Vergütungen für die Verbreitung der Sendung außerhalb des vertraglich vereinbarten

Sendegebiets und Beteiligungen am Erlös aus Verkäufen/Überlassungen der Sendung an ausländische Rundfunkunternehmen sind in angemessener Höhe zu zahlen.
(3) Nicht zu vergüten ist die Mitwirkung bei Reportagesendungen des Hörfunks und des Fernsehens. Dies gilt unabhängig von der Zeit, die zwischen der Aufzeichnung bzw. der Livewiedergabe und der Reportagesendung vergangen ist. Reportagesendungen liegen vor, wenn die Wiedergabezeit sechs Minuten nicht übersteigt und nicht mehr als ein Viertel des Werks wiedergegeben wird.
(4) Keine Vergütung wird gezahlt bei der Verwertung einer Aufnahme für den theatereigenen Gebrauch (einschließlich der Nutzung als kostenloses oder gegen Schutzgebühr abgegebenes Werbemittel, mit dem zugunsten des Arbeitgebers oder seines Rechtsträgers geworben wird).

§ 81 Beihilfen, Unterstützungen – Chor
Für die Gewährung von Beihilfen in Krankheits-, Geburts- und Todesfällen sowie von Unterstützungen werden die bei dem Arbeitgeber jeweils geltenden Bestimmungen angewendet.

§ 82 Jubiläumszuwendung – Chor
(1) Das Opernchormitglied erhält als Jubiläumszuwendung nach einer ununterbrochenen Beschäftigungszeit bei demselben Arbeitgeber von mindestens zehn Jahren und nach einer Dienstzeit von

25 Jahren	350 €,
40 Jahren	500 €.

(2) Als Dienstzeit im Sinne von Absatz 1 gelten die in § 78 Abs. 1 Satz 2 genannten Beschäftigungszeiten.

Nach § 2 des Vierten Tarifvertrages vom 12.04.2010 zur Änderung des Normalvertrages Bühne vom 15.10.2002 wurde folgende Besitzstandsklausel vereinbart:
„Wurden die Zeiten nach § 82 Abs. 2 Buchst. b NV Bühne der bis zum 31. Dezember 2010 geltenden Fassung des NV Bühne anerkannt, gelten diese auch weiterhin als Dienstzeit. Das gilt auch im Falle des Wechsels des Arbeitgebers, soweit der frühere Arbeitgeber Dienstzeiten nach Satz 1 oder in Anwendung eines anderen Tarifvertrags des öffentlichen Dienstes anerkannt hat.“

§ 83 Nichtverlängerungsmitteilung – Chor
(1) Das Arbeitsverhältnis endet mit dem im Arbeitsvertrag vereinbarten Zeitpunkt.
(2) Ein mindestens für ein Jahr (Spielzeit) abgeschlossener Arbeitsvertrag verlängert sich zu den gleichen Bedingungen um ein Jahr (Spielzeit), es sei denn, eine Vertragspartei teilt der anderen bis zum 31. Oktober der Spielzeit, mit deren Ablauf der Arbeitsvertrag endet, schriftlich mit, dass sie nicht beabsichtigt, den Arbeitsvertrag zu verlängern (Nichtverlängerungsmitteilung). Besteht das Arbeitsverhältnis am Ende einer Spielzeit ununterbrochen mehr als acht Jahre (Spielzeiten), muss die Nichtverlängerungsmitteilung der anderen Vertragspartei bis zum 31. Juli der jeweils vorangegangenen Spielzeit schriftlich zugegangen sein.
(3) Beabsichtigt der Arbeitgeber, einem Opernchormitglied mitzuteilen, dass er das Arbeitsverhältnis nicht verlängern will, hat er hierüber spätestens zwei Wochen vor den in Absatz 2 genannten Terminen den Opernchorvorstand schriftlich zu unterrichten und ihm mit dem Ziel der Einigung Gelegenheit zur Aussprache oder schriftlichen Stellungnahme innerhalb einer Woche zu geben.
(4) Der Arbeitgeber soll die Stellungnahme des Opernchorvorstands mit in seine Erwägungen über die Nichtverlängerungsmitteilung einbeziehen.

(5) Die Absätze 3 und 4 gelten nicht, wenn das Opernchormitglied im Einzelfall dem Arbeitgeber gegenüber schriftlich auf die Einschaltung des Opernchorvorstands verzichtet.
(6) Der Arbeitgeber hat dem Opernchormitglied auf dessen Verlangen unverzüglich schriftlich die Gründe für die Nichtverlängerung des Arbeitsvertrags mitzuteilen.
(7) Die Mitteilung des Arbeitgebers über die Nichtverlängerung des Arbeitsvertrags ist unwirksam, wenn die Unterrichtung nach Absatz 3 unterbleibt oder der Arbeitgeber dem Opernchorvorstand keine Gelegenheit zur Aussprache oder Stellungnahme gibt.
(8) Die Mitteilung des Arbeitgebers über die Nichtverlängerung ist ferner unwirksam, wenn künstlerische Belange der Bühne durch die Verlängerung des Arbeitsverhältnisses nicht beeinträchtigt werden und wenn die Interessen des Opernchormitglieds an der Beibehaltung seines Arbeitsplatzes die Verlängerung des Arbeitsverhältnisses gebieten.
(9) Absatz 8 gilt nicht, wenn das Opernchormitglied bei Beendigung des Arbeitsverhältnisses Anspruch auf laufende Bezüge aus der gesetzlichen Rentenversicherung oder einer außerhalb der gesetzlichen Rentenversicherung bestehenden Versorgung durch den Arbeitgeber oder durch eine Versorgungseinrichtung hat, zu der der Arbeitgeber Mittel beigesteuert hat.
In jedem Fall endet das Arbeitsverhältnis, ohne dass es einer Nichtverlängerungsmitteilung bedarf, am Ende der Spielzeit, in der das Opernchormitglied das gesetzlich festgelegte Alter zum Erreichen der Regelaltersrente vollendet hat.
(10) Bei einem Streit darüber, ob eine Nichtverlängerungsmitteilung nach Absatz 8 wirksam ist, sind die künstlerischen Belange der Bühne vom Arbeitgeber, die übrigen Umstände, z. B. die Leistungsfähigkeit oder die sonstige Eignung, vom Opernchormitglied zu beweisen.
(11) Hat der Arbeitgeber das Arbeitsverhältnis eines Opernchormitglieds nicht verlängert, das bei Beendigung des Arbeitsvertrags das 40. Lebensjahr überschritten hat und länger als fünfzehn Jahre bei derselben Bühne beschäftigt war, ist er verpflichtet zu prüfen, ob und inwieweit dem Opernchormitglied an der Bühne – ggf. nach Umschulung – eine andere angemessene Beschäftigung angeboten werden kann. Diese Prüfung hat sich auf die übrigen am Sitz der Bühne befindlichen Verwaltungen und Betriebe zu erstrecken, die zur Kulturverwaltung des Arbeitgebers bzw. des rechtlichen oder wirtschaftlichen Trägers der Bühne gehören.

4. Abschnitt
Sonderregelungen (SR) Tanz

§ 84 Besondere Mitwirkungspflicht – Tanz
(1) Die besondere Mitwirkungspflicht des Tanzgruppenmitglieds umfasst die Teilnahme am Training.
(2) Zur Mitwirkungspflicht des Tanzgruppenmitglieds gehören auch
a) kurze solistische Sprech- und/oder Gesangsleistungen,
b) Refraingesang, wenn das Tanzgruppenmitglied bereits zur Mitwirkung bei der Veranstaltung verpflichtet ist,
c) pantomimische Leistungen und ähnliche Leistungen,
d) die Mitwirkung bei Statisterie oder Komparserie sowie zu anderen Leistungen, die sich aus der Inszenierung ergeben, wenn dies aus künstlerischen Gründen gerechtfertigt und das Tanzgruppenmitglied bereits zur Mitwirkung bei der Veranstaltung verpflichtet ist.

(3) Das Tanzgruppenmitglied ist darüber hinaus zur Übernahme von kleineren Rollen oder Partien verpflichtet.

§ 85 Proben – Tanz

(1) Die Probenzeit einschließlich des Trainings ist an den Tagen, an denen keine Abendaufführung stattfindet, auf sieben Stunden ausschließlich der Pausen begrenzt. Sie kann für eine zusammenhängende Probe oder für zwei Proben genutzt werden. Der Arbeitgeber gibt Umfang und Lage der Proben in den Arbeitsplänen (§ 6) bekannt.

Der Arbeitgeber ist verpflichtet, an fünf Tagen in der Woche für die Tanzgruppenmitglieder Training anzusetzen, sofern es die betrieblichen Verhältnisse zulassen. Das Training ist von dem Ballettmeister oder einem Vertreter des Ballettmeisters durchzuführen.

(2) Die Dauer der Haupt- und Generalprobe sowie einer weiteren Bühnenprobe in Kostüm und Maske je Neuinszenierung ist zeitlich nicht begrenzt. Das Tanzgruppenmitglied ist zudem verpflichtet, an einer weiteren zeitlich unbegrenzten Bühnenprobe in Kostüm und Maske je Neuinszenierung mitzuwirken.

(3) Eine Probe in Kostüm und Maske kann in Ausnahmefällen geteilt werden, wenn die Länge des Werks oder betriebliche Gründe es verlangen. Eine zweite Probe in Kostüm und Maske kann in Ausnahmefällen im Benehmen mit dem Tanzgruppenvorstand geteilt werden. Bei einer Teilung darf der eine Probenteil vier Stunden, der andere Probenteil drei Stunden nicht überschreiten.

(4) Für jedes Werk, das in derselben Regiekonzeption aus vorangegangenen Spielzeiten übernommen wird, ist das Tanzgruppenmitglied zur Mitwirkung bei einer zeitlich unbegrenzten Probe in Kostüm und Maske (Generalprobe) verpflichtet. Eine entsprechende Verpflichtung besteht auch, wenn ein Werk in derselben Regiekonzeption auf einer oder mehreren zusätzlichen Bühnen (§ 7) aufgeführt wird, für die dafür auf der zusätzlichen Bühne anberaumten Probe vor der dortigen ersten Aufführung.

(5) Neu engagierte Tanzgruppenmitglieder sind verpflichtet, je Inszenierung an einer Probe in Kostüm und Maske teilzunehmen.

(6) Nimmt der Arbeitgeber eine weitere zeitlich unbegrenzte Bühnenprobe (Absatz 2 Satz 2) oder eine zeitlich unbegrenzte Probe (Absatz 4) in Anspruch, ist dem Tanzgruppenmitglied für jede dieser Proben ein zusätzlicher freier Tag zu gewähren. Finden in einer Spielzeit mehr als sechs verlängerte Proben (Satz 1) statt, erhält das Tanzgruppenmitglied nicht mehr als sechs zusätzliche freie Tage. Für zwei der zeitlich unbegrenzten Proben (Absatz 4) pro Spielzeit wird kein freier Tag gewährt.

Ein einzelner zusätzlicher freier Tag kann nicht an einem Sonntag gewährt werden. Sind mehrere zusätzliche freie Tage nach Unterabsatz 1 zu gewähren, sollen sie möglichst zusammenhängend gewährt werden.

(7) Dem Tanzgruppenmitglied ist während der Probe eine angemessene Pause zu gewähren. Die Pause wird nicht auf die Probendauer angerechnet.

Eine Probe liegt auch dann vor, wenn sie durch Pausen unterbrochen oder in verschiedenen Räumen durchgeführt wird. Innerhalb einer Probe können auch mehrere Werke, auch in unterschiedlicher Besetzung, geprobt werden, sofern die Inanspruchnahme die zulässige Probendauer nicht überschreitet.

Keine Proben sind kurzzeitige Verständigungen und Repetitionen schwieriger Stellen für die laufende Vorstellung vor und während derselben, wenn sie nicht länger als 15 Minuten dauern.

(8) Ein Tanzgruppenmitglied, das abends bei einer Aufführung oder für die Haupt- oder Generalprobe zu dieser Aufführung, bei der ausschließlich Ballett dargeboten wird, mitzuwirken hat, darf am Vormittag nur zeitlich eingeschränkt beschäftigt werden. Bei Eintritt unvorhergesehener Umstände sind Ausnahmen im Benehmen mit dem Tanzgruppenvorstand zulässig.

(9) Das Tanzgruppenmitglied ist nicht verpflichtet, an einem Sonntag oder gesetzlich anerkannten Feiertag, während einer Aufführung, nach einer Abendaufführung sowie nach 23.00 Uhr

bei einer Probe mitzuwirken, wenn nicht besondere Umstände, insbesondere eine Störung des Spielplans oder des Betriebs oder ein Gastspiel am Theater es erfordern, eine Probe zu dieser Zeit abzuhalten.
(10) Im Einvernehmen mit dem Tanzgruppenvorstand sind Abweichungen im Einzelfall zulässig.

Protokollnotiz zu Absatz 1:
Der Arbeitgeber bietet dem Tanzgruppenmitglied vor Beginn der Aufführung Gelegenheit zum Exercice unter Anleitung des Ballettmeisters oder eines Vertreters des Ballettmeisters.

§ 86 Ruhezeiten – Tanz
(1) Das Tanzgruppenmitglied hat Anspruch auf die folgenden Ruhezeiten:
a) fünf Stunden zwischen einer Probe und dem Zeitpunkt, zu dem sich das Tanzgruppenmitglied zu einer Aufführung im Theater oder bei einem auswärtigen Gastspiel an der Abfahrtstelle einzufinden hat,
b) vier Stunden zwischen zwei Proben,
c) elf Stunden nach dem Ende einer Abendaufführung oder nach der Heimkehr von einem Gastspiel zur Nachtzeit (Nachtruhezeit),
(2) Die Ruhezeit nach Absatz 1 Buchst. a kann verkürzt werden
a) bei Haupt- und Generalproben,
b) bei den weiteren zeitlich nicht begrenzten Proben in Kostüm und Maske um höchstens eine Stunde; wird diese Probe wegen der Länge des Werks oder aus betrieblichen Gründen geteilt, darf die Ruhezeit nur bei einem Probenteil gekürzt werden,
c) bei einem auswärtigen Gastspiel um die Hälfte der Hinfahrzeit, jedoch um nicht mehr als eine Stunde; dabei sind 50 Kilometer der Hinfahrt mit einer Fahrstunde anzusetzen,
d) im Benehmen mit dem Tanzgruppenvorstand, wenn betriebliche Gründe, insbesondere eine Störung des Spielplans oder ein Gastspiel am Theater es erfordern,
e) an einem Tage, an dem nur eine Nachmittagsaufführung stattfindet, um eine Stunde, ausgenommen vor einer Aufführung, bei der ausschließlich Ballett dargeboten wird.
(3) Der Ruhezeit nach Absatz 1 Buchst. c kann bei einem auswärtigen Gastspiel die Hälfte der Rückfahrzeit, jedoch nicht mehr als eine Stunde, zugerechnet werden; dabei sind 50 Kilometer der Rückfahrt mit einer Stunde Fahrzeit anzusetzen.
(4) Weitere Verkürzungen der Ruhezeiten können im Einvernehmen mit dem Tanzgruppenvorstand vorgenommen werden, wobei die Nachtruhezeit nur dann um zwei Stunden verkürzt werden darf, wenn die Art der Arbeit dies erfordert und die Kürzung der Ruhezeit innerhalb eines festzulegenden Ausgleichszeitraums ausgeglichen wird.

Protokollnotiz zu Absatz 1:
Die Ruhezeit nach Absatz 1 Buchst. a soll um eine halbe Stunde verlängert werden, wenn ohne diese Verlängerung eine angesichts der Belastung des Tanzgruppenmitglieds in der Vorstellung angemessene Ruhezeit nicht gewährleistet ist (z. B. vor einer Aufführung, bei der ausschließlich Ballett dargeboten wird).

Protokollnotiz zu Absatz 2:
Die Vorschrift des Absatzes 2 Buchst. b schließt nicht aus, dass die Ruhezeit bei einer Probe in Kostüm oder Maske um höchstens eine Stunde verkürzt wird.

§ 87 Freie Tage – Tanz

(1) Das Tanzgruppenmitglied hat unbeschadet der an allen Tagen einer Spielzeit bestehenden Mitwirkungspflicht, ausgenommen an den Tagen der in die Spielzeit fallenden Theaterferien, Anspruch auf einen freien Werktag wöchentlich und einen halben freien Tag je Woche.

(2) Die freien Werktage sollen so gewährt werden, dass in der Regel nicht mehr als zwölf Tage zwischen zwei freien Werktagen liegen. Kann in Ausnahmefällen ein freier Werktag nicht gewährt werden, ist der Ausgleich innerhalb von sechs Wochen vorzunehmen. Ein Ausnahmefall im Sinne von Satz 2 liegt auch dann vor, wenn sich die Tanzgruppe auf Gastspielreise befindet.

(3) Die halben freien Tage sind während der Spielzeit zu gewähren. 26 halbe freie Tage sind innerhalb von 26 Wochen zu gewähren; für die übrigen halben freien Tage gilt dies im jeweiligen Zeitraum entsprechend. Wird ein halber freier Tag am Nachmittag gewährt, beginnt er mit dem Ende des Vormittagsdienstes. Endet dieser nach 14 Uhr, kann an diesem Tag kein halber freier Tag gewährt werden. Der halbe freie Tag darf nicht am Sonntagvormittag gewährt werden.

(4) Am 1. Mai und am 24. Dezember können weder ein freier Werktag noch ein halber freier Tag gewährt werden.

(5) Die freien Tage gelten die wegen einer Beschäftigung an einem Sonntag oder an einem auf einen Werktag fallenden gesetzlichen Feiertag zu gewährende Freizeit ab. In jeder Spielzeit sind acht Sonntage außerhalb der Theaterferien beschäftigungsfrei zu lassen. Dabei sind künstlerische und betriebliche Gründe zu berücksichtigen.

(6) Im Einzelfall sind im Einvernehmen mit dem Tanzgruppenvorstand Abweichungen von Absatz 2 bis 5 zulässig. Im Einvernehmen mit dem Tanzgruppenvorstand kann ein freier Tag durch zwei halbe freie Tage ersetzt werden.

§ 88 Vergütung – Tanz

(1) Die Vergütung der Tanzgruppenmitglieder besteht aus der Gage (§ 89) und der Zulage (§ 91).

(2) Tagesgage ist ein Dreißigstel der den Tanzgruppenmitgliedern zustehenden Gage einschließlich der Zulagen nach § 91.

§ 89 Gagenklassen/Gage – Tanz

(1) Die Gagen werden nach den Gagenklassen 1a bis 2b bemessen, die sich nach der jeweiligen Vergütungsgruppe des Tarifvertrags für die Musiker in Kulturorchestern (TVK) richten, in die das Orchester derselben Bühne eingruppiert ist. Dabei entsprechen

die Vergütungsgruppe des Orchesters	der Gagenklasse
A mit der Zulage nach § 22 Abs. 7 Buchst. a TVK	1a
A ohne Rücksicht darauf, ob bzw. in welcher Höhe eine Zulage nach der Fußnote 2 zu dieser Vergütungsgruppe gewährt wird	1b
B mit der Zulage nach § 22 Abs. 7 Buchst. b TVK	2a
B, C und D	2b.

Soweit das Orchester nicht unter den TVK fällt, wird für die Tanzgruppenmitglieder ein gesonderter Gagentarifvertrag abgeschlossen.

(2) Die Gagen betragen monatlich in der Gagenklasse

1a	ab 3.190,– €	
1b	von 3.113,– €	bis 3.189,– €
2a	von 2.852,– €	bis 3.112,– €

2b von 2.397,– € bis 2.851,– €
(Gagengefüge: Gagen erhöht um 2,1 v. H.)
Dieses Gagengefüge findet im Tarifbereich TV-L ab dem 1. März 2015 Anwendung.
Im Tarifbereich TVöD gilt anstelle dieses Gagengefüges § 2 Abs. 7 Fünfter Tarifvertrag vom 25. Mai 2015 zur Durchführung des § 12 a NV Bühne vom 15. Oktober 2002.

§ 2 Abs. 7 Fünfter Tarifvertrag lautet:
„Abweichend hiervon findet im Tarifbereich TVöD ab dem 1. März 2015 folgende Ersatztabelle Anwendung.
1a ab 3.238,– €
1b von 3.161,– € bis 3.237,– €
2a von 2.901,– € bis 3.160,– €
2b von 2.446,– € bis 2.900,– €
(Ersatztabelle: Gagen erhöht um 2,4 v. H.)"

(3) Die Gage beträgt im Anfängerjahr mindestens 75 v. H. der Gage. Anfängerjahr ist das erste Jahr einer Beschäftigung nach Abschluss der Ausbildung.
(4) gestrichen

Protokollnotizen zu den Absätzen 1 bis 3:
1. Für Tanzgruppenmitglieder, die zum Zeitpunkt des Inkraftretens des NV Chor/Tanz vom 2. November 2000 bei ihrem Arbeitgeber bereits als Tanzgruppenmitglied beschäftigt waren, gilt die Protokollnotiz zu § 71 NV Chor/Tanz mit folgendem Wortlaut weiter:
Erhält das Tanzgruppenmitglied auf der Grundlage einer zum Zeitpunkt des Inkrafttretens des NV Chor/Tanz bestehenden Nebenabrede zum Arbeitsvertrag eine zur Abgeltung von Ansprüchen nach § 12 NV Tanz in Monatsbeträgen berechnete pauschale zusätzliche Vergütung, ist diese Vergütung bis zum Ende der Spielzeit 2000/2001 ohne Einschränkung weiterzuzahlen. Einigen sich der Arbeitgeber und der Tanzgruppenvorstand bis zu diesem Zeitpunkt nicht auf eine entsprechende Anrechnung der durch diesen Tarifvertrag vorgenommenen Gagenerhöhung auf die zusätzliche Vergütung, ist die Gagenerhöhung zur Hälfte anzurechnen.
2. Ansprüche nach § 92 bestehen nicht, soweit die dort genannten sondervergütungspflichtigen Tatbestände durch die Fortzahlung einer Pauschale entsprechend deren früherer Berechnung abgegolten werden.

§ 90 Ortszuschlag – Tanz
(gestrichen)

§ 91 Zulage – Tanz
(1) Die Zulage wird nach einer Dienstzeit
als Tanzgruppenmitglied von
3 Jahren in Höhe von 4,5 v. H.,
6 Jahren in Höhe von weiteren 3,5 v. H.,
9 Jahren in Höhe von weiteren 2,5 v. H.
In den Gagenklassen 1 a, 1 b und 2 a des jeweiligen unteren Rahmenbetrags der Gagenklasse (§ 89 Abs. 1), der das Tanzgruppenmitglied angehört, in der Gagenklasse 2 b vom mittleren Rahmenbetrag gezahlt. Dienstzeit im Sinne von Satz 1 sind alle Beschäftigungszeiten, die das Mitglied als Tanzgruppenmitglied bei Arbeitgebern, die dem Deutschen Bühnenverein angehören, zurückgelegt hat.

(2) Bei der Berechnung sich ergebende Centbeträge von 50 und mehr Cent werden auf volle Euro aufgerundet, von weniger als 50 Cent auf volle Euro abgerundet.

§ 92 Sondervergütung – Tanz

(1) Mit der Vergütung (§ 88 Abs. 1) sind die von dem Tanzgruppenmitglied nach diesem Tarifvertrag zu erbringenden Arbeitsleistungen abgegolten, soweit sich aus den Absätzen 2 bis 4 nichts anderes ergibt.

(2) Neben der Vergütung (§ 88 Abs. 1) erhält das Tanzgruppenmitglied zusätzlich für

a) die Übernahme kleinerer Rollen oder Partien (§ 84 Abs. 3) eine angemessene Sondervergütung,

b) die Mitwirkung an einer zweiten oder dritten an demselben Tage stattfindenden Auf-führung mindestens je eine halbe Tagesgage (§ 88 Abs. 2).

(3) Im Fall des Absatzes 2 Buchst. b kann statt der Sondervergütungen – im Einvernehmen mit dem Tanzgruppenvorstand – auch ein angemessener Freizeitausgleich gewährt werden. Bei der Gewährung von Freizeitausgleich findet § 36 Abs. 1 entsprechend Anwendung. Die ärztliche Bescheinigung ist bereits am ersten Tag der Erkrankung vorzulegen.

Die Höhe der besonderen Vergütung oder der Umfang des angemessenen Freizeitausgleichs sollen vor der Premiere vereinbart werden.

(4) Den Tanzgruppenmitgliedern kann für besondere künstlerische Leistungen eine einmalige oder zeitlich befristete Prämie gewährt werden. Der Grund für die Befristung ergibt sich aus den künstlerischen Belangen der Bühne.

§ 93 Rechteabgeltung – Tanz

(1) Neben der Vergütung (§ 88 Abs. 1) erhält das Tanzgruppenmitglied zusätzlich für die Mitwirkung bei Veranstaltungen für Funkzwecke (live oder aufgezeichnet) einschließlich Übertragung der für die Sendung und deren Wiedergabe erforderlichen Rechte eine angemessene Sondervergütung. Die Sondervergütung kann durch Nebenabrede in Monatsbeträgen pauschaliert werden; die Nebenabrede ist mit einer Frist von drei Monaten zum Ende einer Spielzeit kündbar.

(2) Wiederholungsvergütungen, auch bei zeitversetzter Verbreitung über Kabel und/oder Satellit, sowie Vergütungen für die Verbreitung der Sendung außerhalb des vertraglich vereinbarten Sendegebiets und Beteiligungen am Erlös aus Verkäufen/Überlassungen der Sendung an ausländische Rundfunkunternehmen sind in angemessener Höhe zu zahlen.

(3) Nicht zu vergüten ist die Mitwirkung bei Reportagesendungen des Hörfunks und des Fernsehens. Dies gilt unabhängig von der Zeit, die zwischen der Aufzeichnung bzw. der Livewiedergabe und der Reportagesendung vergangen ist. Reportagesendungen liegen vor, wenn die Wiedergabezeit sechs Minuten nicht übersteigt und nicht mehr als ein Viertel des Werks wiedergegeben wird.

(4) Keine Vergütung wird gezahlt bei der Verwertung einer Aufnahme für den theatereigenen Gebrauch (einschließlich der Nutzung als kostenloses oder gegen Schutzgebühr abgegebenes Werbemittel, mit dem zugunsten des Arbeitgebers oder seines Rechtsträgers geworben wird).

§ 94 Beihilfen, Unterstützungen – Tanz

Für die Gewährung von Beihilfen in Krankheits-, Geburts- und Todesfällen sowie von Unterstützungen werden die bei dem Arbeitgeber jeweils geltenden Bestimmungen angewendet.

§ 95 Jubiläumszuwendung – Tanz

(1) Das Tanzgruppenmitglied erhält als Jubiläumszuwendung nach einer ununterbrochenen Beschäftigungszeit bei demselben Arbeitgeber von mindestens zehn Jahren und nach einer Dienstzeit von

15 Jahren	350 €,
25 Jahren	500 €.

(2) Als Dienstzeit im Sinne von Absatz 1 gelten die in § 91 Abs. 1 Satz 2 genannten Beschäftigungszeiten.

Nach § 2 des Vierten Tarifvertrages vom 12.04.2010 zur Änderung des Normalvertrages Bühne vom 15.10.2002 wurde folgende Besitzstandsklausel vereinbart:
Wurden die Zeiten nach § 95 Abs. 2 Buchst. b NV Bühne der bis zum 31. Dezember 2010 geltenden Fassung des NV Bühne anerkannt, gelten diese auch weiterhin als Dienstzeit. Das gilt auch im Falle des Wechsels des Arbeitgebers, soweit der frühere Arbeitgeber Dienstzeiten nach Satz 1 oder in Anwendung eines anderen Tarifvertrags des öffentlichen Dienstes anerkannt hat.

§ 96 Nichtverlängerungsmitteilung – Tanz

(1) Das Arbeitsverhältnis endet mit dem im Arbeitsvertrag vereinbarten Zeitpunkt.

(2) Ein mindestens für ein Jahr (Spielzeit) abgeschlossener Arbeitsvertrag verlängert sich zu den gleichen Bedingungen um ein Jahr (Spielzeit), es sei denn, eine Vertragspartei teilt der anderen bis zum 31. Oktober der Spielzeit, mit deren Ablauf der Arbeitsvertrag endet, schriftlich mit, dass sie nicht beabsichtigt, den Arbeitsvertrag zu verlängern (Nichtverlängerungsmitteilung). Besteht das Arbeitsverhältnis am Ende einer Spielzeit ununterbrochen mehr als acht Jahre (Spielzeiten), muss die Nichtverlängerungsmitteilung der anderen Vertragspartei bis zum 31. Juli der jeweils vorangegangenen Spielzeit schriftlich zugegangen sein.

(3) Besteht das Arbeitsverhältnis am Ende einer Spielzeit bei derselben Bühne ununterbrochen mehr als fünfzehn Jahre (Spielzeiten), kann der Arbeitgeber eine Nichtverlängerungsmitteilung nach Absatz 2 nur aussprechen, um das Arbeitsverhältnis unter anderen Vertragsbedingungen – auch außerhalb der im Arbeitsvertrag angegebenen Bühne(n) (ein Arbeitgeber in selbständiger Rechtsform auch bei seinem oder einem seiner rechtlichen oder wirtschaftlichen Träger) – fortzusetzen.

Besteht das Arbeitsverhältnis am Ende einer Spielzeit bei derselben Bühne ununterbrochen mehr als fünfzehn Jahre (Spielzeiten) und hat das Tanzgruppenmitglied in dem Zeitpunkt, in dem die Nichtverlängerungsmitteilung spätestens zugegangen sein muss (Absatz 2), das 55. Lebensjahr vollendet, kann der Arbeitgeber eine Nichtverlängerungsmitteilung nach Absatz 2 nur aussprechen, um das Arbeitsverhältnis unter anderen Vertragsbedingungen bei der (den) im Arbeitsvertrag angegebenen Bühne(n) fortzusetzen.

Besteht das Arbeitsverhältnis am Ende einer Spielzeit bei derselben Bühne ununterbrochen mehr als acht Jahre (Spielzeiten), können der Arbeitgeber und das Tanzgruppenmitglied vertraglich vereinbaren, dass bis zu vier Spielzeiten der nachfolgenden Spielzeiten auf die 15 Jahre nach Unterabsatz 1 und 2 nicht angerechnet werden.

(4) Bevor der Arbeitgeber eine Nichtverlängerungsmitteilung ausspricht, hat er das Tanzgruppenmitglied – auf dessen schriftlichen Wunsch auch einen Vertreter des Tanzgruppenvorstands oder das von dem Tanzgruppenmitglied benannte Vorstandsmitglied des Orts-/Lokalverbands einer der vertragschließenden Gewerkschaften, das an der gleichen Bühne beschäftigt ist – zu hören. Das Tanzgruppenmitglied ist fünf Tage vor der Anhörung zur Anhörung schriftlich einzula-

den. Die Einladung zur Anhörung gilt als ordnungsgemäß zugestellt, wenn der Arbeitgeber nachweist, dass die Absendung der Einladung fünf Tage vor der Anhörung an die dem Arbeitgeber bekannte Adresse erfolgt ist.

(5) Das Tanzgruppenmitglied und der von ihm nach Absatz 4 Benannte sind unter Berücksichtigung der durch die Theaterferien oder einen Gastierurlaub bedingten Abwesenheit des Tanzgruppenmitglieds spätestens zwei Wochen vor den in den Absätzen 1 und 2 genannten Zeitpunkten zu hören, es sei denn, das Tanzgruppenmitglied verzichtet schriftlich darauf, gehört zu werden; in diesem Fall findet Absatz 4 Satz 2 keine Anwendung. Unterlässt es der Arbeitgeber, das Tanzgruppenmitglied fristgerecht zu hören, ist die Nichtverlängerungsmitteilung unwirksam.

(6) Ist das Tanzgruppenmitglied durch Arbeitsunfähigkeit oder aus einem anderen Grunde verhindert, die Anhörung bis zu dem in Absatz 5 genannten Zeitpunkt wahrzunehmen, oder nimmt das Tanzgruppenmitglied die Anhörung nicht wahr, bedarf es seiner Anhörung zur Wirksamkeit der Nichtverlängerungsmitteilung nicht. Im Falle der Verhinderung ist der Arbeitgeber auf schriftlichen Wunsch des Tanzgruppenmitglieds jedoch verpflichtet, einen Vertreter des Tanzgruppenvorstands oder das von dem Tanzgruppenmitglied benannte Vorstandsmitglied des Orts-/Lokalverbands einer der vertragschließenden Gewerkschaften, das an der gleichen Bühne beschäftigt ist, zu hören; Satz 1 gilt entsprechend. Der schriftliche Wunsch muss dem Arbeitgeber spätestens zwei Wochen vor den in Absatz 2 genannten Zeitpunkten zugegangen sein. In diesem Fall muss die Anhörung spätestens drei Tage vor den in den Absatz 2 genannten Zeitpunkten vorgenommen sein.

(7) Der auf Wunsch des Tanzgruppenmitglieds beteiligte Vertreter des jeweiligen Tanzgruppenvorstands und das beteiligte Vorstandsmitglied des Orts-/Lokalverbands einer der vertragschließenden Gewerkschaften haben über den Inhalt der Anhörung gegenüber Dritten Vertraulichkeit zu wahren.

(8) Klagen gegen Nichtverlängerungsmitteilungen sind innerhalb einer Ausschlussfrist von vier Monaten nach den in Absatz 2 genannten Terminen zur Nichtverlängerungsmitteilung zu erheben.

(9) Die Absätze 3 bis 6 gelten nicht, wenn das Tanzgruppenmitglied bei Beendigung des Arbeitsverhältnisses Anspruch auf laufende Bezüge aus der gesetzlichen Rentenversicherung oder einer außerhalb der gesetzlichen Rentenversicherung bestehenden Versorgung durch den Arbeitgeber oder durch eine Versorgungseinrichtung hat, zu der der Arbeitgeber Mittel beigesteuert hat.

In jedem Fall endet das Arbeitsverhältnis, ohne dass es einer Nichtverlängerungsmitteilung bedarf, am Ende der Spielzeit, in der das Tanzgruppenmitglied das gesetzlich festgelegte Alter zum Erreichen der Regelaltersrente vollendet hat.

> **Protokollnotiz zu den Absätzen 2 und 3:**
> Soweit bei Angaben von Zeiträumen die Bezeichnung „Jahr (Spielzeit)“ oder die Bezeichnung „Jahre (Spielzeiten)“ verwendet werden, ist es unerheblich, ob die Spielzeit bzw. die Anzahl der Spielzeiten in Kalendertagen kürzer oder länger als ein Jahr bzw. die entsprechende Anzahl von Jahren sind.

§ 97 Besondere Entschädigung bei Beendigung des Arbeitsverhältnisses aus Anlass eines Intendantenwechsels – Tanz

(1) Das Tanzgruppenmitglied, das aus Anlass eines Intendantenwechsels infolge einer durch den Arbeitgeber ausgesprochenen Nichtverlängerungsmitteilung in der ersten Spielzeit nach dem Intendantenwechsel nicht mehr im Arbeitsverhältnis steht, erhält eine Abfindung nach Maßgabe

des Unterabsatzes 2, sofern nicht die Voraussetzungen von § 46 Abs. 1 vorliegen. Voraussetzung für den Anspruch nach Satz 1 ist, dass das Tanzgruppenmitglied innerhalb von drei Monaten nach Beendigung des Arbeitsverhältnisses kein unter diesen Tarifvertrag fallendes Arbeitsverhältnis oder kein anderes volles Arbeitsverhältnis begründen konnte.
Die Abfindung beträgt bei einer ununterbrochenen Beschäftigung bei demselben Arbeitgeber

4 Jahren (Spielzeiten)	3 monatliche Vergütungen,
6 Jahren (Spielzeiten)	4 monatliche Vergütungen,
9 Jahren (Spielzeiten)	5 monatliche Vergütungen,
12 Jahren (Spielzeiten)	6 monatliche Vergütungen.

Das Tanzgruppenmitglied hat das Vorliegen der Voraussetzungen des Unterabsatzes 1 Satz 2 in geeigneter Form nachzuweisen. Für den Nachweis, dass kein Arbeitsverhältnis nach Unterabsatz 1 Satz 2 abgeschlossen wurde, reicht in der Regel die Vorlage einer Bescheinigung der Agentur für Arbeit aus, aus der sich ergibt, dass das Mitglied in dem gesamten in Unterabsatz 1 Satz 2 genannten Zeitraum arbeitslos gemeldet war. Hat es diesen Nachweis erbracht, ist die Abfindung in einer Summe zu zahlen.
(2) Zieht das Tanzgruppenmitglied nach dem beendeten Arbeitsverhältnis an einen anderen Ort um, ist ihm auf Antrag ein Vorschuss auf die Abfindung in Höhe des Zuschusses zu den Umzugskosten nach Absatz 3 zu zahlen. Der Vorschuss ist zurückzuzahlen, wenn dem Tanzgruppenmitglied kein Anspruch auf die Abfindung zusteht, weil es innerhalb von drei Monaten nach Beendigung des Arbeitsverhältnisses ein unter diesen Tarifvertrag fallendes Arbeitsverhältnis oder ein anderes volles Arbeitsverhältnis begründen konnte.
(3) Das Tanzgruppenmitglied, das aus Anlass eines Intendantenwechsels infolge einer durch den Arbeitgeber ausgesprochenen Nichtverlängerungsmitteilung in der ersten Spielzeit nach dem Intendantenwechsel nicht mehr im Arbeitsverhältnis steht und noch nicht ununterbrochen vier Jahre (Spielzeiten) an derselben Bühne beschäftigt war, erhält einen Zuschuss zu den Umzugskosten. Der Zuschuss beträgt die Hälfte der nachgewiesenen Kosten für das Befördern des Umzugsguts, höchstens jedoch eine monatliche Vergütung. Hat das Tanzgruppenmitglied den Kostennachweis erbracht, ist der Zuschuss in einer Summe zu zahlen.
Auf den Zuschuss sind Leistungen zu den Umzugskosten einer anderen Bühne oder aus öffentlichen Mitteln anzurechnen.
(4) Absätze 1 bis 3 gelten nicht für das Tanzgruppenmitglied, wenn dieses bei Beendigung des Arbeitsverhältnisses Anspruch auf Altersrente aus der gesetzlichen Rentenversicherung oder einer außerhalb der gesetzlichen Rentenversicherung bestehenden Versorgung durch den Arbeitgeber oder durch eine Versorgungseinrichtung hat, zu der der Arbeitgeber Mittel beigesteuert hat.

Protokollnotizen:

1. Ist die Leitung eines Theaters einem Direktorium übertragen, gilt als Intendantenwechsel im Sinne der Absätze 1 und 3 der Wechsel des Ballettdirektors, des Operndirektors oder Schauspieldirektors, dem die Vollmachten eines Intendanten übertragen sind.
2. Erhalten aus Anlass des Wechsels des Ballettdirektors, dem nicht die Vollmachten eines Intendanten übertragen sind, mindestens zwei Drittel der Tanzgruppenmitglieder eine Nichtverlängerungsmitteilung, finden die Absätze 1 bis 3 entsprechende Anwendung.

III. Übergangs- und Schlussvorschriften

§ 98 Ausschlussfristen

Ansprüche aus dem Arbeitsverhältnis verfallen, wenn sie nicht innerhalb einer Ausschlussfrist von sechs Monaten nach Fälligkeit vom Mitglied oder vom Arbeitgeber schriftlich geltend gemacht werden, soweit tarifvertraglich nichts anderes bestimmt ist.
Für denselben Sachverhalt reicht die einmalige Geltendmachung des Anspruchs aus, um die Ausschlussfrist auch für später fällig werdende Leistungen unwirksam zu machen.

§ 99 Öffnungsklausel

Durch einen Tarifvertrag zwischen dem Deutschen Bühnenverein und den vertragschließenden Gewerkschaften kann von den Regelungen dieses Tarifvertrags für einzelne Bühnen abgewichen werden.

§ 100 Übergangsvorschrift für das Beitrittsgebiet

Für Opernchor- und Tanzgruppenmitglieder, deren Arbeitsverhältnisse in dem in Artikel 3 des Einigungsvertrags genannten Gebiet begründet sind, finden §§ 81 und 94 keine Anwendung.

§ 101 Inkrafttreten, Laufzeit

(1) Dieser Tarifvertrag tritt am 1. Januar 2003 in Kraft. Er kann mit einer Frist von sechs Monaten zum Ende eines Kalenderjahrs, frühestens zum 31. Dezember 2004 gekündigt werden.
(2) Abweichend von Absatz 1 können die § 5 Abs. 3, § 16 Abs. 1 Satz 3 einschließlich § 75 Abs. 3 nur mit Wirkung für die Opernchormitglieder mit einer Frist von sechs Monaten zum Ende eines Kalenderjahrs insgesamt schriftlich gekündigt werden. Die Kündigung ist erstmals möglich zum 31. Dezember 2004. Im Falle dieser Kündigung ist die Nachwirkung ausgeschlossen. Teilzeitarbeitsverhältnisse mit Opernchormitgliedern, die zum Zeitpunkt des Wirksamwerdens der Kündigung bereits auf Grundlage der in diesem Absatz genannten Vorschriften abgeschlossen worden sind, bleiben unter Fortgeltung dieser Vorschriften bestehen.
(3) Abweichend von Absatz 1 können

- § 12 Abs. 1 in Verbindung mit § 58, § 67, §§ 75 bis 79 und §§ 88 bis 92,
- §§ 13 bis 15,
- §§ 16 bis 20

jeweils mit einer Frist von sieben Monaten zum Ende eines Kalenderjahrs schriftlich gekündigt werden.
(4) Dieser Tarifvertrag setzt aufgrund betrieblicher Übung, einzelvertraglicher Vereinbarung oder aufgrund von Haustarifverträgen für die Mitglieder bestehende Regelungen nicht außer Kraft. Gesetzliche, tarifvertragliche und arbeitsvertragliche Rechte zur Veränderung dieser Regelungen bleiben unberührt.

IV. Anlagen

Anlage 1 zum Normalvertrag (NV) Bühne
Die nachfolgend aufgeführten Vorschriften des Normalvertrags Bühne gelten für die in § 1 Abs. 7 NV Bühne genannten Mitglieder an Privattheatern;

§ 2 Abs. 1, 2, 3 Buchst. a und b sowie Abs. 4 Buchst. a (Begründung des Arbeitsvertrags)
§ 3 (Personalakten)
§ 4 (Nebenbeschäftigung)
§ 5 Abs. 1 (Arbeitszeit)
§ 6 Abs. 1, 2 und 4 bis 7 (Arbeitseinteilung)
§ 7 (Mitwirkungspflicht)
§ 8 (Rechteübertragung)
§ 9 (Proben)
§ 10 (Ruhezeiten)
§ 12 Abs. 1 bis 5 und 7 sowie Abs. 6, soweit eine Urlaubsvergütung gezahlt wird (Vergütung)
§ 25 (Bühnenkleidung)
§ 26 (Ersatz von Aufwendungen bei auswärtiger Arbeitsleistung)
§ 27 (Krankenbezüge)
§ 27 a (Übergangsvorschrift zu den Krankenbezügen)
§ 28 (Anzeige- und Nachweispflichten)
§ 29 (Forderungsübergang bei Dritthaftung)
§ 40 Abs. 1 Satz 1 und 2 sowie Abs. 2 Satz 1 (Gastierurlaub, Aushilfen)
§ 41 (Zusatzversorgung)
§ 43 Abs. 1 (Ordentliche Kündigung)
§ 44 (Außerordentliche Kündigung)
§ 45 Abs. 1, 2, 4 und 5 (Erwerbsminderung)
§ 47 (Ordnungsausschuss)
§ 53 (Bühnenschiedsgerichtsbarkeit)
§ 54 (Besondere Mitwirkungspflicht – Solo)
§ 55 (Proben – Solo)
§ 56 (Ruhezeiten – Solo)
§ 57 Abs. 1 bis 3 (Freie Tage – Solo)
§ 58 Abs. 1 Unterabs. 1 Satz 1 und Unterabs. 2 (Vergütung – Solo)
§ 59 (Rechteabgeltung – Solo)
§ 60 (Vermittlungsgebühr – Solo)
§ 98 (Ausschlussfristen)
§ 99 (Öffnungsklausel)
§ 101 Abs. 1 und 3 1. Spiegelstrich sowie Abs. 4 (Inkrafttreten, Laufzeit)

Anlage 2 zum Normalvertrag (NV) Bühne
Arbeitsvertrag Solomitglied

Zwischen ______________________________

vertreten durch ______________________________

und

Frau/Herrn ______________________________

wird der folgende

Arbeitsvertrag

abgeschlossen:

§ 1

Frau/Herr ______________________________

wird als Solomitglied mit der Tätigkeitsbezeichnung

______________________________(1 Abs. 2 NV Bühne)

für
das/die______________________________Theater)

in ______________________________eingestellt.

§ 2

Das Arbeitsverhältnis wird für die Spielzeit 20 ___/___- Spielzeiten 20___/___begründet.

Es beginnt am ____________________ und endet am ____________________

Das Arbeitsverhältnis verlängert sich zu den gleichen Bedingungen um ein Jahr (Spielzeit), wenn nicht eine Nichtverlängerungsmitteilung entsprechend § 61 NV Bühne (Nichtverlängerungsmitteilung – Solo) ausgesprochen wurde.

§ 3*

____

____

*Hier sind etwaige besondere Vereinbarungen, z.B. zur angemessenen Beschäftigung, zur Mitwirkungspflicht, über die Kunstgattung/das Kunstfach sowie Spielgelder aufzunehmen.

§ 4

(1) Die Gage beträgt monatlich ____________ €, in Worten ____________EURO.

(2) Daneben erhält das Mitglied für die Mitwirkung in einer zweiten oder dritten am gleichen Tage stattfindenden Aufführung eine Vergütung von _______ v.H. des festen monatlichen Gehalts.

§ 5

Der Arbeitgeber ist berechtigt, die auf das Solomitglied entfallende Hälfte der Vermittlungsgebühr von insgesamt ________ vom Hundert des gebührenpflichtigen Arbeitsentgelts einzubehalten und an die Bühnenvermittlung ____________ abzuführen.

§ 6

Im Übrigen bestimmt sich das Arbeitsverhältnis nach dem Normalvertrag Bühne in der jeweils geltenden Fassung und den ihn ergänzenden oder an seine Stelle tretenden Tarifverträgen.

§ 7*

____

____

____

____

*Hier sind etwaige Vereinbarungen, etwa im Hinblick auf § 58 Abs. 5 NV Bühne (Ausschluss der Gagenanpassung) und § 40 Abs. 1 Satz 3 NV Bühne (Ausschluss der Zuwendung), aufzunehmen.

§ 8

Für alle Rechtsstreitigkeiten im Sinne des § 2 Arbeitsgerichtsgesetz zwischen den Arbeitsvertragsparteien sind unter Ausschluss der Arbeitsgerichtsbarkeit ausschließlich die zwischen den Tarifvertragsparteien des NV Bühne vereinbarten Schiedsgerichte zuständig. Gehört das Solomitglied bei Vertragsabschluß und bei Klageerhebung keiner auf Arbeitnehmerseite beteiligten Tarifvertragspartei an, bestimmt der Kläger, welches Schiedsgericht zuständig sein soll.

__________________________ ,den ______________ 20___

________________________________ ________________________________

Unterschrift des Arbeitgebers bzw. seines Vertreters — Unterschrift des Solomitglieds, bürgerlicher Name

____

Künstlername

Anlage 3 zum Normalvertrag (NV) Bühne
Arbeitsvertrag Solomitglied bei einem Privattheater

Zwischen ______________________________

vertreten durch ______________________________

und

Frau/Herrn ______________________________

wird der folgende

Arbeitsvertrag

abgeschlossen:

§ 1

Frau / Herr ______________________________ wird als Solomitglied mit der Tätigkeitsbezeichnung ______________ (§ 1 Abs. 2 NV Bühne) für das/die ______________________________ (Theater) in ______________________________ eingestellt.

§ 2

Das Arbeitsverhältnis wird für die Spielzeit 20___/___- Spielzeiten 20 ___/___bis 20___/___ begründet.

Es beginnt am ____________________ und endet am ____________________.

§ 3*

____

____

____

*Hier sind etwaige besondere Vereinbarungen, z.B. zur angemessenen Beschäftigung, zur Mitwirkungspflicht, über die Kunstgattung/das Kunstfach sowie Spielgelder aufzunehmen.

§ 4

(1) Die Gage beträgt monatlich ________ €, in Worten ________________ EURO.

(2) Daneben erhält das Mitglied für die Mitwirkung in einer zweiten oder dritten am gleichen Tage stattfindenden Aufführung eine Vergütung von______________ v.H. des festen monatlichen Gehalts.

§ 5

Der Arbeitgeber ist berechtigt, die auf das Solomitglied entfallende Hälfte der Vermittlungsgebühr von insgesamt ____________vom Hundert des gebührenpflichtigen Arbeitsentgelts einzubehalten und an die Bühnenvermittlung ________________ abzuführen.

§ 6

Im Übrigen bestimmt sich das Arbeitsverhältnis nach den für Solomitglieder bei Privattheatern geltenden Bestimmungen des Normalvertrags Bühne in der jeweils geltenden Fassung und den ihn ergänzenden oder an seine Stelle tretenden Tarifverträgen.

§ 7*

____

____

____

____

(*ergänzende Vereinbarungen)

§ 8

Für alle Rechtsstreitigkeiten im Sinne des § 2 Arbeitsgerichtsgesetz zwischen den Arbeitsvertragsparteien sind unter Ausschluss der Arbeitsgerichtsbarkeit ausschließlich die zwischen den Tarifvertragsparteien des NV Bühne vereinbarten Schiedsgerichte zuständig. Gehört das Solomitglied bei Vertragsabschluß und bei Klageerhebung keiner auf Arbeitnehmerseite beteiligten Tarifvertragspartei an, bestimmt der Kläger, welches Schiedsgericht zuständig sein soll.

________________________________, den ______________________20___

________________________________ ________________________________

Unterschrift des Arbeitgebers bzw. seines Vertreters Unterschrift des Solomitglieds, bürgerlicher Name

____

Künstlername

Anlage 4 zum Normalvertrag (NV) Bühne
Arbeitsvertrag Bühnentechniker

Zwischen ____

vertreten durch ____

und

Frau/Herrn ____

wird der folgende

Arbeitsvertrag

abgeschlossen:

§ 1

Frau/Herr ____ wird als

Bühnentechniker mit der Tätigkeitsbezeichnung ___________ (§1 Abs. 3 NV Bühne)

für das/die ____ (Theater)

in ____ eingestellt.

Der Bühnentechniker ist überwiegend künstlerisch tätig.

§ 2

Das Arbeitsverhältnis wird für die Spielzeit 20___/___- Spielzeiten 20___/___ begründet.

Es beginnt am ____________________ und endet am ____________________.

Das Arbeitsverhältnis verlängert sich zu den gleichen Bedingungen um ein Jahr (Spielzeit), wenn nicht eine Nichtverlängerungsmitteilung entsprechend § 69 NV Bühne (Nichtverlängerungsmitteilung - Bühnentechniker) ausgesprochen wurde.

Die regelmäßige wöchentliche Arbeitszeit beträgt _____ (in Worten ______________) Stunden (§ 64 Abs. 1 NV Bühne).

§ 3*

____

____

____

*Hier sind etwaige besondere Vereinbarungen aufzunehmen.

§ 4

Die Gage beträgt monatlich __________ €, in Worten ____________________ EURO.

§ 5

Der Arbeitgeber ist berechtigt, die auf den Bühnentechniker entfallende Hälfte der Vermittlungsgebühr von insgesamt _____vom Hundert des gebührenpflichtigen Arbeitsentgelts einzubehalten und an die Bühnenvermittlung___________ abzuführen.

§ 6

Im Übrigen bestimmt sich das Arbeitsverhältnis nach dem Normalvertrag Bühne in der jeweils geltenden Fassung und den ihn ergänzenden oder an seine Stelle tretenden Tarifverträgen.

§ 7*

____

____

____

____

*Hier sind etwaige besondere Vereinbarungen, etwa im Hinblick auf § 67 Abs. 4 NV Bühne (Ausschluss der Gagenanpassung) und § 40 Abs. 1 Satz 3 NV Bühne (Ausschluss der Zuwendung), aufzunehmen.

§ 8

Für alle Rechtsstreitigkeiten im Sinne des § 2 Arbeitsgerichtsgesetz zwischen den Arbeitsvertragsparteien sind unter Ausschluss der Arbeitsgerichtsbarkeit ausschließlich die zwischen den Tarifvertragsparteien des NV Bühne vereinbarten Schiedsgerichte zuständig. Gehört der Bühnentechniker bei Vertragsabschluß und bei Klageerhebung keiner auf Arbeitnehmerseite beteiligten Tarifvertragspartei an, bestimmt der Kläger, welches Schiedsgericht zuständig sein soll.

________________________ __________,den _________________________ 20___

____________________________________ __________________________

Unterschrift des Arbeitgebers bzw. seines Vertreters Unterschrift des Bühnentechnikers

Anlage 5 zum Normalvertrag (NV) Bühne
Arbeitsvertrag Opernchormitglied

Zwischen ______________________________

vertreten durch ______________________________

und

Frau/Herrn ______________________________

wird der folgende

Arbeitsvertrag

abgeschlossen:

§ 1

Frau/Herr ______________________________

wird als Opernchormitglied für das Kunstfach (die Stimmgruppe) ______________

für das/die ______________________________ (Theater)

in ______________________________ eingestellt.

§ 2

Das Arbeitsverhältnis wird für die Spielzeit 20___/___ - Spielzeiten 20___/___ bis 20___/___ begründet.

Es beginnt am ____________________ und endet am____________________.

Das Arbeitsverhältnis verlängert sich zu den gleichen Bedingungen um ein Jahr (Spielzeit), wenn nicht eine Nichtverlängerungsmitteilung entsprechend § 83 NV Bühne (Nichtverlängerungsmitteilung - Chor) ausgesprochen wurde.

§ 3*

____

____

____

*Hier sind etwaige besondere Vereinbarungen über die Mitwirkung aufzunehmen.

§ 4

(1) Die Gage beträgt monatlich __________€, in Worten ______________EURO.

(2) Die Zulage bestimmt sich nach den § 78 NV Bühne.

(3) Neben der Vergütung erhält das Opernchormitglied eine Sondervergütung nach § 79 NV Bühne.

§ 5

Der Arbeitgeber ist berechtigt, die auf das Opernchormitglied entfallende Hälfte der Vermittlungsgebühr von insgesamt ________vom Hundert des gebührenpflichtigen Arbeitsentgelts einzubehalten und an die Bühnenvermittlung _________ abzuführen.

§ 6

Im Übrigen bestimmt sich das Arbeitsverhältnis nach dem Normalvertrag Bühne in der jeweils geltenden Fassung und den ihn ergänzenden oder an seine Stelle tretenden Tarifverträgen.

§ 7*

____

____

____

*Hier sind sonstige Vereinbarungen (z.B. Teilzeitarbeit) aufzunehmen.

§ 8

Für alle Rechtsstreitigkeiten im Sinne des § 2 Arbeitsgerichtsgesetz zwischen den Arbeitsvertragsparteien sind unter Ausschluss der Arbeitsgerichtsbarkeit ausschließlich die zwischen den Tarifvertragsparteien des NV Bühne vereinbarten Schiedsgerichte zuständig. Gehört das Opernchormitglied bei Vertragsabschluß und bei Klageerhebung keiner auf Arbeitnehmerseite beteiligten Tarifvertragspartei an, bestimmt der Kläger, welches Schiedsgericht zuständig sein soll.

____,den ___________________20___

_________________________________ _________________________________

Unterschrift des Arbeitgebers bzw. seines Vertreters | Unterschrift des Opernchormitglieds, bürgerlicher Name

____

Künstlername

Anlage 6 zum Normalvertrag (NV) Bühne
Arbeitsvertrag Tanzgruppenmitglied

Zwischen ______________________________

vertreten durch ______________________________

und

Frau/Herrn ______________________________

wird der folgende

Arbeitsvertrag

abgeschlossen:

§ 1

Frau/Herr

____

wird als Tanzgruppenmitglied für das/die ______________________________

______________________________ (Theater)

in ______________________________ eingestellt.

§ 2

Das Arbeitsverhältnis wird für die Spielzeit 20___/___ - Spielzeiten 20___/___ bis 20___/___ begründet.

Es beginnt am ____________________ und endet am____________________.

Das Arbeitsverhältnis verlängert sich zu den gleichen Bedingungen um ein Jahr (Spielzeit) wenn nicht eine Nichtverlängerungsmitteilung entsprechend § 96 NV Bühne (Nichtverlängerungsmitteilung - Tanz) ausgesprochen wurde.

§ 3*

____

____

____

*Hier sind etwaige besondere Vereinbarungen über die Mitwirkung aufzunehmen.

§ 4

(1) Die Gage beträgt monatlich ________€, in Worten ________________EURO.

(2) Der Ortszuschlag und die Zulage bestimmen sich nach den §§ 90 und 91 NV Bühne.

(3) Neben der Vergütung erhält das Tanzgruppenmitglied eine Sondervergütung nach § 92 NV Bühne.

§ 5

Der Arbeitgeber ist berechtigt, die auf das Tanzgruppenmitglied entfallende Hälfte der Vermittlungsgebühr von insgesamt ________ vom Hundert des gebührenpflichtigen Arbeitsentgelts einzubehalten und an die Bühnenvermittlung ______________ abzuführen.

§ 6

Im Übrigen bestimmt sich das Arbeitsverhältnis nach dem Normalvertrag Bühne in der jeweils geltenden Fassung und den ihn ergänzenden oder an seine Stelle tretenden Tarifverträgen.

§ 7*

____

____

____

*Hier sind etwaige besondere Vereinbarungen aufzunehmen.

§ 8

Für alle Rechtsstreitigkeiten im Sinne des § 2 Arbeitsgerichtsgesetz zwischen den Arbeitsvertragsparteien sind unter Ausschluss der Arbeitsgerichtsbarkeit ausschließlich die zwischen den Tarifvertragsparteien des NV Bühne vereinbarten Schiedsgerichte zuständig. Gehört das Tanzgruppenmitglied bei Vertragsabschluß und bei Klageerhebung keiner auf Arbeitnehmerseite beteiligten Tarifvertragspartei an, bestimmt der Kläger, welches Schiedsgericht zuständig sein soll.

______________________________,den ______________ 20___

______________________________ ______________________________

Unterschrift des Arbeitgebers bzw. seines Vertreters — Unterschrift des Tanzgruppenmitglieds, bürgerlicher Name

____

Künstlername

Anlage 7 zum Normalvertrag (NV) Bühne
Große Choropern im Sinne der §§ 72 und 73 NV Bühne

Berlioz	Die Trojaner
Borodin	Fürst Igor
Mussorgskij	Boris Godunow
	Chowanschtschina
Orff	Antigonae
	Carmina Burana (im Zusammenhang mit Catulli Carmina oder einem anderen Chorwerk)
Penderecki	Die Teufel von Loudon
Rimskij-Korsakow	Die Legende von der unsichtbaren Stadt Kitesch
Schönberg	Moses und Aron
Strawinsky	Oedipus Rex (nur für Herrenchor und im Zusammenhang mit einem anderen Chorwerk)
Wagner	Lohengrin
	Die Meistersinger von Nürnberg
	Parsifal
	Rienzi
	Tannhäuser

Große Chorwerke im Sinne der §§ 72 und 73 NV Bühne

J. S. Bach	Passionen
	H-moll-Messe
	Weihnachtsoratorium
Beethoven	C-dur-Messe
	Missa solemnis
Berlioz	Requiem
	Te Deum
Brahms	Ein deutsches Requiem
	Britten War Requiem
Bruckner	Messen D-moll
	E-moll
	F-moll
Cherubini	Beides Requiems
Dvorak	Messe
	Requiem
Händel	Der Messias
	Juddas Makkabäus
	Belsazar
	Jephta
Haydn	Die Schöpfung
	Die vier Jahreszeiten
Hindemith	Das Unaufhörliche
Janacek	Glagolitische Messe
Liszt	Die Legende von der heiligen Elisabeth
Mahler	VIII. Symphonie
Martin	Golgutha
Mendelssohn	Paulus
	Elias
Mozart	C-moll-Messe
	Requiem
Pfitzner	Das dunkle Reich
	Von deutscher Seele
Reuter	Der große Kalender
Schönberg	Gurre-Lieder
Schubert	Messen As-dur
	Es-dur
Schumann	Das Paradies und die Peri
	Tippett A Child of our Time
Verdi	Requiem

Niederschriftliche Erklärung vom 5.12.2002 zu § 58 Abs. 4, § 67 Abs. 3, § 76 Abs. 4 und § 89 Abs. 4 NV Bühne

Findet bei einem Arbeitgeber eine allgemeine Änderung der Grundvergütungen des Bundes keine oder nicht in voller Höhe Anwendung, wird für die auf NV Bühne beschäftigten Mitglieder über die Vergütung zwischen der Genossenschaft Deutscher Bühnen-Angehöriger und dem Deutschen Bühnenverein eine entsprechende tarifliche Vereinbarung abgeschlossen. Hat ein Arbeitgeber keine Arbeitnehmer, die dem Tarifrecht des öffentlichen Dienstes unterliegen, gilt Satz 1 entsprechend, wenn eine allgemeine Änderung der Grundvergütungen des Bundes bei dem/n öffentlichen Träger(n) des Arbeitgebers keine oder nicht in voller Höhe Anwendung findet.

Erster Tarifvertrag zur Durchführung des § 12 a NV Bühne vom 15. Oktober 2002

§ 1

(1) Dieser Tarifvertrag gilt für Mitglieder, die unter den Geltungsbereich des NV Bühne fallen und auf die § 12 a NV Bühne tarifvertraglich Anwendung findet, soweit die Mitglieder über einen Arbeitsvertrag bei einem Arbeitgeber verfügen, der

- den TV-L (im Folgenden: Tarifbereich TV-L) oder
- den TVÖD-VKA (im Folgenden: Tarifbereich TVÖD)

anwendet.

(2) Wendet ein Arbeitgeber weder den TV-L noch den TVÖD an, findet dieser Tarifvertrag in Ergänzung von Absatz 1 mit der Maßgabe Anwendung, dass nach den Regelungen des Tarifbereichs verfahren wird, zu denen sich der Arbeitgeber auf der Grundlage von § 1 Abs. 2 Zweiter Tarifvertrag vom 1. Juli 2008 zur Durchführung der Anpassungsvorschriften des NV Bühne vom 15. Oktober 2002 entschieden hat, soweit sich aus § 3 nichts Abweichendes ergibt.

(3) Der Tarifvertrag gilt nicht für Mitglieder, die über einen Arbeitsvertrag mit einem Privattheater (§ 1 Abs. 7 Unterabs. 2 NV Bühne) verfügen.

§ 2

(1) Die Gagen der Solomitglieder und Bühnentechniker, die über einen Arbeitsvertrag mit einem Arbeitgeber des Tarifbereichs TVÖD verfügen, werden ab dem 1. April 2011 um 1,2 v. H. erhöht.

(2) Die Gagen der Solomitglieder und Bühnentechniker, die über einen Arbeitsvertrag mit einem Arbeitgeber des Tarifbereichs TV-L verfügen, werden ab dem 1. April 2011 um 1,5 v. H. erhöht.

(3) Die Opernchor- und Tanzgruppenmitglieder, die über einen Arbeitsvertrag mit einem Arbeitgeber des Tarifbereichs TVÖD verfügen, erhalten in der Zeit vom 1. Januar 2011 bis zum 31. Juli 2011 einen Vergütungsausgleich in Höhe von 0,9 v. H. der monatlichen Gage. Der Vergütungsausgleich ist Bestandteil der Gage. Der Vergütungsausgleich in Höhe von 0,3 V. H. der monatlichen Gage nach § 2 Abs. 3 Satz 2 Vierter Tarifvertrag vom 12. April 2010 zur Durchführung der Anpassungsvorschriften des NV Bühne entfällt mit Inkrafttreten dieses Tarifvertrags.

Die Gagen dieser Opernchor- und Tanzgruppenmitglieder werden unter Beibehaltung der Gagenklasse ab dem 1. August 2011 um 1,5 v. H. erhöht.

(4) Die Gagen der Opernchor- und Tanzgruppenmitglieder, die über einen Arbeitsvertrag mit einem Arbeitgeber des Tarifbereichs TV-L verfügen, werden unter Beibehaltung der Gagenklasse ab dem 1. April 2011 um 1,5 v. H. erhöht.

(5) Bei der Berechnung der Gagen bzw. Gagenklassen der Opernchor- und Tanzgruppenmitglieder gegebenenfalls sich ergebende Cent-Beträge von 50 und mehr Cent werden auf volle Euro aufgerundet, von Weniger als 50 Cent auf volle Euro abgerundet, jedoch mit der Maßgabe, dass zwischen dem oberen Rahmenbetrag einer Gagenklasse und dem unteren Rahmenbetrag der nächsthöheren Gagenklasse jeweils eine Differenz von 1,- Euro bestehen muss.

(6) In Anwendung der Absätze 3 und 4 betragen für den Tarifbereich TVÖD ab dem 1. August 2011 und für den Tarifbereich TV-L ab dem 1. April 2011 die Gagen monatlich in der Gagenklasse

la ab	ab 2 884,- Euro
1b	von 2 816,- Euro bis 2 883,- Euro
2a	von 2 579,- Euro bis 2 815,- Euro
2b	von 2 168,- Euro bis 2 578,- Euro

(Vergütungen erhöht um 1,5 v. H.)

(7) § 76 Abs. 2 und § 89 Abs. 2 NV Bühne werden entsprechend dem Absatz 6 geändert.

(8) Die Besitzstandszulage nach § 3 Abs. 2 und 3 Zweiter Tarifvertrag vom 15. Januar 2006 zur Änderung des NV Bühne vom 15. Oktober 2002 wird im Tarifbereich TVÖD am 1. Januar 2011 um

0,6 v. H. und am 1. August 2011 um weitere 0,5 v. H. erhöht, im Tarifbereich TV-L am 1. April 2011 um 1,5 v. H. gesteigert.

(9) Mitglieder, die über einen am 1. Januar 2011 wirksamen Arbeitsvertrag nach NV Bühne mit einem Arbeitgeber verfügen, der den TVÖD anwendet, erhalten spätestens mit der Vergütung für den Monat Juni 2011 eine Einmalzahlung in Höhe von 240,- Euro. Die Einmalzahlung wird nicht gezahlt, wenn im Monat Januar kein Anspruch auf Vergütung bestand.

Mitglieder, die über einen am 1. April 2011 wirksamen Arbeitsvertrag nach NV Bühne mit einem Arbeitgeber verfügen, der den TV-L anwendet, erhalten spätestens mit der Vergütung für den Monat Juni 2011 eine Einmalzahlung in Höhe von 360,- Euro. Die Einmalzahlung wird nicht gezahlt, wenn im Monat April kein Anspruch auf Vergütung bestand.

Für teilzeitbeschäftigte Opernchormitglieder und für teilzeitbeschäftigte Bühnentechniker bemisst sich die jeweilige Einmalzahlung nach dem Umfang ihrer Beschäftigung (§ 5 Abs. 3 NV Bühne) in dem in Unterabsätzen 1 und 2 genannten Beschäftigungsmonat.

§ 3

(1) Für die Mitglieder, die über einen Arbeitsvertrag mit einem Hessischen Staatstheater, dem Stadttheater Gießen oder dem Hessischen Landestheater Marburg verfügen, gilt § 2 Abs. 2, 4, 5, 6, 8 (Tarifbereich TV-L) und 9 Unterabs. 2.

(2) Für Solomitglieder und Bühnentechniker, die über einen Arbeitsvertrag mit dem Staatstheater Nürnberg verfügen, findet § 2 Abs. 1 und 9 Unterabs. 1 mit der Maßgabe Anwendung, dass er für alle Mitarbeiter gilt, deren Arbeitsverhältnis vor dem 1. Januar 2005 wirksam wurde. Wurde das Arbeitsverhältnis am 1. Januar 2005 oder später wirksam, ist nach § 2 Abs. 2 und 9 Unterabs. zu verfahren. Für Opernchor- und Tanzgruppenmitglieder, die über einen Arbeitsvertrag mit dem Staatstheater Nürnberg verfügen, der vor dem 1. Januar 2005 wirksam wurde, gilt § 2 Abs. 3, S (Tarifbereich TVÖD) und 9 Unterabs. 1. Wurde das Arbeitsverhältnis am 1. Januar 2005 oder später wirksam, gilt § 2 Abs. 4, S (Tarifbereich TV-L) und 9 Unterabs. 2.

§ 4

Dieser Tarifvertrag tritt rückwirkend am 1. Januar 2011 in Kraft, jedoch nur, wenn der Sondertarifvertrag zu diesem Tarifvertrag in Kraft tritt.

Zweiter Tarifvertrag zur Durchführung des § 12 a NV Bühne vom 15. Oktober 2002

§ 1

(1) Dieser Tarifvertrag gilt für Mitglieder, die unter den Geltungsbereich des NV Bühne fallen und auf die § 12a NV Bühne tarifvertraglich Anwendung findet, soweit die Mitglieder über einen Arbeitsvertrag bei einem Arbeitgeber verfügen, der

– den TV-L (im Folgenden Tarifbereich TV-L) oder
– den TVÖD-VKA (im Folgenden: Tarifbereich TVÖD)

anwendet.

(2) Wendet ein Arbeitgeber Weder den TV-L noch den TVöD an, findet dieser Tarifvertrag in Ergänzung von Absatz 1 mit der Maßgabe Anwendung, dass nach den Regelungen des Tarifbereichs verfahren wird, zu denen sich der Arbeitgeber auf der Grundlage von § 1 Abs. 2 Zweiter Tarifvertrag vom 1. Juli 2008 zur Durchführung der Anpassungsvorschriften des NV Bühne vom 15. Oktober 2002 entschieden hat, soweit sich aus § 3 nichts Abweichendes ergibt.

(3) Der Tarifvertrag gilt nicht für Mitglieder, die über einen Arbeitsvertrag mit einem Privattheater 1 Abs. 7 Unterabs. 2 NV Bühne) verfügen.

§ 2

(1) Die Gagen der Solomitglieder und Bühnentechniker, die über einen Arbeitsvertrag mit einem Arbeitgeber des Tarifbereichs TVÖD verfügen, werden ab dem 1. Juni 2012 um 3,5 v. H. erhöht.

(2) Die Gagen der Solomitglieder und Bühnentechniker, die über einen Arbeitsvertrag mit einem Arbeitgeber des Tarifbereichs TV-L verfügen, werden ab dem 1. Juni 2012 um 2,5 v. H. erhöht.

(3) Die Gagen der Opernchor- und Tanzgruppenmitglieder, die über einen Arbeitsvertrag mit einem Arbeitgeber des Tarifbereichs TVÖD verfügen, werden unter Beibehaltung der Gagenklasse ab dem 1. Juni 2012 um 2,5 v. H. erhöht.

Diese Opernchor- und Tanzgruppenmitglieder erhalten ab dem 1. Juni 2012 einen Vergütungsausgleich in Höhe von 1,0 v. H. der monatlichen Gage. Der Vergütungsausgleich ist Bestandteil der Gage.

(4) Die Gagen der Opernchor- und Tanzgruppenmitglieder, die über einen Arbeitsvertrag mit einem Arbeitgeber des Tarifbereichs TV-L verfügen, werden unter Beibehaltung der Gagenklasse ab dem 1. Juni 2012 um 2,5 v. H erhöht.

(5) Bei der Berechnung der Gagen bzw. Gagenklassen der Opernchor- und Tanzgruppenmitglieder gegebenenfalls sich ergebende Cent-Beträge von 50 und mehr Cent werden auf volle Euro aufgerundet, von Weniger als 50 Cent auf volle Euro abgerundet, jedoch mit der Maßgabe, dass zwischen dem oberen Rahmenbetrag einer Gagenklasse und dem unteren Rahmenbetrag der nächsthöheren Gagenklasse jeweils eine Differenz von 1,- Euro bestehen muss.

(6) In Anwendung der Absätze 3 und 4 betragen für den Tarifbereich TVÖD und für den Tarifbereich TV-L ab dem 1. Juni 2012 die Gagen monatlich in der Gagenklasse

1a ab 2 956,- €
1b von 2 886,- € bis 2 955,- €
2a von 2 643,- € bis 2 885,- €
2b von 2 222,- € bis 2 642,- €

(Vergütungen erhöht um 2,5 v. H.)

(7) § 76 Abs. 2 und § 89 Abs. 2 NV Bühne werden entsprechend dem Absatz 6 geändert.

(8) Die Besitzstandszulage nach § 3 Abs. 2 und 3 Zweiter Tarifvertrag vom 15. Januar 2006 zur Änderung des NV Bühne vom 15. Oktober 2002 wird am 1. Juni 2012 im Tarifbereich TVÖD 2012 um 3,5 v. H. und im Tarifbereich TV-L um 2,5 v. H. gesteigert.

(9) Mitglieder, die über einen am 15. April 2012 wirksamen Arbeitsvertrag nach NV Bühne mit einem Arbeitgeber verfügen, der den TVÖD anwendet, erhalten spätestens mit der Vergütung für den Monat Juli 2012 eine Einmalzahlung in Hohe von 310,-- Euro. Die Einmalzahlung wird nicht gezahlt, wenn im Monat April kein Anspruch auf Vergütung bestand.
Mitglieder, die über einen am 15. März 2012 wirksamen Arbeitsvertrag nach NV Bühne mit einem Arbeitgeber verfügen, der den TV-L anwendet, erhalten spätestens mit der Vergütung für den Monat Juli 2012 eine Einmalzahlung in Hohe von 375,-- Euro. Die Einmalzahlung wird nicht gezahlt, wenn im Monat März kein Anspruch auf Vergütung bestand.
Für teilzeitbeschäftigte Opernchormitglieder und für teilzeitbeschäftigte Bühnentechniker bemisst sich die jeweilige Einmalzahlung nach dem Umfang ihrer Beschäftigung (§ 5 Abs. 3 NV Bühne) in dem in Unterabsätzen 1 und 2 genannten Beschäftigungsmonat.

§ 3

(1) Für die Mitglieder, die über einen Arbeitsvertrag mit einem Hessischen Staatstheater, dem Stadttheater Gießen oder dem Hessischen Landestheater Marburg verfügen, gilt § 2 Abs. 2, 4, 5 und 6.
§ 2 Abs. 8 gilt für diese Mitglieder mit der Maßgabe, dass die Besitzstandzulage ab dem 1. März 2012 um 2,5 v. H. erhöht wird. § 2 Abs. 9 findet mit der Maßgabe Anwendung, dass die Einmalzahlung 300 Euro beträgt.
(2) Für Solomitglieder und Bühnentechniker, die über einen Arbeitsvertrag mit dem Staatstheater Nürnberg verfügen, findet § 2 Abs. 1 und 9 Unterabs. 1 mit der Maßgabe Anwendung, dass er für alle Mitarbeiter gilt, deren Arbeitsverhältnis vor dem 1. Januar 2005 wirksam wurde. Wurde das Arbeitsverhältnis am 1. Januar 2005 oder später wirksam, ist nach § 2 Abs. 2 und 9 Unterabs. 2 zu verfahren. Für Opernchor- und Tanzgruppenmitglieder, die über einen Arbeitsvertrag mit dem Staatstheater Nürnberg verfügen, der vor dem 1. Januar 2005 wirksam wurde, gilt § 2 Abs. 3, 8 (Tarifbereich TVÖD) und 9 Unterabs. 1. Wurde das Arbeitsverhältnis am 1. Januar 2005 oder später wirksam, gilt § 2 Abs. 4, 8 (Tarifbereich TV-L) und 9 Unterabs. 2.

§ 4

Dieser Tarifvertrag tritt rückwirkend am 1. Januar 2012 in Kraft, jedoch nur, wenn der Sondertarifvertrag zu diesem Tarifvertrag in Kraft tritt.

Dritter Tarifvertrag zur Durchführung des § 12 a NV Bühne vom 15. Oktober 2002

§ 1

(1) Dieser Tarifvertrag gilt für Mitglieder, die unter den Geltungsbereich des NV Bühne fallen und auf die § 12 a NV Bühne tarifvertraglich Anwendung findet, soweit die Mitglieder über einen Arbeitsvertrag bei einem Arbeitgeber verfügen, der

- den TV-L (im Folgenden: Tarifbereich TV-L) oder den
- TVöD-VKA (im Folgenden: Tarifbereich TVöD)

anwendet.

(2) Wendet ein Arbeitgeber weder den TV-L noch den TVöD an, findet dieser Tarifvertrag in Ergänzung von Absatz 1 mit der Maßgabe Anwendung, dass nach den Regelungen des Tarifbereichs verfahren wird, zu denen sich der Arbeitgeber auf der Grundlage von § 1 Abs. 2 Zweiter Tarifvertrag vom 1. Juli 2008 zur Durchführung der Anpassungsvorschriften des NV Bühne vom 15. Oktober 2002 entschieden hat, soweit sich aus § 3 nichts Abweichendes ergibt.

(3) Der Tarifvertrag gilt nicht für Mitglieder, die über einen Arbeitsvertrag mit einem Privattheater (§ 1 Abs. 7 Unterabs. 2 NV Bühne) verfügen.

§ 2

(1) Die Gagen der Solomitglieder und Bühnentechniker, die über einen Arbeitsvertrag mit einem Arbeitgeber des Tarifbereichs TVÖD verfügen, werden ab dem 1. Januar 2013 um 1,4 v. H. und am 1. August 2013 um weitere 1,4 v. H. erhöht.

(2) Die Gagen der Solomitglieder und Bühnentechniker, die über einen Arbeitsvertrag mit einem Arbeitgeber des Tarifbereichs TV-L verfügen, werden ab dem 1. Januar 2013 um 2,65 V, H. erhöht.

(3) Die Gagen der Opernchor- und Tanzgruppenmitglieder, die über einen Arbeitsvertrag mit einem Arbeitgeber des Tarifbereichs TVöD verfügen, werden unter Beibehaltung der Gagenklasse ab dem 1. Januar 2013 um 2,65 V. H. erhöht.

Der Vergütungsausgleich in Höhe von 1,0 v, H. der monatlichen Gage nach § 2 Abs. 3 Unterabs. 2 Zweiter Tarifvertrag vom 14. Juni 2012 zur Durchführung des § 12 a NV Bühne vom 15. Oktober 2002 entfällt mit Inkrafttreten dieses Tarifvertrags.

Diese Opernchor- und Tanzgruppenmitgliecler erhalten ab dem 1. Oktober 2013 erneut einen Vergütungsausgleich in Höhe von 1,18 v. H. der monatlichen Gage. Der Vergütungsausgleich ist Bestandteil der Gage.

(4) Die Gagen der Opernchor- und Tanzgruppenmitglieder, die über einen Arbeitsvertrag mit einem Arbeitgeber des Tarifbereichs TV-L verfügen, werden unter Beibehaltung der Gagenklasse ab dem 1. Januar 2013 um 2,65 v. H erhöht.

(5) Bei der Berechnung der Gagen bzw. Gagenklassen der Opernchor und Tanzgruppenmitglieder gegebenenfalls sich ergebende Cent-Beträge von 50 und mehr Cent werden auf volle Euro aufgerundet, von weniger als 50 Cent auf volle Euro abgerundet, jedoch mit der Maßgabe, dass zwischen dem oberen Rahmenbetrag einer Gagenklasse und dem unteren Rahmenbetrag der nächst höheren Gagenklasse jeweils eine Differenz von 1,-- Euro bestehen muss.

(6) In Anwendung der Absätze 3 und 4 betragen für den Tarifbereich TVöD und für den Tarifbereich TV-L ab dem 1. Januar 2013 die Gagen monatlich in der Gagenklasse

1a	ab 3.034,-- €
1b	von 2.962,-- € bis 3.033,-- €
2a	von 2.713,-- € bis 2.961,-- €
2b	von 2.281,-- € bis 2.712,-- €

(Vergütungen erhöht um 2,65 v. H.)

(7) § 76 Abs. 2 und § 89 Abs. 2 NV Bühne werden entsprechend dem Absatz 6 geändert.

(8) Die Besitzstandszulage nach § 3 Abs. 2 und 3 Zweiter Tarifvertrag vom 15. Januar 2006 zur Änderung des NV Bühne vom 15. Oktober 2002 wird am 1. Januar im Tarifbereich TVöD 2013 um 1,4 v. H. und am 1. August 2013 um weitere 1,4 v. H., sowie im Tarifbereich TV-L am 1. Januar 2013 um 2,65 v. H. gesteigert.

§ 3

(1) Für die Mitglieder, die über einen Arbeitsvertrag mit einem Hessischen Staatstheater, dem Stadttheater Gießen oder dem Hessischen Landestheater Marburg verfügen, gilt § 2 Abs. 2, sowie Absätze 4 bis 8.

(2) Für Solomitglieder und Bühnentechniker, die über einen Arbeitsvertrag mit dem Staatstheater Nürnberg verfügen, findet § 2 Abs. 1 mit der Maßgabe Anwendung, dass er für alle Mitarbeiter gilt, deren Arbeitsverhältnis vor dem 1. Januar 2005 wirksam wurde. Wurde das Arbeitsverhältnis am 1. Januar 2005 oder später wirksam, ist nach § 2 Abs. 2 zu verfahren. Für Opernchor- und Tanzgruppenmitglieder, die über einen Arbeitsvertrag mit dem Staatstheater Nürnberg verfügen, der vor dem 1. Januar 2005 wirksam wurde, gilt § 2 Abs. 3. Wurde das Arbeitsverhältnis am 1. Januar 2005 oder später wirksam, gilt § 2 Abs. 4.

§ 4

Dieser Tarifvertrag tritt rückwirkend am 1. Januar 2013 in Kraft, jedoch nur, wenn der Sondertarifvertrag zu diesem Tarifvertrag in Kraft tritt.

Vierter Tarifvertrag* vom 15. Mai 2014 zur Durchführung des § 12 a NV Bühne vom 15. Oktober 2002

Zwischen
dem Deutschen Bühnenverein-
Bundesverband der Theater und Orchester, Köln
– Vorstand –

einerseits

und

der Genossenschaft Deutscher Bühnen-Angehöriger, Hamburg,
– Präsident –

sowie

der Vereinigung deutscher Opernchöre und Bühnentänzer e. V., Köln,
– Geschäftsführer –

andererseits

wird der folgende Tarifvertrag abgeschlossen:

§ 1

(1) Dieser Tarifvertrag gilt für Mitglieder, die unter den Geltungsbereich des NV Bühne fallen und auf die § 12 a NV Bühne tarifvertraglich Anwendung findet, soweit die Mitglieder über einen Arbeitsvertrag bei einem Arbeitgeber verfügen, der

- den TV-L (im Folgenden: Tarifbereich TV-L) oder
- den TVöD-VKA (im Folgenden: Tarifbereich TVöD)

anwendet.

(2) Wendet ein Arbeitgeber weder den TV-L noch den TVöD an, findet dieser Tarifvertrag in Ergänzung von Absatz 1 mit der Maßgabe Anwendung, dass nach den Regelungen des Tarifbereichs verfahren wird, zu denen sich der Arbeitgeber auf der Grundlage von § 1 Abs. 2 Zweiter Tarifvertrag vom 1. Juli 2008 zur Durchführung der Anpassungsvorschriften des NV Bühne vom 15. Oktober 2002 entschieden hat, soweit sich aus § 3 nichts Abweichendes ergibt.

(3) Der Tarifvertrag gilt nicht für Mitglieder, die über einen Arbeitsvertrag mit einem Privattheater (§ 1 Abs. 7 Unterabs. 2 NV Bühne) verfügen.

§ 2

(1) Die Gagen der Solomitglieder und Bühnentechniker, die über einen Arbeitsvertrag mit einem Arbeitgeber des Tarifbereichs TV-L verfügen, werden ab dem 1. Januar 2014 um 2,95 v. H. erhöht.

(2) Die Gagen der Solomitglieder und Bühnentechniker, die über einen Arbeitsvertrag mit einem Arbeitgeber des Tarifbereichs TVöD verfügen, werden ab dem 1. März 2014 um 3,0 v. H., mindestens aber um 90 Euro erhöht.

Für teilzeitbeschäftigte Bühnentechniker bemisst sich die Höhe des Mindestsatzes nach Unterabsatz 1 nach dem Umfang ihrer Beschäftigung (§ 5 Abs. 3 NV Bühne) im Monat März 2014.

(3) Die Gagen der Opernchor- und Tanzgruppenmitglieder, die über einen Arbeitsvertrag mit einem Arbeitgeber des Tarifbereichs TV-L verfügen, werden unter Beibehaltung der Gagenklasse ab dem 1. Januar 2014 um 2,95 v. H erhöht.

(4) Der im Tarifbereich TVöD bisher an die Opernchor- und Tanzgruppenmitglieder gezahlte Vergütungsausgleich in Höhe von 1,18 v.H. der monatlichen Gage nach § 2 Abs. 3 Unterabs. 2 Dritter Tarifvertrag vom 24. April 2013 zur Durchführung des § 12 a NV Bühne vom 15. Oktober 2002 wird ab 1. März 2014 Bestandteil der Gage.
Die nach Unterabsatz 1 berechneten Gagen der Opernchor- und Tanzgruppenmitglieder, die über einen Arbeitsvertrag mit einem Arbeitgeber des Tarifbereichs TVöD verfügen, werden unter Beibehaltung der Gagenklasse ab dem 1. März 2014
bei einer bisherigen Gage von unter 2.450 Euro um 3,5 v.H.,
bei einer bisherigen Gage von mindestens 2.450 Euro und unter 2.800 Euro um 3, 2 v.H.
und
bei einer bisherigen Gage von mindestens 2.800 Euro um 3,0 v.H.
erhöht. Bei der Einordnung der bisherigen Gagen in die Staffel nach Satz 1 bleiben die Zulagen nach §§ 78 und 91 NV Bühne außer Betracht.
Für teilzeitbeschäftigte Opernchormitglieder bemisst sich die Höhe der Grenzbeträge nach Unterabsatz 2 nach dem Umfang ihrer Beschäftigung (§ 5 Abs. 3 NV Bühne) im Monat März 2014.
(5) Bei der Berechnung der Gagen bzw. Gagenklassen der Opernchor- und Tanzgruppenmitglieder gegebenenfalls sich ergebende Cent-Beträge von 50 und mehr Cent werden auf volle Euro aufgerundet, von weniger als 50 Cent auf volle Euro abgerundet, jedoch mit der Maßgabe, dass zwischen dem oberen Rahmenbetrag einer Gagenklasse und dem unteren Rahmenbetrag der nächst höheren Gagenklasse jeweils eine Differenz von 1,-- Euro bestehen muss.
(6) Die Gagen betragen monatlich in der Gagenklasse
1a ab 3.124,-- €
1b von 3.049,-- € bis 3.123,-- €
2a von 2.793,-- € bis 3.048,-- €
2b von 2.348,-- € bis 2.792,-- €
(Gagengefüge: Gagen erhöht um 2,95 v. H.)
Dieses Gagengefüge findet im Tarifbereich TV-L ab dem 1. Januar 2014 Anwendung.
(7) Abweichend von Absatz 6 findet im Tarifbereich TVöD ab dem 1. März 2014 folgende Ersatztabelle Anwendung.
1a ab 3.162,-- €
1b von 3.087,-- € bis 3.161,-- €
2a von 2.833,-- € bis 3.086,-- €
2b von 2.389,-- € bis 2.832,-- €
(Ersatztabelle: Gagen erhöht um 3,0, 3,2 bzw. 3,5 v. H. unter Einbeziehung des bisherigen Vergütungsausgleichs nach Absatz 4 Unterabsatz 1)
Bis zum 28. Februar 2014 werden die Gagen für die Opernchor- und Tanzgruppenmitglieder im Tarifbereich TVöD auf der Grundlage von § 2 Abs. 3 Dritter Tarifvertrag vom 24. April 2014 zur Durchführung des § 12 a NV Bühne vom 15. Oktober 2002 gezahlt.
(8) § 76 Abs. 2 und § 89 Abs. 2 NV Bühne werden entsprechend dem Absatz 6 geändert.
Desweiteren werden die beiden in Unterabsatz 1 genannten Vorschriften um folgenden Satz ergänzt:

> *"Im Tarifbereich TVöD gilt anstelle dieses Gagengefüges § 2 Abs. 7 Vierter Tarifvertrag vom 15. Mai 2014 zur Durchführung des § 12 a NV Bühne vom 15. Oktober 2002."*

(9) Die Besitzstandzulage nach § 3 Abs. 2 und 3 Zweiter Tarifvertrag vom 15. Januar 2006 zur Änderung des NV Bühne vom 15. Oktober 2002 wird im Tarifbereich TV-L ab dem 1. Januar 2014 um 2,95 v. H. und im Tarifbereich TVöD ab dem 1. März 2014 um 3,0 v. H. gesteigert.

§ 3

(1) Für die Mitglieder, die über einen Arbeitsvertrag mit einem Hessischen Staatstheater, dem Stadttheater Gießen oder dem Hessischen Landestheater Marburg verfügen, gilt § 2 Abs. 1 sowie Absätze 3, 6 und Absatz 9 1. Alternative.

(2) Für Solomitglieder und Bühnentechniker, die über einen Arbeitsvertrag mit dem Staatstheater Nürnberg verfügen, findet § 2 Abs. 2 mit der Maßgabe Anwendung, dass er für alle Mitarbeiter gilt, deren Arbeitsverhältnis vor dem 1. Januar 2005 wirksam wurde. Wurde das Arbeitsverhältnis am 1. Januar 2005 oder später wirksam, ist nach § 2 Abs. 1 zu verfahren. Für Opernchor- und Tanzgruppenmitglieder, die über einen Arbeitsvertrag mit dem Staatstheater Nürnberg verfügen, der vor dem 1. Januar 2005 wirksam wurde, gilt § 2 Abs. 4, 7 und Abs. 9 2. Alternative. Wurde das Arbeitsverhältnis am 1. Januar 2005 oder später wirksam, gilt § 2 Abs. 3, 6 und Absatz 9 1. Alternative.

§ 4

Dieser Tarifvertrag tritt rückwirkend am 1. Januar 2014 in Kraft, jedoch nur, wenn der Sondertarifvertrag zu diesem Tarifvertrag in Kraft tritt.

Köln/Hamburg, den 15. Mai 2014

Fünfter Tarifvertrag* vom 25. Mai 2015 zur Durchführung des § 12 a NV Bühne vom 15. Oktober 2002

Zwischen
dem Deutschen Bühnenverein-
Bundesverband der Theater und Orchester, Köln
– Vorstand –

einerseits

und

der Genossenschaft Deutscher Bühnen-Angehöriger, Hamburg,
– Präsident –

sowie

der Vereinigung deutscher Opernchöre und Bühnentänzer e. V., Köln,
– Geschäftsführer –

andererseits

wird der folgende Tarifvertrag abgeschlossen:

§ 1

(1) Dieser Tarifvertrag gilt für Mitglieder, die unter den Geltungsbereich des NV Bühne fallen und auf die § 12 a NV Bühne tarifvertraglich Anwendung findet, soweit die Mitglieder über einen Arbeitsvertrag bei einem Arbeitgeber verfügen, der den TV-L (im Folgenden: Tarifbereich TV-L) oder den TVöD-VKA (im Folgenden: Tarifbereich TVöD) anwendet.

(2) Wendet ein Arbeitgeber weder den TV-L noch den TVöD an, findet dieser Tarifvertrag in Ergänzung von Absatz 1 mit der Maßgabe Anwendung, dass nach den Regelungen des Tarifbereichs verfahren wird, zu denen sich der Arbeitgeber auf der Grundlage von § 1 Abs. 2 Zweiter Tarifvertrag vom 1. Juli 2008 zur Durchführung der Anpassungsvorschriften des NV Bühne vom 15. Oktober 2002 entschieden hat, soweit sich aus § 3 nichts Abweichendes ergibt.

(3) Der Tarifvertrag gilt nicht für Mitglieder, die über einen Arbeitsvertrag mit einem Privattheater (§ 1 Abs. 7 Unterabs. 2 NV Bühne) verfügen.

§ 2

(1) Die Gagen der Solomitglieder und Bühnentechniker, die über einen Arbeitsvertrag mit einem Arbeitgeber des Tarifbereichs TV-L verfügen, werden ab dem 1. März 2015 um 2,1 v. H. erhöht.

(2) Die Gagen der Solomitglieder und Bühnentechniker, die über einen Arbeitsvertrag mit einem Arbeitgeber des Tarifbereichs TVöD verfügen, werden ab dem 1. März 2015 um 2,4 v. H. erhöht.

(3) Die Gagen der Opernchor- und Tanzgruppenmitglieder, die über einen Arbeitsvertrag mit einem Arbeitgeber des Tarifbereichs TV-L verfügen, werden ab dem 1. März 2015 um 2,1 v. H erhöht.

(4) Die Gagen der Opernchor- und Tanzgruppenmitglieder, die über einen Arbeitsvertrag mit einem Arbeitgeber des Tarifbereichs TVöD verfügen, werden ab dem 1. März 2015 um 2,4 v.H. erhöht.

(5) Bei der Berechnung der Gagen bzw. Gagenklassen der Opernchor- und Tanzgruppenmitglieder gegebenenfalls sich ergebende Cent-Beträge von 50 und mehr Cent werden auf volle Euro aufgerundet, von weniger als 50 Cent auf volle Euro abgerundet, jedoch mit der Maßgabe, dass

zwischen dem oberen Rahmenbetrag einer Gagenklasse und dem unteren Rahmenbetrag der nächst höheren Gagenklasse jeweils eine Differenz von 1,– Euro bestehen muss.

(6) Die Gagen betragen monatlich in der Gagenklasse
1a ab 3.190,– €
1b von 3.113,– € bis 3.189,– €
2a von 2.852,– € bis 3.112,– €
2b von 2.397,– € bis 2.851,– €
(Gagengefüge: Gagen erhöht um 2,1 v. H.)
Dieses Gagengefüge findet im Tarifbereich TV-L ab dem 1. März 2015 Anwendung.

(7) Abweichend von Absatz 6 findet im Tarifbereich TVöD ab dem 1. März 2015 folgende Ersatztabelle Anwendung.
1a ab 3.238,– €
1b von 3.161,– € bis 3.237,– €
2a von 2.901,– € bis 3.160,– €
2b von 2.446,– € bis 2.900,– €
(Ersatztabelle: Gagen erhöht um 2,4 v. H.)

(8) § 76 Abs. 2 und § 89 Abs. 2 NV Bühne werden entsprechend dem Absatz 6 geändert.
Desweiteren werden die beiden in Unterabsatz 1 genannten Vorschriften um folgenden Satz ergänzt:
"Im Tarifbereich TVöD gilt anstelle dieses Gagengefüges § 2 Abs. 7 Fünfter Tarifvertrag vom 25. Mai 2015 zur Durchführung des § 12 a NV Bühne vom 15. Oktober 2002."

(9) Die Besitzstandzulage nach § 3 Abs. 2 und 3 Zweiter Tarifvertrag vom 15. Januar 2006 zur Änderung des NV Bühne vom 15. Oktober 2002 wird im Tarifbereich TV-L ab dem 1. März 2015 um 2,1 v. H. und im Tarifbereich TVöD ab dem 1. März 2015 um 2,4 v. H. gesteigert.

§ 3

(1) Für die Mitglieder, die über einen Arbeitsvertrag mit einem Hessischen Staatstheater, dem Stadttheater Gießen oder dem Hessischen Landestheater Marburg verfügen, gilt § 2 Abs. 1 sowie Absätze 3, 6 und Absatz 9 1. Alternative.

(2) Für Solomitglieder und Bühnentechniker, die über einen Arbeitsvertrag mit dem Staatstheater Nürnberg verfügen, findet § 2 Abs. 2 mit der Maßgabe Anwendung, dass er für alle Mitarbeiter gilt, deren Arbeitsverhältnis vor dem 1. Januar 2005 wirksam wurde. Wurde das Arbeitsverhältnis am 1. Januar 2005 oder später wirksam, ist nach § 2 Abs. 1 zu verfahren. Für Opernchor- und Tanzgruppenmitglieder, die über einen Arbeitsvertrag mit dem Staatstheater Nürnberg verfügen, der vor dem 1. Januar 2005 wirksam wurde, gilt § 2 Abs. 4, 7 und Abs. 9 2. Alternative. Wurde das Arbeitsverhältnis am 1. Januar 2005 oder später wirksam, gilt § 2 Abs. 3, 6 und Absatz 9 1. Alternative.

§ 4

Dieser Tarifvertrag tritt rückwirkend am 1. März 2015 in Kraft, jedoch nur, wenn der Sondertarifvertrag zu diesem Tarifvertrag in Kraft tritt.

Anhang 2: Bühnenschiedsgerichtsordnung GDBA

Tarifvertrag über die Bühnenschiedsgerichtsbarkeit – Bühnenschiedsgerichtsordnung (BSchGO) –

vom 1. Oktober 1948 in der Fassung der Tarifverträge vom 1. Juni 1960, 24. November 1966, 1. November 1971, 30. Marz 1977, 25. November 1983, 24. Mai 1984, 27. November 1984, 1. Februar 1992, 5. September 1994, 1. Oktober 2001, 2. Januar 2002, 15. Oktober 2002, 15. Januar 2006 und 1. Januar 2009

Zwischen

dem Deutschen Bühnenverein-
Bundesverband der Theater und Orchester, Köln
– Vorstand –

einerseits

und

der Genossenschaft Deutscher Bühnen-Angehöriger, Hamburg,
– Präsident –

andererseits

wird folgendes vereinbart:
Deutscher Bühnenverein und Genossenschaft Deutscher Bühnen-Angehöriger haben die Wiedereinführung der Bühnenschiedsgerichtsbarkeit vereinbart und übereinstimmend folgende Bühnenschiedsgerichtsordnung beschlossen:

I. Teil: Allgemeines

§ 1 Geltungsbereich
(1) über bürgerliche Rechtsstreitigkeiten im Sinne des § 2 des Arbeitsgerichtsgesetzes zwischen Theaterveranstaltern und Bühnenmitgliedern entscheiden unter Ausschluß der Arbeitsgerichtsbarkeit ständige Schiedsgerichte,
(2) Bühnenmitglieder im Sinne dieses Tarifvertrages sind die auf Normalvertrag Bühne beschäftigten Mitglieder.
(3) Bühnenmitglied im Sinne dieses Tarifvertrages ist nicht der Bühnenleiter (Intendant).
(4) Dieser Tarifvertrag gilt für das Gebiet der Bundesrepublik Deutschland.

§ 2 Schiedsgerichte
(1) Die Schiedsgerichte sind gemeinsame Einrichtungen des Deutschen Bühnenvereins und der Genossenschaft Deutscher Bühnenangehöriger und werden von diesen unterhalten.
(2) Schiedsgerichte sind:
a) die Bezirksschiedsgerichte (erster Rechtszug),

b) das Bühnenoberschiedsgericht (zweiter Rechtszug).

Im Geschäftsverkehr werden die Schiedsgerichte durch den Zusatz „DBV/GDBA" gekennzeichnet.

§ 3 Sitz der Schiedsgerichte

(1) Die Bezirksschiedsgerichte werden in folgenden Städten gebildet:

1. Berlin	4. Frankfurt am Main
2. Hamburg	5. München
3. Köln	6. Chemnitz

(2) Das Bühnenoberschiedsgericht hat seinen Sitz in Frankfurt am Main. Der Obmann wird ermächtigt, am jeweiligen Dienstort der stellvertretenden Obmänner eine Außenstelle des Bühnenoberschiedsgerichts zu errichten.

§ 4 Örtliche Zuständigkeit

(1) Es sind zuständig:

a) das Bezirksschiedsgericht Berlin für die Länder Berlin und Brandenburg;

b) das Bezirksschiedsgericht Hamburg für die Länder Bremen, Hamburg, Mecklenburg-Vorpommern, Niedersachsen und Schleswig-Holstein;

c) das Bezirksschiedsgericht Köln für das Land Nordrhein-Westfalen;

d) das Bezirksschiedsgericht Frankfurt am Main für die Länder Baden-Württemberg, Hessen, Rheinland-Pfalz und für das Saarland;

e) das Bezirksschiedsgericht München für das Land Bayern;

f) das Bezirksschiedsgericht Chemnitz für die Länder Sachsen, Sachsen-Anhalt und Thüringen.

(2) Im übrigen gelten die Bestimmungen der Zivilprozeßordnung über den Gerichtsstand (§§ 12 ff.) entsprechend.

§ 5 Besetzung der Schiedsgerichte

Für jedes Schiedsgericht werden ein Obmann, ein stellvertretender Obmann und 12 Beisitzer sowie 12 Beisitzerstellvertreter berufen. Die Beisitzer und die Beisitzerstellvertreter müssen je zur Hälfte Theaterveranstalter (oder von ihnen oder von einer Gesamtheit von Theaterveranstaltern bestellte Vertreter) und Bühnenangehörige sein.

§ 6 Berufung der Obmänner und der Beisitzer sowie deren Stellvertreter

Die Obmänner, ihre Stellvertreter und die Beisitzer sowie deren Stellvertreter werden von den beteiligten Tariforganisationen ernannt. Die Ernennung erfolgt jeweils für drei Jahre, die erstmalige Ernennung kann auf ein Jahr begrenzt werden. Die Obmänner und ihre Stellvertreter müssen die Befähigung zum Richteramt haben und dürfen nicht Angestellte oder Beamte von Theatern bzw. deren Trägern sein. Die Tätigkeit als Obmann oder als stellvertretender Obmann endet jedenfalls zu dem Zeitpunkt, zu dem die Beendigung dessen hauptamtlicher Tätigkeit mehr als zehn Jahre zurückliegt.

§ 7 Zusammensetzung

(1) Die Schiedsgerichte werden in der Besetzung mit dem Obmann und je 2 Beisitzern der Theaterveranstalter und der Bühnenangestellten tätig. Bei Streitigkeiten zwischen Theaterveranstaltern und Chorsängern oder Tänzern sind das Bezirksschiedsgericht und das Bühnenoberschiedsgericht auf Seiten der Bühnenangestellten möglichst mit zwei Personen aus der jeweils betroffenen Berufsgruppe zu besetzen.

(2) Die Heranziehung der Beisitzer zu den einzelnen Sitzungen ist Sache der beteiligten Verbände.

§ 8 Verpflichtung der Beisitzer

Die Beisitzer sind vor ihrer ersten Dienstleistung durch den Obmann auf eine gewissenhafte Erfüllung ihrer Obliegenheiten zu verpflichten.

§ 9 Rechtshilfe

Die Bezirksschiedsgerichte haben einander und dem Bühnenoberschiedsgericht Rechtshilfe zu leisten.

§ 10 Geschäftsstelle

Bei jedem Schiedsgericht besteht eine Geschäftsstelle, deren Einrichtung und Unterhaltung von den Tariforganisationen bestimmt wird.

§ 11 Zustellung

(1) Zustellungen erfolgen durch eingeschriebenen Brief mit Rückschein.

(2) Bescheinigt eine Partei selbst oder durch ihren Vertreter den Empfang des Schriftstücks, so gilt dies als Nachweis der Zustellung.

(3) Ladungen vor das Schiedsgericht können formlos erfolgen.

§ 12 Öffentliche Zustellung

(1) ist der Aufenthalt einer Partei unbekannt, so muß die Zustellung durch zweimalige Bekanntmachung in dem amtlichen Mitteilungsblatt erfolgen, das für den Bezirk zuständig ist. Bei Ladungen muß die Bekanntmachung enthalten: das Gericht, die Parteien, den Gegenstand des Rechtsstreites, den Antrag, die Ladung, ihren Zweck sowie Zeit und Ort für das Erscheinen des Geladenen, ferner die Aufforderung an die Partei, binnen einer Frist von höchstens zwei Wochen ab zweiter Bekanntmachung ihren Aufenthaltsort anzugeben, da andernfalls weitere Ladungen nicht mehr erfolgen und der Schiedsspruch nach Lage der Akten erlassen wird.

(2) Das gleiche gilt, wenn eine Zustellung im Ausland keinen Erfolg verspricht.

(3) Wird der Aufenthalt einer Partei im Laufe des Verfahrens unbekannt, so unter-bleiben alle weiteren Zustellungen an sie bis auf die Zustellung des Schiedsspruchs. Der Schiedsspruch gilt in diesem Fall als zugestellt, wenn er ohne Tatbestand und Entscheidungsgründe unter Angabe des Schiedsgerichts einmal in den vorgenannten amtlichen Mitteilungen bekanntgemacht worden ist.

(4) Der Aufenthalt einer Partei gilt nicht als unbekannt, wenn sie einen Prozeßbevollmächtigten oder Zustellungsbevollmächtigten bestellt hat. An ihn erfolgen die für die Partei bestimmten Zustellungen.

§ 13 Kosten des Verfahrens

(1) Die Gerichtskosten und die außergerichtlichen Kosten trägt die unterliegende Partei. In dem Schiedsspruch kann in besonderen Fällen über die Tragung der Kosten etwas anderes bestimmt werden.

(2) Die Gerichtskosten betragen bei den Bezirksschiedsgerichten 4 v.H., im Falle einer Beweisaufnahme 5 v.H. des Streitwerts, mindestens jedoch 15,- € und höchstens 800,- €.

Die Gerichtskosten bei dem Bühnenoberschiedsgericht betragen bei einem Streitwert

bis zu 1.000,- €	8 v.H.

von 1.001,- € bis 3.000,- € 6 v.H.,
über 3.000,- € 5 v.H. des Streitwerts,

im Falle einer Beweisaufnahme jeweils zuzüglich 1 v.H., mindestens jedoch 20,- € und höchstens 1.600,- €.

Kommt ein Vergleich zustande, betragen die Gerichtskosten 1 v.H. des Streitwerts.

Bei Rücknahme der Klage nach einer streitigen Verhandlung werden die Gerichtskosten auf die Hälfte ermäßigt.

(3) Bei Rücknahme der Klage vor einer streitigen Verhandlung werden keine Gerichtskosten erhoben.

(4) Die Gerichtskosten werden erst fällig, wenn das Verfahren in dem jeweiligen Rechtszug beendet ist, sechs Monate geruht hat oder sechs Monate von den Parteien nicht betrieben worden ist. Die Klage soll erst nach Zahlung der Gebühr für das Verfahren im Allgemeinen zugestellt werden. Wird der Klageantrag erweitert, soll vor der Zahlung der Gebühr für das Verfahren im Allgemeinen keine gerichtliche Handlung vorgenommen werden; dies gilt auch in der Rechtsmittelinstanz.

(5) Der Anspruch auf Erstattung der außergerichtlichen Kosten kann nur aufgrund eines rechtskräftigen Schiedsspruchs oder Urteils im Aufhebungsklageverfahren geltend gemacht werden.

Der Antrag auf Festsetzung des zu erstattenden Betrages ist bei dem Schiedsgericht des ersten Rechtszugs einzureichen. Die Entscheidung ergeht durch den Obmann im Beschlußverfahren. Über Erinnerungen gegen den Festsetzungsbescheid entscheidet das Schiedsgericht durch Beschluß. Die Entscheidung kann auch ohne mündliche Verhandlung getroffen werden.

§ 14 Prozeßvertretung

(1) Prozeßbevollmächtigte oder Beistände können sein:

1. Rechtsanwälte,
2. Angestellte, Beamte der Theaterveranstalter sowie Vertreter der Verbände.

(2) Ist ein Vertreter bestellt, so erfolgen Ladungen, Benachrichtigungen und Zustellgen nur an den Vertreter.

II. Teil: Verfahren vor den Bezirksschiedsgerichten

§ 15 Erhebung der Klage, Mitteilung der Klage an den Beklagten und Klagebeantwortung

(1) Die Erhebung der Klage erfolgt durch Einreichung einer Klageschrift bei dem zuständigen Bezirksschiedsgericht. Sie muß enthalten:

1. die Bezeichnung der Parteien;
2. die bestimmte Angabe des Gegenstandes und des Grundes des erhobenen
3. Anspruchs;
4. einen bestimmten Antrag.

(2) Sie kann auch mündlich zur Niederschrift des Schiedsgerichts erhoben werden.

(3) Der Obmann hat die Klage dem Beklagten zur Rückäußerung binnen einer angemessenen Frist mit der Erklärung zuzustellen, dass das Bezirksschiedsgericht berechtigt ist, nach Lage der Akten zu entscheiden, wenn innerhalb der Frist keine Erklärung eingeht, der Beklagte im Termin nicht erscheint und der Sachverhalt für eine derartige Entscheidung hinreichend geklärt erscheint.

(4) Die Klagebeantwortung soll einen bestimmten Antrag enthalten.

(5) Klage, Klagebeantwortung sowie alle weiteren Schriftsätze sind in dreifacher Ausfertigung einzureichen.

§ 16 Widerklage

Die Erhebung einer Widerklage ist zulässig, wenn der Gegenanspruch mit dem in der Klage geltend gemachten Anspruch oder mit den gegen denselben vorgebrachten Verteidigungsmitteln in Zusammenhang steht.

§ 17 Wahrheitspflicht

Die Parteien haben ihre Erklärungen über tatsächliche Umstände vollständig und der Wahrheit gemäß abzugeben.

§ 18 Anberaumung und Vorbereitung des Verhandlungstermins

(1) Die Anberaumung eines Verhandlungstermins erfolgt unverzüglich nach Einreichung der Klage.

(2) Streitigkeiten über die Verpflichtung zur Darstellung einer Rolle oder Partie und Streitigkeiten über die Einwilligung zu einer Nebenbeschäftigung sind vom Obmann auf die Tagesordnung der nächsten Sitzung zu setzen. Erforderlichenfalls ist ein besonderer Termin anzuberaumen.

(3) Der Obmann hat die streitige Verhandlung so vorzubereiten, dass sie möglichst in einem Termin zu Ende geführt werden kann. Er kann zu diesem Zweck insbesondere die Ladung von Zeugen und Sachverständigen veranlassen, amtliche Äußerungen herbeiführen, schriftliche Unterlagen beiziehen und das persönliche Erscheinen der Parteien anordnen; von diesen Maßnahmen soll er die Parteien benachrichtigen.

(4) Die Parteien sind von dem Obmann des Schiedsgerichts zum Termin zu laden.

§ 19 Öffentlichkeit

Die Verhandlung vor dem Bezirksschiedsgericht einschließlich der Beweisaufnahme und der Verkündung der Entscheidungen ist öffentlich. Das Schiedsgericht kann die Öffentlichkeit ausschließen, wenn es im Interesse der Parteien oder im allgemeinen Interesse liegt oder wenn es aus Zweckmäßigkeitsgründen angebracht erscheint.

§ 20 Verhandlungsleitung

(1) Der Obmann führt den Vorsitz und leitet die Verhandlung. Er sorgt für die Stellung sachgemäßer Anträge und für erschöpfende Darstellung der Sache. Er verkündet die Entscheidungen.

(2) Jeder Beisitzer ist berechtigt, Fragen an die erschienenen Personen zu stellen.

(3) Wird eine auf die Sachleitung bezügliche Anordnung des Obmanns oder eine von ihm oder einem Beisitzer gestellte Frage von einer bei der Verhandlung beteiligten Person beanstandet, so entscheidet das Bezirksschiedsgericht.

§ 21 Einigungsversuch

Das Bezirksschiedsgericht soll sich jederzeit um eine gütliche Erledigung des Rechtsstreites bemühen und in geeigneten Fällen den Parteien einen Vergleichsvorschlag unterbreiten.

§ 22 Persönliches Erscheinen der Parteien

Der Obmann und das Bezirksschiedsgericht können in jeder Lage des Verfahrens das persönliche Erscheinen der Parteien anordnen, auch wenn ein Vertreter bestellt ist.

§ 23 Beweisaufnahme

(1) Die Beweisaufnahme erfolgt nach Möglichkeit sofort. ist dies aus besonderen Gründen nicht durchführbar, so wird sie durch einen Beweisbeschluss angeordnet. Der Beweisbeschluss enthält u. a. die Bezeichnung der streitigen Tatsachen und der Beweismittel.

(2) Kann der Beweisbeschluss nicht vor dem Bezirksschiedsgericht oder durch Ersuchen eines anderen Bezirksschiedsgerichts erledigt werden, so ersucht das Bezirksschiedsgericht um Vornahme der Beweiserhebung das Arbeitsgericht oder, falls dies aus Gründen örtlicher Lage zweckmäßiger ist, das Amtsgericht, in dessen Bezirk die Beweisaufnahme erfolgen soll. Entsprechend ist zu verfahren, wenn das Bezirksschiedsgericht die Vereidigung eines Zeugen oder Sachverständigen zur Herbeiführung einer wahrheitsgemäßen Äußerung für notwendig erachtet.

(3) Die Absendung des Ersuchens kann von der Einzahlung eines entsprechenden Auslagenvorschusses abhängig gemacht werden.

§ 24 Säumnisverfahren

(1) Bleibt eine Partei im Verhandlungstermin aus, so können die tatsächlichen Behauptungen der Gegenpartei, soweit die ausgebliebene Partei sich dazu nicht schriftlich erklärt hat, als zugestanden angenommen werden.

(2) Bezüglich der Versäumnis von Prozesshandlungen und der Wiedereinsetzung in den vorigen Stand gelten die §§ 230 bis 238 ZPO entsprechend.

§ 25 Abstimmung

(1) Beratung und Abstimmung sind nicht öffentlich.

(2) Jeder Schiedsrichter hat seine Stimme unter Berücksichtigung des Gesamtinhalts der Verhandlung und des Ergebnisses einer Beweisaufnahme nach freier Über-zeugung abzugeben.

(3) Der Obmann stimmt zuletzt ab.

(4) Die Mehrheit der Stimmen entscheidet.

(5) Im übrigen gilt § 196 Abs. 2 GVG entsprechend.

§ 26 Schiedsspruch

(1) Der Schiedsspruch ist vom Obmann zu entwerfen und von ihm und den Beisitzern zu unterschreiben. Der Schiedsspruch ist zu verkünden oder den Parteien zuzustellen; der Tag der Verkündung ist anzugeben.

(2) Der Schiedsspruch enthält:

a) die Bezeichnung der Parteien, ihrer gesetzlichen Vertreter, ihrer Prozeßbevollmächtigten und ihrer Beistände nach Namen, Berufsstand, Wohnort und Parteistellung;

b) die Bezeichnung des erkennenden Bezirksschiedsgerichts und der Schiedsrichter, welche bei dem Schiedsspruch mitgewirkt haben;

c) die Urteilsformel;

d) äußerlich gesondert von der Urteilsformel eine gedrängte Darstellung des Sach- und Streitstandes auf der Grundlage des Vorbringens der Parteien unter Hervorhebung der gestellten Anträge (Tatbestand), wobei eine Bezugnahme auf den Inhalt der Schriftsätze und der Verhandlungsniederschriften zulässig ist;

e) äußerlich gesondert vom Tatbestand die Entscheidungsgründe, die erkennen lassen müssen, welche Würdigung dos Vorbringen der Parteien und die Beweisaufnahme gefunden hat;

f) den Wert des Streitgegenstandes;

g) die Erklärung über die Zulässigkeit der Berufung, falls das Bezirksschiedsgericht die Berufung wegen der grundsätzlichen Bedeutung des Rechtsstreites zulassen will;
h) die Rechtsmittelbelehrung.

(3) Eine schriftliche Begründung des Schiedsspruches ist nicht erforderlich, wenn die Parteien ausdrücklich darauf verzichten.

§ 27 Berichtigung und Ergänzung des Schiedsspruchs

(1) Schreibfehler, Rechenfehler und ähnliche Unrichtigkeiten und Flüchtigkeitsversehen, welche in dem Schiedsspruch vorkommen, sind jederzeit auf Antrag oder von Amts wegen zu berichtigen. Über die Berichtigung kann ohne mündliche Verhandlung entschieden werden. Die Berichtigung wird auf der Urschrift am Rande neben der Urteilsformel vermerkt und unter Beifügung von Ort und Zeit von den Schiedsrichtern unterschrieben.

(2) In gleicher Weise erfolgt die Berichtigung auf den Ausfertigungen des Schiedsspruchs, die erforderlichenfalls von den Parteien und den Niederlegungsstellen einzufordern sind. Der berichtigte Spruch ist von neuem zuzustellen und niederzulegen.

(3) Ist ein von einer Partei geltend gemachter Haupt- oder Nebenanspruch ganz oder teilweise übergangen, so ist eine Ergänzung des Schiedsspruches nur auf Antrag einer Partei zulässig. Der Antrag muß binnen einer Woche nach der Zustellung des Schiedsspruchs bei dem Bezirksschiedsgericht schriftlich erstellt werden. Die Entscheidung auf den Antrag erfolgt, und zwar auch in Fällen der Ablehnung, durch einen zweiten Schiedsspruch, auf welchen die Vorschriften über den Schiedsspruch, dessen Ergänzung beantragt ist, Anwendung finden.

§ 28 Zustellung und Niederlegung des Schiedsspruches

Der Obmann des Bezirksschiedsgerichtes stellt eine von ihm unterschriebene Aus-fertigung des Schiedsspruchs den Parteien zu. Weiterhin übersendet er eine von ihm unterschriebene Ausfertigung an die Geschäftsstelle des Bühnenoberschiedsgerichts in Frankfurt am Main, das die Niederlegung des Schiedsspruches bei dem Arbeitsgericht in Köln vornimmt.

§ 29 Verhandlungsniederschrift

(1) Über jede mündliche Verhandlung ist eine Niederschrift aufzunehmen. Sie enthält:
a) den Ort und den Tag der Verhandlung;
b) die Namen der Schiedsrichter;
c) die Bezeichnung des Rechtsstreites;
d) die Namen der erschienenen Parteien, gesetzlichen Vertreter, Bevollmächtigten und Beistände;
e) den wesentlichen Gang der Verhandlung.

(2) Die Niederschrift ist den Beteiligten durch Verlesung oder Übersendung einer Abschrift zur Kenntnis zu bringen.

(3) Die Niederschrift ist von dem Obmann und einem Beisitzer zu unterschreiben. Ist der Obmann verhindert, so unterschreibt für ihn der dem Lebensalter nach älteste Beisitzer.

III. Teil: Verfahren vor dem Bühnenoberschiedsgericht

§ 30 Berufung

(1) Gegen die Schiedssprüche der Bezirksschiedsgerichte ist die Berufung an das Bühnenoberschiedsgericht zulässig, wenn der vom Bezirksschiedsgericht festgesetzte Wert des Streitgegenstandes den Betrag von 200,- € bei dem Schiedsgericht für Chor und Tanz den Wert von 100,- €

erreicht oder wenn das Bezirksschiedsgericht im Schiedsspruch die Berufung wegen der grundsätzlichen Bedeutung des Rechtsstreites zugelassen hat.
(2) Die Anfechtung der Entscheidung über den Kostenpunkt ist unzulässig, wenn nicht gegen die Entscheidung in der Hauptsache Berufung eingelegt wird.
(3) Ist die Hauptsache durch eine auf Grund eines Anerkenntnisses ausgesprochene Verurteilung erledigt, so kann die Entscheidung über den Kostenpunkt selbständig angefochten werden.
(4) Gegen die Festsetzung des Wertes des Streitgegenstandes und gegen die Entscheidung über die Zulassung der Berufung wegen grundsätzlicher Bedeutung des Rechtsstreites findet ein Rechtsmittel nicht statt.
(5) Die Einlegung der Berufung schiebt die Vollstreckung des Schiedsspruches auf.

§ 31 Berufungsfrist
Die Frist für die Einlegung der Berufung beträgt einen Monat. Sie ist eine Notfrist im Sinne der ZPO und beginnt mit der Zustellung des Schiedsspruches.

§ 32 Einlegung der Berufung
(1) Die Einlegung der Berufung erfolgt durch Einreichung eines Schriftsatzes in dreifacher Ausfertigung bei dem Bühnenoberschiedsgericht mit genauer Bezeichnung des Schiedsspruchs, gegen den die Berufung gerichtet wird, und der Erklärung, daß gegen diesen Schiedsspruch Berufung eingelegt wird.
(2) Eine Ausfertigung der Berufungsschrift stellt der Obmann des Bühnenober-schiedsgerichts der Gegenpartei zu.
(3) Nach Einlegung der Berufung fordert der Obmann des Bühnenoberschiedsgerichts die Akten von dem Bezirksschiedsgericht an und fordert den Berufungskläger auf, seine Berufung innerhalb bestimmter Frist schriftlich zu begründen.

§ 33 Anschlußberufung
Der Berufungsbeklagte kann sich der Berufung anschließen, auch wenn er auf die Berufung verzichtet hat oder wenn die Berufungsfrist verstrichen ist. Der Anschluß verliert seine Wirkung, wenn die Berufung zurückgenommen oder als unzulässig verworfen wird. Hat sich der Berufungsbeklagte innerhalb der Berufungsfrist der Berufung angeschlossen, so wird es so angesehen, als habe er die Berufung selbständig eingelegt.

§ 34 Weiteres Verfahren vor dem Bühnenoberschiedsgericht
Auf das weitere Verfahren finden die für das Verfahren vor den Bezirksschiedsgerichten geltenden Vorschriften entsprechende Anwendung.

§ 35 Befristete Beschwerde
Hat das Bezirksschiedsgericht eine Entscheidung in der Hauptsache nicht getroffen, so findet gegen die Entscheidung über den Kostenpunkt Beschwerde an das Bühnenoberschiedsgericht innerhalb einer Frist von 2 Wochen seit Zustellung statt, wenn die Beschwerdesumme den Betrag von 100,- € übersteigt. Die Beschwerdefrist ist eine Notfrist im Sinne der ZPO. Vor der Entscheidung ist dem Gegner Gelegenheit zur Stellungnahme zu geben.

IV. Teil: Schlussbestimmungen

§ 36 Rechtskraft

(1) Der Schiedsspruch ist rechtskräftig mit der Verkündung oder, falls die Entscheidung schriftlich ergeht, mit der Zustellung an beide Parteien, soweit die Berufung oder Beschwerde nicht zulässig ist, und mit Ablauf der Frist zur Einlegung der Berufung oder Beschwerde, soweit diese zulässig sind.
(2) Der Nachweis der Rechtskraft eines Schiedsspruchs wird, wenn die Rechtskraft nicht im Schiedsspruch selbst ausgesprochen ist, durch eine Bescheinigung des Obmanns des Bezirksschiedsgerichts oder des Bühnenoberschiedsgerichts geführt.
(3) Der rechtskräftige Schiedsspruch hat unter den Parteien die Wirkung eines rechtskräftigen Urteils.

§ 37 Zwangsvollstreckung

Die Zwangsvollstreckung findet aus dem Schiedsspruch oder aus einem vor dem Schiedsgericht geschlossenen Vergleich nur statt, wenn der Schiedsspruch oder der Vergleich von dem Vorsitzenden des Arbeitsgerichts, das für die Geltendmachung des Anspruchs zuständig wäre, für vollstreckbar erklärt worden ist. Das weitere Verfahren richtet sich nach § 109 Abs. 1 Satz 2 und 3 und Abs. 2 des Arbeitsgerichtsgesetzes.

§ 38 Aufhebung des Schiedsspruchs

Gegen einen rechtskräftigen Schiedsspruch ist die Klage auf Aufhebung nach § 110 des Arbeitsgerichtsgesetzes, und zwar ausschließlich bei dem Arbeitsgericht Köln, zulässig.

§ 39 Allgemeines

Soweit nicht in dieser Tarifvereinbarung etwas anderes bestimmt ist, gelten die Bestimmungen des Gerichtsverfassungsgesetzes, des Arbeitsgerichtsgesetzes und der Zivilprozeßordnung entsprechend.

§ 40 Beginn und Zeitdauer

Diese Vereinbarung ist mit Wirkung vom 1. Oktober 1948 in Kraft und nicht vor dem 31. Juli 1958 kündbar.
Die Tarifvereinbarung, die zum 31. Dezember 1971 von der GDBA gekündigt wurde, wurde durch den Tarifvertrag vom 1. November 1971 ab 1. Januar 1972 wieder in Kraft gesetzt. Dieser Tarifvertrag kann mit einer Frist von drei Monaten zum Ende eines jeden Kalenderjahres schriftlich gekündigt werden.

Anhang 3: Bühnenschiedsgerichtsordnung VdO

Tarifvertrag über die Bühnenschiedsgerichtsbarkeit für Opernchöre

vom 30.3.1977,
zuletzt geändert durch Änderungs-TV vom 1.2.2009

Zwischen

dem Deutschen Bühnenverein – Bundesverband der Theater und Orchester, Köln
– Vorstand –

einerseits

und

der Vereinigung deutscher Opernchöre und Bühnentänzer, Köln,
– Geschäftsführer –

andererseits

wird der folgende Tarifvertrag abgeschlossen:

I. Teil Allgemeines

§ 1 Geltungsbereich
(1) Über bürgerliche Rechtsstreitigkeiten im Sinne des § 2 des Arbeitsgerichtsgesetzes zwischen Theaterveranstaltern und Sängern sowie Tänzern, die auf Normalvertrag Bühne beschäftigt werden, entscheiden unter Ausschluss der Arbeitsgerichtsbarkeit ständige Schiedsgerichte.
(2) Dieser Tarifvertrag gilt für das Gebiet der Bundesrepublik Deutschland.

§ 2 Schiedsgerichte
(1) Die Schiedsgerichte sind gemeinsame Einrichtungen des Deutschen Bühnenvereins und der Vereinigung Deutscher Opernchöre und Bühnentänzer in der DAG und werden von diesen unterhalten.
(2) Schiedsgerichte sind:
a) das Bühnenschiedsgericht für Opernchöre (erster Rechtszug),
b) das Bühnenoberschiedsgericht für Opernchöre (zweiter Rechtszug).

§ 3 Sitz der Schiedsgerichte
Das Bühnenschiedsgericht für Opernchöre (erster Rechtszug) und das Bühnenoberschiedsgericht für Opernchöre (zweiter Rechtszug) haben ihren Sitz in Köln.

§ 4 Örtliche Zuständigkeit
Das Bühnenschiedsgericht für Opernchöre in Köln ist für alle Rechtsstreitigkeiten innerhalb der Bundesrepublik Deutschland örtlich zuständig.

§ 5 Besetzung der Schiedsgerichte
(1) Für jedes Schiedsgericht werden ein Obmann, ein stellvertretender Obmann und zwölf Beisitzer sowie zwölf Beisitzerstellvertreter berufen. Die Liste der Beisitzer ist bei den Schiedsgerichten zu hinterlegen.
(2) Der Obmann und der stellvertretende Obmann müssen die Befähigung zum Richteramt haben. Der Stellvertreter wird tätig, wenn sich der Obmann für verhindert erklärt. Die Tätigkeit als Obmann oder als stellvertretender Obmann endet jedenfalls zu dem Zeitpunkt, zu dem die Beendigung dessen hauptamtlicher Tätigkeit mehr als zehn Jahre zurückliegt.
(3) Die Beisitzer bzw. Beisitzerstellvertreter werden je zur Hälfte vom Deutschen Bühnenverein und der Vereinigung Deutscher Opernchöre und Bühnentänzer in der DAG benannt.

§ 6 Berufung der Obmänner und der Beisitzer sowie deren Stellvertreter
Die Obmänner, die stellvertretenden Obmänner, die Beisitzer und die stellvertretenden Beisitzer werden von den Tarifvertragsparteien ernannt. Die Ernennung erfolgt jeweils für drei Jahre; die erstmalige Ernennung kann auf ein Jahr begrenzt werden.

§ 7 Zusammensetzung der Schiedsgerichte
(1) Das Bühnenschiedsgericht für Opernchöre wird in der Besetzung mit dem Obmann und je einem Beisitzer der Theaterleitungen oder der Theaterverwaltungen und einem aktiven oder ehemaligen Sänger bzw. Tänzer tätig. Auf Antrag einer Partei ist je ein weiterer Beisitzer zuzuziehen, der nicht den Theaterleitungen oder den Theaterverwaltungen anzugehören und nicht aktiver oder ehemalige Sänger bzw. Tänzer zu sein braucht.
(2) Das Bühnenoberschiedsgericht für Opernchöre wird in der Besetzung mit dem Obmann und je zwei Beisitzern tätig. Je ein Beisitzer muß den Theaterleitungen oder den Theaterverwaltungen angehören bzw. aktiver oder ehemaliger Sänger bzw. Tänzer sein.
(3) Die von der Vereinigung Deutscher Opernchöre und Bühnentänzer in der DAG zu benennenden Beisitzer müssen Mitglieder dieser Gewerkschaft sein.
(4) Die Hinzuziehung der Beisitzer zu den einzelnen Sitzungen ist Sache der Tarifvertragsparteien.

§ 8 Verpflichtung der Beisitzer
Die Beisitzer sind vor ihrer ersten Dienstleistung durch den Obmann auf eine gewissenhafte Erfüllung ihrer Obliegenheiten zu verpflichten.

§ 9 Rechtshilfe
(1) Das Bühnenschiedsgericht für Opernchöre hat dem Bühnenoberschiedsgericht für Opernchöre Rechtshilfe zu leisten.
(2) Für die Rechtshilfe durch das Arbeitsgericht gilt § 106 Abs. 2 des Arbeitsgerichtsgesetzes,

§ 10 Geschäftsstelle
Bei jedem Schiedsgericht besteht eine Geschäftsstelle, deren Einrichtung und Unterhaltung den Tarifvertragsparteien obliegt.

§ 11 Zustellung

(1) Zustellungen erfolgen durch eingeschriebenen Brief mit Rückschein.

(2) Bescheinigt eine Partei selbst oder durch ihren Vertreter den Empfang des Schriftstücks, so gilt dies als Nachweis der Zustellung.

(3) Ladungen vor das Schiedsgericht können formlos erfolgen.

§ 12 Öffentliche Zustellung

(1) Ist der Aufenthalt einer Partei unbekannt, so muß die Zustellung durch zweimalige Bekanntmachung in dem amtlichen Mitteilungsblatt erfolgen, das für den Bezirk zuständig ist. Bei Ladungen muß die Bekanntmachung enthalten: das Gericht, die Parteien, den Gegenstand des Rechtsstreites, den Antrag, die Ladung, ihren Zweck sowie Zeit und Ort für das Erscheinen des Geladenen, ferner die Aufforderung an die Partei, binnen einer Frist von höchstens zwei Wochen ab zweiter Bekanntmachung ihren Aufenthaltsort anzugeben, da andernfalls weitere Ladungen nicht mehr erfolgen und der Schiedsspruch nach Lage der Akten erlassen wird.

(2) Das gleiche gilt, wenn eine Zustellung im Ausland keinen Erfolg verspricht.

(3) Wird der Aufenthaltsort einer Partei im Laufe des Verfahrens unbekannt, so unterbleiben alle weiteren Zustellungen an sie bis auf die Zustellung des Schiedsspruchs. Der Schiedsspruch gilt in diesem Falle als zugestellt, wenn er ohne Tatbestand und Entscheidungsgründe unter Angabe des Schiedsgerichts einmal in den vorgenannten amtlichen Mitteilungen bekanntgemacht worden ist.

(4) Der Aufenthalt einer Partei gilt nicht als unbekannt, wenn sie einen Prozeßbevollmächtigten oder Zustellungsbevollmächtigten bestellt hat. An ihn erfolgen die für die Partei bestimmten Zustellungen.

§ 13 Kosten des Verfahrens

(1) Die Klage soll erst nach Zahlung der Gebühr für das Verfahren im Allgemeinen zugestellt werden. Wird der Klageantrag erweitert, soll vor der Zahlung der Gebühr für das Verfahren im Allgemeinen keine gerichtliche Handlung vorgenommen werden; dies gilt auch in der Rechtsmittelinstanz.

(2) Die Kosten des Verfahrens trägt die unterliegende Partei. Ein Anspruch der obsiegenden Partei auf Entschädigung wegen Zeitversäumnisses und auf Erstattung der Kosten für die Zuziehung eines Prozeßbevollmächtigten oder Beistandes besteht im ersten Rechtszug nicht. Im zweiten Rechtszug besteht kein Anspruch auf Erstattung der Reisekosten des Prozeßbevolmächtigten oder Beistandes.

(3) Die Kosten des Schiedsgerichts betragen bei dem Bühnenschiedsgericht für Opernchöre 4 v. H. des Streitwerts, im Falle einer Beweisaufnahme 1 v. H. mehr, bei dem Bühnenoberschiedsgericht für Opernchöre 5 v. H., im Falle einer Beweisaufnahme 1 v. H. mehr. Bei Rücknahme der Klage nach streitiger Verhandlung werden die Kosten auf die Hälfte ermäßigt. Die Kosten betragen mindestens 15,- €.
Kommt ein Vergleich zustande, so betragen die Kosten 1 v. H. des Streitwertes.

(4) Das Schiedsgericht kann die Gerichtskosten ganz oder teilweise niederschlagen.

(5) Bei Rücknahme der Klage vor streitiger Verhandlung werden keine Gerichtskosten erhoben.

(6) Die Kosten, die die unterliegende Partei erstatten muß, sollen möglichst sofort nach der Verkündung des Schiedsspruchs ziffernmäßig festgesetzt werden. Erfolgt die Festsetzung nicht im Schiedsspruch, so entscheidet der Obmann durch Beschluß über das Festsetzungsgesuch. Über Erinnerungen gegen den Festsetzungsbeschluß entscheidet das Schiedsgericht durch Beschluß. Die Entscheidung kann ohne mündliche Verhandlung erfolgen. Gegen den Beschluß ist

die sofortige Beschwerde an das Bühnenoberschiedsgericht für Opernchöre zulässig, wenn die Beschwer 100,- € übersteigt. Über die-sofortige Beschwerde entscheidet der Obmann des Bühnenoberschiedsgerichts für Opernchore ohne mündliche Verhandlung endgültig.
(7) Zur Herbeiführung der Vollstreckbarkeit der Kostenerstattungsforderung ist auf Antrag des Kostengläubigers die Entscheidung durch Schiedsspruch des Schiedsgerichts zu treffen oder auf Grundlage eines bereits rechtskräftigen Kostenfestsetzungsbeschlusses nach Anhörung des Kostenschuldners ohne mündliche Verhandlung zu ergänzen.

§ 14 Prozeßvertretung

(1) Prozeßbevollmächtigte oder Beistände können sein:
1. Rechtsanwälte,
2. Angestellte und Beamte der Theaterveranstalter sowie Vertreter der Verbände im Sinne des § 11 Abs. 2 des Arbeitsgerichtsgesetzes.

(2) Ist ein Vertreter bestellt, so erfolgen Ladungen, Benachrichtigungen und Zustellungen nur an den Vertreter.

II. Teil Verfahren vor dem Bühnenschiedsgericht für Opernchöre

§ 15 Erhebung der Klage, Mitteilung der Klage an den Beklagten und Klagebeantwortung

(1) Die Erhebung der Klage erfolgt durch Einreichung einer Klageschrift beim Bühnenschiedsgericht für Opernchöre. Sie muß enthalten:
1. die Bezeichnung der Parteien;
2. die bestimmte Angabe des Gegenstandes und des Grundes des erhobenen Anspruchs;
3. einen bestimmten Antrag.

(2) Sie kann auch mündlich zur Niederschrift des Bühnenschiedsgerichts für Opernchöre erhoben werden.
(3) Der Obmann hat die Klage dem Beklagten zur Rückäußerung binnen einer angemessenen Frist mit der Erklärung zuzustellen, daß das Bühnenschiedsgericht für Opernchöre berechtigt ist, nach Lage der Akten zu entscheiden, wenn innerhalb der Frist keine Erklärung eingeht, Beklagte im Termin nicht erscheint und der Sachverhalt für eine derartige Entscheidung hinreichend geklärt erscheint.
(4) Die Klagebeantwortung soll einen bestimmten Antrag enthalten.
(5) Klage, Klagebeantwortung sowie alle weiteren Schriftsätze sind in dreifacher Ausfertigung einzureichen.

§ 16 Widerklage

Die Erhebung einer Widerklage ist zulässig, wenn der Gegenanspruch mit dem in der Klage geltend gemachten Anspruch oder mit den gegen denselben vorgebrachten Verteidigungsmitteln in Zusammenhang steht.

§ 17 Wahrheitspflicht

Die Parteien haben ihre Erklärungen über tatsächliche Umstände vollständig und der Wahrheit gemäß abzugeben.

§ 18 Anberaumung und Vorbereitung des Verhandlungstermins

(1) Die Anberaumung des Verhandlungstermins und die Ladung der Parteien erfolgt unverzüglich nach Einreichung der Klage.

(2) Der Obmann hat die streitige Verhandlung dabei so vorzubereiten, daß sie möglichst in diesem Termin zu Ende geführt werden kann. Er kann zu diesem Zweck insbesondere die Ladung von Zeugen und Sachverständigen veranlassen, amtliche Äußerungen herbeiführen, schriftliche Unterlagen beiziehen und das persönliche Erscheinen der Parteien anordnen; von diesen Maßnahmen soll er die Parteien benachrichtigen.

§ 19 Öffentlichkeit
Die Verhandlung vor dem Bühnenschiedsgericht für Opernchöre einschließlich der Beweisaufnahme und der Verkündung der Entscheidungen ist öffentlich. Das Schiedsgericht kann die Öffentlichkeit ausschließen, wenn es im Interesse der Parteien oder im allgemeinen Interesse liegt.

§ 20 Verhandlungsleitung
(1) Der Obmann führt den Vorsitz und leitet die Verhandlung. Er sorgt für die Stellung sachgemäßer Anträge und für erschöpfende Darstellung der Sache. Er verkündet die Entscheidungen.
(2) Jeder Beisitzer ist berechtigt, Fragen an die erschienenen Personen zu stellen.
(3) Wird eine auf die Sachleitung bezügliche Anordnung des Obmanns oder eine von ihm oder einem Beisitzer gestellte Frage von einer bei der Verhandlung beteiligten Person beanstandet, so entscheidet das Bühnenschiedsgericht für Opernchöre. Im Übrigen gilt § 397 ZPO.

§ 21 Einigungsversuch
Der Obmann bzw. das Bühnenschiedsgericht für Opernchöre sollen sich jederzeit um eine gütliche Erledigung des Rechtsstreits bemühen und in geeigneten Fällen den Parteien einen Vergleichsvorschlag unterbreiten.

§ 22 Persönliches Erscheinen der Parteien
Der Obmann bzw. das Bühnenschiedsgericht für Opernchöre können in jeder Lage des Verfahrens das persönliche Erscheinen der Parteien anordnen, auch wenn ein Vertreter bestellt ist.

§ 23 Beweisaufnahme
(1) Die Beweisaufnahme erfolgt nach Möglichkeit sofort. Ist dies aus besonderen Gründen nicht durchführbar, so wird sie durch einen Beweisbeschluß angeordnet. Der Beweisbeschluß enthält u. a. die Bezeichnung der streitigen Tatsachen und der Beweismittel.
(2) Kann der Beweisbeschluß nicht vor dem Bühnenschiedsgericht für Opernchöre erledigt werden, so ersucht das Bühnenschiedsgericht für Opernchöre um Vornahme der Beweiserhebung das Arbeitsgericht oder, falls dies aus Gründen örtlicher Lage zweckmäßiger ist, das Amtsgericht, in dessen Bezirk die Beweisaufnahme erfolgen soll. Entsprechend ist zu verfahren, wenn das Bühnenschiedsgericht für Opernchöre die Vereidigung eines Zeugen oder Sachverständigen zur Herbeiführung einer wahrheitsgemäßen Äußerung für notwendig erachtet.
(3) Die Ladung von Zeugen und die Absendung des Ersuchens können von der Einzahlung eines entsprechenden Auslagenvorschusses abhängig gemacht werden.

§ 24 Säumnisverfahren
(1) Bleibt eine Partei im Verhandlungstermin aus, so können die tatsächlichen Behauptungen der Gegenpartei, soweit die ausgebliebene Partei sich dazu nicht schriftlich erklärt hat, als zugestanden angenommen werden.
(2) Bezüglich der Versäumnis von Prozeßhandlungen und der Wiedereinsetzung in den vorigen Stand gelten die §§ 230 bis 218 ZPO entsprechend.

§ 25 Abstimmung

(1) Beratung und Abstimmung sind nicht öffentlich. Die Schiedsrichter haben über den Hergang der Beratung und die Abstimmung zu schweigen.

(2) Jeder Schiedsrichter hat seine Stimme unter Berücksichtigung des Gesamtinhalts der Verhandlung und des Ergebnisses einer Beweisaufnahme nach freier Überzeugung abzugeben.

(3) Der Obmann stimmt zuletzt ab.

(4) Die Mehrheit der Stimmen entscheidet.

(5) Im Übrigen gilt § 195 Abs. 2 GVG entsprechend.

§ 26 Schiedsspruch

(1) Der Schiedsspruch ist vom Obmann zu entwerfen und von ihm und den Beisitzern zu unterschreiben. Der Schiedsspruch ist zu verkünden oder den Parteien zuzustellen; der Tag der Verkündung ist anzugeben.

(2) Der Schiedsspruch enthält:

a) die Bezeichnung der Parteien, ihrer gesetzlichen Vertreter, ihrer Prozeßbevollmächtigten und ihrer Beistände nach Namen, Berufsstand, Wohnort und Parteistellung;
b) die Bezeichnung des erkennenden Bühnenschiedsgerichts für Opernchöre und der Schiedsrichter, welche bei dem Schiedsspruch mitgewirkt haben;
c) die Entscheidungsformel;
d) äußerlich gesondert von der Entscheidungsformel eine gedrängte Darstellung des Sach- und Streitstandes auf der Grundlage des Vorbringens der Parteien unter Hervorhebung der gestellten Anträge (Tatbestand), wobei eine Bezugnahme auf den Inhalt der Schriftsätze und der Verhandlungsniederschriften zulässig ist;
e) äußerlich gesondert vom Tatbestand die Entscheidungsgründe, die erkennen lassen müssen, welche Würdigung das Vorbringen der Parteien und die Beweisaufnahme gefunden hat;
f) den Wert des Streitgegenstandes;
g) die Erklärung über die Zulässigkeit der Berufung, falls das Bühnenschiedsgericht für Opernchöre die Berufung wegen der grundsätzlichen Bedeutung des Rechtsstreites zulassen will;
h) die Rechtsmittelbelehrung.

(3) Eine schriftliche Begründung des Schiedsspruchs ist nicht erforderlich, wenn die Parteien ausdrücklich darauf verzichten.

§ 27 Berichtigung und Ergänzung des Schiedsspruchs

(1) Schreibfehler, Rechenfehler und ähnliche Unrichtigkeiten und Flüchtigkeitsversehen, welche in dem Schiedsspruch vorkommen, sind jederzeit auf Antrag oder von Amts wegen zu berichtigen. Über die Berichtigung kann ohne mündliche Verhandlung entschieden werden. Die Berichtigung wird auf der Urschrift am Rande neben der Entscheidungsformel vermerkt und unter Beifügung von Ort und Zeit von den Schiedsrichtern unterschrieben.

(2) In gleicher Weise erfolgt die Berichtigung auf den Ausfertigungen des Schiedsspruchs, die erforderlichenfalls von den Parteien und den Niederlegungsstellen einzufordern sind. Der berichtigte Spruch ist von neuem zuzustellen und niederzulegen.

(3) Ist ein von einer Partei geltend gemachter Haupt- oder Nebenanspruch ganz oder teilweise übergangen, so ist eine Ergänzung des Schiedsspruches nur auf Antrag einer Partei zulässig. Der Antrag muß binnen einer Woche nach Zustellung des Schiedsspruches bei dem Bühnenschiedsgericht für Opernchöre schriftlich gestellt werden. Die Entscheidung auf den Antrag erfolgt, und

zwar auch im Falle der Ablehnung, durch einen zweiten Schiedsspruch, auf welchen die Vorschriften über den Schiedsspruch, dessen Ergänzung beantragt ist, Anwendung finden.

§ 28 Zustellung und Niederlegung des Schiedsspruchs

Der Obmann des Bühnenschiedsgerichts für Opernchöre stellt eine von ihm unterschriebene Ausfertigung des Schiedsspruchs den Parteien zu. Weiterhin übersendet er eine von ihm unterschriebene Ausfertigung an die Geschäftsstelle des Bühnenoberschiedsgerichts für Opernchöre, das die Niederlegung des Schiedsspruchs bei dem Arbeitsgericht in Köln vornimmt.

§ 29 Verhandlungsniederschrift

(1) Über jede mündliche Verhandlung ist eine Niederschrift aufzunehmen. Sie enthält:

a) den Ort und den Tag der Verhandlung;
b) die Namen der Schiedsrichter;
c) die Bezeichnung des Rechtsstreits;
d) die Namen der erschienenen Parteien, gesetzlichen Vertreter, Bevollmächtigten und Beistände;
e) den wesentlichen Gang der Verhandlung.

(2) Die Niederschrift ist den Beteiligten durch Verlesung oder Übersendung einer Abschrift zur Kenntnis zu bringen.

(3) Die Niederschrift ist von dem Obmann und dem Protokollführer zu unterschreiben. Ist der Obmann verhindert, so unterschreibt für ihn der dem Lebensalter nach älteste Beisitzer. Ist die Niederschrift ohne die Hinzuziehung eines Protokollführers erfolgt, ist die Niederschrift zusätzlich von einem Beisitzer zu unterschreiben.

III. Teil Verfahren vor dem Bühnenoberschiedsgericht für Opernchöre

§ 30 Berufung

(1) Gegen die Schiedssprüche des Bühnenschiedsgerichts für Opernchöre ist die Berufung nach Maßgabe der entsprechenden Vorschriften des Arbeitsgerichtsgesetzes an das Bühnenoberschiedsgericht für Opernchöre statthaft.

(2) Die Anfechtung der Entscheidung über den Kostenpunkt ist unzulässig, wenn nicht gegen die Entscheidung in der Hauptsache Berufung eingelegt wird.

(3) Ist die Hauptsache durch eine auf Grund eines Anerkenntnisses ausgesprochene Entscheidung erledigt, so kann die Entscheidung über den Kostenpunkt selbständig angefochten werden.

(4) Gegen die Festsetzung des Wertes des Streitgegenstandes und gegen die Entscheidung über die Zulassung der Berufung wegen grundsätzlicher Bedeutung des Rechtsstreites findet ein Rechtsmittel nicht statt.

(5) Die Einlegung der Berufung schiebt die Vollstreckung des Schiedsspruchs auf.

§ 31 Berufungsfrist

Die Frist für die Einlegung der Berufung beträgt zwei Wochen. Sie ist eine Notfrist im Sinne der ZPO und beginnt mit der Zustellung des Schiedsspruchs.

§ 32 Einlegung der Berufung

(1) Die Einlegung der Berufung erfolgt durch Einreichung eines Schriftsatzes in dreifacher Ausfertigung bei dem Bühnenoberschiedsgericht für Opernchöre mit genauer Bezeichnung des

Schiedsspruchs, insbesondere auch der ladungsfähigen Anschriften der Parteien bzw. ihrer Prozeßbevollmächtigten, gegen den die Berufung gerichtet wird, und der Erklärung, daß gegen diesen Schiedsspruch Berufung eingelegt wird.

(2) Eine Ausfertigung der Berufungsschrift stellt der Obmann des Bühnenoberschiedsgerichts für Opernchöre der Gegenpartei zu.

(3) Nach Einlegung der Berufung fordert der Obmann des Bühnenoberschiedsgerichts für Opernchöre die Akten von dem Schiedsgericht für Opernchöre an und fordert den Berufungskläger auf, seine Berufung innerhalb bestimmter Frist schriftlich zu begründen.

§ 33 Anschlußberufung

Der Berufungsbeklagte kann sich der Berufung anschließen, auch wenn er auf die Berufung verzichtet hat oder wenn die Berufungsfrist verstrichen ist. Der Anschluß verliert seine Wirkung, wenn die Berufung zurückgenommen oder als unzulässig verworfen wird. Hat sich der Berufungsbeklagte innerhalb der Berufungsfrist der Berufung angeschlossen, so wird es so angesehen, als habe er die Berufung selbständig eingelegt.

§ 34 Weiteres Verfahren vor dem Bühnenoberschiedsgericht für Opernchöre

Auf das weitere Verfahren finden die für das Verfahren vor dem Bühnenschiedsgericht für Opernchöre geltenden Vorschriften entsprechende Anwendung.

§ 35 Sofortige Beschwerde

Hat das Bühnenschiedsgericht für Opernchöre eine Entscheidung in der Hauptsache nicht getroffen, so findet gegen die Entscheidung über den Kostenpunkt sofortige Beschwerde an das Bühnenoberschiedsgericht für Opernchöre innerhalb einer Frist von zwei Wochen seit Zustellung statt, wenn der Wert des Beschwerdegegenstandes den Betrag von 100,- € übersteigt. Die Beschwerdefrist ist eine Notfrist im Sinne der ZPO. Vor der Entscheidung ist dem Gegner Gelegenheit zur Stellungnahme zu geben.

IV. Teil Schlußbestimmungen

§ 36 Zwangsvollstreckung

Die Zwangsvollstreckung findet aus dem Schiedsspruch oder aus einem vor dem Schiedsgericht geschlossenen Vergleich nur statt, wenn der Schiedsspruch oder der Vergleich von dem Vorsitzenden des Arbeitsgerichts, das für die Geltendmachung des Anspruchs zuständig wäre, für vollstreckbar erklärt worden ist. Das weitere Verfahren richtet sich nach § 109 Abs. 1 Satz 2 und 3 und Abs. 2 des Arbeitsgerichtsgesetzes.

§ 37 Aufhebung des Schiedsspruchs

Gegen einen Schiedsspruch des Bühnenschiedsgerichts für Opernchöre, gegen den eine Berufung nicht zulässig ist, sowie gegen einen Schiedsspruch des Bühnenoberschiedsgerichts für Opernchöre ist die Klage auf Aufhebung nach § 110 des Arbeitsgerichtsgesetzes zulässig. Die Klage ist binnen einer Notfrist von zwei Wochen ausschließlich beim Arbeitsgericht Köln zu erheben.

§ 38 Allgemeines

Soweit nicht in diesem Tarifvertrag etwas anderes bestimmt ist, gelten die Bestimmungen des Gerichtsverfassungsgesetzes, des Arbeitsgerichtsgesetzes und der Zivilprozeßordnung entsprechend.

§ 39 Inkrafttreten und Laufzeit

(1) Dieser Tarifvertrag tritt mit Wirkung vom 1. Januar 1977 in Kraft.

(2) Der Tarifvertrag kann mit einer Frist von drei Monaten zum Ende eines Kalenderjahres, erstmals zum 31. Dezember 1990, gekündigt werden. Die Kündigung bedarf der Schriftform.

Anhang 4: Abgrenzungskatalog für im Bereich Theater, Orchester, Rundfunk- und Fernsehanbieter, Film- und Fernsehproduktionen tätige Personen[1]

1. Allgemeines

Für die Abgrenzung einer selbständigen Tätigkeit gegenüber einer abhängigen Beschäftigung bei der Erbringung von Leistungen der im Bereich Theater, Orchester, Rundfunk- und Fernsehanbieter, Film- und Fernsehproduktionen tätigen Personen haben sich häufig vorkommende Rechtsbeziehungen entwickelt. Für diese Rechtsverhältnisse kann die sozialversicherungsrechtliche Statusbestimmung insbesondere anhand der von der sozialgerichtlichen Rechtsprechung entwickelten Grundsätze für eine große Anzahl von Tätigkeiten einheitlich vorgenommen werden. Dazu dient der nachstehende Abgrenzungskatalog. Rechtsverhältnisse, deren sozialversicherungsrechtlicher Status mit Hilfe dieses Abgrenzungskatalogs nicht zweifelsfrei geklärt werden können, sind im Einzelfall anhand der von der Rechtsprechung entwickelten Kriterien zu beurteilen.
Der Abgrenzungskatalog ist auch Bestandteil des Gemeinsamen Rundschreibens der Spitzenorganisationen der Sozialversicherung vom 16.01.1996 zur Durchführung der Künstlersozialversicherung ab 01.01.1996.
Die nach diesem Abgrenzungskatalog selbständig Tätigen können im Allgemeinen der Versicherungspflicht nach dem KS unterliegen.

2. Tätigkeit bei Theaterunternehmen oder Orchesterträgern

2.1 Spielzeitverpflichtete Künstler

Künstler und Angehörige von verwandten Berufen, die auf Spielzeit- oder Teilspielzeitvertrag angestellt sind, sind in den Theaterbetrieb eingegliedert und damit abhängig beschäftigt. Dabei spielt es keine Rolle, ob der Künstler gleichzeitig eine Gastspielverpflichtung bei einem anderen Unternehmen eingegangen ist.

2.2 Gastspielverpflichtete Künstler

Gastspielverpflichtete Schauspieler, Sänger, Tänzer und andere Künstler (einschließlich Kleindarsteller und Statisten) sind in den Theaterbetrieb eingegliedert und daher grundsätzlich abhängig beschäftigt.
Eine selbständige Tätigkeit ist bei Vorliegen eines Gastspielvertrages ausnahmsweise bei einem

- Schauspieler,
- Sänger (Solo),
- Tänzer (Solo) und

1 http://www.deutsche-rentenversicherung.de/cae/servlet/contentblob/205766/publicationFile/1616/april_top1_rs_selbstaendigkeit_anlage1.pdf.

- Instrumentalsolisten

dann anzunehmen, wenn er auf Grund seiner hervorragenden künstlerischen Stellung maßgeblich zum künstlerischen Erfolg einer Aufführung beizutragen verspricht und wenn nach dem jeweiligen Gastspielvertrag nur wenige Vorstellungen vereinbart sind. Hierunter sind in erster Linie Gastspiele zu verstehen, denen eine herausragende künstlerische Stellung zukommt, d. h., Künstler mit über-regionaler künstlerischer Wertschätzung und wirtschaftlicher Unabhängigkeit, die in der Lage sind, ihre Bedingungen dem Vertragspartner gegenüber durchzusetzen. Allerdings kann eine regelmäßige Probenverpflichtung als Indiz gegen eine selbständige Tätigkeit gewertet werden.

Von einer selbständigen Tätigkeit ist weiter auszugehen, bei einem

- Dirigenten,
  der die Einstudierung nur eines bestimmten Stückes oder Konzertes übernimmt und/oder nach dem jeweiligen Gastspielvertrag voraussehbar nicht mehr als fünf Vorstellungen oder Konzerte dirigiert;
- Regisseur (Spielleiter),
  der die Inszenierung nur eines bestimmten Stückes übernimmt;
- Choreographen,
  der die Gestaltung nur eines bestimmten Stückes oder eines abendfüllenden Programms übernimmt;
- Bühnen- oder Kostümbildner,
  der das Bühnenbild oder die Kostüme nur für ein bestimmtes Stück entwirft.

Gastspielverpflichtete Künstler einschließlich der Instrumentalsolisten sind selbständig, wenn sie an einer nur gelegentlich aufgeführten konzertanten Opernaufführung, einem Oratorium, Lieder-abend oder dergleichen mitwirken.

Orchesteraushilfen sind ausnahmsweise selbständig tätig, wenn sie ohne Verpflichtung für den allgemeinen Dienst (z. B. keine regelmäßige Probenverpflichtung) bestimmte musikalische Aufgaben übernehmen und sich dadurch von den fest angestellten Orchestermitgliedern erheblich unterscheiden. Schauspieler, (Chor-) Sänger und Tänzer, die als Aushilfen tätig werden, sind grundsätzlich als abhängig Beschäftigte anzusehen.

2.3 Urheber

Als Urheber sind in dieser Eigenschaft grundsätzlich selbständig tätig zum Beispiel

- Komponisten,
- Arrangeure (Musikbearbeiter),
- Librettisten,
- Textdichter.

2.4 Werbung

Alle in der Werbung für einen Theater- oder einen Orchesterträger unter eigener Firma Tätigen sind grundsätzlich selbständig. Das gilt insbesondere für

- Fotografen,
- PR-Fachleute,
- Grafik-Designer.

2.5 Tätigkeit bei Kulturorchestern

Für gastspielverpflichtete Künstler gelten dieselben Grundsätze wie in Abschnitt 2.2.

3 Tätigkeit bei Hörfunk und Fernsehen (öffentlich-rechtliche und private Anbieter), bei Film- und Fernsehproduzenten (Eigen- und Auftragsproduktion) einschließlich Synchronisation sowie Herstellung von Werbe-, Industrie-, Kultur- und sonstigen Lehrfilmen

3.1 Neben dem ständigen Personal beschäftigte Künstler und Angehörige von verwandten Berufen, die in der Regel auf Grund von Honorarverträgen tätig und im allgemeinen als freie Mitarbeiter bezeichnet werden, sind grundsätzlich als abhängig Beschäftigte anzusehen. Das gilt insbesondere, wenn sie nicht zu den programmgestaltenden Mitarbeitern (vgl. Abschnitt 3.2) gehören sowie für Schauspieler, Kameraleute, Regieassistenten und sonstige Mitarbeiter in der Film- und Fernsehproduktion.

3.2 Ein programmgestaltender Mitarbeiter bringt typischerweise seine eigene Auffassung zu politischen, wirtschaftlichen, künstlerischen oder anderen Sachfragen, seine Fachkenntnisse und Informationen, sowie seine individuelle künstlerische Befähigung und Aussagekraft in die Sendung ein, d. h. durch sein Engagement und seine Persönlichkeit wird der Inhalt der Sendung weitgehend bestimmt. Bei dieser Art der Tätigkeit ist zu unterscheiden zwischen einem vorbereitenden Teil, einem journalistisch-schöpferischen oder künstlerischen Teil und dem technischen Teil der Ausführung. Überwiegt die gestalterische Freiheit und wird die Gesamttätigkeit vorwiegend durch den journalistisch-schöpferischen Eigenanteil bestimmt, ist eine selbständige Tätigkeit anzunehmen.
Die Selbständigkeit des programmgestaltenden Mitarbeiters wird im Übrigen nicht schon durch die Abhängigkeit vom technischen Apparat der Sendeanstalt und der Einbindung in das Produktionsteam ausgeschlossen.
Die programmgestaltenden Mitarbeiter stehen jedoch dann in einem abhängigen Beschäftigungsverhältnis, wenn die Sendeanstalt innerhalb eines bestimmten zeitlichen Rahmens über die Arbeitsleistung verfügen kann. Dies ist anzunehmen, wenn ständige Dienstbereitschaft erwartet wird oder der Mitarbeiter in nicht unerheblichem Umfang ohne Abschluss entsprechender Vereinbarungen zur Arbeit herangezogen werden kann.

3.3 Darüber hinaus sind die folgenden Gruppen von freien Mitarbeitern selbständig tätig, wenn sie für Produktionen einzelvertraglich verpflichtet werden. Dabei ist es ohne Bedeutung, ob die freien Mitarbeiter wiederholt, d. h. für verschiedene oder ähnliche Produktionen im Jahr – jedoch nicht für Sendereihen, für die ständige Dienstbereitschaft erwartet wird – verpflichtet werden. Zu diesen Berufsgruppen gehören:

ArchitektenP1P
Arrangeure
Artisten[2]
Autoren
Berichterstatter
Bildgestalter[3]
Bildhauer
Bildregisseure[3]
Bühnenbildner
Choreographen
Chorleiter[4]
Darsteller[1, 5]
Dirigenten[4]
Journalisten
KabarettistenP3P
Komiker[3]
Kommentatoren
Komponisten
Korrespondenten
Kostümbildner/Kostümberater
Kunstmaler
Lektoren
Lichtgestalter/Lichtdesigner
Maskenbildner/Visagisten[6]
Moderatoren/Präsentatoren[3]
musikalische Leiter

Diskussionsleiter[1]
Dolmetscher[1]
Editoren/Cutter[3]
Entertainer[3]
Fachberater (auch Fachberater Musik)[1]
Film- und Fernseharchitekten
Filmautoren
Filmkomponisten
Fotografen
Gesprächsteilnehmer[1,5]
Grafiker/Videografiker
Interviewpartner[1]
Onlinegrafiker
Präsentatoren[3]
Producer[3]
Quizmaster/Showmaster
Realisatoren[3]
Regisseure[3]
Schriftsteller
Solisten (Gesang, Musik, Tanz)[2]
Tonmeister mit eigenem Equipment
Trailereditoren[3]
Übersetzer[3]
Videografiker/Videodesigner

1 Im Regelfall keine Künstler/Publizisten im Sinne des KSVG.
2 Die als Gast außerhalb eines Ensembles oder einer Gruppe eine Sololeistung erbringen.
3 Wenn der eigenschöpferische Teil der Leistung überwiegt, vgl. Abschnitt 3.2.
4 Soweit sie als Gast mitwirken oder Träger des Chores/Klangkörpers oder Arbeitgeber der Mitglieder des Chores/Klangkörpers sind.
5 Die als Gast in einer Sendung mit Live-Charakter mitwirken.
6 Dies gilt nur im Bereich der darstellenden Kunst (Bühne/Film). Nicht hingegen z. B. bei Magazin- und Nachrichtensendungen.

3.4 Wird der freie Mitarbeiter für denselben Auftraggeber in mehreren zusammenhängenden Leistungsbereichen tätig, von denen der eine als selbständig und der andere als abhängig zu beurteilen ist, ist die gesamte Tätigkeit einheitlich als selbständige Tätigkeit oder als abhängige Beschäftigung zu behandeln. Die Einordnung dieser Mischtätigkeit richtet sich nach der überwiegen-den Tätigkeit, die sich aus dem Gesamterscheinungsbild ergibt. Für die Frage des Überwiegens kann auch auf die Höhe des aufgeteilten Honorars abgestellt werden (vgl. auch Abschnitt 3.2).

3.5 Übernimmt ein nicht selbständiger Mitarbeiter für seinen Arbeitgeber zusätzliche Aufgaben, die nicht zu den Nebenpflichten aus seiner Haupttätigkeit gehören, so ist nach den allgemeinen Abgrenzungskriterien zu prüfen, ob die Nebentätigkeit selbständig oder abhängig ausgeübt wird.

3.6 Gehört ein freier Mitarbeiter nicht zu einer der in Abschnitt 3.3 genannten Berufsgruppen, so kann auf Grund besonderer Verhältnisse des Einzelfalls die Tätigkeit gleichwohl selbständig sein (z. B. Kameraleute in der elektronischen Berichterstattung, wenn der eigenschöpferische Teil der Leistung überwiegt).

3.7 Gehört ein freier Mitarbeiter zu einer der in Abschnitt 3.3 genannten Berufsgruppen, so kann er auf Grund besonderer Verhältnisse des Einzelfalls gleichwohl abhängig beschäftigt sein.

3.8 Choraushilfen sind grundsätzlich abhängig beschäftigt. Für Orchesteraushilfen gelten die Ausführungen in Abschnitt 2.2.

Stichwortverzeichnis (Index)

Die römischen Zahlen verweisen auf den Teil, die erste Zahl auf das Kapitel und die zweite Zahl auf die Randnummer

www.ingramcontent.com/pod-product-compliance
Lightning Source LLC
LaVergne TN
LVHW092152300926
849161LV00002B/251